AF831498

Ihr **Bonusmaterial** im Download-Bereich!

auch ONLINE

Zu Ihrem Buch **Infektionsschutzgesetz** stellen wir Ihnen wertvolles Bonusmaterial in Form der elektronischen Ausgabe des Buchtextes zum Download zur Verfügung.

Ihr Bonusmaterial können Sie auf www.ecomed-storck.de/mein-konto herunterladen.

Wichtig: Sie müssen Ihr Bonusmaterial dort zunächst **einmalig** mit Ihrem persönlichen Download-Code freischalten (siehe unten „So geht's").
Danach steht es Ihnen im Bereich „**Mein Konto**" bis zur nächsten Ausgabe zur Verfügung.

Ihr **persönlicher Freischalt-Code** lautet: **ifsg25-wE284-sem**

So geht's:

1. Haben Sie bereits **Zugangsdaten** für die Website www.ecomed- storck.de?
   Wenn **nein:** Bitte weiter mit **Schritt 2.**
   Wenn **ja:** Bitte weiter mit **Schritt 3.**
2. Bitte legen Sie sich ein **Konto** an unter:
   www.ecomed-storck.de/konto-eroeffnen
3. Loggen Sie sich mit Ihren Zugangsdaten im Bereich „**Mein Konto**" ein:
   www.ecomed-storck.de/mein-konto
4. Klicken Sie dort bitte auf den Punkt „**Download-Code einlösen**".
   Tragen Sie nun **Ihren persönlichen Download-Code** ein, bestätigen Sie die AGB und Datenschutzhinweise und klicken Sie auf „**Einlösen**".
5. Unter „**Online-Produkte & Downloads**" steht Ihnen jetzt Ihr Bonusmaterial zur Verfügung.

ecomed MEDIZIN

F. Erdle

Infektionsschutzgesetz

Kommentar

9., überarbeitete Auflage

Infektionsschutzgesetz

Kommentar

9., überarbeitete Auflage

Florian Erdle
Berufsmäßiger Stadtrat – Rechtsdirektor

begründet von
Helmut Erdle, Regierungsdirektor a. D.

ecomed
MEDIZIN

Hinweis

Die Wiedergabe von Gebrauchsnamen, Handelsnamen, Warenbezeichnungen usw. in diesem Werk berechtigt auch ohne besondere Kennzeichnung nicht zu der Annahme, dass solche Namen im Sinne der Warenzeichen- und Markenschutzgesetzgebung als frei zu betrachten wären und daher von jedermann benutzt werden dürften.

In diesem Werk werden Rechtsvorschriften mitgeteilt. Der Leser darf darauf vertrauen, dass Autor und Verlag größte Mühe darauf verwandt haben, diese Angaben bei Fertigstellung des Werkes genau dem Wissensstand entsprechend zu bearbeiten; dennoch sind Fehler nicht vollständig auszuschließen. Aus diesem Grund können Autor und Verlag keine Gewähr für die Richtigkeit der mitgeteilten Daten und Angaben übernehmen; eine Verpflichtung oder Haftung kann aus ihnen nicht herbeigeführt werden.

Mit freundlicher Empfehlung — Autor und Verlag

Bibliografische Informationen der Deutschen Nationalbibliothek

Die Deutsche Nationalbibliothek verzeichnet diese Publikation in der Deutschen Nationalbibliografie; detaillierte bibliografische Daten sind im Internet über

http://www.dnb.de> abrufbar

E-Mail: kundenservice@ecomed-storck.de

Telefon: +49 89/21 83 – 79 22

Telefax: +49 89/21 83 – 76 20

Informationen zur Produktsicherheit:

https://www.ecomed-storck.de/gpsr

F. Erdle

Infektionsschutzgesetz, Kommentar

9., überarbeitete Auflage

Satz: preXtension, Grafrath

Druck: CPI books GmbH, Leck

ISBN 978-3-609-16546-2

Vorwort

So massiv wie das Coronavirus SARS-CoV-2 hat in der jüngeren Vergangenheit kein Virus das Leben der Weltbevölkerung beeinflusst und damit gleichzeitig die Bedeutung, die Grundlagen und die Probleme des Infektionsschutzes in den Fokus gerückt.

Massiv waren folgerichtig auch die Auswirkungen auf das Infektionsschutzgesetz, zumindest vorübergehend. Einzelne Vorschriften erlebten im Rahmen der „epidemischen Lage von nationaler Tragweite“ eine teils bewegte Änderungshistorie. Nach dem Ende der Pandemie konnte das IfSG aus dem Krisenmodus wieder in den Normalmodus gebracht werden; dabei wurden auch einige allgemeine gesetzgeberische Folgerungen getroffen, die sich im Einzelnen als nicht unproblematisch herausgestellt haben (Stichwort: „Triage“).

Schon zuvor war die Bedeutung des Infektionsschutzes, und damit des Vollzugs des IfSG vor allem durch AIDS, SARS, Vogelgrippe oder nosokomiale Infektionen stärker in den Blickpunkt der Öffentlichkeit gerückt. Wenngleich die Medizin im Bereich der Diagnostik und Therapie fortlaufend erhebliche Fortschritte verzeichnet, blieben die Mittel der staatlichen „Seuchenverhütung und -bekämpfung“ im Wesentlichen seit geraumer Zeit unverändert.

Zwar enthält das IfSG auch Vorschriften über Aufklärung und Beratung. Dennoch ist es in seinem Kern „Polizeirecht“ mit den notwendigen hoheitlich-obrigkeitlichen Zwangsmitteln, die zum Schutz der Allgemeinheit vor übertragbaren Krankheiten notwendig sind. Die zuständigen Behörden greifen dabei in die Grundrechte der Bürger ein und müssen deshalb darauf achten, unter Abwägung aller maßgeblichen Umstände des Einzelfalles und unter Berücksichtigung des Verhältnismäßigkeitsgrundsatzes (Übermaßverbot) zu entscheiden.

Das vorliegende Werk kommentiert das Infektionsschutzrecht. Die amtliche Begründung wird zitiert, soweit sie für das Verständnis von Vorschriften von wesentlicher Bedeutung ist. Darüber hinaus sind die seuchenrechtliche Literatur und Rechtsprechung verwertet. In die Kommentierung sind auch Verbindungen und Überschneidungen zu anderen Rechtsgebieten miteinbezogen; das gilt u.a. für die Bestimmungen des allgemeinen Rechts der öffentlichen Sicherheit und Ordnung der Länder, die das IfSG ergänzen.

Im Anhang des Kommentars sind die Internationalen Gesundheitsvorschriften samt Durchführungsgesetz, die novellierte Trinkwasserverordnung sowie für den Gesetzesvollzug bedeutsame Rechts- und Verwaltungsvorschriften auf den aktuellen Stand gebracht abgedruckt.

Hinsichtlich der Internationalen Gesundheitsvorschriften haben sich die 196 daran beteiligten Länder Mitte 2024, nicht zuletzt in Folge der Coronavirus-Pandemie auf Änderungen verständigt, die nach deren Implementierung künftig insbesondere die

Warnstufe eines pandemischen Notfalls vorsehen werden. Abzuwarten bleibt, inwiefern das in den Vordergrund zu rückende Prinzip der Gerechtigkeit und Solidarität die Zusammenarbeit der Mitgliedstaaten sowohl untereinander als auch mit der WHO bei künftigen Gesundheitskrisen von internationalem Ausmaß zur Effektivität der Bekämpfung schwerwiegender grenzüberschreitender Gesundheitsgefahren wird befördern helfen.

Die neunte Auflage berücksichtigt die knapp 25 (!) Änderungsgesetze, die seit April 2021 Vorschriften des IfSG modifiziert haben. Zu erwähnen ist insbesondere das Gesetz zur Regelung des Sozialen Entschädigungsrechts, das zum Jahresbeginn 2024 die bisher in den §§ 60 ff normierte Impfschaden-Entschädigung in das SGB XIV ausgelagert, dabei an der inhaltlichen Ausgestaltung aber vergleichsweise wenig geändert hat. Berücksichtigt ist im Anhang auch die Neufassung der Trinkwasserverordnung vom 20. Juni 2023 zur Umsetzung der Richtlinie (EU) 2020/2184.

Helmut Erdle, der im Sommer 2022 verstorben ist, hat das Werk von der ersten Auflage an bis in das Jahr 2022 hinein betreut. Für die Neuauflage wurde an seiner bisherigen Konzeption unverändert festgehalten. In seinem langjährigen Wirken in der bayerischen Gesundheits-Ministerialverwaltung hat mein Vater nie die Praxissicht aus den Augen verloren. Dies mag, wie ich meine, nicht die schlechteste Grundlage für einen Kommentar sein, der beim Gesetzesvollzug echte Hilfestellung leisten will.

Pfaffenhofen an der Ilm, im November 2024 Florian Erdle

Inhaltsverzeichnis

Abkürzungsverzeichnis

ABl	Amtsblatt
AGBGB	Gesetz zur Ausführung des BGB
ÄndG	Änderungsgesetz
AMG	Arzneimittelgesetz
ArbSchG	Arbeitsschutzgesetz
ART-Kommission	Kommission Antiinfektiva, Resistenz und Therapie
BAnz	Bundesanzeiger
BayObLG	Bayerisches Oberlandesgericht
BayRS	Bayerische Rechtssammlung
BayVBl	Bayer. Verwaltungsblätter
BayVGH	Bayerischer Verwaltungsgerichtshof
BBiG	Berufsbildungsgesetz
Bek	Bekanntmachung
BfArM	Bundesinstitut für Arzneimittel und Medizinprodukte
BFH	Bundesfinanzhof
BGB	Bürgerliches Gesetzbuch
BGBl	Bundesgesetzblatt
BGesBl	Bundesgesundheitsblatt
BGH	Bundesgerichtshof
BGHZ	Bundesgerichtshof – Entscheidungen in Zivilsachen
BgVV	Bundesinstitut für gesundheitlichen Verbraucherschutz und Veterinärmedizin (bis 2002)
BGZ	Berufsgenossenschaftliche Zentrale für Sicherheit und Gesundheit
BioStoffV	Verordnung über Sicherheit und Gesundheitsschutz bei Tätigkeiten mit biologischen Arbeitsstoffen (Biostoffverordnung)
BMG	Bundesministerium für Gesundheit
BR	Bundesrat
BSeuchG	Bundes-Seuchengesetz
BSG	Bundessozialgericht
BT-Drs.	Bundestags-Drucksache
BVerfG	Bundesverfassungsgericht
BVerwG	Bundesverwaltungsgericht
BVerwGE	Amtliche Sammlung der Entscheidungen des Bundesverwaltungsgerichts
BVG	Bundesversorgungsgesetz
BZgA	Bundeszentrale für gesundheitliche Aufklärung
BZRG	Bundeszentralregistergesetz

DEMIS	Deutsches Elektronisches Melde- und Informationssystem für den Infektionsschutz
DÖV	Die Öffentliche Verwaltung
DV	Durchführungsverordnung
DVBl	Deutsches Verwaltungsblatt
FamFG	Gesetz über das Verfahren in Familiensachen und in den Angelegenheiten der freiwilligen Gerichtsbarkeit
GefStoffV	Gefahrstoffverordnung
GenTG	Gentechnikgesetz
GeschlKrG	Geschlechtskrankheitengesetz
GG	Grundgesetz
GMBl	Gemeinsames Ministerialblatt des Bundes
GO	Gemeindeordnung
GOÄ	Gebührenordnung für Ärzte
GOT	Gebührenordnung für Tierärzte
GUV	Gemeindeunfallversicherungsverband
GVBl	Gesetz- und Verordnungsblatt (Land)
GVOBl	Gesetz- und Verordnungsblatt
HeilprG	Heilpraktikergesetz
IfSG	Infektionsschutzgesetz
IfSGMeldAnpV	IfSG-Meldepflicht-Anpassungsverordnung
IGV	Internationale Gesundheitsvorschriften
KRINKO	Kommission für Krankenhaushygiene und Infektionsprävention
LFGB	Lebensmittel-, Bedarfsgegenstände- und Futtermittelgesetzbuch
LG	Landgericht
MDR	Monatsschrift für Deutsches Recht
MedR	Medizinrecht, Zeitschrift
NJW	Neue Juristische Wochenschrift
NJW-RR	Neue Juristische Wochenschrift – Rechtsprechungsreport
NRZ	Nationale Referenzzentren
öGD	Öffentlicher Gesundheitsdienst
OLG	Oberlandesgericht
OVG	Oberverwaltungsgericht
OWiG	Gesetz über Ordnungswidrigkeiten
PAG	Polizeiaufgabengesetz
PEI	Paul-Ehrlich-Institut – Bundesamt für Sera und Impfstoffe
ProstSchG	Prostituiertenschutzgesetz
RKI	Robert Koch-Institut – Bundesinstitut für Infektionskrankheiten und nicht übertragbare Krankheiten
RöV	Röntgenverordnung
SeuchRNeuG	Seuchenrechtsneuordnungsgesetz
SGB	Sozialgesetzbuch
SGB I	Allgemeiner Teil

SGB III	Arbeitsförderung
SGB IV	Gemeinsame Vorschriften für die Sozialversicherung
SGB V	Gesetzliche Krankenversicherung
SGB VI	Gesetzliche Rentenversicherung
SGB VII	Gesetzliche Unfallversicherung
SGB VIII	Kinder- und Jugendhilfe
SGB X	Verwaltungsverfahren
SGB XI	Gesetzliche Pflegeversicherung
SGB XIV	Soziale Entschädigung
SGG	Sozialgerichtsgesetz
SozR	Sozialrecht
StGB	Strafgesetzbuch
STIKO	Ständige Impfkommission
TRBA	Technische Regeln für Biologische Arbeitsstoffe
TRGS	Technische Regeln für Gefahrstoffe
TrinkwV	Trinkwasserverordnung
UBA	Umweltbundesamt
UVV	Unfallverhütungsvorschriften
VersR	Versicherungsrecht, Zeitschrift
VG	Verwaltungsgericht
VwGO	Verwaltungsgerichtsordnung
VwVfG	Verwaltungsverfahrensgesetz
WHG	Wasserhaushaltsgesetz
WHO	Weltgesundheitsorganisation
ZPO	Zivilprozessordnung

Gesetz zur Verhütung und Bekämpfung von Infektionskrankheiten beim Menschen (Infektionsschutzgesetz – IfSG)

vom 20.7.2000 (BGBl. I S. 1045),
zuletzt geändert durch Art. 8v des Gesetzes vom 12.12.2023 (BGBl. I S. 359)

Inhaltsverzeichnis
(nicht amtlicher Text)

13. Abschnitt – Rechtsweg und Kosten

14. Abschnitt – Straf- und Bußgeldvorschriften

15. Abschnitt – Übergangsvorschriften

1. Abschnitt
Allgemeine Vorschriften

§ 1
Zweck des Gesetzes

(1) Zweck des Gesetzes ist es, übertragbaren Krankheiten beim Menschen vorzubeugen, Infektionen frühzeitig zu erkennen und ihre Weiterverbreitung zu verhindern.

(2) Die hierfür notwendige Mitwirkung und Zusammenarbeit von Behörden des Bundes, der Länder und der Kommunen, Ärzten, Tierärzten, Krankenhäusern, wissenschaftlichen Einrichtungen sowie sonstigen Beteiligten soll entsprechend dem jeweiligen Stand der medizinischen und epidemiologischen Wissenschaft und Technik gestaltet und unterstützt werden. Die Eigenverantwortung der Träger und Leiter von Gemeinschaftseinrichtungen, Lebensmittelbetrieben, Gesundheitseinrichtungen sowie des Einzelnen bei der Prävention übertragbarer Krankheiten soll verdeutlicht und gefördert werden.

Zweck des IfSG ist es, Leben und Gesundheit der Allgemeinheit wie auch des Einzelnen vor den Gefahren der Infektionskrankheiten zu schützen (Prävention, Früherkennung, Verhinderung der Weiterverbreitung).
Nach Art. 74 Abs. 1 Nr. 19 GG erstreckt sich die konkurrierende Gesetzgebung des Bundes auf Regelungen über „Maßnahmen gegen gemeingefährliche oder übertragbare Krankheiten“. In der verfassungsrechtlichen Literatur wird davon ausgegangen, hier seien sowohl „gemeingefährliche“ als auch „übertragbare“ Krankheiten (alternativ) erfasst (z.B. Herzog, Erstkommentierung, in: Maunz/

Dürig, Grundgesetz-Kommentar, Art. 74 Rd.-Nr. 210). Nach der historischen Rechtsentwicklung und den Gesetzesmaterialien haben aber beide Merkmale kumulativ gegeben zu sein. Krebs, Herz-/Kreislaufkrankheiten, Allergien etc., die sich häufen und die Volksgesundheit gefährden („gemeingefährlich"), fallen folglich nicht unter die Regelungsbefugnis nach Art. 74 Abs. 1 Nr. 19 GG.
In Abs. 2 Satz 1 wird die notwendige Zusammenarbeit aller beteiligten Behörden und sonstigen Beteiligten ausdrücklich angesprochen. Dabei dürfen für den Zweck des IfSG auch personenbezogene Daten erforderlichenfalls genutzt werden (vgl. § 25 Abs. 3 Satz 4). Darüber hinaus enthält § 27 Abs. 2 eine ausdrückliche Informationspflicht des Gesundheitsamtes gegenüber der Lebensmittelüberwachungsbehörde.
Die allgemein geltende Eigenverantwortung (§ 1 Abs. 2 Satz 2; vgl. die strafrechtliche Verantwortung und die zivilrechtliche Haftung des Einzelnen) wird in § 23 Abs. 3, 4, 5 und in § 43 Abs. 2 ff besonders betont.

§ 2
Begriffsbestimmungen

Im Sinne dieses Gesetzes ist

1. Krankheitserreger 1)
ein vermehrungsfähiges Agens (Virus, Bakterium, Pilz, Parasit) oder ein sonstiges biologisches transmissibles Agens, das bei Menschen eine Infektion oder übertragbare Krankheit verursachen kann,

2. Infektion 2)
die Aufnahme eines Krankheitserregers und seine nachfolgende Entwicklung oder Vermehrung im menschlichen Organismus,

3. übertragbare Krankheit 3)
eine durch Krankheitserreger oder deren toxische Produkte, die unmittelbar oder mittelbar auf den Menschen übertragen werden, verursachte Krankheit,

3a. bedrohliche übertragbare Krankheit 4)
eine übertragbare Krankheit, die auf Grund klinisch schwerer Verlaufsformen oder ihrer Ausbreitungsweise eine schwerwiegende Gefahr für die Allgemeinheit verursachen kann,

4. Kranker 5)
eine Person, die an einer übertragbaren Krankheit erkrankt ist,

5. Krankheitsverdächtiger 6)
eine Person, bei der Symptome bestehen, welche das Vorliegen einer bestimmten übertragbaren Krankheit vermuten lassen,

6. Ausscheider 7)
eine Person, die Krankheitserreger ausscheidet und dadurch eine Ansteckungsquelle für die Allgemeinheit sein kann, ohne krank oder krankheitsverdächtig zu sein,

8) 7. Ansteckungsverdächtiger
eine Person, von der anzunehmen ist, dass sie Krankheitserreger aufgenommen hat, ohne krank, krankheitsverdächtig oder Ausscheider zu sein,

9) 8. nosokomiale Infektion
eine Infektion mit lokalen oder systemischen Infektionszeichen als Reaktion auf das Vorhandensein von Erregern oder ihrer Toxine, die im zeitlichen Zusammenhang mit einer stationären oder einer ambulanten medizinischen Maßnahme steht, soweit die Infektion nicht bereits vorher bestand,

10) 9. Schutzimpfung
die Gabe eines Impfstoffes mit dem Ziel, vor einer übertragbaren Krankheit zu schützen,

11) 10. andere Maßnahme der spezifischen Prophylaxe
die Gabe von Antikörpern (passive Immunprophylaxe) oder die Gabe von Medikamenten (Chemoprophylaxe) zum Schutz vor Weiterverbreitung bestimmter übertragbarer Krankheiten,

12) 11. *(weggefallen)*

13) 12. Gesundheitsschädling
ein Tier, durch das Krankheitserreger auf Menschen übertragen werden können,

14) 13. Sentinel-Erhebung
eine epidemiologische Methode zur stichprobenartigen Erfassung der Verbreitung bestimmter übertragbarer Krankheiten und der Immunität gegen bestimmte übertragbare Krankheiten in ausgewählten Bevölkerungsgruppen,

15) 14. Gesundheitsamt
die nach Landesrecht für die Durchführung dieses Gesetzes bestimmte und mit einem Amtsarzt besetzte Behörde,

16) 15. Einrichtung oder Unternehmen
eine juristische Person, eine Personengesellschaft oder eine natürliche Person, in deren unmittelbarem Verantwortungsbereich natürliche Personen behandelt, betreut, gepflegt oder untergebracht werden,

17) 15a. Leitung der Einrichtung
a) die natürliche Person oder die natürlichen Personen, die im Verantwortungsbereich einer Einrichtung durch diese mit den Aufgaben nach diesem Gesetz betraut ist oder sind
b) sofern eine Aufgabenübertragung nach Buchstabe a nicht erfolgt ist, die natürliche Person oder die natürlichen Personen, die für die Geschäftsführung zuständig ist oder sind, oder,
c) sofern die Einrichtung von einer einzelnen natürlichen Person betrieben wird, diese selbst,

15b. Leitung des Unternehmens
die natürliche Person oder die natürlichen Personen, die im Verantwortungsbereich eines Unternehmens durch dieses mit den Aufgaben nach diesem Gesetz betraut ist oder sind,

a) sofern eine Aufgabenübertragung nach Buchstabe a nicht erfolgt ist, die natürliche Person oder die natürlichen Personen, die für die Geschäftsführung zuständig ist oder sind, oder
b) sofern das Unternehmen von einer einzelnen natürlichen Person betrieben wird, diese selbst,

16. personenbezogene Angabe
Name und Vorname, Geschlecht, Geburtsdatum, Anschrift der Hauptwohnung oder des gewöhnlichen Aufenthaltsortes und, falls abweichend, Anschrift des derzeitigen Aufenthaltsortes der betroffenen Person sowie, soweit vorliegend, Telefonnummer und E-Mail-Adresse,

17. Risikogebiet 18)
ein Gebiet außerhalb der Bundesrepublik Deutschland, für das vom Bundesministerium für Gesundheit im Einvernehmen mit dem Auswärtigen Amt und dem Bundesministerium des Innern, für Bau und Heimat ein erhöhtes Risiko für eine Infektion mit einer bestimmten bedrohlichen übertragbaren Krankheit festgestellt wurde; die Einstufung als Risikogebiet erfolgt erst mit Ablauf des ersten Tages nach Veröffentlichung der Feststellung durch das Robert Koch-Institut im Internet unter der Adresse https://www.rki.de/risikogebiete.

1) Krankheitserreger (§ 2 Nr. 1) sind nur solche, „die beim gesunden, nicht abwehrgeschwächten Menschen zu einer übertragbaren Krankheit führen können. Für den Menschen nicht oder nur fakultativ pathogene Mikroorganismen werden folglich von dieser Definition nicht erfasst" (Amtliche Begründung).
Das biologisch transmissible Agens des mit den humanen spongiformen Enzephalopathien assoziierten Agens ist ausdrücklich genannt.
Zum Begriff „Krankheitserreger" siehe auch UVV 102 „Biotechnologie" (VBG 102) der Berufsgenossenschaft Rohstoffe und chemische Industrie mit den dazugehörenden Merkblättern der B-Reihe.

2) Infektion bedeutet nicht, dass die Aufnahme eines Krankheitserregers bzw. dessen Vermehrung zu einer Krankheit führt bzw. führen muss.

3) Erfasst werden alle übertragbaren Krankheiten, die durch Krankheitserreger oder deren toxische Produkte unmittelbar oder mittelbar auf den Menschen übertragen werden können. Dabei ist unerheblich, ob die Übertragung durch den Kontakt von Mensch zu Mensch, von Tier zu Mensch oder von Gegenständen (z.B. Lebensmittel, Staub, Schmutz) auf den Menschen erfolgen kann. Unerheblich für die Begriffsbestimmung „übertragbare Krankheit" ist auch, ob die Krankheit endemisch (örtlich, aber nicht zeitlich begrenzt, sog. „einheimische Seuche"), epidemisch (örtlich und zeitlich begrenzt) oder pandemisch (zeitlich, aber nicht örtlich begrenzt, sog. „weltweite Seuche") auftreten kann. Zweck des Gesetzes ist nicht nur, vor solchen übertragbaren Krankheiten, sondern – soweit möglich – die Allgemeinheit auch vor anderen übertragbaren Krankheiten zu schützen, bei denen es typischerweise nicht zu

einer Massenausbreitung kommen kann (z.B. Tetanus, Tollwut); vgl. hierzu BVerwG, Beschluss vom 24.9.1969, NJW 1970, 532 = Arztrecht 1970, 93. Ob eine übertragbare Krankheit im Sinn des § 2 Nr. 3 vorliegt, kann nur mit medizinischem Sachverstand beantwortet werden.

4) Der Begriff „bedrohliche übertragbare Krankheit" wird durch das ÄndG vom 17.7.2017 konkretisiert (s. §§ 5, 6 Abs. 1 Satz 1 Nr. 5, s. auch § 4 Abs. 1 Satz 4, § 7 Abs. 2 Satz 1 und § 25 Abs. 2 Satz 2).

5) Diese Begriffsbestimmung ist erfüllt, wenn medizinisch-diagnostisch gesichert ist, dass die Symptome einer bestimmten übertragbaren Krankheit vorliegen (vgl. § 2 Nr. 5 „Krankheitsverdacht").
Die Krankheit i.S. des § 2 Nr. 4 ist unabhängig vom Krankheitsbegriff des sozialen Leistungsrechts (vgl. § 27 SGB V) zu beurteilen.

6) Der Begriff „Krankheitsverdacht" setzt nicht voraus, dass sich der Betroffene krank fühlt; vielmehr muss der beurteilende Arzt aufgrund von (möglicherweise geringen Symptomen, evtl. auch aufgrund eines Tuberkulintests oder einer Röntgenaufnahme) zu der Vermutung kommen, dass eine bestimmte übertragbare Krankheit vorliegen kann.

7) „Ausscheider" ist, wer nicht krank oder krankheitsverdächtig (§ 2 Nrn. 4, 5) ist, jedoch nachweislich bestimmte Krankheitserreger (§ 2 Nr. 1) ausscheidet **und** dadurch ohne Weiteres eine Gefahr für die Allgemeinheit darstellt.
Nicht Ausscheider i.S. des § 2 Nr. 6 sind demnach Träger von Krankheitserregern (z.B. von Hepatitis-B-Viren, HIV-Infizierte), die diese nicht bei den allgemeinen sozialen Kontakten an Dritte weitergeben können, sondern nur unter besonderen Voraussetzungen (z.B. beim Geschlechtsverkehr, bei Bluttransfusionen oder Blutkontakten). Für diesen Personenkreis (sog. Carrier) bestehen in § 31 Satz 2 (Berufsverbot) und in § 34 Abs. 9 (Betreute in Gemeinschaftseinrichtungen) Sonderregelungen.

8) Zu beurteilen, ob die Voraussetzungen des Ansteckungsverdachts erfüllt sind (mit allen daraus folgenden seuchenrechtlichen Konsequenzen), ist Aufgabe des Arztes (des Gesundheitsamtes). Dabei sind zu berücksichtigen die Art der jeweiligen übertragbaren Krankheit (Infektiosität), die Übertragungswege, die Inkubationszeit sowie Zeitpunkt, Zeitdauer und Art (Intensität) des Kontakts des Betroffenen mit dem Kranken bzw. Krankheitsverdächtigen.
Das BVerwG hat im Urteil vom 22.3.2012 Az. 3 C 16.11, NJW 2012, S. 2823, ergänzend hierzu festgestellt: „Eine Person ist ansteckungsverdächtig (§ 2 Nr. 7), wenn die Annahme, sie habe Krankheitserreger aufgenommen, wahrscheinlicher ist als das Gegenteil. Für die Beurteilung sind die Eigenheiten der Krankheit, epidemiologische Erkenntnisse sowie die jeweiligen Erkenntnisse über Zeitpunkt, Art und Umfang der möglichen Exposition und über die Empfänglichkeit der Person für den Erreger zu berücksichtigen."

9) Siehe Heft 8 des RKI „Nosokomiale Infektionen" aus der Reihe „Gesundheitsberichterstattung des Bundes" (Juni 2002) sowie „Definitionen nosoko-

mialer Infektionen (CDC-Definitionen)" im Internet unter http://www.rki.de> Infektionsschutz> Infektions- und Krankenhaushygiene> Themen A–Z> Nosokomiale Infektionen: Definitionen, Berichte und Projekte.

„Erreger" im Sinn des § 2 Nr. 8 sind sowohl endogene als auch exogene sowie – über die in § 2 Nr. 1 genannten Krankheitserreger hinaus – fakultativ pathogene Mikroorganismen.

Bei den „stationären Maßnahmen" werden nicht nur Krankenhausaufenthalte erfasst, sondern auch sonstige stationäre medizinische Maßnahmen (z.B. in Krankenstationen von Alten- oder Pflegeheimen).

Nicht erfasst werden Infektionen, die bereits bei Beginn einer stationären Behandlung vorhanden sind bzw. waren sowie Erreger auf Haut, Schleimhaut, in Wunden, Exkreten oder Sekreten ohne gleichzeitige klinische Symptome beim Patienten.

Das gehäufte Auftreten nosokomialer Infektionen ist nach § 6 Abs. 3 (§ 8 Abs. 1 Nrn. 1, 3 u. 5 sowie § 10 Abs. 1) nichtnamentlich zu melden.

Nosokomiale Infektionen, insbesondere solche mit resistenten Erregern, sollen durch die Regelungen in § 23 reduziert werden.

10) Das IfSG erfasst nur Impfungen, die vor übertragbaren Krankheiten schützen sollen und zwar sowohl Impfungen, die dem Schutz der Allgemeinheit dienen als auch solche zum Individualschutz.

Besondere Vorschriften über Schutzimpfungen siehe §§ 20 bis 22 (die früher in §§ 60 ff geregelte Impfschaden-Entschädigung findet sich nun im SGB XIV).

Der Begriff „Impfstoffe" ist in § 4 Abs. 4 AMG definiert: „Arzneimittel, die Antigene oder rekombinante Nukleinsäuren enthalten und dazu bestimmt sind, bei Mensch oder Tier zur Erzeugung von spezifischen Abwehr- und Schutzstoffen angewendet zu werden".

11) Maßnahmen der spezifischen Prophylaxe kommen bei Infizierten (z.B. bei Meningokokkeninfektionen) in Betracht, um den Ausbruch der Krankheit zu verhindern. Diese besonderen Präventionsmaßnahmen stellt das IfSG den Schutzimpfungen gleich (vgl. § 20, § 60).

12) Nr. 11 mit der Begriffsbestimmung des „Impfschadens" wurde durch das G vom 12.12.2019 (BGBl. I S. 2652) aufgehoben; die auf den Impfschaden bezogenen Regelungen der §§ 60 ff. wurden mit dem 1.1.2024 in das SGB XIV überführt.

13) Maßnahmen gegen Gesundheitsschädlinge sind nach § 17 Abs. 1 Satz 4, Abs. 2 und 5 möglich.

Abweichend von der entsprechenden Begriffsbestimmung in § 13 Abs. 4 BSeuchG erfasst § 2 Nr. 12 IfSG sämtliche Tiere, „durch die Krankheitserreger auf Menschen übertragen werden können". Damit ist klargestellt, dass zweifellos auch Ratten und verwilderte Tauben darunter fallen. Hinsichtlich der Tiere, die vom Tierseuchenrecht erfasst werden (vgl. § 1 TierSG vom 22.6.2004, BGBl I S. 1260) gilt dieses Gesetz als lex specialis. Nicht zu den Gesundheitsschädlingen zählen die Allergene oder Toxine erzeugenden Parasiten oder Schädlinge (Amtliche Begründung).

14) Siehe hierzu § 13 Abs. 1 und 2.

15) Unabhängig von der Behördenstruktur in den Ländern (vgl. Anmerkung zu § 16 Abs. 6) nennt das IfSG an den entsprechenden Stellen jeweils ausdrücklich das „Gesundheitsamt" als Institution, wenn fachliche Aspekte des Seuchenschutzes berührt sind; s. auch § 2 Abs. 1 Satz 2 IGV-DG.

16) Mit dem G vom 10.12.2021 (BGBl. I S. 5162) enthält das IfSG nunmehr eine Differenzierung zwischen „Einrichtungen" und „Unternehmen", die dann etwa in § 23, § 28b und § 35 wieder aufgenommen wird.

17) Im Hinblick auf die Verpflichtungen, die das IfSG den „Leitern von Einrichtungen" (bzw. von „Unternehmen") auferlegt, ist es notwendig, diesen Begriff zu definieren (s. § 8 Abs. 1 Nr. 7, § 20 Abs. 9 bis 12, § 23 Abs. 3 ff., § 33 Abs. 6, § 36 Abs. 3a).

18) Der Begriff „Risikogebiet" (vgl. § 36 Abs. 8 S. 1, Abs. 10 S. 1 Nr. 2 Buchst. a, b) wurde durch das ÄndG vom 18.11.2020 in das IfSG aufgenommen. Die „bedrohliche übertragbare Krankheit" ist in § 2 Nr. 3a legaldefiniert.

Siehe auch die Begriffsbestimmungen der IGV (2005) – Art. 1 IGV, § 1 Abs. 2 IGV-DG –, die nur teilweise mit denjenigen des IfSG deckungsgleich sind.

§ 3
Prävention durch Aufklärung

Die Information und Aufklärung der Allgemeinheit über die Gefahren übertragbarer Krankheiten und die Möglichkeiten zu deren Verhütung sind eine öffentliche Aufgabe. Insbesondere haben die nach Landesrecht zuständigen Stellen über Möglichkeiten des allgemeinen und individuellen Infektionsschutzes sowie über Beratungs-, Betreuungs- und Versorgungsangebote zu informieren.

§ 3 enthält eine Verpflichtung aller „öffentlichen Stellen" zur Information und Aufklärung der Bevölkerung. Diese Pflicht trifft nicht nur den öffentlichen Gesundheitsdienst der Länder („insbesondere haben die nach Landesrecht zuständigen Stellen"), sondern auch die zuständigen Behörden des Bundes (z.B. Bundesministerium für Gesundheit, Robert Koch-Institut – vgl. § 4 Abs. 1 und Abs. 2 Nr. 1 –, Bundeszentrale für gesundheitliche Aufklärung) und darüber hinaus auch die Schulen, Jugendämter etc.

Hinsichtlich sexuell übertragbarer Krankheiten und Tuberkulose wird die in § 3 enthaltene Beratungs- und Betreuungsaufgabe für die Gesundheitsämter in § 19 und im Prostituiertenschutzgesetz (auszugsweise abgedruckt im **Anhang**) präzisiert.

Soweit das IfSG zur Kostentragung für solche Maßnahmen keine Regelung trifft, fallen die jeweiligen Kosten demjenigen zur Last, der die Aufklärungsmaßnahme durchführt.

2. Abschnitt
Koordinierung und epidemische Lage von nationaler Tragweite

§ 4
Aufgaben des Robert Koch-Institutes

(1) Das Robert Koch-Institut ist die nationale Behörde zur Vorbeugung übertragbarer Krankheiten sowie zur frühzeitigen Erkennung und Verhinderung der Weiterverbreitung von Infektionen. Dies schließt die Entwicklung und Durchführung epidemiologischer und laborgestützter Analysen sowie Forschung zu Ursache, Diagnostik und Prävention übertragbarer Krankheiten ein. Es arbeitet mit den jeweils zuständigen Bundesbehörden, den zuständigen Landesbehörden, den nationalen Referenzzentren, weiteren wissenschaftlichen Einrichtungen und Fachgesellschaften zusammen. Auf dem Gebiet der Zoonosen und mikrobiell bedingten Lebensmittelvergiftungen sind das Bundesamt für Verbraucherschutz und Lebensmittelsicherheit, das Bundesinstitut für Risikobewertung, sofern es sich um Aufgaben der Risikobewertung handelt, und das Friedrich-Loeffler-Institut zu beteiligen. Auf Ersuchen der zuständigen obersten Landesgesundheitsbehörde kann das Robert Koch-Institut den zuständigen Stellen bei Maßnahmen zur Überwachung, Verhütung und Bekämpfung von bedrohlichen übertragbaren Krankheiten, auf Ersuchen mehrerer zuständiger oberster Landesgesundheitsbehörden auch länderübergreifend, Amtshilfe leisten. Soweit es zur Erfüllung dieser Amtshilfe erforderlich ist, darf es personenbezogene Daten verarbeiten. Beim Robert Koch-Institut wird eine Kontaktstelle für den öffentlichen Gesundheitsdienst der Länder eingerichtet, die die Amtshilfe nach Satz 5 und die Zusammenarbeit mit den zuständigen Landesbehörden und die Zusammenarbeit bei der Umsetzung des elektronischen Melde- und Informationssystems nach § 14 innerhalb der vom gemeinsamen Planungsrat nach § 14 Absatz 1 Satz 7 getroffenen Leitlinien koordiniert. 1)

(1a) Das Bundesministerium für Gesundheit legt dem Deutschen Bundestag nach Beteiligung des Bundesrates bis spätestens zum 31. März 2021 einen Bericht zu den Erkenntnissen aus der durch das neuartige Coronavirus SARS-CoV-2 verursachten Epidemie vor. Der Bericht beinhaltet Vorschläge zur gesetzlichen, infrastrukturellen und personellen Stärkung des Robert Koch-Instituts sowie gegebenenfalls zusätzlicher Behörden zur Erreichung des Zwecks dieses Gesetzes.

(2) Das Robert Koch-Institut 2)

1. erstellt im Benehmen mit den jeweils zuständigen Bundesbehörden für Fachkreise als Maßnahme des vorbeugenden Gesundheitsschutzes Richtlinien, Empfehlungen, Merkblätter und sonstige Informationen zur Vorbeugung, Erkennung und Verhinderung der Weiterverbreitung übertragbarer Krankheiten,
2. wertet die Daten zu meldepflichtigen Krankheiten und meldepflichtigen Nachweisen von Krankheitserregern, die ihm nach diesem Gesetz und nach § 11 Absatz 5, 3)

§ 16 Absatz 4 des IGV-Durchführungsgesetzes übermittelt worden sind, infektionsepidemiologisch aus,

3. stellt die Ergebnisse der infektionsepidemiologischen Auswertungen den folgenden Behörden und Institutionen zur Verfügung:
   a) den jeweils zuständigen Bundesbehörden,
   b) dem Kommando Sanitätsdienst der Bundeswehr,
   c) den obersten Landesgesundheitsbehörden,
   d) den Gesundheitsämtern,
   e) den Landesärztekammern,
   f) dem Spitzenverband Bund der Krankenkassen,
   g) der Kassenärztlichen Bundesvereinigung,
   h) dem Institut für Arbeitsschutz der Deutschen Gesetzlichen Unfallversicherung und
   i) der Deutschen Krankenhausgesellschaft,
4. veröffentlicht die Ergebnisse der infektionsepidemiologischen Auswertungen periodisch und
5. unterstützt die Länder und sonstigen Beteiligten bei ihren Aufgaben im Rahmen der epidemiologischen Überwachung nach diesem Gesetz.

4) (3) Das Robert Koch-Institut arbeitet zu den in § 1 Absatz 1 genannten Zwecken mit ausländischen Stellen und supranationalen Organisationen sowie mit der Weltgesundheitsorganisation und anderen internationalen Organisationen zusammen. Im Rahmen dieser Zusammenarbeit stärkt es deren Fähigkeiten, insbesondere einer möglichen grenzüberschreitenden Ausbreitung von übertragbaren Krankheiten vorzubeugen, entsprechende Gefahren frühzeitig zu erkennen und Maßnahmen zur Verhinderung einer möglichen grenzüberschreitenden Weiterverbreitung einzuleiten. Die Zusammenarbeit kann insbesondere eine dauerhafte wissenschaftliche Zusammenarbeit mit Einrichtungen in Partnerstaaten, die Ausbildung von Personal der Partnerstaaten sowie Unterstützungsleistungen im Bereich der epidemiologischen Lage- und Risikobewertung und des Krisenmanagements umfassen, auch verbunden mit dem Einsatz von Personal des Robert Koch-Institutes im Ausland. Soweit es zur Abwendung von Gefahren von Dritten und zum Schutz von unmittelbar Betroffenen im Rahmen der frühzeitigen Erkennung und Verhinderung der Weiterverbreitung von bedrohlichen übertragbaren Krankheiten, der Unterstützung bei der Ausbruchsuntersuchung und -bekämpfung, der Kontaktpersonennachverfolgung oder der medizinischen Evakuierung von Erkrankten und Ansteckungsverdächtigen erforderlich ist, darf das Robert Koch-Institut im Rahmen seiner Aufgaben nach den Sätzen 1 bis 3 personenbezogene Daten verarbeiten.

Das Robert Koch-Institut (RKI) ist eine „Nachfolge-Einrichtung des früheren Bundesgesundheitsamtes (vgl. Gesundheitseinrichtungen-Neuordnungs-Gesetz – GNG – vom 24.6.1994, BGBl I S. 1416). Die in Art. 1 § 2 GNG aufgeführten Aufgaben des RKI werden hinsichtlich des Bereichs „übertragbare Krankheiten beim Menschen“ im IfSG näher beschrieben. Soweit dabei die Zuständigkeit anderer Bundesinstitute berührt ist, arbeitet das RKI mit diesen zusammen, z.B. mit dem Bundesinstitut für Risikobewertung – BfR – (vgl. BfR-Gesetz vom 6.8.2002, BGBl I S. 3082), wenn ein Zusammenhang mit Tieren – Zoonosen – oder Lebensmitteln besteht (§ 4 Abs. 1 Satz 3 IfSG) oder mit dem Umweltbundesamt UBA –, wenn Wasser oder Gesundheitsschädlinge als Infektionsquellen in Betracht kommen.

Ziel des IfSG ist es, das RKI als infektionsepidemiologische Leitstelle (Zentrum) für die Bundesrepublik Deutschland zu etablieren.

1) Die in Abs. 1 festgelegten Aufgaben des RKI erfordern neben der Sammlung und Auswertung der vorhandenen wissenschaftlichen Erkenntnisse auch eigene Forschungsaktivitäten. Die Neufassung von Absatz 1 durch das G vom 27.3.2020 (BGBl. I S. 587) lässt die Aufgaben des RKI substantiell unberührt. Sie macht jedoch klarer, dass das RKI mit der Prävention und Bekämpfung übertragbarer Krankheiten befasst ist.

Das RKI wie auch die Gesundheitsbehörden der Länder werden dabei von den **Nationalen Referenzzentren** (einschließlich Konsiliarlaboratorien) unterstützt (vgl. Abs. 1 Satz 5). Diese Referenzzentren werden vom Bundesministerium für Gesundheit jeweils für bestimmte Bereiche ernannt und finanziell gefördert. Ihr Aufgabengebiet umfasst im Wesentlichen

- Entwicklung/Verbesserung diagnostischer Verfahren und Beteiligung an Untersuchungen zur Qualitätssicherung,
- spezielle Diagnostik und Feintypisierung,
- epidemiologische Analysen und Bewertung von Resistenz- oder Virulenzentwicklungen,
- Stammsammlung und Abgabe von Referenzstämmen bzw. diagnostik-spezifischen Referenzpräparaten,
- Berichterstattung,
- Durchführung epidemiologischer Untersuchungen,
- Beratung diagnostischer Laboratorien,
- Zusammenarbeit mit Referenzlaboratorien anderer Länder und mit den Kollaborationszentren der WHO.

Die Nationalen Referenzzentren und Konsiliarlaboratorien (Stand: August 2021) können im Internet abgerufen werden: http://www.rki.de> Infektionsschutz> NRZ und Konsiliarlabore> Liste aller Referenzzentren und Konsiliarlabore (s. hierzu „Referenznetzwerke aus Nationalen Referenzzentren mit assoziierten Konsiliarlaboratorien“ BGesBl 2/2012, S. 223).

Bei außergewöhnlichen Gefahrensituationen steht das RKI den Gesundheitsbehörden der Länder (auf Anforderung) beratend zur Verfügung, ggf. auch vor Ort (vgl. Abs. 1 Satz 45). Bei einer epidemischen Lage von nationaler Tragweite soll durch das RKI ein koordiniertes Vorgehen aller Beteiligten sichergestellt werden (§ 5 Abs. 6, 7).

Durch die beim RKI durch das ÄndG vom 19.5.2020 neu geschaffene Kontaktstelle (Abs. 1 Satz 7) werden dessen Amtshilfe sowie die Zusammenarbeit von Bund und Länderbehörden koordiniert, insbesondere bei der Umsetzung

des Melde- und Informationssystems (§ 14). Die Kontaktstelle ist von den zuständigen Landesbehörden unverzüglich zu informieren, wenn die Durchführung notwendiger Schutzmaßnahmen nach dem Abschnitt 5 nicht mehr gewährleistet ist (§ 5 Abs. 7).
Hinsichtlich der Aufgaben des RKI im Rahmen des Europäischen Netzwerks siehe § 4 Abs. 3.

2) Das RKI veröffentlicht die folgenden Schriften, die für alle im Bereich der Verhütung, Bekämpfung und Behandlung übertragbarer Krankheiten Tätigen von wesentlichem Interesse und insbesondere für die Behörden des öffentlichen Gesundheitsdienstes unverzichtbar sind:
- **Epidemiologisches Bulletin** (erscheint wöchentlich mit aktuellen Informationen wie auch unter der Rubrik „Ratgeber Infektionskrankheiten" mit ausführlichen Hinweisen zu den einzelnen übertragbaren Krankheiten – früher in den einschlägigen Merkblättern des Bundesgesundheitsamtes); das Epid. Bulletin ist im Internet verfügbar unter http://www.rki.de> Infektionsschutz> Epidemiologisches Bulletin, die einzelnen Ausgaben des „Ratgebers Infektionskrankheiten" jeweils unter http://www.rki.de> Infektionsschutz> RKI-Ratgeber
- **Infektionsepidemiologische Forschung** (erscheint vierteljährlich und enthält jeweils eingehende Darstellungen zu bestimmten Schwerpunkten)
- **Bundesgesundheitsblatt** (monatlich gemeinsam herausgegeben von den Nachfolge-Einrichtungen des BGA mit Beiträgen des RKI), Papierausgabe: ISSN 1436-9990, Internet: http://www.bundesgesundheitsblatt.de.

Soweit darüber hinaus eine allgemeine Aufklärung der Bevölkerung angezeigt erscheint, steht die Bundeszentrale für gesundheitliche Aufklärung in Köln (BZgA) zur Verfügung.

3) Die bundesweite Erfassung der Meldungen durch das RKI wird durch § 10 Abs. 2 (nichtnamentliche Meldungen), § 11 Abs. 1 (namentliche Meldungen) und § 12 sichergestellt. Die Auswertung durch das RKI erfolgt zeitnah, damit epidemiologische Zusammenhänge frühzeitig erkannt werden können und erforderlichenfalls darauf reagiert werden kann (§ 4 Abs. 2 Nr. 2). Die in Absatz 2 Nr. 3 festgelegten periodischen Informationen durch das RKI erfolgen in der Regel durch dessen epidemiologisches Bulletin (vgl. Anm. 2).
Die früher in § 4 Abs. 2 Nr. 2 Buchst. b enthaltene Aufgabe des RKI, Kriterien für die Erfassung nosokomialer Infektionen festzulegen, ist nunmehr des Zusammenhangs wegen in § 23 Abs. 4a enthalten.
Hinsichtlich der Mitwirkung des RKI bei Sentinelerhebungen siehe § 13 Abs. 2.

4) Der durch das ÄndG vom 17.7.2017 eingefügte Absatz 3 regelt auf der Basis von Art. 2 IGV die Aufgaben des RKI im internationalen Bereich. Er erfasst dabei auch Beiträge zur Prävention internationaler Gesundheitsgefahren, entwicklungspolitische Maßnahmen im Gesundheitswesen (Bundesministerium

für wirtschaftliche Zusammenarbeit) sowie humanitäre Hilfe in Krisensituationen (Auswärtiges Amt).
Der im Gesetzentwurf der Bundesregierung für das Masernschutzgesetz (BT-Drs. 19/13452 vom 23.9.2019) vorgesehene § **4a (Bundesstatistik)** wurde auf Vorschlag des Bundesrates gestrichen. Zunächst sollen die Ergebnisse der Arbeitsgruppe „Grundsatzfragen des öffentlichen Gesundheitsdienstes" zur statistischen Erfassung der Personalausstattung im öffentlichen Gesundheitsdienst abgewartet werden (BT-Drs. 19/13826 vom 9.10.2019 und 19/15164 vom 13.11.2019).

§ 5
Epidemische Lage von nationaler Tragweite

(1) Der Deutsche Bundestag kann eine epidemische Lage von nationaler Tragweite feststellen, wenn die Voraussetzungen nach Satz 6 vorliegen. Der Deutsche Bundestag hebt die Feststellung der epidemischen Lage von nationaler Tragweite wieder auf, wenn die Voraussetzungen nach Satz 6 nicht mehr vorliegen. Die Feststellung nach Satz 1 gilt als nach Satz 2 aufgehoben, sofern der Deutsche Bundestag nicht spätestens drei Monate nach der Feststellung nach Satz 1 das Fortbestehen der epidemischen Lage von nationaler Tragweite feststellt; dies gilt entsprechend, sofern der Deutsche Bundestag nicht spätestens drei Monate nach der Feststellung des Fortbestehens der epidemischen Lage von nationaler Tragweite das Fortbestehen erneut feststellt. Die Feststellung des Fortbestehens nach Satz 3 gilt als Feststellung im Sinne des Satzes 1. Die Feststellung und die Aufhebung sind im Bundesgesetzblatt bekannt zu machen. Eine epidemische Lage von nationaler Tragweite liegt vor, wenn eine ernsthafte Gefahr für die öffentliche Gesundheit in der gesamten Bundesrepublik Deutschland besteht, weil

1. **die Weltgesundheitsorganisation eine gesundheitliche Notlage von internationaler Tragweite ausgerufen hat und die Einschleppung einer bedrohlichen übertragbaren Krankheit in die Bundesrepublik Deutschland droht oder**
2. **eine dynamische Ausbreitung einer bedrohlichen übertragbaren Krankheit über mehrere Länder in der Bundesrepublik Deutschland droht oder stattfindet.**

Solange eine epidemische Lage von nationaler Tragweite festgestellt ist, unterrichtet die Bundesregierung den Deutschen Bundestag regelmäßig mündlich über die Entwicklung der epidemischen Lage von nationaler Tragweite.

(2) Das Bundesministerium für Gesundheit wird im Rahmen der epidemischen Lage von nationaler Tragweite unbeschadet der Befugnisse der Länder ermächtigt,

1. bis 3. *(weggefallen)*

4. **durch Rechtsverordnung ohne Zustimmung des Bundesrates Maßnahmen zur Sicherstellung der Versorgung mit Arzneimitteln einschließlich Impfstoffen und Betäubungsmitteln, mit Medizinprodukten, Labordiagnostik, Hilfsmitteln, Gegenständen der persönlichen Schutzausrüstung und Produkten zur Desinfektion sowie zur Sicherstellung der Versorgung mit Wirk-, Ausgangs- und Hilfsstoffen, Materialien, Behältnissen und Verpackungsmateri-**

alien, die zur Herstellung und zum Transport der zuvor genannten Produkte erforderlich sind, zu treffen und

a) Ausnahmen von den Vorschriften des Arzneimittelgesetzes, des Betäubungsmittelgesetzes, des Apothekengesetzes, des Fünften Buches Sozialgesetzbuch, des Transfusionsgesetzes, des Heilmittelwerbegesetzes sowie der auf ihrer Grundlage erlassenen Rechtsverordnungen, der medizinprodukterechtlichen Vorschriften und der die persönliche Schutzausrüstung betreffenden Vorschriften zum Arbeitsschutz, die die Herstellung, Kennzeichnung, Zulassung, klinische Prüfung, Anwendung, Verschreibung und Abgabe, Ein- und Ausfuhr, das Verbringen und die Haftung, sowie den Betrieb von Apotheken einschließlich Leitung und Personaleinsatz regeln, zuzulassen,
b) die zuständigen Behörden zu ermächtigen, im Einzelfall Ausnahmen von den in Buchstabe a genannten Vorschriften zu gestatten, insbesondere Ausnahmen von den Vorschriften zur Herstellung, Kennzeichnung, Anwendung, Verschreibung und Abgabe, zur Ein- und Ausfuhr und zum Verbringen sowie zum Betrieb von Apotheken einschließlich Leitung und Personaleinsatz zuzulassen,
c) Maßnahmen zum Bezug, zur Beschaffung, Bevorratung, Verteilung und Abgabe solcher Produkte durch den Bund zu treffen sowie Regelungen zu Melde- und Anzeigepflichten vorzusehen,
d) Regelungen zur Sicherstellung und Verwendung der genannten Produkte sowie bei enteignender Wirkung Regelungen über eine angemessene Entschädigung hierfür vorzusehen,
e) ein Verbot, diese Produkte zu verkaufen, sich anderweitig zur Überlassung zu verpflichten oder bereits eingegangene Verpflichtungen zur Überlassung zu erfüllen sowie Regelungen über eine angemessene Entschädigung hierfür vorzusehen,
f) Regelungen zum Vertrieb, zur Abgabe, Preisbildung und -gestaltung, Erstattung, Vergütung sowie für den Fall beschränkter Verfügbarkeit von Arzneimitteln einschließlich Impfstoffen zur Priorisierung der Abgabe und Anwendung der Arzneimittel oder der Nutzung der Arzneimittel durch den Bund und die Länder zu Gunsten bestimmter Personengruppen vorzusehen,
g) Maßnahmen zur Aufrechterhaltung, Umstellung, Eröffnung oder Schließung von Produktionsstätten oder einzelnen Betriebsstätten von Unternehmen, die solche Produkte produzieren sowie Regelungen über eine angemessene Entschädigung hierfür vorzusehen;

5. nach § 13 Absatz 1 des Patentgesetzes anzuordnen, dass eine Erfindung in Bezug auf eines der in Nummer 4 vor der Aufzählung genannten Produkte im Interesse der öffentlichen Wohlfahrt oder im Interesse der Sicherheit des Bundes benutzt werden soll; das Bundesministerium für Gesundheit kann eine nachgeordnete Behörde beauftragen, diese Anordnung zu treffen;

6. die notwendigen Anordnungen
   a) zur Durchführung der Maßnahmen nach Nummer 4 Buchstabe a und
   b) zur Durchführung der Maßnahmen nach Nummer 4 Buchstabe c bis g

   zu treffen; das Bundesministerium für Gesundheit kann eine nachgeordnete Behörde beauftragen, diese Anordnung zu treffen;
7. durch Rechtsverordnung ohne Zustimmung des Bundesrates Maßnahmen zur Aufrechterhaltung der Gesundheitsversorgung in ambulanten Praxen, Apotheken, Krankenhäusern, Laboren, Vorsorge- und Rehabilitationseinrichtungen und in sonstigen Gesundheitseinrichtungen in Abweichung von bestehenden gesetzlichen Vorgaben vorzusehen und
   a) untergesetzliche Richtlinien, Regelungen, Vereinbarungen und Beschlüsse der Selbstverwaltungspartner nach dem Fünften Buch Sozialgesetzbuch und nach Gesetzen, auf die im Fünften Buch Sozialgesetzbuch Bezug genommen wird, anzupassen, zu ergänzen oder auszusetzen,
   b) abweichend von der Approbationsordnung für Ärzte die Regelstudienzeit, die Zeitpunkte und die Anforderungen an die Durchführung der einzelnen Abschnitte der Ärztlichen Prüfung und der Eignungs- und Kenntnisprüfung, der Famulatur und der praktischen Ausbildung festzulegen und alternative Lehrformate vorzusehen, um die Fortführung des Studiums zu gewährleisten,
   c) abweichend von der Approbationsordnung für Zahnärzte, sofern sie nach § 133 der Approbationsordnung für Zahnärzte und Zahnärztinnen weiter anzuwenden ist, die Regelstudienzeit, die Anforderungen an die Durchführung der naturwissenschaftlichen Vorprüfung, der zahnärztlichen Vorprüfung und der zahnärztlichen Prüfung festzulegen und alternative Lehrformate vorzusehen, um die Fortführung des Studiums zu gewährleisten,
   d) abweichend von der Approbationsordnung für Apotheker die Regelstudienzeit, die Zeitpunkte und die Anforderungen an die Durchführung der einzelnen Prüfungsabschnitte der pharmazeutischen Prüfung sowie die Anforderungen an die Durchführung der Famulatur und der praktischen Ausbildung festzulegen und alternative Lehrformate vorzusehen, um die Fortführung ds Studiums zu gewährleisten;
   e) abweichend von der Approbationsordnung für Psychotherapeutinnen und Psychotherapeuten die Regelstudienzeit festzulegen,
   f) abweichend von der Approbationsordnung für Zahnärzte und Zahnärztinnen die Regelstudienzeit, die Zeitpunkte und die Anforderungen an die Durchführung der einzelnen Abschnitte der Zahnärztlichen Prüfung und der Eignungs- und Kenntnisprüfung, des Krankenpflegedienstes und der Famulatur festzulegen und alternative Lehrformate vorzusehen, um die Fortführung des Studiums und die Durchführung der Prüfungen zu gewährleisten;

8. durch Rechtsverordnung ohne Zustimmung des Bundesrates Maßnahmen zur Aufrechterhaltung der pflegerischen Versorgung in ambulanten und stationären Pflegeeinrichtungen in Abweichung von bestehenden gesetzlichen Vorgaben vorzusehen und
   a) bundesgesetzliche oder vertragliche Anforderungen an Pflegeeinrichtungen auszusetzen oder zu ändern,
   b) untergesetzliche Richtlinien, Regelungen, Vereinbarungen und Beschlüsse der Selbstverwaltungspartner nach dem Elften Buch Sozialgesetzbuch und nach Gesetzen, auf die im Elften Buch Sozialgesetzbuch Bezug genommen wird, anzupassen, zu ergänzen oder auszusetzen,
   c) Aufgaben, die über die Durchführung von körperbezogenen Pflegemaßnahmen, pflegerischen Betreuungsmaßnahmen und Hilfen bei der Haushaltsführung bei Pflegebedürftigen hinaus regelmäßig von Pflegeeinrichtungen, Pflegekassen und Medizinischen Diensten zu erbringen sind, auszusetzen oder einzuschränken;
9. Finanzhilfen gemäß Artikel 104b Absatz 1 des Grundgesetzes für Investitionen der Länder, Gemeinden und Gemeindeverbände zur technischen Modernisierung der Gesundheitsämter und zum Anschluss dieser an das elektronische Melde- und Informationssystem nach § 14 sowie zum Aufbau oder zur Aufrechterhaltung von Kernkapazitäten im Sinne der Anlage 1 Teil B der Internationalen Gesundheitsvorschriften (2005) (BGBl. 2007 II S. 930, 932), auf Flughäfen, in Häfen und bei Landübergängen, soweit dies in die Zuständigkeit der Länder fällt, zur Verfügung zu stellen; das Nähere wird durch Verwaltungsvereinbarungen mit den Ländern geregelt;
10. durch Rechtsverordnung ohne Zustimmung des Bundesrates unbeschadet des jeweiligen Ausbildungsziels und der Patientensicherheit abweichende Regelungen von den Berufsgesetzen der Gesundheitsfachberufe und den auf deren Grundlage erlassenen Rechtsverordnungen zu treffen, hinsichtlich
    a) der Dauer der Ausbildungen,
    b) des theoretischen und praktischen Unterrichts, einschließlich der Nutzung von digitalen Unterrichtsformaten,
    c) der praktischen Ausbildung,
    d) der Besetzung der Prüfungsausschüsse,
    e) der staatlichen Prüfungen und
    f) der Durchführung der Eignungs- und Kenntnisprüfungen.

Die Ermächtigung nach Satz 1 Nummer 10 umfasst die folgenden Ausbildungen:

1. zur Altenpflegerin oder zum Altenpfleger nach § 58 Absatz 2 des Pflegeberufegesetzes,
2. zur Altenpflegerin oder zum Altenpfleger nach § 66 Absatz 2 des Pflegeberufegesetzes,
3. zur Diätassistentin oder zum Diätassistenten nach dem Diätassistentengesetz,
4. zur Ergotherapeutin oder zum Ergotherapeuten nach dem Ergotherapeutengesetz,

5. zur Gesundheits- und Krankenpflegerin oder zum Gesundheits- und Krankenpfleger nach § 66 Absatz 1 Satz 1 Nummer 1 des Pflegeberufegesetzes,
6. zur Gesundheits- und Kinderkrankenpflegerin oder zum Gesundheits- und Kinderkrankenpfleger nach § 58 Absatz 1 Satz 1 des Pflegeberufegesetzes,
7. zur Gesundheits- und Kinderkrankenpflegerin oder zum Gesundheits- und Kinderkrankenpfleger nach § 66 Absatz 1 Satz 1 Nummer 2 des Pflegeberufegesetzes,
8. zur Hebamme oder zum Entbindungspfleger nach § 77 Absatz 1 und § 78 des Hebammengesetzes,
9. zur Hebamme nach dem Hebammengesetz,
10. zur Logopädin oder zum Logopäden nach dem Gesetz über den Beruf des Logopäden,
11. zur Masseurin und medizinischen Bademeisterin oder zum Masseur und medizinischen Bademeister nach dem Masseur- und Physiotherapeutengesetz,
12. zur Medizinisch-technischen Laboratoriumsassistentin oder zum Medizinisch-technischen Laboratoriumsassistenten nach dem MTA-Gesetz,
13. zur Medizinisch-technischen Radiologieassistentin oder zum Medizinisch-technischen Radiologieassistenten nach dem MTA-Gesetz,
14. zur Medizinisch-technischen Assistentin für Funktionsdiagnostik oder zum Medizinisch-technischen Assistenten für Funktionsdiagnostik nach dem MTA-Gesetz,
15. zur Notfallsanitäterin oder zum Notfallsanitäter nach dem Notfallsanitätergesetz,
16. zur Orthoptistin oder zum Orthoptisten nach dem Orthoptistengesetz,
17. zur Pflegefachfrau oder zum Pflegefachmann nach dem Pflegeberufegesetz,
18. zur pharmazeutisch-technischen Assistentin oder zum pharmazeutisch-technischen Assistenten nach dem Gesetz über den Beruf des pharmazeutisch-technischen Assistenten,
19. zur Physiotherapeutin oder zum Physiotherapeuten nach dem Masseur- und Physiotherapeutengesetz,
20. zur Podologin oder zum Podologen nach dem Podologengesetz,
21. zur Veterinärmedizinisch-technischen Assistentin oder zum Veterinärmedizinisch-technischen Assistenten nach dem MTA-Gesetz.

(3) Rechtsverordnungen nach Absatz 2, insbesondere nach Nummer 3, 4, 7 und 8, bedürfen des Einvernehmens mit dem Bundesministerium für Arbeit und Soziales, soweit sie sich auf das Arbeitsrecht oder den Arbeitsschutz beziehen. Rechtsverordnungen nach Absatz 2 Nummer 4 und Anordnungen nach Absatz 2 Nummer 6 ergehen im Benehmen mit dem Bundesministerium für Wirtschaft und Energie. Rechtsverordnungen nach Absatz 2 Nummer 10 werden im Benehmen mit dem Bundesministerium für Bildung und Forschung erlassen und bedürfen, soweit sie sich auf die Pflegeberufe beziehen, des Einvernehmens mit dem Bundesministerium für Familie, Senioren, Frauen und Jugend. Bei Gefahr im Verzug kann auf das Einvernehmen nach Satz 1 verzichtet werden.

(4) Eine auf Grund des Absatzes 2 oder des § 5a Absatz 2 erlassene Rechtsverordnung tritt mit Aufhebung der Feststellung der epidemischen Lage von nationaler Tragweite außer Kraft. Abweichend von Satz 1

1. bleibt eine Übergangsregelung in der Verordnung nach Absatz 2 Satz 1 Nummer 7 Buchstabe b bis f bis zum Ablauf der Phase des Studiums in Kraft, für die sie gilt, und
2. tritt aufgrund des Absatzes 2 Satz 1 Nummer 7 Buchstabe g in der bis zum 16. September 2022 geltenden Fassung oder von Nummer 10 erlassene Rechtsverordnung spätestens ein Jahr nach Aufhebung der Feststellung der epidemischen Lage von nationaler Tragweite außer Kraft.
3. tritt eine auf Grund des Absatzes 2 Satz 1 Nummer 4 Buchstabe f und Nummer 7 Buchstabe a erlassene Rechtsverordnung spätestens mit Ablauf des 7. April 2023 außer Kraft und
4. tritt eine auf Grund des Absatzes 2 Satz 1 Nummer 4 Buchstabe a bis e und g erlassene Rechtsverordnung spätestens mit Ablauf des 31. Dezember 2023 außer Kraft

Bis zu ihrem jeweiligen Außerkrafttreten kann eine auf Grund des Absatzes 2 Satz 1 Nummer 4 Buchstabe f und Nummer 7 Buchstabe a oder eine auf Grund des Absatzes 2 Satz 1 Nummer 10 erlassene Rechtsverordnung im Einvernehmen mit dem Bundesministerium der Finanzen geändert werden. Das Bundesministerium für Gesundheit wird ermächtigt, im Einvernehmen mit dem Bundesministerium der Finanzen durch Rechtsverordnung ohne Zustimmung des Bundesrates ausschließlich zur Abwicklung einer auf Grund des Absatzes 2 Satz 1 Nummer 4 Buchstabe f und Nummer 7 Buchstabe a erlassenen Rechtsverordnung zu bestimmen, dass Regelungen dieser Rechtsverordnung, die die Abrechnung und die Prüfung bereits erbrachter Leistungen, die Zahlung aus der Liquiditätsreserve des Gesundheitsfonds sowie die Erstattung dieser Zahlungen aus Bundesmitteln betreffen, bis zum 7. April 2024 fortgelten. Nach Absatz 2 Satz 1 getroffene Anordnungen gelten mit Aufhebung der Feststellung der epidemischen Lage von nationaler Tragweite als aufgehoben. Abweichend von Satz 5 gilt eine Anordnung nach Absatz 2 Satz 1 Nummer 6 spätestens mit Ablauf des 31. Dezember 2023 als aufgehoben. Nach Absatz 2 Satz 1 Nummer 6 getroffene Anordnungen können auch bis spätestens 31. Dezember 2023 geändert werden. Eine Anfechtungsklage gegen Anordnungen nach Absatz 2 Satz 1 hat keine aufschiebende Wirkung.

(5) Das Grundrecht der körperlichen Unversehrtheit (Artikel 2 Absatz 2 Satz 1 des Grundgesetzes) wird im Rahmen des Absatzes 2 insoweit eingeschränkt.

(6) Aufgrund einer epidemischen Lage von nationaler Tragweite kann das Bundesministerium für Gesundheit unter Heranziehung der Empfehlungen des Robert Koch-Instituts Empfehlungen abgeben, um ein koordiniertes Vorgehen innerhalb der Bundesrepublik Deutschland zu ermöglichen.

(7) Das Robert Koch-Institut koordiniert im Rahmen seiner gesetzlichen Aufgaben im Fall einer epidemischen Lage von nationaler Tragweite die Zusammenarbeit zwischen den Ländern und zwischen den Ländern und dem Bund sowie weiteren beteilig-

ten Behörden und Stellen und tauscht Informationen aus. Die Bundesregierung kann durch allgemeine Verwaltungsvorschrift mit Zustimmung des Bundesrates Näheres bestimmen. Die zuständigen Landesbehörden informieren unverzüglich die Kontaktstelle nach § 14 Absatz 1 Satz 7, wenn im Rahmen einer epidemischen Lage von nationaler Tragweite die Durchführung notwendiger Maßnahmen nach dem 5. Abschnitt nicht mehr gewährleistet ist.

(8) Aufgrund einer epidemischen Lage von nationaler Tragweite kann das Bundesministerium für Gesundheit im Rahmen der Aufgaben des Bundes insbesondere das Deutsche Rote Kreuz, die Johanniter-Unfall-Hilfe, den Malteser Hilfsdienst, den Arbeiter-Samariter-Bund und die Deutsche Lebens-Rettungs-Gesellschaft gegen Auslagenerstattung beauftragen, bei der Bewältigung der epidemischen Lage von nationaler Tragweite Hilfe zu leisten.

(9) Das Bundesministerium für Gesundheit beauftragt eine externe Evaluation zu den Auswirkungen der Regelungen in dieser Vorschrift und in den Vorschriften der §§ 5a, 20a, 20b 28 bis 32, 36 und 56 im Rahmen der Coronavirus-SARS-CoV-2-Pandemie und zu der Frage einer Reformbedürftigkeit. Die Evaluation soll interdisziplinär erfolgen und insbesondere auf Basis epidemiologischer und medizinischer Erkenntnisse die Wirksamkeit der auf Grundlage der in Satz 1 genannten Vorschriften getroffenen Maßnahmen untersuchen. Die Evaluation soll durch unabhängige Sachverständige erfolgen, die jeweils zur Hälfte von der Bundesregierung und vom Deutschen Bundestag benannt werden. Das Ergebnis der Evaluierung soll der Bundesregierung bis zum 30. Juni 2022 vorgelegt werden. Die Bundesregierung übersendet dem Deutschen Bundestag bis zum 30. September 2022 das Ergebnis der Evaluierung sowie eine Stellungnahme der Bundesregierung zu diesem Ergebnis.

§ 5 ist 2020/21 durch die Änderungsgesetze vom 27.3., 19.5. und 19.11.2020 sowie vom 29.3.2021 komplett neu gefasst worden und hat seitdem auch durch die G vom 28.5., 22.11., 10.12.2021 und vom 16.9.2022 weitere Änderungen erfahren.
Die Krisensituation, die durch das neuartige Coronavirus SARS-CoV-2 aufgetreten ist, zeigt, dass die bisher bestehenden staatlichen Eingriffsmöglichkeiten nicht genügen, das Seuchengeschehen ausreichend in den Griff zu bekommen. Dem trägt § 5 nun Rechnung: Die „Feststellung einer epidemischen Lage von nationaler Tragweite“ durch den Bundestag (§ 5 Abs. 1) ist Voraussetzung für Maßnahmen nach § 5 Abs. 2 (Verordnungsermächtigung) und die erheblichen grundrechtseinschränkenden Maßnahmen § 28a (Maßnahmen speziell hinsichtlich des Corona-Virus) und § 36a (Maßnahmen im internationalen Reiseverkehr). Absatz 1 Satz 3 in der Fassung des ÄndG vom 18.11.2020 bestimmt die Voraussetzungen für eine solche Feststellung näher, nachdem die Vorgängernorm hierzu noch keine Kriterien benannt hatte.
Bei einer durch den Bundestag nach § 5 Abs. 1 festgestellten epidemischen Lage von nationaler Tragweite ist das Bundesministerium für Gesundheit nach Absatz 2 ermächtigt zum Erlass von Anordnungen bzw. Rechtsverordnungen hinsichtlich

- der Versorgung mit Arzneimitteln, Hilfsmitteln, Schutzausrüstungen sowie Desinfektionsmitteln (Abs. 2 Satz 1 Nr. 4 bis 6)
- der Versorgung durch ambulante Praxen, Krankenhäuser, Apotheken, Labore, Reha-Einrichtungen etc. (Abs. 2 Satz 1 Nr. 7)
- der pflegerischen Versorgung (Abs. 2 Satz 1 Nr. 8)
- Finanzhilfen des Bundes für Investitionen der Länder, Gemeinden und Gemeindeverbände für die Ausstattung der Gesundheitsämter (Abs. 2 Satz 1 Nr. 9)
- Regelungen über die Ausbildung der gesetzlich geregelten Fachberufe im Gesundheitswesen (Abs. 2 Satz 1 Nr. 10 und Abs. 2 Satz 2 mit Aufzählung dieser Berufsausbildungen).

Anordnungen und Rechtsverordnungen nach Absatz 2 treten gemäß Abs. 4 Satz 1 grundsätzlich mit Aufhebung der Feststellung der epidemischen Lage von nationaler Tragweite außer Kraft, Rechtsverordnungen zur Regelung der Ausbildung der gesetzlich geregelten Fachberufe im Gesundheitswesen (Abs. 2 Satz 1 Nr. 10) ein Jahr später (Abs. 4 Satz 2 Nr. 2).
Die Befugnisse des BMG gelten neben den Rechtsetzungs- und Verwaltungsbefugnissen der Länder, Regelungen der Länder dürfen allerdings Bundesrecht nicht widersprechen (Art. 31 GG); siehe hierzu insbesondere die Katastrophenschutzgesetze der Länder. Bayern hatte bereits am 25.3.2020 ein Landes-Infektionsschutzgesetz erlassen (GVBl. S. 174), das – abhängig von der Feststellung eines „Gesundheitsnotstands" durch die Bayerische Staatsregierung – sowohl die Materialversorgung wie auch die notwendigen Personalkapazitäten während der Corona-Pandemie sichern sollte, und hierzu die behördliche Beschlagnahme von medizinischem, pflegerischem oder sanitärem Material" (z.B. Arzneimittel, Schutzkleidung) und die Dienstverpflichtung von Ärzten oder Pflegepersonal vorsah; § 5 Abs. 2 Nrn. 4 bis 8 regeln ziemlich exakt die im bayerischen Gesetz enthaltenen Bereiche.
§ 28a Abs. 7 und 8 (neugefasst durch das G vom 18.3.2022 [BGBl. I S. 466]) sahen bis Oktober 2022 die Möglichkeit für länderspezifische Maßnahmen vor, die unabhängig von der Feststellung einer epidemischen Lage von nationaler Tragweite zur Verhinderung der Verbreitung der Coronavirus-Krankheit-2019 (§ 28a Abs. 7) bzw. zur Abwehr der konkreten Gefahr einer sich dynamisch ausbreitenden Infektionslage in einer spezifischen Gebietskörperschaft (§ 28a Abs. 8) getroffen werden konnten.
Zu Absatz 7 Satz 2 ist hinzuweisen auf die Allgemeine Verwaltungsvorschrift der Bundesregierung über die Koordinierung des Infektionsschutzes bei epidemisch bedeutsamen Fällen (Verwaltungsvorschrift-IfSG-Koordinierung vom 12.12.2013, BAnz AT 18.12.2013 B 3, abgedruckt im Anhang). Der darin festgelegte Plan regelt das Informations- und Konsultationsverfahren bei seuchenhygienischen Krisenfällen für alle beteiligten Stellen im Interesse eines raschen und koordinierten Eingreifens. Er ändert nichts an der Zuständigkeit und den Befugnissen der Vollzugsbehörden.

§ 5a
Ausübung heilkundlicher Tätigkeiten bei Vorliegen einer epidemischen Lage von nationaler Tragweite, Verordnungsermächtigung

(1) Im Rahmen einer epidemischen Lage von nationaler Tragweite wird die Ausübung heilkundlicher Tätigkeiten folgenden Personen gestattet:

1. Altenpflegerinnen und Altenpflegern,
2. Gesundheits- und Kinderkrankenpflegerinnen und Gesundheits- und Kinderkrankenpflegern,
3. Gesundheits- und Krankenpflegerinnen und Gesundheits- und Krankenpflegern,
4. Notfallsanitäterinnen und Notfallsanitätern und
5. Pflegefachfrauen und Pflegefachmännern.

Die Ausübung heilkundlicher Tätigkeiten ist während der epidemischen Lage von nationaler Tragweite gestattet, wenn

1. die Person auf der Grundlage der in der jeweiligen Ausbildung erworbenen Kompetenzen und ihrer persönlichen Fähigkeiten in der Lage ist, die jeweils erforderliche Maßnahme eigenverantwortlich durchzuführen und
2. der Gesundheitszustand der Patientin oder des Patienten nach seiner Art und Schwere eine ärztliche Behandlung im Ausnahmefall einer epidemischen Lage von nationaler Tragweite nicht zwingend erfordert, die jeweils erforderliche Maßnahme aber eine ärztliche Beteiligung voraussetzen würde, weil sie der Heilkunde zuzurechnen ist.

Die durchgeführte Maßnahme ist in angemessener Weise zu dokumentieren. Sie soll unverzüglich der verantwortlichen Ärztin oder dem verantwortlichen Arzt oder einer sonstigen die Patientin oder den Patienten behandelnden Ärztin oder einem behandelnden Arzt mitgeteilt werden.

(2) Das Bundesministerium für Gesundheit wird ermächtigt, durch Rechtsverordnung ohne Zustimmung des Bundesrates weiteren Personen mit Erlaubnis zum Führen der Berufsbezeichnung eines reglementierten Gesundheitsfachberufs während einer epidemischen Lage von nationaler Tragweite die Ausübung heilkundlicher Tätigkeiten nach Absatz 1 Satz 2 zu gestatten.

Es handelt sich bei § 5a um eine Ausnahmeregelung im Zusammenhang einer vom Bundestag festgestellten epidemischen Lage von nationaler Bedeutung (§ 5 Abs. 1).
Dadurch sollen Ärzte von heilkundlichen Tätigkeiten entlastet werden.
Ermächtigt werden abschließend Personen, die eine staatliche Erlaubnis zum Führen der genannten Berufsbezeichnungen besitzen. Unabdingbar ist in jedem Fall eine ärztliche Delegation sowie Dokumentation, wobei jeweils eine pragmatische Handhabung notwendig sein dürfte.
Die Vorschrift ändert im Grundsatz nichts an der bisher geltenden Rechtslage: Danach ist allgemein anerkannt, dass der Arzt im Rahmen seiner Befugnis und Verantwortung qualifizierten Hilfskräften heilkundliche Aufgaben übertragen kann („verlängerter Arm des Arztes“).

§ 5b
Schutzmasken in der Nationalen Reserve Gesundheitsschutz

(1) In der Nationalen Reserve Gesundheitsschutz werden Schutzmasken unabhängig von ihrer Kennzeichnung für den Fall einer Pandemie zum Infektionsschutz vorgehalten.

(2) Die in der Nationalen Reserve Gesundheitsschutz vorgehaltenen Schutzmasken dürfen nur so lange bereitgestellt werden, bis das vom Hersteller angegebene Verfallsdatum erreicht ist.

(3) Über die Bereitstellung der in der Nationalen Reserve Gesundheitsschutz vorgehaltenen Schutzmasken entscheidet das Bundesministerium für Gesundheit im Einvernehmen mit dem Bundesministerium des Innern, für Bau und Heimat und dem Bundesministerium für Arbeit und Soziales.

(4) Die in der Nationalen Reserve Gesundheitsschutz vorgehaltenen Schutzmasken müssen einem in der Anlage genannten Maskentyp entsprechen.

§ 5b wurde mit dem G v. 28.5.2021 (BGBl. I S. 1174) auf Initiative des Ausschusses für Gesundheit eingefügt. Die Vorschrift nimmt Bezug auf die Errichtung einer Nationalen Reserve Gesundheitsschutz durch Beschluss der Bundesregierung vom 3.6.2020. Diese soll an 19 Standorten nicht nur das Gesundheitssystem, sondern bei Bedarf auch vulnerable Gruppen in Bevölkerung, Verwaltung und Wirtschaft sowie Kritische Infrastrukturen sicher mit persönlicher Schutzausrüstung und anderen medizinisch notwendigen (Verbrauchs-)Gütern versorgen, und zwar bei Pandemien, im Verteidigungsfall, wenn dabei viele Verletzte zu behandeln sind, oder falls Lieferketten abbrechen. Mit § 5b legt das IfSG Einlagerungsbedingungen für Schutzmasken in der „NRGS" fest. Im Pandemie-Fall, in dem zugleich eine angespannte Marktlage besteht, entscheidet dann gemäß Absatz 3 das BMG im Einvernehmen mit dem BMI und dem BMAS über die nationale Bereitstellung der eingelagerten Schutzmasken. Ein regulärer Dauerbetrieb der NRGS sollte zwar ab 2023 gewährleistet sein. Zwischenzeitlich wurden aber nach dem Ende der Corona-Pandemie keine neuen Haushaltsmittel mehr dafür veranschlagt. Daneben ist auch die rechtliche Verankerung der Bundes-Zuständigkeit für die Bevorratung bestimmter Schutzmittel noch nicht abschließend geregelt.

§ 5c
Verfahren bei aufgrund einer übertragbaren Krankheit nicht ausreichend vorhandenen überlebenswichtigen intensivmedizinischen Behandlungskapazitäten

(1) Niemand darf bei einer ärztlichen Entscheidung über die Zuteilung aufgrund einer übertragbaren Krankheit nicht ausreichend vorhandener überlebenswichtiger intensivmedizinischer Behandlungskapazitäten (Zuteilungsentscheidung) benachteiligt werden, insbesondere nicht wegen einer Behinderung, des Grades der Gebrechlichkeit, des Alters, der ethnischen Herkunft, der Religion oder Weltanschauung, des Geschlechts oder der sexuellen Orientierung. Überlebenswichtige intensivmedizinische

Behandlungskapazitäten sind im Sinne des Satzes 1 in einem Krankenhaus nicht ausreichend vorhanden, wenn

1. der überlebenswichtige intensivmedizinische Behandlungsbedarf der Patientinnen und Patienten des Krankenhauses mit den dort vorhandenen überlebenswichtigen intensivmedizinischen Behandlungskapazitäten nicht gedeckt werden kann und
2. eine anderweitige intensivmedizinische Behandlung der betroffenen Patientinnen und Patienten nicht möglich ist, insbesondere, weil eine Verlegung nicht in Betracht kommt
   a) aus gesundheitlichen Gründen oder
   b) da die regionalen und überregionalen intensivmedizinischen Behandlungskapazitäten nach den dem Krankenhaus vorliegenden Erkenntnissen ausgeschöpft sind.

(2) Eine Zuteilungsentscheidung darf nur aufgrund der aktuellen und kurzfristigen Überlebenswahrscheinlichkeit der betroffenen Patientinnen und Patienten getroffen werden. Komorbiditäten dürfen bei der Beurteilung der aktuellen und kurzfristigen Überlebenswahrscheinlichkeit nur berücksichtigt werden, soweit sie aufgrund ihrer Schwere oder Kombination die auf die aktuelle Krankheit bezogene kurzfristige Überlebenswahrscheinlichkeit erheblich verringern. Kriterien, die sich auf die aktuelle und kurzfristige Überlebenswahrscheinlichkeit nicht auswirken, wie insbesondere eine Behinderung, das Alter, die verbleibende mittel- oder langfristige Lebenserwartung, der Grad der Gebrechlichkeit und die Lebensqualität, dürfen bei der Beurteilung der aktuellen und kurzfristigen Überlebenswahrscheinlichkeit nicht berücksichtigt werden. Bereits zugeteilte überlebenswichtige intensivmedizinische Behandlungskapazitäten sind von der Zuteilungsentscheidung ausgenommen.

(3) Die Zuteilungsentscheidung ist einvernehmlich von zwei Ärztinnen oder Ärzten zu treffen, die

1. Fachärztinnen oder Fachärzte sind,
2. im Bereich Intensivmedizin praktizieren,
3. über mehrjährige Erfahrung im Bereich Intensivmedizin verfügen und
4. die von der Zuteilungsentscheidung betroffenen Patientinnen und Patienten unabhängig voneinander begutachtet haben.

Besteht kein Einvernehmen, sind die von der Zuteilungsentscheidung betroffenen Patientinnen und Patienten von einer weiteren gleich qualifizierten Ärztin oder einem weiteren gleich qualifizierten Arzt zu begutachten und ist die Zuteilungsentscheidung mehrheitlich zu treffen. Von den an der Zuteilungsentscheidung beteiligten Ärztinnen und Ärzten darf nur eine Ärztin oder ein Arzt in die unmittelbare Behandlung der von der Zuteilungsentscheidung betroffenen Patientinnen oder Patienten eingebunden sein. Ist eine Patientin oder ein Patient mit einer Behinderung oder einer Komorbidität von der Zuteilungsentscheidung betroffen, muss die Einschätzung einer hinzuzuziehenden Person berücksichtigt werden, durch deren Fachexpertise den besonderen Belangen dieser Patientin oder dieses Patienten Rechnung getragen werden kann. Die Begutachtung der von der Zuteilungsentscheidung betroffenen Patientinnen und Patienten, die Mitwirkung an der Zuteilungsentscheidung sowie die Hinzuziehung nach Satz 4 kann in Form einer telemedizinischen Konsultation erfolgen.

(4) Die oder der im Zeitpunkt der Zuteilungsentscheidung für die Behandlung der betroffenen Patientinnen und Patienten verantwortliche Ärztin oder Arzt hat Folgendes zu dokumentieren:

1. die der Zuteilungsentscheidung zugrunde gelegten Umstände sowie
2. welche Personen an der Zuteilungsentscheidung mitgewirkt haben und hinzugezogen wurden und wie sie abgestimmt oder Stellung genommen haben.

Die §§ 630f und 630g des Bürgerlichen Gesetzbuchs finden entsprechende Anwendung.

(5) Krankenhäuser mit intensivmedizinischen Behandlungskapazitäten sind verpflichtet, in einer Verfahrensanweisung mindestens Folgendes festzulegen:

1. ein Verfahren zur Benennung der Ärztinnen und Ärzte, die für die Mitwirkung an der Zuteilungsentscheidung zuständig sind, und
2. die organisatorische Umsetzung der Entscheidungsabläufe nach Absatz 3.

Sie haben die Einhaltung der Verfahrensanweisung sicherzustellen und müssen die Verfahrensanweisungen mindestens einmal im Jahr auf Weiterentwicklungsbedarf überprüfen und anpassen.

(6) Krankenhäuser sind verpflichtet, eine Zuteilungsentscheidung unverzüglich der für die Krankenhausplanung zuständigen Landesbehörde anzuzeigen und ihr mitzuteilen, weshalb im Zeitpunkt der Zuteilungsentscheidung überlebenswichtige intensivmedizinische Behandlungskapazitäten nicht ausreichend vorhanden waren, um die für die Krankenhausplanung zuständige Landesbehörde in die Lage zu versetzen, im Rahmen ihrer Zuständigkeit tätig zu werden.

(7) Das Bundesministerium für Gesundheit beauftragt innerhalb von sechs Monaten, nachdem erstmals einer für die Krankenhausplanung zuständigen Landesbehörde eine Zuteilungsentscheidung angezeigt wurde, spätestens jedoch bis zum 31. Dezember 2025, eine externe Evaluation dieser Vorschrift. Gegenstand der Evaluation sind insbesondere

1. die Erreichung der Ziele, Vorkehrungen zum Schutz vor Diskriminierung zu schaffen und Rechtssicherheit für die handelnden Ärztinnen und Ärzte zu gewährleisten, und
2. die Auswirkungen der Vorschrift und der nach Absatz 5 Satz 1 zu erstellenden Verfahrensanweisungen auf die medizinische Praxis unter Berücksichtigung der praktischen Umsetzbarkeit.

Die Evaluation wird interdisziplinär insbesondere auf Grundlage rechtlicher, medizinischer und ethischer Erkenntnisse durch unabhängige Sachverständige durchgeführt, die jeweils zur Hälfte von dem Bundesministerium für Gesundheit und dem Deutschen Bundestag benannt werden. Die Sachverständigen haben bundesweite Verbände, Fachkreise und Selbstvertretungsorganisationen, deren Belange von der Vorschrift besonders berührt sind, angemessen zu beteiligen. Das Bundesministerium für Gesundheit übermittelt dem Deutschen Bundestag spätestens ein Jahr nach der Beauftragung

das Ergebnis der Evaluation sowie eine Stellungnahme des Bundesministeriums für Gesundheit zu diesem Ergebnis.

Die durch Art. 1 des G vom 8.12.2022 (BGBl. I S. 2235) eingefügte Regelung bildet die gesetzgeberische Reaktion auf die Vorgaben des BVerfG aus dem Beschluss 1 BvR 1541/20 vom 16.12.2021 (NJW 2022, S. 380); das Gericht hatte dem Gesetzgeber aufgegeben, unverzüglich durch geeignete Vorkehrungen seiner aus Art. 3 Abs. 3 Satz 2 GG folgenden Handlungspflicht nachzukommen, dass bei der Verteilung pandemiebedingt knapper intensivmedizinischer Behandlungsressourcen jede Benachteiligung wegen einer Behinderung hinreichend wirksam verhindert wird.

Der neugeschaffene § 5c soll dazu nach dem Willen des Gesetzgebers den gleichberechtigten Zugang aller intensivmedizinisch Behandlungsbedürftigen zur medizinischen Versorgung gewährleisten und durch die Regelung des Zuteilungskriteriums (Abs. 2 Satz 2 und 3) und des Verfahrens (Abs. 3) auch die erforderliche Rechtssicherheit für Ärztinnen und Ärzte schaffen (vgl. die Gesetzesbegründung, BT-Drs. 20/3877, S. 9).

Nach Abs. 2 darf eine Zuteilungsentscheidung nur aufgrund der aktuellen und kurzfristigen Überlebenswahrscheinlichkeit der betroffenen Patientinnen und Patienten getroffen werden, wobei die aktuelle Überlebenswahrscheinlichkeit an die im Zeitpunkt der Zuteilungsentscheidung bestehende Aussicht, die aktuelle Krankheit zu überleben, anknüpft. Die kurzfristige Überlebenswahrscheinlichkeit soll nicht als konkret bestimmter Mindestüberlebenszeitraum von Stunden, Tagen oder Wochen zu verstehen sein, die aktuelle und kurzfristige Überlebenswahrscheinlichkeit stelle vielmehr auf die Prognose ab, die nach der aktuellen Krankheit angezeigte Intensivtherapie zu überleben (ebd., S. 29).

Gegen die bereits im Gesetzgebungsverfahren teils sehr kritisch gesehene Vorschrift wurden Ende 2023 von Notfall- und Intensivmedizinern mehrere Verfassungsbeschwerden eingelegt, über die das Bundesverfassungsgericht zu befinden hat.

Problematisch ist an der „Triage-Regelung“ des § 5c bereits die auf Art. 74 Abs. 1 Nr. 19 GG gestützte Gesetzgebungskompetenz: eine Regelung zur Verteilungsgerechtigkeit lässt sich nur schwer als Instrument zur Bekämpfung bereits aufgetretener Krankheiten oder zur Vorbeugung (Risikovorsorge) deuten, wie das BVerfG den Maßnahmenbegriff des Art. 74 Abs. 1 Nr. 19 präzisiert (vgl. nur BVerfG, Beschl. V. 19.11.2021 – 1 BvR 781/21; NJW 2022, S. 139). Zu erheblichen verfassungsrechtlichen Zweifeln an der Norm vgl. etwa Duttge/Weimer, MedR 2024, S. 395.

3. Abschnitt
Überwachung

Allgemeines zu §§ 6 ff

„Zuverlässige Kenntnisse über das Vorkommen übertragbarer Krankheiten sind unabdingbare Voraussetzung für ihre Verhütung und Bekämpfung. Die wichtigste Quelle für solche Informationen sind Meldungen der Ärzte und der Laboratorien“ (Amtliche Begründung).

Die Meldepflicht nach dem IfSG stellt einen Fall der Durchbrechung der Schweigepflicht (§ 203 StGB) dar (gesetzliche Offenbarungspflicht); vergleichbare gesetzlich vorgeschriebene ärztliche Meldepflichten sind enthalten in § 16e Chemikaliengesetz (bei Vergiftungen), in § 202 SGB VII (bei Verdacht auf Berufskrankheiten) und in der Unfallversicherungs-Anzeigeverordnung vom 23.1.2002 (BGBl I S. 554).

Unabhängig davon ist im Hinblick auf § 203 StGB stets darauf zu achten, dass die einschlägigen Daten nur innerhalb derjenigen Personen bekannt werden, die zu den befugten Mitwissern des Berufsgeheimnisses gehören. Das muss auch der Arzt berücksichtigen, wenn er an das Gesundheitsamt meldet; d.h. er wird sich vergewissern müssen, dass die Meldung in den Bereich der zuständigen Bediensteten des Gesundheitsamtes gelangt. Ebenso muss das Gesundheitsamt durch geeignete Vorkehrungen (Information an die meldepflichtigen Ärzte) dafür sorgen, dass § 203 StGB nicht verletzt wird.

Meldeschema
Namentliche Meldungen

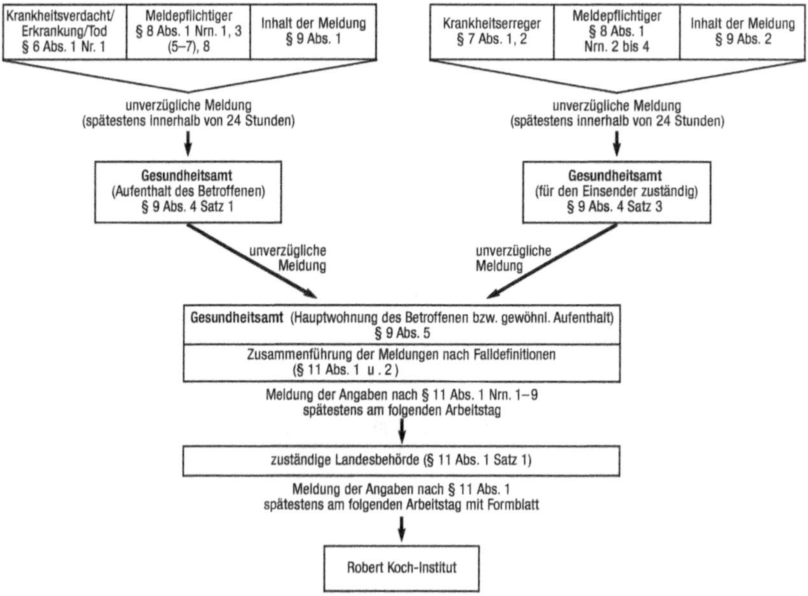

Meldeschema
***Nicht**namentliche Meldungen*

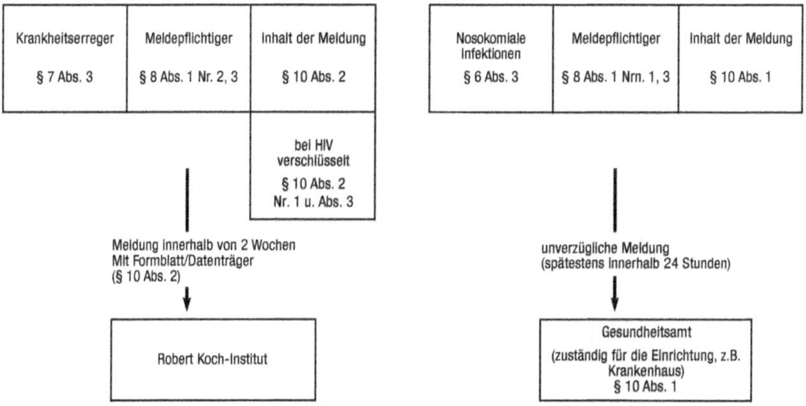

Hinweis:
Sondermeldepflicht bei Impfschadens-Verdacht
§ 6 Abs. 1 Satz 1 Nr. 3 - § 11 Abs. 4

Namentliche Meldungen enthalten personenbezogene Daten im Sinn des Datenschutzes (vgl. Bundesdatenschutzgesetz und die Datenschutzgesetze der Länder). Die Erhebung, Nutzung und Übermittlung solcher Daten ist zulässig, wenn dies zur Erfüllung der Aufgaben der Behörde erforderlich ist und für Zwecke erfolgt, für welche die Daten erhoben werden (vgl. Art. 45 Abs. 2 IGV).
Hinsichtlich der Kosten der Meldungen siehe § 69 Abs. 1 Nr. 1.
Verstöße gegen die Meldepflicht sind bußgeldbewehrt (§ 73 Abs. 1a Nr. 2).
Führt eine unterlassene bzw. verspätete Meldung zu weiteren Krankheitsfällen (z.B. bei nosokomialen Infektionen), so kommt eine Prüfung durch die Staatsanwaltschaft im Hinblick auf § 74 IfSG (Straftat) in Betracht. Entsprechende Anzeigen dürften ein geeignetes Instrument sein, um die Meldemoral zu stärken.

§ 6
Meldepflichtige Krankheiten

1) **(1) Namentlich ist zu melden:**

1. der Verdacht einer Erkrankung, die Erkrankung sowie der Tod in Bezug auf die folgenden Krankheiten:

a) Botulismus,
b) Cholera,
c) Diphtherie,
2) **d) humane spongiforme Enzephalopathie, außer familiär-hereditärer Formen,**
e) akute Virushepatitis,
f) enteropathisches hämolytisch-urämisches Syndrom (HUS),
g) virusbedingtes hämorrhagisches Fieber,
h) Keuchhusten,
i) Masern,
j) Meningokokken-Meningitis oder -Sepsis,
k) Milzbrand,
l) Mumps,
m) Pest,
n) Poliomyelitis,
3) **o) Röteln einschließlich Rötelnembryopathie,**
p) Tollwut,
q) Typhus abdominalis oder Paratyphus,
r) Windpocken,
s) zoonotische Influenza,
4) **t) Coronavirus-Krankheit-2019 (COVID-19),**
u) durch Orthopockenviren verursachte Krankheiten.

1a. die Erkrankung und der Tod in Bezug auf folgende Krankheiten:

5) **a) behandlungsbedürftige Tuberkulose, auch wenn ein bakteriologischer Nachweis nicht vorliegt,**

b) Clostridioides-difficile-Infektion mit klinisch schwerem Verlauf; ein klinisch schwerer Verlauf liegt vor, wenn

aa) der Erkrankte zur Behandlung einer ambulant erworbenen Clostridioides-difficile-Infektion in eine medizinische Einrichtung aufgenommen wird,

bb) der Erkrankte zur Behandlung der Clostridioides-difficile-Infektion oder ihrer Komplikationen auf eine Intensivstation verlegt wird,

cc) ein chirurgischer Eingriff, zum Beispiel Kolektomie, auf Grund eines Megakolons, einer Perforation oder einer refraktären Kolitis erfolgt oder

dd) der Erkrankte innerhalb von 30 Tagen nach der Feststellung der Clostridioides-difficile-Infektion verstirbt und die Infektion als direkte Todesursache oder als zum Tode beitragende Erkrankung gewertet wurde,

2. der Verdacht auf und die Erkrankung an einer mikrobiell bedingten Lebensmittelvergiftung oder an einer akuten infektiösen Gastroenteritis, wenn

a) eine Person betroffen ist, die eine Tätigkeit im Sinne des § 42 Abs. 1 ausübt,

b) zwei oder mehr gleichartige Erkrankungen auftreten, bei denen ein epidemi- 6)
scher Zusammenhang wahrscheinlich ist oder vermutet wird,

3. der Verdacht einer über das übliche Ausmaß einer Impfreaktion hinausgehenden 7)
gesundheitlichen Schädigung,

4. die Verletzung eines Menschen durch ein tollwutkrankes, -verdächtiges oder -an- 8)
steckungsverdächtiges Tier sowie die Berührung eines solchen Tieres oder Tierkörpers,

5. der Verdacht einer Erkrankung, die Erkrankung sowie der Tod, in Bezug auf eine 9)
bedrohliche übertragbare Krankheit, die nicht bereits nach den Nummern 1 bis 4 meldepflichtig ist.

Die Meldung nach Satz 1 hat gemäß § 8 Absatz 1 Nummer 1, 3 bis 8, § 9 Absatz 1, 2, 3 Satz 1 oder 3 zu erfolgen.

(2) Dem Gesundheitsamt ist über die Meldung nach Absatz 1 Satz 1 Nummer 1 10)
Buchstabe i hinaus zu melden, wenn Personen an einer subakuten sklerosierenden Panenzephalitis infolge einer Maserninfektion erkranken oder versterben. Dem Gesundheitsamt ist über die Meldung nach Absatz 1 Satz 1 Nummer 1a Buchstabe a hinaus zu melden, wenn Personen, die an einer behandlungsbedürftigen Lungentuberkulose erkrankt sind, eine Behandlung verweigern oder abbrechen. Die Meldung nach den Sätzen 1 und 2 hat gemäß § 8 Absatz 1 Nummer 1, § 9 Absatz 1 und 3 Satz 1 oder 3 zu erfolgen.

(3) Nichtnamentlich ist das Auftreten von zwei oder mehr nosokomialen Infektionen 11)
zu melden, bei denen ein epidemischer Zusammenhang wahrscheinlich ist oder vermutet wird. Die Meldung nach Satz 1 hat gemäß § 8 Absatz 1 Nummer 1, 3 oder 5, § 10 Absatz 1 zu erfolgen.

1) Die **namentliche** Meldepflicht bei Krankheitsverdacht (§ 2 Nr. 5), bei Krankheit (§ 2 Nr. 4) bzw. bei Tod zielt im Wesentlichen darauf, dass die Gesund-

heitsbehörden im Interesse des Schutzes der Allgemeinheit tätig werden können. Sie ist deshalb auf übertragbare Krankheiten beschränkt, die eine wesentliche Gefahr für die Allgemeinheit oder Einzelne darstellen können.
Da der Meldepflicht des Arztes bzw. Labors die Pflicht des Gesundheitsamtes gegenübersteht bzw. folgt, notwendige Maßnahmen zu prüfen und ggf. zu treffen (vgl. §§ 25 und 28 ff), muss das Gesundheitsamt jederzeit erreichbar sein. Diese Forderung enthält auch § 2 der Verwaltungsvorschrift-IfSG-Koordinierung (abgedruckt im **Anhang**). Erforderlichenfalls (z.B. an Wochenenden, Feiertagen) ist die Erreichbarkeit eines Arztes des Gesundheitsamtes über den Jourdienst der Kreisverwaltungsbehörde/Ordnungsbehörde oder über die Polizeidienststelle zu sichern; siehe hierzu auch Anlage 1 Abs. 6 Buchst. h der Internationalen Gesundheitsvorschriften.

2) Votum 46 des Arbeitskreises Blut des BMG zur Vorgehensweise bei Variante Creutzfeldt-Jakob-Krankheit (vCJK) im Zusammenhang mit Blut, Plasma und Blutprodukten (BGesBl 8/2018, S. 1052).

3) Die Meldepflicht für Röteln, Mumps, Keuchhusten (Pertussis) und Windpocken (Varizellen) wurde durch das ÄndG vom 21.3.2013 bundesweit eingeführt. Zugleich wurde die namentliche Labormeldepflicht entsprechend angepasst (§ 7). Die frühere nichtnamentliche Meldepflicht für Rubellavirus entfiel (§ 7 Abs. 3 Nr. 5 a.F.). Durch das ÄndG vom 17.7.2017 wurde bei Poliomyelitis der Zusatz „als Verdacht gilt jede akute schlaffe Lähmung, außer wenn traumatisch bedingt" gestrichen.

4) Der in Absatz 1 Satz 1 Nr. 1 durch das Gesetz vom 19.5.2020 (BGBl. I S. 1018) neu eingefügte Buchstabe t regelt die namentliche Meldepflicht der Coronavirus-Krankheit-2019 (COVID-19) und ersetzt die CoronaVMeldeV vom 30.1.2020.

5) Siehe hierzu auch § 6 Abs. 2.

6) Die Meldepflicht bei Durchfallerkrankungen ist zweckmäßigerweise auf Fälle beschränkt, die seuchenhygienisch von wesentlicher Bedeutung sind.

7) Siehe hierzu § 9 Abs. 1 Nr. 4 (Umfang der Meldung an das Gesundheitsamt) sowie § 11 Abs. 4 (Weitermeldung durch das Gesundheitsamt).
Die Meldepflicht bezieht sich auf alle Impfungen, nicht nur auf solche, die Entschädigungsansprüche auslösen können. Das Gesundheitsamt wird durch diese Verdachtsmeldungen in die Lage versetzt, unverzüglich notwendige Erhebungen und Untersuchungen zur Klärung einzuleiten. Es weist darüber hinaus den Betroffenen auf mögliche Ansprüche nach dem SGB XIV (bis 2024: nach §§ 60 ff) und auf die Versorgungsämter hin, bei denen ein solcher Antrag zu stellen ist (vgl. § 22 Abs. 3); vgl. hierzu Urteil des BGH vom 20.7.2000 Az. III ZR 64/99 (VersR 2001, S. 1108 = MedR 2001, S. 254; Hinweis in DVBl 2001, S. 143).
Die Meldung erfolgt zweckmäßigerweise mit dem Formblatt, das auf der Homepage des RKI (www.rki.de), des Paul-Ehrlich-Instituts

(https://www.pei.de/DE/arzneimittelsicherheit/pharmakovigilanz/meldeformulare-online-meldung/meldeformulare-online-meldung-inhalt.html) und der Arzneimittelkommission der deutschen Ärzteschaft (www.akdae.de/Arzneimittelsicherheit/UAW-Meldung/index.htm) abgebildet ist und vom PEI auch als elektronische Version zur Verfügung steht. Das Formblatt ist so gestaltet, dass es zugleich als Meldung an die zuständige Landesbehörde nach § 11 Abs. 4 IfSG und an das PEI nach § 77 AMG verwendet werden kann. Der meldende Arzt kann das Formblatt darüber hinaus ggf. (in anonymisierter Form) auch zur Mitteilung einer „unerwünschten Arzneimittelnebenwirkung" an die Arzneimittelkommission der deutschen Ärzteschaft verwenden (vgl. hierzu die entsprechende Vorschrift in den Berufsordnungen der Länder).

8) Über die vormalige Regelung des § 3 Abs. 5 BSeuchG hinaus ist die Verletzung durch ein „ansteckungsverdächtiges Tier" (vgl. § 2 Nr. 8 Tiergesundheitsgesetz) bzw. die Berührung eines solchen Tieres oder Tierkörpers meldepflichtig, da eine Tollwutübertragung (insbesondere über Schleimhautkontakte) während der symptomlosen Inkubationszeit nicht ausgeschlossen werden kann (vgl. BR-Antrag zu § 6 Abs. 1 Nr. 4, BR-Drs. 566/99 vom 26.11.1999). Meldepflichtig ist auch der Tierarzt (§ 8 Abs. 1 Nr. 4).

9) Durch das ÄndG vom 17.7.2017 ist der Auffangtatbestand neugefasst: Meldepflicht bei „bedrohlichen übertragbaren Krankheiten", vgl. § 2 Nr. 3a (s. auch § 7 Abs. 2).

10) Aufgrund der Meldung verfährt das Gesundheitsamt grundsätzlich nach § 19 und versucht dabei im Rahmen der Beratung – nicht zuletzt auch, um Entstehung und Ausbreitung multiresistenter Erreger zu verhindern – die Durchführung einer fachgerechten ununterbrochenen Behandlung sicherzustellen.
Zum Schutz der Allgemeinheit sind die notwendigen Maßnahmen anzuordnen (§§ 28 ff), soweit solche nicht schon bestehen. Eine zwangsweise Behandlung ist nicht zulässig (vgl. § 28 Abs. 1 Satz 3).
Die durch das ÄndG vom 10.2.2020 eingefügte Meldepflicht von Masernerkrankungen und -todesfällen dient der epidemiologischen Überwachung im Hinblick auf Spätfolgen.

11) Durch das ÄndG vom 17.7.2017 wurde der Meldepflichttatbestand konkretisiert. Die Meldung der nosokomialen Infektionen (Begriff siehe § 2 Nr. 8) ist dem Gesundheitsamt nach § 10 Abs. 1 unverzüglich zu erstatten.
Die Meldepflicht nach § 6 Abs. 3 besteht unabhängig von der Pflicht der Einrichtungen zur fortlaufenden internen Überwachung und Bewertung solcher Infektionen. Hinsichtlich der Weitermeldung an das RKI siehe § 11 Abs. 1 Satz 2. Diese Meldung soll das RKI in die Lage setzen, epidemiologische Zusammenhänge zu untersuchen, die Landesbehörden ggf. zu beraten oder, wenn Ausbrüche in anderen Krankenhäusern zu befürchten sind, durch Veröffentlichung (Epidemiologisches Bulletin) aufmerksam zu machen (Amtliche Begründung zu § 11 Abs. 2 a.F.).

Obwohl die Vorschrift inzwischen bußgeldbewehrt ist (§ 73 Abs. 1a Nr. 2) sind solche „Selbstanzeigen" erfahrungsgemäß nicht häufig. Diese Meldungen sollen in erster Linie dazu dienen, dass das Gesundheitsamt beratend beigezogen wird (vgl. Amtliche Begründung). In Ausnahmefällen kann sich jedoch für das Gesundheitsamt die Notwendigkeit ergeben, Anordnungen nach § 16 Abs. 1 zu veranlassen bzw. zu treffen.

§ 7
Meldepflichtige Nachweise von Krankheitserregern

(1) Namentlich ist bei folgenden Krankheitserregern, soweit nicht anders bestimmt, der direkte oder indirekte Nachweis zu melden, soweit die Nachweise auf eine akute Infektion hinweisen:

1. Adenoviren; Meldepflicht nur für den direkten Nachweis im Konjunktivalabstrich

2. Bacillus anthracis

3. Bordetella pertussis, Bordetella parapertussis

3a. humanpathogene Bornaviren; Meldepflicht nur für den direkten Nachweis

4. Borrelia recurrentis

5. Brucella sp.

6. Campylobacter sp., darmpathogen

6a. Candida auris; Meldepflicht nur für den direkten Nachweis aus Blut oder anderen normalerweise sterilen Substraten

6b. Chikungunya-Virus

7. Chlamydia psittaci

8. Clostridium botulinum oder Toxinnachweis

9. Corynebacterium spp., Toxin bildend

10. Coxiella burnetii

10a. Dengue-Virus

11. humanpathogene Cryptosporidium sp.

12. Ebolavirus

13. a) Escherichia coli, enterohämorrhagische Stämme (EHEC)
b) Escherichia coli, sonstige darmpathogene Stämme

14. Francisella tularensis

15. FSME-Virus

16. Gelbfiebervirus

17. Giardia lamblia

18. Haemophilus influenzae; Meldepflicht nur für den direkten Nachweis aus Liquor oder Blut

19. Hantaviren
20. Hepatitis-A-Virus
21. Hepatitis-B-Virus; Meldepflicht für alle Nachweise
22. Hepatitis-C-Virus; Meldepflicht für alle Nachweise
23. Hepatitis-D-Virus; Meldepflicht für alle Nachweise
24. Hepatitis-E-Virus
25. Influenzaviren; Meldepflicht nur für den direkten Nachweis
26. Lassavirus
27. Legionella sp.
28. humanpathogene Leptospira sp.
29. Listeria monocytogenes; Meldepflicht nur für den direkten Nachweis aus Blut, Liquor oder anderen normalerweise sterilen Substraten sowie aus Abstrichen von Neugeborenen
30. Marburgvirus
31. Masernvirus

31a. Middle-East-Respiratory-Syndrome-Coronavirus (MERS-CoV)

32. Mumpsvirus
33. Mycobacterium leprae
34. Mycobacterium tuberculosis/africanum, Mycobacterium bovis; Meldepflicht für den direkten Erregernachweis sowie nachfolgend für das Ergebnis der Resistenzbestimmung; vorab auch für den Nachweis säurefester Stäbchen im Sputum
35. Neisseria meningitidis; Meldepflicht nur für den direkten Nachweis aus Liquor, Blut, hämorrhagischen Hautinfiltraten oder anderen normalerweise sterilen Substraten
36. Norovirus

36a. Orthopockenviren

36b. Plasmodium spp.

37. Poliovirus
38. Rabiesvirus

38a. Respiratorische Synzytial Viren

39. Rickettsia prowazekii
40. Rotavirus
41. Rubellavirus
42. Salmonella Paratyphi; Meldepflicht für alle direkten Nachweise
43. Salmonella Typhi; Meldepflicht für alle direkten Nachweise
44. Salmonella, sonstige

44a. Severe-Acute-Respiratory-Syndrome-Coronavirus (SARS-CoV) und Severe-Acute-Respiratory-Syndrome-Coronavirus-2 (SARS-CoV-2)
45. Shigella sp.
45a. Streptococcus pneumoniae; Meldepflicht nur für den direkten Nachweis aus Liquor, Blut, Gelenkpunktat oder anderen normalerweise sterilen Substraten
46. Trichinella spiralis
47. Varizella-Zoster-Virus
48. Vibrio spp., humanpathogen; soweit ausschließlich eine Ohrinfektion vorliegt, nur bei Vibrio cholerae
48a. West-Nil-Virus
49. Yersinia pestis
50. Yersinia spp., darmpathogen
50a. Zika-Virus und sonstige Arboviren
51. andere Erreger hämorrhagischer Fieber
52. der direkte Nachweis folgender Krankheitserreger:
    a) Staphylococcus aureus, Methicillin-resistente Stämme; Meldepflicht nur für den Nachweis aus Blut oder Liquor
    b) Enterobacterales bei Nachweis einer Carbapenemase-Determinante oder mit verminderter Empfindlichkeit gegenüber Carbapenemen außer bei natürlicher Resistenz; Meldepflicht nur bei Infektion oder Kolonisation
    c) Acinetobacter spp. bei Nachweis einer Carbapenemase-Determinante oder mit verminderter Empfindlichkeit gegenüber Carbapenemen außer bei natürlicher Resistenz; Meldepflicht nur bei Infektion oder Kolonisation.

Die Meldung nach Satz 1 hat gemäß § 8 Absatz 1 Nummer 2, 3, 4 oder Absatz 4, § 9 Absatz 1, 2, 3 Satz 1 oder 3 zu erfolgen.

(2) Namentlich sind in Bezug auf Infektionen und Kolonisationen Nachweise von in dieser Vorschrift nicht genannten Krankheitserregern zu melden, wenn unter Berücksichtigung der Art der Krankheitserreger und der Häufigkeit ihres Nachweises Hinweise auf eine schwerwiegende Gefahr für die Allgemeinheit bestehen. Die Meldung nach Satz 1 hat gemäß § 8 Absatz 1 Nummer 2, 3 oder Absatz 4, § 9 Absatz 2, 3 Satz 1 oder 3 zu erfolgen.

(3) Nichtnamentlich ist bei folgenden Krankheitserregern der direkte oder indirekte Nachweis zu melden:

1. Treponema pallidum
2. HIV
3. Echinococcus sp.
4. Toxoplasma gondii; Meldepflicht nur bei konnatalen Infektionen
5. Neisseria gonorrhoeae
6. Chlamydia trachomatis, sofern es sich um einen der Serotypen L1 bis L3 handelt.

Die Meldung nach Satz 1 hat gemäß § 8 Absatz 1 Nummer 2, 3 oder Absatz 4, § 10 Absatz 2 zu erfolgen.

(4) **Bei Untersuchungen zum direkten Nachweis des Severe-Acute-Respiratory-Syndrome-Coronavirus-2 (SARS-CoV-2) mittels Nukleinsäureamplifikationstechnik ist das Untersuchungsergebnis nichtnamentlich zu melden. Die Meldung nach Satz 1 hat gemäß § 8 Absatz 1 Nummer 2, 3 oder Absatz 4, § 10 Absatz 3 zu erfolgen.**

§ 7 in der Fassung des ÄndG vom 10.2.2020 erfasst die zuvor in der mit Wirkung zum 1. März 2020 aufgehobenen Meldepflichtanpassungsverordnung vom 18.3.2016 geregelten Fälle (s. Absatz 1 Satz 1 Nrn. 6a, 10a, 45a, 48a, 50a und 52).

Die **namentliche Meldepflicht** (§ 7 Abs. 1 und 2) ist auf solche Krankheitserreger (§ 2 Nr. 1) beschränkt, bei denen ein direkter und indirekter Nachweis als Hinweis auf eine akute Infektion in der Regel eine unmittelbare Reaktion des Gesundheitsamtes im Hinblick auf Ermittlungen (§§ 25, 26) bzw. auf anzuordnende oder angeordnete Schutzmaßnahmen (§§ 28 ff) veranlasst. Nach der durch das Gesetz vom 19.5.2020 (BGBl. I S. 1018) neu eingefügten Nummer 44a in § 7 Abs. 1 Satz 1 besteht namentliche Meldepflicht beim Labornachweis von SARS-CoV und SARS-CoV-2. Durch das ÄndG vom 16.9.2022 wurde mit § 7 Abs. 4 wieder eine nichtnamentliche Meldepflicht negativer Testergebnisse von Laboruntersuchungen zum Nachweis von SARS-CoV und SARS-CoV-2 innerhalb von 24 Stunden unmittelbar an das RKI hat das ÄndG vom 18.11.2020 zur Entlastung der Meldepflichtigen wieder aufgehoben.

§ 7 Abs. 2 stellt eine Ergänzung zu § 6 Abs. 1 Satz 1 Nr. 5 dar.

Das Gesundheitsamt hat sorgfältig darauf zu achten, dass Meldungen nach § 7 mit solchen für denselben Fall nach § 6 zusammengeführt werden.

Die **nichtnamentlichen Meldungen** nach Absatz 3 veranlassen die Gesundheitsbehörden nicht zu unmittelbarem Handeln, sondern dienen zur Gewinnung infektionsepidemiologischer Erkenntnisse im Hinblick auf die Notwendigkeit bzw. den Erfolg einschlägiger Präventions- und Aufklärungsmaßnahmen. Sie haben innerhalb von zwei Wochen formblattmäßig gegenüber dem RKI zu erfolgen (§ 10 Abs. 2). Die **Meldebögen** sind beim Robert Koch-Institut per Kontaktformular oder per E-Mail (labinfo@rki.de) zu bestellen und werden kostenfrei versandt. Sie können auch von den meldepflichtigen Labors über die Gesundheitsämter bezogen werden (vgl. § 69 Abs. 1 Nr. 1 IfSG).

Erläuterungen zu den meldepflichtigen Erregernachweisen und Hinweise für meldende Laboratorien und Ärzte enthält das Epidemiologische Bulletin des RKI Nr. 41/2001.

Die Meldung nach § 7 Abs. 3 Nr. 2 (HIV) erfolgt verschlüsselt nach § 10 Abs. 2 Nr. 1 und Abs. 3.

Die Echinococcus-Meldungen (Abs. 3 Nr. 3) sollen auch Hinweise auf einen möglichen Handlungsbedarf der Veterinärbehörden geben. Die frühere nichtnamentliche Meldepflicht beim Nachweis des Rubellavirus (konnatale Infektionen) entfällt im Hinblick auf die 2013 eingeführte namentliche Meldepflicht.

In diesem Zusammenhang ist auf die notwendige Zusammenarbeit von Gesundheits- und Veterinärbehörden bei Zoonosen besonders hinzuweisen (vgl. § 1 Abs. 2 Satz 1, § 4 Abs. 1 Satz 3, § 8 Abs. 1 Nr. 4, s. auch § 27 Abs. 3).

§ 8
Zur Meldung verpflichtete Personen

1) **(1) Zur Meldung sind verpflichtet:**

2) **1. im Falle des § 6 der feststellende Arzt sowie bei der Anwendung patientennaher Schnelltests bei Dritten die feststellende Person, wenn sie nach § 24 Satz 2 oder aufgrund einer Rechtsverordnung nach § 24 Satz 3 Nummer 1 zu solchen Schnelltests befugt ist; in Einrichtungen nach § 23 Absatz 5 Satz 1 ist für die Einhaltung der Meldepflicht neben dem feststellenden Arzt auch der leitende Arzt, in Krankenhäusern mit mehreren selbstständigen Abteilungen der leitende Abteilungsarzt, in Einrichtungen ohne leitenden Arzt der behandelnde Arzt verantwortlich,**

3) **2. im Falle des § 7 die Leiter von Medizinaluntersuchungsämtern und sonstigen privaten oder öffentlichen Untersuchungsstellen einschließlich von Arztpraxen mit Infektionserregerdiagnostik und Krankenhauslaboratorien sowie Zahnärzte und Tierärzte, wenn sie aufgrund einer Rechtsverordnung nach § 24 Satz 3 Nummer 2 befugt sind, im Rahmen einer Labordiagnostik den direkten oder indirekten Nachweis eines Krankheitserregers zu führen,**

4) **3. im Falle der §§ 6 und 7 die Leiter von Einrichtungen der pathologisch-anatomischen Diagnostik,**

4. im Falle des § 6 Absatz 1 Satz 1 Nummer 4 und im Falle des § 7 Absatz 1 Satz 1 Nummer 38 bei Tieren, mit denen Menschen Kontakt gehabt haben, auch der Tierarzt,

5) **5. im Falle des § 6 Absatz 1 Satz 1 Nr. 1, 2 und 5 und Abs. 3 Angehörige eines anderen Heil- oder Pflegeberufs, der für die Berufsausübung oder die Führung der Berufsbezeichnung eine staatlich geregelte Ausbildung oder Anerkennung erfordert,**

6) **6. im Falle des § 6 Absatz 1 Satz 1 Nummer 3 auch die für die Durchführung der Schutzimpfung verantwortliche Person; bei Schutzimpfungen, die durch Apotheker für öffentliche Apotheken durchgeführt werden, anstelle der für die Schutzimpfung verantwortlichen Person der Leiter der öffentlichen Apotheke,**

7) **7. im Fall des § 6 Absatz 1 Satz 1 Nummer 1, 2 und 5 auch die Leiter von den in § 35 Absatz 1 Satz 1 und § 36 Absatz 1 Nummer 1 bis 7 genannten Einrichtungen und Unternehmen,**

8) **8. im Falle des § 6 Absatz 1 Satz 1 auch der Heilpraktiker.**

9) **(2) Die Meldepflicht besteht nicht für Personen des Not- und Rettungsdienstes, wenn der Patient unverzüglich in eine ärztlich geleitete Einrichtung gebracht wurde. Die Meldepflicht besteht für die in Absatz 1 Nr. 5 bis 7 bezeichneten Personen nur, wenn ein Arzt nicht hinzugezogen wurde.**

10) **(3) Die Meldepflicht besteht nicht, wenn dem Meldepflichtigen ein Nachweis vorliegt, dass die Meldung bereits erfolgte und andere als die bereits gemeldeten Angaben**

nicht erhoben wurden. Eine Meldepflicht besteht ebenfalls nicht für Erkrankungen, bei denen der Verdacht bereits gemeldet wurde und andere als die bereits gemeldeten Angaben nicht erhoben wurden.

(4) Absatz 1 Nr. 2 gilt entsprechend für Personen, die die Untersuchung zum Nachweis von Krankheitserregern außerhalb des Geltungsbereichs dieses Gesetzes durchführen lassen.

Das Robert Koch-Institut hat

a) für die meldepflichtigen Ärzte ein Muster-Formblatt „Meldepflichtige Krankheiten" und

b) für die meldepflichtigen Labors ein Muster-Formblatt „Nachweise von Krankheitserregern" zur Verfügung gestellt, vgl. http://www.rki.de> Infektionsschutz> Infektionsschutzgesetz> Meldebögen. Diese Formblätter können die Meldepflichtigen bei Bedarf auch bei den Gesundheitsämtern anfordern (vgl. § 69 Abs. 1 Nr. 1 IfSG).

c) mit einem PLZ-Tool den Meldepflichtigen ein Programm an die Hand gegeben, mit welchem sie auf Grund der ihnen bekannten Postleitzahl das zuständige Gesundheitsamt ermitteln können, an welches zu melden ist (Epid. Bulletin Nr. 22/2009, Internet: http://tools.rki.de/PLZTool).

1) Die Meldepflichten im Absatz 1 nach den Nrn. 1 bis 4 sowie nach Nr. 8 bestehen nebeneinander, während die in Nrn. 5 und 7 Genannten nur zu melden haben, wenn kein meldepflichtiger Arzt vorhanden ist (§ 8 Abs. 2 Satz 2). Bei den in § 8 Abs. 1 Nrn. 4 bis 8 Genannten ist die namentliche Meldepflicht auf die ihnen vorliegenden Angaben beschränkt (§ 9 Abs. 1: „muss, soweit vorliegend"); ebenso beschränkt ist die nichtnamentliche Meldepflicht bei den in § 8 Abs. 1 Nrn. 3 und 5 Genannten (§ 10 Abs. 1).

2) Die Meldepflicht trifft jeden feststellenden Arzt und daneben in Krankenhäusern bzw. stationären Pflegeeinrichtungen den leitenden (Abteilungs-)Arzt. Doppelmeldungen werden durch § 8 Abs. 3 verhindert.

3) Die Meldepflicht über Krankheitserreger (§ 7) obliegt den Laborleitern und zwar auch, wenn die Untersuchung im Ausland erfolgte (§ 8 Abs. 4). Aus einer Ermächtigung von Zahnärzten und Tierärzten nach § 24 Satz 3 Nr. 2 ergibt sich konsequenterweise deren Meldepflicht, die § 8 Abs. 1 Nr. 2 in der Fassung des ÄndG vom 18.11.2020 regelt.
S. Hinweise des RKI zur Meldepflicht für Labore (Epid. Bulletin Nr. 29/2010).

4) Die durch das ÄndG vom 28.6.2022 (BGBl. I S. 938) eingefügte Nr. 6 erfasst nun auch die für die Durchführung einer Schutzimpfung Verantwortlichen beim Verdacht einer über das übliche Ausmaß einer Impfreaktion hinausgehenden gesundheitlichen Schädigung.

5) Erfasst werden hier nur die staatlich geregelten Berufe (z.B. Gesundheits- und Krankenpflegerinnen und -pfleger, Hebammen, Altenpflegerinnen und -pfle-

ger); hinsichtlich Notfallsanitätern (bisher Rettungsassistenten) siehe § 8 Abs. 2 Satz 1.

6) § 8 Abs. 1 Nr. 6 (Sondermeldepflicht der Luftfahrzeugführer bzw. der Kapitäne auf Seeschiffen) wurde im Hinblick auf die einschlägigen §§ 11 und 16 des Gesetzes zur Durchführung der Internationalen Gesundheitsvorschriften vom 21.3.2013 aufgehoben (Art. 3 Nr. 4 des genannten Gesetzes).

7) Durch die Ergänzung in § 8 Abs. 1 Nr. 7 sind nun auch die in § 35 Absatz 1 Satz 1, § 36 Abs. 1 Nr. 1 bis 7 genannten Einrichtungen und Unternehmen (ambulante Pflegedienste und vergleichbare Einrichtungen) meldepflichtig.

8) Der Heilpraktiker darf meldepflichtige Krankheiten nicht behandeln (§ 24). Er muss sie aber diagnostizieren können, damit er die ihm gesetzlich gesetzten Grenzen einhalten kann und somit keine „Gefahr für die Volksgesundheit" darstellt (vgl. § 2 Abs. 1 Buchst. i der Ersten DV zum HeilprG).

9) Zu den „Personen des Not- und Rettungsdienstes" zählt auch der Notarzt.

10) Absatz 3 soll Doppelmeldungen verhindern. Er erfordert insoweit, dass der meldende Arzt seine im selben Fall ebenfalls meldepflichtigen Kollegen über die Meldung informiert.

§ 9
Namentliche Meldung

(1) Die namentliche Meldung durch eine der in § 8 Absatz 1 Nummer 1 und 4 bis 8 genannten Personen muss, soweit vorliegend, folgende Angaben enthalten:

1. zur betroffenen Person:

a) Name und Vorname,
b) Geschlecht,
c) Geburtsdatum,
d) Anschrift der Hauptwohnung oder des gewöhnlichen Aufenthaltsortes und, falls abweichend: Anschrift des derzeitigen Aufenthaltsortes,
e) weitere Kontaktdaten,
f) Tätigkeit in Einrichtungen und Unternehmen nach § 23 Absatz 3 Satz 1 oder nach § 35 Absatz 1 Satz 1 oder § 36 Absatz 1 oder Absatz 2 mit Namen, Anschrift und weiteren Kontaktdaten der Einrichtung oder des Unternehmens,
g) Tätigkeit nach § 42 Absatz 1 bei akuter Gastroenteritis, bei akuter Virushepatitis, bei Typhus abdominalis oder Paratyphus und bei Cholera mit Namen, Anschrift und weiteren Kontaktdaten der Einrichtung oder des Unternehmens,
h) Betreuung oder Unterbringung in oder durch Einrichtungen oder Unternehmen nach § 23 Absatz 5 Satz 1 oder § 35 Absatz 1 Satz 1 oder § 36 Absatz 1 oder Absatz 2 mit Name, Anschrift und weiteren Kontaktdaten der Einrichtung oder Unternehmen sowie der Art der Einrichtung oder des Unternehmens,
i) Diagnose oder Verdachtsdiagnose,
j) Tag der Erkrankung, Tag der Diagnose, gegebenenfalls Tag des Todes und wahrscheinlicher Zeitpunkt oder Zeitraum der Infektion,

k) wahrscheinlicher Infektionsweg, einschließlich Umfeld, in dem die Übertragung wahrscheinlich stattgefunden hat, mit Name, Anschrift und weiteren Kontaktdaten der Infektionsquelle und wahrscheinliches Infektionsrisiko,
l) in Deutschland: Landkreis oder kreisfreie Stadt, in dem oder in der die Infektion wahrscheinlich erworben worden ist, ansonsten Staat, in dem die Infektion wahrscheinlich erworben worden ist,
m) bei Tuberkulose, Hepatitis B und Hepatitis C: Geburtsstaat, Staatsangehörigkeit und gegebenenfalls Jahr der Einreise nach Deutschland,
n) bei Coronavirus-Krankheit-2019 (COVID-19): Angaben zum Behandlungsergebnis und zum Serostatus in Bezug auf diese Krankheit,
o) Überweisung, Aufnahme und Entlassung aus einer Einrichtung nach § 23 Absatz 5 Satz 1, gegebenenfalls intensivmedizinische Behandlung und deren Dauer,
p) Spender für eine Blut-, Organ-, Gewebe- oder Zellspende in den letzten sechs Monaten,
q) bei impfpräventablen Krankheiten Angaben zum diesbezüglichen Impfstatus,
r) Zugehörigkeit zu den in § 54a Absatz 1 Nummer 1 bis 5 genannten Personengruppen,

2. Name, Anschrift und weitere Kontaktdaten der Untersuchungsstelle, die mit der Erregerdiagnostik beauftragt ist,
3. Name, Anschrift und weitere Kontaktdaten sowie die lebenslange Arztnummer (LANR) und die Betriebsstättennummer (BSNR) des Meldenden und
4. bei einer Meldung nach § 6 Absatz 1 Satz 1 Nummer 3 die Angaben zur Schutzimpfung nach § 22 Absatz 2.

(2) Die namentliche Meldung durch eine in § 8 Absatz 1 Nummer 2 und 3 genannte Person muss, soweit vorliegend, folgende Angaben enthalten:

1. zur betroffenen Person:
   a) Name und Vorname,
   b) Geschlecht,
   c) Geburtsdatum,
   d) Anschrift der Hauptwohnung oder des gewöhnlichen Aufenthaltsortes und, falls abweichend: Anschrift des derzeitigen Aufenthaltsortes,
   e) weitere Kontaktdaten,
   f) Art des Untersuchungsmaterials,
   g) Entnahmedatum oder Eingangsdatum des Untersuchungsmaterials,
   h) Nachweismethode,
   i) Untersuchungsbefund, einschließlich Typisierungsergebnissen, und
   j) erkennbare Zugehörigkeit zu einer Erkrankungshäufung,
   k) bei Plasmodium spp.: Angaben zu einer zum wahrscheinlichen Zeitpunkt der Infektion erfolgten Maßnahme der spezifischen Prophylaxe,
2. Name, Anschrift und weitere Kontaktdaten des Einsenders und
3. Name, Anschrift und weitere Kontaktdaten sowie die lebenslange Arztnummer (LANR) und die Betriebsstättennummer (BSNR) des Meldenden sowie Zuordnungsmerkmale für weitere Untersuchungen.

Der Einsender hat den Meldenden bei dessen Angaben nach Satz 1 zu unterstützen und diese Angaben gegebenenfalls zu vervollständigen. Bei einer Untersuchung auf Hepatitis C hat der Einsender dem Meldenden mitzuteilen, ob ihm eine chronische Hepatitis C bei der betroffenen Person bekannt ist.

(3) Die namentliche Meldung muss unverzüglich erfolgen und dem zuständigen Gesundheitsamt nach Absatz 4 spätestens 24 Stunden, nachdem der Meldende Kenntnis erlangt hat, vorliegen. Eine Meldung darf wegen einzelner fehlender Angaben nicht verzögert werden. Die Nachmeldung oder Korrektur von Angaben hat unverzüglich nach deren Vorliegen an das Gesundheitsamt zu erfolgen, das die ursprüngliche Meldung erhalten hat. Das Gesundheitsamt ist befugt, von dem Meldenden Auskunft über Angaben zu verlangen, die die Meldung zu enthalten hat. Der Meldende hat dem Gesundheitsamt unverzüglich anzugeben, wenn sich eine Verdachtsmeldung nicht bestätigt hat.

(4) Meldungen nach den Absätzen 1 und 2 haben an das Gesundheitsamt zu erfolgen, in dessen Bezirk sich die betroffene Person derzeitig aufhält oder zuletzt aufhielt. Sofern die betroffene Person in einer Einrichtung gemäß Absatz 1 Nummer 1 Buchstabe h betreut oder untergebracht ist, haben Meldungen nach Absatz 1 an das Gesundheitsamt zu erfolgen, in dessen Bezirk sich die Einrichtung befindet. Abweichend von Satz 1 haben Meldungen nach Absatz 2 an das Gesundheitsamt zu erfolgen, in dessen Bezirk die Einsender ihren Sitz haben, wenn den Einsendern keine Angaben zum Aufenthalt der betroffenen Person vorliegen.

(5) Die verarbeiteten Daten zu meldepflichtigen Krankheiten und Nachweisen von Krankheitserregern werden jeweils fallbezogen mit den Daten der zu diesem Fall geführten Ermittlungen und getroffenen Maßnahmen sowie mit den daraus gewonnenen Erkenntnissen auch an das Gesundheitsamt übermittelt,

1. in dessen Bezirk die betroffene Person ihre Hauptwohnung hat oder zuletzt hatte oder
2. in dessen Bezirk sich die betroffene Person gewöhnlich aufhält, falls ein Hauptwohnsitz nicht feststellbar ist oder falls die betroffene Person sich dort gewöhnlich nicht aufhält.

(6) Die verarbeiteten Daten zu meldepflichtigen Krankheiten und Nachweisen von Krankheitserregern werden jeweils fallbezogen mit den Daten der zu diesem Fall geführten Ermittlungen und getroffenen Maßnahmen sowie mit den daraus gewonnenen Erkenntnissen auch an die zuständigen Stellen der Bundeswehr übermittelt, sofern die betroffene Person einer Personengruppe im Sinne des § 54a Absatz 1 Nummer 1 bis 5 angehört.

§ 9 ist durch das ÄndG vom 17.7.2017 neu gefasst.

Die Absätze 1 und 2 erfassen alle Angaben (soweit vorliegend), die das Gesundheitsamt benötigt, um erforderliche Maßnahmen einleiten zu können (Ermittlungen nach § 25, Schutzmaßnahmen nach §§ 28 ff). Die Absätze 1 und 2 erfassen alle Angaben (soweit vorliegend), die das Gesundheitsamt benötigt, um erforderliche Maßnahmen einleiten zu können (Ermittlungen nach § 25, Schutzmaßnah-

men nach §§ 28 ff). § 9 Abs. 1 Buchstabe k wurde durch Artikel 1 Nr. 9 des Gesetzes vom 19.5.2020 (BGBl. I S. 1018) ergänzt, damit aus Angaben über wahrscheinliche Übertragungsorte Schlüsse für notwendige Maßnahmen gezogen werden können. Gleichzeitig ist ein neuer Buchstabe n eingefügt, der Angaben zum Behandlungsergebnis (Genesung) und zum Immunstatus verlangt. Durch die Änderung vom 18.11.2020 wird die Angabe der lebenslangen Arztnummer (LANR) sowie der Betriebsstättennummer gefordert. Um eine automatisierte Verarbeitung der Meldungen zu ermöglichen sowie Doppelerfassungen und Fehlzuordnungen zu vermeiden (§ 9 Abs. 1 Nr. 3 und Abs. 2 Satz 1 Nr. 3).
Absatz 3 führt die Verfahrensregelungen des bisherigen Absatz 3 Sätze 1 bis 3 und des bisherigen § 8 Abs. 5 zusammen. „Unverzüglich" (§ 9 Abs. 3 Satz 1) bedeutet in sinngemäßer Anwendung von § 121 Abs. 1 Satz 2 BGB „ohne schuldhaftes Zögern". Es bleibt offen, auf welche Weise dem Gesundheitsamt die namentliche Meldung erstattet wird (siehe jedoch unter „Allgemeines zu §§ 6 ff" im Hinblick auf § 203 StGB). Jedenfalls muss die Meldung dem zuständigen Gesundheitsamt (§ 9 Abs. 4) spätestens 24 Stunden nach erlangter Kenntnis vorliegen (§ 9 Abs. 3 Satz 1).
Zweckmäßigerweise wird die Meldung dem Gesundheitsamt erstattet, in dessen Bezirk der Anlass zu behördlichem Eingreifen auftritt (§ 9Abs. 1 Satz 1 und 2). Die Regelung in Absatz 4 Satz 1 gilt nun auch für Meldungen nach Absatz 2. Um Verzögerungen auf dem Meldeweg zu vermeiden, soll die Meldung nach Abs. 2 nur dann an das Gesundheitsamt erfolgen, in dessen Bezirk der Einsender seinen Sitz hat, wenn Angaben zum Aufenthalt des Betroffenen nicht vorliegen (Absatz 4 S. 3 in der Fassung des ÄndG vom 18.11.2020). Das RKI hat ein Programm entwickelt, das die automatische Zuordnung der Postleitzahl des einsendenden Arztes hin zum zuständigen Gesundheitsamt (einschließlich Adresse) ermöglicht (https://tools.rki.de/plztool).
Absatz 5 sichert die Beteiligung anderer Gesundheitsämter, deren Zuständigkeit durch den Meldefall ebenfalls betroffen ist.
Absatz 6, eingefügt durch das ÄndG vom 10.2.2020, stellt den erforderlichen Informationsaustausch mit den zuständigen Stellen der Bundeswehr sicher (§ 54a).

§ 10
Nichtnamentliche Meldung

(1) Die nichtnamentliche Meldung nach § 6 Absatz 3 Satz 1 muss unverzüglich erfolgen und dem Gesundheitsamt, in dessen Bezirk sich die Einrichtung befindet, spätestens 24 Stunden nach der Feststellung des Ausbruchs vorliegen. Die Meldung muss, soweit vorliegend, folgende Angaben enthalten:

1. Name, Anschrift und weitere Kontaktdaten
   a) der betroffenen Einrichtung,
   b) des Meldenden,
   c) der mit der Erregerdiagnostik beauftragten Untersuchungsstelle und

2. folgende einzelfallbezogene Angaben zu den aufgetretenen nosokomialen Infektionen sowie zu allen damit wahrscheinlich oder vermutlich in epidemischem Zusammenhang stehenden Kolonisationen:
   a) Geschlecht der betroffenen Person,
   b) Monat und Jahr der Geburt der betroffenen Person,
   c) Untersuchungsbefund, einschließlich Typisierungsergebnissen,
   d) Diagnose,
   e) Datum der Diagnose,
   f) wahrscheinlicher Infektionsweg, einschließlich Umfeld, in dem die Übertragung wahrscheinlich stattgefunden hat, mit Name, Anschrift und weiteren Kontaktdaten der Infektionsquelle und wahrscheinliches Infektionsrisiko.

§ 9 Absatz 3 Satz 2 bis 4 gilt entsprechend.

(2) Die nichtnamentliche Meldung nach § 7 Absatz 3 Satz 1 muss innerhalb von zwei Wochen, nachdem der Meldende Kenntnis erlangt hat, an das Robert Koch-Institut erfolgen. Das Robert Koch-Institut bestimmt die technischen Übermittlungsstandards. Die Meldung muss folgende Angaben enthalten:

1. in den Fällen des § 7 Absatz 3 Satz 1 Nummer 2 eine fallbezogene Pseudonymisierung,
2. Geschlecht der betroffenen Person,
3. Monat und Jahr der Geburt der betroffenen Person,
4. die ersten drei Ziffern der Postleitzahl der Hauptwohnung oder des gewöhnlichen Aufenthaltsortes,
5. Untersuchungsbefund einschließlich Typisierungsergebnissen,
6. Monat und Jahr der Diagnose,
7. Art des Untersuchungsmaterials,
8. Nachweismethode,
9. wahrscheinlicher Infektionsweg und wahrscheinliches Infektionsrisiko,
10. Staat, in dem die Infektion wahrscheinlich erfolgt ist,
11. bei Treponema pallidum, HIV und Neisseria gonorrhoeae Angaben zu einer zum wahrscheinlichen Zeitpunkt der Infektion erfolgten Maßnahme der spezifischen Prophylaxe und bei Neisseria gonorrhoeae Angaben zu einer vorliegenden verminderten Empfindlichkeit gegenüber Azithromycin, Cefixim oder Ceftriaxon,
12. Name, Anschrift und weitere Kontaktdaten des Einsenders und
13. Name, Anschrift und weitere Kontaktdaten des Meldenden.

Der Einsender hat den Meldenden bei den Angaben nach Satz 3 zu unterstützen und diese Angaben gegebenenfalls zu vervollständigen. § 9 Absatz 3 Satz 2 bis 4 gilt entsprechend.

(3) Die nichtnamentliche Meldung nach § 7 Absatz 4 Satz 1 muss spätestens 24 Stunden, nachdem der Meldende Kenntnis von dem Untersuchungsergebnis erlangt hat, an das Robert Koch-Institut erfolgen. Die Meldung muss folgende Angaben enthalten:

1. Geschlecht der betroffenen Person,
2. Monat und Jahr der Geburt der betroffenen Person,

3. die ersten drei Ziffern der Postleitzahl der Hauptwohnung oder des gewöhnlichen Aufenthaltsortes der betroffenen Person,
4. Untersuchungsbefund einschließlich Typisierungsergebnsisen,
5. Art des Untersuchungsmaterials,
6. Name, Anschrift und weitere Kontaktdaten des Meldenden,
7. Grund der Untersuchung.

(4) Die fallbezogene Pseudonymisierung nach Absatz 2 Satz 3 Nummer 1 besteht aus dem dritten Buchstaben des ersten Vornamens in Verbindung mit der Anzahl der Buchstaben des ersten Vornamens sowie dem dritten Buchstaben des ersten Nachnamens in Verbindung mit der Anzahl der Buchstaben des ersten Nachnamens. Bei Doppelnamen wird jeweils nur der erste Teil des Namens berücksichtigt; Umlaute werden in zwei Buchstaben dargestellt. Namenszusätze bleiben unberücksichtigt. § 14 Absatz 3 bleibt unberührt. Angaben nach den Sätzen 1 bis 3 und die Angaben zum Monat der Geburt dürfen vom Robert Koch-Institut lediglich zu der Prüfung, ob verschiedene Meldungen sich auf denselben Fall beziehen, verarbeitet werden. Sie sind zu löschen, sobald nicht mehr zu erwarten ist, dass die damit bewirkte Einschränkung der Prüfung nach Satz 5 eine nicht unerhebliche Verfälschung der aus den Meldungen zu gewinnenden epidemiologischen Beurteilung bewirkt.

Die Verschlüsselung (Abs. 2 Nr. 1, Abs. 4) erfolgt nur bei HIV-Meldungen (§ 7 Abs. 3 Nr. 2). Sie soll Mehrfachmeldungen ausschließen und somit verwertbare Zahlen ergeben. Sie ist so differenziert, dass – in Verbindung mit den weiteren Angaben – bei Rückfragen an den meldenden Arzt diesem eine Zuordnung zum Patienten und damit eine Klärung oder Komplettierung einer unvollständigen Meldung möglich ist.
Beispiele für die fallbezogene Verschlüsselung: Theodor Bilharz = E 7/L 7
Marius Egon Müller-Lüdenscheid = R 6/E 7
Walther von der Vogelweide = L 6/G 10
Hinsichtlich des Formblatts siehe Anm. zu § 7 Abs. 3.
Ein durch das ÄndG vom 19.5.2020 eingefügter Absatz 3 mit Details der nichtnamentlichen Labormeldungen hinsichtlich SARS-CoV und SARS-CoV-2 war zunächst als Folgeänderung der durch das ÄndG vom 18.11.2020 erfolgten Aufhebung des § 7 Abs. 4 entfallen, durch das G vom 16.9.2022 wurde diese Verpflichtung zur nichtnamentlichen Meldung an das RKI spätestens 24 Stunden nach Kenntnis des Meldenden wieder aufgenommen.

§ 11
Übermittlung an die zuständige Landesbehörde und an das Robert Koch-Institut

(1) Die verarbeiteten Daten zu meldepflichtigen Krankheiten und Nachweisen von Krankheitserregern werden anhand der Falldefinitionen nach Absatz 2 bewertet und spätestens am folgenden Arbeitstag durch das nach Absatz 3 zuständige Gesundheitsamt vervollständigt, gegebenenfalls aus verschiedenen Meldungen zum selben Fall zusammengeführt und der zuständigen Landesbehörde sowie von dort spätestens am folgenden Arbeitstag dem Robert Koch-Institut mit folgenden Angaben übermittelt:

1. zur betroffenen Person:
   a) Geschlecht,
   b) Monat und Jahr der Geburt,
   c) Tag der Verdachtsmeldung, Angabe, wenn sich ein Verdacht nicht bestätigt hat, Tag der Erkrankung, Tag der Diagnose, gegebenenfalls Tag des Todes und wahrscheinlicher Zeitpunkt oder Zeitraum der Infektion,
   d) Untersuchungsbefund, einschließlich Typisierungsergebnissen,
   e) wahrscheinlicher Infektionsweg, einschließlich Umfeld, in dem die Übertragung wahrscheinlich stattgefunden hat; wahrscheinliches Infektionsrisiko, Impf- und Serostatus und erkennbare Zugehörigkeit zu einer Erkrankungshäufung,
   f) gegebenenfalls Informationen zur Art der Einrichtung bei Tätigkeit, Betreuung oder Unterbringung in Einrichtungen und Unternehmen nach § 23 Absatz 3 Satz 1, Absatz 5 Satz 1 oder § 35 Absatz 1 Satz 1 oder § 36 Absatz 1 oder Absatz 2,
   g) in Deutschland: Gemeinde mit zugehörigem amtlichem achtstelligem Gemeindeschlüssel, in der die Infektion wahrscheinlich erfolgt ist, ansonsten Staat, in dem die Infektion wahrscheinlich erfolgt ist,
   h) bei reiseassoziierter Legionellose: Name und Anschrift der Unterkunft,
   i) bei Tuberkulose, Hepatitis B und Hepatitis C: Geburtsstaat, Staatsangehörigkeit und gegebenenfalls Jahr der Einreise nach Deutschland,
   j) bei Coronavirus-Krankheit-2019 (COVID-19): durchgeführte Maßnahmen nach dem 5. Abschnitt; gegebenenfalls Behandlungsergebnis und Angaben zur Anzahl der Kontaktpersonen, und jeweils zu diesen Angaben zu Monat und Jahr der Geburt, Geschlecht, zuständigem Gesundheitsamt, Beginn und Ende der Absonderung und darüber, ob bei diesen eine Infektion nachgewiesen wurde,
   k) Überweisung, Aufnahme und Entlassung aus einer Einrichtung nach § 23 Absatz 5 Satz 1, gegebenenfalls intensivmedizinische Behandlung und deren Dauer,
   l) Zugehörigkeit zu den in § 54a Absatz 1 Nummer 1 bis 5 genannten Personengruppen,
   m) Gemeinde mit zugehörigem amtlichem achtstelligem Gemeindeschlüssel der Hauptwohnung oder des gewöhnlichen Aufenthaltsortes und, falls abweichend, des derzeitigen Aufenthaltsortes,
   n) bei Plasmodium spp.: Angaben zu einer zum wahrscheinlichen Zeitpunkt der Infektion erfolgten Maßnahme der spezifischen Prophylaxe,
2. zuständige Gesundheitsämter oder zuständige Stellen nach § 54a und
3. Datum der Meldung.

In den Fällen der Meldung nach § 6 Absatz 3 Satz 1 sind nur die Angaben nach Satz 1 Nummer 2 und 3 sowie zu den aufgetretenen nosokomialen Infektionen und den damit zusammenhängenden Kolonisationen jeweils nur die Angaben nach Satz 1 Nummer 1 Buchstabe a bis e erforderlich. Für die Übermittlungen von den zuständigen Landesbehörden an das Robert Koch-Institut bestimmt das Robert Koch-Institut die technischen Übermittlungsstandards. Frühere Übermittlungen sind gegebenenfalls zu berichtigen und zu ergänzen, insoweit gelten die Sätze 1 bis 3 entsprechend.

(2) Das Robert Koch-Institut erstellt entsprechend den jeweiligen epidemiologischen Erfordernissen die Falldefinitionen für die Bewertung von Verdachts-, Erkrankungs- oder Todesfällen und Nachweisen von Krankheitserregern und schreibt sie fort.

(3) Für die Vervollständigung, Zusammenführung und Übermittlung der Daten nach Absatz 1 ist das Gesundheitsamt zuständig, in dessen Bezirk die betroffene Person ihre Hauptwohnung hat oder zuletzt hatte. Falls ein Hauptwohnsitz nicht feststellbar ist oder die betroffene Person sich dort gewöhnlich nicht aufhält, so ist das Gesundheitsamt zuständig, in dessen Bezirk sich die betroffene Person gewöhnlich aufhält. Falls ein solcher Aufenthaltsort nicht feststellbar ist oder in den Fällen der Meldung nach § 6 Absatz 3 Satz 1 ist das Gesundheitsamt zuständig, welches die Daten erstmals verarbeitet hat. Das nach den Sätzen 1 bis 3 zuständige Gesundheitsamt kann diese Zuständigkeit an ein anderes Gesundheitsamt mit dessen Zustimmung abgeben, insbesondere wenn schwerpunktmäßig im Zuständigkeitsbereich des anderen Gesundheitsamtes weitere Ermittlungen nach § 25 Absatz 1 angestellt werden müssen.

(4) Einen nach § 6 Absatz 1 Satz 1 Nummer 3 gemeldeten Verdacht einer über das übliche Ausmaß einer Impfreaktion hinausgehenden gesundheitlichen Schädigung übermittelt das Gesundheitsamt unverzüglich der zuständigen Landesbehörde. Das Gesundheitsamt übermittelt alle notwendigen Angaben, sofern es diese Angaben ermitteln kann, wie Bezeichnung des Produktes, Name oder Firma des pharmazeutischen Unternehmers, die Chargenbezeichnung, den Zeitpunkt der Impfung und den Beginn der Erkrankung. Über die betroffene Person sind ausschließlich das Geburtsdatum, das Geschlecht sowie der erste Buchstabe des ersten Vornamens und der erste Buchstabe des ersten Nachnamens anzugeben. Die zuständige Behörde übermittelt die Angaben unverzüglich dem Paul-Ehrlich-Institut. Die personenbezogenen Daten sind zu pseudonymisieren.

§ 11 Abs. 1 Satz 1 idF des Gesetzes vom 19.5.2020 (BGBl. I S. 1018) verpflichtet das Gesundheitsamt, Meldungen erforderlichenfalls zu vervollständigen und mehrere Meldungen im selben Fall zusammenzufassen. Die formblattmäßigen Meldungen nach § 11 Abs. 1 sollen das RKI in die Lage versetzen, die ihm nach § 4 Abs. 2 Nrn. 2 bis 4 obliegenden Aufgaben zu erfüllen. Das Gesundheitsamt hat dabei – und zwar unabhängig davon, ob Ermittlungen bzw. Schutzmaßnahmen veranlasst sind – die erhobenen Daten entsprechend den **Falldefinitionen** (§ 11 Abs. 1 Satz 1 und Abs. 2) zu standardisieren. Die Falldefinitionen sind keine Kriterien für die meldepflichtigen Ärzte oder Labore. Ihr Ziel ist es ausschließlich, bundeseinheitliche Kriterien bei der epidemiologischen Überwachung der Infektionskrankheiten sicherzustellen. Sie sind von den Gesundheitsämtern und im Vollzug des § 11 durch die insoweit zuständigen Stellen zu beachten.
Die geltende Fassung der Falldefinitionen ist am 1.1.2015 mit den Neuerungen vom 1.5.2016 in Kraft getreten. Sie steht auch als Loseblattsammlung zur Verfügung. Die Falldefinitionen sind beim RKI erhältlich.
In Absatz 1 Nr. 1 Buchst. c werden zusätzliche Angaben zu Verdachtsmeldungen verlangt. Die Angaben zu § 11 Abs. 1 Nr. 1 Buchst. e ergeben sich aus § 9 Abs. 1

Nr. 1 Buchst. k und q. Der durch das ÄndG vom 19.5.2020 ergänzte Buchstabe e (Serostatus) steht im Zusammenhang mit den COVID-19-bedingten Änderungen in §§ 9, 10. Angaben zu getroffenen Ermittlungen und Schutzmaßnahmen bei COVID-19 (Buchst. j) sind für die Beurteilung des Erfolgs der Maßnahmen von Bedeutung. Die bei impfpräventablen Krankheiten erhobenen Angaben bieten Hinweise auf Impflücken und Impfdurchbrüche und sind für die Einschätzung der Wirksamkeit von Impfstoffen von Bedeutung mit Auswirkungen auf die Impfempfehlungen.

Die Angaben zu § 11 Abs. 1 Nr. 1 Buchst. e (Infektionsrisiko, Impfstatus) ergeben sich aus § 9 Abs. 1 Nr. 1 Buchst. k und p. Die bei impfpräventablen Krankheiten erhobenen Angaben bieten Hinweise auf Impflücken und Impfdurchbrüche und sind für die Einschätzung der Wirksamkeit von Impfstoffen von Bedeutung mit Auswirkungen auf die Impfempfehlungen.

In § 11 Abs. 1 Satz 1 Nr. 2 sind die „zuständigen Gesundheitsämter" genannt, weil alle Ämter anzugeben sind, die in das Verfahren nach § 9 Abs. 5 und 6 sowie nach §§ 25 ff bzw. nach dem IGV-DG einbezogen sind (Amtliche Begründung). Durch Art. 1 Nr. 9 des ÄndG vom 18.11.2020 entfällt die aus dem ÄndG vom 19.5.2020 durch ein Redaktionsversehen herrührende Pflicht nach Abs. 1 S. 1 Nr. 2, bei den Gesundheitsämtern den amtlichen achtstelligen Gemeindeschlüssel anzugeben. Stattdessen ist die Angabe des Gemeindeschlüssels nun in Abs. 1 S. 1 Nr. 1 Buchst. g und m für den Infektionsort bzw. den Wohn- oder Aufenthaltsort der infizierten Person vorgesehen.

Die Weitermeldung nosokomialer Infektionen (§ 11 Abs. 1 Satz 2) soll das RKI in die Lage versetzen, epidemiologische Zusammenhänge zu untersuchen, die Landesbehörden zu beraten oder, wenn Ausbrüche in anderen Einrichtungen zu befürchten sind, durch Veröffentlichungen zu informieren.

§ 12
Übermittlungen und Mitteilungen auf Grund völker- und unionsrechtlicher Vorschriften

(1) Im Hinblick auf eine übertragbare Krankheit, die nach Anlage 2 der Internationalen Gesundheitsvorschriften (2005) vom 23. Mai 2005 (BGBl. 2007 II S. 930, 932) eine gesundheitliche Notlage von internationaler Tragweite im Sinne von Artikel 1 Absatz 1 der Internationalen Gesundheitsvorschriften (2005) darstellen könnte, übermittelt die zuständige Behörde der zuständigen Landesbehörde unverzüglich folgende Angaben:

1. **das Auftreten der übertragbaren Krankheit, Tatsachen, die auf das Auftreten der übertragbaren Krankheit hinweisen, oder Tatsachen, die zum Auftreten der übertragbaren Krankheit führen können,**
2. **die getroffenen Maßnahmen und**
3. **sonstige Informationen, die für die Bewertung der Tatsachen und für die Verhütung und Bekämpfung der übertragbaren Krankheit von Bedeutung sind.**

Die zuständige Behörde darf im Rahmen dieser Vorschrift die folgenden personenbezogenen Daten übermitteln

1. zur betroffenen Person:

a) den Namen und Vornamen,

b) Tag der Geburt und

c) Anschrift der Hauptwohnung oder des gewöhnlichen Aufenthaltsortes und

2. den Namen des Meldenden.

Die zuständige Landesbehörde übermittelt die in den Sätzen 1 und 2 genannten Angaben unverzüglich dem Robert Koch-Institut. Darüber hinaus übermittelt die zuständige Landesbehörde dem Robert Koch-Institut auf dessen Anforderung unverzüglich alle ihr vorliegenden Informationen, die für Mitteilungen an die Weltgesundheitsorganisation im Sinne der Artikel 6 bis 12 und 19 Buchstabe c der Internationalen Gesundheitsvorschriften (2005) erforderlich sind. Für die Übermittlungen von den zuständigen Landesbehörden an das Robert Koch-Institut kann das Robert Koch-Institut die technischen Übermittlungsstandards bestimmen. Das Robert Koch-Institut bewertet die ihm übermittelten Angaben nach der Anlage 2 der Internationalen Gesundheitsvorschriften (2005) und nimmt die Aufgaben nach § 4 Absatz 1 Nummer 1 des IGV-Durchführungsgesetzes wahr.

(2) Im Hinblick auf Gefahren biologischen oder unbekannten Ursprungs nach Artikel 2 Absatz 1 Buchstabe a oder d der Verordnung (EU) 2022/2371 des Europäischen Parlaments und des Rates vom 23. November 2022 zu schwerwiegenden grenzüberschreitenden Gesundheitsgefahren und zur Aufhebung des Beschlusses Nr. 1082/2013/EU (ABl. L 314 vom 6.12.2022, S. 26) übermittelt die zuständige Behörde der zuständigen Landesbehörde unverzüglich alle Angaben, die für Übermittlungen nach den Artikeln 13, 14 und 17 bis 19 der Verordnung (EU) 2022/2371 erforderlich sind. Die zuständige Landesbehörde übermittelt diese Angaben unverzüglich dem Robert Koch-Institut. Für die Übermittlung an das Robert Koch-Institut kann das Robert Koch-Institut die technischen Übermittlungsstandards bestimmen. Das Robert Koch-Institut ist in dem in Satz 1 genannten Bereich der Gefahren biologischen oder unbekannten Ursprungs die zuständige nationale Behörde im Sinne der Artikel 13 und 18 bis 20 der Verordnung (EU) 2022/2371.

(3) Abweichungen von den Regelungen des Verwaltungsverfahrens in Absatz 1 Satz 1 bis 5 und Absatz 2 Satz 1 bis 3 durch Landesrecht sind ausgeschlossen.

§ 12 in der Fassung des ÄndG vom 17.7.2017 fasst die bisher getrennten Regelungen hinsichtlich der Mitteilungspflichten im Rahmen des europäischen Netzwerks sowie der WHO zusammen.

Absatz 1 regelt die Informationen an das RKI im Rahmen der IGV, siehe auch Art. 4, Art. 6 ff mit Anlage 2, Art. 44 Abs. 2 IGV (2005) und §§ 3, 4 IGV-DG, beide abgedruckt im **Anhang**.

Im Rahmen des § 12 Absatz 1 dürfen aufgrund Artikel 1 Nr. 9 des Gesetzes vom 19.5.2020 (BGBl. I S. 1018) im Gegensatz zu früher auch personenbezogene Daten verwertet werden.

Absatz 2 ersetzt den im Rahmen der EU früher geltenden Absatz 4. Maßgeblich ist die Verordnung (EU) 2022/2371 des Europäischen Parlaments und des Rates vom 23. November 2022 zu schwerwiegenden grenzüberschreitenden Gesundheitsgefahren (als Nachfolgeregelung von Beschluss 1082/2013 EU) mit den Durchführungsbeschlüssen 2014/504/EU und 2017/253/EU, abgedruckt im **Anhang**.

§ 13
Weitere Formen der epidemiologischen Überwachung; Verordnungsermächtigung

(1) Zur Überwachung übertragbarer Krankheiten können der Bund und die Länder weitere Formen der epidemiologischen Überwachung durchführen. Bei Erhebungen des Bundes ist den jeweils zuständigen Landesbehörden Gelegenheit zu geben, sich zu beteiligen. Das Bundesministerium für Gesundheit kann im Benehmen mit den jeweils zuständigen obersten Landesgesundheitsbehörden festlegen, welche Krankheiten und Krankheitserreger durch Erhebungen nach Satz 1 überwacht werden.

(2) Das Robert Koch-Institut und die Länder können insbesondere nach Absatz 1 zur Überwachung übertragbarer Krankheiten Sentinel-Erhebungen und insbesondere Testungen und Befragungen bei bestimmten Personengruppen mit Einwilligung der jeweils betroffenen Person sowie Testungen an bestimmten Wasserproben in bestimmten Gebietskörperschaften durchführen.

Die Erhebungen nach Satz 1 können in Zusammenarbeit mit ausgewählten Einrichtungen der Gesundheitsvorsorge und gesundheitlichen sowie pflegerischen Versorgung zu Personen stattfinden, die diese Einrichtungen unabhängig von der Sentinel-Erhebung in Anspruch nehmen. Die Erhebungen nach Satz 1 können auch über anonyme unverknüpfbare Testungen an Restblutproben oder anderem geeigneten Material erfolgen. Sentinel-Erhebungen an Abwasserproben können in Zusammenarbeit mit ausgewählten Einrichtungen der Abwasserbeseitigung und -analytik stattfinden. Werden personenbezogene Daten verwendet, die bereits bei der Vorsorge oder Versorgung erhoben wurden, sind diese zu anonymisieren. Daten, die eine Identifizierung der in die Untersuchung einbezogenen Personen erlauben, dürfen nicht erhoben werden. Das Bundesministerium für Gesundheit wird ermächtigt, durch Rechtsverordnung ohne Zustimmung des Bundesrates festzulegen, dass und auf welche Weise bestimmte in den Sätzen 2 und 4 genannte Einrichtungen verpflichtet sind, an den Sentinel-Erhebungen mitzuwirken. Die Rechtsverordnung nach Satz 7 bedarf des Einvernehmens mit dem Bundesministerium für Umwelt, Naturschutz, nukleare Sicherheit und Verbraucherschutz, soweit Sentinel-Erhebungen nach Satz 4 betroffen sind.

(3) Für Zwecke weiterer Untersuchungen und der Verwahrung können die in § 23 **Absatz 3 Satz 1 genannten Einrichtungen sowie Laboratorien Untersuchungsmaterial und Isolate von Krankheitserregern an bestimmte Einrichtungen der Spezialdiagnostik abliefern, insbesondere an nationale Referenzzentren, an Konsiliarlaboratorien, an das Robert Koch-Institut und an fachlich unabhängige Landeslaboratorien. Die Einrichtungen der Spezialdiagnostik können Untersuchungsmaterial und Isolate von Krankheitserregern für den gleichen Zweck untereinander abliefern. Gemeinsam mit**

dem abgelieferten Material können pseudonymisierte Falldaten übermittelt werden. Die Ergebnisse der Untersuchungen können an die abliefernden Einrichtungen übermittelt werden sowie pseudonymisiert einem nach § 7 gemeldeten Fall zugeordnet werden. Eine Wiederherstellung des Personenbezugs der übermittelten pseudonymisierten Daten ist für die Einrichtungen der Spezialdiagnostik auszuschließen. Enthält das Untersuchungsmaterial humangenetische Bestandteile, sind angemessene Maßnahmen zu treffen, die eine Identifizierung betroffener Personen verhindern. Humangenetische Analysen des Untersuchungsmaterials sind verboten. Das Bundesministerium für Gesundheit wird ermächtigt, durch Rechtsverordnung ohne Zustimmung des Bundesrates festzulegen, dass die Träger der in § 8 Absatz 1 Nummer 2 und 3 genannten Einrichtungen sowie Einrichtungen des öffentlichen Gesundheitsdienstes, in denen Untersuchungsmaterial und Isolate von Krankheitserregern untersucht werden, verpflichtet sind, Untersuchungsmaterial und Isolate von Krankheitserregern zum Zwecke weiterer Untersuchungen und der Verwahrung an bestimmte Einrichtungen der Spezialdiagnostik abzuliefern (molekulare und virologische Surveillance). Die Sätze 3 bis 7 gelten entsprechend. In der Rechtsverordnung nach Satz 8 kann insbesondere bestimmt werden,

1. in welchen Fällen die Ablieferung zu erfolgen hat,
2. welche Verfahren bei der Bildung der Pseudonymisierung nach Satz 3 und bei den Maßnahmen nach Satz 6 anzuwenden sind,
3. dass Angaben zu Art und Herkunft des Untersuchungsmaterials sowie zu Zeitpunkt und Umständen der Probennahme zu übermitteln sind und
4. in welchem Verfahren und in welcher Höhe die durch die Ablieferungspflicht entstehenden Kosten für die Vorbereitung, die Verpackung und den Versand der Proben erstattet werden und welcher Kostenträger diese Kosten übernimmt.

Die Länder können zusätzliche Maßnahmen der molekularen und virologischen Surveillance treffen.

(4) Für Zwecke der Überwachung der Verbreitung von Krankheitserregern, insbesondere solcher mit Resistenzen, und der entsprechenden Therapie- und Bekämpfungsmaßnahmen können die in Absatz 3 Satz 1 genannten Einrichtungen untereinander pseudonymisierte Falldaten übermitteln. Das Bundesministerium für Gesundheit wird ermächtigt, durch Rechtsverordnung ohne Zustimmung des Bundesrates festzulegen, dass bestimmte in Absatz 3 Satz 1 genannte Einrichtungen verpflichtet sind, dem Robert Koch-Institut in pseudonymisierter Form einzelfallbezogen folgende Angaben zu übermitteln:

1. Angaben über von ihnen untersuchte Proben in Bezug auf bestimmte Krankheitserreger (Krankheitserregersurveillance) oder
2. Angaben über das gemeinsame Vorliegen von verschiedenen Krankheitszeichen (syndromische Surveillance).

In der Rechtsverordnung kann insbesondere bestimmt werden,

1. welche Angaben innerhalb welcher Fristen zu übermitteln sind,
2. welche Verfahren bei der Bildung der Pseudonymisierung anzuwenden sind und

3. in welchem Verfahren und in welcher Höhe die durch die Übermittlungspflicht entstehenden Kosten erstattet werden und wer diese Kosten trägt.

Eine Wiederherstellung des Personenbezugs der nach Satz 1 oder der auf Grund der Rechtsverordnung nach Satz 2 übermittelten pseudonymisierten Daten ist für den jeweiligen Empfänger der Daten auszuschließen.

(5) Die Kassenärztlichen Vereinigungen und, soweit die Angaben bei ihnen vorliegen, die für die Durchführung von Impfleistungen eingerichteten Impfzentren haben für Zwecke der Feststellung der Inanspruchnahme von Schutzimpfungen und von Impfeffekten (Impfsurveillance) dem Robert Koch-Institut und für Zwecke der Überwachung der Sicherheit von Impfstoffen (Pharmakovigilanz) dem Paul-Ehrlich-Institut in von diesen festgelegten Zeitabständen folgende Angaben zu übermitteln:

1. Patienten-Pseudonym,
2. Geburtsmonat und -jahr,
3. Geschlecht,
4. fünfstellige Postleitzahl und Landkreis des Patienten,
5. Landkreis des behandelnden Arztes oder der für die Schutzimpfung verantwortlichen Einrichtung oder Person,
6. Fachrichtung des behandelnden Arztes,
7. Datum der Schutzimpfung, der Vorsorgeuntersuchung, des Arzt-Patienten-Kontaktes und Quartal der Diagnose,
8. antigenspezifische Dokumentationsnummer der Schutzimpfung, bei Vorsorgeuntersuchungen die Leistung nach dem einheitlichen Bewertungsmaßstab,
9. Diagnosecode nach der Internationalen statistischen Klassifikation der Krankheiten und verwandter Gesundheitsprobleme (ICD), Diagnosesicherheit und Diagnosetyp im Sinne einer Akut- oder Dauerdiagnose,
10. bei Schutzimpfungen gegen Severe-Acute-Respiratory-Syndrome-Coronavirus-2 (SARS-CoV-2) zusätzlich die impfstoffspezifische Dokumentationsnummer, die Chargennummer, die Indikation sowie die genaue Stellung der Impfung in der Impfserie.

Die Kassenärztlichen Vereinigungen und die zur Durchführung von Schutzimpfungen verantwortlichen Einrichtungen und Personen dürfen personenbezogene Daten verarbeiten, soweit es erforderlich ist, um ihre Verpflichtung nach Satz 1 zu erfüllen. Das Bundesministerium für Gesundheit wird ermächtigt, durch Rechtsverordnung ohne Zustimmung des Bundesrates festzulegen:

1. das Nähere zum Verfahren der Übermittlung der Angaben nach Satz 1,
2. Ausnahmen zu den nach Satz 1 zu übermittelnden Angaben.

Das Robert Koch-Institut bestimmt die technischen Übermittlungsstandards für die im Rahmen der Impfsurveillance und der Pharmakovigilanz zu übermittelnden Daten sowie das Verfahren zur Bildung des Patienten-Pseudonyms nach Satz 1 Nummer 1. Eine Wiederherstellung des Personenbezugs der übermittelten pseudonymisierten Daten ist für das Robert Koch-Institut und das Paul-Ehrlich-Institut auszuschließen.

1) (6) *(weggefallen)*

(7) Für Zwecke der Feststellung der Auslastung der Krankenhauskapazitäten (Krankenhauskapazitätssurveillance) sind Krankenhäuser verpflichtet, folgende Angaben an das Robert Koch-Institut zu übermitteln:

1. nach Maßgabe der Rechtsverordnung nach Satz 4 die für die Ermittlung der nichtintensivmedizinischen somatischen Behandlungskapazitäten erforderlichen Angaben,
2. sofern das Krankenhaus intensivmedizinische Behandlungskapazitäten vorhält, nach Maßgabe der Rechtsverordnung nach Satz 4 die für die Ermittlung der intensivmedizinischen Behandlungskapazitäten erforderlichen Angaben und
3. sofern das Krankenhaus eine Notaufnahme vorhält, nach Maßgabe der Rechtsverordnung nach Satz 4 die für die Ermittlung der somatischen Behandlungskapazitäten der Notaufnahme erforderlichen Angaben.

Die Übermittlung nach Satz 1 Nummer 1 und 3 hat über das elektronische Melde- und Informationssystem nach § 14 zu erfolgen. Die Übermittlung nach Satz 1 Nummer 2 hat an das vom Robert Koch-Institut geführte DIVI IntensivRegister zu erfolgen. Das Bundesministerium für Gesundheit wird ermächtigt, durch Rechtsverordnung ohne Zustimmung des Bundesrates Folgendes festzulegen:

1. die für die Ermittlung der nichtintensivmedizinischen somatischen Behandlungskapazitäten erforderlichen Angaben,
2. die für die Ermittlung der intensivmedizinischen Behandlungskapazitäten erforderlichen Angaben,
3. die für die Ermittlung der somatischen Behandlungskapazitäten der Notaufnahme erforderlichen Angaben,
4. wie oft Krankenhäuser verpflichtet sind, Übermittlungen nach Satz 1 vorzunehmen, und
5. ein von den Sätzen 2 und 3 abweichendes Verfahren der Übermittlung.

§ 13 wurde zunächst durch das ÄndG vom 10.2.2020 neugefasst; dabei blieben die Absätze 2 und 3 unverändert; durch die ÄndG vom 19.5., vom 18.11.2020 und vom 29.3.2021 wurden die Absätze 4 und 5 modifiziert. Das ÄndG vom 16.9.2022 hat Absatz 2 modifiziert und die Norm um Absatz 7 ergänzt.
Absatz 1 bildet die Grundlage für weitere Formen der epidemiologischen Überwachung durch die Gesundheitsbehörden. Etablierte Verfahren sollen jedoch nicht verdrängt werden.
Absatz 2 entsprach dem bisherigen Absatz 1; die Fassung durch das ÄndG vom 16.9.2022 soll die epidemiologische Überwachung von Krankheiten durch repräsentative Bevölkerungs-Sentinels weiter zu verbessern; insofern sind z.B. Testungen an Wasserproben oder Sentinel-Erhebungen an Abwasserproben („Abwassermonitoring“) möglich. Hinsichtlich der Kosten siehe § 69 Abs. 1 Nr. 2.
Absatz 3 enthält für Verfahren zur molekularen Surveillance, die erfahrungsgemäß auf freiwilliger Grundlage ablaufen, zur rechtlichen Absicherung eine Übermittlungsbefugnis für Untersuchungsmaterial und Isolate. Durch Rechtsverordnung kann eine Ablieferungspflicht von Untersuchungsmaterial und Isolaten ge-

nerell, und nicht nur bei meldepflichtigen Nachweisen bestimmter Krankheitserreger vorgesehen werden. Die Verordnungsermächtigung des Bundesministeriums für Gesundheit zur molekularen Surveillance befindet sich in Absatz 3 Satz 8. Auf der Grundlage des Absatzes 4 können die in Betracht kommenden Einrichtungen Daten zu Antibiotikaresistenzen und zum Antibiotikaverbrauch austauschen. Der durch Artikel 1 Nr. 10 des Gesetzes vom 19.5.2020 (BGBl. I S. 1018) erweiterte Absatz 4 enthält eine Verordnungsermächtigung zur Verankerung einer laborbasierten Surveillance. Labore können verpflichtet werden, Untersuchungsergebnisse zu bestimmten Krankheitserregern pseudonymisiert dem RKI zu übermitteln. Absatz 4 S. 2 Nr. 2 ist seit dem 19.11.2020 erweitert um die Verordnungsermächtigung zur Durchführung einer syndromischen Surveillance. Dabei handelt es sich um die systematische Ermittlung bestimmter Krankheitsfälle über das Erfassen definierter charakteristischer klinischer Krankheitszeichen bzw. ihrer Kombination, also das Auftreten eines oder mehrerer Symptome, die relativ spezifisch auf bestimmte Infektionskrankheiten hinweisen. Zur Einschätzung des Verlaufs der COVID-19-Pandemie können neben den im Rahmen des Meldewesens erfassten Angaben Informationen aus der syndromischen Surveillance akuter respiratorischer Erkrankungen von zentraler Bedeutung sein.
Die auf Grund der Impfsurveillance (Absatz 5) gewonnenen Daten decken nicht nur die wichtige Funktion eines nationalen Impfregisters ab, sie dienen auch der Evaluation von Impfungen und Impfprogrammen. Abs. 5 wurde durch Artikel 1 Nr. 10 Buchst. c des Gesetzes vom 18.11.2020 im Hinblick auf die zu erwartende Zulassung neuer Impfstoffe ergänzt. Die von den Kassenärztlichen Vereinigungen im Rahmen der Impfsurveillance zu meldenden Daten sind auch für das Paul-Ehrlich-Institut von Bedeutung
Über den durch das ÄndG vom 16.9.2022 neu eingefügten Absatz 7 („Krankenhauskapazitätssurveillance“) sollen frühzeitig drohende Behandlungs-Engpässe auch auf den Normalstationen der Krankenhäuser erkannt werden, um entsprechende Gegenmaßnahmen ergreifen zu können.

1) Durch eine zeitnahe Mortalitäts-Surveillance (vormals Absatz 6) können für die Gesundheit der Bevölkerung bedeutsame Ereignisse erkannt und Maßnahmen getroffen werden. Die durch Art. 4 Satz 2 des ÄndG vom 10.2.2020 eingefügte Vorschrift, in Kraft getreten mit dem 1.11.2021, wurde durch Art. 2 des ÄndG vom 17.7.2023 (GVBl. I Nr. 190) in ähnlicher Form in das Bevölkerungsstatistikgesetz (§ 5b BevStatG) überführt.

§ 14
Elektronisches Melde- und Informationssystem; Verordnungsermächtigung

(1) Für die Erfüllung der Aufgaben nach Maßgabe der Zwecke dieses Gesetzes richtet das Robert Koch-Institut nach Weisung des Bundesministeriums für Gesundheit und nach Maßgabe der technischen Möglichkeiten ein elektronisches Melde- und Informationssystem ein. Das Robert Koch-Institut ist der Verantwortliche im Sinne des Datenschutzrechts. Das Robert Koch-Institut kann einen IT-Dienstleister mit der techni-

schen Umsetzung beauftragen. Das elektronische Melde- und Informationssystem nutzt geeignete Dienste der Telematikinfrastruktur nach dem Fünften Buch Sozialgesetzbuch, sobald diese zur Verfügung stehen. Die Gesellschaft für Telematik nach § 306 Absatz 1 Satz 3 des Fünften Buches Sozialgesetzbuch unterstützt das Robert Koch-Institut bei der Entwicklung und dem Betrieb des elektronischen Melde- und Informationssystems. Bei der Gesellschaft für Telematik unmittelbar für die Erfüllung der Aufgabe nach Satz 5 entstehende Kosten werden vom Robert Koch-Institut getragen. Das Robert Koch-Institut legt die Einzelheiten der Kostenerstattung im Einvernehmen mit der Gesellschaft für Telematik fest.Für die Zusammenarbeit von Bund und Ländern bei der Umsetzung des elektronischen Melde- und Informationssystems legt ein gemeinsamer Planungsrat Leitlinien fest. Sofern eine Nutzungspflicht für das elektronische Melde- und Informationssystem besteht, ist den Anwendern mindestens eine kostenlose Software-Lösung bereitzustellen.

(2) Im elektronischen Melde- und Informationssystem können insbesondere folgende Daten fallbezogen verarbeitet werden:

1. die Daten, die nach den §§ 6, 7, 34 und 36 erhoben worden sind,
2. die Daten, die bei den Meldungen nach dem IGV-Durchführungsgesetz und im Rahmen der §§ 4 und 12 erhoben worden sind,
3. die Daten, die im Rahmen der epidemiologischen Überwachung nach § 13 erhoben worden sind,
4. die im Verfahren zuständigen Behörden und Ansprechpartner,
5. die Daten über die von den zuständigen Behörden nach den §§ 25 bis 32 geführten Ermittlungen, getroffenen Maßnahmen und die daraus gewonnenen Erkenntnisse und
6. sonstige Informationen, die für die Bewertung, Verhütung und Bekämpfung der übertragbaren Krankheit von Bedeutung sind.

(3) Im elektronischen Melde- und Informationssystem werden die verarbeiteten Daten, die zu melde- und benachrichtigungspflichtigen Tatbeständen nach den §§ 6, 7, 34, 35 Absatz 4 und § 36 erhoben worden sind, jeweils fallbezogen mit den Daten der zu diesem Fall geführten Ermittlungen, getroffenen Maßnahmen und den daraus gewonnenen Erkenntnissen automatisiert

1. pseudonymisiert,
2. den zuständigen Behörden übermittelt mit der Möglichkeit, dass sie diese Daten im Rahmen ihrer jeweiligen Zuständigkeit verarbeiten können,
3. gegebenenfalls gemäß den Falldefinitionen nach § 11 Absatz 2 bewertet und
4. gemeinsam mit den Daten nach den Nummern 1 bis 3 nach einer krankheitsspezifischen Dauer gelöscht, es sei denn, es handelt sich um epidemiologische Daten, die nach den §§ 11 und 12 übermittelt wurden.

(4) Im elektronischen Melde- und Informationssystem können die verarbeiteten Daten, die zu melde- und benachrichtigungspflichtigen Tatbeständen nach den §§ 6, 7, 34, 35 Absatz 4 und § 36 erhoben worden sind, daraufhin automatisiert überprüft werden, ob sich diese Daten auf denselben Fall beziehen.

(5) Im elektronischen Melde- und Informationssystem können die verarbeiteten Daten zu meldepflichtigen Krankheiten und Nachweisen von Krankheitserregern nach den §§ 6 und 7 und aus Benachrichtigungen nach den §§ 34, 35 Absatz 4 und § 36 daraufhin automatisiert überprüft werden, ob es ein gehäuftes Auftreten von übertragbaren Krankheiten gibt, bei denen ein epidemischer Zusammenhang wahrscheinlich ist.

(6) Der Zugriff auf gespeicherte Daten ist nur im gesetzlich bestimmten Umfang zulässig, sofern die Kenntnis der Daten zur Erfüllung der gesetzlichen Aufgaben der beteiligten Behörden erforderlich ist. Eine Wiederherstellung des Personenbezugs bei pseudonymisierten Daten ist nur zulässig, sofern diese Daten auf der Grundlage eines Gesetzes der beteiligten Behörde übermittelt werden dürfen. Es wird gewährleistet, dass auch im Bereich der Verschlüsselungstechnik und der Authentifizierung organisatorische und dem jeweiligen Stand der Technik entsprechende Maßnahmen getroffen werden, um den Datenschutz und die Datensicherheit und insbesondere die Vertraulichkeit und Integrität der im elektronischen Melde- und Informationssystem gespeicherten Daten sicherzustellen. Unter diesen Voraussetzungen kann die Übermittlung der Daten auch durch eine verschlüsselte Datenübertragung über das Internet erfolgen. Die Kontrolle der Durchführung des Datenschutzes obliegt nach § 9 Absatz 1 des Bundesdatenschutzgesetzes ausschließlich der oder dem Bundesbeauftragten für den Datenschutz und die Informationsfreiheit.

(7) Bis zur Einrichtung des elektronischen Melde- und Informationssystems kann das Robert Koch-Institut im Einvernehmen mit den zuständigen obersten Landesgesundheitsbehörden zur Erprobung für die freiwillig teilnehmenden meldepflichtigen Personen und für die zuständigen Gesundheitsämter Abweichungen von den Vorschriften des Melde- und Übermittlungsverfahrens zulassen.

(8) Ab dem 1. Januar 2021 haben die zuständigen Behörden der Länder das elektronische Melde- und Informationssystem zu nutzen. Ab dem 1. Januar 2023 müssen Melde- und Benachrichtigungspflichtige ihrer Verpflichtung zur Meldung und Benachrichtigung durch Nutzung des elektronischen Melde- und Informationssystems nachkommen. Meldepflichtige nach § 8 Absatz 1 Nummer 2 müssen abweichend von Satz 2 ihrer Verpflichtung zur Meldung des direkten oder indirekten Nachweises einer Infektion mit dem in § 7 Absatz 1 Satz 1 Nummer 44a genannten Krankheitserreger durch Nutzung des elektronischen Melde- und Informationssystems ab dem 1. Januar 2021 nachkommen. Meldepflichtige nach § 8 Absatz 1 Nummer 2 müssen abweichend von Satz 2 ihrer Verpflichtung zur Meldung des direkten oder indirekten Nachweises einer Infektion mit den sonstigen in § 7 Absatz 1 Satz 1 genannten Krankheitserregern durch Nutzung des elektronischen Melde- und Informationssystems ab dem 1. Januar 2022 nachkommen. Meldepflichtige nach § 8 Absatz 1 Nummer 2 müssen abweichend von Satz 2 ihrer Verpflichtung zur Meldung des direkten oder indirekten Nachweises einer Infektion mit den in § 7 Absatz 3 Satz 1 genannten Krankheitserregern durch Nutzung des elektronischen Melde- und Informationssystems ab dem 1. April 2022 nachkommen. Meldepflichtige nach § 8 Absatz 1 Nummer 1 müssen, sofern sie in einem Krankenhaus tätig sind, abweichend von Satz 2 ihrer Verpflichtung

zur Meldung nach § 6 in Bezug auf die Coronavirus-Krankheit-2019 (COVID-19) durch Nutzung des elektronischen Melde- und Informationssystems ab dem 17. September 2022 nachkommen. Meldepflichtige nach § 8 Absatz 1 Nummer 7 und Benachrichtigungspflichtige nach den §§ 35 und 36 müssen abweichend von Satz 2 ihrer Verpflichtung zur Meldung und Benachrichtigung durch Nutzung des elektronischen Melde- und Informationssystems ab dem 1. Juli 2023 nachkommen.Das Robert Koch-Institut bestimmt das technische Format der Daten und das technische Verfahren der Datenübermittlung.

(9) Das Bundesministerium für Gesundheit wird ermächtigt, durch Rechtsverordnung ohne Zustimmung des Bundesrates Folgendes festzulegen:

1. **in welchen Fällen Ausnahmen von der Verpflichtung zur Nutzung des elektronischen Melde- und Informationssystems nach Absatz 8 Satz 1 bis 5 bestehen,**
2. **die im Hinblick auf die Zweckbindung angemessenen Fristen für die Löschung der im elektronischen Melde- und Informationssystem gespeicherten Daten,**
3. **welche funktionalen und technischen Vorgaben einschließlich eines Sicherheitskonzepts dem elektronischen Melde- und Informationssystem zugrunde liegen müssen,**
4. **welche notwendigen Test-, Authentifizierungs- und Zertifizierungsmaßnahmen sicherzustellen sind und**
5. **welches Verfahren bei der Bildung der fallbezogenen Pseudonymisierung nach Absatz 3 Nummer 1 anzuwenden ist; hierzu kann festgelegt werden, dass bei nichtnamentlichen Meldungen andere als die in § 10 Absatz 1 und 2 genannten Angaben übermittelt werden, die sofort nach Herstellung der fallbezogenen Pseudonymisierung zu löschen sind.**

(10) Abweichungen von den in dieser Vorschrift getroffenen Regelungen des Verwaltungsverfahrens durch Landesrecht sind ausgeschlossen.

§ 14 in der Fassung der ÄndG vom 18.5. und 18.11.2020 hat die frühere Experimentierklausel (§ 12a a.F.) abgelöst und enthält grundsätzliche Regelungen für ein elektronisches Melde- und Informationssystem.
Das vom RKI entwickelte „Deutsche Elektronisches Melde- und Informationssystem" (DEMIS) modernisiert das bisherige Surveillance-System für Infektionskrankheiten. Dadurch soll für alle Beteiligten (meldepflichtige Ärzte und Labore, Gesundheitsämter, Landesbehörden, RKI) durchgängig eine schnelle Informationsverarbeitung erreicht werden, die auch bei größeren Infektionsereignissen eine effektive Bearbeitung ermöglicht. Das RKI wird dabei ab 1.4.2021 dauerhaft von der Gesellschaft für Telematik unterstützt (§ 14 Abs. 1 Sätze 4 und 5 sowie Art. 8 Abs. 3 des ÄndG vom 18.11.2020).
Die Zusammenarbeit von Bund und Ländern bei der Umsetzung des DEMIS wird gewährleistet durch einen Bund-Länder-Beirat, dessen erstes Treffen am 18. Januar 2019 am Bundesministerium für Gesundheit in Berlin stattfand, und der hierfür Leitlinien festlegt. Das DEMIS-Meldeportal ist eine Webseite, auf der alle gemäß IfSG zur Meldung verpflichteten Personen Meldungen absetzen können, insbe-

sondere wenn sie nicht über eine in ihre Software integrierte Schnittstelle verfügen, z.B. Leiterinnen und Leiter von Gemeinschaftseinrichtungen. Das Meldeportal unterstützt die Meldenden dabei, das richtige Meldeformular zu finden. Die Meldeformulare werden an den jeweiligen Meldetatbestand angepasst. Bei vorheriger Registrierung werden die Formulare vorausgefüllt, z.B. mit den Adressdaten des Meldenden (vgl. Epid. Bulletin Nr. 8/2019, S. 76).
Für die Anbindung der Labore und Gesundheitsämter an DEMIS müssen zwei Voraussetzungen erfüllt sein: Es muss eine Software installiert sein, welche die DEMIS-Funktionen umsetzt. Es ist zum anderen ein Zertifikat notwendig, mit dem sich der Nutzer am System authentifiziert. Näheres erläutert auf Anfrage die DEMIS-Geschäftsstelle beim RKI.
Nach Abs. 8 sind die zuständigen Länderbehörden verpflichtet, DEMIS ab 1. Januar 2021 zu nutzen. Für die Umsetzung durch die Melde- und Benachrichtigungspflichtigen gelten die in Abs. 8 Sätze 2 ff. gesetzten Termine. Verordnungen des BMG nach Absatz 9 mit Detailregelungen zu DEMIS können wegen abzusehender Häufigkeit und Eilbedürftigkeit jeweils ohne Mitwirkung der Länder erlassen werden.
Zu den Entwicklungsschritten bei DEMIS siehe Epid. Bulletin Nr. 25/2018, S. 227 und im Internet: http://www.rki.de> Infektionsschutz > Infektionsschutzgesetz> Demis; Detailfragen im Zusammenhang mit DEMIS können gerichtet werden an: demis-support@rki.de.

§ 14a
Interoperabilität; Verordnungsermächtigung

(1) Das Bundesministerium für Gesundheit wird ermächtigt, durch Rechtsverordnung mit Zustimmung des Bundesrates zur Förderung der Interoperabilität zwischen informationstechnischen Systemen, von offenen Standards für informationstechnische Systeme und der Integration von Schnittstellen in informationstechnischen Systemen der Gesellschaft für Telematik die Aufgabe zuzuweisen, für nicht ausschließlich in die Zuständigkeit der Länder fallende informationstechnische Systeme, die im Anwendungsbereich dieses Gesetzes eingesetzt werden,

1. **einen Bedarf an technischen, semantischen und syntaktischen Standards, Profilen und Leitfäden zu identifizieren sowie zu priorisieren,**
2. **technische, semantische und syntaktische Standards, Profile und Leitfäden zu prüfen, in dem gebotenen Umfang selbst zu entwickeln und weiterzuentwickeln, den Herstellern und Anwendern von informationstechnischen Systemen zu empfehlen und auf der Wissensplattform nach § 7 Absatz 1 Satz 1 der IOP-Governance-Verordnung zu veröffentlichen.**

Das Bundesministerium für Gesundheit kann in der Rechtsverordnung nach Satz 1 festlegen, dass Empfehlungen nach Satz 1 Nummer 2 im Anwendungsbereich dieses Gesetzes von Anwendern von informationstechnischen Systemen verbindlich zu beachten sind. Anwender im Sinne von Satz 2 sind Gesundheitsämter und die zuständigen Landesbehörden. In der Rechtsverordnung nach Satz 1 ist das Nähere zu regeln zu

1. den Modalitäten der Abstimmung mit dem Expertengremium nach § 4 Absatz 1 der IOP-Governance-Verordnung,
2. den weiteren Einzelheiten der Wahrnehmung der nach Satz 1 zugewiesenen Aufgabe und den hierbei anzuwendenden Verfahren.

Bei der Gesellschaft für Telematik unmittelbar für die Erfüllung der nach Satz 1 zugewiesenen Aufgabe entstehende Kosten werden vom Robert Koch-Institut getragen. Das Robert Koch-Institut legt die Einzelheiten der Kostenerstattung im Einvernehmen mit der Gesellschaft für Telematik fest.

(2) Zum Zwecke der Förderung der Interoperabilität zwischen informationstechnischen Systemen und von offenen Standards für informationstechnische Systeme und der Integration von Schnittstellen in informationstechnischen Systemen sowie zum Zwecke der Optimierung des nach § 14 Absatz 1 Satz 1 eingerichteten elektronischen Melde- und Informationssystems sammeln und konsolidieren die Länder auf Anforderung des Robert Koch-Instituts technische und funktionale Anforderungen an nach § 14 Absatz 1 Satz 9 bereitzustellende kostenlose Software-Lösungen und übermitteln diese einheitlich abgestimmt an das Robert Koch-Institut, soweit die Anforderungen nicht ausschließlich in die Zuständigkeit der Länder fallen.

Die Vorschrift wurde durch Art. 8b des Krankenhauspflegeentlastungsgesetzes (KHPflEG) vom 20.12.2022 (BGBl. I S. 2793) eingefügt Die Verordnungsermächtigung soll für einen effektiven Infektionsschutz sicherstellen, dass Daten systemübergreifend auf regionaler und überregionaler Ebene ausgetauscht werden können. Die Förderung der sogenannten „Interoperabilität" zwischen DEMIS und den IfSG-Fachanwendungen berührt Belange des Bundes, da Informationen zum Auftreten von Infektionskrankheiten so auch dem RKI schneller vorliegen.
Die Länder können die Sammlung, Konsolidierung und Übermittlung technischer und funktionaler Anforderungen nach Abs. 2 Satz 2 auch dem gemeinsamen Planungsrat nach § 14 Abs. 1 Satz 8 übertragen.

§ 15
Anpassung der Meldepflicht an die epidemische Lage

(1) Das Bundesministerium für Gesundheit wird ermächtigt, durch Rechtsverordnung mit Zustimmung des Bundesrates die Meldepflicht für die in § 6 aufgeführten Krankheiten oder die in § 7 aufgeführten Krankheitserreger aufzuheben, einzuschränken oder zu erweitern oder die Meldepflicht auf andere übertragbare Krankheiten oder Krankheitserreger auszudehnen, soweit die epidemische Lage dies zulässt oder erfordert. Wird die Meldepflicht nach Satz 1 auf andere übertragbare Krankheiten oder Krankheitserreger ausgedehnt, gelten die für meldepflichtige Krankheiten nach § 6 Absatz 1 Satz 1 Nummer 1 und meldepflichtige Nachweise von Krankheitserregern nach § 7 Absatz 1 Satz 1 geltenden Vorschriften für diese entsprechend. Das Bundesministerium für Gesundheit wird ermächtigt, durch Rechtsverordnung ohne Zustimmung des Bundesrates die Meldepflicht für feststellende Personen bei der Anwendung patientennaher Schnelltests bei Dritten aufzuheben,

(2) In dringenden Fällen kann zum Schutz der Bevölkerung die Rechtsverordnung ohne Zustimmung des Bundesrates erlassen werden. Eine auf der Grundlage des Satzes 1 erlassene Verordnung tritt ein Jahr nach ihrem Inkrafttreten außer Kraft; ihre Geltungsdauer kann mit Zustimmung des Bundesrates verlängert werden.

(3) Solange das Bundesministerium für Gesundheit von der Ermächtigung nach Absatz 1 Satz 1 keinen Gebrauch macht, sind die Landesregierungen zum Erlass einer Rechtsverordnung nach Absatz 1 Satz 1 ermächtigt, sofern die Meldepflicht nach diesem Gesetz hierdurch nicht eingeschränkt oder aufgehoben wird. Sie können die Ermächtigung durch Rechtsverordnung auf andere Stellen übertragen.

Die Vorschrift ermöglicht es, die Meldepflicht durch Verordnung den jeweiligen epidemiologischen Erfordernissen anzupassen, ohne das IfSG im aufwendigen Gesetzgebungsverfahren ändern zu müssen. Die Vorschrift war im Rahmen des BSeuchG vom 18.7.1961 (BGBl I S. 1012) von wesentlicher Bedeutung, als Ermittlungen und Schutzmaßnahmen auf meldepflichtige übertragbare Krankheiten beschränkt waren.

Die Meldepflichtanpassungsverordnung – IfSGMeldAnpV vom 18.3.2016 (BGBl I S. 515) wurde durch Artikel 3 des ÄndG vom 10.2.2020 zum 1. März 2020 aufgehoben und in das IfSG integriert (vgl. nunmehr § 6 Abs. 1 Satz 1 Nr. 1 Buchst. s, § 6 Abs. 1 Satz 1 Nr. 1a Buchst. b, § 7 Abs. 1 Satz 1 Nrn. 6a, 10a, 45a, 48a, 50a und 52).

Der durch das ÄndG vom 18.11.2020 angefügte Satz 2 des Absatzes 1 bestimmt, dass bei Meldungen nach § 15 Abs. 1 S. 1 die für meldepflichtige Krankheiten (§ 6 Abs. 1 Nr. 1) und Krankheitserreger (§ 7 Abs. 1 S. 1) geltenden Vorschriften entsprechend anzuwenden sind.

Von der Ermächtigung des § 15 Abs. 3 (Erweiterung der Meldepflicht) haben die folgenden Länder Gebrauch gemacht: Bayern (V vom 23.1.2013, GVBl S. 32), Berlin (V vom 19.3.2013, GVBl S. 91), Brandenburg (V vom 23.1.2009, GVBl II S. 83), Mecklenburg-Vorpommern (G vom 3.6.2006, GVOBl S. 524, zul. geä. d. G v. 17.7.2015, GVOBl S. 182), Rheinland-Pfalz (V vom 10.6.2011, GVBl S. 171), Saarland (V vom 9.8.2011, ABl S. 856), Sachsen (V vom 3.6.2002, GVBl S. 187), Sachsen-Anhalt (V vom 12.4.2005, GVBl S. 200), Thüringen (V vom 15.2.2003, GVBl II S. 107).

4. Abschnitt
Verhütung übertragbarer Krankheiten

§ 15a
Durchführung der infektionshygienischen und hygienischen Überwachung

(1) Bei der Durchführung der folgenden infektionshygienischen oder hygienischen Überwachung unterliegen Personen, die über Tatsachen Auskunft geben können, die für die jeweilige Überwachung von Bedeutung sind, den in Absatz 2 genannten Pflichten und haben die mit der jeweiligen Überwachung beauftragten Personen die in Absatz 3 genannten Befugnisse:

1. infektionshygienische Überwachung durch das Gesundheitsamt nach § 23 Absatz 6,
2. infektionshygienische Überwachung durch das Gesundheitsamt nach § 35 Absatz 1 Satz 3 und § 36 Absatz 1 und 2,
3. hygienische Überwachung durch das Gesundheitsamt oder die sonst zuständige Behörde nach § 37 Absatz 3 und
4. infektionshygienische Überwachung durch die zuständige Behörde nach § 41 Absatz 1 Satz 2.

(2) Personen, die über Tatsachen Auskunft geben können, die für die Überwachung von Bedeutung sind, sind verpflichtet, den mit der Überwachung beauftragten Personen auf Verlangen die erforderlichen Auskünfte insbesondere über den Betrieb und den Betriebsablauf einschließlich dessen Kontrolle zu erteilen und Unterlagen einschließlich des tatsächlichen Standes entsprechende technische Pläne vorzulegen. Der Verpflichtete kann die Auskunft auf solche Fragen verweigern, deren Beantwortung ihn selbst oder einen der in § 52 Absatz 1 der Strafprozessordnung bezeichneten Angehörigen der Gefahr aussetzen würde, wegen einer Straftat oder einer Ordnungswidrigkeit verfolgt zu werden; Entsprechendes gilt für die Vorlage von Unterlagen.

(3) Die mit der Überwachung beauftragten Personen sind, soweit dies zur Erfüllung ihrer Aufgaben erforderlich ist, befugt,

1. Betriebsgrundstücke, Betriebs- und Geschäftsräume, zum Betrieb gehörende Anlagen und Einrichtungen sowie Verkehrsmittel zu Betriebs- und Geschäftszeiten zu betreten und zu besichtigen,
2. sonstige Grundstücke sowie Wohnräume tagsüber an Werktagen zu betreten und zu besichtigen,
3. in die Bücher oder sonstigen Unterlagen Einsicht zu nehmen und hieraus Abschriften, Ablichtungen oder Auszüge anzufertigen,
4. sonstige Gegenstände zu untersuchen oder
5. Proben zur Untersuchung zu fordern oder zu entnehmen.

Der Inhaber der tatsächlichen Gewalt ist verpflichtet, den Beauftragten der zuständigen Behörde oder des Gesundheitsamtes die Grundstücke, Räume, Anlagen, Einrichtungen und Verkehrsmittel sowie sonstigen Gegenstände zugänglich zu machen. Das Grundrecht der Unverletzlichkeit der Wohnung (Artikel 13 Absatz 1 des Grundgesetzes) wird insoweit eingeschränkt.

(4) Weitergehende Pflichten und Befugnisse, insbesondere unter den Voraussetzungen der §§ 16 oder 17 oder nach den Vorschriften des 5. Abschnitts, bleiben unberührt.

Mit dem durch das Pflegepersonal-Stärkungsgesetz vom 11.12.2018 eingefügten § 15a wurde im IfSG zum 1. Januar 2019 eine zentrale Regelung über die Verpflichtung von Personen und die Befugnisse der zur Überwachung der zuständigen Behörden bzw. der Gesundheitsämter geschaffen. Ersetzt werden dadurch die bisher verstreut im IfSG enthaltenen Bestimmungen (dies waren: § 23 Abs. 7 a.F., § 36 Abs. 3 a.F., § 37 Abs. 3 Satz 2 und 3 a.F. § 41 Abs. 1 Sätze 3 bis 5 a.F.)

Unberührt davon bleiben gemäß § 15a Abs. 4 die einschlägigen Überwachungsvorschriften im Vollzug des § 16 Abs. 2 (Anordnungen zur Verhütung übertragbarer Krankheiten), nach § 25 Abs. 3 i.V. mit § 16 Abs. 2 (Ermittlungen) und nach § 28 Abs. 2 i.V. mit § 16 Abs. 2 (Schutzmaßnahmen).
Verstöße gegen Absatz 2 Satz 1 bzw. Absatz 3 Satz 2 sind bußgeldbewehrt über § 73 Abs. 1a Nrn. 3 bis 5.

Allgemeines zu §§ 16, 17 (und zu §§ 25 bis 32):

Das „Seuchenrecht" ist im Wesentlichen eine spezialgesetzliche Regelung der Gefahrenabwehr, also des Polizeirechts (deshalb früher: „Gesundheitspolizei"). Die Generalklauseln der §§ 16 und 28 schließen insofern eine Anwendbarkeit des allgemeinen **Rechts der öffentlichen Sicherheit und Ordnung aus.**
Soweit das IfSG aber keine Regelungen enthält über

a) Ermessensausübung („kann")
b) Übermaßverbot (Verhältnismäßigkeitsgrundsatz)
c) Inanspruchnahme des Pflichtigen/Verpflichteten
d) Durchsetzung von Anordnungen/Maßnahmen
e) Vollzugshilfe durch die Polizei

gelten die allgemeinen Vorschriften des Rechts der öffentlichen Sicherheit und Ordnung des jeweiligen Landes (Landessicherheitsrecht, Landespolizeirecht).
Die Notwendigkeit der Ergänzung durch die allgemein gültigen Grundsätze des Sicherheits- bzw. Polizeirechts ist allgemein anerkannt (vgl. Seewald, NJW 1987, 2265; Müller, DVBl 1991, 143 jew. mit weiteren Verweisungen).
Als Beispiele folgen die einschlägigen Vorschriften des **bayerischen Polizeiaufgabengesetzes** (PAG, BayRS2012-1-1-I), die im Wesentlichen mit den einschlägigen Vorschriften in den übrigen Ländern übereinstimmen (z.B. §§ 6 ff und §105 Abs. 4 des baden-württembergischen Polizeigesetzes, §§ 13 ff und §§ 52 ff des Berliner Allgemeinen Sicherheits- und Ordnungsgesetzes, §§ 6 ff und §§ 44 ff des hessischen Gesetzes über die öffentliche Sicherheit und Ordnung, §§ 4 ff und §§ 47 ff des nordrhein-westfälischen Polizeigesetzes):

zu a) **Ermessensausübung**

Art. 5
Ermessen, Wahl der Mittel

(1) Die Polizei trifft ihre Maßnahmen nach pflichtgemäßem Ermessen.

(2) Kommen zur Abwehr einer Gefahr mehrere Mittel in Betracht, so genügt es, wenn eines davon bestimmt wird. Dem Betroffenen ist auf Antrag zu gestatten, ein anderes ebenso wirksames Mittel anzuwenden, sofern die Allgemeinheit dadurch nicht stärker beeinträchtigt wird.

zu b) Übermaßverbot

Art. 4
Grundsatz der Verhältnismäßigkeit

(1) Von mehreren möglichen und geeigneten Maßnahmen hat die Polizei diejenige zu treffen, die den einzelnen und die Allgemeinheit am wenigsten beeinträchtigt.

(2) Eine Maßnahme darf nicht zu einem Nachteil führen, der zu dem erstrebten Erfolg erkennbar außer Verhältnis steht.

(3) Eine Maßnahme ist nur so lange zulässig, bis ihr Zweck erreicht ist oder sich zeigt, dass er nicht erreicht werden kann.

zu c) Inanspruchnahme des Pflichtigen/Verpflichteten (Adressaten einer Maßnahme)

Art. 7
Verantwortlichkeit für das Verhalten von Personen

(1) Verursacht eine Person eine Gefahr, so sind die Maßnahmen gegen sie zu richten.

(2) Ist die Person noch nicht 14 Jahre alt oder ist für sie wegen einer psychischen Krankheit oder einer geistigen oder seelischen Behinderung zur Besorgung aller ihrer Angelegenheiten ein Betreuer bestellt, können Maßnahmen auch gegen die Person gerichtet werden, die zur Aufsicht über sie verpflichtet ist. Dies gilt auch, wenn der Aufgabenkreis des Betreuers die in § 1815 Abs. 2 Nr. 5 und 6 sowie § 1817 Abs. 2 des Bürgerlichen Gesetzbuchs (BGB) bezeichneten Angelegenheiten nicht erfasst.

(3) Verursacht eine Person, die zu einer Verrichtung bestellt ist, die Gefahr in Ausführung der Verrichtung, so können Maßnahmen auch gegen die Person gerichtet werden, die die andere zu der Verrichtung bestellt hat.

(4) Die Abs. 1 bis 3 sind nicht anzuwenden, soweit andere Vorschriften dieses Gesetzes oder andere Rechtsvorschriften bestimmen, gegen wen eine Maßnahme zu richten ist.

Art. 8
Verantwortlichkeit für den Zustand von Sachen

(1) Geht von einer Sache eine Gefahr aus, so sind die Maßnahmen gegen den Inhaber der tatsächlichen Gewalt zu richten.

(2) Maßnahmen können auch gegen den Eigentümer oder einen anderen Berechtigten gerichtet werden. Das gilt nicht, wenn der Inhaber der tatsächlichen Gewalt diese ohne den Willen des Eigentümers oder Berechtigten ausübt.

(3) Geht die Gefahr von einer herrenlosen Sache aus, so können die Maßnahmen gegen denjenigen gerichtet werden, der das Eigentum an der Sache aufgegeben hat.

(4) Art. 7 Abs. 4 gilt entsprechend.

Art. 10
Inanspruchnahme nicht verantwortlicher Personen

(1) Die Polizei kann Maßnahmen gegen andere Personen als die nach den Art. 7 oder 8 Verantwortlichen richten, wenn

1. eine gegenwärtige erhebliche Gefahr abzuwehren ist,
2. Maßnahmen gegen die nach den Art. 7 oder 8 Verantwortlichen nicht oder nicht rechtzeitig möglich sind oder keinen Erfolg versprechen,
3. die Polizei die Gefahr nicht oder nicht rechtzeitig selbst oder durch Beauftragte abwehren kann und

4. **die Personen ohne erhebliche eigene Gefährdung und ohne Verletzung höherwertiger Pflichten in Anspruch genommen werden können.**

(2) Die Maßnahmen nach Abs. 1 dürfen nur aufrechterhalten werden, solange die Abwehr der Gefahr nicht auf andere Weise möglich ist.

(3) Art. 7 Abs. 4 gilt entsprechend.

In jedem Fall muss der zutreffende Adressat seuchenrechtlicher Maßnahmen sorgfältig ermittelt werden, denn ein an den Falschen bzw. nicht an alle Betroffenen gerichteter Verwaltungsakt wird insoweit nicht wirksam (vgl. § 41 Abs. 1, § 43 Abs. 1 VwVfG).

zu d) **Durchsetzung von Anordnungen/Maßnahmen**

Siehe die Verwaltungszustellungs- und Vollstreckungsgesetze der Länder (in Bayern z.B. Art. 18 ff des Verwaltungszustellungs- und Vollstreckungsgesetzes, BayRS 2010-2-I).

zu e) **Vollzugshilfe durch die Polizei**

Art. 67
Vollzugshilfe

(1) Die Polizei leistet anderen Behörden auf Ersuchen Vollzugshilfe, wenn unmittelbarer Zwang anzuwenden ist und die anderen Behörden nicht über die hierzu erforderlichen Dienstkräfte verfügen oder ihre Maßnahmen nicht auf andere Weise selbst durchsetzen können.

(2) Soweit Dienstkräfte der Justizverwaltung nicht oder nicht ausreichend zur Verfügung stehen, führt die Polizei Personen dem Gericht oder der Staatsanwaltschaft vor und unterstützt die Gerichtsvorsitzenden bei der Aufrechterhaltung der Ordnung in der Sitzung.

(3) Die Grundsätze der Amtshilfe gelten entsprechend.

(4) Die Verpflichtung zur Amtshilfe bleibt unberührt.

Art. 68
Verfahren

(1) Vollzugshilfeersuchen sind schriftlich zu stellen. Sie haben den Grund und die Rechtsgrundlage der Maßnahme anzugeben.

(2) In Einzelfällen kann das Ersuchen formlos gestellt werden. Es ist jedoch auf Verlangen unverzüglich schriftlich zu bestätigen.

(3) Vollzugshilfeersuchen sollen an die unterste Polizeidienststelle gerichtet werden, deren Dienstbereich für den Vollzug des Ersuchens ausreicht. Weisungen der Sicherheitsbehörden gehen dem Ersuchen anderer Verwaltungsbehörden vor.

(4) Die ersuchende Behörde ist von der Ausführung des Ersuchens zu verständigen.

Art. 69
Vollzugshilfe bei Freiheitsentziehung

(1) Hat das Vollzugshilfeersuchen eine Freiheitsentziehung zum Inhalt, ist auch die richterliche Entscheidung über die Zulässigkeit der Freiheitsentziehung vorzulegen oder in dem Ersuchen zu bezeichnen.

(2) Ist eine vorherige richterliche Entscheidung nicht ergangen, hat die Polizei die festgehaltene Person zu entlassen, wenn die ersuchende Behörde diese nicht übernimmt oder die richterliche Entscheidung nicht unverzüglich nachträglich beantragt.

(3) Die Art. 19 und 20 gelten entsprechend.

Die Rechtmäßigkeit einer Zwangsmaßnahme (z.B. unmittelbarer Zwang) durch die Polizei hängt nicht von der Rechtmäßigkeit der ihr zugrundeliegenden seuchenrechtlichen Maßnahme ab (BVerfG, Beschluss vom 7.12.1998, BayVBl 1999, 303 mit weiteren Verweisungen)

§ 16
Allgemeine Maßnahmen zur Verhütung übertragbarer Krankheiten

(1) Werden Tatsachen festgestellt, die zum Auftreten einer übertragbaren Krankheit 1)
führen können, oder ist anzunehmen, dass solche Tatsachen vorliegen, so trifft die zuständige Behörde die notwendigen Maßnahmen zur Abwendung der dem Einzelnen oder der Allgemeinheit hierdurch drohenden Gefahren. Im Rahmen dieser Maßnahmen können von der zuständigen Behörde personenbezogene Daten erhoben werden; diese dürfen nur von der zuständigen Behörde für Zwecke dieses Gesetzes verarbeitet werden.

(2) In den Fällen des Absatzes 1 sind die Beauftragten der zuständigen Behörde und 2)
des Gesundheitsamtes zur Durchführung von Ermittlungen und zur Überwachung der angeordneten Maßnahmen berechtigt, Grundstücke, Räume, Anlagen und Einrichtungen sowie Verkehrsmittel aller Art zu betreten und Bücher oder sonstige Unterlagen einzusehen und hieraus Abschriften, Ablichtungen oder Auszüge anzufertigen sowie sonstige Gegenstände zu untersuchen oder Proben zur Untersuchung zu fordern oder zu entnehmen. Der Inhaber der tatsächlichen Gewalt ist verpflichtet, den Beauftragten der zuständigen Behörde und des Gesundheitsamtes Grundstücke, Räume, Anlagen, Einrichtungen und Verkehrsmittel sowie sonstige Gegenstände zugänglich zu machen.

Personen, die über die in Absatz 1 genannten Tatsachen Auskunft geben können, sind 3)
verpflichtet, auf Verlangen die erforderlichen Auskünfte insbesondere über den Betrieb und den Betriebsablauf einschließlich dessen Kontrolle zu erteilen und Unterlagen einschließlich dem tatsächlichen Stand entsprechende technische Pläne vorzulegen.

Der Verpflichtete kann die Auskunft auf solche Fragen verweigern, deren Beantwor- 4)
tung ihn selbst oder einen der in § 383 Abs. 1 Nr. 1 bis 3 der Zivilprozessordnung bezeichneten Angehörigen der Gefahr strafrechtlicher Verfolgung oder eines Verfahrens nach dem Gesetz über Ordnungswidrigkeiten aussetzen würde; Entsprechendes gilt für die Vorlage von Unterlagen.

(3) Soweit es die Aufklärung der epidemischen Lage erfordert, kann die zuständige 5)
Behörde Anordnungen über die Übergabe von in Absatz 2 genannten Untersuchungsmaterialien zum Zwecke der Untersuchung und Verwahrung an Institute des öffentlichen Gesundheitsdienstes oder andere vom Land zu bestimmende Einrichtungen treffen.

(4) Das Grundrecht der Unverletzlichkeit der Wohnung (Artikel 13 Abs. 1 Grundgesetz) wird im Rahmen der Absätze 2 und 3 eingeschränkt.

6) **(5) Wenn die von Maßnahmen nach den Absätzen 1 und 2 betroffenen Personen geschäftsunfähig oder in der Geschäftsfähigkeit beschränkt sind, hat derjenige für die Erfüllung der genannten Verpflichtung zu sorgen, dem die Sorge für die Person zusteht. Die gleiche Verpflichtung trifft den Betreuer einer von Maßnahmen nach den Absätzen 1 und 2 betroffenen Person, soweit die Erfüllung dieser Verpflichtung zu seinem Aufgabenkreis gehört.**

7) **(6) Die Maßnahmen nach Absatz 1 werden auf Vorschlag des Gesundheitsamtes von der zuständigen Behörde angeordnet. Kann die zuständige Behörde einen Vorschlag des Gesundheitsamtes nicht rechtzeitig einholen, so hat sie das Gesundheitsamt über die getroffene Maßnahme unverzüglich zu unterrichten.**

8) **(7) Bei Gefahr im Verzuge kann das Gesundheitsamt die erforderlichen Maßnahmen selbst anordnen. Es hat die zuständige Behörde unverzüglich hiervon zu unterrichten. Diese kann die Anordnung ändern oder aufheben. Wird die Anordnung nicht innerhalb von zwei Arbeitstagen nach der Unterrichtung aufgehoben, so gilt sie als von der zuständigen Behörde getroffen.**

9) **(8) Widerspruch und Anfechtungsklage gegen Maßnahmen nach den Absätzen 1 bis 3 haben keine aufschiebende Wirkung.**

1) § 16 Abs. 1 entspricht dem vormaligen § 10 Abs. 1 BSeuchG i.d.F. des ÄndG vom 18.12.1979 (BGBl I S. 2248). Unter Berücksichtigung dessen ist unter Verwertung der zum § 10 Abs. 1 BSeuchG i.d.F. vom 18.7.1961 ergangenen Rechtsprechung des BVerwG (BVerwGE 39, 190; NJW 1972, 458) Folgendes festzustellen:

Voraussetzung für § 16 Abs. 1 ist nicht das Auftreten von Krankheitserregern. Vielmehr genügt die **begründete Annahme** von Tatsachen, die zum Auftreten einer übertragbaren Krankheit führen können. Das IfSG hat nicht nur die Bekämpfung bereits aufgetretener übertragbarer Krankheiten zum Ziel, deren Verbreitung verhindert werden soll, sondern es will ebenso die Entstehung übertragbarer Krankheiten von vornherein verhindern. Der Schutz der Bevölkerung vor solchen Gesundheitsgefahren erfordert, einer für wahrscheinlich anzusehenden Gefahrenentwicklung so früh wie möglich entgegenzuwirken. Entsprechend dieser Zielsetzung ist die **Generalklausel** des § 16 Abs. 1 so auszulegen, dass eine zum Eingreifen berechtigende – und zugleich verpflichtende – Gefahr für die menschliche Gesundheit schon vorliegt, sobald (lediglich) begründet von Tatsachen auszugehen ist, die mit Wahrscheinlichkeit zu einer Gesundheitsschädigung führen können.

Beispiele für Maßnahmen nach § 16 Abs. 1 sind:

- Badeverbot bei Grenzwertüberschreitungen
- Verbot von Versammlungen bei drohender Pandemie
- Verbot der Verwendung von Gemeinschaftshandtüchern in Gaststätten, Lebensmittelbetrieben etc.
- Taubenfütterungsverbot (verwilderte Tauben)

- Tauben rufen nach medizinisch-hygienischer Beurteilung „Schadwirkungen an Menschen und Haustieren durch Verbreitung von Krankheitserregern und Parasiten hervor“ (BayVGH, Beschluss vom 20.1.1997, DÖV 1997, 468 = BayVBl 1998, 311 mit weiteren Nachweisen); in einigen Ländern bestehen Sondervorschriften (in Bayern z.B. Art. 16 des Landesstraf- und Verordnungsgesetzes); s. aber auch § 2 Nr. 12 i.V. mit § 17 Abs. 2 IfSG
- Sperrung eines verdreckten Kinderspielplatzes
- Beseitigung hygienischer Missstände in Praxen der Heilberufe (vgl. Beschluss des VG Frankfurt vom 18.3.2002 Az. 5 G 659/02 und des Hess. VGH vom 25.7.2002 Az. 11 TG 11087/02, NVwZ 2003, 1402, mit Fallbeschreibung in „Gesundheitswesen“ 2003 S. 409–412), in Krankenhäusern, Heimen usw.

Zu den Anforderungen an Tatsachen, die zum Auftreten einer übertragbaren Krankheit führen können, siehe z.B. Beschluss des VG Stuttgart vom 19.8.2003 Az. K 2818/03, NJW 2004, 1404. Darin wird deutlich, dass es nicht Sinn und Zweck des § 16 Abs. 1 ist, in zivilrechtliche Streitigkeiten zwischen Mietparteien bzw. zwischen Mieter und Vermieter einzugreifen oder solche Streitigkeiten zu lösen. Andererseits können bei vermüllten Wohnungen (ggf. mit Rattenbefall) Maßnahmen nach §§ 16, 17 in Betracht kommen, vgl. VG Köln, Beschluss vom 10.7.2017 Az. 7 L 2889/17.
Der vormalige § 10 Abs. 3 BSeuchG, der im Rahmen des § 10 Abs. 1 BSeuchG die Untersuchung von Personen ermöglichte, ist in § 16 IfSG nicht enthalten. Somit ist im Rahmen der Verhütung übertragbarer Krankheiten eine zwangsweise Untersuchung von Personen nicht mehr möglich. Der Hinweis in der Amtlichen Begründung zu § 16, diese Lücke sei völlig durch § 25 abgedeckt, geht fehl, denn Untersuchungen nach dieser Vorschrift setzen voraus, dass die Anforderungen des § 25 Abs. 1 gegeben sind.
Zuwiderhandlungen gegen Anordnungen nach § 28 Abs. 1 sind als Ordnungswidrigkeiten mit Bußgeld bedroht (§ 73 Abs. 1a Nr. 6).

2) – Das in § 16 Abs. 2 (vgl. auch § 25 Abs. 1, 2 § 28 Abs. 3, § 29 Abs. 2) enthaltene unmittelbare Betretungsrecht berührt den Schutzbereich des Grundrechts der Unverletzlichkeit der Wohnung (Art. 13 Abs. 1 GG). Das zwangsweise Durchsetzen dieses Rechts setzt den vorherigen Erlass einer (sofort vollziehbaren, vgl. § 16 Abs. 8 und ggf. mit den Mitteln des Verwaltungszwangs zu vollstreckenden) Duldungsanordnung voraus. D.h. die allgemeine gesetzliche Ermächtigung bedarf im Einzelfall der Konkretisierung. Mit der demnach erforderlichen Anordnung wird im Einzelfall verbindlich festgestellt, dass die Voraussetzungen des § 16 Abs. 2 vorliegen und wer als Betroffener verpflichtet ist, das Betreten etc. zu dulden. Für die Anordnung ist keine Form vorgeschrieben; sie kann nach § 37 Abs. 2 Satz 1 VwVfG schriftlich, mündlich oder in anderer Weise ergehen. In der Praxis wird regelmäßig eine schriftliche oder mündliche Anordnung in Betracht kommen, wobei eine mündliche schriftlich bestätigt werden muss,

wenn der Betroffene dies verlangt (§ 37 Abs. 2 Satz 2 VwVfG); vgl. hierzu BayVGH, Urteil vom 10.4.1986, BayVBl 1987, 22 und Beschluss vom 5.9.1990, BayVBl 1991, 115 = DÖV 1991, 431 = NVwZ 1991, 688. Bußgeldbewehrungen s. § 73 Abs. 1a Nrn. 3 bis 5.

- Es ist der zuständigen Behörde und dem Gesundheitsamt überlassen, welche Personen mit der Durchführung von Ermittlungen und mit der Überwachung beauftragt werden. In der Praxis wird es in jedem Fall notwendig bzw. zweckmäßig sein, dass sich diese Personen als solche Beauftragte ausweisen können. Wer als „Beauftragter" der zuständigen Behörde oder des Gesundheitsamtes tätig werden soll, muss zwangsläufig über die wesentlichen Kriterien unterrichtet werden (Datenschutz). Es liegt weitgehend im Auswahlermessen der zuständigen Behörde, gemäß den Umständen des Einzelfalles zu entscheiden, in welcher Weise eine seuchenhygienische Anordnung überwacht werden soll.

3) Auskunftspflichtig kann auch ein behandelnder Arzt/Krankenhausarzt sein. Da das IfSG ein Spezialgesetz darstellt, welches die ansonsten bestehende ärztliche Schweigepflicht durchbricht, kann ein solcher Arzt eine Auskunftsverweigerung nicht mit einem Hinweis auf eine mögliche Strafbarkeit nach § 203 StGB rechtfertigen.

4) § 383 Abs. 1 Nrn. 1 bis 3 ZPO lauten:

(1) **„(1) Zur Verweigerung des Zeugnisses sind berechtigt:**

1. der Verlobte einer Partei;

2. der Ehegatte einer Partei, auch wenn die Ehe nicht mehr besteht;

2a. der Lebenspartner einer Partei, auch wenn die Lebenspartnerschaft nicht mehr besteht;

3. diejenigen, die mit einer Partei in gerader Linie verwandt oder verschwägert, in der Seitenlinie bis zum dritten Grad verwandt oder bis zum zweiten Grad verschwägert sind oder waren;"

5) § 16 Abs. 3, eine gegenüber dem früheren BSeuchG völlig neue Vorschrift, ermöglicht es, (durch Anordnung der zuständigen Behörde) Untersuchungsmaterialien aus verschiedenen Quellen bei bestimmten Einrichtungen (Labors) zur Untersuchung, Auswertung und Aufbewahrung zu sammeln, um zusammenfassende epidemiologische Erkenntnisse zu gewinnen und zwar insbesondere über bisher nicht bekannte Krankheitserreger oder Krankheitserreger, die neue Eigenschaften entwickeln.

6) Absatz 5 ist bei der Bekanntgabe der Anordnung in jedem Fall besonders zu beachten. Denn Verwaltungsakte sind sowohl denjenigen bekanntzugeben, für die sie bestimmt sind, als auch denen, die von ihnen betroffen sind; im vorliegenden Fall also z.B. jeweils sowohl Betreutem und Betreuer bzw. Kind und Sorgeberechtigten (§ 41 Abs. 1 VwVfG).
Bei Geschäftsunfähigen (§ 104 BGB, z.B. Kinder bis zum vollendeten 7. Lebensjahr) oder beschränkt Geschäftsfähigen (§ 106 BGB) sind in der Regel die Eltern sorgeberechtigt (§ 1626 Abs. 1 BGB). Betreuer (von Volljährigen) werden nach § 1814 BGB vom Amtsgericht – Betreuungsgericht – bestellt.

Die im Absatz 5 als „betroffene Personen" Bezeichneten sind im Verwaltungsverfahren und im Verwaltungsprozess nicht handlungsfähig (§ 12 VwVfG, § 62 VwGO).

7) Absatz 6 geht davon aus, dass im Vollzug des IfSG zwei selbständige Behörden (Gesundheitsamt als Fachbehörde – Ordnungsamt bzw. Kreisverwaltungsbehörde als Vollzugsbehörde) tätig werden (vgl. hierzu § 2 Nr. 14 samt Anmerkung). In den Ländern, in denen die Gesundheitsämter keine selbständigen Behörden mehr sind (z.B. BW, BY) entfällt diese Differenzierung zwischen Fach- und Vollzugsbehörde und damit auch zugleich die Anwendung des Abs. 7. In diesen Fällen ist es Angelegenheit des Behördenleiters (Landrat, Bürgermeister), die Organisation und damit die Kompetenzen der beteiligten Mitarbeiter zu regeln. In jedem Fall ist eine **enge Zusammenarbeit** zwischen Fachkräften (Arzt/Gesundheitsaufseher bzw. Hygieneinspektor) und Verwaltungsbeamten unerlässliche Voraussetzung dafür, dass das IfSG sowohl in fachlicher als auch in rechtlicher Hinsicht ordnungsgemäß vollzogen wird. Dabei ist im Hinblick auf die Vorschriften des Datenschutzes zu berücksichtigen, dass der Verwaltungsbeamte unter Berücksichtigung des Grundsatzes der Verhältnismäßigkeit nur dann die richtige Entscheidung treffen kann, wenn er von den Fachleuten ausreichend unterrichtet ist.

8) Der Begriff „Gefahr im Verzug" ist nicht eng auszulegen, weil die unverzügliche Gefahrenabwehr nicht an der Aufteilung der sachlichen Zuständigkeit innerhalb der Gesundheitsverwaltung scheitern darf. „Gefahr im Verzug" ist gegeben, wenn zur Verhinderung eines drohenden Schadens sofort eingeschritten werden muss, weil ein Abwarten bis zum Eingreifen der an sich zuständigen Behörde den Erfolg der notwendigen Maßnahme erschweren oder vereiteln würde, d.h. also, wenn die Maßnahme unaufschiebbar ist (vgl. Baden-Württ. VGH, Urteil vom 14.12.1989, DVBl 1990, 1045 mit weiteren Verweisungen). Angesichts der Eingliederung der Gesundheitsämter in die zuständigen Vollzugsbehörden hat diese Vorschrift nur mehr beschränkt Relevanz.

9) § 16 Abs. 8 schließt – abweichend von § 80 Abs. 1 VwGO – die aufschiebende Wirkung eines Widerspruchs oder einer Klage gegen die seuchenrechtliche Anordnung grundsätzlich aus. Das bedeutet, dass die Anordnung sofort vollzogen werden kann (s. Art. 19 Abs. 1 Nr. 2 des bayer. Verwaltungszustellungs- und Vollstreckungsgesetzes bzw. die entspr. Ländergesetze). Der Gesetzgeber geht davon aus, dass das öffentliche Interesse am Vollzug der zum Gesundheitsschutz erlassenen Maßnahmen grundsätzlich das entgegenstehende Individualinteresse der Betroffenen überwiegt. Im Einzelfall wird jedoch erforderlichenfalls zu prüfen sein, ob besondere Gründe zugunsten des Betroffenen vorliegen, die das Individualinteresse an der Aussetzung einer Maßnahme ausnahmsweise gegenüber dem öffentlichen Interesse überwiegend erscheinen lassen.

§ 17
Besondere Maßnahmen zur Verhütung übertragbarer Krankheiten, Verordnungsermächtigung

1) (1) Wenn Gegenstände mit meldepflichtigen Krankheitserregern behaftet sind oder wenn das anzunehmen ist und dadurch eine Verbreitung der Krankheit zu befürchten ist, hat die zuständige Behörde die notwendigen Maßnahmen zur Abwendung der hierdurch drohenden Gefahren zu treffen.

2) Wenn andere Maßnahmen nicht ausreichen, kann die Vernichtung von Gegenständen angeordnet werden.

3) Sie kann auch angeordnet werden, wenn andere Maßnahmen im Verhältnis zum Wert der Gegenstände zu kostspielig sind, es sei denn, dass derjenige, der ein Recht an diesem Gegenstand oder die tatsächliche Gewalt darüber hat, widerspricht und auch die höheren Kosten übernimmt. Müssen Gegenstände entseucht (desinfiziert), von Gesundheitsschädlingen befreit oder vernichtet werden, so kann ihre Benutzung und die Benutzung der Räume und Grundstücke, in denen oder auf denen sie sich befinden, untersagt werden, bis die Maßnahme durchgeführt ist.

4) (2) Wenn Gesundheitsschädlinge festgestellt werden und die Gefahr begründet ist, dass durch sie Krankheitserreger verbreitet werden, so hat die zuständige Behörde die zu ihrer Bekämpfung erforderlichen Maßnahmen anzuordnen. Die Bekämpfung umfasst Maßnahmen gegen das Auftreten, die Vermehrung und Verbreitung sowie zur Vernichtung von Gesundheitsschädlingen.

5) (3) Erfordert die Durchführung einer Maßnahme nach den Absätzen 1 und 2 besondere Sachkunde, so kann die zuständige Behörde anordnen, dass der Verpflichtete damit geeignete Fachkräfte beauftragt.

6) Die zuständige Behörde kann selbst geeignete Fachkräfte mit der Durchführung beauftragen, wenn das zur wirksamen Bekämpfung der übertragbaren Krankheiten oder Krankheitserreger oder der Gesundheitsschädlinge notwendig ist und der Verpflichtete diese Maßnahme nicht durchführen kann oder einer Anordnung nach Satz 1 nicht nachkommt oder nach seinem bisherigen Verhalten anzunehmen ist, dass er einer Anordnung nach Satz 1 nicht rechtzeitig nachkommen wird. Wer ein Recht an dem Gegenstand oder die tatsächliche Gewalt darüber hat, muss die Durchführung der Maßnahme dulden.

7) (4) Die Landesregierungen werden ermächtigt, unter den nach § 16 sowie nach Absatz 1 maßgebenden Voraussetzungen durch Rechtsverordnung entsprechende Gebote und Verbote zur Verhütung übertragbarer Krankheiten zu erlassen. Sie können die Ermächtigung durch Rechtsverordnung auf andere Stellen übertragen.

8) (5) Die Landesregierungen können zur Verhütung und Bekämpfung übertragbarer Krankheiten Rechtsverordnungen über die Feststellung und die Bekämpfung von Gesundheitsschädlingen, Krätzmilben und Kopfläusen erlassen. Sie können die Ermächtigung durch Rechtsverordnung auf andere Stellen übertragen. Die Rechtsverordnungen können insbesondere Bestimmungen treffen über

1. die Verpflichtung der Eigentümer von Gegenständen, der Nutzungsberechtigten oder der Inhaber der tatsächlichen Gewalt an Gegenständen sowie der zur Unterhaltung von Gegenständen Verpflichteten,
   a) den Befall mit Gesundheitsschädlingen festzustellen oder feststellen zu lassen und der zuständigen Behörde anzuzeigen,
   b) Gesundheitsschädlinge zu bekämpfen oder bekämpfen zu lassen,
2. die Befugnis und die Verpflichtung der Gemeinden oder der Gemeindeverbände, Gesundheitsschädlinge, auch am Menschen, festzustellen, zu bekämpfen und das Ergebnis der Bekämpfung festzustellen,
3. die Feststellung und Bekämpfung insbesondere über
   a) die Art und den Umfang der Bekämpfung,
   b) den Einsatz von Fachkräften,
   c) die zulässigen Bekämpfungsmittel und -verfahren,
   d) die Minimierung von Rückständen und die Beseitigung von Bekämpfungsmitteln und
   e) die Verpflichtung, Abschluss und Ergebnis der Bekämpfung der zuständigen Behörde mitzuteilen und das Ergebnis durch Fachkräfte feststellen zu lassen,
4. die Mitwirkungs- und Duldungspflichten, insbesondere im Sinne des § 16 Abs. 2, die den in Nummer 1 genannten Personen obliegen.

(6) § 16 Abs. 5 bis 8 gilt entsprechend.

(7) Die Grundrechte der Freiheit der Person (Artikel 2 Abs. 2 Satz 2 Grundgesetz), der Freizügigkeit (Artikel 11 Abs. 1 Grundgesetz), der Versammlungsfreiheit (Artikel 8 Grundgesetz) und der Unverletzlichkeit der Wohnung (Artikel 13 Abs. 1 Grundgesetz) werden im Rahmen der Absätze 1 bis 5 eingeschränkt.

1) Eine Anordnung muss „notwendig" sein, d.h. die im Sicherheitsrecht allgemein geltenden Grundsätze der Notwendigkeit, der Verhältnismäßigkeit und des geringstmöglichen Eingriffs sind zu berücksichtigen (vgl. „Allgemeines" zu §§ 16, 17).
Maßnahmen nach Abs. 1 können sich nur auf Gegenstände beziehen, von denen eine Gefahr für die Allgemeinheit droht. „Gegenstände" sind dabei nicht nur bewegliche Sachen, sondern auch Gebäude, Grundstücke oder menschliche Ausscheidungen.
Lebensmittel, die mit Krankheitserregern kontaminiert sind, werden nicht nach dem IfSG behandelt, sondern nach dem Lebensmittelrecht (lex specialis); insoweit ist eine Zusammenarbeit mit dem Veterinäramt und dem Lebensmittelüberwachungsbeamten ggf. zwingend erforderlich; siehe hierzu § 27 Abs. 2.
Hinsichtlich des Adressaten der Anordnung siehe „Allgemeines" zu §§ 16, 17.
Verstöße gegen Anordnungen nach § 17 Abs. 1 sind bußgeldbewehrt (§ 73 Abs. 1a Nr. 6).
Art. 27 IGV (2005) enthält Vorschriften über die Desinfektion, Entseuchung, Entrattung, Befreiung von Insekten. Werden Maßnahmen darauf gestützt, so ist erforderlichenfalls die sofortige Vollziehbarkeit anzuordnen.

Die **Kosten** einer nach § 17 Abs. 1 (ggf. i.V. mit Abs. 3) angeordneten Maßnahme sind aus öffentlichen Mitteln zu bestreiten (§ 69 Abs. 1 Satz 1 Nr. 4). Nicht zuletzt deshalb ist eine Differenzierung notwendig zwischen Maßnahmen nach § 16 Abs. 1 und Maßnahmen nach § 17 IfSG. § 17 Abs. 1 stellt jedenfalls keine Rechtsgrundlage dar für allgemeine Entrümpelungsaktionen.
Angeordnete Maßnahmen sind sofort vollziehbar (§ 17 Abs. 6 i.V. mit § 16 Abs. 8). Werden sie vom Verpflichteten nicht oder nicht ordnungsgemäß durchgeführt, so kommen – je nach den Umständen des Einzelfalles – die Mittel des Verwaltungszwangs (Zwangsgeld, Ersatzvornahme) in Betracht. Unabhängig davon besteht die Möglichkeit, dass die zuständige Behörde von vornherein eine Anordnung nach § 17 Abs. 3 trifft (Durchführung durch geeignete Fachkraft).

2) Eine Vernichtung kommt nur in Betracht, wenn keine andere, den Verpflichteten weniger beeinträchtigende Möglichkeit besteht, die Gefahr abzuwenden (vgl. BVerwG, Urteil vom 23.11.1967, DÖV 1968, 209).

3) Ist während der Entseuchungsmaßnahme ein Benutzungsverbot für Räume bzw. Grundstücke erforderlich (§ 17 Abs. 1 Satz 4), so wird der Schutzzweck der Vorschrift nur erfüllt, wenn sich dieses Verbot nicht nur an den Inhaber der tatsächlichen Gewalt richtet, sondern für jedermann gilt; § 17 Abs. 1 Satz 4 gibt folglich bei sinngemäßer Auslegung auch die Befugnis, den Inhaber der tatsächlichen Gewalt zu verpflichten, Dritte oder ggf. die Allgemeinheit wirksam am Betreten von Räumen, Grundstücken etc. zu hindern (z.B. Schließung einer Einrichtung, Absperrung eines Spielplatzes); vgl. VG Würzburg, Urteil vom 4.12.1984 Az. W 6 K 84.A.0205 zum gleichlautenden § 10 a Abs. 1 Satz 4 BSeuchG.

4) Begriff „Gesundheitsschädlinge" siehe § 2 Nr. 12.

5) Das IfSG geht davon aus, dass der Verpflichtete die Maßnahme grundsätzlich selbst durchführt bzw. eine geeignete Person/Firma damit beauftragt. Regelmäßig gibt das Gesundheitsamt dem Verpflichteten erforderliche Hinweise (Aufklärung über Bedeutung und Notwendigkeit einer Desinfektion, Anleitung zur Durchführung) und zwar auch, wenn der Betroffene die Maßnahme freiwillig (ohne Erlass einer Anordnung) durchführt (in letztgenanntem Fall siehe aber § 69 Abs. 1 Satz 1 Nr. 4).
Nach § 2 der UVV „Gesundheitsdienst" (inzwischen TRBA 250 bzw. GUV-R 250) dürfen als Fachkräfte im Sinn des § 17 Abs. 3 IfSG mit Desinfektionsarbeiten nur Personen beauftragt werden, die eine abgeschlossene Ausbildung in Berufen des Gesundheitswesens haben oder von einer fachlich geeigneten Person unterwiesen sind und beaufsichtigt werden.

6) Eine Anordnung nach § 17 Abs. 3 trifft die zuständige Behörde regelmäßig nach Anhörung des Gesundheitsamtes. Anordnungen nach § 17 Abs. 3 Satz 1 sind bußgeldbewehrt (§ 73 Abs. 1a Nr. 6).
Geeignete Fachkräfte im Sinn dieser Vorschrift sind insbesondere die **Desinfektoren.**

Die Ausbildung zum Desinfektor ist in einigen Ländern durch Rechtsvorschrift geregelt (Berlin, Brandenburg, Bremen, Hamburg, Nordrhein-Westfalen, Rheinland-Pfalz). In einigen Ländern erfolgen Lehrgänge zur Ausbildung von Desinfektoren (ohne rechtliche Regelung), z.B. in Bayern am Landesamt für Gesundheit und Lebensmittelsicherheit (Dienststelle Oberschleißheim) und in Baden-Württemberg am Landesgesundheitsamt (Stuttgart).
Desinfektoren unterliegen in einigen Ländern der Überwachung durch das Gesundheitsamt (siehe z.B. Gesundheitsdienstgesetze der Länder Berlin, Bayern, Rheinland-Pfalz, Sachsen, Schleswig-Holstein).
Abgesehen von § 17 Abs. 3 IfSG ergeben sich für Desinfektions- und Schädlingsbekämpfungsmaßnahmen Einschränkungen aus dem **Gefahrstoffrecht** mit den einschlägigen „Technischen Regeln für Gefahrstoffe" (TRGS). Letztere werden vom Ausschuss für Gefahrstoffe erlassen und vom Bundesarbeitsministerium im Bundesarbeitsblatt veröffentlicht.
Bei Begasungen gilt § 8 Abs. 8 i.V. mit Anhang I Nr. 4 GefStoffV vom 26.11.2010 (BGBl I S. 1644), zuletzt geä. durch G vom 29.3.2017 (BGBl I S. 626): Erlaubnispflicht, Nachweis von Zuverlässigkeit und Befähigungsschein. Gleichzeitig sind die TRGS 512 (Begasungen), 513 (Begasungen mit Ethylenoxid und Formaldehyd in Sterilisations- und Desinfektionsanlagen) und 522 (Raumdesinfektionen mit Formaldehyd) zu beachten.
Die „BGR 206 – Desinfektionsarbeiten im Gesundheitsdienst" sind berufsgenossenschaftliche Empfehlungen zur „Unterstützung der betrieblichen Praktiker in der Beurteilung der Arbeitsbedingungen und der notwendigen Maßnahmen des Arbeitsschutzes bei Desinfektionsarbeiten".
Bei Schädlingsbekämpfungsmaßnahmen (gewerbsmäßig in Lebensmittelbetrieben und in Einrichtungen nach § 23 Abs. 5 und § 36 IfSG) gilt § 8 Abs. 8 i.V. mit Anhang I Nr. 3 GefStoffV (Anzeigepflicht mit Nachweis personeller und sachlicher Ausstattung, Sachkundenachweis).
Im Übrigen ist hinzuweisen auf

- Verordnung über die Berufsausbildung zum/zur Schädlingsbekämpfer(in) vom 15.7.2004 (BGBl I S. 1638)
- Gebäudereinigermeisterverordnung vom 17.11.2020 (BGBl I S. 2437), zul. geä. durch V vom 18.1.2022, BGBl I S. 39; vgl. § 6 Abs. 2 Nr. 3: „eine Desinfektionsmaßnahme durchführen"
- Verordnung über die Berufsausbildung zum Gebäudereiniger und zur Gebäudereinigerin vom 28.6.2019 (BGBl I S. 892); vgl. § 3 Nrn. 6 und 8 GebReinAusbVO: „Durchführen von Reinigungsmaßnahmen" bzw. „Durchführen von Maßnahmen zur Hygiene und Dekontamination".

7) § 17 Abs. 4 entspricht dem vormaligen § 12a BSeuchG, auf den sich die Hygiene-Verordnungen der Länder stützen, z.B. Bayer. V vom 11.8.1987, GVBl S. 291, zul. geä. durch V vom 15.5.2006, GVBl S. 312 und Bad-Württ. V vom 11.6.2002, GBl S. 219, zul. geä. durch G vom 11.2.2020, GVBl S. 37, 42. Die-

se Regelungen erfassen den in § 36 Abs. 2 genannten Personenkreis (vgl. Anm. 2 zu § 36).
Bußgeldvorschriften hierzu s. § 73 Abs. 1a Nrn. 3, 4, 5 und 6.

8) § 17 Abs. 5 Satz 1 nennt die Kopfläuse neben den Gesundheitsschädlingen. Daraus ist zu schließen, dass Maßnahmen gegen Kopfläuse nur im Rahmen einer Verordnung nach Absatz 5 in Betracht kommen, denn in den vorhergehenden Absätzen sind sie nicht aufgeführt. Dabei ist zu berücksichtigen, dass in einer Verordnung nach § 17 Abs. 5 keine Eingriffe in die körperliche Unversehrtheit möglich sind (§ 17 Abs. 7 enthält im Gegensatz zum bisherigen § 13 Abs. 3 Satz 3 BSeuchG keine entsprechende Einschränkung). Die in § 17 Abs. 5 Satz 3 Nr. 2 IfSG enthaltene Ermächtigung, Gesundheitsschädlinge „am Menschen festzustellen und zu bekämpfen“ geht folglich ins Leere. Wenngleich die „Krätzmilben und Kopfläuse“ im Abs. 5 Satz 3 nicht mehr erwähnt sind, wird man doch aus Satz 1 schließen, dass sich die Verordnungen auch auf sie beziehen können.
Bußgeldvorschrift zu § 17 Abs. 5 siehe § 73 Abs. 1a Nr. 24.
Im Übrigen ist auf das Verbot zum Besuch von Gemeinschaftseinrichtungen bei Verlausung hinzuweisen (§ 34 IfSG samt Anmerkung).

§ 18
Behördlich angeordnete Maßnahmen zur Desinfektion und zur Bekämpfung von Gesundheitsschädlingen, Krätzmilben und Kopfläusen; Verordnungsermächtigung

(1) Zum Schutz des Menschen vor übertragbaren Krankheiten dürfen bei behördlich angeordneten Maßnahmen zur

1. Desinfektion und
2. Bekämpfung von Gesundheitsschädlingen, Krätzmilben oder Kopfläusen

nur Mittel und Verfahren verwendet werden, die von der zuständigen Bundesoberbehörde anerkannt worden sind. Bei Maßnahmen nach Satz 1 Nummer 2 kann die anordnende Behörde mit Zustimmung der zuständigen Bundesoberbehörde zulassen, dass andere Mittel oder Verfahren als die behördlich anerkannten verwendet werden.

(2) Die Mittel und Verfahren werden von der zuständigen Bundesoberbehörde auf Antrag oder von Amts wegen nur anerkannt, wenn sie hinreichend wirksam sind und keine unvertretbaren Auswirkungen auf die menschliche Gesundheit und die Umwelt haben.

(3) Zuständige Bundesoberbehörde für die Anerkennung von Mitteln und Verfahren zur Desinfektion ist das Robert Koch-Institut. Im Anerkennungsverfahren prüft:

1. die Wirksamkeit der Mittel und Verfahren das Robert Koch-Institut,
2. die Auswirkungen der Mittel und Verfahren auf die menschliche Gesundheit das Bundesinstitut für Arzneimittel und Medizinprodukte und
3. die Auswirkungen der Mittel und Verfahren auf die Umwelt das Umweltbundesamt.

Das Robert Koch-Institut erteilt die Anerkennung im Einvernehmen mit dem Bundesinstitut für Arzneimittel und Medizinprodukte und mit dem Umweltbundesamt.

(4) Zuständige Bundesoberbehörde für die Anerkennung von Mitteln und Verfahren zur Bekämpfung von Gesundheitsschädlingen, Krätzmilben und Kopfläusen ist das Umweltbundesamt. Im Anerkennungsverfahren prüft:

1. die Wirksamkeit der Mittel und Verfahren sowie deren Auswirkungen auf die Umwelt das Umweltbundesamt,
2. die Auswirkungen der Mittel und Verfahren auf die menschliche Gesundheit das Bundesinstitut für Arzneimittel und Medizinprodukte, soweit es nach § 77 Absatz 1 des Arzneimittelgesetzes für die Zulassung zuständig ist,
3. die Auswirkungen der Mittel und Verfahren auf die Gesundheit von Beschäftigten als Anwender die Bundesanstalt für Arbeitsschutz und Arbeitsmedizin, wenn die Prüfung nicht nach Nummer 2 dem Bundesinstitut für Arzneimittel und Medizinprodukte zugewiesen ist, und
4. die Auswirkungen der Mittel und Verfahren auf die Gesundheit von anderen als den in Nummer 3 genannten Personen das Bundesinstitut für Risikobewertung, wenn die Prüfung nicht nach Nummer 2 dem Bundesinstitut für Arzneimittel und Medizinprodukte zugewiesen ist.

Das Umweltbundesamt erteilt die Anerkennung im Einvernehmen mit den nach Satz 2 Nummer 2 bis 4 prüfenden Behörden. Sofern Mittel Wirkstoffe enthalten, die in zugelassenen Pflanzenschutzmitteln oder in der Zulassungsprüfung befindlichen Pflanzenschutzmitteln enthalten sind, erfolgt die Anerkennung zusätzlich im Benehmen mit dem Bundesamt für Verbraucherschutz und Lebensmittelsicherheit.

(5) Die Prüfungen können durch eigene Untersuchungen der zuständigen Bundesbehörde oder auf der Grundlage von Sachverständigengutachten, die im Auftrag der zuständigen Bundesbehörde durchgeführt werden, erfolgen.

(6) Die Prüfung der Wirksamkeit der Mittel und Verfahren nach Absatz 1 Satz 1 Nummer 2 ist an den betreffenden Schädlingen unter Einbeziehung von Wirtstieren bei parasitären Nichtwirbeltieren vorzunehmen. Die Prüfung der Wirksamkeit von Mitteln nach Absatz 1 Satz 1 Nummer 2 unterbleibt, sofern die Mittel nach einer der folgenden Vorschriften nach dem Tilgungsprinzip gleichwertig geprüft und zugelassen sind:

1. Verordnung (EU) Nr. 528/2012 des Europäischen Parlaments und des Rates vom 22. Mai 2012 über die Bereitstellung auf dem Markt und die Verwendung von Biozidprodukten (ABl. L 167 vom 27.6.2012, S. 1; L 303 vom 20.11.2015, S. 109), die zuletzt durch die Verordnung (EU) Nr. 334/2014 (ABl. L 103 vom 5.4.2014, S. 22) geändert worden ist,
2. Verordnung (EG) Nr. 1107/2009 des Europäischen Parlaments und des Rates vom 21. Oktober 2009 über das Inverkehrbringen von Pflanzenschutzmitteln und zur Aufhebung der Richtlinien 79/117/EWG und 91/414/EWG des Rates (ABl. L 309 vom 24.11.2009, S. 1), die zuletzt durch die Verordnung (EU) Nr. 652/2014 (ABl. L 189 vom 27.6.2014, S. 1) geändert worden ist, oder

3. Arzneimittelgesetz.

Die Prüfung der Auswirkungen von Mitteln nach Absatz 1 Satz 1 Nummer 1 und 2 auf die menschliche Gesundheit und die Prüfung ihrer Auswirkungen auf die Umwelt unterbleibt, sofern die Mittel oder ihre Biozidwirkstoffe nach einer der in Satz 2 genannten Vorschriften geprüft und zugelassen sind.

(7) Die Anerkennung ist zu widerrufen, wenn die zuständige Bundesoberbehörde davon Kenntnis erlangt, dass eine nach anderen Gesetzen erforderliche Verkehrsfähigkeit für das Mittel oder Verfahren nicht mehr besteht. Sie kann widerrufen werden, insbesondere wenn nach aktuellen Erkenntnissen und Bewertungsmaßstäben die Voraussetzungen nach Absatz 2 nicht mehr erfüllt sind. Die zuständige Bundesoberbehörde führt die jeweils anerkannten Mittel und Verfahren in einer Liste und veröffentlicht die Liste.

1) **(8) Das Bundesministerium für Gesundheit wird ermächtigt, im Einvernehmen mit dem Bundesministerium für Umwelt, Naturschutz und nukleare Sicherheit durch Rechtsverordnung ohne Zustimmung des Bundesrates Einzelheiten des Anerkennungsverfahrens festzulegen.**

§ 18 ist durch das ÄndG vom 17.7.2017 neugefasst. Dabei entfällt die bisherige Unterscheidung in Absatz 1 zwischen „Entwesungen" und „Maßnahmen zur Bekämpfung von Wirbeltieren". Die Zuständigkeit dafür liegt nun einheitlich beim UBA, das auch für Ausnahmegenehmigungen zuständig ist (vgl. Absatz 1 Satz 2 und Absatz 4).

Verstöße gegen § 18 Abs. 1 sind bußgeldbewehrt (§ 73 Abs. 1a Nr. 7).

Absatz 3 betrifft die Anerkennung von Mitteln und Verfahren zur Desinfektion durch das RKI.

Nach Absatz 7 Satz 3 führt die jeweils zuständige Bundesoberbehörde (UBA bzw. RKI) eine Liste über die anerkannten Mittel und Verfahren und veröffentlicht diese:

Liste der vom RKI geprüften und anerkannten Desinfektionsmittel und -verfahren, Bekanntmachung des Robert Koch-Instituts (Stand 31.10.2017, BGesBl 11/2017 S. 1274, ber. BGesBl 8/2018, S. 1030), Internet: http://www.rki.de> Infektionsschutz> Infektions- und Krankenhaushygiene> Desinfektion.

Anträge auf Aufnahme in diese Liste sind (formblattmäßig) zu richten an das Robert Koch-Institut, Nordufer 20, 13353 Berlin.

Bekanntmachung der geprüften und anerkannten Mittel und Verfahren zur Bekämpfung von tierischen Schädlingen nach § 18 IfSG (Stand: 20.10.2015, BGesBl 5/2016, S. 690)

Richtlinie für die Prüfung von Fraßgiftködern gegen Schaben (Blattariae) im Laboratorium (Bekanntmachung des Umweltbundesamtes gemäß § 18 IfSG, BGesBl Nr. 2/2001, S. 182)

Richtlinie des UBA für die amtliche Prüfung von Mitteln und Verfahren auf Wirksamkeit zur Bekämpfung tierischer Schädlinge gemäß § 18 IfSG – Haus- und Wegameisenarten – (BGesBl Nr. 11/2001 S. 138)

Verzeichnis der zugelassenen und amtlich anerkannten Mittel gegen Ratten und Hausmaus der Biologischen Bundesanstalt für Land- und Forstwirtschaft (Merkblatt Nr. 3 vom Januar 1974) mit erläuternden Anmerkungen über die Mittel und Verfahren, die bei behördlich angeordneten Entrattungen verwendet werden dürfen (Bekanntmachung im BGesBl 6/1993, S. 245)
Hinzuweisen ist in diesem Zusammenhang auf die „Leitlinie der Deutschen Vereinigung zur Bekämpfung der Viruskrankheiten (DVV) und des Robert Koch-Instituts (RKI) zur Prüfung von chemischen Desinfektionsmitteln auf Wirksamkeit gegen Viren in der Humanmedizin" i.d.F. vom 1.12.2014 (BGesBl 2015, S. 493).

1) Die gemäß der Ermächtigung im früheren Absatz 9 ergangene Allgemeine Kostenverordnung für Amtshandlungen von Gesundheitseinrichtungen des Bundes (KostVGes) vom 29.4.1996 (BGBl I S. 665) wurde durch Artikel 4 Absatz 4 des G vom 18.7.2016 (BGBl I S. 1666) aufgehoben, und zwar mit Wirkung vom 1.10.2021; gleichzeitig wurden (Artikel 4 Absatz 20 des G) auch die früheren Absätze 8 und 9 des § 18 aufgehoben, der bisherige Absatz 10 wurde zu Absatz 8.

§ 19
Aufgaben des Gesundheitsamtes in besonderen Fällen

(1) Das Gesundheitsamt bietet bezüglich sexuell übertragbarer Krankheiten und Tuberkulose Beratung und Untersuchung an oder stellt diese in Zusammenarbeit mit anderen medizinischen Einrichtungen sicher. In Bezug auf andere übertragbare Krankheiten kann das Gesundheitsamt Beratung und Untersuchung anbieten oder diese in Zusammenarbeit mit anderen medizinischen Einrichtungen sicherstellen. Die Beratung und Untersuchung sollen für Personen, deren Lebensumstände eine erhöhte Ansteckungsgefahr für sich oder andere mit sich bringen, auch aufsuchend angeboten werden. Im Einzelfall können die Beratung und Untersuchung nach Satz 1 bezüglich sexuell übertragbarer Krankheiten und Tuberkulose die ambulante Behandlung durch eine Ärztin oder einen Arzt umfassen, soweit dies zur Verhinderung der Weiterverbreitung der übertragbaren Krankheit erforderlich ist. Die Angebote können bezüglich sexuell übertragbarer Krankheiten anonym in Anspruch genommen werden, soweit hierdurch die Geltendmachung von Kostenerstattungsansprüchen nicht gefährdet wird. Die zuständigen Behörden können mit den Maßnahmen nach den Sätzen 1 bis 4 Dritte beauftragen.

(2) Soweit die von der Maßnahme betroffene Person gegen einen anderen Kostenträger einen Anspruch auf entsprechende Leistungen hat oder einen Anspruch auf Erstattung der Aufwendungen für entsprechende Leistungen hätte, ist dieser zur Tragung der Sachkosten verpflichtet. Wenn Dritte nach Absatz 1 Satz 6 beauftragt wurden, ist der andere Kostenträger auch zur Tragung dieser Kosten verpflichtet, soweit diese angemessen sind.

§ 19 ist eine Sonderregelung im gesamten Recht zur Verhütung und Bekämpfung von Infektionskrankheiten. Die Vorschrift stellt auf die Freiwilligkeit der Betroffe-

nen ab. Grundlage für diese Regelung sind die Ergebnisse medizinischer und sozialwissenschaftlicher Untersuchungen, wonach genereller staatlicher Zwang (Zwangserfassung, Anordnung von Schutzmaßnahmen, Überwachung) dazu führen, dass Personen mit sexuell übertragbaren Krankheiten ärztliche Kontakte und damit die erforderlichen Beratungs- und Behandlungsmöglichkeiten meiden und gerade dadurch selbst gefährdet sind und andere gefährden.
Diese Zielsetzung des § 19 wurde von der Bundesregierung im Strategiepapier zur Bekämpfung vom HIV/AIDS (Juli 2005) bekräftigt, das ausdrücklich auf die Bedeutung der Optimierung des Beratungs- und Behandlungsangebots hinwies. In dieselbe Richtung zielte auch der Beschluss der 79. Gesundheitsministerkonferenz vom 4.5.2006 (vgl. Epid. Bulletin Nr. 8/2007, S. 66).
§ 19 erfasst „sexuell übertragbare Krankheiten“ und „Tuberkulose“. Dabei ist der Begriff **„sexuell übertragbare Krankheiten“**, der auch in § 24 Satz 2 IfSG verwendet wird, nicht definiert; er erfasst in jedem Fall die Geschlechtskrankheiten i.S. des bisherigen Gesetzes zur Bekämpfung der Geschlechtskrankheiten (d.s. Syphilis-Lues, Tripper-Gonorrhoe, Weicher Schanker-Ulcus molle, venerische Lymphknotenentzündung) und AIDS sowie Hepatitis B.
Der durch Artikel 1 Nr. 14 des Gesetzes vom 19.5.2020 (BGBl. I S. 1018) in Absatz 1 eingefügte Satz 2 stellt klar, dass die Gesundheitsämter Beratung und Untersuchung auch für andere übertragbare Krankheiten anbieten können (z.B. Testungen auf COVID-19). Sie können nach dem neuen Absatz 1 Satz 6 auch Dritte (Ärzte) beauftragen. Bei Mitgliedern der Krankenkassen ist ein Rückgriffsanspruch auch bei Beauftragung Dritter möglich. Die Möglichkeit einer ambulanten Behandlung bleibt auf sexuell übertragbare Krankheiten und Tuberkulose beschränkt (Absatz 1 Satz 4).
§ 19 setzt grundsätzlich auf das Angebot freiwilliger Beratung und Untersuchung (Pflichtaufgabe der Gesundheitsämter), die erforderlichenfalls auch aufsuchend und anonym anzubieten sind (die Beratungsaufgabe der Gesundheitsämter bei übertragbaren Krankheiten ist im Übrigen seit jeher landesrechtlich in den Gesundheitsdienstgesetzen enthalten; vgl. auch § 3 IfSG).
Behandlungen (ambulant) durch einen Arzt des Gesundheitsamtes sind nur als „Kann“-Vorschrift vorgesehen. Da die Behandlung regelmäßig durch die allgemeinärztliche Versorgung und die Krankenhäuser sichergestellt ist, wird es sich dabei um Ausnahmefälle handeln. Nehmen Gesundheitsämter jedoch diese Aufgabe wahr, so müssen deren Ärzte über die hierzu erforderliche Qualifikation verfügen.
Mit der Aufhebung des Gesetzes zur Bekämpfung der Geschlechtskrankheiten durch Art. 5 Abs. 1 Satz 2 Nr. 2 SeuchRNeuG entfielen die vormals auf dessen § 4 Abs. 2 gestützten routinemäßigen Pflichtuntersuchungen der Prostituierten. Vgl. aber die regelmäßige Beratungspflicht der Prostituierten nach § 10 Abs. 2 ProstSchG.
Anordnungen (z.B. Vorladungen nach § 25 Abs. 3, Verhaltensanordnungen, Verbote nach § 28 Abs. 1 IfSG) kommen hinsichtlich des Personenkreises mit „sexu-

ell übertragbaren Krankheiten“ nur bei begründetem Anlass in Betracht, d.h. wenn im Einzelfall Erkenntnisse darüber vorliegen, dass einschlägige Personen durch ihr Verhalten Gesundheit oder Leben anderer gefährden. Verfügen Polizeibehörden über solche Erkenntnisse, so informieren sie hierüber unverzüglich das Gesundheitsamt (die Rechtsgrundlage hierfür ergibt sich aus dem landesrechtlichen Polizeirecht, in Bayern z.B. Art. 56 Abs. 1 Nr. 2 PAG).

Anders ist die Situation bei **„Tuberkulose“**, denn hier besteht eine namentliche Meldepflicht (§ 6 Abs. 1 und 2; siehe auch § 34 Abs. 1 Nr. 8 und Abs. 3 Nr. 6 sowie § 36 Abs. 4) mit der Folge, dass in solchen Fällen entsprechend der Grundkonzeption des IfSG zu ermitteln ist (§§ 25, 26) und notwendige Schutzmaßnahmen zu veranlassen sind. Hierzu bietet im Vollzug der „Praxisleitfaden Tuberkulose für Fachkräfte an Gesundheitsämtern“ (Schriftenreihe der Akademie für öffentliches Gesundheitswesen, Düsseldorf, 2001, Bd. 21) nach wie vor eine wertvolle Hilfe.

§ 19 Abs. 2 (Abs. 2 Nr. 2 ergänzt durch § 69 Abs. 1 Nr. 5) enthält Regelungen über die Kostenträger für Untersuchungen und Behandlungen, vgl. Baden-Württ. Gesetz über die Kostentragung bei sexuell übertragbaren Krankheiten und Tuberkulose vom 25.2.2003 (GBl S. 118) mit Verordnung vom 1.8.2003 (GBl S. 521). Daraus ist zu schließen, dass die Gesundheitsämter für ihre Beratungstätigkeit keine Kosten erheben.

Dem § 19 Abs. 2 Satz 1 Nr. 2 Halbsatz 2 sowie dem Absatz 2 Satz 2 ist zu entnehmen, dass den Interessen des Seuchenschutzes in jedem Fall Vorrang einzuräumen ist gegenüber der Frage, ob und ggf. wer für die Übernahme der Untersuchungs- bzw. Behandlungskosten zur Verfügung steht.

Bei anonymer Testung stellt sich ohnehin die Frage nach einem Kostenträger nicht.

§ 19 IfSG wird ergänzt durch das Gesetz zum Schutz von in der Prostitution tätigen Personen (**Prostituiertenschutzgesetz** – ProstSchG) vom 21.10. 2016 (BGBl. I S. 2372), auszugsweise abgedruckt im **Anhang**. Danach haben sich Prostituierte bei der zuständigen Behörde anzumelden (§ 3 ProstSchG) und dabei die nach § 10 ProstSchG erforderliche gesundheitliche Pflichtberatung nachzuweisen. Anordnungen der zuständigen Behörde gegen Prostituierte kommen in Betracht, wenn sie u.a. zum Schutz anderer vor Gefahren für Leben oder Gesundheit erforderlich sind (§ 11 ProstSchG). Gegen Gewerbetreibende sind Auflagen zum Schutz der Prostituierten, der Kunden oder Angestellter möglich (§ 17 ProstSchG). Die Pflichten der Gewerbetreibenden zum Gesundheitsschutz der Prostituierten sind in § 24 ProstSchG festgelegt; dabei kann auch ein Hygieneplan gefordert werden. Übereinstimmend mit den Vorschriften in einigen Länder-Hygieneverordnungen (vgl. Anm. 7 zu § 17) fordert § 32 ProstSchG, dass beim Geschlechtsverkehr Kondome verwendet werden.

Allgemeines zu §§ 20 bis 22

- Impfungen sind **heilkundliche Tätigkeiten**, die nur von den hierzu Befugten durchgeführt werden dürfen (Ärzte, Heilpraktiker, vgl. §§ 1, 5 des Heilpraktikergesetzes).
  Eine Vorschrift, die Heilpraktikern das Impfen verbietet (wie früher § 1 Abs. 2 des Reichs-Pocken-Impfgesetzes von 1874), besteht nicht; jedoch ist die Impfstoff-Beschaffung (verschreibungspflichtiges Arzneimittel) nur über den Arzt möglich (vgl. hierzu die Ausführungen unter Nr. 3).
- Die Impfung ist eine **Körperverletzung** (§ 223 StGB). Sie setzt die **Einwilligung** des Impflings (bzw. des/der Sorgeberechtigten oder Betreuers) voraus (§ 228 StGB). Die Einwilligung muss auf einer ausreichenden, dem jeweiligen Stand der medizinischen Wissenschaft entsprechenden **Aufklärung** beruhen.
  Die Risikoaufklärung muss gewährleisten, dass der Impfling – bevor er einwilligt – die für seine Entscheidung notwendigen Informationen über das Für und Wider erhält. Sie soll dem Impfling ermöglichen, Art, Bedeutung, Ablauf und Folgen der Impfung in den Grundzügen zu verstehen. In diesem Rahmen ist der Impfling auch über nicht ganz außer Wahrscheinlichkeit liegende Risiken zu unterrichten (BGH, Urteil vom 7.2.1984, NJW 1984, 1397; BGH, Urteil vom 7.7.1992, NJW-RR 1992, 1241 = VersR 1993, 228; BGH, Urteil vom 7.7.1994, VersR 1994, 1229 = NJW 1994, 3012 = MedR 1995, 25; BGH, Urteil vom 15.2.2000, NJW 2000, 1784).
  Der Arzt muss dem Impfling auch die notwendigen Verhaltensmaßregeln für die Zeit unmittelbar nach der Impfung geben, um ihn vor Schaden zu bewahren. Ggf. muss sich die Aufklärung auch auf Risiken erstrecken, die Kontaktpersonen erwachsen können und über Vorsichtsmaßnahmen zu deren Vermeidung (z.B. bei Verwendung des oralen Polio-Impfstoffs, vgl. § 21 IfSG; BGH, Urteil vom 7.7.1994 mit weiteren Verweisungen – NJW 1994, 3012). Im Rahmen der Aufklärung ist möglicherweise auch der Hinweis notwendig, dass sich aus einer Nichtimpfung Gefahren für den Betreffenden bzw. für Dritte ergeben können (z.B. mangelhafte Aufklärung zur Überwindung der Impfabneigung einer Frau gegen die Röteln-Impfung – Folge: behindertes Kind; vgl. hierzu „Aufklärung und Einwilligungen vor Impfungen“ von Deutsch, VersR 1998, Heft 25, 1053).
  Grundsätzlich erfordert die Aufklärung ein „vertrauensvolles Gespräch zwischen Arzt und Patient“ (BGH, Urteil vom 8.1.1985, VersR 1985, 361). Dies schließt jedoch die Verwendung von Merkblättern nicht aus, in denen die notwendigen Informationen enthalten sind; solche sind insbesondere bei Routinebehandlungen, wie bei öffentlich empfohlenen Schutzimpfungen ausreichend, wenn dem Impfling nach schriftlicher Aufklärung Gelegenheit zu weiteren Informationen (Gespräch mit dem Arzt) gegeben wird (BGH, Urteil vom 15.2.2000, NJW 2000, 1784).
  Der impfende Arzt benötigt in jedem Fall eine Notfallausrüstung zur Beherrschung anaphylaktischer Reaktionen.

- **Impfstoffe sind verschreibungspflichtige Arzneimittel.** Jedem Impfstoff ist entsprechend dem AMG eine Packungsbeilage beigefügt, die für den impfenden Arzt und den Impfling die notwendigen Informationen enthält, insbesondere zur Impfindikation, zur Durchführung der Impfung, über Gegenanzeigen und mögliche Nebenwirkungen. Darüber hinaus geben die Impfstoff-Hersteller zu jedem Impfstoff ergänzend so genannte „Fachinformationen" (kostenlos) heraus.
  Für die Impfstoff-Beschaffung durch Krankenhäuser, Gesundheitsämter enthält § 47 Abs. 1 Satz 1 Nr. 3 AMG eine Sonderregelung.
  Bei Impfstoff-Mängeln kommt eine Haftung des Herstellers nach § 84 AMG bzw. nach allgemeinem Deliktsrecht (§ 823 BGB) in Betracht (vgl. den Aufsatz von Deutsch, VersR 1998, Heft 25, 1053 und LG Traunstein, Urteil vom 29.9.1994, MedR 1995, 241 mit Anmerkung).
  Bei „bedrohlichen übertragbaren Krankheiten, deren Ausbreitung eine sofortige und das übliche Maß erheblich überschreitende Bereitstellung von spezifischen Arzneimitteln erforderlich macht", können die für den Vollzug des AMG zuständigen Behörden gemäß § 79 Abs. 5, 6 AMG erlauben, dass Arzneimittel in Verkehr gebracht werden, die in der Bundesrepublik nicht zugelassen sind; ob eine solche Situation vorliegt, stellt das BMG fest (§ 79 Abs. 5 Satz 5 AMG i.d.F. des ÄndG vom 21.3.2013, BGBl I S. 566).
- Die **Haftung des impfenden Arztes** bei Impfschäden wird durch die Impfschadenentschädigung (§§ 60 ff IfSG) nicht ausgeschlossen. Anspruchsgrundlage des Geschädigten sind dabei §§ 823, 847 BGB, wobei voller Schadenersatz (einschließlich Schmerzensgeld) geleistet wird (kein Schmerzensgeld im Rahmen der Impfschadenentschädigung).
  Bei Impfungen durch Ärzte des öffentlichen Gesundheitsdienstes hat die jeweilige Körperschaft, in deren Dienst der Arzt steht, für schuldhafte Pflichtverletzung einzustehen (z.B. bei Schäden wegen mangelhafter Aufklärung; Art. 34 GG, § 839 BGB). Dies gilt auch, wenn sich das Gesundheitsamt zur Durchführung von Impfungen eines Vertragsarztes bedient (BGH, Urteil vom 15.2.1990, NJW 1990, 2311 = VersR 1990, 737; BGH, Urteil vom 7.7.1994, NJW 1994, 3012 = MedR 1995, 25 = VersR 1994, 1229). Auf § 63 Abs. 2 IfSG wird hingewiesen.
- Impfvorschriften außerhalb des IfSG
- Nach den einschlägigen **Unfallverhütungsvorschriften** der zuständigen **Berufsgenossenschaften (Träger der gesetzlichen Unfallversicherung,** SGB VII) haben die „Unternehmer" (d.s. Träger von Krankenhäusern, Pflege- und Krankenstationen in Heimen, Laboratorien) ihre Beschäftigten bei Aufnahme der Tätigkeit und aus gegebenem Anlass über die notwendigen Impfungen zu unterrichten und diese kostenlos zu ermöglichen (§ 4 der BGV „Gesundheitsdienst", inzwischen TRBA 250 bzw. GUV-R 250).
- Im Bereich des Arbeitsschutzgesetzes sieht § 6 Abs. 2 Satz 3 der Verordnung zur arbeitsmedizinischen Vorsorge (ArbMedVV) vom 18.12.2008 (BGBl I S. 2768, zuletzt geändert durch V vom 12.7.2019, BGBl I S. 1082) Impfungen

für Beschäftigte vor, bei denen das Risiko einer Infektion tätigkeitsbedingt und im Vergleich zur Allgemeinbevölkerung erhöht ist (vgl. auch § 12 BiostoffV vom 15.7.2013, BGBl I S. 2514, zuletzt geändert durch V vom 21.7.2021, BGBl I S. 3115).

- Die **Gelbfieber-Impfung** kann nach Art. 31 IGV (2005) in bestimmten Fällen von den Gesundheitsbehörden der Länder gefordert werden (s. auch Art. 23 Abs. 3 bis 5 und Anlage 7 aaO). Dabei muss nach Art. 36 IGV das Muster der Anlage 6 als Impfbescheinigung verwendet werden. Gelbfieber-Impfungen dürfen nur von Impfstellen vorgenommen werden, die von den zuständigen Länderbehörden zugelassen sind (Näheres hierzu s. § 7 IGV-DG). Hinsichtlich der Abgabe des Impfstoffs siehe § 47 Abs. 1 Satz 1 Nr. 3a AMG).
  Einschlägige Hinweise gibt das „Handbuch Reisemedizin" des CRM, Centrum für Reisemedizin (Düsseldorf).
  Hinsichtlich **Impfungen im internationalen Reiseverkehr** s. im Übrigen Art. 18 Abs. 1, Art. 23 Abs. 3 bis 5, Art. 31, 36 und 40 Abs. 1 Buchst. b IGV.

§ 20
Schutzimpfungen und andere Maßnahmen der spezifischen Prophylaxe

1) **(1) Die Bundeszentrale für gesundheitliche Aufklärung, die obersten Landesgesundheitsbehörden und die von ihnen beauftragten Stellen sowie die Gesundheitsämter informieren die Bevölkerung zielgruppenspezifisch über die Bedeutung von Schutzimpfungen und andere Maßnahmen der spezifischen Prophylaxe übertragbarer Krankheiten.**

Bei der Information der Bevölkerung soll die vorhandene Evidenz zu bestehenden Impflücken berücksichtigt werden.

2) **(2) Beim Robert Koch-Institut wird eine Ständige Impfkommission eingerichtet. Die Kommission gibt sich eine Geschäftsordnung, die der Zustimmung des Bundesministeriums für Gesundheit bedarf. Die Kommission gibt Empfehlungen zur Durchführung von Schutzimpfungen und zur Durchführung anderer Maßnahmen der spezifischen Prophylaxe übertragbarer Krankheiten und entwickelt Kriterien zur Abgrenzung einer üblichen Impfreaktion und einer über das übliche Ausmaß einer Impfreaktion hinausgehenden gesundheitlichen Schädigung. Die Mitglieder der Kommission werden vom Bundesministerium für Gesundheit im Benehmen mit den obersten Landesgesundheitsbehörden berufen. Vertreter des Bundesministeriums für Gesundheit, der obersten Landesgesundheitsbehörden, des Robert Koch-Institutes und des Paul Ehrlich-Institutes nehmen mit beratender Stimme an den Sitzungen teil. Weitere Vertreter von Bundesbehörden können daran teilnehmen. Die Empfehlungen der Kommission werden von dem Robert Koch-Institut den obersten Landesgesundheitsbehörden übermittelt und anschließend veröffentlicht.**

(2a) Empfehlungen der Ständigen Impfkommission zur Durchführung von Schutzimpfungen gegen das Coronavirus SARS-CoV-2 haben sich insbesondere an folgenden Impfzielen auszurichten:

1. Reduktion schwerer oder tödlicher Krankheitsverläufe,
2. Unterbindung einer Transmission des Coronavirus SARS-CoV-2,
3. Schutz von Personen mit besonders hohem Risiko für einen schweren oder tödlichen Krankheitsverlauf,
4. Schutz von Personen mit besonders hohem behinderungs-, tätigkeits- oder aufenthaltsbedingtem Infektionsrisiko,
5. Aufrechterhaltung zentraler staatlicher Funktionen, von Kritischen Infrastrukturen, von zentralen Bereichen der Daseinsvorsorge und des öffentlichen Lebens.

Die auf Grund des § 5 Absatz 2 Satz 1 Nummer 4 Buchstabe f sowie des § 20i Absatz 3 Satz 2 Nummer 1 Buchstabe a, auch in Verbindung mit Nummer 2, des Fünften Buches Sozialgesetzbuch erlassenen Rechtsverordnungen haben sich an den in Satz 1 genannten Impfzielen im Fall beschränkter Verfügbarkeit von Impfstoffen bei notwendigen Priorisierungen auszurichten.

(3) Die obersten Landesgesundheitsbehörden sollen öffentliche Empfehlungen für 3)
Schutzimpfungen oder andere Maßnahmen der spezifischen Prophylaxe auf der Grundlage der jeweiligen Empfehlungen der Ständigen Impfkommission aussprechen.

(4) Zur Durchführung von Schutzimpfungen ist jeder Arzt berechtigt. Fachärzte dür- 4)
fen Schutzimpfungen unabhängig von den Grenzen der Ausübung ihrer fachärztlichen Tätigkeit durchführen. Die Berechtigung zur Durchführung von Schutzimpfungen nach anderen bundesrechtlichen Vorschriften bleibt unberührt.

(5) Die obersten Landesgesundheitsbehörden können bestimmen, dass die Gesund- 5)
heitsämter unentgeltlich Schutzimpfungen oder andere Maßnahmen der spezifischen Prophylaxe gegen bestimmte übertragbare Krankheiten durchführen. Die zuständigen Behörden können mit den Maßnahmen nach Satz 1 Dritte beauftragen. Soweit die von der Maßnahme betroffene Person gegen einen anderen Kostenträger einen Anspruch auf entsprechende Leistungen hat oder einen Anspruch auf Erstattung der Aufwendungen für entsprechende Leistungen hätte, ist dieser zur Tragung der Sachkosten verpflichtet. Wenn Dritte nach Satz 2 beauftragt wurden, ist der andere Kostenträger auch zur Tragung dieser Kosten verpflichtet, soweit diese angemessen sind.

(6) Das Bundesministerium für Gesundheit wird ermächtigt, durch Rechtsverord- 6)
nung mit Zustimmung des Bundesrates anzuordnen, dass bedrohte Teile der Bevölkerung an Schutzimpfungen oder anderen Maßnahmen der spezifischen Prophylaxe teilzunehmen haben, wenn eine übertragbare Krankheit mit klinisch schweren Verlaufsformen auftritt und mit ihrer epidemischen Verbreitung zu rechnen ist. Personen, die auf Grund einer medizinischen Kontraindikation nicht an Schutzimpfungen oder an anderen Maßnahmen der spezifischen Prophylaxe teilnehmen können, können durch Rechtsverordnung nach Satz 1 nicht zu einer Teilnahme an Schutzimpfungen oder an anderen Maßnahmen der spezifischen Prophylaxe verpflichtet werden. § 15 Abs. 2 gilt entsprechend.

(7) Solange das Bundesministerium für Gesundheit von der Ermächtigung nach Absatz 6 keinen Gebrauch macht, sind die Landesregierungen zum Erlass einer Rechtsverordnung nach Absatz 6 ermächtigt. Die Landesregierungen können die Ermächti-

gung durch Rechtsverordnung auf die obersten Landesgesundheitsbehörden übertragen.

7) (8) Folgende Personen, die nach dem 31. Dezember 1970 geboren sind, müssen entweder einen nach den Maßgaben von Satz 2 ausreichenden Impfschutz gegen Masern oder ab der Vollendung des ersten Lebensjahres eine Immunität gegen Masern aufweisen:

1. Personen, die in einer Gemeinschaftseinrichtung nach § 33 Nummer 1 bis 3 betreut werden,
2. Personen, die bereits vier Wochen
   a) in einer Gemeinschaftseinrichtung nach § 33 Nummer 4 betreut werden oder
   b) in einer Einrichtung nach § 36 Absatz 1 Nummer 4 untergebracht sind, und
3. Personen, die in Einrichtungen nach § 23 Absatz 3 Satz 1, § 33 Nummer 1 bis 4 oder § 36 Absatz 1 Nummer 4 tätig sind.

Ein ausreichender Impfschutz gegen Masern besteht, wenn ab der Vollendung des ersten Lebensjahres mindestens eine Schutzimpfung und ab der Vollendung des zweiten Lebensjahres mindestens zwei Schutzimpfungen gegen Masern bei der betroffenen Person durchgeführt wurden. Satz 1 gilt auch, wenn zur Erlangung von Impfschutz gegen Masern ausschließlich Kombinationsimpfstoffe zur Verfügung stehen, die auch Impfstoffkomponenten gegen andere Krankheiten enthalten. Satz 1 gilt nicht für Personen, die auf Grund einer medizinischen Kontraindikation nicht geimpft werden können.

8) (9) Personen, die in Gemeinschaftseinrichtungen nach § 33 Nummer 1 bis 3 betreut oder in Einrichtungen nach § 23 Absatz 3 Satz 1, § 33 Nummer 1 bis 4 oder § 36 Absatz 1 Nummer 4 tätig werden sollen, haben der Leitung der jeweiligen Einrichtung vor Beginn ihrer Betreuung oder ihrer Tätigkeit folgenden Nachweis vorzulegen:

1. eine Impfdokumentation nach § 22 Absatz 1 und 2 oder ein ärztliches Zeugnis, auch in Form einer Dokumentation nach § 26 Absatz 2 Satz 4 des Fünften Buches Sozialgesetzbuch, darüber, dass bei ihnen ein nach den Maßgaben von Absatz 8 Satz 2 ausreichender Impfschutz gegen Masern besteht,
2. ein ärztliches Zeugnis darüber, dass bei ihnen eine Immunität gegen Masern vorliegt oder sie aufgrund einer medizinischen Kontraindikation nicht geimpft werden können oder
3. eine Bestätigung einer staatlichen Stelle oder der Leitung einer anderen in Absatz 8 Satz 1 genannten Einrichtung darüber, dass ein Nachweis nach Nummer 1 oder Nummer 2 bereits vorgelegen hat.

Wenn der Nachweis nach Satz 1 von einer Person, die auf Grund einer nach Satz 8 zugelassenen Ausnahme oder nach Satz 9 in Gemeinschaftseinrichtungen nach § 33 Nummer 1 bis 3 betreut oder in Einrichtungen nach § 23 Absatz 3 Satz 1, § 33 Nummer 1 bis 4 oder § 36 Absatz 1 Nummer 4 beschäftigt oder tätig werden darf, nicht vorgelegt wird oder wenn Zweifel an der Echtheit oder inhaltlichen Richtigkeit des vorgelegten Nachweises bestehen, hat die Leitung der jeweiligen Einrichtung unverzüglich das Gesundheitsamt, in dessen Bezirk sich die Einrichtung befindet, darüber zu benachrichtigen und dem Gesundheitsamt personenbezogene Angaben zu übermitteln. Die oberste Landesgesundheitsbehörde oder die von ihr bestimmte Stelle kann bestimmen, dass

1. der Nachweis nach Satz 1 nicht der Leitung der jeweiligen Einrichtung, sondern dem Gesundheitsamt oder einer anderen staatlichen Stelle gegenüber zu erbringen ist.
2. die Benachrichtigung nach Satz 2 nicht durch die Leitung der jeweiligen Einrichtung, sondern durch die nach Nummer 1 bestimmte Stelle zu erfolgen hat,
3. die Benachrichtigung nach Satz 2 nicht gegenüber dem Gesundheitsamt, in dessen Bezirk sich die jeweilige Einrichtung befindet, sondern gegenüber einer anderen staatlichen Stelle zu erfolgen hat

Die Behörde, die für die Erteilung der Erlaubnis nach § 43 Absatz 1 des Achten Buches Sozialgesetzbuch zuständig ist, kann bestimmen, dass vor dem Beginn der Tätigkeit im Rahmen der Kindertagespflege der Nachweis nach Satz 1 ihr gegenüber zu erbringen ist; in diesen Fällen hat die Benachrichtigung nach Satz 2 durch sie zu erfolgen.

Eine Benachrichtigungspflicht nach Satz 2 besteht nicht, wenn der Leitung der jeweiligen Einrichtung oder der anderen Satz 3 Nummer 2 bestimmten Stelle bekannt ist, dass das Gesundheitsamt oder die andere nach Satz 3 Nummer 2 bestimmte Stelle über den Fall bereits informiert ist.

Eine Person, die ab der Vollendung des ersten Lebensjahres keinen Nachweis nach Satz 1 vorlegt, darf nicht in Gemeinschaftseinrichtungen nach § 33 Nummer 1 bis 3 betreut oder in Einrichtungen nach § 23 Absatz 3 Satz 1, § 33 Nummer 1 bis 4 oder § 36 Absatz 1 Nummer 4 beschäftigt werden. Eine Person, die über keinen Nachweis nach Satz 1 verfügt oder diesen nicht vorlegt, darf in Einrichtungen nach § 23 Absatz 3 Satz 1, § 33 Nummer 1 bis 4 oder § 36 Absatz 1 Nummer 4 nicht tätig werden. Die oberste Landesgesundheitsbehörde oder die von ihr bestimmte Stelle kann allgemeine Ausnahmen von den Sätzen 6 und 7 zulassen, wenn das Paul-Ehrlich-Institut auf seiner Internetseite einen Lieferengpass zu allen Impfstoffen mit einer Masernkomponente, die für das Inverkehrbringen in Deutschland zugelassen oder genehmigt sind, bekannt gemacht hat; parallel importierte und parallel vertriebene Impfstoffe mit einer Masernkomponente bleiben unberücksichtigt. Eine Person, die einer gesetzlichen Schulpflicht unterliegt, darf in Abweichung von Satz 6 in Gemeinschaftseinrichtungen nach § 33 Nummer 3 betreut werden.

(9a) Sofern sich ergibt, dass ein Impfschutz gegen Masern erst zu einem späteren Zeitpunkt möglich ist oder vervollständigt werden kann oder ein Nachweis nach Absatz 9 Satz 1 Nummer 2 seine Gültigkeit auf Grund Zeitablaufs verliert, haben Personen, die in Gemeinschaftseinrichtungen nach § 33 Nummer 1 bis 3 betreut werden oder in Einrichtungen nach § 23 Absatz 3 Satz 1, § 33 Nummer 1 bis 4 oder § 36 Absatz 1 Nummer 4 tätig sind, der Leitung der jeweiligen Einrichtung einen Nachweis nach Absatz 9 Satz 1 innerhalb eines Monats, nachdem es ihnen möglich war, einen Impfschutz gegen Masern zu erlangen oder zu vervollständigen, oder innerhalb eines Monats nach Ablauf der Gültigkeit des bisherigen Nachweises nach Absatz 9 Satz 1 Nummer 2 vorzulegen. Wenn der Nachweis nach Satz 1 nicht innerhalb dieses Monats vorgelegt wird oder wenn Zweifel an der Echtheit oder inhaltlichen Richtigkeit des vorgelegten Nachweises bestehen, hat die Leitung der jeweiligen Einrichtung unverzüglich das Gesundheitsamt, in dessen Bezirk sich die jeweilige Einrichtung befindet, darüber zu benachrichtigen und dem Gesundheitsamt personenbezogene Angaben zu übermitteln. Absatz 9 Satz 3 gilt entsprechend

9) (10) Personen, die am 1. März 2020 bereits in Gemeinschaftseinrichtungen nach § 33 Nummer 1 bis 3 betreut wurden und noch werden oder in Einrichtungen nach § 23 Absatz 3 Satz 1, § 33 Nummer 1 bis 4 oder § 36 Absatz 1 Nummer 4 tätig waren und noch sind, haben der Leitung der jeweiligen Einrichtung einen Nachweis nach Absatz 9 Satz 1 bis zum Ablauf des 31. Juli 2022 vorzulegen. Wenn der Nachweis nach Absatz 9 Satz 1 nicht bis zum Ablauf des 31. Juli 2022 vorgelegt wird oder wenn Zweifel an der Echtheit oder inhaltlichen Richtigkeit des vorgelegten Nachweises bestehen, hat die Leitung der jeweiligen Einrichtung unverzüglich das Gesundheitsamt, in dessen Bezirk sich die Einrichtung befindet, darüber zu benachrichtigen und dem Gesundheitsamt personenbezogene Angaben zu übermitteln. Absatz 9 Satz 3 und 4 findet entsprechende Anwendung.

10) (11) Personen, die bereits vier Wochen in Gemeinschaftseinrichtungen nach § 33 Nummer 4 betreut werden oder in Einrichtungen nach § 36 Absatz 1 Nummer 4 untergebracht sind, haben der Leitung der jeweiligen Einrichtung einen Nachweis nach Absatz 9 Satz 1 wie folgt vorzulegen:

1. innerhalb von vier weiteren Wochen oder,
2. wenn sie am 1. März 2020 bereits betreut wurden und noch werden oder untergebracht waren und noch sind, bis zum Ablauf des 31. Juli 2022.

Wenn der Nachweis nach Absatz 9 Satz 1 in den Fällen des Satzes 1 Nummer 1 nicht innerhalb von vier weiteren Wochen oder in den Fällen von Satz 1 Nummer 2 nicht bis zum Ablauf des 31. Juli 2022 vorgelegt wird oder wenn Zweifel an der Echtheit oder inhaltlichen Richtigkeit des vorgelegten Nachweises bestehen, hat die Leitung der jeweiligen Einrichtung unverzüglich das Gesundheitsamt, in dessen Bezirk sich die Einrichtung befindet, darüber zu benachrichtigen und dem Gesundheitsamt personenbezogene Angaben zu übermitteln. Absatz 9 Satz 3 findet entsprechende Anwendung.

11) (12) Folgende Personen haben dem Gesundheitsamt, in dessen Bezirk sich die jeweilige Einrichtung befindet, auf Anforderung einen Nachweis nach Absatz 9 Satz 1 vorzulegen:

1. Personen, die in Gemeinschaftseinrichtungen nach § 33 Nummer 1 bis 3 betreut werden,
2. Personen, die bereits acht Wochen
   a) in Gemeinschaftseinrichtungen nach § 33 Nummer 4 betreut werden oder
   b) in Einrichtungen nach § 36 Absatz 1 Nummer 4 untergebracht sind und
3. Personen, die in Einrichtungen nach § 23 Absatz 3 Satz 1, § 33 Nummer 1 bis 4 oder § 36 Absatz 1 Nummer 4 tätig sind.

Bestehen Zweifel an der Echtheit oder inhaltlichen Richtigkeit des vorgelegten Nachweises, so kann das Gesundheitsamt eine ärztliche Untersuchung dazu anordnen, ob die betroffene Person auf Grund einer medizinischen Kontraindikation nicht gegen Masern geimpft werden kann; Personen, die über die Echtheit oder inhaltliche Richtigkeit des vorgelegten Nachweises Auskunft geben können, sind verpflichtet, auf Verlangen des Gesundheitsamtes die erforderlichen Auskünfte insbesondere über die dem Nachweis zugrundeliegenden Tatsachen zu erteilen, Unterlagen vorzulegen und Einsicht zu gewähren; § 15a Absatz 2 Satz 2 gilt entsprechend. Wenn der Nachweis nach Absatz 9 Satz 1 nicht innerhalb einer angemessenen Frist vorgelegt wird, kann das Gesundheitsamt die zur Vorlage des Nachweises verpflichtete Person zu einer Beratung laden und hat diese zu einer Vervollständigung des Impfschutzes gegen Masern aufzufordern. Das Gesundheitsamt kann einer Person, die trotz der Anforderung nach Satz 1 keinen Nachweis innerhalb einer angemessenen Frist vorlegt oder der Anordnung einer ärztlichen Untersuchung nach Satz 2 nicht Folge leistet, untersagen, dass sie die dem Betrieb einer in Absatz 8 Satz 1 genannten Einrichtung dienenden Räume betritt oder in einer solchen Einrichtung tätig wird. Einer Person, die einer gesetzlichen Schulpflicht unterliegt, kann in Abweichung von Satz 4 nicht untersagt werden, die dem Betrieb einer Einrichtung nach § 33 Nummer 3 dienenden Räume zu betreten. Einer Person, die einer Unterbringungspflicht unterliegt, kann in Abweichung von Satz 3 nicht untersagt werden, die dem Betrieb einer Gemeinschaftseinrichtung nach § 33 Nummer 4 oder einer Einrichtung nach § 36 Absatz 1 Nummer 4 dienenden Räume zu betreten. Widerspruch und Anfechtungsklage gegen eine vom Gesundheitsamt nach Satz 1 oder Satz 2 erlassene Anordnung oder ein von ihm nach Satz 4 erteiltes Verbot haben keine aufschiebende Wirkung. Sobald ein Nachweis nach Absatz 9 Satz 1 vorgelegt wird, ist die Maßnahme nach Satz 4 aufzuheben und das Verwaltungszwangsverfahren mit sofortiger Wirkung einzustellen.

(13) Wenn eine nach den Absätzen 9 bis 12 verpflichtete Person minderjährig ist, so hat derjenige für die Einhaltung der diese Person nach den Absätzen 9 bis 12 treffenden Verpflichtungen zu sorgen, dem die Sorge für diese Person zusteht. Die gleiche Verpflichtung trifft den Betreuer einer von Verpflichtungen nach den Absätzen 9 bis 12 betroffenen Person, soweit die Erfüllung dieser Verpflichtungen zu seinem Aufgabenkreis gehört.

(14) Durch die Absätze 6 bis 12 wird das Grundrecht der körperlichen Unversehrtheit (Artikel 2 Absatz 2 Satz 1 des Grundgesetzes) eingeschränkt.

1) – Schutzimpfungen haben in der Gesundheitsvorsorge eine überragende Bedeutung. Sie zählen zu den wirksamsten und zugleich kostengünstigsten Maßnahmen der präventiven Medizin. Es ist deshalb unerlässlich, die Bevölkerung immer wieder auf die Notwendigkeit und Bedeutung eines ausreichenden Impfschutzes hinzuweisen. Zusammenarbeit aller, die insoweit mitverantwortlich sind, ist gefordert (niedergelassene Ärzte, Standesorganisationen, wissenschaftliche Gesellschaften, Krankenkassen und deren Verbände, die Behörden des öffentlichen Gesundheitsdienstes). Die Ge-

sundheitsämter sollen jede Möglichkeit nutzen, in diesem Bereich aufklärend zu wirken (z.B. auch durch Vorträge in Schulen, im Rahmen von Volkshochschulen, durch Informationsbroschüren, im Rahmen der Schulgesundheitspflege, durch die örtliche Presse). Eine spezielle Aufklärungspflicht der Gesundheitsämter über einen ausreichenden Impfschutz für die in Gemeinschaftseinrichtungen betreuten Kinder und Jugendlichen enthält § 34 Abs. 10.

Eine umfassende Darstellung zum Thema „Impfen" enthält Heft 12/2004 des Bundesgesundheitsblattes, u.a. mit den Themen Nutzen von Impfungen, Impf- und Immunstatus in Deutschland, Impfkomplikationen, Aufklärungspflicht des Arztes, Impfgegner, Impfprävention und Impfregister, Recht des Kindes auf Impfungen.

Für Ärzte und Gesundheitsämter hat das RKI einen Impfkalender in 15 Sprachen herausgegeben (Internet: http://www.rki.de> Infektionsschutz > Impfen> Impfkalender).

Die Behauptung von Impfgegnern, Impfwerbung verstoße gegen das Heilmittelwerbegesetz, ist falsch. Die Begründung des HWG (BT-Drs. IV/1867) stellt klar, dass die Aufforderung oder Empfehlung einer Behörde, sich impfen zu lassen, keine Werbung im Sinn dieses Gesetzes ist. Abgesehen davon werden Verfahren oder Behandlungen, die der Krankheitsverhütung dienen, ohnehin nicht vom HWG erfasst.

Die Krankenkassen können Versicherte über fällige Schutzimpfungen informieren (§ 20i Abs. 4 Satz 2 SGB V i.d.F. des ÄndG vom 10.2.2020).

Nach § 20i Abs. 1 SGB V haben Versicherte Anspruch auf Leistungen für Schutzimpfungen nach den Richtlinien des Gemeinsamen Bundesausschusses auf der Grundlage der STIKO-Empfehlungen. Die Krankenkassen sind gehalten, in ihrer Satzung zu bestimmen, unter welchen Voraussetzungen Versicherte einen Bonus erhalten, die Leistungen für Schutzimpfungen in Anspruch nehmen (§ 65a Abs. 1 SGB V).

Versicherte haben Anspruch auf Untersuchungen, die u.a. eine Überprüfung des Impfstatus sowie eine entsprechende Beratung zum Inhalt haben (§ 25 Abs. 1, § 26 Abs. 1 SGB V).

Stellt der Bundestag eine „epidemische Lage von nationaler Tragweite" nach § 5 Abs. 1 S. 1 fest, so ermächtigt § 20 SGB V das Bundesministerium für Gesundheit zu bestimmen, dass in der gesetzlichen Krankenversicherung Versicherte Anspruch haben a) auf bestimmte Schutzimpfungen bzw. Maßnahmen der Prophylaxe speziell für eine Schutzimpfung gegen das Corona-Virus SARS-CoV-2 bei Risikopersonen; b) Testungen auf Krankheitserreger und Antikörper; c) auf Schutzmasken bei Risikopersonen. Das BMG kann darüber hinaus bestimmen, dass auch Personen außerhalb der gesetzlichen Krankenversicherung Anspruch auf solche Leistungen haben.

Alle Sozialversicherungsträger haben im Rahmen der gemeinsamen Präventionsstrategie u.a. die STIKO-Empfehlungen (s. sogleich, Erl. 3) zu berücksichtigen (§ 20d SGB V).
Hinsichtlich der Zusammenarbeit der gesetzlichen Krankenkassen mit den Gesundheitsämtern siehe § 132e SGB V sowie Anm. 6 zu § 20 Abs. 5 IfSG.
– Zu den Begriffen siehe § 2 Nrn. 9, 10.

2) Die Ständige Impfkommission (STIKO) beim Robert Koch-Institut ist ein Sachverständigen-Gremium, das Vorschläge für Bund, Länder und Ärzte erarbeitet und veröffentlicht.
Diese Empfehlungen sind allgemeine Leitlinien, jedoch
   a) für die obersten Landesgesundheitsbehörden nicht rechtsverbindlich hinsichtlich der Festlegung öffentlicher Impftermine oder öffentlicher Impf-Empfehlungen (§ 20 Abs. 3, 5) und
   b) können auch sie nicht verbindlich festlegen, bei welchen Personen oder Gruppen Impfungen jeweils im Einzelfall „ärztlich indiziert“ sind; über die Indikation muss jeweils der impfende Arzt unter Berücksichtigung der Umstände des Falls entscheiden.

Die jährlich aktuellen Impf-Empfehlungen der STIKO mit Hinweisen zur Durchführung von Impfungen sind im „Epidemiologischen Bulletin“ des RKI veröffentlicht und auf den Internetseiten des RKI verfügbar unter http://www.rki.de> Infektionsschutz> Impfen, vgl. etwa Epidemiologisches Bulletin Nr. 32/2020.
Zur rechtlichen Bedeutung der Impfempfehlungen der STIKO s. BGesBl 2009 S. 1006.

3) Die **„öffentliche Empfehlung“** einer Schutzimpfung (früher § 14 Abs. 3 BSeuchG) diente ursprünglich ausschließlich dem Zweck, den Betroffenen Impfschaden-Entschädigung zu sichern (gesetzlich normierter Aufopferungsanspruch; vgl. § 51 Abs. 1 Nr. 3 BSeuchG, nunmehr § 60 Abs. 1 Nr. 1 IfSG). Seit geraumer Zeit wird durch die öffentliche Empfehlung gleichzeitig ganz allgemein auf die Schutzimpfungen als effiziente Vorsorgemaßnahme hingewiesen (vgl. Amtliche Begründung zu § 20 IfSG), wobei nunmehr auch bei Impfungen, die nur dem Individualschutz dienen (z.B. Tetanus, Tollwut) Impfschaden-Entschädigung geleistet wird, wenn diese Impfungen öffentlich empfohlen sind.
„Öffentliche Empfehlung“ ist jede, nicht ausdrücklich auf den Einzelfall beschränkte entsprechende Äußerung einer zuständigen Stelle ohne Rücksicht auf die Form. Empfehlung bedeutet dabei Aufforderung, Befürwortung, Anraten – Mitteilung oder Hinweis auf Impfmöglichkeit genügt nicht, ebensowenig die bloße Warnung von Reisen in Infektionsgebiete (Urt. des BSG vom 25.8.1976 9 RVi 4/75 – SozR 3850 § 51 Nr. 3).
Der „öffentlichen Empfehlung“ kann ein von der zuständigen Behörde verursachter Rechtsschein einer solchen Empfehlung gleichzusetzen sein, wenn ein längere Zeit andauerndes Verhalten von impfenden Medizinalpersonen den

Schluss erlaubt, die Impfung sei öffentlich empfohlen und wenn die zuständige Behörde das Verhalten dieser Medizinalpersonen kannte oder hätte kennen müssen und die Wirkung hätte verhindern können (BSG Urt. v. 29.5.1980 9 RVi 3/79 – SozR 3850 § 51 Nr. 6).

Die Zulassung eines Impfstoffs (Arzneimittel) durch das Paul-Ehrlich-Institut oder die Kommission der Europ. Gemeinschaften ist einer „öffentlichen Empfehlung" nicht gleichzusetzen (BSG Urt. v. 24.8.1982 Az. 9a/9 RVi 3/81).

Die folgenden aktuellen Empfehlungsregelungen gelten in den Ländern: Baden-Württemberg (Bek vom 6.5.2001, GABl S. 277), Bayern (Bek vom 24.9.2013, AllMBl S. 425), Berlin (RundS vom 8.4.2015, ABl S. 578), Brandenburg (RundErl vom 6.3.2015, ABl S. 305), Hamburg (Anordnung vom 6.12.2013, Amtl. Anz. S. 2433), Hessen (Erlass vom 2.9.2010, StAnz S. 2170), Mecklenburg-Vorpommern (VerwV vom 17.12.2013, ABl S. 951), Niedersachsen (RundErl vom 20.4.2004, MBl S. 301), Nordrhein-Westfalen (RundErl vom 19.10.2009, MBl S. 455), Rheinland-Pfalz (VerwV vom 5.4.2001, MBl S. 309, geä. durch VerwV vom 6.7.2005, MBl S. 238), Saarland (Bek vom 24.6.2013, ABl S. 671), Sachsen (VerwV vom 7.9.2017, ABl S. 1239), Sachsen-Anhalt (Bek vom 28.2.2012, MBl S. 119), Schleswig-Holstein (Bek vom 9.11.2016, ABl S. 1741), Thüringen (Bek vom 18.12.2014, StAnz S. 1914).

4) Abweichend vom ärztlichen Berufsrecht (Fachärzte, Weiterbildungsordnungen) ist nach § 20 Abs. 4 in der Fassung des Masernschutzgesetzes vom 10.2.2020 jeder Arzt berechtigt, Impfungen durchzuführen. Eine Ausnahme stellt die Gelbfieber-Impfung dar (s. § 7 IGV-DG). Ziel der Regelung des Absatzes 4 ist, dass jeder Arztbesuch zur Überprüfung des Impfstatus und gegebenenfalls zu Impfungen genützt werden kann. Zur Erhöhung der Impfquote ermöglicht § 132j SGB V (i.d.F. des ÄndG vom 10.2.2020 BGBl I S. 148) Modellvorhaben für Grippeschutzimpfungen durch Apotheker. Eine bis 31.12.2022 befristete „Corona-Ausnahme" enthält neuerdings § 20 Abs. 1.

5) § 20 Abs. 5 entspricht im Wesentlichen dem früheren § 14 Abs. 4 BSeuchG, schränkt aber die Aktivitäten der Gesundheitsämter nicht mehr auf „öffentliche Termine" ein und erweitert das Angebot auf „Maßnahmen der spezifischen Prophylaxe" (vgl. § 2 Nr. 10).

Allerdings ist zu berücksichtigen, dass Impfungen grundsätzliche Aufgabe der niedergelassenen Ärzte sind. § 20 Abs. 5 mit dem Angebot **unentgeltlicher** Leistungen des öffentlichen Gesundheitsdienstes (Kostenträger siehe § 69 Abs. 1 Nr. 6) kann sich folglich – wenn dies auch seinem Wortlaut nicht ausdrücklich zu entnehmen ist – nur auf Maßnahmen erstrecken, durch die bestimmte **Krankheiten im Interesse der Allgemeinheit** zurückgedrängt werden sollen (vgl. Amtliche Begründung zum § 14 BSeuchG 1962, BT-Drs. III/1888) und **nicht** auf Impfungen, die der Einzelne im Individualinteresse durchführen lässt. Die Leistungspflicht gesetzlicher Krankenkassen nach § 23 SGB V

kommt in Betracht, wenn der Vertragsarzt (Kassenarzt) die Impfung bzw. Prophylaxemaßnahme zur Krankheitsverhütung aktuell für notwendig hält.
Für die Beschaffung der Impfstoffe durch die Gesundheitsämter enthält § 47 Abs. 1 Satz 1 Nr. 3 des Arzneimittelgesetzes eine Sonderregelung.
§ 20 Abs. 5 wird in den Ländern sehr unterschiedlich vollzogen, je nachdem, welche Beträge der Landeshaushalt dafür zur Verfügung stellt bzw. inwieweit sich die Krankenkassen (auf vertraglicher Grundlage) an den Impfkosten der Gesundheitsämter beteiligen.
Gemäß § 132e Abs. 1 SGB V haben die gesetzlichen Krankenkassen in Zusammenarbeit mit den Gesundheitsbehörden das Impfwesen zu fördern und sich durch Übernahme der Sachkosten an Impfaktionen der Gesundheitsbehörden zu beteiligen. Die Kassen-Landesverbände schließen hierzu Vereinbarungen mit den zuständigen Länderbehörden und sehen dabei vereinfachte Abrechnungsmöglichkeiten vor.
Die Weisung einer obersten Landesgesundheitsbehörde nach § 20 Abs. 5 verpflichtet alle Gesundheitsämter des jeweiligen Landes und zwar unabhängig davon, ob es sich um staatliche oder kommunale Behörden handelt. Die kommunalen Träger von Gesundheitsämtern sind im Rahmen ihres eigenen Wirkungskreises („Aufrechterhaltung der Gesundheit“) und ihrer Leistungsfähigkeit an zusätzlichen Impfangeboten nicht gehindert.

6) Eine Impfpflicht bedeutet einen erheblichen Eingriff in das Grundrecht auf körperliche Unversehrtheit (Art. 2 Abs. 2 Satz 1 GG, vgl. § 20 Absatz 14). Ein solcher Eingriff, der notfalls mit Zwangsmitteln durchzusetzen wäre, kann nur als ultima ratio in Betracht kommen. Zunächst ist die Eigenverantwortung und Eigeninitiative des mündigen Bürgers gefordert. Notwendig dabei ist selbstverständlich eine sachliche Information durch die Ärzteschaft und den öffentlichen Gesundheitsdienst.
Impfzwang ist grundsätzlich mit dem GG vereinbar (vgl. BVerwG, Urteil vom 14.7.1959, DVBl 1959, 745 = MDR 1959, 864 = NJW 1959, 2325 mit weiteren Verweisungen). Der Impfpflicht entspricht ein Anspruch des Bürgers auf Impfung (aaO).
§ 20 Abs. 6, 7 eröffnen die Möglichkeit, in bestimmten Fällen eine **Impfpflicht** anzuordnen (Zuwiderhandlungen sind nach § 73 Abs. 1a Nr. 24 mit Geldbuße bedroht). Zur Zulässigkeit einer Impfpflicht gegen Masern aus fachlicher und rechtlicher Sicht siehe den Aufsatz von Schaks/Krahnert in MedR 2015, S. 860.
Eine Vorschrift, die eine Impfpflicht beinhaltet, bestand im Übrigen seit der Aufhebung des Gesetzes über die Pockenschutzimpfung (Gesetz vom 24.11.1982, BGBl I S. 1529) ansonsten nur noch in § 17 Abs. 4 Satz 3 des Soldatengesetzes (i.d.F. des Art. 2 § 20 SeuchRNeuG), der deshalb auch in § 21 IfSG zitiert ist; Impfschadensfälle gelten dabei als Wehrdienstbeschädigung i.S. des Soldatenversorgungsgesetzes und werden nach diesen Vorschriften unter entsprechender Anwendung des Bundesversorgungsgesetzes entschädigt.

Folge einer Rechtsverordnung nach § 20 Abs. 6 ist, dass die Pflichtimpfung erforderlichenfalls mit den Mitteln des Verwaltungszwangs durchzusetzen ist (vgl. hierzu die einschlägige Anm. zu § 16 Abs. 1). Allerdings zeigt die Erfahrung, dass es in den Fällen des § 20 Abs. 6 in der Regel keiner Rechtsverordnung bedarf, weil die betroffene Bevölkerung aus Angst vor der übertragbaren Krankheit (freiwillig) zur Impfung drängt.

7) – Die Absätze 8 bis 14 sind der Kern des **Masernschutzgesetzes** vom 10.2.2020, BGBl. I S. 148 (leicht modifiziert durch das ÄndG vom 10.12.2021, BGBl. I S. 4906). Sie lösen in der Umsetzung einen erheblichen Verwaltungsaufwand aus.

– Die in Absatz 8 Satz 1 genannten Personen müssen (vorbehaltlich von Impfhindernissen) über einen ausreichenden Impfschutz bzw. eine Immunität gegen Masern verfügen. Es handelt sich dabei um eine Impfpflicht ohne unmittelbaren Zwang, vgl. hierzu Absätze 6 und 7. Die Folgen eines nicht ausreichenden Impfschutzes ergeben sich aus den folgenden Bestimmungen (ggf. Bußgeld, Tätigkeitsverbot, Besuchsverbot, s. Absatz 9 Satz 4 ff.).
Absatz 8 Satz 1 Nr. 1 betrifft insbesondere Kindertagesstätten, Kinderhorte und Schulen.
Nr. 2 betrifft Heime und Asylbewerberunterkünfte. Da eine Masernimpfpflicht nicht dazu führen darf, dass eine Unterbringung in diesen Einrichtungen wegen eines nicht ausreichenden Impfschutzes unterbleibt, ist jeweils eine vierwöchige Übergangszeit vorgesehen. Für die Nachholung der Impfung bei Asylbewerbern sichert § 4 Abs. 1 Satz 2 des Asylbewerberleistungsgesetzes ausreichenden Impfschutz zu.
Absatz 8 Satz 1 Nr. 1 erfasst das Personal in medizinischen Einrichtungen (§ 23 Abs. 3 Satz 1), Lehr- und Erziehungspersonal (§ 33 Nrn. 1 bis 4) sowie Aufsichts- und Pflegepersonal (§ 36 Abs. 1 Nr. 4) jeweils einschließlich Hausmeistern, Küchenpersonal, Reinigungskräften, Praktikanten und Ehrenamtlichen.
Unabhängig von Absatz 8 fordert § 34 Abs. 10a bei der Erstaufnahme in eine Kindertageseinrichtung den Nachweis über eine ärztliche Beratung in Bezug auf einen Impfschutz des Kindes.

8) Die in Absatz 8 Nrn. 1 bis 3 genannten Personen haben nachzuweisen, dass ein ausreichender Impfschutz bzw. Immunität gegen Masern bzw. ein Impfhindernis besteht. Liegt ein solcher Nachweis nicht vor, ist nach Satz 4 zu verfahren; ein Verstoß gegen die entsprechenden Benachrichtigungspflichten ist bußgeldbewehrt (§ 73 Abs. 1a Nr. 7a). Gegebenenfalls darf die Person nicht betreut bzw. beschäftigt werden (Abs. 9 Sätze 6, 7), ausgenommen sind Schulpflichtige. Bei einem solchen gesetzlichen Tätigkeitsverbot schließt § 56 Abs. 1 Satz 3 i.d.F. des ÄndG vom 10.2.2020 eine Entschädigung ausdrücklich aus. Ein Verstoß gegen das Beschäftigungs- bzw. Tätigkeitsverbot ist bußgeldbewehrt über § 73 Abs. 1a Nr. 7b, ein Verstoß gegen die Nachweispflicht aus Absatz 9 Satz 4 über § 73 Abs. 1a Nr. 7c.

Unberührt bleibt § 28 Abs. 2 beim Auftreten von Masern in Gemeinschaftseinrichtungen.

9) Für den in Absatz 9 Satz 1 genannten Personenkreis, der am 1. März 2020 bereits betreut wird bzw. tätig ist, verweist Absatz 10 auf die Nachweisfrist nach Absatz 9 mit entsprechenden Fristen. Das ÄndG vom 10.12.2021 hat die Frist bis zum Ablauf des 31.7.2022 verlängert.

10) Für den in Absatz 8 Satz 1 Nr. 2 genannten Personenkreis (Heime, Asylbewerberunterkünfte etc.) verweist Absatz 11 auf ein Vorgehen nach Absatz 9.

11) Auf Grund von Absatz 12 können die Gesundheitsämter Nachweise über einen ausreichenden Impfschutz bzw. Immunität fordern, und zwar entweder bei stichprobenartigen Einrichtungskontrollen oder im Einzelfall (vgl. Absatz 9 Satz 6, Absatz 10 Satz 2, Absatz 11 Satz 2). Diese Nachweispflicht ist bußgeldbewehrt (§ 73 Abs. 1a Nr. 7c) und kann gegebenenfalls auch im Rahmen des Verwaltungszwangs (Zwangsgeld) durchgesetzt werden. Unabhängig davon kann das Gesundheitsamt ein Betretungs- bzw. Tätigkeitsverbot mit sofortiger Wirkung aussprechen.

§ 20a

(weggefallen)

§ 20b

(weggefallen)

Die im Rahmen der SARS-CoV-2-Pandemie durch Art. 1 Nr. 4 des G. vom 10.12.2021 (BGBl. I S. 5162) eingefügten §§ 20a, b wurden mit Wirkung zum 1.1 bzw. zum 1.4.2023 wieder aufgehoben. § 20a sah, angelehnt an die Regelungen zur Masernimpfpflicht in § 20 Abs. 8 bis 13, zum Schutz der öffentlichen Gesundheit und vulnerabler Personengruppen vor einer COVID-19-Erkrankung, eine sog. „einrichtungsbezogene Impfpflicht" vor. § 20b ermöglichte ab dem Winter 2021/22 eine schnelle Organisation und Durchführung der Auffrischungsimpfungen, indem zusätzlich zu Ärzten ausnahmsweise auch Zahnärzte, Tierärzte sowie Apotheker zur Durchführung von Schutzimpfungen gegen das Coronavirus SARS-CoV-2 (nur bei Personen, die das zwölfte Lebensjahr vollendet haben) berechtigt wurden. Diese Berechtigung der Apotheker wurde mit Wirkung zum 1.1.2023 in § 20c aufgenommen.

§ 20c
Durchführung von Grippeschutzimpfungen und Schutzimpfungen gegen das Coronavirus SARS-CoV-2 durch Apotheker

(1) Abweichend von § 20 Absatz 4 Satz 1 sind Apotheker zur Durchführung von Grippeschutzimpfungen bei Personen, die das 18. Lebensjahr vollendet haben, und zur Durchführung von Schutzimpfungen gegen das Coronavirus SARS-CoV-2 bei Personen, die das 12. Lebensjahr vollendet haben, berechtigt, wenn

1. sie hierfür ärztlich geschult wurden und ihnen die erfolgreiche Teilnahme an der Schulung bestätigt wurde und
2. sie die Schutzimpfungen für eine öffentliche Apotheke, zu deren Personal sie gehören, durchführen.

Einer nach Satz 1 Nummer 1 erforderlichen ärztlichen Schulung bedarf es nicht, wenn ein Apotheker bereits zur Durchführung von Schutzimpfungen gegen das Coronavirus SARS-CoV-2 erfolgreich eine nach § 20b Absatz 1 Nummer 1 in der bis zum 31. Dezember 2022 geltenden Fassung erforderliche ärztliche Schulung absolviert hat. Einer nach Satz 1 Nummer 1 erforderlichen ärztlichen Schulung bedarf es nicht für die Impfung von Personen, die das 18. Lebensjahr vollendet haben, wenn ein Apotheker bereits im Rahmen von Modellvorhaben nach § 132j des Fünften Buches Sozialgesetzbuch oder nach diesem Absatz in der bis zum 31. Dezember 2022 geltenden Fassung zur Durchführung von Grippeschutzimpfungen erfolgreich eine ärztliche Schulung absolviert hat.

(2) Die ärztliche Schulung nach Absatz 1 Satz 1 Nummer 1 hat insbesondere die Vermittlung der folgenden Kenntnisse, Fähigkeiten und Fertigkeiten zu umfassen:

1. Kenntnisse, Fähigkeiten und Fertigkeiten zur Durchführung von Grippeschutzimpfungen und Schutzimpfungen gegen das Coronavirus SARS-CoV-2, insbesondere zur
   a) Aufklärung,
   b) Erhebung der Anamnese einschließlich der Impfanamnese und der Feststellung der aktuellen Befindlichkeit zum Ausschluss akuter Erkrankungen oder Allergien,
   c) weiteren Impfberatung und
   d) Einholung der Einwilligung der zu impfenden Person,
2. Kenntnis von Kontraindikationen sowie Fähigkeiten und Fertigkeiten zu deren Beachtung und
3. Kenntnis von Notfallmaßnahmen bei eventuellen akuten Impfreaktionen sowie Fähigkeiten und Fertigkeiten zur Durchführung dieser Notfallmaßnahmen.

(3) Die Bundesapothekerkammer entwickelt bis zum 1. Februar 2023 in Zusammenarbeit mit der Bundesärztekammer auf Basis von bereits bestehenden Mustercurricula nach diesem Absatz und nach § 20b Absatz 3 Nummer 1 jeweils in der bis zum 31. Dezember 2022 geltenden Fassung ein Mustercurriculum für die ärztliche Schulung der Apotheker nach Absatz 1 Satz 1 Nummer 1.

§ 20c, eingefügt durch Art. 3a des G vom 28.6.2022 (BGBl. I S. 938) und erweitert durch Art. 10 des G vom 20.12.2022 (BGBl. I S. 2560, 2894), bezweckt die Erhöhung von Impfquoten durch einen niedrigschwelligen Zugang zur Impfung, und zwar einerseits für den Grippeschutz im Hinblick auf Volljährige und zum anderen für den Schutz gegen das Coronavirus SARS-CoV-2 bei Personen, die das zwölfte Lebensjahr vollendet haben. Die Norm ist zum Grippeschutz an den früheren § 20b angelehnt bzw. hat für die Impfung gegen das Coronavirus SARS-CoV-2 dessen Regelungen übernommen. Danach sind berechtigt zur Vornahme

dieser beiden Schutzimpfungen nun auch Apotheker, sofern sie entsprechend ärztlich geschult sind und die Impfung für eine öffentliche Apotheke durchführen.
Die Durchführung von Schutzimpfungen umfasst neben dem Setzen der Spritze auch die Anamnese, Aufklärung, Impfberatung sowie die Beobachtung im Anschluss an die Impfung und unter Umständen auch das Beherrschen und Anwenden von Notfallmaßnahmen im Fall von akuten Impfreaktionen. Die dafür erforderlichen Kompetenzen werden Apothekern im Rahmen ihrer Ausbildung nicht vermittelt. Damit sie die Schutzimpfungen bzw. Auffrischungsimpfungen auch für die zu impfende Person sicher durchführen können, haben sie zuvor an einer ärztlichen Schulung teilzunehmen (Abs. 1 Satz 1 Nr. 1).
Das von Absatz 3 geforderte Schulungs-Muster wurde fristgerecht als Curriculum „Durchführung von Schutzimpfungen gegen Influenza durch Apothekerinnen und Apotheker (Regelversorgung)“ entwickelt, das in fünf Modulen auf zwölf Fortbildungsstunden angelegt ist; vgl. auch das Curriculum „Durchführung von Schutzimpfungen gegen das Coronavirus SARS-CoV-2 durch Apothekerinnen und Apotheker“ vom 6.1.2022.

§ 21
Impfstoffe

Bei einer auf Grund dieses Gesetzes angeordneten oder einer von der obersten Landesgesundheitsbehörde öffentlich empfohlenen Schutzimpfung oder einer Impfung nach § 17a Absatz 2 des Soldatengesetzes dürfen Impfstoffe verwendet werden, die Mikroorganismen enthalten, welche von den Geimpften ausgeschieden und von anderen Personen aufgenommen werden können. Das Grundrecht der körperlichen Unversehrtheit (Artikel 2 Abs. 2 Satz 1 Grundgesetz) wird insoweit eingeschränkt.

Die Vorschrift entspricht dem früheren § 15 BSeuchG. Sie ist aus verfassungsrechtlichen Gründen notwendig, weil bei bestimmten Impfstoffen über den Impfling Erreger auf andere Personen (z.B. Pflegekräfte) übertragen werden können und damit deren körperliche Unversehrtheit (Art. 2 Abs. 2 Satz 1 GG) beeinträchtigen. In solchen Fällen wird Impfschaden-Entschädigung geleistet (§ 2 Nr. 11 Halbsatz 2, §§ 60 ff). Nachdem seit geraumer Zeit der Polio-Lebendimpfstoff (OPV) durch inaktivierten Impfstoff (IPV) ersetzt wird (vgl. STIKO-Empfehlungen), hat § 21 kaum mehr Bedeutung.

§ 22
Impf-, Genesenen- und Testdokumentation

(1) Die zur Durchführung von Schutzimpfungen berechtigte Person hat jede Schutzimpfung unverzüglich in einen Impfausweis, oder, falls der Impfausweis nicht vorgelegt wird, in einer Impfbescheinigung zu dokumentieren (Impfdokumentation).

(2) Die Impfdokumentation muss zu jeder Schutzimpfung folgende Angaben enthalten:

1. Datum der Schutzimpfung,
2. Bezeichnung und Chargenbezeichnung des Impfstoffes,

3. Name der Krankheit, gegen die geimpft wurde,
4. Name der geimpften Person, deren Geburtsdatum und Name und Anschrift der für die Durchführung der Schutzimpfung verantwortlichen Person sowie
5. Bestätigung in Schriftform oder in elektronischer Form mit einer qualifizierten elektronischen Signatur oder einem qualifizierten elektronischen Siegel durch die für die Durchführung der Schutzimpfung verantwortliche Person.

Das Bundesministerium für Gesundheit wird ermächtigt, durch Rechtsverordnung ohne Zustimmung des Bundesrates festzulegen, dass abweichend von Satz 1 Nummer 5 die Bestätigung in elektronischer Form auch mit einem fortgeschrittenen elektronischen Siegel erfolgen kann, wenn das Siegel der zur Durchführung der Schutzimpfung verantwortlichen Person eindeutig zugeordnet werden kann.

Bei Nachtragungen in einen Impfausweis kann jeder Arzt und Apotheker die Bestätigung nach Satz 1 Nummer 5 vornehmen oder hat das zuständige Gesundheitsamt die Bestätigung nach Satz 1 Nummer 5 vorzunehmen, wenn dem Arzt, dem Apotheker oder dem Gesundheitsamt eine frühere Impfdokumentation über die nachzutragende Schutzimpfung vorgelegt wird.

(3) In der Impfdokumentation ist hinzuweisen auf

1. das zweckmäßige Verhalten bei ungewöhnlichen Impfreaktionen,
2. die sich gegebenenfalls aus den Regelungen des Sozialen Entschädigungsrechts ergebenden Ansprüche bei Eintritt einer über das übliche Ausmaß einer Impfreaktion hinausgehenden gesundheitlichen Schädigung sowie
3. Stellen, bei denen die sich aus einem Impfschaden ergebenden Ansprüche geltend gemacht werden können.

(4) In der Impfdokumentation ist über notwendige Folge- und Auffrischimpfungen mit Terminvorschlägen zu informieren, so dass die geimpfte Person diese rechtzeitig wahrnehmen kann.

(4a) Die zur Durchführung oder Überwachung einer Testung in Bezug auf einen positiven Erregernachweis des Coronavirus SARS-CoV-2 befugte Person hat jede Durchführung oder Überwachung einer solchen Testung unverzüglich zu dokumentieren (Genesenendokumentation). Andere als in Satz 1 genannte Personen dürfen eine dort genannte Testung nicht dokumentieren.

(4b) Die Genesenendokumentation muss zu jeder Testung folgende Angabe enthalten:

1. Datum der Testung,
2. Name der getesteten Person und deren Geburtsdatum sowie Name und Anschrift der zur Durchführung oder Überwachung der Testung befugten Person,
3. Angaben zur Testung, einschließlich der Art der Testung.

(4c) Die zur Durchführung oder Überwachung einer Testung in Bezug auf einen negativen Erregernachweis des Coronavirus SARS-CoV-2 befugte Person hat jede Durchführung oder Überwachung einer solchen Testung unverzüglich zu dokumentieren (Testdokumentation). Andere als in Satz 1 genannte Personen dürfen eine dort genannte Testung nicht dokumentieren.

(4d) Die Testdokumentation muss zu jeder Testung folgende Angaben enthalten:

1. **Datum der Testung,**
2. **Name der getesteten Person und deren Geburtsdatum, sowie Name und Anschrift der zur Durchführung oder Überwachung der Testung befugten Person,**
3. **Angaben zur Testung, einschließlich der Art der Testung.**

(5–7) ***(weggefallen)***

Die Pflicht eines Arztes (auch Berufspflicht, vgl. die länderrechtlichen Berufsordnungen der Ärztekammern), jede Impfung zu dokumentieren, ist seit dem ÄndG vom 29.3.2021 wieder bußgeldbewehrt (§ 73 Abs. 1a Nr. 8). Wer wissentlich eine Schutzimpfung gegen das Coronavirus SARS-CoV-2 zur Täuschung im Rechtsverkehr nicht richtig dokumentiert, ist strafbar nach § 74 Abs. 2.
Ein ordnungsgemäß geführter Impfausweis (früher „Impfbuch", vgl. § 16 BSeuchG) ist Voraussetzung dafür, dass die notwendigen Impfungen durchgeführt und überflüssige Impfungen vermieden werden.
In der Regel wird der vom Deutschen Grünen Kreuz (Marburg) herausgegebene Impfausweis verwendet. Für die Gelbfieber-Impfung sind Inhalt und Form der Impfbescheinigung verbindlich vorgeschrieben (Anlage 6 zur IGV-2005, § 7 Abs. 3 IGV-DG).
Der Anspruch auf Leistungen für Schutzimpfungen nach dem SGB V schließt den Anspruch auf das Bereitstellen einer Impfdokumentation nach § 22 IfSG ein (§ 20i Abs. 4 Satz 1 SGB V i.d.F. des ÄndG vom 10.2.2020).
Durch das ÄndG vom 22.11.2021 (BGBl. I S. 4096) wurden die Regelungen zur Genesenen- und Testdokumentation der Abs. 4a bis 4d eingefügt. Wissentlich zur Täuschung im Rechtsverkehr begangene Verstöße gegen Abs. 4a Satz 1 und Satz 2 bzw. gegen Abs. 4c Satz 1 und Satz 2 sind über § 75a strafbewehrt.
Die bisherigen Absätze 5 bis 7 (COVID-19-Impf-, Genesenen- und Testzertifikate) wurden durch das ÄndG vom 18.3.2022 (BGBl. I S. 466) in den neuen § 22a überführt.

§ 22a
Impf-, Genesenen- und Testnachweis bei COVID-19; COVID-19-Zertifikate; Verordnungsermächtigung

(1) Ein Impfnachweis ist ein Nachweis hinsichtlich des Vorliegens eines vollständigen Impfschutzes gegen das Coronavirus SARS-CoV-2 in deutscher, englischer, französischer, italienischer oder spanischer Sprache in verkörperter oder digitaler Form. Ein vollständiger Impfschutz gegen das Coronavirus SARS-CoV-2 liegt vor, wenn

1. **die zugrundeliegenden Einzelimpfungen mit einem oder verschiedenen Impfstoffen erfolgt sind, die**
   a) **von der Europäischen Union zugelassen sind oder**
   b) **im Ausland zugelassen sind und die von ihrer Formulierung her identisch mit einem in der Europäischen Union zugelassenen Impfstoff sind oder**
   c) **von der Weltgesundheitsorganisation im Rahmen des Emergency Use Listing anerkannt wurden und mindestens eine Einzelimpfung mit einem mRNA-Impf-**

stoff erfolgt ist, der die Voraussetzungen nach Buchstabe a oder Buchstabe b erfüllt,
2. insgesamt drei Einzelimpfungen erfolgt sind und
3. die letzte Einzelimpfung mindestens drei Monate nach der zweiten Einzelimpfung erfolgt ist.

Abweichend von Satz 2 Nummer 2 liegt ein vollständiger Impfschutz bis zum 30. September 2022 auch bei zwei Einzelimpfungen vor und ab dem 1. Oktober 2022 bei zwei Einzelimpfungen nur vor, wenn
1. die betroffene Person einen bei ihr durchgeführten spezifischen positiven Antikörpertest in deutscher, englischer, französischer, italienischer oder spanischer Sprache in verkörperter oder digitaler Form nachweisen kann und dieser Antikörpertest zu einer Zeit erfolgt ist, zu der die betroffene Person noch keine Einzelimpfung gegen das Coronavirus SARS-CoV-2 erhalten hatte,
2. die betroffene Person mit dem Coronavirus SARS-CoV-2 infiziert gewesen ist, sie diese Infektion mit einem Testnachweis über einen direkten Erregernachweis nachweisen kann und die dem Testnachweis zugrundeliegende Testung
   a) auf einer Labordiagnostik mittels Nukleinsäurenachweis (PCR oder weitere Methoden der Nukleinsäureamplifikationstechnik) beruht sowie
   b) zu einer Zeit erfolgt ist, zu der die betroffene Person noch nicht die zweite Impfdosis gegen das Coronavirus SARS-CoV-2 erhalten hat, oder
3. die betroffene Person sich nach Erhalt der zweiten Impfdosis mit dem Coronavirus SARS-CoV-2 infiziert hat, sie diese Infektion mit einem Testnachweis über einen direkten Erregernachweis nachweisen kann und die dem Testnachweis zugrundeliegende Testung
   a) auf einer Labordiagnostik mittels Nukleinsäurenachweis (PCR oder weitere Methoden der Nukleinsäureamplifikationstechnik) beruht sowie
   b) seit dem Tag der Durchführung der dem Testnachweis zugrundeliegenden Testung 28 Tage vergangen sind.

Abweichend von Satz 3 liegt in den in Satz 3 Nummer 1 bis 3 genannten Fällen ein vollständiger Impfschutz bis zum 30. September 2022 auch bei einer Einzelimpfung vor; an die Stelle der zweiten Einzelimpfung tritt die erste Einzelimpfung.

(2) Ein Genesenennachweis ist ein Nachweis hinsichtlich des Vorliegens eines durch vorherige Infektion erworbenen Immunschutzes gegen das Coronavirus SARS-CoV-2 in deutscher, englischer, französischer, italienischer oder spanischer Sprache in verkörperter oder digitaler Form, wenn
1. die vorherige Infektion durch einen Nukleinsäurenachweis (PCR, PoC-NAAT oder weitere Methoden der Nukleinsäureamplifikationstechnik) nachgewiesen wurde und
2. die Testung zum Nachweis der vorherigen Infektion mindestens 28 Tage und höchstens 90 Tage zurückliegt.

(3) Ein Testnachweis ist ein Nachweis hinsichtlich des Nichtvorliegens einer Infektion mit dem Coronavirus SARS-CoV-2 in deutscher, englischer, französischer, italieni-

scher oder spanischer Sprache in verkörperter oder digitaler Form, wenn die zugrundeliegende Testung durch In-vitro-Diagnostika erfolgt ist, die für den direkten Erregernachweis des Coronavirus SARS-CoV-2 bestimmt sind oder auf Grund ihrer CE-Kennzeichnung oder auf Grund einer gemäß § 11 Absatz 1 des Medizinproduktegesetzes erteilten Sonderzulassung verkehrsfähig sind, und die zugrundeliegende Testung maximal 24 Stunden zurückliegt und

1. vor Ort unter Aufsicht desjenigen stattgefunden hat, der der jeweiligen Schutzmaßnahme unterworfen ist,
2. im Rahmen einer betrieblichen Testung im Sinne des Arbeitsschutzes durch Personal erfolgt ist, das die dafür erforderliche Ausbildung oder Kenntnis und Erfahrung besitzt, oder
3. von einem Leistungserbringer nach § 6 Absatz 1 der Coronavirus-Testverordnung vorgenommen oder vor Ort überwacht worden ist.

(4) Die Bundesregierung wird ermächtigt, durch Rechtsverordnung mit Zustimmung des Bundesrates nach dem aktuellen Stand der Wissenschaft und Forschung von den Absätzen 1 bis 3 abweichende Anforderungen an einen Impf-, einen Genesenen- und einen Testnachweis zu regeln. In der Rechtsverordnung darf die Bundesregierung

1. hinsichtlich des Impfnachweises abweichend von Absatz 1 regeln:
   a) die Intervallzeiten,
      aa) die nach jeder Einzelimpfung für einen vollständigen Impfschutz abgewartet werden müssen und
      bb) die höchstens zwischen den Einzelimpfungen liegen dürfen,
   b) die Zahl und mögliche Kombination der Einzelimpfungen für einen vollständigen Impfschutz und
   c) Impfstoffe, deren Verwendung für einen Impfnachweis im Sinne des Absatzes 1 anerkannt wird,
2. hinsichtlich des Genesenennachweises abweichend von Absatz 2 regeln:
   a) Nachweismöglichkeiten, mit denen die vorherige Infektion nachgewiesen werden kann,
   b) die Zeit, die nach der Testung zum Nachweis der vorherigen Infektion vergangen sein muss,
   c) die Zeit, die die Testung zum Nachweis der vorherigen Infektion höchstens zurückliegen darf,
3. hinsichtlich des Testnachweises abweichend von Absatz 3 Nachweismöglichkeiten regeln, mit denen die mögliche Infektion nachgewiesen werden kann.

In der Rechtsverordnung sind angemessene Übergangsfristen für die Anwendung der von den Absätzen 1 bis 3 abweichenden Anforderungen an einen Impf-, einen Genesenen- oder einen Testnachweis vorzusehen.

(5) Zusätzlich zu der Impfdokumentation ist auf Wunsch der geimpften Person die Durchführung einer Schutzimpfung gegen das Coronavirus SARS-CoV-2 in einem digitalen Zertifikat (COVID-19-Impfzertifikat) durch folgende Personen zu bescheinigen:

1. die zur Durchführung der Schutzimpfung berechtigte Person oder
2. nachträglich von jedem Arzt oder Apotheker.

Die Verpflichtung nach Satz 1 Nummer 2 besteht nur, wenn dem Arzt oder Apotheker eine Impfdokumentation über eine Schutzimpfung gegen das Coronavirus SARS-CoV-2 vorgelegt wird und er sich zum Nachtrag unter Verwendung geeigneter Maßnahmen zur Vermeidung der Ausstellung eines unrichtigen COVID-19-Impfzertifikats, insbesondere, um die Identität der geimpften Person und die Authentizität der Impfdokumentation nachzuprüfen, bereit erklärt hat. Zur Erstellung des COVID-19-Impfzertifikats übermittelt die zur Bescheinigung der Schutzimpfung gegen das Coronavirus SARS-CoV-2 verpflichtete Person die in § 22 Absatz 2 Satz 1 und Absatz 4 genannten personenbezogenen Daten an das Robert Koch-Institut, das das COVID-19-Impfzertifikat technisch generiert. Das Robert Koch-Institut ist befugt, die zur Erstellung und Bescheinigung des COVID-19-Impfzertifikats erforderlichen personenbezogenen Daten zu verarbeiten.

(6) Die Durchführung oder Überwachung einer Testung in Bezug auf einen positiven Erregernachweis des Coronavirus SARS-CoV-2 ist auf Wunsch der betroffenen Person in einem digitalen Zertifikat (COVID-19-Genesenenzertifikat) zu bescheinigen:

1. durch die Durchführung oder Überwachung der Testung berechtigte Person oder
2. nachträglich von jedem Arzt oder Apotheker.

Die Verpflichtung nach Satz 1 Nummer 2 besteht nur, wenn dem Arzt oder Apotheker eine Testdokumentation in Bezug auf einen positiven Erregernachweis des Coronavirus SARS-CoV-2 vorgelegt wird und er sich zum Nachtrag unter Verwendung geeigneter Maßnahmen zur Vermeidung der Ausstellung eines unrichtigen COVID-19-Genesenenzertifikats, insbesondere, um die Identität der getesteten Person und die Authentizität der Testdokumentation nachzuprüfen, bereit erklärt hat. Zur Erstellung des COVID-19-Genesenenzertifikats übermittelt die zur Bescheinigung der Testung in Bezug auf einen positiven Erregernachweis des Coronavirus SARS-CoV-2 verpflichtete Person folgende Daten an das Robert Koch-Institut, das das COVID-19-Genesenenzertifikat technisch generiert:

1. den Namen der getesteten Person, ihr Geburtsdatum,
2. das Datum der Testung und
3. Angaben zur Testung, einschließlich der Art der Testung, und zum Aussteller.

Absatz 5 Satz 4 gilt entsprechend.

(7) Die Durchführung oder Überwachung einer Testung in Bezug auf einen negativen Erregernachweis des Coronavirus SARS-CoV-2 ist auf Wunsch der getesteten Person durch die zur Durchführung oder Überwachung der Testung berechtigte Person in einem digitalen Zertifikat (COVID-19-Testzertifikat) zu bescheinigen. Zur Erstellung des COVID-19-Testzertifikats übermittelt die zur Bescheinigung verpflichtete Person folgende Daten an das Robert Koch-Institut, das das COVID-19-Testzertifikat technisch generiert:

1. den Namen der getesteten Person, ihr Geburtsdatum,
2. das Datum der Testung und

3. Angaben zur Testung, einschließlich der Art der Testung, und zum Aussteller.

Absatz 5 Satz 4 gilt entsprechend.

(8) Zur Sperrung von entgegen Absatz 5 Satz 1, Absatz 6 Satz 1 oder Absatz 7 Satz 1 nicht richtig bescheinigten COVID-19-Impfzertifikaten, COVID-19-Genesenenzertifikaten oder COVID-19-Testzertifikaten übermitteln die Bundespolizei und die zur Gefahrenabwehr zuständigen Behörden der Länder dem Robert Koch-Institut auf das Zertifikat bezogene Daten sowie unmittelbar im Zertifikat enthaltene Daten. Angaben zu Namen, Geburtsdaten oder der eindeutigen Zertifikatkennung gemäß Nummer 1 Buchstabe a, b und k, Nummer 2 Buchstabe a, b und l und Nummer 3 Buchstabe a, b und i des Anhangs zur Verordnung (EU) 2021/953 des Europäischen Parlaments und des Rates vom 14. Juni 2021 über einen Rahmen für die Ausstellung, Überprüfung und Anerkennung interoperabler Zertifikate zur Bescheinigung von COVID-19-Impfungen und -Tests sowie der Genesung von einer COVID-19-Infektion (digitales COVID-Zertifikat der EU) mit der Zielsetzung der Erleichterung der Freizügigkeit während der COVID-19-Pandemie (ABl. L 211 vom 15.6.2021, S. 1), die zuletzt durch die Verordnung (EU) 2022/256 (ABl. L 42 vom 23.2.2022, S. 4) geändert worden ist, werden nicht übermittelt. Das Robert Koch-Institut führt die Sperrung durch Aufnahme des jeweiligen Zertifikats in eine Zertifikatssperrliste aus. Das Robert Koch-Institut ist befugt, die für die Durchführung der Sperrung eines Zertifikats erforderlichen personenbezogenen Daten zu verarbeiten.

(9) Vorbehaltlich nationaler oder europäischer Regelungen besteht kein individueller Anspruch auf Anschluss eines Leistungserbringers zur Generierung eines COVID-19-Zertifikats nach den Absätzen 5 bis 7.

(10) Die Verpflichtung nach Absatz 7 besteht nur[,] solange und soweit die Bundesrepublik Deutschland nach der Verordnung (EU) 2021/953 zur Ausstellung, Überprüfung und Anerkennung interoperabler Zertifikate zur Bescheinigung von COVID-19-Tests verpflichtet ist.

Durch den über Art. 1 des G vom 18.3.2022 (BGBl. I S. 466) neu geschaffenen § 22a sollen die im IfSG an verschiedenen Stellen in Bezug genommenen Begriffe des Impf-, des Genesenen- und des Testnachweises „aufgrund ihrer besonderen Bedeutung" auch innerhalb des IfSG definiert werden. Die Begriffe waren zuvor (nur) in § 2 der COVID-19-Schutzmaßnahmen-Ausnahmenverordnung (SchAusnahmV) und in § 2 der Coronavirus-Einreiseverordnung (CoronaEinreiseV) geregelt.

Dazu wurden u. a. die bisherigen Absätze 5 bis 7 des § 22 a. F. in den neuen § 22a überführt.

Strafbewehrt sind über § 75a Abs. 1 Nr. 2 Verstöße gegen die Verpflichtung zur korrekten Bescheinigung aus Absatz 5 Satz 1, Absatz 6 Satz 1 und Absatz 7 Satz 1.

§ 23
Nosokomiale Infektionen; Resistenzen; Rechtsverordnungen durch die Länder

1) (1) Beim Robert Koch-Institut wird eine Kommission für Infektionsprävention in medizinischen Einrichtungen und in Einrichtungen und Unternehmen der Pflege und Eingliederungshilfe eingerichtet. Die Kommission gibt sich eine Geschäftsordnung, die der Zustimmung des Bundesministeriums für Gesundheit bedarf. Die Kommission erstellt Empfehlungen zur Prävention nosokomialer und weiterer Infektionen sowie zu betrieblich-organisatorischen und baulich-funktionellen Maßnahmen der Hygiene in Krankenhäusern, anderen medizinischen Einrichtungen und Einrichtungen und Unternehmen der Pflege und Eingliederungshilfe. Sie erstellt zudem Empfehlungen zu Kriterien und Verfahren zur Einstufung von Einrichtungen als Einrichtungen für ambulantes Operieren. Die Empfehlungen der Kommission werden unter Berücksichtigung aktueller infektionsepidemiologischer Auswertungen stetig weiterentwickelt und vom Robert Koch-Institut veröffentlicht. Die Mitglieder der Kommission werden vom Bundesministerium für Gesundheit im Benehmen mit den obersten Landesgesundheitsbehörden unter Berücksichtigung des gesamten Aufgabenspektrums berufen. Vertreter des Bundesministeriums für Gesundheit, der obersten Landesgesundheitsbehörden und des Robert Koch-Institutes nehmen mit beratender Stimme an den Sitzungen teil.

2) (2) Beim Robert Koch-Institut wird eine Kommission Antiinfektiva, Resistenz und Therapie eingerichtet. Die Kommission gibt sich eine Geschäftsordnung, die der Zustimmung des Bundesministeriums für Gesundheit bedarf. Die Kommission erstellt Empfehlungen mit allgemeinen Grundsätzen für Diagnostik und antimikrobielle Therapie, insbesondere bei Infektionen mit resistenten Krankheitserregern. Die Empfehlungen der Kommission werden unter Berücksichtigung aktueller infektionsepidemiologischer Auswertungen stetig weiterentwickelt und vom Robert Koch-Institut veröffentlicht. Die Mitglieder der Kommission werden vom Bundesministerium für Gesundheit im Benehmen mit den obersten Landesgesundheitsbehörden berufen. Vertreter des Bundesministeriums für Gesundheit, der obersten Landesgesundheitsbehörden, des Robert Koch-Institutes und des Bundesinstitutes für Arzneimittel und Medizinprodukte nehmen mit beratender Stimme an den Sitzungen teil.

(3) Die Leiter folgender Einrichtungen haben sicherzustellen, dass die nach dem Stand der medizinischen Wissenschaft erforderlichen Maßnahmen getroffen werden, um nosokomiale Infektionen zu verhüten und die Weiterverbreitung von Krankheitserregern, insbesondere solcher mit Resistenzen, zu vermeiden:

1. Krankenhäuser,
2. Einrichtungen für ambulantes Operieren,
3. Vorsorge- oder Rehabilitationseinrichtungen, in denen eine den Krankenhäusern vergleichbare medizinische Versorgung erfolgt,
4. Dialyseeinrichtungen,
5. Tageskliniken,
6. Entbindungseinrichtungen,
7. Behandlungs- oder Versorgungseinrichtungen, die mit einer der in den Nummern 1 bis 6 genannten Einrichtungen vergleichbar sind,

8. Arztpraxen, Zahnarztpraxen, psychotherapeutische Praxen,
9. Praxen sonstiger humanmedizinischer Heilberufe, 3)
10. Einrichtungen des öffentlichen Gesundheitsdienstes, in denen medizinische Untersuchungen, Präventionsmaßnahmen oder ambulante Behandlungen durchgeführt werden, 4)
11. Rettungsdienste und Einrichtungen des Zivil- und Katastrophenschutzes. 5, 6)

Die Einhaltung des Standes der medizinischen Wissenschaft auf diesem Gebiet wird vermutet, wenn jeweils die veröffentlichten Empfehlungen der Kommission für Krankenhaushygiene und Infektionsprävention beim Robert Koch-Institut und der Kommission Antiinfektiva, Resistenz und Therapie beim Robert Koch-Institut beachtet worden sind.

(4) Die Leiter von Einrichtungen nach Absatz 3 Satz 1 Nummer 1 bis 3 haben sicherzustellen, dass die nach Absatz 4a festgelegten nosokomialen Infektionen und das Auftreten von Krankheitserregern mit speziellen Resistenzen und Multiresistenzen fortlaufend in einer gesonderten Niederschrift aufgezeichnet, bewertet und sachgerechte Schlussfolgerungen hinsichtlich erforderlicher Präventionsmaßnahmen gezogen werden und dass die erforderlichen Präventionsmaßnahmen dem Personal mitgeteilt und umgesetzt werden. 7)

Darüber hinaus haben die Leiter sicherzustellen, dass die nach Absatz 4a festgelegten Daten zu Art und Umfang des Antibiotika-Verbrauchs fortlaufend in zusammengefasster Form aufgezeichnet, unter Berücksichtigung der lokalen Resistenzsituation bewertet und sachgerechte Schlussfolgerungen hinsichtlich des Einsatzes von Antibiotika gezogen werden und dass die erforderlichen Anpassungen des Antibiotikaeinsatzes dem Personal mitgeteilt und umgesetzt werden. Die Aufzeichnungen nach den Sätzen 1 und 2 sind zehn Jahre nach deren Anfertigung aufzubewahren. Dem zuständigen Gesundheitsamt ist auf Verlangen Einsicht in die Aufzeichnungen, Bewertungen und Schlussfolgerungen zu gewähren. 8)

(4a) Das Robert Koch-Institut hat entsprechend den jeweiligen epidemiologischen Erkenntnissen die nach Absatz 4 zu erfassenden nosokomialen Infektionen und Krankheitserreger mit speziellen Resistenzen und Multiresistenzen sowie Daten zu Art und Umfang des Antibiotikaverbrauchs festzulegen. Die Festlegungen hat es in einer Liste im Bundesgesundheitsblatt zu veröffentlichen. Die Liste ist an den aktuellen Stand anzupassen.

(5) Die Leiter folgender Einrichtungen haben sicherzustellen, dass innerbetriebliche Verfahrensweisen zur Infektionshygiene in Hygieneplänen festgelegt sind: 9)

1. Krankenhäuser,
2. Einrichtungen für ambulantes Operieren,
3. Vorsorge- oder Rehabilitationseinrichtungen,
4. Dialyseeinrichtungen,
5. Tageskliniken,
6. Entbindungseinrichtungen,
7. Behandlungs- oder Versorgungseinrichtungen, die mit einer der in den Nummern 1 bis 6 genannten Einrichtungen vergleichbar sind,

8. Rettungsdienste und Einrichtungen des Zivil- und Katastrophenschutzes.

Die Landesregierungen können durch Rechtsverordnung vorsehen, dass Leiter von Zahnarztpraxen sowie Leiter von Arztpraxen und Praxen sonstiger humanmedizinischer Heilberufe, in denen invasive Eingriffe vorgenommen werden, sicherzustellen haben, dass innerbetriebliche Verfahrensweisen zur Infektionshygiene in Hygieneplänen festgelegt sind. Die Landesregierungen können die Ermächtigung durch Rechtsverordnung auf andere Stellen übertragen.

10) (6) Einrichtungen nach Absatz 5 Satz 1 unterliegen der infektionshygienischen Überwachung durch das Gesundheitsamt. Einrichtungen nach Absatz 5 Satz 2 können durch das Gesundheitsamt infektionshygienisch überwacht werden.

11) (6a) *(weggefallen)*

(7) *(weggefallen)*

12) (8) Die Landesregierungen haben durch Rechtsverordnung für Krankenhäuser, Einrichtungen für ambulantes Operieren, Vorsorge- oder Rehabilitationseinrichtungen, in denen eine den Krankenhäusern vergleichbare medizinische Versorgung erfolgt, sowie für Dialyseeinrichtungen und Tageskliniken die jeweils erforderlichen Maßnahmen zur Verhütung, Erkennung, Erfassung und Bekämpfung von nosokomialen Infektionen und Krankheitserregern mit Resistenzen zu regeln. Dabei sind insbesondere Regelungen zu treffen über

1. hygienische Mindestanforderungen an Bau, Ausstattung und Betrieb der Einrichtungen,
2. Bestellung, Aufgaben und Zusammensetzung einer Hygienekommission,
3. die erforderliche personelle Ausstattung mit Hygienefachkräften und Krankenhaushygienikern und die Bestellung von hygienebeauftragten Ärzten einschließlich bis längstens zum 31. Dezember 2019 befristeter Übergangsvorschriften zur Qualifikation einer ausreichenden Zahl geeigneten Fachpersonals,
4. Aufgaben und Anforderungen an Fort- und Weiterbildung der in der Einrichtung erforderlichen Hygienefachkräfte, Krankenhaushygieniker und hygienebeauftragten Ärzte,
5. die erforderliche Qualifikation und Schulung des Personals hinsichtlich der Infektionsprävention,
6. Strukturen und Methoden zur Erkennung von nosokomialen Infektionen und resistenten Erregern und zur Erfassung im Rahmen der ärztlichen und pflegerischen Dokumentationspflicht,
7. die zur Erüllung ihrer jeweiligen Aufgaben erforderliche Einsichtnahme der in Nummer 4 genannten Personen in Akten der jeweiligen Einrichtung einschließlich der Patientenakten,
8. die Information des Personals über Maßnahmen, die zur Verhütung und Bekämpfung von nosokomialen Infektionen und Krankheitserregern mit Resistenzen erforderlich sind,
9. die klinisch-mikrobiologisch und klinisch-pharmazeutische Beratung des ärztlichen Personals,

10. die Information von aufnehmenden Einrichtungen und niedergelassenen Ärzten bei der Verlegung, Überweisung oder Entlassung von Patienten über Maßnahmen, die zur Verhütung und Bekämpfung von nosokomialen Infektionen und von Krankheitserregern mit Resistenzen erforderlich sind.

Für Rettungsdienste können die Landesregierungen erforderliche Maßnahmen nach den Sätzen 1 und 2 regeln. Die Landesregierungen können die Ermächtigung durch Rechtsverordnung auf andere Stellen übertragen.

Ziel des § 23 ist es, die Zahl nosokomialer Infektionen, insbesondere mit resistenten Erregern, zu reduzieren, z.B. durch besseres Einhalten von Hygieneregeln und durch eine sachgerechte Verordnung von Antibiotika. Qualität und Transparenz der Hygiene in medizinischen Einrichtungen sollen gestärkt werden.
Das einschlägige ÄndG vom 28.7.2011 (BGBl I S. 1622) enthielt sowohl infektionsschutzrechtliche als auch sozialversicherungsrechtliche Instrumente (s. hierzu §§ 87 und 137 Abs. 1a SGV V i.d.F. des vorgenannten ÄndG) zur Verbesserung der Prävention von Krankenhausinfektionen.

1) Die aktuellen Empfehlungen der Kommission für Krankenhaushygiene und Infektionsprävention (KRINKO) sind im Internet unter http://www.rki.de> Infektionsschutz> Infektions- und Krankenhaushygiene abrufbar und als vom RKI herausgegebene Loseblattsammlung bei Urban & Fischer unter der ISBN 978-3-437-22266-5 erhältlich.
Über die Regelung des § 23 Abs. 3 Satz 2 werden diese Empfehlungen (Richtlinien) rechtlich verbindlich. Wenngleich ein Verstoß gegen § 23 Abs. 3 bzw. gegen die Empfehlungen nicht sanktioniert ist, haften Krankenhaus- bzw. Einrichtungsträger bei Verstößen bzw. Zuwiderhandlungen im Rahmen ihres Sicherstellungsauftrags (Sicherstellung eines ordnungsgemäßen Betriebs) in zivil- und strafrechtlicher Hinsicht (§ 823 BGB bzw. aus Vertrag und § 223 StGB).

2) Die Kommission Antiinfektiva, Resistenz und Therapie (Kommission ART) beim RKI wurde durch § 23 Abs. 2 aufgrund des ÄndG vom 28.7.2011 installiert. Hinsichtlich der von ihr gegebenen Empfehlungen gelten die vorstehenden Ausführungen zur KRINKO.

3) Der Begriff „sonstige humanmedizinische Heilberufe" (§ 23 Abs. 3 Nr. 9, § 23 Abs. 5 Satz 2) orientiert sich an der Definition des Art. 74 Abs. 1 Nr. 19 GG („ärztliche und andere Heilberufe") und erfasst somit auch die so genannten Fachberufe im Gesundheitswesen.

4) Einrichtungen des öffentlichen Gesundheitsdienstes nehmen eine eigenständige Rolle ein und werden deshalb gesondert aufgeführt (Art. 6 Nr. 1 G vom 11.12.2018, BGBl. I S. 2394). Ursprünglich war vorgesehen, § 23 Abs. 3 Nr. 7 durch „Einrichtungen des öffentlichen Gesundheitsdienstes" zu ergänzen; davon wurde schließlich zugunsten der neuen Nr. 10 abgesehen, um einen Zusammenhang mit den in § 23 Abs. 5 genannten zu vermeiden, die der Überwachung nach Absatz 6 unterliegen.

5) Die bis September 2022 in Nr. 11 a. F. enthaltene Möglichkeit für die Gesundheitsämtern, ambulante Pflegedienste, die Intensivpflege leisten, in infektionshygienischer Hinsicht zu überwachen; wurde durch das ÄndG vom 16.2022 verschoben; Befugnisse hierzu s. § 15a Abs. 1 Nr. 2.

6) Nr. 11 korrespondiert mit § 23 Abs. 5 Nr. 8 (eingefügt durch das MasernschutzG vom 10.2.2020) und bezieht die Rettungsdienste in die gesundheitliche Überwachung mit ein (Abs. 6).

7) Die Pflicht der Leiter von Krankenhäusern und von Einrichtungen nach Absatz 3 Satz 1 Nrn. 1 bis 3, nosokomiale Infektionen und Krankheitserreger mit speziellen Resistenzen und Multiresistenzen aufzuzeichnen und zu bewerten (§ 23 Abs. 4 Satz 1), entspricht dem vormaligen § 23 Abs. 1. Ergänzend bestimmt § 23 Abs. 4 Satz 1, dass daraus auch die erforderlichen Konsequenzen zu ziehen sind (vgl. hierzu die Bußgeldvorschrift § 73 Abs. 1a Nr. 9).
Der bisherige § 4 Abs. 2 Nr. 2 Buchst. b ist des Sachzusammenhangs wegen durch das ÄndG vom 17.7.2017 als Absatz 4 Buchst. a in § 23 eingefügt. Durch diese Vorschrift sollen über nosokomiale Infektionen vergleichbare und epidemiologische Informationen im Hinblick auf interne Qualitätssicherung erreicht werden. Die zu erhebenden nosokomialen Infektionen (Begriff § 2 Nr. 8) werden jeweils aktuell im Bundesgesundheitsblatt veröffentlicht.
Ein Vorschlag der SPD-Fraktion, für Risikopatienten ein Eingangs-Screening bei Krankenhausaufnahme vorzuschreiben (vgl. BT-DRs. 17/6141), wurde 2011 nicht in den Gesetzestext aufgenommen. Es bleibt weiterhin den Krankenhäusern überlassen, verantwortlich und wirtschaftlich handelnd, solche Screenings bei Risikopatienten durchzuführen.
Auf die Meldepflicht bei gehäuftem Auftreten nosokomialer Infektionen nach § 6 Abs. 3 wird hingewiesen.

8) Seit 2011 im IfSG normiert ist die Pflicht zur Aufzeichnung, Bewertung und Schlussfolgerung des Antibiotika-Verbrauchs (§ 23 Abs. 4 Satz 2). Antibiotika-Verbrauchsdaten erlauben ein Monitoring von Veränderungen und die Evaluation von Interventionsmaßnahmen. Diese Daten müssen nicht gesondert erhoben werden, sondern können aus den Apotheken-Abrechnungsdaten bzw. der Datenbank der Krankenhausverwaltung (ohne Personenbezug) ermittelt werden. Zusammen mit Antibiotika-Resistenzdaten ermöglichen sie die örtliche Resistenzsituation zu beurteilen und bilden eine Diskussionsgrundlage für die interdisziplinäre Zusammenarbeit von Hygienikern, Klinikern, Mikrobiologen und Apothekern (Qualitätszirkel).

9) Die Forderung, Hygienepläne zu erstellen (§ 23 Abs. 5), entspricht der früheren Regelung des § 36 Abs. 1 Satz 1. Eine entsprechende Bestimmung enthält § 9 der Unfallverhütungsvorschrift „Gesundheitsdienst“ (inzwischen: TRBA 250). § 23 Abs. 4 unterscheidet zwischen Einrichtungen, bei denen obligatorisch Hygienepläne vorgeschrieben sind (§ 23 Abs. 5 Satz 1) und Einrichtungen, die durch Landesrecht einer solchen Verpflichtung unterworfen werden können (§ 23 Abs. 5 Satz 2).

10) § 23 Abs. 6 (Überwachung durch das Gesundheitsamt) mit den notwendigen Befugnissen (§ 15a Abs. 1 Nr. 1 Abs. 3) entspricht den bisherigen Abs. 1 bis 3 des § 36. Eine entsprechende Überwachung ergibt sich hinsichtlich der Sicherheit, Eignung und Leistung der Medizinprodukte aus dem einschlägigen Medizinproduktegesetz (MPG) bzw. der Medizinproduktebetreiberverordnung (MPBetreibV), deren Vollzug den Gewerbeaufsichtsämtern obliegt. Diese Vorschriften gelten gleichrangig neben dem IfSG. Eine Zusammenarbeit zwischen Gesundheitsamt und Gewerbeaufsichtsamt ist deshalb äußerst zweckmäßig. Darüber hinaus ist in diesem Zusammenhang auch eine Zusammenarbeit mit der einschlägigen Berufsgenossenschaft (vgl. TRBA 250, vormals GUV-R 250 bzw. UVV „Gesundheitsdienst") und den für den Arbeitsschutz und die Unfallverhütung zuständigen Betriebsärzten bzw. Arbeitsmedizinern sinnvoll.
Im Gegensatz zu § 23 Abs. 6 Satz 1 ist § 23 Abs. 6 Satz 2 eine Kann-Vorschrift. Daraus ist zu schließen, dass die in § 23 Abs. 5 Satz 2 genannten Einrichtungen grundsätzlich nur überwacht werden, wenn bestimmte Anhaltspunkte für infektionshygienische Missstände vorliegen.
Bei Feststellungen hygienischer Mängel kommen erforderlichenfalls Anordnungen nach § 16 Abs. 1 in Betracht.

11) Abs. 6a wurde durch G vom 16.9.2022 aufgehoben, seine Regelungen sind nun in § 35 Abs. 1 Satz 1 enthalten.

12) In § 23 Abs. 8 verpflichtet der Bund die Landesregierungen, durch Rechtsverordnung die erforderlichen Maßnahmen für Krankenhäuser etc. zur Verhütung, Erkennung, Erfassung und Bekämpfung nosokomialer Infektionen und Krankheitserreger mit Resistenzen verbindlich zu regeln; siehe

- Baden-Württemberg: MedHygVO vom 20.7.2012 (GBl S. 510)
- Bayern: MedHygV vom 1.12.2010 (GVBl S. 817), geändert durch V vom 5.12.2016 (GVBl S. 2391; 2017 S. 36)
- Brandenburg: MedHygV vom 6.2.2012 (GVBl II Nr. 8), geändert durch G vom 5.3.2024 (GVBl. I Nr. 8 S. 1)
- Hamburg: HmbMedHygVO vom 27.3.2012 (GVBl S. 137), zul. geä. durch V vom 25.4.2017 (GVBl. S. 126)
- Hessen: HHygVO vom 1.12.2011 (GVBl I S. 745), zul. geä. durch V vom 16.12.2022 (GVBl. S. 799, 801)
- Mecklenburg-Vorpommern: MedHygVO M-V vom 22.2.2012 (GVOBl S. 66), zul. geä. durch V vom 23.4.2019 (GVOBl. S. 151)
- Niedersachsen: NMedHygVO vom 26.3.2012 (Nds. GVBl S. 41), zul. geä. durch V vom 23.11.2016 (Nds. GVBl S. 274)
- Nordrhein-Westfalen: HygMedVO vom 13.3.2012 (GV S. 143)
- Rheinland-Pfalz: MedHygVO vom 17.2.2012 (GVBl S. 88)
- Saarland: MedHygVO vom 28.3.2012 (Amtsbl. S. 103), geändert durch V vom 12.9.2016 (Amtsbl. S. 856)
- Sachsen: SächsMedHygVO vom 12.6.2012 (GVBl S. 320), geändert durch V vom 4.6.2024 (GVBl S. 531)

- Sachsen-Anhalt: MedHygVO LSA vom 26.3.2012 (GVBl S. 123)
- Thüringen: ThürmedHygVO vom 17.6.2012 (GVBl S. 246), zul. geändert durch V vom 16.4.2019 (GVBl. S. 149)

In § 23 Abs. 8 Satz 2 Nr. 3 hat der Gesetzgeber hinsichtlich des erforderlichen Fachpersonals eine Übergangsvorschrift vorgesehen, denn es ist offensichtlich, dass in nächster Zeit keine ausreichende Zahl an Fachärzten auf den einschlägigen Gebieten zur Verfügung stehen wird. Im Übrigen müssen Ärzte zu Hygienebeauftragten und Pflegepersonal zu Hygienefachkräften erst geschult werden.

§ 23a
Personenbezogene Daten über den Impf- und Serostatus von Beschäftigten

Soweit es zur Erfüllung von Verpflichtungen aus § 23 Absatz 3 in Bezug auf übertragbare Krankheiten erforderlich ist, darf der Arbeitgeber personenbezogene Daten eines Beschäftigten über dessen Impf- und Serostatus verarbeiten, um über die Begründung eines Beschäftigungsverhältnisses oder über die Art und Weise einer Beschäftigung zu entscheiden. Dies gilt nicht in Bezug auf übertragbare Krankheiten, die im Rahmen einer leitliniengerechten Behandlung nach dem Stand der medizinischen Wissenschaft nicht mehr übertragen werden können. § 22 Absatz 2 des Bundesdatenschutzgesetzes gilt entsprechend.

§ 23a wurde durch Art. 8 des Präventionsgesetzes vom 17.7.2015 (BGBl I S. 1368) eingefügt und durch das ÄndG vom 17.7.2017 neugefasst. Durch die Änderung in Art. 1 Nr. 15 des Gesetzes vom 19.5.2020, BGBl. I S. 1018 wird § 23a dahingehend ergänzt, dass Daten über den Serostatus auch dann verarbeitet werden dürfen, wenn es sich – wie bei COVID-19 zum Stand der Gesetzesänderung – nicht um eine impfpräventable Krankheit handelt. Satz 2 schließt eine solche Datenverarbeitung allerdings bei übertragbaren Krankheiten, die im Rahmen einer leitliniengerechten Behandlung nicht mehr übertragen werden können, aus.

5. Abschnitt
Bekämpfung übertragbarer Krankheiten

§ 24
Feststellung und Heilbehandlung übertragbarer Krankheiten, Verordnungsermächtigung

Die Feststellung oder die Heilbehandlung einer in § 6 Absatz 1 Satz 1 Nummer 1, 2 und 5 oder in § 34 Absatz 1 Satz 1 genannten Krankheit oder einer Infektion mit einem in § 7 genannten Krankheitserreger oder einer sonstigen sexuell übertragbaren Krankheit darf nur durch einen Arzt erfolgen. Abweichend von Satz 1 ist Personen unabhängig von ihrer beruflichen Qualifikation die Anwendung von In-vitro-Diagnostika, die für patientennahe Schnelltests bei Testung auf HIV, das Hepatitis-C-Virus, das Severe-Acute-Respiratory-Syndrome-Coronavirus-2 (SARS-CoV-2) und Treponema

pallidum verwendet werden, gestattet. Das Bundesministerium für Gesundheit wird ermächtigt, durch Rechtsverordnung mit Zustimmung des Bundesrates festzulegen, dass

1. **Satz 1 auch nicht für die Anwendung von In-vitro-Diagnostika gilt, die für patientennahe Schnelltests bei Testung auf weitere Krankheiten oder Krankheitserreger verwendet werden, sowie**
2. **abweichend von Satz 1 auch ein Zahnarzt oder ein Tierarzt im Rahmen einer Labordiagnostik den direkten oder indirekten Nachweis eines in § 7 genannten Krankheitserregers führen kann.**

In der Rechtsverordnung nach Satz 3 kann auch geregelt werden, dass Veterinärmedizinisch-technische Assistentinnen und Veterinärmedizinisch-technische Assistenten bei der Durchführung laboranalytischer Untersuchungen zum Nachweis eines in § 7 genannten Krankheitserregers die in § 9 Absatz 1 Nummer 1 des MTA-Gesetzes genannten Tätigkeiten ausüben dürfen und dass in diesem Fall der Vorbehalt der Ausübung dieser Tätigkeiten durch Medizinisch-technische Laboratoriumsassistentinnen und Medizinisch-technische Laboratoriumsassistenten nicht gilt. In dringenden Fällen kann zum Schutz der Bevölkerung die Rechtsverordnung nach Satz 3 ohne Zustimmung des Bundesrates erlassen werden. Eine nach Satz 5 erlassene Verordnung tritt ein Jahr nach ihrem Inkrafttreten außer Kraft; ihre Geltungsdauer kann mit Zustimmung des Bundesrates verlängert werden.

Durch die Neufassung des § 24 mit Wirkung vom 1. März 2020 wird klargestellt, dass nicht nur die Behandlung der genannten Krankheiten und Infektionen, sondern auch die Untersuchung zu deren Feststellung unter den Arztvorbehalt fällt. Von diesem Verbot zu unterscheiden ist die Verdachtsdiagnostik, zu welcher zum Schutz der betroffenen Patienten gegebenenfalls auch Heilpraktiker verpflichtet sein können. Heilpraktiker müssen deshalb befähigt sein, die Symptome einer übertragbaren Krankheit bzw. Infektion zu erkennen, damit sie den Patienten erforderlichenfalls an den Arzt verweisen. Dementsprechend ist der Heilpraktiker in Verdachtsfällen des § 6 Abs. 1 Satz 1 zur namentlichen Meldung an das Gesundheitsamt verpflichtet (§ 8 Abs. 1 Nr. 8, § 73 Abs. 1a Nr. 1). Die Überprüfung von Heilpraktikeranwärtern durch das Gesundheitsamt (§ 2 Abs. 1 Buchst. i der ersten DV zum HeilpraktikerG) erfasst folgerichtig die Kenntnis der übertragbaren Krankheiten und Infektionen, da der Heilpraktiker eine Gefahr für die Gesundheit der Bevölkerung darstellt, wenn er diese nicht erkennt.
Strafbestimmung: § 75 Abs. 5 IfSG.
Erlaubt ist dem Heilpraktiker die Anwendung der in § 24 Satz 2 genannten In-vitro-Diagnostika.
Die Behandlung von Krankheiten oder Leiden der Geschlechtsorgane (vgl. § 9 Abs. 1 des Gesetzes zur Bekämpfung der Geschlechtskrankheiten, aufgehoben durch Art. 5 Abs. 1 Nr. 2 SeuchRNeuG) ist dem Heilpraktiker nicht mehr verboten.
Während im Vollzug des § 30 BSeuchG strittig war, ob das Behandlungsverbot auch für HIV-Infizierte galt, wird dies in § 24 IfSG klargestellt, der ausdrücklich

auf die in § 7 genannten Krankheitserreger verweist (vgl. § 7 Abs. 3 Nr. 2). Das Verbot des § 24 erscheint jedoch nur hinsichtlich der alleinigen kausalen Therapie von HIV-Infektionen und AIDS-Erkrankungen sachgerecht und angemessen. Es spricht deshalb nichts dagegen, wenn Heilpraktiker HIV-Infizierte und AIDS-Kranke ergänzend zur ärztlichen Behandlung betreuen (vgl. Igl, Recht der Gesundheitsfachberufe, Heilpraktiker, Rd.Nr. 17 zu § 1 HeilprG). Unter Berücksichtigung dessen ist auch die Einleitung von Linderungsmaßnahmen durch den Heilpraktiker bis zur Übernahme der Behandlung durch den Arzt zulässig.
Durch das ÄndG vom 18.11.2020 wurde die Liste der in Satz 2 aufgeführten Krankheiten um „Severe-Acute-Respiratory-Syndrome-Coronavirus-2 (SARS-CoV-2)" erweitert. Dadurch wird die Ausnahme vom Arztvorbehalt auf den Schnelltest auf SARS-CoV-2 ausgedehnt. Gleichzeitig wird die Verordnungsermächtigung des BMG hinsichtlich Ausnahmen vom Arztvorbehalt für Schnelltests durch Zahnärzte, Tierärzte und veterinärmedizinisch-technische Assistenten erweitert; in diesem Fall sind Zahnärzte und Tierärzte meldepflichtig (§ 8 Abs. 1 Nr. 2).

Allgemeines zu §§ 25, 26

§ 25 beschreibt die **Aufgabe** der seuchenrechtlichen Gefahren-Erforschung und regelt die zur Erfüllung dieser Aufgabe bestehenden **Befugnisse** des Gesundheitsamtes.
Ermittlungseingriffe haben sich aus verfassungsrechtlichen Gründen im Rahmen des **Übermaßverbotes** zu halten; sie müssen geeignet, erforderlich und verhältnismäßig sein (vgl. Allgemeines zu §§ 16, 17; siehe auch Gallwas in NJW 1989, 1516).
Umfang und Art der notwendigen Ermittlungen richten sich

a) nach der jeweiligen Gefahrenlage (je größer die Gefahr, desto umfassender die Ermittlungen),
b) danach, ob die Ansteckungsquelle oder die Ausbreitung der Krankheit ermittelt werden soll.

Soweit bei Ermittlungen Lebensmittelbetriebe betroffen sind, sind jeweils – über die Unterrichtungspflicht nach § 27 Abs. 1 hinaus – die Lebensmittelüberwachung und das Veterinäramt zu beteiligen; denn Maßnahmen, die sich auf **Lebensmittel** beziehen, sind ausschließlich nach Lebensmittelrecht zu treffen (LFBG = lex specialis).
Die erforderlichen Ermittlungen sind **Amtspflicht** des Gesundheitsamtes (vgl. § 839 BGB, Art. 34 GG). Diese Pflicht obliegt dem Gesundheitsamt nicht nur gegenüber der Allgemeinheit, sondern auch konkret gegenüber dem einzelnen Bürger, von dem die Gefahr einer Ansteckung ferngehalten werden soll (vgl. OLG Karlsruhe, Urteil vom 19.7.1989, NJW 1990, 2319).
Im Hinblick auf die einschlägigen Rechtsvorschriften, die ein **unbefugtes Offenbaren** verbieten (StGB, DatenschutzG, Beamtengesetz), darf das Gesundheitsamt im Rahmen der Ermittlungen Informationen über einen seuchenrechtlich relevanten

Fall nur weitergeben, wenn und soweit dies notwendig ist. Um pflichtgemäß darüber entscheiden zu können, ob jemand ansteckungsverdächtig ist und deshalb in den Kreis der Untersuchungspflichtigen gehört, bedarf das Gesundheitsamt genauer Information über Art und Umfang von Kontakten des Betreffenden mit dem Kranken. Deshalb wird es sich bei der Ermittlung von Ansteckungsquelle und Ausbreitung der Krankheit in der Praxis kaum vermeiden lassen, im Interesse verwertbarer wie auch rechtlich einwandfreier Ergebnisse „Ross und Reiter" zu nennen. Insoweit werden die vom Gesundheitsamt erhobenen personenbezogenen Daten rechtmäßig für Zwecke des IfSG genutzt (§ 25 Abs. 3 Satz 4 IfSG). Dabei ist zu berücksichtigen, dass der in die Ermittlungsuntersuchung mit einbezogene Ansteckungsverdächtige die Möglichkeit haben muss, die Rechtmäßigkeit dieser Maßnahme (Verwaltungsakt) überprüfen zu lassen; dazu fehlen ihm jedoch die Anhaltspunkte, wenn er die Ursache (Ansteckungsquelle) nicht erfährt. Insoweit muss ein Recht auf Auskunft bzw. Akteneinsicht bestehen (vgl. § 29 VwVfG bzw. die entsprechenden Bestimmungen der Landesverwaltungsverfahrensgesetze; s. hierzu Aufsatz von Zilkens in DÖV 2001 S. 374).
Die Untersuchung von Asylbewerbern auf übertragbare Krankheiten erfolgt nach § 62 des Asylverfahrensgesetzes; deren Ergebnisse können zu Ermittlungsuntersuchungen (§ 25 IfSG) führen.
Der Übergang von Ermittlungsuntersuchungen (§ 25) zu Beobachtungsuntersuchungen (§ 29) ist fließend.
Die **Kosten** für die Durchführung der (notwendigen) Ermittlungen werden aus öffentlichen Mitteln bestritten, sofern sie nicht im Rahmen parallel laufender diagnostischer Untersuchungen im Rahmen einer Krankenbehandlung von der Krankenversicherung etc. getragen werden (§ 69 Abs. 1 Nr. 7).

§ 25
Ermittlungen

(1) Ergibt sich oder ist anzunehmen, dass jemand krank, krankheitsverdächtig, ansteckungsverdächtig oder Ausscheider ist oder dass ein Verstorbener krank, krankheitsverdächtig oder Ausscheider war, so stellt das Gesundheitsamt die erforderlichen Ermittlungen an, insbesondere über Art, Ursache, Ansteckungsquelle und Ausbreitung der Krankheit. Das Gesundheitsamt kann auch Ermittlungen anstellen, wenn sich ergibt oder anzunehmen ist, dass jemand durch eine Schutzimpfung oder andere Maßnahme der spezifischen Prophylaxe eine gesundheitliche Schädigung erlitten hat. 1)

(2) Für die Durchführung der Ermittlungen nach Absatz 1 gilt § 16 Absatz 1 Satz 2, 2, 3, 5 und 8 entsprechend. Das Gesundheitsamt kann eine im Rahmen der Ermittlungen im Hinblick auf eine bedrohliche übertragbare Krankheit erforderliche Befragung in Bezug auf die Art, Ursache, Ansteckungsquelle und Ausbreitung der Krankheit unmittelbar an eine dritte Person, insbesondere an den behandelnden Arzt, richten, wenn eine Mitwirkung der betroffenen Person oder der nach § 16 Absatz 5 verpflichteten Person nicht oder nicht rechtzeitig möglich ist; die dritte Person ist in entsprechender Anwendung von § 16 Absatz 2 Satz 3 und 4 zur Auskunft verpflichtet. 2)

3) **(3) Die in Absatz 1 genannten Personen können durch das Gesundheitsamt vorgeladen werden. Sie können durch das Gesundheitsamt verpflichtet werden,**

1. Untersuchungen und Entnahmen von Untersuchungsmaterial an sich vornehmen zu lassen, insbesondere die erforderlichen äußerlichen Untersuchungen, Röntgenuntersuchungen, Tuberkulintestungen, Blutentnahmen und Abstriche von Haut und Schleimhäuten durch die Beauftragten des Gesundheitsamtes zu dulden, sowie

4) **2. das erforderliche Untersuchungsmaterial auf Verlangen bereitzustellen.**

5) **Darüber hinausgehende invasive Eingriffe sowie Eingriffe, die eine Betäubung erfordern, dürfen nur mit Einwilligung des Betroffenen vorgenommen werden; § 16 Absatz 5 gilt nur entsprechend, wenn der Betroffene einwilligungsunfähig ist. Die bei den Untersuchungen erhobenen personenbezogenen Daten dürfen nur für Zwecke dieses Gesetzes verarbeitet werden.**

6) **(4) Den Ärzten des Gesundheitsamtes und dessen ärztlichen Beauftragten ist vom Gewahrsamsinhaber die Untersuchung der in Absatz 1 genannten Verstorbenen zu gestatten.**

7) **Die zuständige Behörde soll gegenüber dem Gewahrsamsinhaber die innere Leichenschau anordnen, wenn dies vom Gesundheitsamt für erforderlich gehalten wird.**

(5) Die Grundrechte der körperlichen Unversehrtheit (Artikel 2 Absatz 2 Satz 1 des Grundgesetzes), der Freiheit der Person (Artikel 2 Absatz 2 Satz 2 des Grundgesetzes) und der Unverletzlichkeit der Wohnung (Artikel 13 Absatz 1 des Grundgesetzes) werden insoweit eingeschränkt.

Durch das ÄndG vom 21.3.2013 (BGBl I S. 566) wurde der vormalige § 26 (Durchführung der Ermittlungen) des systematischen Zusammenhangs wegen mit dem bisherigen § 25 Abs. 1 zusammengeführt. Die Sonder-Unterrichtungspflichten des Gesundheitsamtes (bisher unsystematisch in § 25 Abs. 2) erscheinen nunmehr in § 27 Abs. 6.
Bei Ermittlungen im internationalen Luftreiseverkehr wird § 25 IfSG durch § 12 IGV-DG (im **Anhang** abgedruckt) ergänzt.

1) Als Voraussetzung für die Aufnahme von Ermittlungen reicht nach § 25 Abs. 1 die Annahme, dass jemand ansteckungsverdächtig ist. Da der Begriff „Ansteckungsverdacht“ nur die Annahme erfordert, dass jemand Krankheitserreger aufgenommen hat (vgl. § 2 Nr. 7), sind die Voraussetzungen des § 25 Abs. 1 grundsätzlich bereits bei einem schwachen Verdacht gegeben (vgl. BayVGH, Beschluss vom 19.5.1988, BayVBl 1988, 463 = NJW 1988, 2318). Für Impfschäden vgl. auch § 6 Anm. 7.

2) § 25 Abs. 2 ff regeln die Rechte der Behörde bei der Durchführung der notwendigen Ermittlungen (Untersuchungen, Recht auf Auskunft, Betretungsrecht); Verstöße sind nach § 73 Abs. 1a Nrn. 3 bis 6 bußgeldbewehrt; s. auch § 74. Alle Maßnahmen sind sofort vollziehbar (§ 25 Abs. 2 i.V. mit § 16 Abs. 8).
Arzt- und Labormeldungen, selbst wenn sie vollständig sind, liefern nicht immer die im Rahmen der Ermittlungen für das Gesundheitsamt notwendigen

Angaben. Insoweit besteht bereits ein entsprechendes Befragungsrecht bzw. eine Auskunftspflicht nach § 25 Abs. 2 Satz 1 i.V. mit § 16 Absatz 2 Satz 3. Der durch das ÄndG vom 17.7.2017 dem § 25 Absatz 2 angefügte Satz 2 dient der Klarstellung, beschränkt sich jedoch auf „bedrohliche übertragbare Krankheiten" (§ 2 Nr. 3a).

3) Vorladungsanordnungen sind Verwaltungsakte, die inhaltlich hinreichend bestimmt sein müssen (vgl. § 37 Abs. 1 VwVfG). Für den Adressaten muss deshalb aus der Anordnung klar erkennbar sein, welchem Zweck sie dient und was von ihm konkret gefordert wird (vgl. Beschluss des BayVGH vom 24.11.1987 Nr. 25 CS 87.03214).
Für den Vollzug einer Vorladungsanordnung durch unmittelbaren Zwang (= Vorführung) kann das Gesundheitsamt polizeiliche Vollzugshilfe anfordern (vgl. Allgemeines zu §§ 16, 17 Buchst. e). Eine solche Vorführung ist keine Freiheitsentziehung, die dem Richtervorbehalt unterliegt (Art. 104 Abs. 2 GG; BGH, Beschluss vom 17.12.1981, BGHZ 82, 261). Die Kosten der polizeilichen Vollzugshilfe zählen zu den Kosten im Sinn des § 69 Abs. 1 Nr. 5.
Je nach Dringlichkeit der Durchsetzung der Anordnung kommen – unter Berücksichtigung des Verhältnismäßigkeitsgrundsatzes – in geeigneten Fällen zunächst auch die milderen Mittel des Verwaltungszwangs in Betracht, d.h. die Androhung und ggf. Verhängung eines Zwangsgeldes nach den Verwaltungszustellungs- und Vollstreckungsgesetzen der Länder (vgl. VG Stuttgart, Beschluss vom 23.8.1998, NVwZ 1999, 323 mit weiteren Verweisungen und BayVGH, Beschluss vom 19.5.1988, BayVBl 1988, 463). Daneben ist ein Bußgeldverfahren möglich (§ 73 Abs. 1a Nr. 6 IfSG).

4) Die erforderlichen **Laboruntersuchungen** des öGD werden regelmäßig von den Landesuntersuchungsämtern für das Gesundheitswesen/Landesgesundheitsämtern/Medizinaluntersuchungsanstalten durchgeführt. Insoweit ist eine enge Zusammenarbeit zwischen Gesundheitsamt und Untersuchungsamt notwendig.
Das Gesundheitsamt kann dem Betroffenen im Einzelfall freistellen, dafür zu sorgen, dass der behandelnde Arzt dem Gesundheitsamt die notwendigen Untersuchungsergebnisse übermittelt. Dadurch können dem Patienten Doppeluntersuchungen erspart werden.
Untersuchungsproben, die notwendig sind, können auf Veranlassung des Gesundheitsamtes auch vom behandelnden Arzt oder von einem Krankenhaus an das Untersuchungsamt gesandt werden. Dies muss aber jeweils für das Untersuchungsamt deutlich gemacht werden (vgl. die Kostenregelung des § 69 Abs. 1 Nr. 7). Zweckmäßigerweise stellt das Gesundheitsamt dem Arzt in solchen Fällen das einschlägige Einsendeformblatt zur Verfügung.
Röntgenuntersuchungen ohne vorhergehende Tuberkulintestung können bei Erwachsenen unter Berücksichtigung der Verhältnismäßigkeit der Mittel zu den „erforderlichen Untersuchungen" zählen (vgl. § 25 RöV). Ungezielte Reihenuntersuchungen sind durch § 25 IfSG grundsätzlich nicht gedeckt (vgl.

hierzu jedoch § 25 Abs. 1 Satz 2 RöV). Eine medizinisch bzw. seuchen-rechtlich nicht indizierte Röntgenaufnahme ist zwar nicht nach § 311 StGB (Freisetzen ionisierender Strahlen) strafbar, kann aber den Tatbestand der Körperverletzung erfüllen (BGH, Urteil vom 3.12.1997, MedR 1998, 326 = NJW 1998, 833). 85Verstöße gegen Anordnungen nach § 25 Abs. 3 sind bußgeldbewehrt (§ 73 Abs. 1a Nr. 6).
Soweit sich arbeitsmedizinische Vorsorgeuntersuchungen (vgl. § 4 UVV „Gesundheitsdienst“, GUV-R 250 – inzwischen TRBA 250) mit notwendigen Ermittlungsuntersuchungen überschneiden, kann das Gesundheitsamt ggf. erstere heranziehen (nach § 25 Abs. 2 i.V. mit § 16 Abs. 2 Satz 3 IfSG). In jedem Fall ist eine Zusammenarbeit zwischen Gesundheitsamt und Betriebsarzt zweckmäßig.

5) Wer die notwendige Reife besitzt, um die Tragweite eines ärztlichen Eingriffs zu erkennen, kann selbstverantwortlich darüber entscheiden. In der Regel geht man ab dem vollendeten 16. Lebensjahr davon aus, dass diese Voraussetzung vorliegt.

6) Gewahrsamsinhaber (vgl. § 168 StGB) kennzeichnet denjenigen, der die unmittelbare, tatsächliche Herrschaft über die Leiche ausübt (z.B. Krankenhausträger, solange die Leiche nicht anderen Personen, z.B. Angehörigen, übergeben ist).

7) § 25 Abs. 4 Satz 2 erlaubt die Durchführung einer Obduktion gegen den Willen der Gewahrsamsinhaber. Es handelt sich dabei systematisch um eine Ermittlungsuntersuchung mit dem Ziel, diejenigen Erkenntnisse zu gewinnen, die notwendig sind, um über erforderliche Schutzmaßnahmen (§ 28 ff) befinden zu können. Rein wissenschaftliches Interesse kann also nicht Grundlage für die Anordnung einer inneren Leichenschau sein. Die klinische oder wissenschaftliche Obduktion ist nicht gesetzlich geregelt. Nach herrschender Rechtsprechung bedarf sie der Einwilligung des Betroffenen bzw. nach dessen Tod der totensorgeberechtigten Angehörigen. Diese Einwilligung sollte angestrebt werden, wenn die Klärung der Diagnose (z.B. bei CJK-Verdachtsfällen) der Wissenschaft dient. Eine nicht entsprechend gedeckte Obduktion erfüllt den Tatbestand des § 168 StGB (Störung der Totenruhe). Das G vom 19.5.2020 (BGBl. I S. 1018) hat aus der früheren „Kann“-Vorschrift des § 25 Abs. 4 Satz 2 eine „Soll“-Norm gemacht, d.h. die innere Leichenschau hat in der Regel zu erfolgen, wenn Anhaltspunkte dafür bestehen, dass sich daraus bedeutsame Hinweise für die Ausbreitung einer Krankheit ergeben.
Zur Bestattung von Personen, die an einer übertragbaren Krankheit verstorben sind, enthalten landesrechtliche Bestattungsvorschriften Sonderregelungen; s. auch DIN EN 15017 „Bestattungsdienstleistungen – Anforderungen“. § 25 Abs. 4 ist durch § 73 Abs. 1a Nr. 11 bußgeldbewehrt.

§ 26
Teilnahme des behandelnden Arztes

Der behandelnde Arzt ist berechtigt, mit Zustimmung des Patienten an den Untersuchungen nach § 25 sowie an der inneren Leichenschau teilzunehmen.

Eine möglichst enge Zusammenarbeit zwischen behandelndem Arzt und Gesundheitsamt ist nicht nur im Rahmen der Meldepflicht, sondern auch im Rahmen der Ermittlungsuntersuchungen von Bedeutung (vgl. Anmerkungen zu § 25 Abs. 3). Dass der behandelnde Arzt ein wesentliches Interesse an den Ergebnissen der Ermittlungsuntersuchungen des Gesundheitsamtes hat bzw. haben muss, bedarf keiner näheren Erläuterung. Billigt § 26 dem behandelnden Arzt deshalb zu („mit Zustimmung des Patienten“, vgl. hierzu §§ 182 bis 184 BGB), an diesen Untersuchungen teilzunehmen, so folgt daraus zwangsläufig die Berechtigung des behandelnden Arztes – auch ohne an den Untersuchungen teilzunehmen – vom Gesundheitsamt über die Ergebnisse unterrichtet zu werden, soweit sich nicht im Einzelfall darüber hinaus sogar eine Pflicht des Gesundheitsamtes ergibt, den Arzt zu unterrichten im Hinblick auf aus dem Ergebnis solcher Untersuchungen folgende notwendige Schutzmaßnahmen, die diesen selbst oder dessen andere Patienten betreffen.

§ 27
Gegenseitige Unterrichtung

(1) Das Gesundheitsamt unterrichtet insbesondere in den Fällen des § 25 Absatz 1 unverzüglich andere Gesundheitsämter oder die zuständigen Behörden und Stellen nach den §§ 54 bis 54b, deren Aufgaben nach diesem Gesetz berührt sind, und übermittelt ihnen die zur Erfüllung von deren Aufgaben erforderlichen Angaben, sofern ihm die Angaben vorliegen. Die zuständigen Behörden und Stellen nach den §§ 54 bis 54b unterrichten das Gesundheitsamt, wenn dessen Aufgaben nach diesem Gesetz berührt sind, und übermitteln diesem die zur Erfüllung von dessen Aufgaben erforderlichen Angaben, soweit ihnen die Angaben vorliegen.

(2) Das Gesundheitsamt unterrichtet unverzüglich die für die Überwachung nach § 39 Absatz 1 Satz 1 des Lebensmittel- und Futtermittelgesetzbuchs örtlich zuständige Lebensmittelüberwachungsbehörde, wenn aufgrund von Tatsachen feststeht oder der Verdacht besteht,

1. **dass ein spezifisches Lebensmittel, das an Endverbraucher abgegeben wurde, in mindestens zwei Fällen mit epidemiologischem Zusammenhang Ursache einer übertragbaren Krankheit ist, oder**
2. **dass Krankheitserreger auf Lebensmittel übertragen wurden und deshalb eine Weiterverbreitung der Krankheit durch Lebensmittel zu befürchten ist.**

Das Gesundheitsamt stellt folgende Angaben zur Verfügung, soweit sie ihm vorliegen und die Angaben für die von der zuständigen Lebensmittelüberwachungsbehörde zu treffenden Maßnahmen erforderlich sind:

1. Zahl der Kranken, Krankheitsverdächtigen, Ansteckungsverdächtigen und Ausscheider, auf Ersuchen der Lebensmittelüberwachungsbehörde auch Namen und Erreichbarkeitsdaten,
2. betroffenes Lebensmittel,
3. an Endverbraucher abgegebene Menge des Lebensmittels,
4. Ort und Zeitraum seiner Abgabe,
5. festgestellter Krankheitserreger und
6. von Personen entgegen § 42 ausgeübte Tätigkeit sowie Ort der Ausübung.

(3) Das Gesundheitsamt unterrichtet unverzüglich die nach § 4 Absatz 1 des Tiergesundheitsgesetzes zuständige Behörde, wenn

1. auf Grund von Tatsachen feststeht oder der Verdacht besteht, dass
   a) Erreger einer übertragbaren Krankheit unmittelbar oder mittelbar von Tieren auf eine betroffene Person übertragen wurden oder
   b) Erreger von einer betroffenen Person auf Tiere übertragen wurden, und
2. es sich um Erreger einer nach einer auf Grund des Tiergesundheitsgesetzes erlassenen Rechtsverordnung anzeigepflichtigen Tierseuche oder meldepflichtigen Tierkrankheit handelt.

Das Gesundheitsamt übermittelt der nach § 4 Absatz 1 des Tiergesundheitsgesetzes zuständigen Behörde Angaben zum festgestellten Erreger, zur Tierart und zum Standort der Tiere, sofern ihm die Angaben vorliegen.

(4) Das Gesundheitsamt unterrichtet unverzüglich die für den Immissionsschutz zuständige Behörde, wenn im Fall einer örtlichen oder zeitlichen Häufung von Infektionen mit Legionella sp. der Verdacht besteht, dass Krankheitserreger durch Aerosole in der Außenluft auf den Menschen übertragen wurden. Das Gesundheitsamt übermittelt der für den Immissionsschutz zuständigen Behörde Angaben zu den wahrscheinlichen Orten und Zeitpunkten der Infektionen, sofern ihm die Angaben vorliegen.

(5) Das Gesundheitsamt unterrichtet unverzüglich die zuständige Landesbehörde, wenn der Verdacht besteht, dass ein Arzneimittel die Quelle einer Infektion ist. Das Gesundheitsamt übermittelt der zuständigen Landesbehörde alle notwendigen Angaben, sofern es diese Angaben ermitteln kann, wie Bezeichnung des Produktes, Name oder Firma des pharmazeutischen Unternehmers und die Chargenbezeichnung. Über die betroffene Person sind ausschließlich das Geburtsdatum, das Geschlecht sowie der erste Buchstabe des ersten Vornamens und der erste Buchstabe des ersten Nachnamens anzugeben. Die zuständige Behörde übermittelt die Angaben unverzüglich der nach § 77 des Arzneimittelgesetzes zuständigen Bundesoberbehörde. Die personenbezogenen Daten sind zu pseudonymisieren.

(6) Steht aufgrund von Tatsachen fest oder besteht der Verdacht, dass jemand, der an einer meldepflichtigen Krankheit erkrankt oder mit einem meldepflichtigen Krankheitserreger infiziert ist, oder dass ein Verstorbener, der an einer meldepflichtigen Krankheit erkrankt oder mit einem meldepflichtigen Krankheitserreger infiziert war, nach dem vermuteten Zeitpunkt der Infektion Blut-, Organ-, Gewebe- oder Zellspender war, so hat das Gesundheitsamt, wenn es sich dabei um eine durch Blut, Blutpro-

dukte, Organe, Gewebe oder Zellen übertragbare Krankheit oder Infektion handelt, die zuständigen Behörden von Bund und Ländern unverzüglich über den Befund oder Verdacht zu unterrichten. Es meldet dabei die ihm bekannt gewordenen Sachverhalte. Nach den Sätzen 1 und 2 hat es bei Spendern vermittlungspflichtiger Organe (§ 1a Nummer 2 des Transplantationsgesetzes) auch die nach § 11 des Transplantationsgesetzes errichtete oder bestimmte Koordinierungsstelle zu unterrichten, bei sonstigen Organ-, Gewebe- oder Zellspendern nach den Vorschriften des Transplantationsgesetzes die Einrichtung der medizinischen Versorgung, in der das Organ, das Gewebe oder die Zelle übertragen wurde oder übertragen werden soll, und die Gewebeeinrichtung, die das Gewebe oder die Zelle entnommen hat.

§ 27 in der Fassung des ÄndG vom 21.3.2013 (BGBl I S. 566) ist durch das ÄndG vom 17.7.2017 „zu einer Regelung spezieller Aspekte des Informationsmanagements durch das Gesundheitsamt" ausgebaut worden (Amtliche Begründung). Die darin enthaltenen Informationspflichten dienen der notwendigen fachübergreifenden Zusammenarbeit aller beteiligten Behörden bei der Abwehr von Gesundheitsgefahren. Die Änderungen und Ergänzungen in § 27 Absatz 1 durch Artikel 1 Nr. 17 des Gesetzes vom 19.5.2020 (BGBl. I S. 1018) stellen klar, dass es sich um gegenseitige Unterrichtungen der beteiligten Behörden handelt, wobei auf die Stellen nach § 54 bis § 54b besonders hingewiesen wird (zuständige Länderbehörden, Bundeswehr, Eisenbahn-Bundesamt).
§ 27 Abs. 6 entspricht dem bisherigen Absatz 2.
Siehe hierzu auch §§ 19 ff des Transfusionsgesetzes (auszugsweise abgedruckt im **Anhang**); dort ist ein Rückverfolgungsverfahren geregelt, wenn eine Spende-Einrichtung feststellt bzw. den begründeten Verdacht hat, „dass eine spendende Person mit HIV, mit Hepatitis-Viren oder anderen Erregern, die zu schwerwiegenden Krankheitsverläufen führen können, infiziert ist". Das Look-Back-Verfahren erfolgt nach den Empfehlungen des „Arbeitskreises Blut" (Bundesgesundheitsbl. 2001 S. 305): s. auch Ergänzung zu Votum 34 „Verfahren zur Rückverfolgung (Look Back) gemäß § 19 Transfusionsgesetz" vom 14.6.2006 (Bundesgesundheitsbl. 2007, S. 2469).
Unabhängig davon können in solchen Fällen Ermittlungsuntersuchungen nach § 25 IfSG veranlasst sein.

§ 28
Schutzmaßnahmen

(1) Werden Kranke, Krankheitsverdächtige, Ansteckungsverdächtige oder Ausscheider festgestellt oder ergibt sich, dass ein Verstorbener krank, krankheitsverdächtig oder Ausscheider war, so trifft die zuständige Behörde die notwendigen Schutzmaßnahmen, insbesondere die in §§ 28a, 28b und 29 bis 31 genannten, soweit und solange es zur Verhinderung der Verbreitung übertragbarer Krankheiten erforderlich ist; sie kann insbesondere Personen verpflichten, den Ort, an dem sie sich befinden, nicht oder nur unter bestimmten Bedingungen zu verlassen oder von ihr bestimmte Orte oder öffentliche Orte nicht oder nur unter bestimmten Bedingungen zu betreten. Unter den 1)

Voraussetzungen von Satz 1 kann die zuständige Behörde Veranstaltungen oder sonstige Ansammlungen von Menschen beschränken oder verbieten und Badeanstalten oder in § 33 genannte Gemeinschaftseinrichtungen oder Teile davon schließen. Eine Heilbehandlung darf nicht angeordnet werden. Die Grundrechte der körperlichen Unversehrtheit (Artikel 2 Absatz 2 Satz 1 des Grundgesetzes), der Freiheit der Person (Artikel 2 Absatz 2 Satz 2 des Grundgesetzes), der Versammlungsfreiheit (Artikel 8 des Grundgesetzes), der Freizügigkeit (Artikel 11 Absatz 1 des Grundgesetzes) und der Unverletzlichkeit der Wohnung (Artikel 13 Absatz 1 des Grundgesetzes) werden insoweit eingeschränkt.

(2) Wird festgestellt, dass eine Person in einer Gemeinschaftseinrichtung an Masern erkrankt, dessen verdächtig oder ansteckungsverdächtig ist, kann die zuständige Behörde Personen, die weder einen Impfschutz, der den Empfehlungen der Ständigen Impfkommission entspricht, noch eine Immunität gegen Masern durch ärztliches Zeugnis nachweisen können, die in § 34 Absatz 1 Satz 1 und 2 genannten Verbote erteilen, bis eine Weiterverbreitung der Krankheit in der Gemeinschaftseinrichtung nicht mehr zu befürchten ist.

2) **(3) Für Maßnahmen nach den Absätzen 1 und 2 gilt § 16 Abs. 5 bis 8, für ihre Überwachung außerdem § 16 Abs. 2 entsprechend.**

1) § 28 Abs. 1 ist durch die ÄndG vom 27.3.2020 und vom 18.11.2020 substantiell unverändert geblieben, die Vorschrift wurde lediglich klarer formuliert. Da Maßnahmen nach § 28 und § 28a auch in die körperliche Unversehrtheit eingreifen können, wurde Absatz 1 S. 4 im Hinblick auf das Zitiergebot des Art. 19 Abs. 1 GG um Art. 2 Abs. 2 S. 1 GG ergänzt. Abs. 1 Satz 1 ermächtigt als Bekämpfungs-Generalklausel (parallel zur Verhütungs-Generalklausel des § 16 Abs. 1) zur Anordnung aller notwendigen Schutzmaßnahmen, soweit nicht spezielle Schutzmaßnahmen nach § 28 Abs. 1 Satz 2 oder den §§ 29 bis 31 in Betracht kommen. Dabei kann z.B. auch die vorübergehende Stilllegung eines Flugzeugs oder eines Passagierschiffes notwendig sein, soweit nicht in einem solchen Fall eine Quarantäne (§ 30) in Betracht kommt.
Auf diese Generalklausel können auch gestützt werden Verhaltensgebote bzw. -verbote, wie z.B. safer sex, Gebot zur Präservativbenutzung bei Prostituierten, Kondompflicht für Infizierte, Aufklärung von Familienangehörigen durch den Infizierten (siehe hierzu auch OLG Frankfurt, Urteil vom 5.10.1999, MedR 2000, 196 = das Krankenhaus 5/2000, 413).
Der durch Art. 8 Nr. 4 des PrävG vom 17.7.2015 eingefügte Absatz 2 des § 28 stellt eine Ergänzung zu den Besuchsverboten des § 34 dar, und zwar für Ansteckungsverdächtige (vgl. § 2 Nr. 7 samt Anmerkung) beim Auftreten von Masern. Der Gesetzgeber setzte damit die einschlägige Rechtsprechung um, die entsprechende Maßnahmen auf die Generalklausel des § 28 Abs. 1 stützt (vgl. Urteil des BVerwG vom 22.3.2012 Az. 3 C 16.11 sowie übereinstimmend Beschlüsse des VG Berlin vom 11.3.2015 Az. VG 14 L 35.15 und L 36.15).
Unabhängig von den Verboten nach § 28 Abs. 2 bei Masernkranken, -krankheitsverdächtigen und -ansteckungsverdächtigen in Gemeinschaftseinrichtun-

gen sind die Besuchs- bzw. Tätigkeitsverbote nach § 20 Abs. 9, 10 bei nicht nachgewiesenem Impfschutz bzw. Immunität gegen Masern.
Die Anordnung einer Heil(zwangs-)behandlung ist in § 28 Abs. 1 Satz 3 ausdrücklich untersagt. Obwohl eine Heilbehandlung oft eine besonders wirksame Maßnahme zur Verhinderung der Seuchenausbreitung ist, wird im IfSG (mit Rücksicht auf Art. 2 GG) darauf verzichtet; demgegenüber steht möglicherweise eine längere Absonderung.
Schutzmaßnahmen nach dem IfSG haben „notstandsähnlichen Charakter". Sie können deshalb ohne Weiteres auch gegen Diplomaten und andere bevorrechtigte Personen (z.B. Staatsoberhäupter und Abgeordnete – ohne Aufhebung der Immunität) – angeordnet werden. Ggf. sind das Auswärtige Amt (Protokollabteilung) bzw. die Präsidenten von Bundestag/Landtag zu unterrichten (vgl. z.B. Geschäftsordnung des Deutschen Bundestags). Hinsichtlich der Angehörigen ausländischer Streitkräfte siehe Anmerkung zu § 54a.
Verstöße gegen § 28 sind bußgeldbewehrt (§ 73 Abs. 1a Nrn. 6 und 11a).
Die **Kosten** für die Durchführung von Schutzmaßnahmen nach § 28 werden nicht aus öffentlichen Mitteln bestritten (vgl. § 69).

2) Siehe Anmerkungen zu § 16.

§ 28a
Besondere Schutzmaßnahmen zur Verhinderung der Verbreitung der Coronavirus-Krankheit-2019 (COVID-19) bei epidemischer Lage von nationaler Tragweite

(1) Notwendige Schutzmaßnahmen im Sinne des § 28 Absatz 1 Satz 1 und 2 zur Verhinderung der Verbreitung der Coronavirus-Krankheit-2019 (COVID-19) können für die Dauer der Feststellung einer epidemischen Lage von nationaler Tragweite nach § 5 Absatz 1 Satz 1 durch den Deutschen Bundestag insbesondere sein

1. **Anordnung eines Abstandsgebots im öffentlichen Raum,**
2. **Verpflichtung zum Tragen einer Mund-Nasen-Bedeckung (Maskenpflicht),**
3. **Verpflichtung zur Vorlage eines Impf-, Genesenen- oder Testnachweises,**
4. **Ausgangs- oder Kontaktbeschränkungen im privaten sowie im öffentlichen Raum,**
5. **Verpflichtung zur Erstellung und Anwendung von Hygienekonzepten für Betriebe, Einrichtungen oder Angebote mit Publikumsverkehr,**
6. **Untersagung oder Beschränkung von Freizeitveranstaltungen und ähnlichen Veranstaltungen,**
7. **Untersagung oder Beschränkung des Betriebs von Einrichtungen, die der Freizeitgestaltung zuzurechnen sind,**
8. **Untersagung oder Beschränkung von Kulturveranstaltungen oder des Betriebs von Kultureinrichtungen,**
9. **Untersagung oder Beschränkung von Sportveranstaltungen und der Sportausübung,**
10. **umfassendes oder auf bestimmte Zeiten beschränktes Verbot der Alkoholabgabe oder des Alkoholkonsums auf bestimmten öffentlichen Plätzen oder in bestimmten öffentlich zugänglichen Einrichtungen,**

11. Untersagung von oder Erteilung von Auflagen für das Abhalten von Veranstaltungen, Ansammlungen, Aufzügen, Versammlungen sowie religiösen oder weltanschaulichen Zusammenkünften,
12. Untersagung oder Beschränkung von Reisen; dies gilt insbesondere für touristische Reisen,
13. Untersagung oder Beschränkung von Übernachtungsangeboten,
14. Untersagung oder Beschränkung des Betriebs von gastronomischen Einrichtungen,
15. Schließung oder Beschränkung von Betrieben, Gewerben, Einzel- oder Großhandel,
16. Untersagung oder Beschränkung des Betretens oder des Besuchs von Einrichtungen des Gesundheits- oder Sozialwesens,
17. Schließung von Gemeinschaftseinrichtungen im Sinne von § 33, Hochschulen, außerschulischen Einrichtungen der Erwachsenenbildung oder ähnlichen Einrichtungen oder Erteilung von Auflagen für die Fortführung ihres Betriebs oder
18. Anordnung der Verarbeitung der Kontaktdaten von Kunden, Gästen oder Veranstaltungsteilnehmern, um nach Auftreten einer Infektion mit dem Coronavirus SARS-CoV-2 mögliche Infektionsketten nachverfolgen und unterbrechen zu können.

(2) Die Anordnung der folgenden Schutzmaßnahmen nach Absatz 1 in Verbindung mit § 28 Absatz 1 ist nur zulässig, soweit auch bei Berücksichtigung aller bisher getroffenen anderen Schutzmaßnahmen eine wirksame Eindämmung der Verbreitung der Coronavirus-Krankheit-2019 (COVID-19) erheblich gefährdet wäre:

1. Untersagung von Versammlungen oder Aufzügen im Sinne von Artikel 8 des Grundgesetzes und von religiösen oder weltanschaulichen Zusammenkünften nach Absatz 1 Nummer 11,
2. Anordnung einer Ausgangsbeschränkung nach Absatz 1 Nummer 4, nach der das Verlassen des privaten Wohnbereichs nur zu bestimmten Zeiten oder zu bestimmten Zwecken zulässig ist, und
3. Untersagung des Betretens oder des Besuchs von Einrichtungen im Sinne von Absatz 1 Nummer 16, wie zum Beispiel Alten- oder Pflegeheimen, Einrichtungen der Behindertenhilfe, Entbindungseinrichtungen oder Krankenhäusern für enge Angehörige von dort behandelten, gepflegten oder betreuten Personen.

Schutzmaßnahmen nach Absatz 1 Nummer 15 dürfen nicht zur vollständigen Isolation von einzelnen Personen oder Gruppen führen; ein Mindestmaß an sozialen Kontakten muss gewährleistet bleiben.

(3) Entscheidungen über Schutzmaßnahmen zur Verhinderung der Verbreitung der Coronavirus-Krankheit-2019 (COVID-19) nach Absatz 1 in Verbindung mit § 28 Absatz 1, nach § 28 Absatz 1 Satz 1 und 2 und den §§ 29 bis 32 sind insbesondere an dem Schutz von Leben und Gesundheit und der Funktionsfähigkeit des Gesundheitssystems auszurichten; dabei sind absehbare Änderungen des Infektionsgeschehens durch ansteckendere, das Gesundheitssystem stärker belastende Virusvarianten zu be-

rücksichtigen. Zum präventiven Infektionsschutz können insbesondere die in Absatz 1 Nummer 1, 2, 3, 5 und 18 genannten Schutzmaßnahmen ergriffen werden. Weitergehende Schutzmaßnahmen sollen unter Berücksichtigung des jeweiligen regionalen und überregionalen Infektionsgeschehens mit dem Ziel getroffen werden, eine drohende Überlastung der regionalen und überregionalen stationären Versorgung zu vermeiden. Wesentlicher Maßstab für die weitergehenden Schutzmaßnahmen ist insbesondere die Anzahl der in Bezug auf die Coronavirus-Krankheit-2019 (COVID-19) in ein Krankenhaus aufgenommenen Personen je 100 000 Einwohner innerhalb von sieben Tagen. Weitere Indikatoren wie die unter infektionsepidemiologischen Aspekten differenzierte Anzahl der Neuinfektionen mit dem Coronavirus SARS-CoV-2 je 100 000 Einwohner innerhalb von sieben Tagen, die verfügbaren intensivmedizinischen Behandlungskapazitäten und die Anzahl der gegen die Coronavirus-Krankheit-2019 (COVID-19) geimpften Personen sollen bei der Bewertung des Infektionsgeschehens berücksichtigt werden. Die Landesregierungen können im Rahmen der Festlegung der Schutzmaßnahmen unter Berücksichtigung der jeweiligen stationären Versorgungkapazitäten in einer Rechtsverordnung nach § 32 Schwellenwerte für die Indikatoren nach den Sätzen 4 und 5 festsetzen; entsprechend können die Schutzmaßnahmen innerhalb eines Landes regional differenziert werden. Das Robert Koch-Institut veröffentlicht im Internet unter https://www.rki.de/covid-19-trends werktäglich nach Altersgruppen differenzierte und mindestens auf einzelne Länder und auf das Bundesgebiet bezogene Daten zu Indikatoren nach den Sätzen 4 und 5. Die Länder können die Indikatoren nach den Sätzen 4 und 5 landesweit oder regional differenziert auch statt bezogen auf 100 000 Einwohner bezogen auf das Land oder die jeweilige Region als Maßstab verwenden.

(4) Im Rahmen der Kontaktdatenerhebung nach Absatz 1 Nummer 17 dürfen von den Verantwortlichen nur personenbezogene Angaben sowie Angaben zum Zeitraum und zum Ort des Aufenthaltes erhoben und verarbeitet werden, soweit dies zur Nachverfolgung von Kontaktpersonen zwingend notwendig ist. Die Verantwortlichen haben sicherzustellen, dass eine Kenntnisnahme der erfassten Daten durch Unbefugte ausgeschlossen ist. Die Daten dürfen nicht zu einem anderen Zweck als der Aushändigung auf Anforderung an die nach Landesrecht für die Erhebung der Daten zuständigen Stellen verwendet werden und sind vier Wochen nach Erhebung zu löschen. Die zuständigen Stellen nach Satz 3 sind berechtigt, die erhobenen Daten anzufordern, soweit dies zur Kontaktnachverfolgung nach § 25 Absatz 1 erforderlich ist. Die Verantwortlichen nach Satz 1 sind in diesen Fällen verpflichtet, den zuständigen Stellen nach Satz 3 die erhobenen Daten zu übermitteln. Eine Weitergabe der übermittelten Daten durch die zuständigen Stellen nach Satz 3 oder eine Weiterverwendung durch diese zu anderen Zwecken als der Kontaktnachverfolgung ist ausgeschlossen. Die den zuständigen Stellen nach Satz 3 übermittelten Daten sind von diesen unverzüglich irreversibel zu löschen, sobald die Daten für die Kontaktnachverfolgung nicht mehr benötigt werden.

(5) Rechtsverordnungen, die nach § 32 in Verbindung mit § 28 Absatz 1 und § 28a Absatz 1 erlassen werden, sind mit einer allgemeinen Begründung zu versehen und

zeitlich zu befristen. Die Geltungsdauer beträgt grundsätzlich vier Wochen; sie kann verlängert werden.

(6) Schutzmaßnahmen nach Absatz 1 in Verbindung mit § 28 Absatz 1, nach § 28 Absatz 1 Satz 1 und 2 nach den §§ 29 bis 31 können auch kumulativ angeordnet werden, soweit und solange es für eine wirksame Verhinderung der Verbreitung der Coronavirus-Krankheit-2019 (COVID-19) erforderlich ist. Bei Entscheidungen über Schutzmaßnahmen zur Verhinderung der Verbreitung der Coronavirus-Krankheit-2019 (COVID-19) sind soziale, gesellschaftliche und wirtschaftliche Auswirkungen auf den Einzelnen und die Allgemeinheit einzubeziehen und zu berücksichtigen, soweit dies mit dem Ziel einer wirksamen Verhinderung der Verbreitung der Coronavirus-Krankheit-2019 (COVID-19) vereinbar ist. Einzelne soziale, gesellschaftliche oder wirtschaftliche Bereiche, die für die Allgemeinheit von besonderer Bedeutung sind, können von den Schutzmaßnahmen ausgenommen werden, soweit ihre Einbeziehung zur Verhinderung der Verbreitung der Coronavirus-Krankheit-2019 (COVID-19) nicht zwingend erforderlich ist.

Das G vom 18.11.2020 (BGBl. S. 2397) hat ergänzend zu § 28 den § 28a in das IfSG eingefügt, der seither mehrfache, teils umfassende Änderungen erfahren hat.
Nach den Erfahrungen des Jahres 2020 erfordern wirksame Maßnahmen zur Bekämpfung der Corona-Pandemie massive Eingriffe in die Grundrechte der Bevölkerung (insbesondere Freiheit, Freizügigkeit, Berufsfreiheit, körperliche Unversehrtheit). Im Hinblick auf die verfassungsrechtlichen Anforderungen (vgl. Art. 80 GG, Parlamentsvorbehalt) werden diese Maßnahmen nun durch § 28a gesetzlich detailliert geregelt.
Voraussetzung für die Anwendung des § 28a ist zunächst die „Feststellung einer epidemischen Lage von nationaler Tragweite“ durch den Bundestag gemäß § 5 Abs. 1.
Bei allen Maßnahmen ist der verfassungsrechtliche Grundsatz der Verhältnismäßigkeit zu beachten. Insbesondere gilt dies bei Regelungen für religiöse und weltanschauliche Zusammenkünfte (Abs. 1 Nr. 10, Abs. 2 Nr. 1), für den Besuch von Alten- und Pflegeheimen, Krankenhäusern etc. (Abs. 1 Nr. 15, Abs. 2 Nr. 3) und für Ausgangsbeschränkungen im privaten Bereich (Abs. 1 Nr. 3, Abs. 2 Nr. 2).
Im Übrigen hat sich gezeigt, dass gesellschaftliche, soziale und insbesondere wirtschaftliche Auswirkungen nicht unberücksichtigt bleiben dürfen (Absatz 6).
Zu beachten sind auch die Funktionsfähigkeit des Gesundheitswesens sowie ein regional unterschiedliches Infektionsgeschehen (Absatz 3); deshalb ist ein gestuftes Vorgehen vorgesehen, das sich jeweils an der aktuellen Situation orientiert. Die hierfür maßgeblichen Schwellenwerte gibt das RKI im Internet bekannt.
Absatz 4 regelt die datenschutzrechtlichen Anforderungen im Hinblick auf die Kontaktdaten-Erhebung nach Absatz 1 Nr. 17.
Durch das ÄndG vom 16.9.2022 mit Wirkung vom 1.10.2022 als obsolet durch die Neuregelung der Schutzmaßnahmen in § 28b entfallen sind die zuvor erst durch das G vom 18.3.2022 eingefügten Absätze 7 bis 10 von § 28a. Danach war unabhängig von der Feststellung einer epidemischen Lage von nationaler Trag-

weite die länderspezifische Anordnung „niedrigschwelliger Maßnahmen" (Verpflichtung zum Tragen einer Maske bzw. Testpflichten) möglich. Erweiterte Schutzmaßnahmen (etwa Maskenpflicht, Abstandsgebot und Hygienekonzepte) konnten für einen sog. „Hot Spot", also bei einer lokal begrenzten bedrohlichen Infektionslage, für diese betroffene Gebietskörperschaft angeordnet werden; das Landesparlament hatte zuvor aber das Vorliegen der konkreten Gefahr einer sich dynamisch ausbreitenden Infektionslage und die Anwendung konkreter Maßnahmen in dieser Gebietskörperschaft festzustellen.

§ 28b
Besondere Schutzmaßnahmen zur Verhinderung der Verbreitung der Coronavirus-Krankheit-2019 (COVID-19) unabhängig von einer epidemischen Lage von nationaler Tragweite bei saisonal hoher Dynamik

(1) Unabhängig von einer durch den Deutschen Bundestag nach § 5 Absatz 1 Satz 1 festgestellten epidemischen Lage von nationaler Tragweite gilt zur Verhinderung der Verbreitung der Coronavirus-Krankheit-2019 (COVID-19) und zur Gewährleistung der Funktionsfähigkeit des Gesundheitssystems oder der sonstigen Kritischen Infrastrukturen in der Zeit vom 1. Oktober 2022 bis zum 7. April 2023:

1. **Fahrgäste in Verkehrsmitteln des öffentlichen Personenfernverkehrs, die das 14. Lebensjahr vollendet haben, sind verpflichtet, eine Atemschutzmaske (FFP2 oder vergleichbar) zu tragen,**
2. **das Kontroll- und Servicepersonal und das Fahr- und Steuerpersonal in Verkehrsmitteln des öffentlichen Personenfernverkehrs, soweit tätigkeitsbedingt physische Kontakte zu anderen Personen bestehen, sowie Fahrgäste in Verkehrsmitteln des öffentlichen Personenfernverkehrs, die das sechste, aber noch nicht das 14. Lebensjahr vollendet haben, sind verpflichtet, eine medizinische Gesichtsmaske (Mund-Nasen-Schutz) oder eine Atemschutzmaske (FFP2 oder vergleichbar) zu tragen,**
3. **die folgenden Einrichtungen dürfen nur von Personen betreten werden, die eine Atemschutzmaske (FFP2 oder vergleichbar) tragen sowie einen Testnachweis nach § 22a Absatz 3 vorlegen:**
   a) **Krankenhäuser und Rehabilitationseinrichtungen, in denen eine den Krankenhäusern vergleichbare medizinische Versorgung erfolgt,**
   b) **voll- oder teilstationäre Einrichtungen zur Betreuung und Unterbringung älterer, behinderter oder pflegebedürftiger Menschen und vergleichbare Einrichtungen;**

   Beschäftigte in diesen Einrichtungen müssen einen Testnachweis nach § 22a Absatz 3 abweichend von § 22a Absatz 3 mindestens dreimal pro Kalenderwoche vorlegen,
4. **in folgenden Einrichtungen oder Unternehmen dürfen in der Pflege nur Personen tätig werden, die eine Atemschutzmaske (FFP2 oder vergleichbar) tragen sowie mindestens dreimal pro Kalenderwoche einen Testnachweis nach § 22a Absatz 3 vorlegen:**

a) ambulante Pflegedienste, die ambulante Intensivpflege in Einrichtungen, Wohngruppen oder sonstigen gemeinschaftlichen Wohnformen oder in der eigenen Häuslichkeit der pflegebedürftigen Person erbringen sowie
b) ambulante Pflegedienste und Unternehmen, die vergleichbare Dienstleistungen wie voll- oder teilstationäre Einrichtungen zur Betreuung und Unterbringung älterer, behinderter oder pflegebedürftiger Menschen erbringen; Angebote zur Unterstützung im Alltag im Sinne von § 45a Absatz 1 Satz 2 des Elften Buches Sozialgesetzbuch zählen nicht zu diesen Dienstleistungen. Gleiches gilt für Personen, die diese Leistungen im Rahmen eines Persönlichen Budgets nach § 29 des Neunten Buches Sozialgesetzbuch erbringen,

5. die folgenden Einrichtungen dürfen von Patienten und Besuchern nur betreten werden, wenn sie eine Atemschutzmaske (FFP2 oder vergleichbar) tragen:
   a) Arztpraxen, Zahnarztpraxen, psychotherapeutische Praxen,
   b) Praxen sonstiger humanmedizinischer Heilberufe,
   c) Einrichtungen für ambulantes Operieren,
   d) Dialyseeinrichtungen,
   e) Tageskliniken,
   f) Behandlungs- oder Versorgungseinrichtungen, die mit einer der in den Buchstaben a bis e genannten Einrichtungen vergleichbar sind,
   g) Einrichtungen des öffentlichen Gesundheitsdienstes, in denen medizinische Untersuchungen, Präventionsmaßnahmen oder ambulante Behandlungen durchgeführt werden,
   h) Rettungsdienste.

Die Bundesregierung wird ermächtigt, durch Rechtsverordnung ohne Zustimmung des Bundesrates anzuordnen, dass Fluggäste sowie Service- und Steuerpersonal in den Verkehrsmitteln des Luftverkehrs verpflichtet sind, eine Atemschutzmaske (FFP2 oder vergleichbar) oder eine medizinische Gesichtsmaske (Mund-Nasen-Schutz) zu tragen. Eine Atemschutzmaske (FFP2 oder vergleichbar) oder eine medizinische Gesichtsmaske (Mund-Nasen-Schutz) muss nicht getragen werden von

1. Kindern, die das sechste Lebensjahr noch nicht vollendet haben,
2. Personen, die ärztlich bescheinigt auf Grund einer gesundheitlichen Beeinträchtigung, einer ärztlich bescheinigten chronischen Erkrankung oder einer Behinderung keine Atemschutzmaske oder medizinische Gesichtsmaske tragen können, und
3. gehörlosen und schwerhörigen Menschen und Personen, die mit ihnen kommunizieren, sowie ihren Begleitpersonen.

Beförderer sind verpflichtet, die Einhaltung der Verpflichtungen nach Satz 1 Nummer 1 und 2 sowie auf Grund einer Rechtsverordnung nach Satz 2 durch stichprobenhafte Kontrollen zu überwachen; Einrichtungen und Unternehmen nach Satz 1 Nummer 3 bis 5 sind verpflichtet, die Einhaltung der Verpflichtungen nach Satz 1 Nummer 3 bis 5 durch stichprobenhafte Kontrollen zu überwachen. Personen, die die Verpflichtungen nach Satz 1 oder auf Grund einer Rechtsverordnung nach Satz 2 nicht erfüllen, können von der Beförderung oder dem Betreten der Einrichtung oder des Unternehmens ausgeschlossen werden. Die Verpflichtung zum Tragen einer Atemschutzmaske (FFP2 oder vergleichbar) nach Satz 1 Nummer 3 bis 5 gilt nicht, wenn die Erbringung oder Entgegennahme einer medizinischen oder vergleichbaren Behandlung dem Tragen einer Atemschutzmaske entgegensteht, sowie für in den Einrichtungen und Unternehmen behandelte, betreute, untergebrachte oder gepflegte Personen in den für ihren dauerhaften Aufenthalt bestimmten Räumlichkeiten. Die Verpflichtung zur Vorlage eines Testnachweises nach Satz 1 Nummer 3 und 4 gilt nicht für Personen, die in oder von den in Satz 1 Nummer 3 und 4 genannten Einrichtungen und Unternehmen behandelt, betreut, untergebracht oder gepflegt werden. Bei Personen, die in einer oder einem in Satz 1 Nummer 4 genannten Einrichtung oder Unternehmen tätig sind und die ihre Tätigkeit von ihrer Wohnung aus antreten, kann die dem Testnachweis zugrundeliegende Testung abweichend von § 22a Absatz 3 auch durch Antigen-Tests zur Eigenanwendung ohne Überwachung erfolgen. Die Landesregierungen werden ermächtigt, durch Rechtsverordnung weitere Personengruppen von der Nachweispflicht eines Testes nach Satz 1 Nummer 3 und 4 auszunehmen. Die Landesregierungen können die Ermächtigung durch Rechtsverordnung auf andere Stellen übertragen.

(2) Soweit dies zur Verhinderung der Verbreitung der Coronavirus-Krankheit-2019 (COVID-19) und zur Gewährleistung der Funktionsfähigkeit des Gesundheitssystems oder der sonstigen Kritischen Infrastrukturen erforderlich ist, können in der Zeit vom 1. Oktober 2022 bis zum 7. April 2023 folgende Maßnahmen notwendige Schutzmaßnahmen im Sinne des § 28 Absatz 1 Satz 1 und 2 sein:

1. die Verpflichtung zum Tragen einer medizinischen Gesichtsmaske (Mund-Nasen-Schutz) oder einer Atemschutzmaske (FFP2 oder vergleichbar)
   a) in öffentlich zugänglichen Innenräumen, in denen sich mehrere Personen aufhalten,
   b) in Verkehrsmitteln des öffentlichen Personennahverkehrs für Fahrgäste,
   c) in Obdachlosenunterkünften und Einrichtungen zur gemeinschaftlichen Unterbringung von Asylbewerbern, vollziehbar Ausreisepflichtigen, Flüchtlingen und Spätaussiedlern,
2. die Verpflichtung zum Tragen einer medizinischen Gesichtsmaske (Mund-Nasen-Schutz) für das Kontroll- und Servicepersonal und das Fahr- und Steuerpersonal in Verkehrsmitteln des öffentlichen Personennahverkehrs, soweit tätigkeitsbedingt physische Kontakte zu anderen Personen bestehen,
3. die Verpflichtung zur Testung auf das Vorliegen einer Infektion mit dem Coronavirus SARS-CoV-2 in
   a) Einrichtungen zur gemeinschaftlichen Unterbringung von Asylbewerbern, vollziehbar Ausreisepflichtigen, Flüchtlingen und Spätaussiedlern, Obdachlosen- und Wohnungslosenunterkünften sowie sonstigen Massenunterkünften,
   b) Schulen, Kindertageseinrichtungen und
   c) Justizvollzugsanstalten, Abschiebungshafteinrichtungen, Maßregelvollzugseinrichtungen sowie anderen Abteilungen oder Einrichtungen, wenn und soweit

dort dauerhaft freiheitsentziehende Unterbringungen erfolgen, insbesondere psychiatrische Krankenhäuser, Heime der Jugendhilfe und für Senioren.

Absatz 1 Satz 3 gilt entsprechend. Bei Freizeit-, Kultur- und Sportveranstaltungen, in Freizeit- und Kultureinrichtungen sowie in gastronomischen Einrichtungen und bei der Sportausübung ist vorzusehen, dass Personen, die über einen Testnachweis nach § 22a Absatz 3 verfügen, von der Verpflichtung zum Tragen einer Atemschutzmaske (FFP2 oder vergleichbar) oder einer medizinischen Gesichtsmaske (Mund-Nasen-Schutz) ausgenommen sind. Den Personen, die über einen Testnachweis nach § 22a Absatz 3 verfügen, können Personen gleichgestellt werden, die über einen Impfnachweis nach § 22a Absatz 1 verfügen und bei denen die letzte Einzelimpfung höchstens drei Monate zurückliegt, und Personen, die über einen Genesenennachweis nach § 22a Absatz 2 verfügen. Das Hausrecht der Betreiber oder Veranstalter, entsprechende Zugangsvoraussetzungen festzulegen, bleibt unberührt.

(3) Soweit dies zur Verhinderung der Verbreitung der Coronavirus-Krankheit-2019 (COVID-19) und zur Aufrechterhaltung eines geregelten Präsenz-Unterrichtsbetriebs erforderlich ist, kann in der Zeit vom 1. Oktober 2022 bis zum 7. April 2023 für folgende Personen die Verpflichtung zum Tragen einer medizinischen Gesichtsmaske (Mund-Nasen-Schutz) eine notwendige Schutzmaßnahme im Sinne des § 28 Absatz 1 Satz 1 und 2 sein:

1. Kinder und Schülerinnen und Schüler ab dem fünften Schuljahr in Schulen und Kinderhorten, in sonstigen Ausbildungseinrichtungen, in Heimen und in Ferienlagern und
2. Beschäftigte in Schulen und Kinderhorten, in sonstigen Ausbildungseinrichtungen, in Heimen, in Ferienlagern, in Kindertageseinrichtungen sowie in einer nach § 43 Absatz 1 des Achten Buches Sozialgesetzbuch erlaubnispflichtigen Kindertagespflege.

Bei der Entscheidung über Schutzmaßnahmen nach Satz 1 sind insbesondere das Recht auf schulische Bildung, auf soziale Teilhabe und die sonstigen besonderen Belange von Kindern und Jugendlichen zu berücksichtigen. Absatz 1 Satz 3 gilt entsprechend.

(4) Unabhängig von einer durch den Deutschen Bundestag nach § 5 Absatz 1 Satz 1 festgestellten epidemischen Lage von nationaler Tragweite können in einem Land oder in einer oder mehreren konkret zu benennenden Gebietskörperschaften eines Landes in der Zeit vom 1. Oktober 2022 bis zum 7. April 2023 zusätzlich zu den in den Absätzen 2 und 3 genannten Maßnahmen folgende Maßnahmen notwendige Schutzmaßnahmen im Sinne des § 28 Absatz 1 Satz 1 und 2 sein, sofern in dem Land oder in der oder den konkret zu benennenden Gebietskörperschaften eine konkrete Gefahr für die Funktionsfähigkeit des Gesundheitssystems oder der sonstigen Kritischen Infrastrukturen besteht und das Parlament des betroffenen Landes dies für das Land oder eine oder mehrere konkret zu benennende Gebietskörperschaften festgestellt hat:

1. die Verpflichtung zum Tragen einer medizinischen Gesichtsmaske (Mund-Nasen-Schutz) oder einer Atemschutzmaske (FFP2 oder vergleichbar) bei Veranstaltungen

im Außenbereich, soweit ein Abstand von 1,5 Metern regelmäßig nicht eingehalten werden kann,
2. die Verpflichtung zum Tragen einer medizinischen Gesichtsmaske (Mund-Nasen-Schutz) oder einer Atemschutzmaske (FFP2 oder vergleichbar) für Veranstaltungen in öffentlich zugänglichen Innenräumen,
3. die Verpflichtung für den Groß- und Einzelhandel, für Betriebe, Einrichtungen, Gewerbe sowie Angebote und Veranstaltungen aus dem Freizeit-, Kultur- und Sportbereich für öffentlich zugängliche Innenräume, in denen sich mehrere Personen aufhalten, Hygienekonzepte zu erstellen, die die Bereitstellung von Desinfektionsmitteln sowie Maßnahmen zur Vermeidung unnötiger Kontakte und Lüftungskonzepte vorsehen können,
4. die Anordnung eines Abstandsgebots mit einem Abstand von 1,5 Metern (Mindestabstand) im öffentlichen Raum, insbesondere in öffentlich zugänglichen Innenräumen,
5. die Festlegung von Personenobergrenzen für Veranstaltungen in öffentlich zugänglichen Innenräumen.

Absatz 1 Satz 3 gilt entsprechend. Die Feststellung nach Satz 1 gilt als aufgehoben, sofern das Parlament in dem betroffenen Land nicht spätestens drei Monate nach der Feststellung nach Satz 1 die Feststellung erneut trifft; dies gilt entsprechend, sofern das Parlament in dem betroffenen Land nicht spätestens drei Monate nach der erneuten Feststellung erneut die Feststellung trifft.

(5) Rechtsverordnungen, die nach § 32 in Verbindung mit § 28 Absatz 1 und den Absätzen 2 bis 4 erlassen werden, sind mit einer allgemeinen Begründung zu versehen. Schutzmaßnahmen nach den Absätzen 2 bis 4 in Verbindung mit § 28 Absatz 1 und nach § 28 Absatz 1 Satz 1 und 2 und nach den §§ 29 bis 31 können jeweils auch kumulativ angeordnet werden. Individuelle Schutzmaßnahmen gegenüber Kranken, Krankheitsverdächtigen, Ansteckungsverdächtigen oder Ausscheidern nach § 28 Absatz 1 Satz 1 sowie die Schließung von Einrichtungen und Betrieben im Einzelfall nach § 28 Absatz 1 Satz 1 und 2 bleiben unberührt. Bei Entscheidungen über Schutzmaßnahmen sind soziale, gesellschaftliche und wirtschaftliche Auswirkungen auf den Einzelnen und die Allgemeinheit einzubeziehen und zu berücksichtigen, soweit dies mit der Erreichung der in Absatz 6 genannten Ziele vereinbar ist. Die besonderen Belange von Kindern und Jugendlichen sind zu berücksichtigen.

(6) Entscheidungen über Schutzmaßnahmen nach den Absätzen 2 bis 4 sind insbesondere am Schutz von Leben und Gesundheit durch Verhinderung einer Vielzahl schwerer Krankheitsverläufe, am Schutz vulnerabler Personengruppen und der Funktionsfähigkeit des Gesundheitssystems und der sonstigen Kritischen Infrastrukturen auszurichten.

(7) Eine konkrete Gefahr für die Funktionsfähigkeit des Gesundheitssystems oder der sonstigen Kritischen Infrastrukturen besteht, wenn aufgrund eines besonders starken Anstiegs von Indikatoren nach Satz 2 erster Halbsatz oder deren Stagnation auf einem sehr hohen Niveau oder bei einem versorgungsrelevanten Rückgang der stationären

Kapazitäten davon auszugehen ist, dass es im Gesundheitssystem oder in den sonstigen Kritischen Infrastrukturen zu einem schwerwiegenden Sach- oder Personalmangel oder einer Überlastung der Kapazitäten kommt. Indikatoren hierfür sind das Abwassermonitoring, die Anzahl der Neuinfektionen mit dem Coronavirus SARS-CoV-2 je 100 000 Einwohner innerhalb von sieben Tagen, die Surveillance-Systeme des Robert Koch-Instituts für respiratorische Atemwegserkrankungen, die Anzahl der in Bezug auf die Coronavirus-Krankheit-2019 (COVID-19) in einem Krankenhaus aufgenommenen Personen je 100 000 Einwohner innerhalb von sieben Tagen; ebenso sind die verfügbaren stationären Versorgungskapazitäten zu berücksichtigen. Absehbare Änderungen des Infektionsgeschehens durch ansteckendere, das Gesundheitssystem stärker belastende Virusvarianten sind zu berücksichtigen. Die Landesregierungen können im Rahmen der Festlegung der Schutzmaßnahmen nach den Absätzen 2 bis 4 in einer Rechtsverordnung nach § 32 Schwellenwerte für die Indikatoren nach Satz 2 festsetzen; entsprechend können die Schutzmaßnahmen innerhalb eines Landes regional differenziert werden. Die Landesregierungen können die Ermächtigung durch Rechtsverordnung auf andere Stellen übertragen.

(8) Die Bundesregierung wird ermächtigt, durch Rechtsverordnung ohne Zustimmung des Bundesrates

1. **die Verpflichtungen nach Absatz 1 ganz oder teilweise auszusetzen,**
2. **abweichend von Absatz 2 Satz 4 die Zeit, die die letzte Einzelimpfung höchstens zurückliegen darf, zu regeln.**

Die §§ 28b und 28c in ihrer ursprünglichen Fassung wurden dem IfSG durch das G vom 22.04.2021 (BGBl. S. 802) durch ein damals in Rekordzeit durchgeführtes Gesetzgebungsverfahren eingefügt, um in der „Dritten Welle“ der Corona-Pandemie mittels bundeseinheitliche Regelungen gegensteuern zu können.

Zwischenzeitliche Anpassungen der Norm an die jeweilige Pandemie-Situation erfolgten durch die G vom 28.5. und 22.11.2021, für das Sommerhalbjahr 2022 war vom 20.3.2022 bis zum 23.9.2022 der zuvor umfangreiche bundeseinheitliche Maßnahmenkatalog auf die Maskenpflicht in Verkehrsmitteln beschränkt worden.

Der durch das ÄndG vom 16.9.2022 gänzlich neugefasste § 28b bringt nun einen Katalog bundesweit einheitlicher Schutzmaßnahmen und die zuvor in § 28a Abs. 7, 8 enthaltenen Ermächtigungen der Länder zusammen. Die Norm soll einen Rechtsrahmen für Schutzmaßnahmen bieten, der an eine veränderte Ausgangslage angepasst ist, wie sie nach zwei Jahren der COVID-19-Pandemie durch die Verfügbarkeit hochwirksamer Impfstoffe und antiviraler Medikamente sowie einen durch Impfung oder Infektion relativ hohen Immunitätsgrad in der Bevölkerung gekennzeichnet ist. Sie berücksichtigt neben der Coronavirus-Krankheit-2019 ausdrücklich auch die Auswirkungen sonstiger respiratorischer Atemwegserkrankungen. Die Norm ist zielt damit anstelle reiner Eindämmungsmaßnahmen stärker auf den Schutz vulnerabler Gruppen (Protektion), die Abmilderung schwerer Erkrankungen und die Vermeidung von Todesfällen (Mitigierung) so-

wie die Gewährleistung der Funktionsfähigkeit des Gesundheitssystems und der sonstigen kritischen Infrastrukturen.
Für die Zeit vom 1.10.2022 bis zum 7.4.2023 regelte § 28b unabhängig von einer epidemischen Lage von nationaler Tragweite bei saisonal hoher Dynamik zwingende und fakultative besondere Schutzmaßnahmen sowie die Kriterien für die Feststellung einer konkreten Gefahr für die Funktionsfähigkeit des Gesundheitssystems oder der sonstigen kritischen Infrastrukturen. Die Norm unterscheidet dazu drei Regelungsstufen, nämlich in Absatz 1 bundesweite, inzidenzunabhängige Basisschutzmaßnahmen, sodann optionale, weitergehende Schutzmaßnahmen auf Landesebene (Abs. 2, 3) und schließlich die Möglichkeit verschärfter Maßnahmen auf Landesebene (Abs. 4).
§ 28b Abs. 1 Satz 1 sah Maskenpflichten zunächst im öffentlichen Personenfernverkehr, und zwar für Fahrgäste wie für das in den Verkehrsmitteln beschäftigte Personal (Nrn. 1 und 2) sowie weiterhin in Einrichtungen zur Betreuung besonders vulnerabler Personengruppen (Nrn. 3 bis 5) vor. Dagegen besteht im Flugverkehr keine Maskenpflicht mehr, sie kann aber durch Rechtsverordnung der Bundesregierung nach § 28b Abs. 1 Satz 2 angeordnet werden. Testpflichten bestehen nach den Nrn. 3 und 4. Satz 9 ermächtigt die Landesregierungen, durch Rechtsverordnung weitere Personengruppen von der Nachweispflicht eines Tests nach Satz 1 Nrn. 3 und 4 auszunehmen.
Demgegenüber sind die Maßnahmen aus Absatz 2 bis Absatz 4 an strengere Voraussetzungen gebunden.
Die in Absatz 2 aufgeführten Maßnahmen (Maskenpflichten nach Nrn. 1 und 2, Testpflicht nach Nr. 3) sind insbesondere an das Erfordernis der Gewährleistung der Funktionsfähigkeit des Gesundheitssystems oder der sonstigen Kritischen Infrastrukturen geknüpft.
Nach Absatz 3 kann insbesondere für Schüler ab der fünften Jahrgangsstufe die Pflicht zum Tragen einer medizinischen Gesichtsmaske verhängt werden, wenn dies zur Aufrechterhaltung eines geregelten Präsenz-Unterrichtsbetriebs erforderlich ist. Von einer Gefährdung des geregelten Präsenzunterrichtsbetriebs ist auszugehen, wenn durch eine Vielzahl von Infektionen und dadurch bedingte Krankheits- und Isolationszeiten der Übergang zu hybriden oder digitalen Unterrichtsmodellen droht oder wenn durch einen hohen Krankenstand des Lehrpersonals ein geregelter Unterricht absehbar nicht mehr gewährleistet werden kann.
Absatz 4 betrifft Schutzmaßnahmen auf Länderebene: Vor der Verhängung von Maßnahmen nach Absatz 4 Satz 1 Nrn. 1 bis 5 (insbesondere: erweiterte Maskenpflichten, Mindestabstand und Personenobergrenzen) hat das betreffende Landesparlament die Feststellungen zu treffen, dass in dem Land oder in einer konkret zu benennenden Gebietskörperschaft des Landes eine konkrete Gefahr für die Funktionsfähigkeit des Gesundheitssystems oder der sonstigen Kritischen Infrastrukturen besteht. Wann von einer solchen konkrete Gefahr auszugehen ist, definiert Absatz 7.
§ 73 Absatz 1a Nr. 11b bis 11e sieht die Bußgeldbewehrung von Verstößen gegen die Pflichten nach Absatz 1 Satz 1 Nr. 1 bis 4 vor.

§ 28c
Verordnungsermächtigung für besondere Regelungen für Geimpfte, Getestete und vergleichbare Personen

Die Bundesregierung wird ermächtigt, durch Rechtsverordnung für Personen, bei denen von einer Immunisierung gegen das Coronavirus SARS-CoV-2 auszugehen ist oder die ein negatives Ergebnis eines Tests auf eine Infektion mit dem Coronavirus SARS-CoV-2 vorlegen können, Erleichterungen oder Ausnahmen von Geboten und Verboten nach dem fünften Abschnitt dieses Gesetzes oder von aufgrund der Vorschriften im fünften Abschnitt dieses Gesetzes erlassenen Geboten und Verboten zu regeln. In der Rechtsverordnung kann vorgesehen werden, dass Erleichterungen und Ausnahmen für Personen, bei denen von einer Immunisierung gegen das Coronavirus SARS-CoV-2 auszugehen ist, nur bestehen, wenn sie ein negatives Ergebnis eines Tests auf eine Infektion mit dem Coronavirus SARS-CoV-2 vorlegen können. Rechtsverordnungen der Bundesregierung nach den Sätzen 1 und 2 bedürfen der Zustimmung von Bundestag und Bundesrat. Wenn die Bundesregierung von ihrer Ermächtigung nach den Sätzen 1 und 2 Gebrauch macht, kann sie zugleich die Landesregierungen ermächtigen, ganz oder teilweise in Bezug auf von den Ländern nach dem fünften Abschnitt dieses Gesetzes erlassene Gebote und Verbote für die in Satz 1 genannten Personen Erleichterungen oder Ausnahmen zu regeln. Die Landesregierungen können die Ermächtigung durch Rechtsverordnung auf andere Stellen übertragen.

Von der durch das G vom 22.4.2021 (BGBl. S. 802) eingefügten Verordnungsermächtigung hat die Bundesregierung mit der COVID-19-Schutzmaßnahmen-Ausnahmenverordnung vom 8.5.2021 (BAnz AT 08.05.2021 V1), zuletzt geändert durch Artikel 1 des G vom 18.3.2022 (BGBl. I S. 478), Gebrauch gemacht. § 7 dieser SchAusnahmV ermöglicht Erleichterungen und Ausnahmen gemäß § 28c Satz 4. Die Übergangsvorschrift des § 77 Abs. 7 in der Fassung des G. vom 7.5.2021 stellte klar, dass die Länder bis zum Erlass einer Verordnung nach § 28c IfSG bereits bestimmte Erleichterungen und Ausnahmen vorsehen konnten.

§ 29
Beobachtung

(1) Kranke, Krankheitsverdächtige, Ansteckungsverdächtige und Ausscheider können einer Beobachtung unterworfen werden.

(2) Wer einer Beobachtung nach Absatz 1 unterworfen ist, hat die erforderlichen Untersuchungen durch die Beauftragten des Gesundheitsamtes zu dulden und den Anordnungen des Gesundheitsamtes Folge zu leisten. § 25 Absatz 3 gilt entsprechend. Eine Person nach Satz 1 ist ferner verpflichtet, den Beauftragten des Gesundheitsamtes zum Zwecke der Befragung oder der Untersuchung den Zutritt zu seiner Wohnung zu gestatten, auf Verlangen ihnen über alle seinen Gesundheitszustand betreffenden Umstände Auskunft zu geben und im Falle des Wechsels der Hauptwohnung oder des gewöhnlichen Aufenthaltes unverzüglich dem bisher zuständigen Gesundheitsamt Anzeige zu erstatten. Die Anzeigepflicht gilt auch bei Änderungen einer Tätigkeit im Le-

bensmittelbereich im Sinne von § 42 Abs. 1 Satz 1 oder in Einrichtungen im Sinne von § 23 Absatz 5 oder § 35 Absatz 1 Satz 1 sowie § 36 Absatz 1 sowie beim Wechsel einer Gemeinschaftseinrichtung im Sinne von § 33. § 16 Abs. 2 Satz 4 gilt entsprechend. Die Grundrechte der körperlichen Unversehrtheit (Artikel 2 Abs. 2 Satz 1 Grundgesetz), der Freiheit der Person (Artikel 2 Abs. 2 Satz 2 Grundgesetz) und der Unverletzlichkeit der Wohnung (Artikel 13 Abs. 1 Grundgesetz) werden insoweit eingeschränkt.

Die Beobachtung ist die schwächste der möglichen Schutzmaßnahmen. Sie dient dazu, Fortgang und Entwicklung einer Krankheit, eines Krankheitsverdachts sowie Ausscheider und Ansteckungsverdächtige im Interesse des Seuchenschutzes zu überwachen. Die Beobachtung ist regelmäßig gleichzeitig neben anderen Schutzmaßnahmen (z.B. Verhaltensmaßregeln, Berufsverbot, Absonderung) erforderlich, um entscheiden zu können, ob es die Entwicklung erfordert, die Schutzmaßnahmen zu ändern (verschärfen, erleichtern, aufheben).
Die Folgen der Beobachtung ergeben sich aus § 29 Abs. 2. Zusätzlich zu der seit jeher bestehenden Pflicht des Betroffenen, das bisher zuständige Gesundheitsamt unverzüglich über einen Wohnungswechsel zu unterrichten, besteht für unter Beobachtung Stehende nunmehr eine solche Mitteilungspflicht auch

- wenn sie ihre bisherige Tätigkeit wechseln im Lebensmittelbereich (§ 42 Abs. 1 Satz 1) und in Einrichtungen nach § 36 Abs. 1 oder
- wenn sie eine Gemeinschaftseinrichtung (§ 33) wechseln.

Kosten der Beobachtung siehe § 69 Abs. 1 Nr. 8.
Verstöße gegen § 29 siehe § 73 Abs. 1a Nrn. 3, 6, 12, 13.

§ 30
Absonderung

(1) Die zuständige Behörde hat anzuordnen, 1)

dass Personen, die an Lungenpest oder an von Mensch zu Mensch übertragbarem hämorrhagischem Fieber erkrankt oder dessen verdächtig sind, unverzüglich in einem Krankenhaus oder einer für diese Krankheiten geeigneten Einrichtung abgesondert werden. 2)

Bei sonstigen Kranken sowie Krankheitsverdächtigen, Ansteckungsverdächtigen und Ausscheidern kann angeordnet werden, dass sie in einem geeigneten Krankenhaus oder in sonst geeigneter Weise abgesondert werden, bei Ausscheidern jedoch nur, wenn sie andere Schutzmaßnahmen nicht befolgen, befolgen können oder befolgen würden und dadurch ihre Umgebung gefährden. 3)

(2) Kommt der Betroffene den seine Absonderung betreffenden Anordnungen nicht nach oder ist nach seinem bisherigen Verhalten anzunehmen, dass er solchen Anordnungen nicht ausreichend Folge leisten wird, so ist er zwangsweise durch Unterbringung in einem abgeschlossenen Krankenhaus oder einem abgeschlossenen Teil eines Krankenhauses abzusondern. Ansteckungsverdächtige und Ausscheider können auch 4) in einer anderen geeigneten abgeschlossenen Einrichtung abgesondert werden. Das Grundrecht der Freiheit der Person (Artikel 2 Abs. 2 Satz 2 Grundgesetz) kann insoweit eingeschränkt werden.

5) Buch 7 des Gesetzes über das Verfahren in Familiensachen und in den Angelegenheiten der freiwilligen Gerichtsbarkeit gilt entsprechend.

6) (3) Der Abgesonderte hat die Anordnungen des Krankenhauses oder der sonstigen Absonderungseinrichtung zu befolgen und die Maßnahmen zu dulden, die der Aufrechterhaltung eines ordnungsgemäßen Betriebs der Einrichtung oder der Sicherung des Unterbringungszwecks dienen. Insbesondere dürfen ihm Gegenstände, die unmittelbar oder mittelbar einem Entweichen dienen können, abgenommen und bis zu seiner Entlassung anderweitig verwahrt werden. Für ihn eingehende oder von ihm ausgehende Pakete und schriftliche Mitteilungen können in seinem Beisein geöffnet und zurückgehalten werden, soweit dies zur Sicherung des Unterbringungszwecks erforderlich ist. Die bei der Absonderung erhobenen personenbezogenen Daten sowie die über Pakete und schriftliche Mitteilungen gewonnenen Erkenntnisse dürfen nur für Zwecke dieses Gesetzes verarbeitet werden. Postsendungen von Gerichten, Behörden, gesetzlichen Vertretern, Rechtsanwälten, Notaren oder Seelsorgern dürfen weder geöffnet noch zurückgehalten werden; Postsendungen an solche Stellen oder Personen dürfen nur geöffnet und zurückgehalten werden, soweit dies zum Zwecke der Entseuchung notwendig ist. Die Grundrechte der körperlichen Unversehrtheit (Artikel 2 Abs. 2 Satz 1 Grundgesetz), der Freiheit der Person (Artikel 2 Abs. 2 Satz 2 Grundgesetz) und das Grundrecht des Brief- und Postgeheimnisses (Artikel 10 Grundgesetz) werden insoweit eingeschränkt.

7) (4) Der behandelnde Arzt und die zur Pflege bestimmten Personen haben freien Zutritt zu abgesonderten Personen. Dem Seelsorger oder Urkundspersonen muss, anderen Personen kann der behandelnde Arzt den Zutritt unter Auferlegung der erforderlichen Verhaltensmaßregeln gestatten.

8) (5) Die Träger der Einrichtungen haben dafür zu sorgen, dass das eingesetzte Personal sowie die weiteren gefährdeten Personen den erforderlichen Impfschutz oder eine spezifische Prophylaxe erhalten.

9) (6) Die Länder haben dafür Sorge zu tragen, dass die nach Absatz 1 Satz 1 notwendigen Räume, Einrichtungen und Transportmittel zur Verfügung stehen.

10) (7) Die zuständigen Gebietskörperschaften haben dafür zu sorgen, dass die nach Absatz 1 Satz 2 und Absatz 2 notwendigen Räume, Einrichtungen und Transportmittel sowie das erforderliche Personal zur Durchführung von Absonderungsmaßnahmen außerhalb der Wohnung zur Verfügung stehen. Die Räume und Einrichtungen zur Absonderung nach Absatz 2 sind nötigenfalls von den Ländern zu schaffen und zu unterhalten.

Die durch das G vom 19.5.2020 (BGBl. I S. 1018) neu gefasste Überschrift „Absonderung" erfasst sowohl die früher titelgebende „Quarantäne" Ansteckungsverdächtiger als auch die „Isolierung" Kranker.

1) Bei der in Absatz 1 geregelten Absonderung geht der Gesetzgeber von der „Freiwilligkeit des Betroffenen“ und damit von dessen „Einsicht in das Notwendige“ aus (Amtliche Begründung zu § 30 Abs. 1, BT-Drs. 14/2530).
Hält sich ein Betroffener (aufgrund der Entscheidung des behandelnden Arztes) bereits im Krankenhaus auf, so scheidet insoweit eine seuchenrechtliche Absonderungsanordnung von vornherein aus. Unzulässig wäre es auf jeden Fall, eine solche Anordnung nur zu erlassen, um die Kostenpflicht nach § 69 Abs. 1 Nr. 10 auszulösen.

2) § 30 Abs. 1 Satz 1 enthält die so genannten „quarantänepflichtigen“ Krankheiten und geht wegen deren Gefährlichkeit davon aus, dass in diesen Fällen – ohne nähere Prüfung (Übermaßverbot) – eine Absonderung in einem (geeigneten) Krankenhaus bzw. einer sonst geeigneten Einrichtung in Betracht kommt.
Unter der Überschrift „Schutz vor lebensbedrohenden importierten Infektionskrankheiten“ hat die Arbeitsgruppe „Seuchenschutz“ des RKI eingehende Empfehlungen zur Isolierung und Behandlung von Kranken in speziellen Behandlungszentren (Kompetenzzentren), zur Labordiagnostik, zur Ermittlung von Kontaktpersonen und zum Krankentransport veröffentlicht (Bundesgesundheitsbl. Nr. 11/2000, S. 891 ff).
Für die Unterbringung der in Absatz 1 Satz 1 genannten Hochinfektiösen bzw. dessen Verdächtigen haben nunmehr – abweichend von der bisherigen Rechtslage (§ 37 Abs. 5 Satz 1, 2 BSeuchG) – ebenso wie für diejenigen zur Zwangsabsonderung die Länder zu sorgen (§ 30 Abs. 6 und Abs. 7 Satz 2).

3) Ob nach § 30 Abs. 1 Satz 2 eine Absonderung in einem Krankenhaus oder einer sonst geeigneten Weise (das kann u.U. auch die Wohnung sein) in Betracht kommt, hängt von den Umständen des Falles ab. § 30 Abs. 1 Satz 2 Halbsatz 2 berücksichtigt, dass bei Ausscheidern in der Regel weniger einschneidende Maßnahmen ausreichen, um der Gefahr einer Weiterverbreitung der Krankheit zu begegnen.

4) Die **Zwangsabsonderung** ist die einschneidendste seuchenrechtliche Maßnahme. Bei dieser freiheitsentziehenden Maßnahme (vgl. § 30 Abs. 2 Satz 3) sind selbstverständlich die durch § 28 Abs. 1 Satz 1 gesetzten Grenzen („soweit und solange es zur Verhinderung der Verbreitung der übertragbaren Krankheit erforderlich ist“) und der Grundsatz der Verhältnismäßigkeit („Übermaßverbot“; vgl. BVerfG, NJW 1998, 1774; BVerfGE 70, 297, NJW 1986, 767) genau zu beachten.
Ein Verstoß gegen § 30 Abs. 2 ist nicht mehr – wie dies noch in § 64 Abs. 2 Nr. 4 BSeuchG der Fall war – strafbewehrt.
Für die Zwangsabsonderung gilt das FamFG (§ 30 Abs. 2 Satz 4; im **Anhang** abgedruckt). Demnach wird die Freiheitsentziehung grundsätzlich vom Amtsgericht angeordnet und zwar auf Antrag der zum Vollzug des IfSG zuständigen Behörde (§ 417). Nach § 428 FamFG i.V. mit § 30 Abs. 2 IfSG kann allerdings die zum Vollzug des IfSG zuständige Behörde in unaufschiebbaren Fällen eine vorläufige Unterbringung anordnen, wenn eine gerichtliche

Entscheidung (auch durch einstweilige Anordnung, § 427 FamFG) nicht rechtzeitig herbeigeführt werden kann. In diesem Fall hat die zuständige Behörde unverzüglich die richterliche Entscheidung herbeizuführen; liegt diese bis zum Ablauf des folgenden Tages nicht vor, so muss der Betroffene entlassen werden (Art. 104 GG).
Bei einer Zwangsabsonderung ist eine Heilbehandlung nur auf freiwilliger Basis möglich (§ 28 Abs. 1 Satz 3 IfSG). Der Betroffene hat es grundsätzlich selbst in der Hand, seinen Zwangsaufenthalt durch eine freiwillige Heilbehandlung zu verkürzen.
Zwangsabsonderungen kommen regelmäßig bei Tuberkulosekranken in Betracht, die nachweisbar krankheitsuneinsichtig sind, medizinisch notwendige Behandlung verweigern, stationäre Heilverfahren vorzeitig abbrechen oder aus disziplinarischen Gründen Krankenhäuser vorzeitig verlassen müssen. Als geeignete Einrichtung besteht in der Bundesrepublik Deutschland (in Nachfolge der Fachklinik am Bezirkskrankenhaus Parsberg seit Mai 2022)
die TBC-Station der Klinik für Erkrankungen der Atmungsorgane, Allergologie, Umweltmedizin und Schlafmedizin am Bezirksklinik Obermain
Kutzenberg, 96250 Ebensfeld
Tel. 09547/81-2543, Fax 09547/81-2488, e-mail: lungenfachklinik@gebomed.de
Diese Einrichtung nimmt Personen aus allen Ländern auf; zweckmäßigerweise wird jeweils unverzüglich die Frage der Kostenübernahme geklärt.
Soweit der Aufenthalt zwangsabzusondernder Personen nicht bekannt ist, veranlasst die zuständige Behörde über die Polizeidienststelle deren Ausschreibung im Fahndungsbuch.
Bei HIV-Infizierten bzw. AIDS-Kranken, die nachweislich gegen angeordnete Schutzmaßnahmen verstoßen (vgl. § 28 Abs. 1 Satz 1), käme letztlich eine Absonderung auf Dauer in Betracht. In solchen Fällen wird zweckmäßigerweise zunächst der Weg der „Absonderung" über das Strafrecht genutzt (Straftatbestand § 73 Abs. 1a Nr. 6 i.V. mit § 74 IfSG bzw. § 223 ff StGB Körperverletzung).
Bei Personen, für die ein Betreuer bestellt ist (§ 1814 BGB), ist § 1831 BGB zu beachten. Im Übrigen ist bei Geisteskranken oder Süchtigen, die an einer übertragbaren Krankheit leiden und eine Gefahr für die Allgemeinheit darstellen, auch eine Unterbringung nach landesrechtlichem Unterbringungsrecht möglich.

5) Das Gesetz über das gerichtliche Verfahren in Familiensachen und in Angelegenheiten der freiwilligen Gerichtsbarkeit (FamFG) ist auszugsweise im **Anhang** abgedruckt.

6) Die Regelungen des Abs. 3 ergeben sich aus dem besonderen Gewaltverhältnis, das die zwangsweise Absonderung darstellt. Diese Beschränkungen und Verpflichtungen der Abgesonderten werden zweckmäßigerweise in einer Anstaltsordnung konkretisiert. Aus Abs. 3 folgt unmittelbar das Recht des Perso-

nals der Absonderungseinrichtung, erforderlichenfalls unmittelbaren Zwang anzuwenden.

7) Die Vorschrift spricht von einem „behandelnden Arzt"; verweigert der Betroffene die Behandlung, so geht diese Vorschrift insoweit ins Leere.
Die „zur Pflege bestimmten Personen" sind in der Regel gleichzeitig diejenigen, die die Sicherung der Unterbringung zu gewährleisten haben. Dass dieses Personal den erforderlichen Impfschutz erhalten muss (§ 30 Abs. 5), ist selbstverständlich (vgl. hierzu auch UVV „Gesundheitsdienst", GUV-R 250 – inzwischen TRBA 250).
Der Kreis der zutrittsberechtigten Personen ist eng begrenzt. Bei dem Klientel der Zwangsabgesonderten wird sich darüber hinaus auch der Besuch durch Richter, Rechtsanwälte und Polizeibeamte nicht vermeiden lassen; in solchen Fällen ordnet der Arzt der Einrichtung die erforderlichen Vorsichtsmaßnahmen an.

8) Absatz 5 entspricht dem bisherigen § 37 Abs. 5 Satz 1 BSeuchG; die Vorschrift korrespondiert mit den nach § 4 der Unfallverhütungsvorschrift „Gesundheitsdienst", BGV C 8, § 15 Abs. 4 BioStoffV und §§ 2, 3 Arbeitsschutzgesetz vom Arbeitgeber anzubietenden Impfungen (vgl. Nr. 5 „Allgemeines" zu §§ 20 bis 22).
Unabhängig vom Impfschutz stellt sich die Frage, ob und ggf. inwieweit Personal zum Einsatz in Absonderungseinrichtungen verpflichtet ist bzw. werden kann. Für Ärzte und Pflegekräfte, die Beamte sind, ergibt sich eine solche Pflicht in der Regel aus dem ihnen übertragenen Amt. Bei Angestellten wird eine solche Pflicht zweckmäßigerweise in den Arbeitsvertrag aufgenommen, sodass es nicht notfalls einer Anwendung des § 323 c StGB (unterlassene Hilfeleistung) bedarf.

9) Absatz 6 wurde auf Antrag des Bundesrates eingefügt, der dabei davon ausgeht, dass die Zuständigkeit für die Schaffung der Voraussetzungen zur Absonderung von Personen, die an Lungenpest oder virusbedingtem hämorrhagischem Fieber erkrankt oder dessen verdächtig sind, nicht den Gebietskörperschaften auferlegt werden kann, da es sich um hochspezialisierte und kostenintensive Einrichtungen handelt. Hinzu kommt, dass nach dem einschlägigen Konzept des RKI („Management und Kontrolle lebensbedrohlicher hochkontagiöser Erkrankungen", BGesBl Heft 5/1999, S. 389) nur einige Absonderungs- und Kompetenzzentren in der Bundesrepublik Deutschland geschaffen werden sollen. Dies sind gegenwärtig:

- Berlin (Charité)
- Düsseldorf (Klinikum der Universität)
- Frankfurt am Main (Klinikum der Universität)
- Hamburg (Bernhard-Nocht-Institut für Tropenmedizin)
- Leipzig (Städtisches Klinikum St. Georg)
- München (Städt. Krankenhaus München-Schwabing)

- Stuttgart (Robert-Bosch-Krankenhaus)
- Trier (Krankenhaus der Barmherzigen Brüder).

Über die „strukturellen Erfordernisse bei der Behandlung von Patienten und anti-epidemische Maßnahmen zum Schutz vor lebensbedrohenden importierten Infektionskrankheiten" informiert das RKI im BGesBl Nr. 11/2000 S. 891.

Nicht genannt ist in Absatz 6 das notwendige Personal. Da es sich bei diesen Einrichtungen um (Spezial-)Krankenhäuser handelt, geht der Gesetzgeber vermutlich davon aus, dass das erforderliche Personal ohnehin vorhanden ist.

10) Abs. 7 entspricht (mit der sich aus Abs. 6 ergebenden Änderung) § 37 Abs. 5 Satz 2, 3 BSeuchG. Dass in Abs. 7 der Begriff „zuständige Gebietskörperschaften" verwendet ist (anstatt bisher „Gemeinden und Gemeindeverbände"), ist ohne Bedeutung; gemeint sind in jedem Fall die nach Landesrecht für die Errichtung und den Betrieb von Krankenhäusern zuständigen Kommunen.
Hinsichtlich der Einrichtungen zur Zwangsabsonderung siehe die Anmerkung 4 zu Abs. 2.
Zu den Kosten einer Absonderung s. § 69 Abs. 1 Nr. 8 mit Abs. 3 samt Anmerkung.

§ 31
Berufliches Tätigkeitsverbot

Die zuständige Behörde kann Kranken, Krankheitsverdächtigen, Ansteckungsverdächtigen und Ausscheidern die Ausübung bestimmter beruflicher Tätigkeiten ganz oder teilweise untersagen. Satz 1 gilt auch für sonstige Personen, die Krankheitserreger so in oder an sich tragen, dass im Einzelfall die Gefahr einer Weiterverbreitung besteht.

Ein Berufsverbot stellt einen gravierenden Eingriff in die grundgesetzlich geschützte Berufsfreiheit (Art. 12 GG) dar. Deshalb sind Voraussetzungen und Dauer einer solchen Maßnahme streng zu prüfen.

Nach § 31 können über die in § 20 Abs. 9 Sätze 6, 7, § 28 Abs. 2, § 34 und § 42 enthaltenen speziellen Tätigkeitsverbote hinaus berufliche Tätigkeiten untersagt werden (vgl. § 28 Abs. 1 Satz 1). Verstöße gegen ein Berufsverbot stellen eine Straftat dar (§ 75 Abs. 1 Nr. 1).

Neben einem Berufsverbot muss stets eine Beobachtung (§ 29) angeordnet werden, damit die weitere Entwicklung des Falles verfolgt werden kann und ggf. jeweils die erforderlichen seuchenrechtlichen Konsequenzen gezogen werden können.

In jedem Fall ist unter Berücksichtigung des Übermaßverbots im Rahmen eingehender Ermittlung (z.B. über die Art der Tätigkeit, Übertragungsrisiko, Zuverlässigkeit des Betroffenen bzw. des Betriebs für die Einhaltung von Schutzmaßnahmen) zu prüfen, ob der Gefahr der Weiterverbreitung der Krankheit nicht durch einen geringeren Eingriff als durch ein Berufsverbot begegnet werden kann (z.B. durch Anordnung einer Beobachtung oder von Verhaltensmaßregeln, wie z.B.

Verwenden geeigneter Schutzhandschuhe, sorgfältige Desinfektionen, richtiges Verhalten bei Verletzungen).

Ein Berufsverbot nach § 31 kommt **nicht** in Betracht, wenn

- der Betroffene die Tätigkeit wegen Krankheit oder aus anderen Gründen ohnehin aufgibt;
- sich der Betroffene freiwillig den erforderlichen Beschränkungen unterwirft,
- die Tätigkeit bereits nach anderen, speziellen Rechtsvorschriften verboten ist, wie z.B. nach
  a) §§ 3, 4, 6 Abs. 3 Mutterschutzgesetz
  b) § 9 der Verordnung über den Betrieb von Kraftfahrunternehmen im Personenverkehr i.d.F. des Art. 2 § 24 SeuchRNeuG (Taxifahrer, Omnibusfahrer)
  c) § 14 Straßenbahn-Bau- und Betriebsordnung i.d.F. des Art. 2 § 25 SeuchRNeuG (Straßenbahnführer und -begleiter)
  d) § 5 Abs. 1 i.V. mit Anl. 2 Nr. 3 Buchst. c zur Lebensmittelhygiene-Verordnung vom 8.8.2007 i.d.F. der Bek. vom 21.6.2016 (BGBl I S. 1496); gewerbsmäßig tätiges Lebensmittelpersonal
  e) in Bayern: Art. 42 Satz 3 Rettungsdienstgesetz vom 22.7.2008 (GVBl I S. 429)

Bei HCV-, HBV-, HIV-infizierten Ärzten, Zahnärzten etc. stellt sich die Frage einer eingeschränkten beruflichen Tätigkeit (vgl. hierzu VG Berlin, Beschluss vom 5.9.2002, NVwZ RR 2003 S. 429). Siehe zu diesem Problemkreis auch „Hepatitis B und C, Übertragungsgefahr auf Patienten durch infiziertes med. Personal" (BGesBl Nr. 4/2004 S. 369), den Diskussionsbeitrag von Nassauer im BGesBl Nr. 10/2001 S. 1011 („Zur Notwendigkeit von Regelungen der Berufsausübung von HBV- und HCV-Trägern in Einrichtungen des Gesundheitswesens") sowie das Epid. Bulletin Nr. 30/99 vom 30.7.1999 „Zur Verhütung von Hepatitis-B-Infektionen im Gesundheitsdienst". Es ist davon auszugehen, dass das IfSG hier als lex specialis den Vorschriften der Bundesärzteordnung bzw. des Zahnheilkundegesetzes vorgeht, die bei fehlender gesundheitlicher Berufseignung die Rücknahme der Approbation bzw. die Einschränkung der beruflichen Tätigkeit „beschränkte Erlaubnis" ermöglichen, allerdings im Gegensatz zum IfSG ohne Entschädigung. Hinzuweisen ist in diesem Zusammenhang auf das Urteil des BGH vom 14.3.2003 Az. 2 StR 239/02 (MedR 2003 S. 457, Arzt-Recht Heft 4/2004 S. 98), das einen HBV-infizierten Chirurgen, der mehrfach Patienten infizierte, rechtmäßig wegen fahrlässiger Körperverletzung für verurteilt erklärte.

Es wäre unzulässig, eine Anordnung nach § 31 deshalb zu erlassen, um einen Entschädigungsanspruch nach §§ 56 ff auszulösen.

Für Prostituierte kommt kein Verbot nach § 31 in Betracht, da es sich dabei nicht um eine „berufliche Tätigkeit" im Sinn dieser Vorschrift handelt (vgl. OLG Stuttgart, Urteil vom 26.2.1986, DÖV 1986, 976 mit Verweisungen auf die Rechtsprechung von BVerwG und BFH). Erforderlichenfalls sind die Schutzmaßnahmen (Verhaltensmaßregeln) nach § 28 Abs. 1 Satz 1 anzuordnen; in solchen Fällen kommt folglich keine Entschädigung nach §§ 56 ff in Betracht. Maßnahmen sind auch nach § 11 des Prostituiertenschutzgesetzes (ProstSchG) vom 21.10.2016 möglich (vgl. Anmerkung zu § 19).

§ 32
Erlass von Rechtsverordnungen

Die Landesregierungen werden ermächtigt, unter den Voraussetzungen, die für Maßnahmen nach den §§ 28 bis 28b und 29 bis 31 maßgebend sind, auch durch Rechtsverordnungen entsprechende Gebote und Verbote zur Bekämpfung übertragbarer Krankheiten zu erlassen. Die Landesregierungen können die Ermächtigung durch Rechtsverordnung auf andere Stellen übertragen. Die Grundrechte der körperlichen Unversehrtheit (Artikel 2 Absatz 2 Satz 1 des Grundgesetzes), der Freiheit der Person (Artikel 2 Absatz 2 Satz 2 des Grundgesetzes), der Freizügigkeit (Artikel 11 Absatz 1 des Grundgesetzes), der Versammlungsfreiheit (Artikel 8 des Grundgesetzes), der Unverletzlichkeit der Wohnung (Artikel 13 Absatz 1 des Grundgesetzes) und des Brief- und Postgeheimnisses (Artikel 10 des Grundgesetzes) können insoweit eingeschränkt werden.

6. Abschnitt
Infektionsschutz bei bestimmten Einrichtungen, Unternehmen und Personen

§ 33
Gemeinschaftseinrichtungen

Gemeinschaftseinrichtungen im Sinne dieses Gesetzes sind Einrichtungen, in denen überwiegend minderjährige Personen betreut werden; dazu gehören insbesondere:

1. **Kindertageseinrichtungen und Kinderhorte,**
2. **die nach § 43 Absatz 1 des Achten Buches Sozialgesetzbuch erlaubnispflichtige Kindertagespflege,**
3. **Schulen und sonstige Ausbildungseinrichtungen,**
4. **Heime und**
5. **Ferienlager.**

§ 33 i.d.F. des ÄndG vom 10.2.2020 fasst den Begriff „Gemeinschaftseinrichtungen" neu und präzisiert ihn.

§ 33 Nr. 1 erfasst unter dem Begriff „Kindertageseinrichtungen und Kinderhorte" die bisherigen Bezeichnungen „Kinderkrippen, -gärten und -tagesstätten". Nr. 2 definiert die nach § 43 Absatz 1 SGB VIII erlaubnispflichtige Kindertagespflege als Gemeinschaftseinrichtung im Sinn des IfSG; für diese Einrichtungen bzw. deren Personal und Kinder gelten hinsichtlich einer Immunität gegen Masern § 20 Absatz 8 und 9. Die Nummern 3 bis 5 enthalten Begriffe, die bereits in § 33 a.F. aufgeführt waren.

Die in § 33 genannten Gemeinschaftseinrichtungen unterliegen der routinemäßigen Überwachung durch das Gesundheitsamt (§ 36 Abs. 1). Ausgenommen sind die nach dem SGB VIII erlaubnispflichtigen Einrichtungen der Kindertagespflege; für diese gilt die Kann-Vorschrift des § 36 Absatz 2.

Die §§ 33 ff gelten **nicht** für Gemeinschaftseinrichtungen, die überwiegend (also mehr als die Hälfte) von über 18-Jährigen besucht werden (das sind z.B. Universitäten, Fachhochschulen, Abendgymnasien, Landwirtschaftsschulen).
Voraussetzung für die Anwendbarkeit der §§ 33 ff ist darüber hinaus, dass es sich um echte Gemeinschaftseinrichtungen handelt, d.h. dass die dort Betreuten häufig (fast täglich) miteinander und mit den Betreuern engen Kontakt haben. Einrichtungen, in denen nur sporadisch solche Kontakte erfolgen, fallen deshalb nicht unter diese Bestimmungen (so z.B. Nachhilfeunterricht, Musikschulen, Skischulen).
Die §§ 33 ff gelten nicht für Kinderkrankenhäuser oder Kinderabteilungen von Krankenhäusern; s. den insoweit einschlägigen § 23 Abs. 3.

§ 34
Gesundheitliche Anforderungen, Mitwirkungspflichten, Aufgaben des Gesundheitsamtes

(1) Personen, die an 1)

1. Cholera
2. Diphtherie
3. Enteritis durch enterohämorrhagische E. coli (EHEC)
4. virusbedingtem hämorrhagischen Fieber
5. Haemophilus influenzae Typ b-Meningitis
6. Impetigo contagiosa (ansteckende Borkenflechte)
7. Keuchhusten
8. ansteckungsfähiger Lungentuberkulose
9. Masern
10. Meningokokken-Infektion
11. Mumps
12. durch Orthopockenviren verursachte Krankheiten
13. Paratyphus
14. Pest
15. Poliomyelitis
16. Röteln
17. Scharlach oder sonstigen Streptococcus pyogenes-Infektionen
18. Shigellose
19. Skabies (Krätze)
20. Typhus abdominalis
21. Virushepatitis A oder E
22. Windpocken

erkrankt oder dessen verdächtig oder die verlaust sind, dürfen in den in § 33 genannten Gemeinschaftseinrichtungen keine Lehr-, Erziehungs-, Pflege-, Aufsichts- oder sonstige Tätigkeiten ausüben, bei denen sie Kontakt zu den dort Betreuten haben, bis nach ärztlichem Urteil eine Weiterverbreitung der Krankheit oder der Verlausung durch sie nicht mehr zu befürchten ist. Satz 1 gilt entsprechend für die in der Gemeinschaftseinrichtung Betreuten mit der Maßgabe, dass sie die dem Betrieb der Gemein-

schaftseinrichtung dienenden Räume nicht betreten, Einrichtungen der Gemeinschaftseinrichtung nicht benutzen und an Veranstaltungen der Gemeinschaftseinrichtung nicht teilnehmen dürfen. Satz 2 gilt auch für Kinder, die das 6. Lebensjahr noch nicht vollendet haben und an infektiöser Gastroenteritis erkrankt oder dessen verdächtig sind.

(2) Ausscheider von

1. Vibrio cholerae O 1 und O 139
2. Corynebacterium spp., Toxin bildend
3. Salmonella Typhi
4. Salmonella Paratyphi
5. Shigella sp.
6. enterohämorrhagischen E. coli (EHEC)

2) dürfen nur mit Zustimmung des Gesundheitsamtes und unter Beachtung der gegenüber dem Ausscheider und der Gemeinschaftseinrichtung verfügten Schutzmaßnahmen die dem Betrieb der Gemeinschaftseinrichtung dienenden Räume betreten, Einrichtungen der Gemeinschaftseinrichtung benutzen und an Veranstaltungen der Gemeinschaftseinrichtung teilnehmen.

(3) Absatz 1 Satz 1 und 2 gilt entsprechend für Personen, in deren Wohngemeinschaft nach ärztlichem Urteil eine Erkrankung an oder ein Verdacht auf

1. Cholera
2. Diphtherie
3. Enteritis durch enterohämorrhagische E. coli (EHEC)
4. virusbedingtem hämorrhagischem Fieber
5. Haemophilus influenzae Typ b-Meningitis
6. ansteckungsfähiger Lungentuberkulose
7. Masern
8. Meningokokken-Infektion
9. Mumps
10. Paratyphus
11. Pest
12. Poliomyelitis

12a. Röteln

13. Shigellose
14. Typhus abdominalis
15. Virushepatitis A oder E
16. Windpocken.

aufgetreten ist.

(4) Wenn die nach den Absätzen 1 bis 3 verpflichteten Personen geschäftsunfähig oder in der Geschäftsfähigkeit beschränkt sind, so hat derjenige für die Einhaltung der

diese Personen nach den Absätzen 1 bis 3 treffenden Verpflichtungen zu sorgen, dem die Sorge für diese Person zusteht. Die gleiche Verpflichtung trifft den Betreuer einer von Verpflichtungen nach den Absätzen 1 bis 3 betroffenen Person, soweit die Erfüllung dieser Verpflichtungen zu seinem Aufgabenkreis gehört.

(5) Wenn einer der in den Absätzen 1, 2 oder 3 genannten Tatbestände bei den in Ab- 3)
satz 1 genannten Personen auftritt, so haben diese Personen oder in den Fällen des Absatzes 4 der Sorgeinhaber der Gemeinschaftseinrichtung hiervon unverzüglich Mitteilung zu machen.

Die Leitung der Gemeinschaftseinrichtung hat jede Person, die in der Gemeinschafts- 4)
einrichtung neu betreut wird, oder deren Sorgeberechtigte über die Pflichten nach Satz 1 zu belehren.

(5a) Personen, die in den in § 33 genannten Gemeinschaftseinrichtungen Lehr-, Er- 5)
ziehungs-, Pflege-, Aufsichts- oder sonstige regelmäßige Tätigkeiten ausüben und Kontakt mit den dort Betreuten haben, sind vor erstmaliger Aufnahme ihrer Tätigkeit und im Weiteren mindestens im Abstand von zwei Jahren von ihrem Arbeitgeber über die gesundheitlichen Anforderungen und Mitwirkungsverpflichtungen nach den Absätzen 1 bis 5 zu belehren. Über die Belehrung ist ein Protokoll zu erstellen, das beim Arbeitgeber für die Dauer von drei Jahren aufzubewahren ist. Die Sätze 1 und 2 finden für Dienstherren entsprechende Anwendung.

(6) Werden Tatsachen bekannt, die das Vorliegen einer der in den Absätzen 1, 2 6)
oder 3 aufgeführten Tatbestände annehmen lassen, so hat die Leitung der Gemeinschaftseinrichtung das Gesundheitsamt, in dessen Bezirk sich die Gemeinschaftseinrichtung befindet, unverzüglich zu benachrichtigen und krankheits- und personenbezogene Angaben zu machen. Dies gilt auch beim Auftreten von zwei oder mehr gleichartigen, schwerwiegenden Erkrankungen, wenn als deren Ursache Krankheitserreger anzunehmen sind. Eine Benachrichtigungspflicht besteht nicht, wenn der Leitung ein Nachweis darüber vorliegt, dass die Meldung des Sachverhalts nach § 6 bereits erfolgt ist.

(7) Die zuständige Behörde kann im Einvernehmen mit dem Gesundheitsamt für die in § 33 genannten Einrichtungen Ausnahmen von dem Verbot nach Absatz 1, auch in Verbindung mit Absatz 3, zulassen, wenn Maßnahmen durchgeführt werden oder wurden, mit denen eine Übertragung der aufgeführten Erkrankungen oder der Verlausung verhütet werden kann.

(8) Das Gesundheitsamt kann gegenüber der Leitung der Gemeinschaftseinrichtung 7)
anordnen, dass das Auftreten einer Erkrankung oder eines hierauf gerichteten Verdachtes ohne Hinweis auf die Person in der Gemeinschaftseinrichtung bekannt gegeben wird.

(9) Wenn in Gemeinschaftseinrichtungen betreute Personen Krankheitserreger so in 8)
oder an sich tragen, dass im Einzelfall die Gefahr einer Weiterverbreitung besteht, kann die zuständige Behörde die notwendigen Schutzmaßnahmen anordnen.

(10) Die Gesundheitsämter und die in § 33 genannten Gemeinschaftseinrichtungen 9)
sollen die betreuten Personen oder deren Sorgeberechtigte gemeinsam über die Bedeu-

tung eines vollständigen, altersgemäßen, nach den Empfehlungen der Ständigen Impfkommission ausreichenden Impfschutzes und über die Prävention übertragbarer Krankheiten aufklären.

10) **(10a) Bei der Erstaufnahme in eine Kindertageseinrichtung haben die Personensorgeberechtigten gegenüber dieser einen schriftlichen Nachweis darüber zu erbringen, dass zeitnah vor der Aufnahme eine ärztliche Beratung in Bezug auf einen vollständigen, altersgemäßen, nach den Empfehlungen der Ständigen Impfkommission ausreichenden Impfschutz des Kindes erfolgt ist. Wenn der Nachweis nicht erbracht wird, benachrichtigt die Leitung der Kindertageseinrichtung das Gesundheitsamt, in dessen Bezirk sich die Einrichtung befindet, und übermittelt dem Gesundheitsamt personenbezogene Angaben. Das Gesundheitsamt kann die Personensorgeberechtigten zu einer Beratung laden. Weitergehende landesrechtliche Regelungen bleiben unberührt.**

11) **(11) Bei Erstaufnahme in die erste Klasse einer allgemein bildenden Schule hat das Gesundheitsamt oder der von ihm beauftragte Arzt den Impfstatus zu erheben und die hierbei gewonnenen aggregierten und anonymisierten Daten über die oberste Landesgesundheitsbehörde dem Robert Koch-Institut zu übermitteln.**

Der ordnungsgemäße Vollzug des § 34 setzt eine möglichst enge Zusammenarbeit zwischen den für den Vollzug des IfSG zuständigen Behörden und den Leitungen der Gemeinschaftseinrichtungen voraus. Das gilt insbesondere im Hinblick darauf, dass einem seuchenrechtlichen Besuchsverbot bei den Schulen ein verfassungsrechtlich garantiertes Recht auf Ausbildung (bei bestimmten Schulen sogar die Pflicht zum Besuch) und bei den Kindergärten ein gesetzliches Recht auf Kindergartenbesuch (§ 24 SGB VIII) gegenüberstehen. Bei Kindern und Jugendlichen, die von einem Schulbesuchsverbot betroffen sind, wird deshalb ggf. die Möglichkeit einer besonderen schulischen Betreuung zu prüfen bzw. zu regeln sein, soweit dies seuchenhygienisch im Hinblick auf den Schutz des dafür notwendigen Lehrpersonals vertretbar ist (z.B. Hausunterricht; Schule für Kranke).
Auf das Merkblatt „Empfehlungen des Robert Koch-Instituts für die Wiederzulassung zu Gemeinschaftseinrichtungen gemäß § 34 Infektionsschutzgesetz“ (Internet: www.rki.de> Infektionsschutz> RKI-Ratgeber) wird hingewiesen. Diese (Anfang 2020 neugefassten) Empfehlungen stellen keine verbindliche Vorschrift dar. Sie sind eine allgemeine Richtschnur, die entsprechend den jeweiligen Umständen des Einzelfalles modifiziert anzuwenden sind.
Unabhängig von den Verboten des § 34 ist in jedem Fall zu prüfen, ob weitere Maßnahmen (vgl. § 28) zum Schutz der Allgemeinheit notwendig sind. So reicht z.B. u.U. das Schulbesuchsverbot für Jugendliche nicht aus, wenn diese weiterhin Jugendzentren, Discotheken etc. besuchen, wo mindestens gleich enge Kontakte wie in der Schule bestehen.

1) § 34 Abs. 1 und 3 betreffen

- schwere Infektionskrankheiten, die durch Tröpfchen- oder Schmierinfektion übertragen werden und

– häufige Infektionskrankheiten des Kindesalters, die schwer verlaufen können.

Das Verbot des § 34 Abs. 1 und 3 tritt kraft Gesetzes ein; es wird erforderlichenfalls durch feststellenden Verwaltungsakt der zum Vollzug des IfSG zuständigen Behörde konkretisiert und ggf. mit den Mitteln des Verwaltungszwanges durchgesetzt.

Verstöße können als Ordnungswidrigkeit geahndet werden (§ 73 Abs. 1a Nr. 14).

Das Verbot des § 34 Abs. 1 und 3 gilt solange, „bis nach ärztlichem Urteil" eine Weiterverbreitung der Krankheit oder der Verlausung nicht mehr zu befürchten ist. Dabei ist offen, ob es sich hier um einen niedergelassenen Arzt oder einen Arzt des Gesundheitsamtes handelt. Der Arzt ist verpflichtet, bei der Ausstellung des entsprechenden Zeugnisses (mündlich oder schriftlich) sorgfältig zu verfahren (vgl. Berufsordnung für die Ärzte); ein Verstoß gegen diese Berufspflicht kann berufsaufsichtlich geahndet werden, abgesehen davon, dass das Ausstellen falscher ärztlicher Zeugnisse ebenso strafbar ist wie dessen Verwendung (§§ 278, 279 StGB). Im Zweifelsfall wird der Arzt des Gesundheitsamtes entscheiden. Dabei gehört die zutreffende Beurteilung der Ansteckungsgefahr zu den Amtspflichten des Arztes des Gesundheitsamtes gegenüber gefährdeten Dritten (Art. 34 GG, § 839 BGB; vgl. BGH, Urteil vom 14.3.1960, VersR 60, 441 und Urteil vom 2.12.1968, VersR 1969, 237).

Im Rahmen der Verhandlung zum IfSG-Änderungsgesetz vom 28.7.2011 hatte der Bundesrat vorgeschlagen, es den Gesundheitsämtern zu ermöglichen, beim Auftreten einer impfpräventablen Krankheit gegenüber Personen ohne Immunschutz ein Schulbesuchsverbot anzuordnen (BT-Drs. 17/6141). Dieser Vorschlag wurde nicht umgesetzt, die Bundesregierung hatte jedoch zugesagt, in künftigen Gesetzgebungsverfahren die Frage eines solchen Verbotes zu prüfen. Mit dem durch Art. 8 Nr. 4 PrävG vom 17.7.2015 eingefügten § 28 Abs. 2 hat der Gesetzgeber dem insoweit Rechnung getragen, als beim Auftreten von Masern ein Besuchsverbot für Ansteckungsverdächtige (vgl. § 2 Nr. 7) angeordnet werden kann.

§ 34 Abs. 7 ermöglicht Ausnahmen von den Verboten der Absätze 1 und 3, soweit durch geeignete Maßnahmen (baulich-funktionell, betrieblich-organisatorisch oder präventiv) die Weiterverbreitung der Krankheit oder der Verlausung verhindert wird bzw. werden kann.

Die **Verlausung** ist ein Problem der persönlichen Hygiene. Die Feststellung, ob ein Kind verlaust ist, kann – abgesehen von den Sorgeberechtigten – auch jede Lehrkraft/Kindergärtnerin und im Zweifelsfall im Rahmen seiner personellen Möglichkeiten auch das Gesundheitsamt treffen. Gegen den Willen eines Betroffenen bzw. dessen Sorgeberechtigten darf dabei mangels rechtlicher Ermächtigung kein Zwang angewandt werden. Die Inspektion des behaarten Kopfes (z.B. durch die Lehrkraft, auch mit Hilfe einer Lupe) stellt keinen Zwang dar. Die ärztliche Behandlung ist einfach und wirkungsvoll, jedoch seuchenrechtlich zwangsweise nicht erreichbar. Umso wichtiger ist es, dass die Gesundheitsämter beim Auftreten von Kopfläusen die Eltern der Kinder und die Leitungen der Gemeinschaftseinrichtungen unterstützen, insbesondere durch geeignete Aufklärung und Beratung (zweckmäßigerweise im Zusammenwirken mit den niedergelassenen Ärzten). Dabei sind die vorliegenden Materialien hilfreich (z.B. Broschüre „Kopfläuse – was tun?" der BZgA, Stand: Oktober 2014, in mehreren Sprachen und Merkblatt für Ärzte des RKI „Kopflausbefall", im Internet des RKI abrufbar (http://www.rki.de> Infektionsschutz> RKI-Ratgeber Kopflausbefall). Diesen Ratgeber (veröffentlicht auch im Epid. Bulletin Nr. 20/2007, S. 169) hat das RKI durch „Hinweise über die Aufgaben der Gemeinschaftseinrichtungen, über die Wiederzulassung und die Aufgaben der Gesundheitsämter" ergänzt (Epid. Bulletin Nr. 28/ 2007, S. 250). Siehe im Übrigen § 17 Abs. 5 samt Anmerkung.

2) § 34 Abs. 2 enthält ein indirektes Betretungs-, Benutzungs- und Teilnahmeverbot. Die Vorschrift geht davon aus, dass bei den darin genannten Ausscheidern grundsätzlich Schutzmaßnahmen möglich sind, die ein Weiterverbreiten der Krankheiten verhindern. Neben infektionshygienischer Beratung durch das Gesundheitsamt kommen dabei – abhängig vom Erregertyp – Verhaltensmaßregeln (§ 28 Abs. 1 Satz 1) in Betracht, wie z.B. das Benutzen eines besonderen Aborts oder Desinfektionsmaßnahmen. Sind die zum Seuchenschutz notwendigen Maßnahmen im Einzelfall nicht möglich oder werden sie nicht eingehalten, so tritt das Verbot ein. Bußgeldbewehrung siehe § 73 Abs. 1a Nr. 15.

3) Absatz 5 Satz 1 verpflichtet sowohl das Betreuungspersonal der Gemeinschaftseinrichtungen als auch die von diesem betreuten Säuglinge, Kinder und Jugendlichen (bzw. deren Sorgeberechtigte), die Leitung der Einrichtung unverzüglich zu unterrichten, wenn bei ihnen ein Fall der Absätze 1 bis 3 vorliegt (Bußgeldbewehrung § 73 Abs. 1a Nr. 16a).

4) Die Betroffenen können diese Mitteilungspflicht nur erfüllen, wenn sie über deren Einzelheiten informiert sind. Die Leitungen der Gemeinschaftseinrichtungen müssen deshalb die Betreuten bzw. deren Sorgeberechtigte hierüber belehren (§ 34 Abs. 5 Satz 2). Hierzu stehen die vom RKI verfassten **Belehrungs-Muster** zur Verfügung (auch in englischer, französischer, spanischer, russischer, arabischer und türkischer Übersetzung), die den Leitern der Gemeinschaftseinrichtungen von den Einrichtungsträgern oder von den Gesundheitsämtern zur Verfügung gestellt werden sollen. Die zur Belehrung verpflichtete Leitung der Gemeinschaftseinrichtung kann die Belehrung erforderlichenfalls einer anderen, geeigneten Person (z.B. Biologielehrkraft, niedergelassener Arzt) übertragen. Gleichzeitig ist auch das Betreuungspersonal entsprechend zu belehren (§ 35). Im Gegensatz zu § 35 enthält § 34 Abs. 5 keine Regelung über die Dokumentation der Belehrung.

5) Der durch das ÄndG vom 16.9.2022 eingefügte Absatz 5a übernimmt die früher eigenständig in § 35 geregelte Belehrungspflicht für das Personal von Gemeinschaftseinrichtungen nach § 33.

Die Belehrung des Betreuungspersonals über die in § 34 enthaltenen Hinderungsgründe und Mitwirkungspflichten ersetzt die nach altem Recht vorgeschriebene Tuberkulinprobe/Röntgenaufnahme (§ 47 BSeuchG).
Die Pflicht, die Belehrung durchzuführen, trifft den Arbeitgeber bzw. den von diesem Beauftragten. Ein Verstoß gegen diese Pflicht ist bußgeldbedroht (§ 73 Abs. 1a Nr. 16b).
§ 34 Abs. 5a enthält (wie § 34 Abs. 5 Satz 2) keine Regelung über die Form der Belehrung (mündlich/schriftlich/Video). Auf Grundlage der Vorgängernorm des § 35 hat das RKI zur „Belehrung für die Beschäftigten in Schulen und sonstigen Gemeinschaftseinrichtungen gem. § 35 IfSG" ein geeignetes, ausführliches Belehrungs-Muster zur Verfügung gestellt, das den zur Belehrung verpflichteten „Arbeitgebern" von den Gesundheitsämtern zur Verfügung gestellt wird. Es ist auf den Internetseiten des RKI abrufbar (http://www.rki.de > Infektionsschutz> Infektionsschutzgesetz> Belehrungsbögen). Nach § 34 Abs. 5a Satz 2 muss die Belehrung in jedem Fall protokolliert werden, wobei das Protokoll die Namen von Belehrendem und Belehrtem, den Tag und den wesentlichen Inhalt der Belehrung sowie die Unterschriften der beiden enthalten muss (vgl. §§ 8 ff des Beurkundungsgesetzes); dies schließt die gleichzeitige Belehrung mehrerer Personen nicht aus.
Unabhängig von der Belehrungspflicht nach § 34 Abs. 5a beraten die Gesundheitsämter das Personal der Gemeinschaftseinrichtungen sowie die Kinder und Jugendlichen sowie deren Eltern allgemein bei übertragbaren Krankheiten über Schutz- und Vorbeugemaßnahmen. Dazu gehört auch die Information über Hygienemaßnahmen bei der Erstversorgung von Wunden.

6) Absatz 6 schließt an Absatz 5 an und verpflichtet die Leitung der Gemeinschaftseinrichtung, das Gesundheitsamt unverzüglich zu benachrichtigen (namentliche Meldung), damit erforderliche Ermittlungen eingeleitet bzw. Schutzmaßnahmen getroffen werden können (Bußgeldbewehrung § 73 Abs. 1a Nr. 17).

7) Die Leitung einer Gemeinschaftseinrichtung wird die Erkrankung an einer übertragbaren Krankheit bzw. den entsprechenden Verdacht – auch in anderen als den in Abs. 1 bis 3 genannten Fällen – im Rahmen ihrer Verantwortung für die Betreuten und das Betreuungspersonal (**nicht** namentlich) erforderlichenfalls auch ohne Anordnung nach Absatz 8 bekanntgeben, z.B. um Ungeimpfte oder Immunschwache vor einer Krankheit zu bewahren.
Ein Verstoß gegen eine Anordnung des Gesundheitsamtes nach Abs. 8 stellt eine Ordnungswidrigkeit dar (§ 73 Abs. 1a Nr. 6).

8) Der Gesetzgeber geht davon aus, dass das Risiko bei Krankheiten, die durch Blut oder Körperflüssigkeiten übertragen werden können (Hepatitis B, C, HIV), in Gemeinschaftseinrichtungen (§ 33) in der Regel nicht größer ist als außerhalb solcher Einrichtungen. Erforderlichenfalls (z.B. bei erhöhter Verletzungsgefahr und gleichzeitigem engem Kontakt mit anderen) können Schutzmaßnahmen nach § 34 Abs. 9 angeordnet werden (bei Verstößen siehe § 73 Abs. 1a Nr. 6).

9) Absatz 10 ergänzt § 20 Abs. 1 und § 35.

10) Der durch Art. 8 Nr. 5 PrävG vom 17.7.2015 (BGBl I S. 1368) eingefügte Absatz 10a soll dazu beitragen, schon bei Kindern, die in eine Kindertagesstätte aufgenommen werden, einen altersgemäßen Impfschutz zu erreichen. Es ist landesrechtlichen Regelungen überlassen, auf welche Weise der Nachweis über die Impfberatung zu führen ist (z.B. Eintrag im Impfbuch oder bestimmtes Formular). Der Nachweis ist gegenüber der Leitung der Einrichtung zu führen. Die Impfungen sind nach wie vor freiwillig. Im IfSG ist auch keine Vorschrift enthalten, die einen Impfschutz als Voraussetzung für die Aufnahme in eine Einrichtung vorschreibt.
Durch das ÄndG vom 17.7.2017 wurde dem Absatz 10a ein Satz 2 angefügt. Danach wird das Gesundheitsamt von der Kindertageseinrichtung unterrichtet, wenn die Personensorgeberechtigten den Nachweis nach Satz 1 nicht erbringen.
§ 34 Abs. 10a wird durch § 20 Abs. 8 ff. i.d.F. des Gesetzes vom 10.2.2020 (BGBl S. 148) speziell hinsichtlich des Masernimpfschutzes ergänzt.

11) Durch Absatz 11 sollen (im Interesse einer gezielten Impfaufklärung) ausreichende Kenntnisse über Impfverhalten und Impfstatus der Bevölkerung gewonnen werden (vgl. § 34 Abs. 9 und § 20 Abs. 1). Die Bestimmung geht davon aus, dass der Impfstatus der Kinder bei der Schuleingangsuntersuchung durch die Gesundheitsämter erhoben wird. Soweit schulrechtlich keine entsprechende Pflicht der Sorgeberechtigten zur Vorlage der Impfausweise bzw. zu den erforderlichen Angaben besteht, ist das Gesundheitsamt im Vollzug des § 34 Abs. 11 auf die freiwillige Mitwirkung der Betroffenen angewiesen.

§ 35
Infektionsschutz in Einrichtungen und Unternehmen der Pflege und Eingliederungshilfe, Verordnungsermächtigung

(1) Folgende Einrichtungen und Unternehmen haben sicherzustellen, dass die nach dem Stand der medizinischen Wissenschaft und der Pflegewissenschaft erforderlichen Maßnahmen getroffen werden, um Infektionen zu verhüten und die Weiterverbreitung von Krankheitserregern zu vermeiden:

1. **vollstationäre Einrichtungen zur Betreuung und Unterbringung älterer, behinderter oder pflegebedürftiger Menschen oder vergleichbare Einrichtungen,**
2. **teilstationäre Einrichtungen zur Betreuung und Unterbringung älterer, behinderter oder pflegebedürftiger Menschen oder vergleichbare Einrichtungen,**
3. **ambulante Pflegedienste und Unternehmen, die den Einrichtungen nach Nummer 1 oder Nummer 2 vergleichbare Dienstleistungen anbieten; Angebote zur Unterstützung im Alltag im Sinne von § 45a Absatz 1 Satz 2 des Elften Buches Sozialgesetzbuch zählen nicht zu den Dienstleistungen, die mit Angeboten in Einrichtungen nach Nummer 1 oder Nummer 2 vergleichbar sind.**

Die Einhaltung des Standes der medizinischen Wissenschaft oder der Pflegewissenschaft im Hinblick auf die Infektionsprävention im Rahmen der Durchführung medizi-

nischer oder pflegerischer Maßnahmen wird vermutet, wenn jeweils die veröffentlichten Empfehlungen der Kommission für Infektionsprävention in medizinischen Einrichtungen und in Einrichtungen und Unternehmen der Pflege und Eingliederungshilfe nach § 23 Absatz 1 beachtet worden sind. Die in Satz 1 genannten Einrichtungen und Unternehmen müssen in Hygieneplänen innerbetriebliche Verfahrensweisen zur Infektionshygiene festlegen und unterliegen der infektionshygienischen Überwachung durch das Gesundheitsamt. Die infektionshygienische Überwachung von ambulanten Pflegediensten, die ambulante Intensivpflege erbringen, erstreckt sich auch auf Orte, an denen die Intensivpflege erbracht wird. Die ambulanten Pflegedienste nach Satz 4 haben dem Gesundheitsamt auf dessen Anforderung die Namen und Kontaktdaten der von ihnen versorgten Personen und der vertretungsberechtigten Personen mitzuteilen. In den in Satz 1 Nummer 1 und 2 genannten Einrichtungen haben die Einrichtungsleitungen für den Zeitraum vom 1. Oktober 2022 bis einschließlich 7. April 2023 eine oder mehrere verantwortliche Personen zur Sicherstellung der Einhaltung der in Satz 7 genannten Anforderungen, Abläufe und Maßnahmen zu benennen; die Benennung setzt die Zustimmung der betreffenden Personen voraus. Die benannten Personen stellen sicher,

1. dass Hygieneanforderungen unter Berücksichtigung der Empfehlungen nach Satz 2 und der Hygienepläne nach Satz 3 eingehalten werden,
2. dass festgelegte Organisations- und Verfahrensabläufe im Zusammenhang mit dem
   a) Impfen von Bewohnern sowie Gästen gegen das Coronavirus SARS-CoV-2, insbesondere die regelmäßige Kontrolle des Impfstatus sowie die organisatorische und praktische Unterstützung von Impfungen durch niedergelassene Ärzte und mobile Impfteams und
   b) Testen von Bewohnern sowie Gästen, von in der Einrichtung tätigen Personen und von Besuchern auf das Coronavirus SARS-CoV-2 gemäß dem einrichtungsspezifischen Testkonzept und unter Berücksichtigung der Teststrategie der Bundesregierung, der Empfehlungen des Robert Koch-Instituts für Pflegeeinrichtungen und Einrichtungen der Eingliederungshilfe sowie landesspezifischer Vorgaben und der Vorgaben der Coronavirus-Testverordnung beachtet werden sowie
3. dass Maßnahmen zur Unterstützung der Versorgung von Bewohnern von vollstationären Pflegeeinrichtungen mit antiviralen COVID-19-Arzneimitteln, insbesondere die Benachrichtigung von behandelnden Ärzten im Fall eines positiven Testergebnisses von Bewohnern auf das Coronavirus SARS-CoV-2 sowie die Bevorratung von antiviralen COVID-19-Arzneimitteln in der jeweiligen Einrichtung vorgesehen werden.

Der Qualitätsausschuss Pflege nach § 113b des Elften Buches Sozialgesetzbuch erstellt in Abstimmung mit dem Bundesministerium für Gesundheit bis zum 15. Oktober 2022 pflegefachlich orientierte Grundlagen und Verfahrenshinweise für die Sicherstellung der Einhaltung der in Satz 7 genannten Anforderungen, Abläufe und Maßnahmen durch nach Satz 7 in voll- und teilstationären Pflegeeinrichtungen benannte Personen. Unter Berücksichtigung dieser Grundlagen und Verfahrenshinweise legen die voll- und teilstationären Pflegeeinrichtungen ihre Organisations- und Verfahrensabläufe nach Satz 7 bis zum 1. November 2022 fest und dokumentieren in diesen Festlegungen auch die Benennung nach Satz 6. Die Umsetzung der in Satz 7 genannten Anforderungen, Abläufe und Maßnahmen gemäß den Grundlagen und Verfahrenshinweisen des Qualitätsausschusses Pflege nach Satz 8 von den voll- und teilstationären Pflegeeinrichtungen in Verantwortung der nach Satz 6 zu benennenden Personen sind zu dokumentieren. Das Gesundheitsamt überwacht, ob die Leitungen der Einrichtungen nach Satz 1 Nummer 1 und 2 Personen nach Satz 6 benannt haben. Es überwacht auch, ob voll- und teilstationäre Pflegeeinrichtungen die in Satz 7 genannten Anforderungen, Abläufe und Maßnahmen entsprechend den nach Satz 8 erstellten Grundlagen und Verfahrenshinweisen umsetzen und die Festlegungen nach Satz 9 getroffen haben.

(2) Soweit es zur Erfüllung von Verpflichtungen nach Absatz 1 in Bezug auf übertragbare Krankheiten erforderlich ist, darf der Arbeitgeber personenbezogene Daten eines Beschäftigten über dessen Impf- und Serostatus verarbeiten, um über die Begründung eines Beschäftigungsverhältnisses oder über die Art und Weise einer Beschäftigung zu entscheiden. Dies gilt nicht in Bezug auf übertragbare Krankheiten, die im Rahmen einer leitliniengerechten Behandlung nach dem Stand der medizinischen Wissenschaft nicht mehr übertragen werden können. § 22 Absatz 2 des Bundesdatenschutzgesetzes gilt entsprechend. Die Bestimmungen des allgemeinen Datenschutzrechts bleiben unberührt.

(3) Die Landesregierungen haben durch Rechtsverordnung für die in Absatz 1 Satz 1 Nummer 1 genannten Einrichtungen die jeweils erforderlichen Maßnahmen zur Verhütung, Erkennung, Erfassung und Bekämpfung von übertragbaren Krankheiten zu regeln. Dabei sind insbesondere Regelungen zu treffen über

1. hygienische Mindestanforderungen an Bau, Ausstattung und Betrieb der Einrichtungen,
2. die erforderliche personelle Ausstattung mit hygienebeauftragten Pflegefachkräften oder Hygienefachkräften,
3. Aufgaben und Anforderungen an Fort- und Weiterbildung der in der Einrichtung erforderlichen hygienebeauftragten Pflegefachkräfte oder Hygienefachkräfte,
4. die erforderliche Qualifikation und Schulung des Personals hinsichtlich der Infektionsprävention,
5. die Information des Personals über Maßnahmen, die zur Verhütung und Bekämpfung von übertragbaren Krankheiten erforderlich sind.

Die Landesregierungen können die Ermächtigung durch Rechtsverordnung auf andere Stellen übertragen.

(4) Die Leiter von in Absatz 1 Satz 1 Nummer 1 und 2 genannten Einrichtungen haben das Gesundheitsamt, in dessen Bezirk sich die Einrichtung befindet, unverzüglich zu benachrichtigen und die nach diesem Gesetz erforderlichen krankheits- und personenbezogenen Angaben zu machen, wenn eine in der Einrichtung tätige oder untergebrachte Person an Skabies erkrankt ist oder bei ihr der Verdacht besteht, dass sie an Skabies erkrankt ist.

(5) Personen, die in einer in Absatz 1 Satz 1 Nummer 1 und 2 genannten Einrichtung aufgenommen werden sollen, haben der Leitung der Einrichtung vor oder unverzüg-

lich nach ihrer Aufnahme ein ärztliches Zeugnis darüber vorzulegen, dass bei ihnen keine Anhaltspunkte für das Vorliegen einer ansteckungsfähigen Lungentuberkulose vorhanden sind. Bei der erstmaligen Aufnahme darf die Erhebung der Befunde, die dem ärztlichen Zeugnis zugrunde liegt, nicht länger als sechs Monate zurückliegen, bei einer erneuten Aufnahme darf sie nicht länger als zwölf Monate zurückliegen.

(6) Die in Absatz 1 Satz 1 Nummer 1 und 2 genannten voll- und teilstationären Einrichtungen, die zugelassene Pflegeeinrichtungen im Sinne von § 72 des Elften Buches Sozialgesetzbuch sind, sind verpflichtet, dem Robert Koch-Institut monatlich Angaben zum Anteil der Personen, die gegen das Coronavirus SARS-CoV-2 geimpft sind, jeweils bezogen auf die Personen, die in der Einrichtung beschäftigt sind oder behandelt, betreut oder gepflegt werden oder untergebracht sind, in anonymisierter Form zu übermitteln. Haben sich die nach Satz 1 zu übermittelnden Angaben in einem Monat gegenüber dem Vormonat nicht geändert, übermittelt die Einrichtung die vereinfachte Meldung, dass keine Änderungen im Vergleich zum Vormonat vorliegen. In diesen Fällen werden die Daten des Vormonats durch das Robert Koch-Institut fortgeschrieben. Soweit es zur Erfüllung der Pflichten nach den Sätzen 1 und 2 erforderlich ist, darf die Leitung der in Satz 1 genannten Einrichtungen zu diesem Zweck personenbezogene Daten einschließlich Daten zum Impfstatus in Bezug auf die Coronavirus-Krankheit-2019 (COVID-19) verarbeiten. Die Daten nach Satz 4 dürfen auch zur Beurteilung der Gefährdungslage in der Einrichtung im Hinblick auf die Coronavirus-Krankheit-2019 (COVID-19) verarbeitet werden, solange und soweit dies erforderlich ist. § 22 Absatz 2 des Bundesdatenschutzgesetzes gilt entsprechend. Bestehen zum Zeitpunkt des Inkrafttretens dieser Regelung bereits landesrechtliche Meldeverfahren, die auf bisherigem Bundesrecht beruhen und die zu den durch das Robert Koch-Institut nach Satz 1 zu erhebenden Daten anschlussfähig sind, bleiben die landesrechtlichen Meldeverfahren von der Änderung unberührt, wenn die Länder nach Kreisen und kreisfreien Städten aufgeschlüsselte Daten direkt an das Robert Koch-Institut übermitteln; insoweit entfällt die Meldepflicht nach Satz 1. Das Robert Koch-Institut führt die ihm übermittelten Daten zusammen und übermittelt sie monatlich in anonymisierter Form dem Bundesministerium für Gesundheit sowie den Ländern bezogen auf Länder- und Kreisebene. Die nach den Sätzen 4 und 5 erhobenen Daten sind spätestens am Ende des sechsten Monats nach ihrer Erhebung zu löschen; die Bestimmungen des allgemeinen Datenschutzrechts bleiben unberührt. Die nach Satz 1 zu übermittelnden Angaben werden letztmalig für den Monat April 2023 erhoben.

§ 35 wurde durch das ÄndG vom 16.9.2022 (BGBl. I S. 1454) komplett neugefasst; die bislang in § 35 enthaltene Belehrungspflicht wurde wortgleich als § 34 Abs. 5a übernommen. Der neue § 35 soll eine Grundlage für nachhaltige Hygienekompetenz und Infektionsschutz in Einrichtungen und Unternehmen der Pflege und Eingliederungshilfe schaffen.

Absatz 1 verpflichtet daher die dort genannten Einrichtungen sicherzustellen, dass die nach dem Stand der medizinischen Wissenschaft und der Pflegewissenschaft erforderlichen Maßnahmen getroffen werden, um Infektionen zu verhüten und die Weiterverbreitung von Krankheitserregern zu vermeiden; wenn in der

Einrichtung die aktuellen, veröffentlichten Empfehlungen der Kommission für Infektionsprävention nach § 23 umgesetzt werden, so ist von der Einhaltung dieses Standes auszugehen.
Die Aufzählung in Absatz 1 Satz 1 erfasst seit Mitte September 2022 die zuvor in § 36 Abs. 1 Satz 1 Nrn. 2 und 7 enthaltenen Einrichtungen. Die jetzt in § 35 Abs. 1 Satz 1 Nrn. 1 und 2 aufgegangene § 36 Abs. 1 Satz 1 Nr. 2 ersetzte die frühere Verweisung auf das Heimrecht; so fallen unter § 35 Abs. 1 Satz 1 Nr. 1 etwa besondere Wohnformen für Menschen mit Behinderung, und betreute Wohngruppen für Kinder/Jugendliche mit Behinderung; Einrichtungen nach Nr. 2 bilden z.B. Werkstätten für behinderte Menschen nach § 219 SGB IX oder heilpädagogische Tagesstätten. Die Aufnahme von mit voll- und teilstationären Einrichtungen zur Betreuung und Unterbringung älterer, behinderter oder pflegebedürftiger Menschen vergleichbaren Einrichtungen soll der Tatsache Rechnung tragen, dass es in der Praxis auch Einrichtungen gibt, die nicht unter die bisherige Definition zu fassen sind, aber aus Infektionsschutzgründen in den Anwendungsbereich der Vorschrift aufgenommen werden sollen, weil dort gleichfalls vulnerable Personengruppen betreut werden. Nr. 3 bezieht sich auf ambulante Pflegedienste mit stationären Unterbringungsmöglichkeiten.
Die früher in § 36 Abs. 1 Nr. 2 bzw. 7 enthaltene Pflicht der genannten Einrichtungen und Unternehmen, in Hygieneplänen innerbetriebliche Verfahrensweisen zur Infektionshygiene festzulegen, ergibt sich nunmehr aus § 35 Abs. 1 Satz 3.
Nach Absatz 1 Sätze 6 und 7 ist in den Einrichtungen nach Satz 1 Nrn. 1 und 2 mindestens eine verantwortliche Person (nicht notwendig die Einrichtungsleitung) zu benennen, durch welche die in Satz 7 enthaltenen Vorgaben zu Hygieneanforderungen, zum Impfen, Testen und zur Versorgung mit antiviralen COVID-19-Arzneimitteln beachtet werden.
Die Regelung in Absatz 2 entspricht § 23a; dass der Arbeitgeber Daten über den Impf- und Serostatus von Beschäftigten zum Zwecke der Entscheidung über die Begründung eines Beschäftigungsverhältnisses oder über die Art und Weise einer Beschäftigung verarbeiten darf, ist erforderlich, um die Weiterverbreitung von übertragbaren Krankheiten zu vermeiden.
Absatz 3 ermächtigt die Landesregierungen zu Regelungen im Hinblick auf Hygiene und Infektionsschutz im Pflegebereich, im Grundsatz vergleichbar mit der in § 23 Abs. 8 nur auf medizinische Einrichtungen gerichteten Ermächtigungsgrundlage. Nach Absatz 3 Satz 1 Nr. 2 sind dabei auch Regelungen zur Bestellung von hygienebeauftragten Pflegefachkräften oder Hygienefachkräften möglich.
Dem Gesundheitsamt bleibt es die Festlegung überlassen, an welchen Orten Überwachungsmaßnahmen durchgeführt werden. Die voll- bzw. teilstationären Einrichtungen sowie die ambulanten Pflegedienste nach Absatz 1 Satz 1 sind verpflichtet, dem Gesundheitsamt die hierzu notwendigen Kontaktdaten zu übermitteln. Die notwendigen Befugnisse ergeben sich aus § 15a Abs. 1 Nr. 2, Abs. 3.
Absatz 6 regelt das bis Ende April 2023 befristete Impfmonitoring in Einrichtungen nach Absatz 1 Satz 1 Nrn. 1 und 2; Absatz 6 Satz 3 sieht eine vereinfachte

Meldung vor, wenn keine Veränderung der zu übermittelnden Daten im Vergleich zum Vormonat vorliegt.
Verstöße gegen die Benachrichtigungspflicht aus Abs. 4 sind bußgeldbewehrt nach § 73 Abs. 1a Nr. 17, Verstöße gegen die Pflichten aus Abs. 1 Sätze 7, 9 und 10 sind bußgeldbewehrt nach § 73 Abs. 1a Nr. 18.

§ 36
Infektionsschutz bei bestimmten Einrichtungen, Unternehmen und Personen; Verordnungsermächtigung

(1) Folgende Einrichtungen und Unternehmen müssen in Hygieneplänen innerbe- 1)
triebliche Verfahrensweisen zur Infektionshygiene festlegen und unterliegen der infektionshygienischen Überwachung durch das Gesundheitsamt:

1. die in § 33 genannten Gemeinschaftseinrichtungen mit Ausnahme der Gemeinschaftseinrichtungen nach § 33 Nummer 2,
2. Obdachlosenunterkünfte,
3. Einrichtungen zur gemeinschaftlichen Unterbringung von Asylbewerbern, vollziehbar Ausreisepflichtigen, Flüchtlingen und Spätaussiedlern,
4. sonstige Massenunterkünfte,
5. Justizvollzugsanstalten

(2) Einrichtungen und Unternehmen, bei denen die Möglichkeit besteht, dass durch 2)
Tätigkeiten am Menschen durch Blut Krankheitserreger übertragen werden, sowie Gemeinschaftseinrichtungen nach § 33 Nummer 2 können durch das Gesundheitsamt infektionshygienisch überwacht werden.

(3) Sofern der Deutsche Bundestag nach § 5 Absatz 1 Satz 1 eine epidemische Lage 3)
von nationaler Tragweite festgestellt hat und unabhängig davon bis zum Ablauf des 30. Juni 2022 darf der Arbeitgeber, soweit dies zur Verhinderung der Verbreitung der Coronavirus-Krankheit-2019 (COVID-19) erforderlich ist, in den in den Absätzen 1 und 2 genannten Einrichtungen und Unternehmen personenbezogene Daten eines Beschäftigten über dessen Impf- und Serostatus in Bezug auf die Coronavirus-Krankheit-2019 (COVID-19) verarbeiten, um über die Begründung eines Beschäftigungsverhältnisses oder über die Art und Weise einer Beschäftigung zu entscheiden. Im Übrigen gelten die Bestimmungen des allgemeinen Datenschutzrechts.

(3a) Die Leiter von in Absatz 1 Nummer 2 bis 6 genannten Einrichtungen haben das 4)
Gesundheitsamt, in dessen Bezirk sich die Einrichtung befindet, unverzüglich zu benachrichtigen und die nach diesem Gesetz erforderlichen krankheits- und personenbezogenen Angaben zu machen, wenn eine in der Einrichtung tätige oder untergebrachte Person an Skabies erkrankt ist oder bei ihr der Verdacht besteht, dass sie an Skabies erkrankt ist.

(4) Personen, die in eine Einrichtung nach Absatz 1 Nummer 2 bis 4 aufgenommen 5)
werden sollen, haben der Leitung der Einrichtung vor oder unverzüglich nach ihrer Aufnahme ein ärztliches Zeugnis darüber vorzulegen, dass bei ihnen keine Anhaltspunkte für das Vorliegen einer ansteckungsfähigen Lungentuberkulose vorhanden

sind. Bei der erstmaligen Aufnahme darf die Erhebung der Befunde, die dem ärztlichen Zeugnis zugrunde liegt, nicht länger als sechs Monate zurückliegen, bei einer erneuten Aufnahme darf sie nicht länger als zwölf Monate zurückliegen. Bei Personen, die in eine Einrichtung nach Absatz 1 Nummer 4 aufgenommen werden sollen, muss sich das Zeugnis auf eine im Geltungsbereich dieses Gesetzes erstellte Röntgenaufnahme der Lunge oder auf andere von der obersten Landesgesundheitsbehörde oder der von ihr bestimmten Stelle zugelassene Befunde stützen. Bei Personen, die das 15. Lebensjahr noch nicht vollendet haben, sowie bei Schwangeren ist von der Röntgenaufnahme abzusehen; stattdessen ist ein ärztliches Zeugnis vorzulegen, dass nach sonstigen Befunden eine ansteckungsfähige Lungentuberkulose nicht zu befürchten ist. § 34 Absatz 4 gilt entsprechend. Satz 1 gilt nicht für Obdachlose, die weniger als drei Tage in eine Einrichtung nach Absatz 1 Nummer 3 aufgenommen werden.

6) (5) Personen, die in eine Einrichtung nach Absatz 1 Nummer 4 aufgenommen werden sollen, sind verpflichtet, eine ärztliche Untersuchung auf Ausschluss einer ansteckungsfähigen Lungentuberkulose einschließlich einer Röntgenaufnahme der Atmungsorgane zu dulden. Dies gilt nicht, wenn die betroffenen Personen ein ärztliches Zeugnis nach Absatz 4 vorlegen oder unmittelbar vor ihrer Aufnahme in einer anderen Einrichtung nach Absatz 1 Nummer 4 untergebracht waren und die entsprechenden Untersuchungen bereits dort durchgeführt wurden. Personen, die in eine Justizvollzugsanstalt aufgenommen werden, sind verpflichtet, eine ärztliche Untersuchung auf übertragbare Krankheiten einschließlich einer Röntgenaufnahme der Lunge zu dulden. Für Untersuchungen nach den Sätzen 1 und 3 gilt Absatz 4 Satz 4 entsprechend. Widerspruch und Anfechtungsklage gegen Anordnungen nach den Sätzen 1 und 3 haben keine aufschiebende Wirkung.

7) (6) Die Landesregierungen werden ermächtigt, durch Rechtsverordnung festzulegen, dass Personen, die nach dem 31. Dezember 2018 in die Bundesrepublik Deutschland eingereist sind und die auf Grund ihrer Herkunft oder ihrer Lebenssituation wahrscheinlich einem erhöhten Infektionsrisiko für bestimmte bedrohliche übertragbare Krankheiten ausgesetzt waren, nach ihrer Einreise ein ärztliches Zeugnis darüber vorzulegen haben, dass bei ihnen keine Anhaltspunkte für das Vorliegen solcher bedrohlicher übertragbarer Krankheiten vorhanden sind, sofern dies zum Schutz der Bevölkerung vor einer Gefährdung durch bedrohliche übertragbare Krankheiten erforderlich ist; § 34 Absatz 4 gilt entsprechend. Personen, die kein auf Grund der Rechtsverordnung erforderliches ärztliches Zeugnis vorlegen, sind verpflichtet, eine ärztliche Untersuchung auf Ausschluss bedrohlicher übertragbarer Krankheiten im Sinne des Satzes 1 zu dulden; Absatz 5 Satz 5 gilt entsprechend. In der Rechtsverordnung nach Satz 1 ist zu bestimmen:

1. das jeweils zugrunde liegende erhöhte Infektionsrisiko im Hinblick auf bestimmte bedrohliche übertragbare Krankheiten,
2. die jeweils betroffenen Personengruppen unter Berücksichtigung ihrer Herkunft oder ihrer Lebenssituation,
3. Anforderungen an das ärztliche Zeugnis nach Satz 1 und zu der ärztlichen Untersuchung nach Satz 2 sowie

4. die Frist, innerhalb der das ärztliche Zeugnis nach der Einreise in die Bundesrepublik Deutschland vorzulegen ist.

Das Robert Koch-Institut kann zu den Einzelheiten nach Satz 3 Nummer 1 Empfehlungen abgeben. Die Landesregierungen können die Ermächtigung nach Satz 1 durch Rechtsverordnung auf andere Stellen übertragen.

(7) Das Bundesministerium für Gesundheit wird ermächtigt, durch Rechtsverordnung mit Zustimmung des Bundesrates festzulegen, dass Personen, die in die Bundesrepublik Deutschland einreisen wollen oder eingereist sind und die wahrscheinlich einem erhöhten Infektionsrisiko für eine bestimmte bedrohliche übertragbare Krankheit ausgesetzt waren, vor oder nach ihrer Einreise ein ärztliches Zeugnis darüber vorzulegen haben, dass bei ihnen keine Anhaltspunkte für das Vorliegen einer solchen bedrohlichen übertragbaren Krankheit vorhanden sind, sofern dies zum Schutz der Bevölkerung vor einer Gefährdung durch bedrohliche übertragbare Krankheiten erforderlich ist; § 34 Absatz 4 gilt entsprechend. Personen, die kein auf Grund der Rechtsverordnung erforderliches ärztliches Zeugnis vorlegen, sind verpflichtet, eine ärztliche Untersuchung auf Ausschluss einer bedrohlichen übertragbaren Krankheit im Sinne des Satzes 1 zu dulden; Absatz 5 Satz 5 gilt entsprechend. In der Rechtsverordnung können nähere Einzelheiten insbesondere zu den betroffenen Personengruppen und zu den Anforderungen an das ärztliche Zeugnis nach Satz 1 und zu der ärztlichen Untersuchung nach Satz 2 bestimmt werden. Das Robert Koch-Institut kann zu den Einzelheiten nach Satz 3 Empfehlungen abgeben. In dringenden Fällen kann zum Schutz der Bevölkerung die Rechtsverordnung ohne Zustimmung des Bundesrates erlassen werden. Eine auf der Grundlage des Satzes 5 erlassene Verordnung tritt ein Jahr nach ihrem Inkrafttreten außer Kraft; ihre Geltungsdauer kann mit Zustimmung des Bundesrates verlängert werden. 8)

(8) Die Bundesregierung wird, sofern der Deutsche Bundestag nach § 5 Absatz 1 Satz 1 eine epidemische Lage von nationaler Tragweite festgestellt hat, ermächtigt, durch Rechtsverordnung ohne Zustimmung des Bundesrates festzulegen, dass Personen, die in die Bundesrepublik Deutschland einreisen wollen oder eingereist sind und bei denen die Möglichkeit besteht, dass sie einem erhöhten Infektionsrisiko für die Krankheit ausgesetzt waren, die zur Feststellung der epidemischen Lage von nationaler Tragweite geführt hat, insbesondere, weil sie sich in einem entsprechenden Risikogebiet aufgehalten haben, ausschließlich zur Feststellung und Verhinderung der Verbreitung dieser Krankheit verpflichtet sind, 9)

1. sich unverzüglich nach der Einreise für einen bestimmten Zeitraum in geeigneter Weise auf eigene Kosten abzusondern sowie
2. der zuständigen Behörde durch Nutzung des vom Robert Koch-Institut nach Absatz 9 eingerichteten elektronischen Melde- und Informationssystems mitzuteilen:
   a) ihre personenbezogenen Angaben,
   b) das Datum ihrer voraussichtlichen Einreise,
   c) ihre Aufenthaltsorte bis zu zehn Tage vor und nach der Einreise,

d) das für die Einreise genutzte Reisemittel und vorliegende Informationen zum Sitzplatz,
e) Angaben, ob eine Impfdokumentation hinsichtlich der Krankheit vorliegt, die zur Feststellung der epidemischen Lage von nationaler Tragweite geführt hat,
f) Angaben, ob ein ärztliches Zeugnis oder ein Testergebnis hinsichtlich des Nichtvorliegens der Krankheit vorliegt, die zur Feststellung der epidemischen Lage von nationaler Tragweite geführt hat, und
g) Angaben, ob bei ihr Anhaltspunkte für die Krankheit vorliegen, die zur Feststellung der epidemischen Lage von nationaler Tragweite geführt hat;

in der Rechtsverordnung kann auch festgelegt werden, dass eine Impfdokumentation im Sinne des Buchstabens e oder ein ärztliches Zeugnis oder ein Testergebnis im Sinne des Buchstabens f über das nach Absatz 9 eingerichtete Melde- und Informationssystem der zuständigen Behörde zu übermitteln sind.

In der Rechtsverordnung ist auch zu bestimmen, in welchen Fällen Ausnahmen von den Verpflichtungen nach Satz 1 bestehen. Personen nach Satz 1 können einer Beobachtung nach § 29 unterworfen werden, auch wenn die in § 29 Absatz 1 genannten Voraussetzungen nicht vorliegen. Es kann festgelegt werden, dass, soweit eine Ausnahme vorliegt, anstelle der Nutzung des vom Robert Koch-Institut nach Absatz 9 eingerichteten elektronischen Melde- und Informationssystems eine schriftliche Ersatzmitteilung gegenüber der zuständigen Behörde vorzunehmen ist. § 34 Absatz 4 gilt für die durch die Rechtsverordnung nach den Sätzen 1 und 3 festgelegte Verpflichtung entsprechend.

(9) Das Robert Koch-Institut richtet für die Zwecke des Absatzes 8 Satz 1 ein elektronisches Melde- und Informationssystem ein und ist verantwortlich für dessen technischen Betrieb. Das Robert Koch-Institut kann einen IT-Dienstleister mit der technischen Umsetzung beauftragen. Die aufgrund einer Rechtsverordnung nach Absatz 8 Satz 1 erhobenen Daten dürfen von der zuständigen Behörde nur für Zwecke der Erfüllung und Überwachung der Verpflichtungen, die sich aus der Rechtsverordnung nach Absatz 8 Satz 1 ergeben, und der Kontaktnachverfolgung verarbeitet werden. Sie sind spätestens 14 Tage nach dem mitgeteilten Datum der Einreise der jeweils betroffenen Person zu löschen. Eine Übermittlung der auf Grund einer Rechtsverordnung nach Absatz 8 Satz 1 Nummer 2 erhobenen Daten durch die zuständigen Behörden an andere Stellen oder eine Weiterverwendung dieser Daten durch die zuständigen Behörden zu anderen als den in Satz 3 genannten Zwecken ist unzulässig.

(10) Die Bundesregierung wird, sofern der Deutsche Bundestag nach § 5 Absatz 1 Satz 1 eine epidemische Lage von nationaler Tragweite festgestellt hat, ermächtigt, durch Rechtsverordnung ohne Zustimmung des Bundesrates festzulegen,

1. dass die in einer Rechtsverordnung nach Absatz 8 Satz 1 genannten Personen verpflichtet sind, gegenüber den Beförderern, gegenüber der zuständigen Behörde oder gegenüber den diese Behörde nach Maßgabe des Absatzes 11 Satz 1 unterstützenden, mit der polizeilichen Kontrolle des grenzüberschreitenden Verkehrs beauftragten Behörden

a) einen Nachweis über die Erfüllung der in einer Rechtsverordnung nach Absatz 8 Satz 1 Nummer 2 festgelegten Verpflichtungen oder die Ersatzmitteilung nach Absatz 8 Satz 4 vorzulegen oder auszuhändigen,
b) eine Impfdokumentation hinsichtlich der in Absatz 8 Satz 1 genannten Krankheit vorzulegen,
c) ein ärztliches Zeugnis oder ein Testergebnis hinsichtlich des Nichtvorliegens der in Absatz 8 Satz 1 genannten Krankheit vorzulegen,
d) Auskunft darüber zu geben, ob bei ihnen Anhaltspunkte für die in Absatz 8 Satz 1 genannte Krankheit vorhanden sind;

1a. dass auf Grund eines bei Reisen allgemein gesteigerten Infektionsrisikos in Bezug auf die Krankheit, die zur Feststellung der epidemischen Lage von nationaler Tragweite geführt hat, alle Personen, die in die Bundesrepublik Deutschland einreisen wollen oder eingereist sind, ausschließlich zur Feststellung und Verhinderung der Verbreitung der Krankheit, die zur Feststellung der epidemischen Lage von nationaler Tragweite geführt hat, verpflichtet sind, über einen Nachweis oder ein Dokument nach Nummer 1 Buchstabe b oder Buchstabe c zu verfügen und den Nachweis oder das Dokument gegenüber den Beförderern oder den in Nummer 1 genannten Behörden vorzulegen;

2. dass Unternehmen, die im Eisenbahn-, Bus-, Schiffs- oder Flugverkehr Reisende befördern, Betreiber von Flugplätzen, Häfen, Personenbahnhöfen und Omnibusbahnhöfen im Rahmen ihrer betrieblichen und technischen Möglichkeiten ausschließlich zur Feststellung und Verhinderung der Verbreitung der in Absatz 8 Satz 1 genannten Krankheit, bei der Durchführung der Rechtsverordnung nach Nummer 1 oder Nummer 1a mitzuwirken haben, und verpflichtet sind,
   a) Beförderungen im Fall eines erhöhten Infektionsrisikos im Sinne von Absatz 8 Satz 1 zu unterlassen, sofern eine Rückreise von Personen mit Wohnsitz in Deutschland weiterhin möglich ist, deren Einreise nicht aus aufenthaltsrechtlichen Gründen zu untersagen ist,
   b) Beförderungen in die Bundesrepublik Deutschland nur dann durchzuführen, wenn die zu befördernden Personen den nach Nummer 1 oder Nummer 1a auferlegten Verpflichtungen vor der Beförderung nachgekommen sind,
   c) Reisende über die geltenden Einreise- und Infektionsschutzbestimmungen und -maßnahmen in der Bundesrepublik Deutschland und die Gefahren der in Absatz 8 Satz 1 genannten Krankheit sowie die Möglichkeiten zu deren Verhütung und Bekämpfung barrierefrei zu informieren und in diesem Rahmen auf die Reise- und Sicherheitshinweise des Auswärtigen Amts hinzuweisen,
   d) die zur Identifizierung einer Person oder zur Früherkennung von Kranken, Krankheitsverdächtigen, Ansteckungsverdächtigen und Ausscheidern notwendigen personenbezogenen Angaben zu erheben und an die für den Aufenthaltsort der betreffenden Person nach diesem Gesetz zuständige Behörde zu übermitteln,
   e) bestimmte Schutzmaßnahmen zur Verhinderung der Übertragung der in Absatz 8 Satz 1 genannten Krankheit im Rahmen der Beförderung vorzunehmen,

f) die Beförderung von Kranken, Krankheitsverdächtigen, Ansteckungsverdächtigen und Ausscheidern der zuständigen Behörde zu melden,
g) Passagierlisten und Sitzpläne auf Nachfrage der zuständigen Behörde zu übermitteln,
h) den Transport von Kranken, Krankheitsverdächtigen, Ansteckungsverdächtigen oder Ausscheidern, in ein Krankenhaus oder in eine andere geeignete Einrichtung durch Dritte zu ermöglichen,
i) gegenüber dem Robert Koch-Institut eine für Rückfragen der zuständigen Behörden erreichbare Kontaktstelle zu benennen;

3. dass Anbieter von Telekommunikationsdiensten und Betreiber öffentlicher Mobilfunknetze verpflichtet sind, Einreisende barrierefrei über elektronische Nachrichten über die geltenden Einreise- und Infektionsschutzbestimmungen und -maßnahmen in der Bundesrepublik Deutschland zu informieren.

Personen, die keinen auf Grund der Rechtsverordnung nach Satz 1 Nummer 1 und 1a erforderlichen Nachweis oder kein auf Grund der Rechtsverordnung nach Satz 1 Nummer 1 und 1a erforderliches Dokument vorlegen, sind verpflichtet, eine ärztliche Untersuchung auf Ausschluss der in Absatz 8 Satz 1 genannten Krankheit zu dulden. § 34 Absatz 4 gilt für die durch die Rechtsverordnung nach Satz 1 Nummer 1 oder Nummer 1a festgelegten Verpflichtungen entsprechend.

(11) Die mit der polizeilichen Kontrolle des grenzüberschreitenden Verkehrs beauftragten Behörden können anlässlich der grenzpolizeilichen Aufgabenwahrnehmung als unterstützende Behörde nach Absatz 10 Satz 1 Nummer 1 stichprobenhaft von den in der Rechtsverordnung nach Absatz 8 Satz 1 genannten Personen verlangen, dass sie ihnen die in Absatz 10 Satz 1 Nummer 1 Buchstabe a bis c genannten Nachweise oder Dokumente vorlegen oder ihnen Auskunft nach Absatz 10 Satz 1 Nummer 1 Buchstabe d erteilen. Die unterstützenden Behörden nach Absatz 10 Satz 1 Nummer 1 unterrichten bei Kenntnis unverzüglich die zuständigen Behörden über die Einreise der in der Rechtsverordnung nach Absatz 8 Satz 1 genannten Personen, soweit diese ihren den unterstützenden Behörden gegenüber bestehenden in der Rechtsverordnung nach Absatz 10 Satz 1 Nummer 1 festgelegten Verpflichtungen bei der Einreise nicht nachkommen. Zu diesem Zweck dürfen bei den in der Rechtsverordnung nach Absatz 8 Satz 1 genannten Personen ihre personenbezogenen Angaben, Angaben zu ihren Aufenthaltsorten bis zu zehn Tage vor und nach der Einreise und Angaben zu dem von ihnen genutzten Reisemittel erhoben und der zuständigen Behörde übermittelt werden. Die Sätze 1 bis 3 gelten in Bezug auf die in der Rechtsverordnung nach Absatz 10 Satz 1 Nummer 1a genannten Personen mit den Maßgaben entsprechend, dass nur die in Absatz 10 Satz 1 Nummer 1a genannten Nachweise oder Dokumente vorgelegt werden müssen und nur die personenbezogenen Angaben erhoben und übermittelt werden dürfen. Die nach § 71 Absatz 1 Satz 1 des Aufenthaltsgesetzes zuständigen Behörden und die unterstützenden Behörden nach Absatz 10 Satz 1 Nummer 1 unterrichten bei Kenntnis unverzüglich die zuständigen Behörden über die Einreise der in der Rechtsverordnung nach Absatz 6 Satz 1 oder nach Absatz 7 Satz 1

genannten Personen. Zu diesem Zweck dürfen bei diesen Personen ihre personenbezogenen Angaben erhoben und der zuständigen Behörde übermittelt werden. Die von den Behörden nach den Sätzen 1, 3, 4 und 6 erhobenen Daten dürfen mit den Daten vorgelegter Reisedokumente abgeglichen werden.

(12) Eine aufgrund des Absatzes 8 Satz 1 oder des Absatzes 10 Satz 1 erlassene Rechtsverordnung tritt spätestens am 7. April 2023 außer Kraft. Bis zu ihrem Außerkrafttreten kann eine aufgrund des Absatzes 8 Satz 1 oder des Absatzes 10 Satz 1 erlassene Rechtsverordnung auch nach Aufhebung der epidemischen Lage von nationaler Tragweite geändert werden.

(13) Durch die Absätze 4 bis 8 und 10 werden die Grundrechte der körperlichen Unversehrtheit (Artikel 2 Absatz 2 Satz 1 des Grundgesetzes), der Freiheit der Person (Artikel 2 Absatz 2 Satz 2 des Grundgesetzes), der Freizügigkeit der Person (Artikel 11 Absatz 1 des Grundgesetzes) und der Unverletzlichkeit der Wohnung (Artikel 13 Absatz 1 des Grundgesetzes) eingeschränkt.

1) § 36 Abs. 1 ist durch das ÄndG vom 17.7.2017 neugefasst und im Rahmen der Coronavirus-SARS-CoV-2-Pandemie mehrfach (durch die G vom 18.11.2020, 29.3., 23.7., 10.9., 22.11.2021, 18.3. und 16.9.2022) modifiziert worden. Die früher in Absatz Nrn. 2 und 7 aufgeführten Einrichtungen werden durch das ÄndG vom 16.9.2022 nun von § 35 Abs. 1 Satz 1 erfasst.
Die Überwachung (einschließlich Hygieneplan-Pflicht) für Krankenhäuser etc. sowie Arzt-, Zahnarztpraxen und Praxen sonstiger humanmedizinischer Heilberufe ist nun in § 23 Abs. 5 und 6 geregelt. Im Übrigen ist der Geltungsbereich des § 36 Abs. 1 unverändert.
Die hygienische Überwachung von Flughäfen und Häfen ist regelmäßig in den Gesundheitsdienstgesetzen der Länder geregelt (z.B. Art. 16 des bayer. Gesundheitsdienst- und Verbraucherschutzgesetzes vom 24.7.2003, GVBl S. 452, ber. S. 752). Ergänzend dazu enthält Art. 22 IGV (2005) eine entsprechende Aufgabe.
Wenngleich § 36 Abs. 1 und 2 eine „obrigkeitliche Überwachung“ vorsehen, so werden diese Vorschriften in der Praxis regelmäßig von den Gesundheitsämtern im Rahmen einer fachlich-beratenden Tätigkeit vollzogen. Bei hygienischen Missständen kommen jedoch erforderlichenfalls Maßnahmen nach § 16 Abs. 1 in Betracht.

2) § 36 Abs. 2 (im Gegensatz zu Abs. 1 eine Kann-Vorschrift) erfasst insbesondere Tätowierer, Piercer, Ohrlochstecher, Friseure. Hierzu ist ergänzend auf die Hygiene-Verordnungen der Länder (Grundlage: § 17 Abs. 4) hinzuweisen, welche diese Tätigkeiten ebenfalls erfassen.
In § 36 Abs. 1 sind Hygienepläne verbindlich vorgeschrieben. Sie dienen dazu, Infektionsrisiken in den Einrichtungen zu minimieren. Im Interesse der Praktikabilität sollten sie auf das Notwendige beschränkt werden. Muster stehen zur Verfügung. Erforderlichenfalls beraten die Gesundheitsämter im Rahmen ihrer Überwachungspflicht.

3) Absatz 3, durch das ÄndG vom 10.09.2021 (BGBl. I S. 4147) eingefügt, regelt im Zusammenhang mit der Coronavirus-Krankheit-2019 die Befugnis der Arbeitgeber, personenbezogene Daten eines Beschäftigten über dessen Impf- und Serostatus in Bezug auf COVID-19 zu verarbeiten. Die Vorgängernorm des Absatzes 3 a. F. wurde durch Art. 6 Nr. 3b des G vom 11.12.2018 (BGBl. I S. 2394) aufgehoben und ersetzt durch die Regelung des § 15a Abs. 1 Nr. 2 i.V. mit § 15a Abs. 3.

4) Absatz 3a ist durch das ÄndG vom 17.7.2017 eingefügt. Damit wird eine Meldepflicht beim Auftreten von Skabies (Krätze) eingeführt. Die in § 33 genannten Einrichtungen sind in Absatz 3a nicht aufgeführt, da bei diesen eine entsprechende Meldepflicht nach § 34 Abs. 6 Satz 1 i.V. mit Absatz 1 Satz 1 Nr. 15 bereits besteht.

5) Absatz 4 erfasst einen Personenkreis, der erfahrungsgemäß gegenüber dem Bevölkerungsdurchschnitt eine wesentlich höhere Tbc-Prävalenz aufweist. Personen, die in den einschlägigen Einrichtungen, teilweise unter engen Verhältnissen untergebracht sind, sind einem erhöhten Infektionsrisiko ausgesetzt. Dieses Risiko soll durch das vorgeschriebene ärztliche Zeugnis vermindert werden. Die Verpflichtung, das ärztliche Zeugnis beizubringen, obliegt dem Betroffenen. § 36 Absatz 4 regelte bis 2017 zusammenfassend die Pflicht zur Zeugnisvorlage mit der entsprechenden Duldungspflicht. Der besseren Übersichtlichkeit halber teilt das ÄndG vom 17.7.2017 dies wie folgt auf: Absatz 4 (Zeugnisvorlagepflicht) – Absatz 5 (Duldungspflicht für die notwendige Untersuchung).
Art. 6 Nr. 3c des G vom 11.12.2018 (BGBl. I S. 2394) ergänzt § 26 Abs. 4 Satz 3 dahingehend, dass ein Zeugnis gefordert werden kann, das sich nicht nur auf eine Röntgenaufnahme der Lunge stützt. Gleichzeitig wird die Möglichkeit eröffnet, auf eine Röntgenaufnahme der Lunge zu verzichten, wenn kein Anlass dafür besteht.

6) Die in Absatz 5 geregelte Duldungspflicht ergibt sich für Asylbewerber auch aus § 62 Asylverfahrengesetz und für Strafgefangene aus dem Strafvollzugsgesetz. Die Kosten für ärztliche Untersuchungen nach § 36 Abs. 5 bis 7 sind aus öffentlichen Mitteln zu bestreiten (§ 69 Abs. 1 Nr. 9). Verstöße gegen die Duldungspflicht sind bußgeldbewehrt (§ 73 Abs. 1a Nr. 19).

7) Der durch Art. 6 Nr. 3d des G vom 11.12.2018 (BGBl. I S. 2394) eingefügte Absatz 6 ermächtigt die Landesregierungen, über den durch Absatz 5 erfassten Personenkreis hinaus von Migranten, die einem erhöhten Infektionsrisiko ausgesetzt waren, Untersuchungen auf übertragbare Krankheiten zu fordern. Die Vorschrift entspricht dem bisherigen Absatz 6 (nunmehr Absatz 7), der eine entsprechende Ermächtigung für das BMG enthält. Eine derartige Doppelgleisigkeit ist weder notwendig noch sinnvoll (vgl. auch BR-Drs. 376/18).

8) Absatz 7 (Ermächtigung des Bundesministeriums für Gesundheit zum Erlass von Rechtsverordnungen hinsichtlich des Infektionsrisikos durch Einreisende) ist (damals als § 36 Abs. 6) durch spätere ÄndG teilweise modifiziert.

9) Durch das ÄndG vom 18.11.2020 wurden § 36 die Absätze 8 bis 13 angefügt (und durch spätere ÄndG teilweise modifiziert).
In § 5 Abs. 2 Nrn. 1 und 2 des Gesetzes vom 27.3.2020 (BGBl. S. 587) wurde das BMG ursprünglich ermächtigt, nach „Feststellung einer epidemischen Lage von nationaler Tragweite" Maßnahmen im grenzüberschreitenden Reiseverkehr zu treffen. Diese Ermächtigungen sind nun in § 36 Abs. 8 bis 13 enthalten und entsprechend den einschlägigen Erfahrungen angepasst worden. Nach Abs. 8 können Reisende verpflichtet werden, personenbezogene Angaben über Reisedaten und Aufenthaltsorte zu machen; diese werden vom RKI in einem Melde- und Informationssystem erfasst (Abs. 9). Nach Abs. 10 Nr. 1 können Reisende zu weiteren Angaben und Nachweisen verpflichtet werden (z.B. Impfnachweis, ärztliches Attest). Nach Abs. 10 Nr. 2 können Betreiber von Reiseunternehmen verpflichtet werden, maßgeblich bei der Verhütung der Krankheitsweiterverbreitung mitzuwirken (z.B. Beförderungen zu unterlassen, Beförderungen der zuständigen Behörde zu melden, personenbezogene Angaben zu erheben, Passagierlisten zur Verfügung zu stellen, gegenüber dem RKI Kontaktstellen zu benennen). Anbieter von Telekommunikationsdiensten und Mobilfunknetzbetreiber können verpflichtet werden, Einreisende über die geltenden Bestimmungen zu informieren (Abs. 10 Nr. 3). Die Grenzschutzbehörden wirken nach Absatz 11 beim Vollzug der Absätze 8 und 10 unterstützend mit.

7. Abschnitt
Wasser

§ 37
Beschaffenheit von Wasser für den menschlichen Gebrauch sowie von Wasser zum Schwimmen oder Baden in Becken oder Teichen, Überwachung

(1) Wasser für den menschlichen Gebrauch muss so beschaffen sein, dass durch seinen Genuss oder Gebrauch eine Schädigung der menschlichen Gesundheit, insbesondere durch Krankheitserreger, nicht zu besorgen ist. 1)

(2) Wasser, das in Gewerbebetrieben, öffentlichen Bädern sowie in sonstigen nicht ausschließlich privat genutzten Einrichtungen zum Schwimmen oder Baden bereitgestellt wird

1. in Schwimm- oder Badebecken oder
2. in Schwimm- oder Badeteichen, die nicht Badegewässer im Sinne der Richtlinie 2006/7/EG des Europäischen Parlaments und des Rates vom 15. Februar 2006 über die Qualität der Badegewässer und deren Bewirtschaftung und zur Aufhebung der Richtlinie 76/160/EWG (ABl. L 64 vom 4.3.2006, S. 37; L 359 vom 29.12.2012, S. 77), die zuletzt durch die Richtlinie 2013/64/EU (ABl. L 353 vom 28.12.2013, S. 8) geändert worden ist, sind,

muss so beschaffen sein, dass durch seinen Gebrauch eine Schädigung der menschlichen Gesundheit, insbesondere durch Krankheitserreger, nicht zu besorgen ist. Bei 2)

Schwimm- oder Badebecken muss die Aufbereitung des Wassers eine Desinfektion einschließen. Bei Schwimm- oder Badeteichen hat die Aufbereitung des Wassers durch biologische und mechanische Verfahren, die mindestens den allgemein anerkannten Regeln der Technik entsprechen, zu erfolgen.

3) **(3) Wasserversorgungsanlagen, Schwimm- oder Badebecken und Schwimm- oder Badeteiche einschließlich ihrer Wasseraufbereitungsanlagen unterliegen hinsichtlich der in den Absätzen 1 und 2 genannten Anforderungen der Überwachung durch das Gesundheitsamt und, soweit es sich um die Überwachung radioaktiver Stoffe im Wasser für den menschlichen Gebrauch handelt, durch die sonst zuständige Behörde.**

1) Der Begriff **„Wasser für den menschlichen Gebrauch"** entspricht der Definition in Art. 2 Nr. 1 der einschlägigen EU-Richtlinie 98/93/EG vom 3.11.1998 (EU-ABl L 330/32). Er erfasst folglich

a) „alles Wasser, sei es im ursprünglichen Zustand oder nach Aufbereitung, das zum Trinken, zum Kochen, zur Zubereitung von Speisen oder zu anderen häuslichen Zwecken bestimmt ist, und zwar ungeachtet seiner Herkunft und ungeachtet dessen, ob es aus einem Verteilungsnetz, in Tankfahrzeugen, in Flaschen oder anderen Behältern bereitgestellt wird

b) alles Wasser, das in einem Lebensmittelbetrieb für die Herstellung, Behandlung, Konservierung oder zum Inverkehrbringen von für den menschlichen Gebrauch bestimmten Erzeugnissen oder Substanzen verwendet wird, sofern die zuständigen einzelstaatlichen Behörden nicht davon überzeugt sind, dass die Qualität des Wassers die Genusstauglichkeit des Enderzeugnisses nicht beeinträchtigen kann."

Die Forderung des § 37 Abs. 1 beschränkt sich nicht nur auf seuchenhygienische Anforderungen (die Schädigung durch Krankheitserreger ist nur beispielhaft genannt), sondern bezieht alle Faktoren mit ein, die für die menschliche Gesundheit von Bedeutung sind. Die Gesetzgebungsbefugnis des Bundes leitet sich insoweit ergänzend zu Art. 74 Abs. 1 Nr. 19 GG her aus Art. 74 Abs. 1 Nr. 20 GG (Lebensmittelrecht). Dementsprechend wird die nach § 38 Abs. 1 zu erlassende Verordnung neben dem IfSG auch auf das LFGB gestützt.

Der Begriff „besorgen" ist dem Wasserrecht entnommen (vgl. § 48 Wasserhaushaltsgesetz). Nach der hierzu vorliegenden Rechtsprechung bedeutet dies, dass eine Schädigung der menschlichen Gesundheit unwahrscheinlich sein muss.

2) § 37 Abs. 2 erfasst das Wasser von **Schwimm- und Badebecken,** und zwar nicht nur in öffentlichen Einrichtungen, sondern auch in solchen, die nicht ausschließlich privat genutzt werden. Nicht zum privaten Bereich sind dabei jedenfalls alle Einrichtungen zu zählen, die gegen Entgelt benutzt werden. Unter dem Begriff „Badebecken" sind auch Planschbecken für Kinder und Tauchbecken in Saunas zu verstehen.

§ 37 Abs. 2 und Abs. 3 in der Fassung des ÄndG vom 17.7.2017 erfassen nicht mehr nur „Schwimm- und Badebecken" (metallische Wannen oder gemauerte

Umgrenzungen), sondern auch Badeteiche, in der Praxis bezeichnet als Biobadeteiche, Naturbäder, Freibäder mit biologischer Wasseraufbereitung. Dementsprechend sind § 38 Abs. 2 Nrn. 2, 3 und 5 sowie § 39 Abs. 1 Satz 1 und Abs. 2 Satz 1 Nr. 2 angepasst.
Solange keine Verordnung nach § 38 Abs. 2 vorliegt, gelten in einigen Ländern landesrechtliche Verordnungen (z.B. in Bayern bis 2008 die Verordnung über Badeanstalten vom 14.1.1987, GVBl S. 17). Im Übrigen sind die DIN 19643-1 bis 3 „Aufbereitung von Schwimm- und Badebeckenwasser" (2012) als anerkannte Regeln zu beachten, die den Stand der Wissenschaft und Technik wiedergeben. Sofern in solchen Einrichtungen – mangels spezieller rechtlicher Regelungen – seuchenrechtliche Anordnungen notwendig sind, stehen hierfür § 16 Abs. 1 bzw. § 28 Abs. 1 IfSG zur Verfügung.
Für Wasser, das **außerhalb von Becken** (rechtmäßig) zum Baden benutzt wird (fließende oder stehende Binnengewässer oder Meerwasser) gilt die Richtlinie 2006/7/EG des Europ. Parlaments und des Rates vom 15.2.2006 über die Qualität der Badegewässer und deren Bewirtschaftung (ABl L 64 S. 37), die von den Ländern umzusetzen ist (s. z.B. Bayer. Badegewässerverordnung vom 15.2.2008, GVBl S. 54).
Für Badestellen an fließenden oder stehenden Gewässern, die (vom jeweiligen Land) nicht in die Liste der EU-Badegewässer aufgenommen sind, gelten die EU-Richtlinie bzw. die Badegewässerverordnungen der Länder nicht. Jedoch sind auch solche Badestellen im Interesse der Volksgesundheit von den Gesundheitsämtern in hygienischer Hinsicht zu überwachen (ggf. aufgrund landesrechtlicher Regelung).
Hinsichtlich sogenannter „Naturbadeteiche", auch „Bioteiche", „Ökobäder" genannt, wird auf die einschlägigen Fachveröffentlichungen hingewiesen: Umweltbundesamt „Hygienische Anforderungen an Kleinbadeteiche, künstliche Schwimm- und Badeteichanlagen" in BGesBl 2003 S. 527 sowie Forschungsgesellschaft Landschaftsentwicklung Landschaftsbau e.V. „Richtlinien für Planung, Bau, Instandhaltung und Betrieb von Freibädern mit biologischer Wasseraufbereitung (Schwimm- und Badeteiche)", November 2011, www.fll.de.

3) Die zur Überwachung notwendigen Befugnisse ergeben sich aus § 15a Abs. 1 Nr. 3 i.V. mit § 15a Abs. 3.

§ 38
Verordnungsermächtigung

(1) Das Bundesministerium für Gesundheit wird ermächtigt, durch Rechtsverordnung mit Zustimmung des Bundesrates zu bestimmen, 1)

1. **welchen Anforderungen das Wasser für den menschlichen Gebrauch entsprechen muss, um der Vorschrift von § 37 Absatz 1 zu genügen,**
2. **welchen Anforderungen Wasserversorgungsanlagen entsprechen müssen,**

3. dass und wie die Wasserversorgungsanlagen und das Wasser in hygienischer Hinsicht zu überwachen sind,
4. dass die Betreiber von Wasserversorgungsanlagen
   a) Anzeigepflichten in Bezug auf die Wasserversorgungsanlagen und ihren Betrieb unterliegen,
   b) bei der Planung, der Errichtung und dem Betrieb von Wasserversorgungsanlagen, insbesondere bei der Aufbereitung des Wassers, bestimmte Anforderungen und allgemein anerkannte Regeln der Technik einzuhalten haben,
   c) Wasser auf bestimmte Parameter hin zu untersuchen und zu bewerten und die Ergebnisse aufzuzeichnen, aufzubewahren, dem Gesundheitsamt oder der sonst zuständigen Behörde zu übermitteln oder auf deren Verlangen zur Verfügung zu stellen haben,
   d) ein Risikomanagement der Wasserversorgungsanlage zu betreiben haben,
   e) im Fall der Nichteinhaltung von Anforderungen die Ursache zu klären und Abhilfe zu schaffen haben,
   f) Maßnahmenpläne aufzustellen haben,
   g) an Überwachungsmaßnahmen des Gesundheitsamtes oder der sonst zuständigen Behörde mitzuwirken und diese zu dulden haben,
5. welche Handlungs-, Unterlassungs-, Mitwirkungs- und Duldungspflichten den Betreibern von Wasserversorgungsanlagen über Nummer 4 hinaus obliegen,
6. welche Anforderungen an Stoffe, Verfahren und Materialien bei der Gewinnung, Aufbereitung oder Verteilung einschließlich Speicherung des Wassers für den menschlichen Gebrauch bestehen, soweit die Stoffe, Verfahren und Materialien nicht den Vorschriften des Lebensmittel- und Futtermittelgesetzbuches unterliegen, und insbesondere,
   a) dass nur Aufbereitungsstoffe und Desinfektionsverfahren verwendet werden dürfen, die hinreichend wirksam sind, keine vermeidbaren oder unvertretbaren Auswirkungen auf Gesundheit und Umwelt haben und für die das Umweltbundesamt geprüft und festgestellt hat, dass die Aufbereitungsstoffe und Desinfektionsverfahren diese Anforderungen unter bestimmten einzuhaltenden Einsatzbedingungen und bei Beachtung bestimmter Dokumentations- und Untersuchungspflichten erfüllen, und
   b) welche Anforderungen an Werkstoffe und Materialien, die Kontakt mit dem Wasser für den menschlichen Gebrauch haben, bestehen und dass Werkstoffe und Materialien nur verwendet werden dürfen, wenn das Umweltbundesamt geprüft und in Bewertungsgrundlagen mit Prüfvorschriften und Positivlisten festgestellt hat, dass die Werkstoffe und Materialien diese Anforderungen erfüllen,
7. welche Voraussetzungen, Inhalte und Verfahren für die Prüfungen und Feststellungen des Umweltbundesamtes nach Nummer 6 gelten,
8. in welchen Fällen das Wasser für den menschlichen Gebrauch, das den Anforderungen nach Nummer 1 oder Nummer 6 nicht entspricht, nicht oder nur eingeschränkt abgegeben oder anderen nicht oder nur eingeschränkt zur Verfügung gestellt werden darf,

9. in welchen Fällen und wie die zuständige Behörde oder die Betreiber von Wasserversorgungsanlagen die Bevölkerung zu informieren haben über
   a) den Namen, die Adresse und die Eigentumsstruktur des Betreibers sowie Angaben zu einer Kontaktstelle,
   b) die Wasserversorgung,
   c) die Beschaffenheit des Wassers für den menschlichen Gebrauch im Hinblick auf die in § 37 Absatz 1 genannten Anforderungen,
   d) Ergebnisse der vorgeschriebenen Untersuchungen des Wassers für den menschlichen Gebrauch nach einer aufgrund der Nummer 4 erlassenen Rechtsverordnung,
   e) die Überwachung der Beschaffenheit des Wassers für den menschlichen Gebrauch nach § 37 Absatz 3,
   f) Maßnahmen des Betreibers zur Aufrechterhaltung oder Wiederherstellung der Beschaffenheit des Wassers für den menschlichen Gebrauch im Hinblick auf die in § 37 Absatz 1 genannten Anforderungen,
   g) die Maßnahmen des Betreibers zur Anwendung des risikobasierten Ansatzes für sicheres Wasser für den menschlichen Gebrauch,
   h) einen gesundheits- und verantwortungsbewussten Umgang mit Wasser für den menschlichen Gebrauch,
   i) den Verbrauch von Wasser für den menschlichen Gebrauch,
   j) die Höhe und die Berechnungsgrundlagen des Entgelts für Wasser für den menschlichen Gebrauch und
   k) Verbraucherbeschwerden in Bezug auf Pflichten des Betreibers nach diesem Gesetz oder einer auf Grund dieses Gesetzes erlassenen Rechtsverordnung, soweit dem Betreiber die Informationen als Zusammenfassungen oder Statistiken vorliegen,
10. dass und wie Angaben über die Gewinnung und die Beschaffenheit des Wassers für den menschlichen Gebrauch einschließlich personenbezogener Daten zu übermitteln sind, soweit diese Angaben für die Erfassung und die Überwachung der Beschaffenheit des Wassers für den menschlichen Gebrauch und der Wasserversorgung erforderlich sind,
11. welchen Anforderungen Untersuchungsstellen unterliegen, die das Wasser für den menschlichen Gebrauch untersuchen, und nach welchen Verfahren Untersuchungen des Wassers für den menschlichen Gebrauch durchzuführen sind,
12. in welchen Fällen und wie Untersuchungsstellen, die das Wasser für den menschlichen Gebrauch untersuchen, dem Gesundheitsamt Ergebnisse von solchen Untersuchungen oder dem Umweltbundesamt Daten in aggregierter Form über Untersuchungen von Wasser für den menschlichen Gebrauch zu melden haben und
13. in welchen Fällen und wie die Betreiber von Wasserversorgungsanlagen und Installationsunternehmen dem Gesundheitsamt Feststellungen über eine gefährliche Beschaffenheit von Wasserversorgungsanlagen, insbesondere im Hinblick auf das Vorhandensein des Werkstoffs Blei, mitzuteilen habe.

Die Rechtsverordnung bedarf des Einvernehmens mit dem Bundesministerium für Umwelt, Naturschutz, nukleare Sicherheit und Verbraucherschutz, soweit in der

Rechtsverordnung Regelungen zu Wasserversorgungsanlagen mit Wassergewinnung oder zu radioaktiven Stoffen im Wasser für den menschlichen Gebrauch getroffen werden.

2) (2) Das Bundesministerium für Gesundheit bestimmt durch Rechtsverordnung mit Zustimmung des Bundesrates,

1. welchen Anforderungen das in § 37 Abs. 2 bezeichnete Wasser entsprechen muss, um der Vorschrift von § 37 Abs. 2 zu genügen,
2. dass und wie die Schwimm- oder Badebecken, die Schwimm- oder Badeteiche und das Wasser in hygienischer Hinsicht zu überwachen sind,
3. welche Handlungs-, Unterlassungs-, Mitwirkungs- und Duldungspflichten dem Betreiber eines Schwimm- oder Badebeckens oder eines Schwimm- oder Badeteiches im Sinne der Nummern 1 und 2 obliegen, welche Wasseruntersuchungen dieser durchführen oder durchführen lassen muss und in welchen Zeitabständen diese vorzunehmen sind,
4. in welchen Fällen das in § 37 Abs. 2 bezeichnete Wasser, das den Anforderungen nach Nummer 1 nicht entspricht, anderen nicht zur Verfügung gestellt werden darf und
5. dass für die Aufbereitung des in § 37 Absatz 2 Satz 1 bezeichneten Wassers nur Mittel und Verfahren verwendet werden dürfen, die vom Umweltbundesamt in einer Liste bekannt gemacht worden sind.

Die Aufnahme von Mitteln und Verfahren zur Aufbereitung des in § 37 Absatz 2 Satz 2 bezeichneten Wassers in die Liste nach Nummer 5 erfolgt nur, wenn das Umweltbundesamt festgestellt hat, dass die Mittel und Verfahren mindestens den allgemein anerkannten Regeln der Technik entsprechen.

3) (3) *(weggefallen)*

1) Im Hinblick auf die Richtlinie 98/83/EG des Rates vom 3. November 1998 über die Qualität von Wasser für den menschlichen Gebrauch (EU-ABl L 330/32), die in innerstaatliches Recht umzusetzen war, galt bis zum 24.6.2023 die Trinkwasserverordnung (TrinkwV 2001, seit 9.1.2018: TrinkwV) i.d.F. der Bek. vom 10.3.2016 (BGBl I S. 459), zul. geä. durch V vom 22.9.2021 (BGBl. I S. 4343). Die Richtlinie 98/83/EG wurde mit dem 12.1.2021 durch die Richtlinie (EU) 2020/2184 des Europäischen Parlaments und des Rates vom 16. Dezember 2020 über die Qualität von Wasser für den menschlichen Gebrauch (EU-ABl. L 435) ersetzt; zu deren Umsetzung wurde die Trinkwasserverordnung vom 20.6.2023 (BGBl. 2023 I Nr. 159, S. 2) erlassen, abgedruckt im **Anhang**. Durch das G vom 4.12.2022 wurde die Verordnungsermächtigung detaillierter gefasst, Informationspflichten gegenüber der Öffentlichkeit wurden erweitert und (in Abs. 1 Satz 1 Nr. 4) der „risikobasierte Ansatz" der Richtlinie (auch bekannt als „Water Safety Plan" der WHO) eingeführt, der auf eine Risikoabschätzung der kompletten Wasserversorgungskette von Gewinnung und Aufbereitung über Speicherung und Verteilung des Wassers bis zur Trinkwasserentnahme abzielt.

2) Solange eine Verordnung nach § 38 Abs. 2 nicht vorliegt, gelten die einschlägigen landesrechtlichen Vorschriften bzw. ist die DIN 19643-1 bis 3 (2012) zu beachten (vgl. Anmerkung zu § 37 Abs. 2).

3) Durch Art. 4 Abs. 20 des Gesetzes zur Aktualisierung der Strukturreform des Gebührenrechts des Bundes vom 18. Juli 2016 (BGBl I, S. 1666) wurde der frühere § 38 Abs. 3 ab dem 1.10.2021 aufgehoben; die Kostentragung richtet sich nun nach Landesrecht.

§ 39
Untersuchungen, Maßnahmen der zuständigen Behörde

(1) Der Betreiber einer Wasserversorgungsanlage, eines Schwimm- oder Badebeckens oder eines Schwimm- oder Badeteiches hat die ihm auf Grund von Rechtsverordnungen nach § 38 Abs. 1 oder 2 obliegenden Wasseruntersuchungen auf eigene Kosten durchzuführen oder durchführen zu lassen. 1)

(2) Die zuständige Behörde hat die notwendigen Maßnahmen zu treffen, um

1. **die Einhaltung der Vorschriften des § 37 Abs. 1 und 2 und von Rechtsverordnungen nach § 38 Abs. 1 und 2 sicherzustellen,**
2. **Gefahren für die menschliche Gesundheit abzuwenden, die von Wasser für den menschlichen Gebrauch im Sinne von § 37 Abs. 1 sowie von Wasser für und in Schwimm- oder Badebecken und Schwimm- oder Badeteichen im Sinne von § 37 Abs. 2 ausgehen können, insbesondere um das Auftreten oder die Weiterverbreitung übertragbarer Krankheiten zu verhindern.** 2)

§ 16 Abs. 6 bis 8 gilt entsprechend. 3)

1) Seit der Aufhebung des früheren § 39 Abs. 1 Satz 2 durch Art. 4 Abs. 20 des Gesetzes zur Aktualisierung der Strukturreform des Gebührenrechts des Bundes vom 18. Juli 2016 (BGBl. I, S. 1666) richtet sich die Kostentragung ab dem 1.10.2021 nach Landesrecht.

2) Voraussetzung für die Anwendbarkeit des § 39 Abs. 2 Nr. 2 ist nicht die konkrete Gefahr im polizeirechtlichen Sinn. Ein seuchenrechtliches Einschreiten ist vielmehr schon zulässig und berechtigt, wenn ein durch Tatsachen erhärteter Verdacht besteht, der eine Gesundheitsgefährdung als wahrscheinlich erscheinen lässt. Hat ein gefährlicher Zustand über längere Zeit ohne Konkretisierung der Gefahr bestanden, so rechtfertigt das nicht den Schluss, dass dies auch in Zukunft so bleiben werde (BayVGH, Urteil vom 8.2.1984 Az. 25 B 81 A 2591 zum entsprechenden § 11 Abs. 4 Satz 1 Nr. 2 BSeuchG).
Liegen Konzentrationen über den vorgegebenen Grenzwerten der TrinkwV, so sind die Voraussetzungen für eine Verfügung nach § 39 Abs. 2 Nr. 2 (Sanierung der Trinkwasserversorgungsanlage) gegeben. Es kommt hier nicht auf eine konkrete Gesundheitsgefährdung an. Die TrinkwV setzt in zulässiger Weise abstrakte Grenzwerte fest (OVG Schleswig-Holstein, Urteil vom 7.12.1992 Az. 2 L 106/92).

Trinkwasserversorgungsanlagen bedürfen einer wasserrechtlichen Erlaubnis bzw. Bewilligung (Wasserhaushaltsgesetz, WHG). Im Rahmen des wasserrechtlichen Verfahrens muss mitgeprüft werden, ob die Gewässerbenutzung nicht aufgrund anderer Gesetzesvorschriften (z.B. aus Gründen des Gesundheitsschutzes, § 39 Abs. 2 Nr. 2 IfSG) sofort wieder verboten werden müsste. In einem solchen Fall darf die Gewässerbenutzung nicht erlaubt bzw. bewilligt werden (§ 8 WHG); vgl. BVerwG, Urt. v. 17.3.1989 – 4 C 30.88, Zeitschrift für Wasserrecht 1990, 276.

Nach den kommunalrechtlichen Vorschriften der Länder (in Bayern Art. 57 GO) sind die Gemeinden in den Grenzen ihrer Leistungsfähigkeit verpflichtet, die aus Gründen des öffentlichen Wohls erforderlichen Einrichtungen zur Versorgung mit Trinkwasser herzustellen und zu unterhalten. Diese Verpflichtung kann – unabhängig von Maßnahmen nach § 39 IfSG – auch kommunalrechtlich durch die Rechtsaufsichtsbehörde durchgesetzt werden (vgl. BayVGH, Beschluss vom 16.6.1988 Nr. 4 CS 88 214), wenn die gemeindlichen Wasserversorgungseinrichtungen bzw. die vorhandenen Versorgungseinrichtungen den Anforderungen der TrinkwV nicht entsprechen.

3) Siehe Anmerkungen zu § 16 Abs. 6 bis 8.

§ 40
Aufgaben des Umweltbundesamtes

Das Umweltbundesamt hat im Rahmen dieses Gesetzes die Aufgabe, Konzeptionen zur Vorbeugung, Erkennung und Verhinderung der Weiterverbreitung von durch Wasser übertragbaren Krankheiten zu entwickeln. Beim Umweltbundesamt können zur Erfüllung dieser Aufgaben beratende Fachkommissionen eingerichtet werden, die Empfehlungen zum Schutz der menschlichen Gesundheit hinsichtlich der Anforderungen an die Qualität des in § 37 Abs. 1 und 2 bezeichneten Wassers sowie der insoweit notwendigen Maßnahmen abgeben können. Die Mitglieder dieser Kommissionen werden vom Bundesministerium für Gesundheit im Benehmen mit dem Bundesministerium für Umwelt, Naturschutz und nukleare Sicherheit sowie im Benehmen mit den jeweils zuständigen obersten Landesbehörden berufen. Vertreter des Bundesministeriums für Gesundheit, des Bundesministeriums für Umwelt, Naturschutz und nukleare Sicherheit und des Umweltbundesamtes nehmen mit beratender Stimme an den Sitzungen teil. Weitere Vertreter von Bundes- und Landesbehörden können daran teilnehmen.

Beim Umweltbundesamt bestehen die „Trinkwasserkommission“ und die „Badewasserkommission“, die im Hinblick auf die Bedeutung ihrer Empfehlungen nun gesetzlich verankert werden. Diese Kommissionen sind als unabhängige Expertengremien konzipiert, welche die Arbeit des Umweltbundesamtes ergänzen und unterstützen.

§ 41
Abwasser

(1) Die Abwasserbeseitigungspflichtigen haben darauf hinzuwirken, dass Abwasser so beseitigt wird, dass Gefahren für die menschliche Gesundheit durch Krankheitserreger nicht entstehen. 1)

Einrichtungen zur Beseitigung des in Satz 1 genannten Abwassers unterliegen der infektionshygienischen Überwachung durch die zuständige Behörde. 2)

(2) Die Landesregierungen werden ermächtigt, bezüglich des Abwassers durch Rechtsverordnung entsprechende Gebote und Verbote zur Verhütung übertragbarer Krankheiten zu erlassen. Die Landesregierungen können die Ermächtigung durch Rechtsverordnung auf andere Stellen übertragen. Das Grundrecht der Unverletzlichkeit der Wohnung (Artikel 13 Abs. 1 Grundgesetz) kann insoweit eingeschränkt werden. 3)

1) Die Abwasserbeseitigung ist grundsätzlich Pflichtaufgabe der Kommunen (vgl. hierzu die Gemeindeordnungen der Länder sowie § 56 Wasserhaushaltsgesetz).
Die Forderung des § 41 Abs. 1 IfSG zur gefahrlosen Abwasserbeseitigung entspricht derjenigen in § 55 Abs. 1 Satz 1 Wasserhaushaltsgesetz („Abwasser ist so zu beseitigen, dass das Wohl der Allgemeinheit nicht beeinträchtigt wird"); vgl. hierzu auch die Verordnung über Anforderungen an das Einleiten von Abwasser in Gewässer (Abwasserverordnung – AbwV) i.d.F. vom 17.6.2004 (BGBl I S. 1108, 2625), zul. geä. durch V vom 16.6.2020 (BGBl. I S. 1287).
Für das Aufbringen von Klärschlamm gilt § 41 nicht, sondern die auf das Abfallbeseitigungsrecht gestützte Klärschlammverordnung und das Düngegesetz.
Das Abfallrecht gilt nicht für „Stoffe, sobald diese in Gewässer oder Abwasseranlagen eingeleitet oder eingebracht werden" (§ 2 Abs. 1 Nr. 6 des Kreislaufwirtschafts- und Abfallgesetzes).

2) Die Überwachung durch die zum Vollzug des § 41 zuständige Behörde erfolgt zweckmäßigerweise in Zusammenarbeit mit der für das Wasserrecht zuständigen (z.B. Wasserwirtschaftsamt). Die zur Überwachung notwendigen Befugnisse ergeben sich aus § 15a Abs. 1 Nr. 4 i.V. mit § 15a Abs. 3. Verstöße sind bußgeldbewehrt über § 73 Abs. 1a Nrn. 3 bis 5.

3) Absatz 2 enthält eine Verordnungsermächtigung. Im Einzelfall stehen für den Erlass entsprechender Gebote oder Verbote – unabhängig von § 41 Abs. 2 – § 16 Abs. 1 bzw. § 28 Abs. 1 zur Verfügung.

8. Abschnitt
Gesundheitliche Anforderungen an das Personal beim Umgang mit Lebensmitteln

§ 42
Tätigkeits- und Beschäftigungsverbote

1) (1) Personen, die

1. an Typhus abdominalis, Paratyphus, Cholera, Shigellenruhr, Salmonellose, einer anderen infektiösen Gastroenteritis oder Virushepatitis A oder E erkrankt oder dessen verdächtig sind,
2. an infizierten Wunden oder an Hautkrankheiten erkrankt sind, bei denen die Möglichkeit besteht, dass deren Krankheitserreger über Lebensmittel übertragen werden können,
3. die Krankheitserreger Shigellen, Salmonellen, enterohämorrhagische Escherichia coli oder Choleravibrionen ausscheiden,

dürfen nicht tätig sein oder beschäftigt werden

2) a) beim Herstellen, Behandeln oder Inverkehrbringen der in Absatz 2 genannten Lebensmittel, wenn sie dabei mit diesen in Berührung kommen, oder
b) in Küchen von Gaststätten und sonstigen Einrichtungen mit oder zur Gemeinschaftsverpflegung.

3) Satz 1 gilt entsprechend für Personen, die mit Bedarfsgegenständen, die für die dort genannten Tätigkeiten verwendet werden, so in Berührung kommen, dass eine Übertragung von Krankheitserregern auf die Lebensmittel im Sinne des Absatzes 2 zu befürchten ist.

4) Die Sätze 1 und 2 gelten nicht für den privaten hauswirtschaftlichen Bereich.

5) (2) Lebensmittel im Sinne des Absatzes 1 sind

1. Fleisch, Geflügelfleisch und Erzeugnisse daraus
2. Milch und Erzeugnisse auf Milchbasis
3. Fische, Krebse oder Weichtiere und Erzeugnisse daraus
4. Eiprodukte
5. Säuglings- und Kleinkindernahrung
6. Speiseeis und Speiseeishalberzeugnisse
7. Backwaren mit nicht durchgebackener oder durcherhitzter Füllung oder Auflage
8. Feinkost-, Rohkost- und Kartoffelsalate, Marinaden, Mayonnaisen, andere emulgierte Soßen, Nahrungshefen
9. Sprossen und Keimlinge zum Rohverzehr sowie Samen zur Herstellung von Sprossen und Keimlingen zum Rohverzehr.

6) (3) Personen, die in amtlicher Eigenschaft, auch im Rahmen ihrer Ausbildung, mit den in Absatz 2 bezeichneten Lebensmitteln oder mit Bedarfsgegenständen im Sinne des Absatzes 1 Satz 2 in Berührung kommen, dürfen ihre Tätigkeit nicht ausüben, wenn sie an einer der in Absatz 1 Nr. 1 genannten Krankheiten erkrankt oder dessen

verdächtig sind, an einer der in Absatz 1 Nr. 2 genannten Krankheiten erkrankt sind oder die in Absatz 1 Nr. 3 genannten Krankheitserreger ausscheiden.

(4) Das Gesundheitsamt kann Ausnahmen von den Verboten nach dieser Vorschrift zulassen, wenn Maßnahmen durchgeführt werden, mit denen eine Übertragung der aufgeführten Erkrankungen und Krankheitserreger verhütet werden kann. 7)

(5) Das Bundesministerium für Gesundheit wird ermächtigt, durch Rechtsverordnung mit Zustimmung des Bundesrates den Kreis der in Absatz 1 Nr. 1 und 2 genannten Krankheiten, der in Absatz 1 Nr. 3 genannten Krankheitserreger und der in Absatz 2 genannten Lebensmittel einzuschränken, wenn epidemiologische Erkenntnisse dies zulassen, oder zu erweitern, wenn dies zum Schutz der menschlichen Gesundheit vor einer Gefährdung durch Krankheitserreger erforderlich ist. In dringenden Fällen kann zum Schutz der Bevölkerung die Rechtsverordnung ohne Zustimmung des Bundesrates erlassen werden. Eine auf der Grundlage des Satzes 2 erlassene Verordnung tritt ein Jahr nach ihrem Inkrafttreten außer Kraft; ihre Geltungsdauer kann mit Zustimmung des Bundesrates verlängert werden.

§ 42 enthält **gesetzliche Tätigkeitsverbote** zum Schutz der Verbraucher vor Infektionen, die über Lebensmittel verbreitet werden. Die Vorschrift wird ergänzt durch § 31 (Anordnung von Berufs- bzw. Tätigkeitsverboten durch die zuständige Behörde). Allerdings sieht § 42 Abs. 4 **Ausnahmemöglichkeiten** vor, so dass grundsätzlich im Rahmen des Übermaßverbots zu prüfen ist, ob und ggf. unter welchen Umständen eine Ausnahme möglich ist.
Die **Dauer des Verbots** ist in jedem Fall sorgfältig zu verfolgen; dabei ist erforderlichenfalls insoweit eine Beobachtung anzuordnen (§ 29; vgl. Anmerkungen zu § 31).
Ein gesetzliches Tätigkeits- bzw. Beschäftigungsverbot wird dem Betroffenen gegenüber in der Regel durch einen **feststellenden Verwaltungsakt** der zuständigen Behörde konkretisiert (Durchsetzung ggf. mit den Mitteln des Verwaltungszwangs).
Ein Verstoß stellt eine Straftat dar (§ 75 Abs. 1 Nr. 2); als strafbewehrte Vorschrift ist § 42 eng auszulegen.
Gesetzliche Berufs- bzw. **Tätigkeitsverbote nach anderen Vorschriften** siehe Anmerkung zu § 31.
Zu beachten ist, dass – unabhängig von den Bestimmungen des IfSG – jeder, der Lebensmittel in Verkehr bringt, die **(zivil- und strafrechtliche) Verantwortung** dafür trägt, dass dies ordnungsgemäß erfolgt, d.h. u.a. dass keine Krankheitserreger übertragen werden (vgl. hierzu das Produkthaftungsgesetz vom 15.12.1989, BGBl I S. 2198, das eine verschuldensunabhängige Haftung vorsieht – siehe z.B. OLG Frankfurt, Urteil vom 16.2.1995, NJW 1995, 2498 zur Haftung eines Gastwirts für infizierte Speisen); siehe hierzu auch § 43 Abs. 3 IfSG.

1) Hepatitis B und C sind nicht genannt (Übertragung durch Blut oder Körperflüssigkeiten). Der Gesetzgeber geht davon aus, dass „Lebensmittel als Übertragungsmedium in der Regel nicht in Betracht kommen" (Amtliche Begrün-

dung). Aus demselben Grund wurden die Tuberkulose und der Scharlach als Hinderungsgrund gestrichen.
Erfasst wird nur das **unmittelbare** Berühren der Lebensmittel. Demnach wird von § 42 Abs. 1 Buchst. a IfSG nicht erfasst, wer bei seiner Tätigkeit das unmittelbare Berühren der in § 42 Abs. 2 genannten Lebensmittel zuverlässig vermeidet (z.B. durch das Tragen hygienisch einwandfreier Schutzhandschuhe oder durch das Verwenden von Gabeln, Zangen etc.).

2) Personen, die nur **mittelbar** (über Bedarfsgegenstände) mit Lebensmitteln in Berührung kommen, werden von Absatz 1 Satz 2 erfasst (siehe Anm. hierzu).

3) § 42 Abs. 1 Satz 2 bezieht sich auf Personen, die nur mittelbar mit den in § 42 Abs. 2 aufgeführten Lebensmitteln in Berührung kommen. Das ist im Wesentlichen Personal, das mit Spül- und Reinigungsarbeiten befasst ist und dabei Behältnisse für Lebensmittel oder Geräte für die Be- oder Verarbeitung von Lebensmitteln berührt. Das Küchenpersonal in Gaststätten und sonstigen Einrichtungen zur Gemeinschaftsverpflegung wird – unabhängig von § 42 Abs. 1 Satz 2 in jedem Fall durch § 42 Abs. 1 Buchst. b erfasst. Nicht unter § 42 Abs. 1 fallen jedoch Personen, die in Gaststätten, Kantinen etc. ausschließlich servieren (Bedienungspersonal); dies gilt auch für Pflegekräfte, die in Krankenhäusern, Heimen etc. Essen verteilen. Nicht unter § 42 Abs. 1 fallen auch Personen, die in Küchen von Einrichtungen zur Gemeinschaftsverpflegung ausschließlich die Fußböden reinigen oder Fenster putzen.

4) Die Tätigkeit ambulanter Pflegedienste dient u.a. der hauswirtschaftlichen Versorgung der Pflegebedürftigen und erfolgt somit für den „privaten hauswirtschaftlichen Bereich". Dies gilt auch für die Tätigkeit der Mitarbeiter von Wohngruppen, bei denen dezentral oder mit den Bewohnern Mahlzeiten zubereitet werden (Selbstversorgungsgruppen).

5) Zu den Begriffsbestimmungen in § 42 Abs. 2 siehe (ebenso wie zu den in Abs. 1 Buchst. a genannten Begriffen) die einschlägigen lebensmittelrechtlichen Vorschriften, z.B. Verordnungen (EG) Nrn. 852 und 853/2004 des Europäischen Parlaments und des Rates vom 29.4.2004 (ABl EU Nr. L 139 und L 226).
Das Tätigkeitsverbot des § 42 – und damit verbunden die Belehrungspflicht nach § 43 – sind durch das ÄndG vom 21.3.2013 (BGBl I S. 566) auf Personen ausgedehnt worden, die mit zum Rohverzehr bestimmten Sprossen und Keimlingen sowie entsprechenden Samen in Berührung kommen.

6) Erfasst werden in Absatz 3 die Lebensmittelüberwachungsbeamten, die „amtlichen Tierärzte" im Vollzug des Fleischhygienerechts bzw. des Geflügelfleischhygienerechts und Geflügelfleischkontrolleure, die mit den einschlägigen Lebensmitteln **unmittelbar** in Berührung kommen.
Wie in Abs. 1, 2 handelt es sich um ein kraft Gesetzes eintretendes Verbot (Verstoß: Straftat nach § 75 Abs. 1 Nr. 2). Ausnahmemöglichkeit siehe Absatz 4.

7) Im Rahmen des Absatzes 4 sind die Umstände des Einzelfalles genau zu prüfen. Die Verbreitung von Krankheitserregern durch krankes Personal oder Ausscheider ist von verschiedenen Faktoren abhängig und kann möglicherweise verhütet werden, wenn bestimmte hygienische Maßnahmen eingehalten werden. Dabei kommt es auch auf die Zuverlässigkeit der betreffenden Personen bzw. Betriebe an, die vom Gesundheitsamt zu beurteilen ist.

§ 43
Belehrung, Bescheinigung des Gesundheitsamtes

(1) Personen dürfen gewerbsmäßig die in § 42 Abs. 1 bezeichneten Tätigkeiten erst- 1)
malig nur dann ausüben und mit diesen Tätigkeiten erstmalig nur dann beschäftigt werden, wenn durch eine nicht mehr als drei Monate alte Bescheinigung des Gesundheitsamtes oder eines vom Gesundheitsamt beauftragten Arztes nachgewiesen ist, dass sie

1. über die in § 42 Abs. 1 genannten Tätigkeitsverbote und über die Verpflichtungen nach den Absätzen 2, 4 und 5 vom Gesundheitsamt oder von einem durch das Gesundheitsamt beauftragten Arzt belehrt wurden und
2. nach der Belehrung im Sinne der Nummer 1 in Textform erklärt haben, dass ihnen keine Tatsachen für ein Tätigkeitsverbot bei ihnen bekannt sind.

Liegen Anhaltspunkte vor, dass bei einer Person Hinderungsgründe nach § 42 Abs. 1 bestehen, so darf die Bescheinigung erst ausgestellt werden, wenn durch ein ärztliches Zeugnis nachgewiesen ist, dass Hinderungsgründe nicht oder nicht mehr bestehen.

(2) Treten bei Personen nach Aufnahme ihrer Tätigkeit Hinderungsgründe nach § 42 2)
Abs. 1 auf, sind sie verpflichtet, dies ihrem Arbeitgeber oder Dienstherrn unverzüglich mitzuteilen.

(3) Werden dem Arbeitgeber oder Dienstherrn Anhaltspunkte oder Tatsachen be- 3)
kannt, die ein Tätigkeitsverbot nach § 42 Abs. 1 begründen, so hat dieser unverzüglich die zur Verhinderung der Weiterverbreitung der Krankheitserreger erforderlichen Maßnahmen einzuleiten.

(4) Der Arbeitgeber hat Personen, die eine der in § 42 Abs. 1 Satz 1 oder 2 genannten 4)
Tätigkeiten ausüben, nach Aufnahme ihrer Tätigkeit und im Weiteren alle zwei Jahre über die in § 42 Abs. 1 genannten Tätigkeitsverbote und über die Verpflichtung nach Absatz 2 zu belehren. Die Teilnahme an der Belehrung ist zu dokumentieren. Die Sätze 1 und 2 finden für Dienstherren entsprechende Anwendung.

(5) Die Bescheinigung nach Absatz 1 und die letzte Dokumentation der Belehrung 5)
nach Absatz 4 sind beim Arbeitgeber aufzubewahren. Der Arbeitgeber hat die Nachweise nach Satz 1 und, sofern er eine in § 42 Abs. 1 bezeichnete Tätigkeit selbst ausübt, die ihn betreffende Bescheinigung nach Absatz 1 Satz 1 an der Betriebsstätte verfügbar zu halten und der zuständigen Behörde und ihren Beauftragten auf Verlangen vorzulegen. Bei Tätigkeiten an wechselnden Standorten genügt die Vorlage einer beglaubigten Abschrift oder einer beglaubigten Kopie.

6) **(6) Im Falle der Geschäftsunfähigkeit oder der beschränkten Geschäftsfähigkeit treffen die Verpflichtungen nach Absatz 1 Satz 1 Nr. 2 und Absatz 2 denjenigen, dem die Sorge für die Person zusteht. Die gleiche Verpflichtung trifft auch den Betreuer, soweit die Sorge für die Person zu seinem Aufgabenkreis gehört. Die den Arbeitgeber oder Dienstherrn betreffenden Verpflichtungen nach dieser Vorschrift gelten entsprechend für Personen, die die in § 42 Abs. 1 genannten Tätigkeiten selbstständig ausüben.**

7) **(7) Das Bundesministerium für Gesundheit wird ermächtigt, durch Rechtsverordnung mit Zustimmung des Bundesrates Untersuchungen und weitergehende Anforderungen vorzuschreiben oder Anforderungen einzuschränken, wenn Rechtsakte der Europäischen Union dies erfordern.**

Die Erfahrungen im Vollzug des § 18 BSeuchG haben gezeigt, dass die bisherige routinemäßige Untersuchungspflicht der im Lebensmittelgewerbe Tätigen kein adäquates Mittel ist, um Epidemien durch kontaminierte Lebensmittel zu verhindern. Abgesehen davon stand der Aufwand der Untersuchungen in keinem sinnvollen Verhältnis zum Erfolg.
Unabhängig davon steht es selbstverständlich jedem Lebensmittelbetrieb frei, im Rahmen der ihm obliegenden Eigenverantwortung auf arbeitsvertraglicher Grundlage eine gesundheitliche Überwachung seines Personals (Untersuchungspflicht) zu regeln (vgl. hierzu die einschlägige Anmerkung zu § 42).
Erforderlichenfalls kann das Gesundheitsamt Kontrolluntersuchungen beim Lebensmittelpersonal nach §§ 25, 29 IfSG durchführen (z.B. nach längerem Auslandsaufenthalt in „problematischen" Ländern).
Eine Belehrung (bzw. Schulung) von Lebensmittelpersonal ist auch in § 4 Abs. 1 der Lebensmittelhygiene-Verordnung i.d.F. der Bek. vom 21.6.2016 (BGBl I S. 1469) vorgeschrieben (Produkthygiene); diese wird zweckmäßigerweise mit der Belehrung nach § 43 IfSG (Infektionshygiene) verbunden.

1) § 43 setzt voraus, dass die einschlägigen Tätigkeiten **gewerbsmäßig** ausgeübt werden. Der Begriff ist im IfSG nicht definiert; auch die Amtliche Begründung und die Gesetzesmaterialien enthalten keine Anhaltspunkte. Maßgeblich für die Auslegung müssen in erster Linie Sinn und Zweck der Vorschrift sein. Abweichend von der lebensmittelrechtlichen Auslegung dieses Begriffs („Handlung im Rahmen irgendeiner auf Erwerb gerichteten Tätigkeit, auch wenn sie nicht auf Entgelt ausgerichtet oder nicht wiederholt werden soll", vgl. Urteil des BayObLG vom 16.4.1963, Sammlung lebensmittelrechtlicher Entscheidungen Band 4, 40) beziehen sich fast alle Länder im Vollzug des § 43 IfSG auf das Gewerberecht, das – abgesehen von der Gewinnerzielungsabsicht – insbesondere eine auf Dauer ausgerichtete Tätigkeit voraussetzt. Demnach sind die bei sporadischen Vereins- oder Straßenfesten gelegentlich Mitwirkenden nicht belehrungspflichtig. Im Hinblick auf die Vielzahl der Lebensmittelinfektionen sollte dem Infektionsschutz der Bevölkerung bei solchen Veranstaltungen jedenfalls mindestens dadurch Rechnung getragen werden, dass die Behörden des öffentlichen Gesundheitsdienstes ein Merkblatt ausgeben, das über die we-

sentlichen infektions- und lebensmittelhygienischen Grundregeln unterrichtet und die Veranstalter auf die zivilrechtliche Haftung und strafrechtliche Verantwortung eines jeden hinweist, der Lebensmittel in Verkehr bringt.

Praktika von Schülern in einschlägigen Lebensmittelbetrieben erfolgen unzweifelhaft im Rahmen einer „gewerbsmäßigen“ Tätigkeit (Folge: Belehrungspflicht), nicht jedoch das Kochen in hauswirtschaftlichen und nahrungsgewerblichen Klassen (vgl. § 18 Abs. 1 Satz 7 BSeuchG).

Bevor jemand **erstmals** mit einer der in § 42 Abs. 1 genannten Tätigkeiten beginnt, benötigt er eine Bescheinigung des Gesundheitsamtes oder eines beauftragten Arztes, die nicht älter als drei Monate sein darf. Bei Verstößen gegen diese Bestimmung begeht der Arbeitgeber eine Ordnungswidrigkeit (§ 73 Abs. 1a Nr. 20).

Keine solche Bescheinigung braucht, wer bereits ein Zeugnis nach § 18 Abs. 1 BSeuchG besitzt (§ 77 Abs. 2 IfSG). Für diesen Personenkreis gelten jedoch die Absätze 2 ff des § 43 uneingeschränkt, insbesondere die Belehrungspflicht nach Abs. 4.

Nicht erfasst von § 43 werden die in § 42 Abs. 3 genannten Überwachungsbeamten; der Gesetzgeber geht offensichtlich davon aus, dass dieser Personenkreis im Rahmen seiner Ausbildung die erforderlichen Kenntnisse erwirbt.

Der Bescheinigung nach § 43 Abs. 1 müssen zugrunde liegen

a) eine Belehrung durch das Gesundheitsamt bzw. den beauftragten Arzt, die den Betroffenen in die Lage setzt
   - aa) die in § 42 Abs. 1 enthaltenen Hinderungsgründe bei sich zu erkennen und aufgrund dessen
   - bb) seine Mitteilungspflicht nach § 43 Abs. 2 zu erfüllen sowie
   - cc) als Arbeitgeber die zusätzlichen Pflichten nach § 43 Abs. 4 und 5 zu erfüllen;

b) eine nach dieser Belehrung vom Betroffenen abgegebene Erklärung, dass ihm keine Tatsachen bekannt sind, die auf ein Tätigkeitsverbot nach § 42 Abs. 1 hindeuten. Liegen Anhaltspunkte für solche Hinderungsgründe vor, so muss der Arzt, der die Bescheinigung nach § 43 Abs. 1 ausstellen soll, dies zunächst abklären (§ 43 Abs. 1 Satz 2).

Durch das ÄndG vom 10.2.2020 wurden in Absatz 1 Nr. 1 die Worte „in mündlicher und schriftlicher Form“ sowie in Absatz 1 Nr. 2 das Wort „schriftlich“ gestrichen; dadurch wird ermöglicht, das Verfahren in Absatz 1 digitalisiert durchzuführen.

§ 43 Abs. 1 geht von der **Einzelbelehrung** aus im Interesse der Effektivität der Belehrung, da dabei zwangsläufig auch Fragen des Betroffenen zu beantworten sind bzw. durch Rückfrage festzustellen ist, ob der Betroffene den Inhalt der Belehrung verstanden hat. U.U. kann es jedoch geboten sein, auch **Sammeltermine** für Belehrungen zu veranstalten. Allerdings können dabei keine „Massentermine“ in Betracht kommen, bei denen eine ordnungsgemäße Belehrung nicht sichergestellt werden kann.

Für den schriftlichen Teil der Belehrung hat das Robert Koch-Institut mehrsprachige **Belehrungs-Muster** zur Verfügung gestellt, die auf den RKI-Internet-Seiten unter http://www.rki.de> Infektionsschutz> Infektionsschutzgesetz> Belehrungsbögen abrufbar sind. Musterformblätter dürfen jedoch nicht dazu führen, die mündliche Belehrung zu vernachlässigen. Dabei sind die vom Landesgesundheitsamt Baden-Württemberg erarbeiteten Folien hilfreich, die in übersichtlicher Form schlagwortartig die wesentlichen Punkte der Belehrung darstellen; sie können beim Landesgesundheitsamt erworben werden (Postfach 102942, 70025 Stuttgart, Fax 0711/904-35010, poststelle@rps.bwl.de). Die mündliche Belehrung eines Ausländers (Amtssprache ist deutsch, § 23 Abs. 1 VwVfG) kann die Beiziehung eines Dolmetschers erfordern. Die dabei anfallenden Kosten trägt entweder der Belehrungspflichtige unmittelbar oder – sofern das Gesundheitsamt den Dolmetscher stellt – sind diese Kosten als Auslagen zu erheben. Die auf dem Markt befindlichen Belehrungs-Videos sollten möglichst nur als Ergänzung verwendet werden, da sie den für eine erfolgreiche Belehrung notwendigen Kontakt zwischen Belehrer und zu Belehrendem nicht ersetzen können.

Für die Belehrung erheben die Gesundheitsämter nach den jeweiligen Gebührenordnungen eine Gebühr, deren Betrag in den Ländern differiert.

Die **Beauftragung eines (Privat-)Arztes** durch das Gesundheitsamt nach § 43 Abs. 1 setzt voraus, dass der Arzt durch das Gesundheitsamt eingehend über den Inhalt der §§ 42, 43 IfSG unterrichtet ist und über die notwendigen Unterlagen verfügt. Diese Information kann das Gesundheitsamt auch in zusammenfassenden Veranstaltungen für Ärzte geben (evtl. unter Beteiligung des ärztlichen Kreisverbandes). Die Beauftragung kann formlos erfolgen; der beauftragte Arzt muss sie zwangsläufig auf der Bescheinigung vermerken im Hinblick auf § 43 Abs. 5 Satz 2 – Kontrolle.

Die „Beauftragung" stellt einen (begünstigenden) Verwaltungsakt dar, für den nach dem Kostenrecht eine Gebühr erhoben wird. Da der beauftragte Arzt die Kriterien des „beliehenen Unternehmers" erfüllt (gesetzliche Grundlage, Erfüllung einer hoheitlichen Aufgabe, Kompetenzübertragung zur Erfüllung der Aufgabe im eigenen Namen), ist er mit dieser Tätigkeit an den Zuständigkeitsbereich des jeweiligen Gesundheitsamtes gebunden. Ein Rechtsanspruch auf Beauftragung durch das Gesundheitsamt kann aus § 43 Abs. 1 nicht hergeleitet werden. Vielmehr steht es den Gesundheitsämtern grundsätzlich frei, diese Aufgabe ausnahmslos selbst zu erfüllen oder auch niedergelassene Ärzte zu beauftragen. Die Beauftragung kann vom Gesundheitsamt widerrufen werden, wenn der beauftragte Arzt z.B. nachweislich „unbrauchbare" Belehrungen durchführt (§ 49 Abs. 2 Nrn. 3, 5 VwVfG).

2) Verstöße gegen § 43 Abs. 2 sind bußgeldbedroht (§ 73 Abs. 1a Nr. 16a).

3) Hier ist berücksichtigt, dass ein Arbeitgeber nach § 618 BGB gegenüber seinen Arbeitnehmern und nach § 823 BGB gegenüber jedermann verpflichtet ist, den Betrieb von Ansteckungsgefahren freizuhalten. Er muss deshalb von sich

aus gegen die Beschäftigung von Personen, die eine seuchenhygienische Gefahr darstellen, einschreiten (vgl. BGH, Urt. v. 30.11.1978 III ZR 43/77, NJW 1979, 422).

4) § 43 Abs. 1 erfasst auch Arbeitgeber, die eine entsprechende Tätigkeit ausüben. Es besteht aber für Arbeitgeber keine Pflicht, sich Wiederholungsbelehrungen zu unterziehen.
Der Zeitraum, nach dessen Ablauf ein Arbeitgeber seine Mitarbeiter erneut zu belehren hat, ist durch das ÄndG vom 28.7.2011 (Art. 1 Nr. 10a) mit Wirkung vom 29.7.2011 zur „Reduzierung von Bürokratielasten und im Hinblick auf den relativ geringen Umfang der Belehrungsinhalte" (BT-Drs. 17/6141) von einem Jahr auf zwei Jahre verlängert worden.
Das IfSG enthält keine Vorschrift, in welcher Form Arbeitgeber ihr Personal nach § 43 Abs. 4 zu belehren haben. Zweckmäßigerweise verwenden die Arbeitgeber dabei die Unterlagen, die bei der Erstbelehrung eingesetzt werden (vgl. Anm. zu Absatz 1). Eine gute Grundlage kann im Übrigen die vom Deutschen Hotel- und Gaststättenverband zur Mitarbeiterschulung herausgegebene kostenpflichtige DVD „Das Infektionsschutzgesetz – Belehrung gemäß § 43 IfSG" bilden (Gesellschaft zur Förderung des Deutschen Hotel- und Gaststättengewerbes, Bürgerstr. 21, 53173 Bonn).
Verstöße gegen § 43 Abs. 4 sind bußgeldbewehrt (§ 73 Abs. 1a Nr. 18).

5) Siehe § 73 Abs. 1a Nr. 21.

6) Eine ordnungsgemäße Belehrung setzt voraus, dass der zu Belehrende geistig in der Lage ist, deren Inhalt zu verstehen. D.h., dass geistig Behinderte, die diese Voraussetzung nicht erfüllen, keine entsprechende Tätigkeit im Lebensmittelbereich ausüben können.
Bei geistig Behinderten, die belehrungsfähig sind und z.B. in Küchen von Heimen eingesetzt werden, sollte sinnvollerweise der verantwortliche Heim- oder Küchenleiter – mit dem Einverständnis des Sorgeberechtigten/Betreuers – dessen Aufgabe nach § 43 Abs. 6 IfSG übernehmen.

7) In der Stellungnahme vom 28.3.1990 (ABl vom 21.5.1990 Nr. C 124/15) erklärt der Wirtschafts- und Sozialausschuss der EU zutreffend:
„Eine Jahresuntersuchung zum Nachweis, dass der Tätigkeit (im Lebensmittelgewerbe) nichts entgegensteht, ist von äußerst zweifelhaftem Wert, wenn man bedenkt, dass die wichtigsten Infektionen vorübergehender Art sind. Worauf es ankommt, ist die persönliche Hygiene ..."
Dem entsprechend sind inzwischen die einschlägigen Vorschriften über Sonderuntersuchungspflichten (z.B. Personal in EU-Schlachtbetrieben, Eiprodukte-Personal, Geflügelfleisch-Kontrolleure) aufgehoben worden (vgl. Art. 7 der Ersten Verordnung zur Änderung von Vorschriften zur Durchführung des gemeinschaftlichen Lebensmittelhygienerechts vom 11. Mai 2010, BGBl I S. 612 und Verordnung vom 8.8.2007, BGBl I S. 1816).

9. Abschnitt
Tätigkeiten mit Krankheitserregern

Allgemeines zu §§ 44 ff

- Die Vorschriften über Tätigkeiten mit Krankheitserregern überschneiden sich mit der Verordnung über das Arbeiten mit Tierseuchenerregern (**Tierseuchenerreger-Verordnung**) vom 25. November 1985 (BGBl I S. 2123). Nachdem letztere mit den §§ 19 ff BSeuchG im Wesentlichen übereinstimmte, hat der Bundesrat eine entsprechende Anpassung an die §§ 44 ff IfSG für notwendig erachtet und die Bundesregierung gleichzeitig gebeten, zu prüfen, ob Erlaubnisse nach § 44 IfSG eine solche nach der TierseuchenerregerV ersetzen können und umgekehrt. Die Bundesregierung wollte diese Fragen zwar nach Erlass des IfSG behandeln (vgl. Nr. 17 der Gegenäußerung der Bundesregierung, BT-Drs. 14/2530 vom 19.1.2000, S. 98). Sie hat es allerdings bisher unterlassen, der Aufforderung des Bundesrats (Entschließung vom 26.11.2004, BR-Drs. 710/04) zu folgen, „durch Vorlage eines Gesetzentwurfs die Bestimmungen des IfSG, der TierseuchenerregerV und der BioStoffV über die Tätigkeiten mit Krankheitserregern zu vereinheitlichen".
- Vorschriften über Tätigkeiten mit Krankheitserregern enthalten neben den §§ 44 ff IfSG auch
- Biostoffverordnung (BioStoffV) vom 15.7.2013 (BGBl I S. 2514); diese Verordnung regelt Tätigkeiten mit „biologischen Arbeitsstoffen" der Risikogruppen 1 bis 4. Im Hinblick auf die BioStoffV klammert § 1 Abs. 4 Nr. 1 GefStoffV vom 26.11.2010 (BGBl I S. 1643) Krankheitserreger aus dem Geltungsbereich des Gefahrstoffrechts aus;
- Unfallverhütungsvorschriften (UVV), d.s. Satzungen der Träger der gesetzlichen Unfallversicherung aufgrund des SGB VII (z.B. die BGV C4 „Biotechnologie" der Berufsgenossenschaft der chemischen Industrie mit den ergänzenden berufsgenossenschaftlichen Merkblättern „Sichere Biotechnologie" und die vormalige BGV C 8 „Gesundheitsdienst", GUV-R 250 – inzwischen TRBA 250).

Während die §§ 44 ff IfSG dem Schutz der Allgemeinheit dienen, bezwecken BioStoffV und UVV den Schutz der Arbeitnehmer. Trotz mehrfacher Hinweise (siehe etwa Nr. 2 der Stellungnahme des Bundesrats zum IfSG-Entwurf, BT-Drs. 14/2530 vom 19.1.2000, S. 91) hat es der Bundesgesetzgeber unterlassen, hier eine Verzahnung herbeizuführen. Im Interesse eines sinnvollen, aufeinander abgestimmten Vollzugs der genannten Rechtsbereiche ist es deshalb notwendig, dass die Länder – soweit es nicht möglich ist, eine gemeinsame Vollzugsbehörde zu bestimmen – dafür sorgen, dass die zuständigen Behörden intensiv zusammenarbeiten, um einen Doppelvollzug zu vermeiden.

In Bayern beschränken sich die für den Vollzug der §§ 44 ff IfSG zuständigen Regierungen auf die Prüfung der persönlichen Eignung der Erlaubnis- bzw. Anzeigepflichtigen, während die für den Vollzug der BioStoffV zuständigen Gewerbeaufsichtsämter Räume, Einrichtungen, Sicherheitsmaßnahmen, Tätigkeit und Entsorgungsmaßnahmen prüfen und überwachen; beide Behörden unterrichten sich gegenseitig.

- **Übergangsvorschriften** zu §§ 44 ff siehe § 77 Abs. 1.
- Zu „Transport und Handhabung von biologischen Stoffen, Reagenzien und Materialien für Diagnosezwecke" im internationalen Verkehr siehe Art. 46 IGV.

§ 44
Erlaubnispflicht für Tätigkeiten mit Krankheitserregern

Wer Krankheitserreger 1)

in den Geltungsbereich dieses Gesetzes verbringen, sie ausführen, aufbewahren, abgeben oder mit ihnen arbeiten will, 2)

bedarf einer Erlaubnis der zuständigen Behörde. 3)

1) Die Krankheitserreger (Begriff siehe § 2 Nr. 1 samt Anmerkung) werden entsprechend ihrem Gefährdungspotenzial regelmäßig in 4 Risiko- bzw. Gefahrengruppen eingeteilt (vgl. die BGV C4 „Biotechnologie" sowie Nr. 4 des zugehörigen Merkblatts B002 „Laboratorien" der Berufsgenossenschaft der chemischen Industrie; siehe auch DIN 58956 „medizinisch-mikro-biologische Laboratorien").

2) Nach der einschlägigen Rechtsprechung zu § 19 BSeuchG (vgl. BVerwG, Urteil vom 25.9.1986, BVerwGE 75, 45) handelt es sich um „Arbeiten mit Krankheitserregern" nicht nur dann, wenn Krankheitserreger bewusst zur Vermehrung gebracht werden, sondern auch, wenn Lebensmittel lediglich auf die Abwesenheit von Krankheitserregern untersucht werden. Entscheidend hinsichtlich der Erlaubnispflicht ist nicht, ob Krankheitserreger zu diagnostischen oder anderen Zwecken angezüchtet oder vermehrt werden, sondern die – abstrakte – Möglichkeit, dass ein vermehrtes Auftreten von Krankheitserregern durch Nährsubstrate begünstigt wird.
Damit fällt auch das Anreichern oder lediglich die geringe Vermehrung (ohne spezifischen Anlass und in der Hoffnung auf ein Negativergebnis) unter den Begriff des „Arbeitens" im Sinn des § 19 Abs. 1 BSeuchG (nunmehr § 44 IfSG). Auch bei einem Anzüchten oder lediglich geringfügigen Vermehren handelt es sich um ein Arbeiten in diesem Sinn, weil sich bereits bei einer solchen Tätigkeit die durch das Seuchenrecht abzuwehrende Gefahrenlage realisieren kann (BVerwG aaO, VGH Baden-Württemberg, Urteil vom 25.7.1994 Az. 1 S 2804/93, VBIBW 1994, 451, Leitsatz in DVBl 1995, 166). Dieser Auslegung folgt auch § 45 Abs. 3 IfSG, der von der Erlaubnispflicht der darin genannten Arbeiten ausgeht.

3) Im Gegensatz zum BSeuchG (vgl. § 22 Abs. 2 Satz 2 BSeuchG) ist die **Erlaubnis** nach § 44 ausschließlich **personenbezogen.** Sie wird ohne Rücksicht auf

Arbeitsräume und sonstige Einrichtungen erteilt. Dementsprechend gibt es keine Ausnahmeregelungen mehr für Krankenhäuser, Hygiene-Institute etc., wie dies in § 20 Abs. 1 Nrn. 3, 4 BSeuchG vorgesehen war.
Die Erlaubnis ist streng an das Vorliegen der erforderlichen Sachkenntnis im Umgang mit Krankheitserregern geknüpft (§ 47).
Tätigkeiten ohne Erlaubnis stellen eine Straftat dar (§ 75 Abs. 1 Nr. 3). Dabei besteht selbstverständlich Untersagungsmöglichkeit aufgrund sicherheitsrechtlicher Vorschriften (in Bayern z.B. Art. 7 Landesstraf- und Verordnungsgesetz); ggf. werden Mittel des Verwaltungszwanges angewandt.
Unabhängig von der Erlaubnispflicht unterliegt jeder, der Tätigkeiten im Sinn des § 44 durchführt, den **Anzeigepflichten** nach §§ 49, 50.
Im Rahmen eines Genehmigungsverfahrens nach dem Gentechnikgesetz (GenTG) wird eine Erlaubnis, die nach § 44 ff IfSG notwendig ist, nicht von der Konzentrationswirkung des § 22 GenTG erfasst, denn die Sachkunde des Projektleiters muss bereits bei der Antragstellung nachgewiesen werden (vgl. auch § 15 Abs. 1 Satz 2 der Gentechnik-Sicherheitsverordnung).
Für den **Transport** von Krankheitserregern („ansteckungsgefährliche Stoffe", Klasse 6.2) gilt das Gefahrgutbeförderungsgesetz i.d.F. der Bek. vom 7.7.2009 (BGBl I S. 1774, ber. S. 3975) mit den darauf gestützten Gefahrgutverordnungen Straße/Eisenbahn etc. (s. auch Art. 46 IGV). Die Überwachung erfolgt insoweit durch die Gewerbeaufsichtsbehörden.

§ 45
Ausnahmen

1) **(1) Einer Erlaubnis nach § 44 bedürfen nicht Personen, die zur selbstständigen Ausübung des Berufs als Arzt, Zahnarzt oder Tierarzt berechtigt sind,**

2) **für mikrobiologische Untersuchungen zur orientierenden medizinischen und veterinärmedizinischen Diagnostik mittels solcher kultureller Verfahren, die auf die primäre Anzucht und nachfolgender Subkultur zum Zwecke der Resistenzbestimmung beschränkt sind und bei denen die angewendeten Methoden nicht auf den spezifischen Nachweis meldepflichtiger Krankheitserreger gerichtet sind,**

3) **soweit die Untersuchungen für die unmittelbare Behandlung der eigenen Patienten für die eigene Praxis durchgeführt werden.**

4) **(2) Eine Erlaubnis nach § 44 ist nicht erforderlich für**

1. Sterilitätsprüfungen, Bestimmung der Koloniezahl und sonstige Arbeiten zur mikrobiologischen Qualitätssicherung bei der Herstellung, Prüfung und der Überwachung des Verkehrs mit

5) **a) Arzneimitteln,**
6) **b) Tierarzneimitteln**
c) Medizinprodukten,

7) **2. Sterilitätsprüfungen, Bestimmung der Koloniezahl und sonstige Arbeiten zur mikrobiologischen Qualitätssicherung, soweit diese nicht dem spezifischen Nachweis**

von Krankheitserregern dienen und dazu Verfahrensschritte zur gezielten Anreicherung oder gezielten Vermehrung von Krankheitserregern beinhalten,

3. Sterilitätsprüfungen, Bestimmung der Koloniezahl und sonstige Arbeiten zur mikrobiologischen Qualitätssicherung, wenn

a) diese durch die in Absatz 1 bezeichneten Personen durchgeführt werden,

b) der Qualitätssicherung von mikrobiologischen Untersuchungen nach Absatz 1 dienen und

c) von der jeweiligen Berufskammer vorgesehen sind.

(3) Die zuständige Behörde hat Personen für sonstige Arbeiten zur mikrobiologischen Qualitätssicherung, die auf die primäre Anzucht auf Selektivmedien beschränkt sind, von der Erlaubnispflicht nach § 44 freizustellen, wenn die Personen im Rahmen einer mindestens zweijährigen Tätigkeit auf dem Gebiet der mikrobiologischen Qualitätssicherung oder im Rahmen einer staatlich geregelten Ausbildung die zur Ausübung der beabsichtigten Tätigkeiten erforderliche Sachkunde erworben haben. 8)

(4) Die zuständige Behörde hat Tätigkeiten im Sinne der Absätze 1, 2 und 3 zu untersagen, wenn eine Person, die die Arbeiten ausführt, sich bezüglich der erlaubnisfreien Tätigkeiten nach den Absätzen 1, 2 oder 3 als unzuverlässig erwiesen hat. 9)

Auch erlaubnisfreie Tätigkeiten unterliegen der Anzeigepflicht nach §§ 49, 50 und unterstehen der Aufsicht der zuständigen Behörden (vgl. § 49 Abs. 3, § 50).

1) Die Erlaubnisfreiheit ist daran geknüpft, ob der Betreffende zur selbständigen Ausübung des Berufs berechtigt ist und nicht, ob er eine Approbation besitzt. Konsequenterweise hätte dies auch analog in § 47 Abs. 4 berücksichtigt werden müssen.
Absatz 1 soll den niedergelassenen Ärzten, Zahnärzten und Tierärzten „bestimmte Arbeiten in der eigenen Praxis erlaubnisfrei ermöglichen, um schnelle Diagnosen und Therapien sowie kostengünstige Verfahren nicht zu behindern. Dabei handelt es sich um Arbeiten, von denen aufgrund der Sachkunde der im Gesetz genannten Personen und der für die Arbeiten erforderlichen Ausstattung keine Gefahr für die Bevölkerung ausgeht“ (Amtliche Begründung zu § 45 Abs. 1).
Soweit Tierärzte laboratoriumsdiagnostische Tätigkeiten im Bereich der Humanmedizin durchführen (vgl. § 47 Abs. 4), haben sie grundsätzlich nach der GOT (Gebührenordnung für Tierärzte) abzurechnen. Eine Abrechnung solcher Untersuchungen durch den Tierarzt nach der GOÄ (Gebührenordnung für Ärzte) ist nur möglich, wenn der Tierarzt die Tätigkeit unter ärztlicher Leitung („verlängerter Arm“ eines Arztes) erbracht hat; nur dann handelt es sich um die berufliche Leistung eines Arztes (§ 1 Abs. 1 GOÄ).

2) Meldepflichtig sind Krankheitserreger von hoher Gefährlichkeit, hohem Verbreitungsgrad und hoher öffentlicher und gesundheitspolitischer Bedeutung (§ 7). Deshalb ist eine auf den spezifischen Nachweis solcher Erreger gerichtete Anzucht erlaubnispflichtig.

3) § 45 Abs. 1 fordert hinsichtlich der Erlaubnisfreiheit, dass die Untersuchung nicht nur „für die eigene Praxis" (darunter wurden auch Laborärzte subsumiert), sondern auch „für die unmittelbare Behandlung der eigenen Patienten" erfolgt. Damit besteht für die Laborärzte grundsätzlich keine Erlaubnisfreiheit mehr.

4) § 45 Abs. 2 entspricht im Wesentlichen dem früheren § 20 Abs. 1 Satz 2 BSeuchG. Es handelt sich dabei um Tätigkeiten, von denen keine Gefahr für die Bevölkerung zu erwarten ist.

5) Arzneimittel dürfen nur mit behördlicher Erlaubnis hergestellt werden (§§ 13 ff Arzneimittelgesetz). Dabei wird auch die Qualifikation des Personals geprüft.

6) Bei Medizinprodukten schreibt das Medizinproduktegesetz eine staatliche Überwachung der Herstellerbetriebe, ein Qualitätssicherungssystem und die Zertifizierung durch eine staatlich genehmigte und überwachte Prüfstelle vor.

7) Absatz 2 Nr. 2 entspricht im Wortlaut der Nr. 1 und erfasst alle übrigen Bereiche, in denen Arbeiten zur mikrobiologischen Qualitätssicherung durchgeführt werden, sofern dabei **nicht** spezifisch Krankheitserreger nachgewiesen werden sollen **und** eine gezielte Anreicherung oder Vermehrung von Krankheitserregern erfolgt.
Bei Trinkwasseruntersuchungen oder Untersuchungen anderer Lebensmittel zur Feststellung von Krankheitserregern besteht folglich keine Erlaubnisfreiheit nach § 45 Abs. 2 Nr. 2, wenn der Nachweis voraussetzt, dass Krankheitserreger angereichert bzw. vermehrt werden. Bei Untersuchungsmethoden, bei denen eine Anreicherung bzw. Vermehrung von Krankheitserregern nicht erforderlich ist, besteht Erlaubnisfreiheit.
Durch die mit ÄndG vom 17.7.2017 in Absatz 2 eingefügte Nr. 3 wird verhindert, dass Ärzte wegen einer zur Qualitätssicherung von der Bundesärztekammer vorgesehenen Teilnahme an Ringversuchen einer Erlaubnis nach § 44 bedürfen.

8) § 45 Abs. 3 geht von der Erlaubnispflicht der darin genannten Arbeiten aus. Eine Freistellung durch die zuständige Behörde setzt den Nachweis einer ausreichenden Sachkenntnis voraus.

9) Die Unzuverlässigkeit einer Person, die erlaubnisfrei mit Krankheitserregern arbeitet, hat die Untersagung zur Folge. Die Zuverlässigkeit beurteilt sich in erster Linie an den beruflichen Pflichten des Betreffenden im Hinblick auf die einschlägigen Tätigkeiten (vgl. BVerwG, Beschluss vom 9.1.1991, NJW 1991, 1557).

§ 46
Tätigkeit unter Aufsicht

Der Erlaubnis nach § 44 bedarf nicht, wer unter Aufsicht desjenigen, der eine Erlaubnis besitzt oder nach § 45 keiner Erlaubnis bedarf, tätig ist.

Eine generell-abstrakte Angabe über Art und Umfang der notwendigen Aufsicht, die der Erlaubnisinhaber ausüben muss, ist nicht möglich. Im Einzelfall muss dies unter Berücksichtigung der jeweiligen Umstände beurteilt werden. Dabei sind insbesondere das Risikopotenzial der Verrichtungen sowie der Stand an Kenntnissen und Fähigkeiten und die Zuverlässigkeit des Hilfspersonals maßgeblich. Dies zu beurteilen und daraus den Schluss hinsichtlich der notwendigen Aufsicht zu ziehen, ist grundsätzlich Aufgabe des Aufsichtsführenden, der im Übrigen insoweit auch die wesentliche straf- und zivilrechtliche Verantwortung für die Tätigkeit seiner Mitarbeiter trägt.
Hinsichtlich des Hilfspersonals ist im Übrigen auf die „vorbehaltenen Tätigkeiten“ nach §§ 9, 10 des Gesetzes über technische Assistenten in der Medizin vom 2.8.1993 (BGBl I S. 1402) hinzuweisen.

§ 47
Versagungsgründe, Voraussetzungen für die Erlaubnis

(1) Die Erlaubnis ist zu versagen, wenn der Antragsteller

1. die erforderliche Sachkenntnis nicht besitzt oder 1)
2. sich als unzuverlässig in Bezug auf die Tätigkeiten erwiesen hat, für deren Ausübung die Erlaubnis beantragt wird. 2)

(2) Die erforderliche Sachkenntnis wird durch

1. den Abschluss eines Studiums der Human-, Zahn- oder Veterinärmedizin, der Pharmazie oder den Abschluss eines naturwissenschaftlichen Fachhochschul- oder Universitätsstudiums mit mikrobiologischen Inhalten und 3)
2. eine mindestens zweijährige hauptberufliche Tätigkeit mit Krankheitserregern unter Aufsicht einer Person, die im Besitz der Erlaubnis zum Arbeiten mit Krankheitserregern ist, 4)

nachgewiesen. Die zuständige Behörde hat auch eine andere, mindestens zweijährige hauptberufliche Tätigkeit auf dem Gebiet der Bakteriologie, Mykologie, Parasitologie oder Virologie als Nachweis der Sachkenntnis nach Nummer 2 anzuerkennen, wenn der Antragsteller bei dieser Tätigkeit eine gleichwertige Sachkenntnis erworben hat. 5)

(3) Die Erlaubnis ist auf bestimmte Tätigkeiten und auf bestimmte Krankheitserreger zu beschränken und mit Auflagen zu verbinden, soweit dies zur Verhütung übertragbarer Krankheiten erforderlich ist. 6)

Die zuständige Behörde kann Personen, die ein naturwissenschaftliches Fachhochschul- oder Universitätsstudium ohne mikrobiologische Inhalte oder ein ingenieurwissenschaftliches Fachhochschul- oder Universitätsstudium mit mikrobiologischen Inhalten abgeschlossen haben oder die die Voraussetzungen nach Absatz 2 Satz 1 Nr. 2 7)

nur teilweise erfüllen, eine Erlaubnis nach Satz 1 erteilen, wenn der Antragsteller für den eingeschränkten Tätigkeitsbereich eine ausreichende Sachkenntnis erworben hat.

8) **(4) Bei Antragstellern, die nicht die Approbation oder Bestallung als Arzt, Zahnarzt oder Tierarzt besitzen, darf sich die Erlaubnis nicht auf den direkten oder indirekten Nachweis eines Krankheitserregers für die Feststellung einer Infektion oder übertragbaren Krankheit erstrecken. Satz 1 gilt nicht für Antragsteller, die Arbeiten im Auftrag eines Arztes, Zahnarztes oder Tierarztes, die im Besitz der Erlaubnis sind, oder Untersuchungen in Krankenhäusern für die unmittelbare Behandlung der Patienten des Krankenhauses durchführen.**

1) Siehe hierzu Absatz 2.

2) Bei der „Zuverlässigkeit“ bzw. „Unzuverlässigkeit“ handelt es sich um einen unbestimmten Rechtsbegriff, der verwaltungsgerichtlich voll nachprüfbar ist. Entscheidend ist, ob der Antragsteller ausreichende Gewähr für eine ordnungsgemäße Ausübung der Tätigkeiten bietet (vgl. BVerwGE 4, 250; 10, 338; 25, 201). Diese Gewähr ist nicht gegeben, wenn Tatsachen die Annahme rechtfertigen, der Betreffende werde die berufsspezifischen Sicherheitsanforderungen nicht ausreichend beachten. Im Zweifelsfall ist von Amts wegen zu ermitteln (§ 24 Abs. 1 VwVfG). In der Regel wird auf jeden Fall ein Führungszeugnis („zur Vorlage bei einer Behörde“, § 30 Abs. 5 BZRG) zu verlangen sein.

3) Im Gegensatz zum früheren § 22 Abs. 3 Nr. 1 BSeuchG stellt § 47 Abs. 2 Nr. 1 IfSG nicht auf eine Approbation/Bestellung ab, sondern auf den Abschluss einschlägiger Studien. Gleichgestellt ist der Abschluss naturwissenschaftlicher Studien mit den erforderlichen mikrobiologischen Inhalten, wobei der Gesetzgeber die umstrittene Frage beantwortete, ob auch Fachhochschul-Abschlüsse zu berücksichtigen sind. Zu Ausnahmen von § 47 Abs. 2 Nr. 1 siehe Absatz 3 Satz 2.

4) Abweichend von § 22 Abs. 3 Nr. 2 BSeuchG wird nun eine **zwei**jährige Tätigkeit mit Krankheitserregern gefordert. Dabei muss es sich um eine hauptberufliche Tätigkeit handeln.
Unter Berücksichtigung der Rechtsprechung (vgl. VGH Baden-Württemberg, Urteil vom 25.7.1994, zitiert in der Anm. 2 zu § 44) ist nunmehr klargestellt, dass eine selbständige Tätigkeit nicht zum Nachweis der Sachkenntnis ausreicht („unter Aufsicht“). Denn ein den Anforderungen des Gesetzes genügender Wissens- und Erfahrungsstand kann nur erworben werden, wenn es sich um eine zumindest angeleitete bzw. beaufsichtigte Tätigkeit handelt.

5) § 47 Abs. 2 Satz 2 ermöglicht es, Tätigkeiten zu berücksichtigen, bei denen nicht mit Krankheitserregern gearbeitet wird. Dass dabei eine gleichwertige Sachkenntnis erworben wurde, hat der Antragsteller nachzuweisen. Ausnahmen von § 47 Abs. 2 Nr. 2 siehe Absatz 3 Satz 2.

6) Die Erlaubnis wird zweckmäßigerweise für bestimmte Risikogruppen erteilt, ausnahmsweise auf bestimmte Krankheitserreger beschränkt. Bei der Festle-

gung von Auflagen (vgl. § 36 VwVfG) ist zu prüfen, inwieweit solche über die Forderungen hinaus notwendig sind, die sich bereits aus der BioStoffV und den UVV ergeben (siehe Nr. 2 „Allgemeines zu §§ 44 ff" und § 49 Abs. 1 Satz 3). Bei Zuwiderhandlungen gegen solche Auflagen s. § 73 Abs. 1a Nr. 22.

7) Absatz 3 Satz 2 ergänzt § 47 Abs. 2 und lässt Abweichungen von den Forderungen hinsichtlich der Sachkenntnis-Voraussetzungen zu.

8) § 47 Abs. 4 IfSG entspricht im Wesentlichen § 22 Abs. 4 BSeuchG; die Verfassungsmäßigkeit der letztgenannten Bestimmung hat das BVerwG bejaht (Urteil vom 14.8.1986, DÖV 1987, 349 = NJW 1987, 1497).
§ 47 Abs. 4 Satz 1 bedeutet den Ausschluss einer selbständigen Tätigkeit bei einschlägigen mikrobiologischen und serologischen Untersuchungen für Nichtärzte. Die Vorschrift korrespondiert mit § 1 Abs. 2 HeilprG, wonach die berufsmäßige oder gewerbsmäßige Feststellung von Krankheiten dem Arzt (bzw. Heilpraktiker) vorbehalten ist.
Der Einschränkung des § 47 Abs. 4 Satz 1 liegt weniger der Zweck zugrunde, die Allgemeinheit vor den Gefahren zu schützen, die von der Labortätigkeit ausgehen; vielmehr soll die ärztliche Verantwortlichkeit bei der Erhebung von Laborbefunden im Bereich der übertragbaren Krankheiten sichergestellt werden (vgl. Amtliche Begründung zu § 47 Abs. 4).
§ 47 Abs. 4 Satz 2 ermöglicht, dass Speziallabors – auch ohne ärztliche Leitung – einschlägige Untersuchungen durchführen können, allerdings mit der Einschränkung, dass die Arbeiten im Auftrag eines ärztlichen Erlaubnisinhabers erfolgen müssen. Der Bundestag hat diese Ausnahmevorschrift im Hinblick auf die „Fachwissenschaftler in der Medizin" der ehemaligen DDR ergänzt durch die Worte „oder Untersuchungen in Krankenhäusern für die unmittelbare Behandlung der Patienten"; dieser Ergänzung hätte es im Hinblick auf die entsprechende Vorschrift in § 77 Abs. 1 Satz 2 IfSG nicht bedurft (vgl. die Anmerkung hierzu).

§ 48
Rücknahme und Widerruf

Die Erlaubnis nach § 44 kann außer nach den Vorschriften des Verwaltungsverfahrensgesetzes zurückgenommen oder widerrufen werden, wenn ein Versagungsgrund nach § 47 Abs. 1 vorliegt.

Es gelten die Verwaltungsverfahrensgesetze der Länder, die im Wesentlichen mit dem (Bundes-)VwVfG übereinstimmen; Rücknahme einer (rechtswidrigen) Erlaubnis siehe § 48 VwVfG, Widerruf einer (rechtmäßig erteilten) Erlaubnis siehe § 49 VwVfG.

§ 49
Anzeigepflichten

1) **(1) Wer Tätigkeiten im Sinne von § 44 erstmalig aufnehmen will, hat dies der zuständigen Behörde mindestens 30 Tage vor Aufnahme anzuzeigen. Die Anzeige nach Satz 1 muss enthalten:**

1. eine beglaubigte Abschrift der Erlaubnis, soweit die Erlaubnis nicht von der Behörde nach Satz 1 ausgestellt wurde, oder Angaben zur Erlaubnisfreiheit im Sinne von § 45,

2) **2. Angaben zu Art und Umfang der beabsichtigten Tätigkeiten sowie Entsorgungsmaßnahmen,**

3. Angaben zur Beschaffenheit der Räume und Einrichtungen.

3) **Soweit die Angaben in einem anderen durch Bundesrecht geregelten Verfahren bereits gemacht wurden, kann auf die dort vorgelegten Unterlagen Bezug genommen werden. Die Anzeigepflicht gilt nicht für Personen, die auf der Grundlage des § 46 tätig sind.**

(2) Mit Zustimmung der zuständigen Behörde können die Tätigkeiten im Sinne von § 44 vor Ablauf der Frist aufgenommen werden.

4) **(3) Die zuständige Behörde untersagt Tätigkeiten, wenn eine Gefährdung der Gesundheit der Bevölkerung zu besorgen ist, insbesondere weil**

1. für Art und Umfang der Tätigkeiten geeignete Räume oder Einrichtungen nicht vorhanden sind oder

2. die Voraussetzungen für eine gefahrlose Entsorgung nicht gegeben sind.

Die Anzeigepflicht nach §§ 49, 50 ermöglicht es der zuständigen Behörde, ihre Aufsichtspflicht nach § 51 zu erfüllen. Sie besteht bei **allen** Tätigkeiten im Sinn des § 44 und zwar unabhängig davon, ob der Betreffende eine Erlaubnis benötigt oder unter die Ausnahmetatbestände (§ 45) fällt.
Nach § 49 ist die erstmalige Aufnahme der Tätigkeit anzuzeigen; Änderungen sind nach § 50 anzeigepflichtig (Bußgeldbewehrung siehe § 73 Abs. 1a Nr. 13).

1) Nach Ablauf der 30-Tage-Frist darf der Anzeigende die Tätigkeit beginnen (diese Frist endet mit Ablauf des 30. Tages nach der Meldung, wobei der Meldetag nicht mitgerechnet wird; § 187 Abs. 1, § 188 Abs. 1 BGB). Bei dieser Frist geht der Gesetzgeber davon aus, dass der zuständigen Behörde die erforderlichen Unterlagen vollständig vorliegen. Die Behörde ist deshalb durch diese Frist gehalten, unverzüglich zu prüfen, ob dies der Fall ist oder ob sie Ergänzungen vom Anzeigenden anfordern muss.

2) Angaben über Art und Umfang der beabsichtigten Tätigkeit ermöglichen es der zuständigen Behörde (im Hinblick auf § 49 Abs. 3) zu prüfen, ob Erlaubnispflicht oder -freiheit besteht (vgl. § 49 Abs. 1 Nr. 1) und ob geeignete Räume und Einrichtungen vorhanden sind (§ 49 Abs. 1 Satz 2 Nr. 3).
Die Entsorgung ist im Hinblick auf den Schutz der Allgemeinheit von besonderer Bedeutung und muss deshalb in die Überprüfung miteinbezogen werden (vgl. § 49 Abs. 3 Nr. 2). Die Vorschriften des Abfallrechts und des Abwasser-

beseitigungsrechts (Wasserhaushaltsgesetz, kommunales Satzungsrecht) bleiben unberührt.
Spezielle Regelungen über die Entsorgung enthalten die einschlägigen Unfallverhütungsvorschriften BGV C4, vormals VBG 102 „Biotechnologie“ (§ 14 Abs. 2) mit den einschlägigen Merkblättern (z.B. Nrn. 8.3.2.5, 8.4.2.5, 8.5.2.5, 8.6.2.5 des Merkblatts „Laboratorien“) und UVV „Gesundheitsdienst“, GUV-R 250, vormals BGV C 8 (§§ 9, 13, 27) – inzwischen TRBA 250.

3) Einschlägige Verfahren sind solche nach der Biostoffverordnung, nach dem Gentechnikgesetz bzw. im Rahmen der Unfallverhütungsvorschriften (siehe hierzu Nr. 2 „Allgemeines zu §§ 44 ff“).

4) Absatz 3 verpflichtet die zuständige Behörde zur Untersagung, wenn aus sachlichen Gründen „eine Gefährdung der Gesundheit der Bevölkerung zu besorgen ist“. Die persönliche Zuverlässigkeit und Eignung wird ausschließlich im Rahmen der §§ 47, 48 und des § 45 Abs. 4 behandelt.

§ 50
Veränderungsanzeige

Wer eine in § 44 genannte Tätigkeit ausübt, hat jede wesentliche Veränderung der Beschaffenheit der Räume und Einrichtungen, der Entsorgungsmaßnahmen sowie von Art und Umfang der Tätigkeit unverzüglich der zuständigen Behörde anzuzeigen. Anzuzeigen ist auch die Beendigung oder Wiederaufnahme der Tätigkeit. § 49 Abs. 1 Satz 3 gilt entsprechend. Die Anzeigepflicht gilt nicht für Personen, die auf der Grundlage des § 46 tätig sind.

Jede wesentliche, d.h. im Hinblick auf den Gesundheitsschutz der Allgemeinheit relevante Änderung der Arbeitsstätte, von Art und Umfang der Tätigkeiten sowie der Entsorgung ist der zuständigen Behörde unverzüglich anzuzeigen, ebenso Beendigung bzw. Wiederaufnahme. Aus der Verweisung auf § 49 Abs. 1 Satz 3 ist zu folgern, dass bei dieser Anzeige jeweils die erforderlichen Unterlagen vorzulegen sind.
Ergeben sich aus der Anzeige Anhaltspunkte für eine Gefährdung der Bevölkerung, so prüft die Behörde, ob sie nach § 49 Abs. 3 tätig werden muss.
Ein Verstoß gegen die Anzeigepflicht stellt eine Ordnungswidrigkeit dar (§ 73 Abs. 1a Nr. 13).

§ 50a
Laborcontainment und Ausrottung des Poliovirus; Verordnungsermächtigung

(1) Natürliche oder juristische Personen, die die tatsächliche Sachherrschaft über Polioviren oder Material, das möglicherweise Polioviren enthält, haben (Besitzer), haben dies der zuständigen Behörde unverzüglich anzuzeigen. Die Anzeige muss Angaben zu der Einrichtung, zu der verantwortlichen Person, zu der Art und der Menge der Polioviren oder des Materials sowie zu dem damit verfolgten Zweck enthalten. Im Fall einer

wesentlichen Veränderung der Tatsachen nach Satz 2 gelten die Sätze 1 und 2 entsprechend. Die zuständige Behörde übermittelt die Angaben nach den Sätzen 1 bis 3 unverzüglich der obersten Landesgesundheitsbehörde, die sie unverzüglich der Geschäftsstelle der Nationalen Kommission für die Polioeradikation beim Robert Koch-Institut übermittelt. Die Pflichten nach den §§ 49 und 50 bleiben von den Sätzen 1 bis 3 unberührt.

(2) Der Besitzer hat Polioviren oder Material, das möglicherweise Polioviren enthält, unverzüglich zu vernichten, sobald die Polioviren oder das Material nicht mehr konkret für Zwecke der Erkennung, Verhütung oder Bekämpfung von Poliomyelitis oder Polioviren benötigt wird.

(3) Polioviren oder Material, das möglicherweise Polioviren enthält, darf nur eine Einrichtung besitzen, die eine Zulassung für den Besitz von Polioviren hat (zentrale Einrichtung). Für Polioimpf- oder -wildviren des Typs 1 und 3 sowie für Material, das möglicherweise solche Polioviren enthält, gilt Satz 1 ab den in einer Rechtsverordnung nach Absatz 4 Nummer 2 festgelegten Zeitpunkten. Die Zulassung als zentrale Einrichtung darf die zuständige Behörde mit Zustimmung der obersten Landesgesundheitsbehörde nur erteilen, wenn die Einrichtung Sicherheitsmaßnahmen gewährleistet, die mindestens den Schutzmaßnahmen der Schutzstufe 3 nach den §§ 10 und 13 der Biostoffverordnung entsprechen und die die Anforderungen erfüllen, die nach den Empfehlungen der Weltgesundheitsorganisation an die Biosicherheit in Bezug auf Polioviren zu stellen sind. Die Zulassung ist auf ein Jahr zu befristen. Die zentrale Einrichtung ist mit der Zulassung verpflichtet, Polioviren und Material, das Polioviren enthält, aus anderen Einrichtungen zu übernehmen; bei der Übernahme ist jeweils Absatz 1 anzuwenden. Absatz 2 bleibt unberührt. Die zentrale Einrichtung hat über den jeweiligen Bestand nach den Vorgaben der zuständigen Behörde ein Verzeichnis zu führen.

(4) Das Bundesministerium für Gesundheit wird ermächtigt, durch Rechtsverordnung mit Zustimmung des Bundesrates die Zeitpunkte festzulegen,

1. **zu denen Polioviren und Material, das möglicherweise Polioviren enthält, nach Absatz 2 spätestens vernichtet sein müssen,**
2. **ab denen nur eine zentrale Einrichtung Poliowildviren des Typs 1 und 3, Polioimpfviren des Typs 1 und 3 sowie Material, das möglicherweise solche Polioviren enthält, besitzen darf.**

(5) Wenn der Verdacht besteht, dass eine Person Polioviren oder Material, das möglicherweise Polioviren enthält, besitzt, ohne dass dies nach Absatz 1 angezeigt wurde, kann die zuständige Behörde die erforderlichen Ermittlungen durchführen. Für die Ermittlungen gilt § 16 Absatz 2 bis 4 entsprechend. Das Grundrecht der Unverletzlichkeit der Wohnung (Artikel 13 Absatz 1 des Grundgesetzes) wird insoweit eingeschränkt.

Ziel des § 50a (eingefügt durch das ÄndG vom 17.7.2017) ist die Ausrottung (Eradikation) der Poliomyelitis (Kinderlähmung).

Nach dem globalen Aktionsplan der WHO (GAPIII) haben die Mitgliedsstaaten alle Einrichtungen zu erfassen, die Polioviren oder Material besitzen, das möglicherweise solche Viren enthält. Dementsprechend normiert Absatz 1 eine Anzeigepflicht. Um die vollständige Erfassung aller einschlägigen Einrichtungen sicherzustellen, gibt Absatz 5 der zuständigen Behörde die notwendigen Befugnisse (§ 16 Abs. 2 bis 4).
Absatz 2 fordert die Vernichtung von Polioviren und Material, sobald kein rechtmäßiger Bedarf für deren Besitz mehr besteht.
Absatz 3 regelt schrittweise steigende Anforderungen an den Umgang mit Polioviren und Material, das möglicherweise Polioviren enthält.
Die Vorschrift ist bußgeldbewehrt durch § 73 Absatz 1 Nr. 22a.

§ 51
Aufsicht

Wer eine in § 44 genannte Tätigkeit ausübt oder Polioviren oder Material, das möglicherweise Polioviren enthält, besitzt, untersteht der Aufsicht der zuständigen Behörde. Er und der sonstige Berechtigte ist insoweit verpflichtet, den von der zuständigen Behörde beauftragten Personen Grundstücke, Räume, Anlagen und Einrichtungen zugänglich zu machen, auf Verlangen Bücher und sonstige Unterlagen vorzulegen, die Einsicht in diese zu gewähren und die notwendigen Prüfungen zu dulden. Das Grundrecht der Unverletzlichkeit der Wohnung (Artikel 13 Abs. 1 Grundgesetz) wird insoweit eingeschränkt.

§ 51 erfasst Erlaubnispflichtige und Erlaubnisfreie. Hinsichtlich der Überwachung (Betretungsrecht etc.) wird auf die Anmerkungen zu § 16 Abs. 2 hingewiesen. Die Vorschrift ist bußgeldbewehrt (§ 73 Abs. 1a Nr. 5 und Nr. 23).

§ 52
Abgabe

Krankheitserreger sowie Material, das Krankheitserreger enthält, dürfen nur an denjenigen abgegeben werden, der eine Erlaubnis besitzt, unter Aufsicht eines Erlaubnisinhabers tätig ist oder einer Erlaubnis nach § 45 Absatz 2 Nummer 1 oder Nummer 3 nicht bedarf. Satz 1 gilt nicht für staatliche human- oder veterinärmedizinische Untersuchungseinrichtungen.

§ 52 besagt, dass sich der Absender einer entsprechenden Sendung vergewissern muss, ob beim Empfänger die **persönlichen** Voraussetzungen für das Arbeiten mit Krankheitserregern nach dem IfSG vorliegen; die Sendung muss jedoch nicht persönlich an die jeweilige Person adressiert werden.
Ein Verstoß gegen § 52 Satz 1 stellt eine Straftat dar (§ 75 Abs. 1 Nr. 4).
§ 52 Satz 2 geht davon aus, dass staatliche Untersuchungseinrichtungen in jedem Fall rechtmäßig mit Krankheitserregern arbeiten.

§ 53
Anforderungen an Räume und Einrichtungen, Gefahrenvorsorge

(1) Die Bundesregierung wird ermächtigt, durch Rechtsverordnung mit Zustimmung des Bundesrates Vorschriften

1. über die an die Beschaffenheit der Räume und Einrichtungen zu stellenden Anforderungen sowie

2. über die Sicherheitsmaßnahmen, die bei Tätigkeiten nach § 44 zu treffen sind,

zu erlassen, soweit dies zum Schutz der Bevölkerung vor übertragbaren Krankheiten erforderlich ist.

(2) In der Rechtsverordnung nach Absatz 1 kann zum Zwecke der Überwachung der Tätigkeiten auch vorgeschrieben werden, dass bei bestimmten Tätigkeiten Verzeichnisse zu führen und Berichte über die durchgeführten Tätigkeiten der zuständigen Behörde vorzulegen sowie bestimmte Wahrnehmungen dem Gesundheitsamt zu melden sind, soweit dies zur Verhütung oder Bekämpfung übertragbarer Krankheiten erforderlich ist.

§ 53 entspricht im Wesentlichen dem § 29 BSeuchG; von Letzterem wurde allerdings nie Gebrauch gemacht. Im Hinblick auf die detaillierten einschlägigen Vorschriften des Arbeitsschutzes (BiostoffV, UVV), die sich mit dem IfSG überschneiden (vgl. Nr. 2 „Allgemeines“ zu §§ 44 ff), bleibt nicht viel Raum für Regelungen nach § 53 IfSG.
Bußgeldbewehrung siehe § 73 Abs. 1a Nr. 24.

§ 53a
Verfahren über eine einheitliche Stelle, Entscheidungsfrist

(1) Verwaltungsverfahren nach diesem Abschnitt können über eine einheitliche Stelle abgewickelt werden.

(2) Über Anträge auf Erteilung einer Erlaubnis nach § 44 entscheidet die zuständige Behörde innerhalb einer Frist von drei Monaten. § 42a Absatz 2 Satz 2 bis 4 des Verwaltungsverfahrensgesetzes gilt entsprechend.

10. Abschnitt
Vollzug des Gesetzes und zuständige Behörden

§ 54
Vollzug durch die Länder

Die Landesregierungen bestimmen durch Rechtsverordnung die zuständigen Behörden im Sinne dieses Gesetzes, soweit eine landesrechtliche Regelung nicht besteht und dieses Gesetz durch die Länder vollzogen wird. Sie können ferner darin bestimmen, dass nach diesem Gesetz der obersten Landesgesundheitsbehörde zugewiesene Aufgaben ganz oder im Einzelnen von einer dieser nachgeordneten Landesbehörde wahrgenommen werden und dass auf die Wahrnehmung von Zustimmungsvorbehalten der obersten Landesbehörden nach diesem Gesetz verzichtet wird.

Eine Sonderregelung besteht für die Zuständigkeit der Behörden der Versorgungsverwaltung beim Vollzug der §§ 60 bis 63 (§ 64 Abs. 1).

Zuständigkeitsregelungen der Länder: Baden-Württemberg (V vom 19.7.2007, GBl S. 361, zuletzt geä. durch V vom 28.5.2020, GBl S. 357), Bayern (V vom 16.6.2015, GVBl S. 184, zuletzt geä. durch V vom 16.11.2020, BayMBl. Nr. 641), Berlin (Gesetz i.d.F. vom 22.7.1996, GVBl S. 302, zuletzt geä. durch Gesetz vom 12.10.2020, GVBl S. 807), Bremen (V vom 19.9.2018, GBl S. 425, zuletzt geä. durch Geschäftsverteilung des Senats vom 20.10.2020, GBl S. 1172, 116), Hamburg (Anordnung vom 27.3.2001, Amtl. Anz. S. 1113, zuletzt geä. durch Anordnung vom 4.8.2020, Amtl. Anz. S. 1945), Hessen (§ 5 HGöGD vom 28.9.2007, GVBl S. 659, zuletzt geä. durch G vom 6.5.2020, GVBl S. 310), Niedersachsen (V vom 9.10.2018, GVBl S. 207, zuletzt geä. durch V vom 3.7.2020, GVBl S. 217), Nordrhein-Westfalen (G vom 14.4.2020, GV. NRW S. 218b), Rheinland-Pfalz (V vom 10.3.2010, GVBl S. 55, zuletzt geä. durch G vom 15.10.2012, GVBl S. 341), Saarland (V vom 12.9.2016, ABl S. 856), Sachsen (V vom 9.1.2019, GVBl S. 83), Sachsen-Anhalt (V vom 1.3.2017, GVBl S. 37), Schleswig-Holstein (V vom 22.2.2001, GVOBl S. 35, zuletzt geä. durch V vom 16.3.2015, GVOBl S. 96), Thüringen (V vom 28.11.2014, GVBl S. 722).

Zuständige Behörden zum Vollzug der IGV (2005) siehe Art. 4 u. 22 aaO sowie §§ 2 bis 4 IGV-DG.

§ 54a
Vollzug durch die Bundeswehr

(1) Den zuständigen Stellen der Bundeswehr obliegt der Vollzug dieses Gesetzes, soweit er betrifft:

1. **Angehörige des Geschäftsbereiches des Bundesministeriums der Verteidigung während ihrer Dienstausübung,**
2. **Soldaten außerhalb ihrer Dienstausübung,**
3. **Personen, während sie sich in Liegenschaften der Bundeswehr oder in ortsfesten oder mobilen Einrichtungen aufhalten, die von der Bundeswehr oder im Auftrag der Bundeswehr betrieben werden,**
4. **Angehörige dauerhaft in der Bundesrepublik Deutschland stationierter ausländischer Streitkräfte im Rahmen von Übungen und Ausbildungen, sofern diese ganz oder teilweise außerhalb der von ihnen genutzten Liegenschaften durchgeführt werden,**
5. **Angehörige ausländischer Streitkräfte auf der Durchreise sowie im Rahmen von gemeinsam mit der Bundeswehr stattfindenden Übungen und Ausbildungen,**
6. **Grundstücke, Einrichtungen, Ausrüstungs- und Gebrauchsgegenstände der Bundeswehr und**
7. **Tätigkeiten mit Krankheitserregern im Bereich der Bundeswehr.**

(2) Die Aufgaben der zivilen Stellen nach dem 3. Abschnitt bleiben unberührt. Die zivilen Stellen unterstützen die zuständigen Stellen der Bundeswehr.

(3) Bei Personen nach Absatz 1 Nummer 1, die sich dauernd oder vorübergehend außerhalb der in Absatz 1 Nummer 3 genannten Einrichtungen aufhalten und bei Personen nach Absatz 1 Nummer 2, sind die Maßnahmen der zuständigen Stellen der Bundeswehr nach dem 5. Abschnitt im Benehmen mit den zivilen Stellen zu treffen. Bei Differenzen ist die Entscheidung der zuständigen Stellen der Bundeswehr maßgebend.

(4) Bei zivilen Angehörigen des Geschäftsbereiches des Bundesministeriums der Verteidigung außerhalb ihrer Dienstausübung sind die Maßnahmen der zivilen Stellen nach dem 5. Abschnitt im Benehmen mit den zuständigen Stellen der Bundeswehr zu treffen.

(5) Absatz 1 Nummer 4 und 5 lässt völkerrechtliche Verträge über die Stationierung ausländischer Streitkräfte in der Bundesrepublik Deutschland unberührt.

Der durch Artikel 1 Nr. 21 des Gesetzes vom 19.5.2020 (BGBl. I S. 1018) eingefügte § 54a ersetzt den bisherigen § 70 und wird durch das ÄndG vom 18.11.2020 neu gefasst. Dadurch wird der Zuständigkeitsbereich der zuständigen Stellen der Bundeswehr auf Soldatinnen und Soldaten außerhalb des Dienstes ausgedehnt. Im Hinblick auf § 27 Abs. 1 (gegenseitige Unterrichtung der Gesundheitsämter und der zuständigen Stellen der Bundeswehr im Seuchenfall), § 9 Abs. 6 (Unterrichtung der zuständigen Stellen der Bundeswehr) und § 54a Abs. 2 bis 4 (gegenseitige Unterstützung, im gegenseitigen Benehmen zu treffende Maßnahmen) ist die einschlägige „Verwaltungsvorschrift IfSG-Bundeswehr“ vom 9.1.2002 entbehrlich.
Unberührt bleiben die Aufgaben der Gesundheitsämter im Rahmen der epidemiologischen Überwachung (§ 54a Abs. 2 i. V. mit §§ 6 ff.).
Die früher in § 70 Abs. 1 Nr. 4 ausdrücklich aufgeführte „Belehrung nach § 43 bei Personen, die in Einrichtungen der Bundeswehr eine der in § 42 bezeichneten Tätigkeiten ausüben“ konnte entfallen, weil dieser Personenkreis nunmehr schon allgemein von § 54a Abs. 1 Nr. 3 erfasst wird.
Absatz 5 nimmt Bezug auf das Zusatzabkommen vom 3. August 1959 (Gesetz zum NATO-Truppenstatut vom 18. August 1961, BGBl II S. 1183) und Art. 11 des Ergänzungsabkommens vom 13. März 1967 (Gesetz vom 17. Oktober 1969, BGBl II S. 1997): Demnach gelten für die Truppe, deren ziviles Gefolge und die Hauptquartiere jeweils die deutschen Vorschriften zur Verhütung und Bekämpfung übertragbarer Krankheiten bei Menschen, Tieren und Pflanzen, soweit nicht die Vorschriften der Truppe bzw. der Hauptquartiere gleichwertige oder höhere Anforderungen stellen. Nach Abs. 2 der genannten Vorschriften ist eine gegenseitige Unterrichtung der Truppen und der deutschen Behörden über Verdacht, Ausbruch, Verlauf und Erlöschen einer übertragbaren Krankheit sowie über die getroffenen Maßnahmen vorgeschrieben.
Zum bisherigen Umgang des Gesundheitsamtes mit Meldungen aus dem Bereich der Bundeswehr s. Hinweise des RKI (Epid. Bulletin Nr. 10/2008).
Für die Zuständigkeit zum Vollzug der IGV und der IGV-DG (abgedruckt im Anhang) gilt die Sondervorschrift des § 2 Abs. 2 IGV-DG.

§ 54b
Vollzug durch das Eisenbahn-Bundesamt

Im Bereich der Eisenbahnen des Bundes und der Magnetschwebebahnen obliegt der Vollzug dieses Gesetzes für Schienenfahrzeuge sowie für Anlagen zur ausschließlichen Befüllung von Schienenfahrzeugen dem Eisenbahn-Bundesamt, soweit die Aufgaben des Gesundheitsamtes und der zuständigen Behörde nach den §§ 15a, 37 bis 39 und 41 betroffen sind.

Der durch Artikel 1 Nr. 21 des Gesetzes vom 19.5.2020 (BGBl. I S. 1018) eingefügte § 54b entspricht unverändert dem früheren § 72.
§ 54b enthält eine Sonder-Zuständigkeitsregelung für das Eisenbahn-Bundesamt (gegründet in § 2 des Gesetzes über die Eisenbahnverkehrsverwaltung des Bundes vom 27.12.1993, BGBl I S. 2394), die sich beschränkt auf die Überwachung der Trinkwasserversorgung in Schienenfahrzeugen und (ortsfeste wie auch mobile) Anlagen zur Befüllung solcher Fahrzeuge mit Trinkwasser sowie auf deren Abwasserbeseitigung. Aus dem Wortlaut „im Bereich der Eisenbahnen des Bundes" folgt (in Anlehnung an die vergleichbare Vorschrift des § 6 Abs. 15 Gefahrgutverordnung Straße und Eisenbahn), dass diese Zuständigkeit des Eisenbahn-Bundesamtes sich – für die Dauer der Nutzung – auch auf Schienenfahrzeuge nichtbundeseigener Eisenbahnverkehrsunternehmen erstreckt, soweit diese die Eisenbahninfrastruktur der Eisenbahnen des Bundes in Anspruch nehmen.
Für den gesamten übrigen Bereich der Deutschen Bahn AG (also auch für deren andere Wasserversorgungs- und Abwasserbeseitigungsanlagen) gelten die Regelzuständigkeiten des IfSG.

11. Abschnitt
Angleichung an Gemeinschaftsrecht

§ 55
Angleichung an Gemeinschaftsrecht

Rechtsverordnungen nach diesem Gesetz können auch zum Zwecke der Angleichung der Rechtsvorschriften der Mitgliedstaaten der Europäischen Union erlassen werden, soweit dies zur Durchführung von Verordnungen oder zur Umsetzung von Richtlinien oder Entscheidungen des Rates der Europäischen Union oder der Kommission der Europäischen Gemeinschaften, die Sachbereiche dieses Gesetzes betreffen, erforderlich ist.

12. Abschnitt
Entschädigung in besonderen Fällen

§ 56
Entschädigung

1) (1) Wer auf Grund dieses Gesetzes
als Ausscheider, Ansteckungsverdächtiger, Krankheitsverdächtiger oder als sonstiger Träger von Krankheitserregern im Sinne von § 31 Satz 2 Verboten in der Ausübung seiner bisherigen Erwerbstätigkeit unterliegt oder unterworfen wird und dadurch einen Verdienstausfall erleidet, erhält eine Entschädigung in Geld. Das Gleiche gilt für eine Person, die nach § 30, auch in Verbindung mit § 32, abgesondert wird oder sich auf Grund einer nach § 36 Absatz 8 Satz 1 Nummer 1 erlassenen Rechtsverordnung absondert. Eine Entschädigung in Geld kann auch einer Person gewährt werden, wenn diese sich bereits vor der Anordnung einer Absonderung nach § 30 oder eines beruflichen Tätigkeitsverbots nach § 31 vorsorglich abgesondert oder vorsorglich bestimmte berufliche Tätigkeiten ganz oder teilweise nicht ausgeübt hat und dadurch einen Verdienstausfall erleidet, wenn eine Anordnung einer Absonderung nach § 30 oder eines beruflichen Tätigkeitsverbots nach § 31 bereits zum Zeitpunkt der vorsorglichen Absonderung oder der vorsorglichen Nichtausübung beruflicher Tätigkeiten hätte erlassen werden können. Eine Entschädigung nach den Sätzen 1 und 2 erhält nicht, wer durch Inanspruchnahme einer Schutzimpfung oder anderen Maßnahme der spezifischen Prophylaxe, die gesetzlich vorgeschrieben ist oder im Bereich des gewöhnlichen Aufenthaltsorts des Betroffenen öffentlich empfohlen wurde, oder durch Nichtantritt einer vermeidbaren Reise in ein bereits zum Zeitpunkt der Abreise eingestuftes Risikogebiet ein Verbot in der Ausübung seiner bisherigen Tätigkeit oder eine Absonderung hätte vermeiden können. Eine Reise ist im Sinne des Satzes 4 vermeidbar, wenn zum Zeitpunkt der Abreise keine zwingenden und unaufschiebbaren Gründe für die Reise vorlagen.

2) (1a) Sofern der Deutsche Bundestag nach § 5 Absatz 1 Satz 1 eine epidemische Lage von nationaler Tragweite festgestellt hat, erhält eine erwerbstätige Person eine Entschädigung in Geld, wenn

1. Einrichtungen zur Betreuung von Kindern, Schulen oder Einrichtungen für Menschen mit Behinderungen von der zuständigen Behörde zur Verhinderung der Verbreitung von Infektionen oder übertragbaren Krankheiten auf Grund dieses Gesetzes vorübergehend geschlossen werden oder deren Betreten, auch aufgrund einer Absonderung, untersagt wird oder wenn aus Gründen des Infektionsschutzes Schul- oder Betriebsferien angeordnet oder verlängert werden, die Präsenzpflicht in einer Schule aufgehoben oder der Zugang zum Kinderbetreuungsangebot eingeschränkt wird oder eine behördliche Empfehlung vorliegt, vom Besuch einer Einrichtung zur Betreuung von Kindern, einer Schule oder einer Einrichtung für Menschen mit Behinderungen abzusehen,
2. die erwerbstätige Person ihr Kind, das das zwölfte Lebensjahr noch nicht vollendet hat oder behindert und auf Hilfe angewiesen ist, in diesem Zeitraum selbst beauf-

sichtigt, betreut oder pflegt, weil sie keine anderweitige zumutbare Betreuungsmöglichkeit sicherstellen kann, und
3. die erwerbstätige Person dadurch einen Verdienstausfall erleidet.

Anspruchsberechtigte haben gegenüber der zuständigen Behörde, auf Verlangen des Arbeitgebers auch diesem gegenüber, darzulegen, dass sie in diesem Zeitraum keine zumutbare Betreuungsmöglichkeit für das Kind sicherstellen können. Ein Anspruch besteht nicht, soweit eine Schließung ohnehin wegen der Schul- oder Betriebsferien erfolgen würde. Im Fall, dass das Kind in Vollzeitpflege nach § 33 des Achten Buches Sozialgesetzbuch in den Haushalt aufgenommen wurde, steht der Anspruch auf Entschädigung den Pflegeeltern zu. Der Anspruch nach Satz 1 besteht in Bezug auf die dort genannten Maßnahmen auch unabhängig von einer durch den Deutschen Bundestag nach § 5 Absatz 1 Satz 1 festgestellten epidemischen Lage von nationaler Tragweite, soweit diese zur Verhinderung der Verbreitung der Coronavirus-Krankheit-2019 (COVID-19) im Zeitraum bis zum Ablauf des 23. September 2022 erfolgen.

(2) Die Entschädigung bemisst sich nach dem Verdienstausfall. Für die ersten sechs 3) Wochen wird sie in Höhe des Verdienstausfalls gewährt.

Vom Beginn der siebenten Woche an wird die Entschädigung abweichend von Satz 2 4) in Höhe von 67 Prozent des der erwerbstätigen Person entstandenen Verdienstausfalls gewährt; für einen vollen Monat wird höchstens ein Betrag von 2 016 Euro gewährt. Im Fall des Absatzes 1a wird die Entschädigung von Beginn an in der in Satz 3 bestimmten Höhe gewährt. Für jede erwerbstätige Person wird die Entschädigung nach Satz 4 für die Dauer der vom Deutschen Bundestag nach § 5 Absatz 1 Satz 1 festgestellten epidemischen Lage von nationaler Tragweite und für den in Absatz 1a Satz 5 genannten Zeitraum unabhängig von der Anzahl der Kinder für längstens zehn Wochen pro Jahr gewährt, für eine erwerbstätige Person, die ihr Kind allein beaufsichtigt, betreut oder pflegt, längstens für 20 Wochen pro Jahr.

(3) Als Verdienstausfall gilt das Arbeitsentgelt, das dem Arbeitnehmer bei der für ihn 5) maßgebenden regelmäßigen Arbeitszeit zusteht, vermindert um Steuern und Beiträge zur Sozialversicherung sowie zur Arbeitsförderung oder entsprechende Aufwendungen zur sozialen Sicherung in angemessenem Umfang (Netto-Arbeitsentgelt). Bei der Ermittlung des Arbeitsentgelts sind die Regelungen des § 4 Absatz 1, 1a und 4 des Entgeltfortzahlungsgesetzes entsprechend anzuwenden.

Für die Berechnung des Verdienstausfalls ist die Netto-Entgeltdifferenz in entspre- 6) chender Anwendung des § 106 des Dritten Buches Sozialgesetzbuch zu bilden. Der Betrag erhöht sich um das Kurzarbeitergeld und um das Zuschuss-Wintergeld, auf das der Arbeitnehmer Anspruch hätte, wenn er nicht aus den in Absatz 1 genannten Gründen an der Arbeitsleistung verhindert wäre.

Satz 1 gilt für die Berechnung des Verdienstausfalls bei den in Heimarbeit Beschäftig- 7) ten und bei Selbstständigen entsprechend mit der Maßgabe, dass bei den in Heimarbeit Beschäftigten das im Durchschnitt des letzten Jahres vor Einstellung der verbotenen Tätigkeit oder vor der Absonderung verdiente monatliche Arbeitsentgelt und bei

Selbstständigen ein Zwölftel des Arbeitseinkommens (§ 15 des Vierten Buches Sozialgesetzbuch) aus der entschädigungspflichtigen Tätigkeit zugrunde zu legen ist.

8) (4) Bei einer Existenzgefährdung können den Entschädigungsberechtigten die während der Verdienstausfallzeiten entstehenden Mehraufwendungen auf Antrag in angemessenem Umfang von der zuständigen Behörde erstattet werden. Selbstständige, deren Betrieb oder Praxis während der Dauer einer Maßnahme nach Absatz 1 ruht, erhalten neben der Entschädigung nach den Absätzen 2 und 3 auf Antrag von der zuständigen Behörde Ersatz der in dieser Zeit weiterlaufenden nicht gedeckten Betriebsausgaben in angemessenem Umfang.

9) (5) Bei Arbeitnehmern hat der Arbeitgeber für die Dauer des Arbeitsverhältnisses, längstens für sechs Wochen, die Entschädigung für die zuständige Behörde auszuzahlen. Abweichend von Satz 1 hat der Arbeitgeber die Entschädigung nach Absatz 1a für die in Absatz 2 Satz 5 genannte Dauer auszuzahlen. Die ausgezahlten Beträge werden dem Arbeitgeber auf Antrag von der zuständigen Behörde erstattet. Im Übrigen wird die Entschädigung von der zuständigen Behörde auf Antrag gewährt.

(6) Bei Arbeitnehmern richtet sich die Fälligkeit der Entschädigungsleistungen nach der Fälligkeit des aus der bisherigen Tätigkeit erzielten Arbeitsentgelts. Bei sonstigen Entschädigungsberechtigten ist die Entschädigung jeweils zum Ersten eines Monats für den abgelaufenen Monat zu gewähren.

10) (7) Wird der Entschädigungsberechtigte arbeitsunfähig, so bleibt der Entschädigungsanspruch in Höhe des Betrages, der bei Eintritt der Arbeitsunfähigkeit an den Berechtigten auszuzahlen war, bestehen. Ansprüche, die Entschädigungsberechtigten wegen des durch die Arbeitsunfähigkeit bedingten Verdienstausfalls auf Grund anderer gesetzlicher Vorschriften oder eines privaten Versicherungsverhältnisses zustehen, gehen insoweit auf das entschädigungspflichtige Land über.

11) (8) Auf die Entschädigung sind anzurechnen

12) 1. Zuschüsse des Arbeitgebers, soweit sie zusammen mit der Entschädigung den tatsächlichen Verdienstausfall übersteigen,

13) 2. das Netto-Arbeitsentgelt und das Arbeitseinkommen nach Absatz 3 aus einer Tätigkeit, die als Ersatz der verbotenen Tätigkeit ausgeübt wird, soweit es zusammen mit der Entschädigung den tatsächlichen Verdienstausfall übersteigt,

14) 3. der Wert desjenigen, das der Entschädigungsberechtigte durch Ausübung einer anderen als der verbotenen Tätigkeit zu erwerben böswillig unterlässt, soweit es zusammen mit der Entschädigung den tatsächlichen Verdienstausfall übersteigt,

15) 4. das Arbeitslosengeld in der Höhe, in der diese Leistung dem Entschädigungsberechtigten ohne Anwendung der Vorschriften über das Ruhen des Anspruchs auf Arbeitslosengeld bei Sperrzeit nach dem Dritten Buch Sozialgesetzbuch sowie des § 66 des Ersten Buches Sozialgesetzbuch in der jeweils geltenden Fassung hätten gewährt werden müssen.

Liegen die Voraussetzungen für eine Anrechnung sowohl nach Nummer 3 als auch nach Nummer 4 vor, so ist der höhere Betrag anzurechnen.

(9) Der Anspruch auf Entschädigung geht insoweit, als dem Entschädigungsberechtigten Arbeitslosengeld oder Kurzarbeitergeld für die gleiche Zeit zu gewähren ist, auf die Bundesagentur für Arbeit über. Die bei der Gewährung von Kurzarbeitergeld auf die Bundesagentur für Arbeit übergegangenen Entschädigungsansprüche können auf der Grundlage von Vereinbarungen der Bundesagentur für Arbeit mit den Ländern in einem pauschalierten Verfahren geltend gemacht werden. Das Eintreten eines Tatbestandes nach Absatz 1 oder Absatz 1a unterbricht nicht den Bezug von Arbeitslosengeld oder Kurzarbeitergeld, wenn die weiteren Voraussetzungen nach dem Dritten Buch Sozialgesetzbuch erfüllt sind. 16)

(10) Ein auf anderen gesetzlichen Vorschriften beruhender Anspruch auf Ersatz des Verdienstausfalls, der dem Entschädigungsberechtigten durch das Verbot der Ausübung seiner Erwerbstätigkeit oder durch die Absonderung erwachsen ist, geht insoweit auf das zur Gewährung der Entschädigung verpflichtete Land über, als dieses dem Entschädigungsberechtigten nach diesem Gesetz Leistungen zu gewähren hat. 17)

(11) Die Anträge nach Absatz 5 sind innerhalb einer Frist von zwei Jahren nach Einstellung der verbotenen Tätigkeit, dem Ende der Absonderung oder nach dem Ende der vorübergehenden Schließung, der Untersagung des Betretens, der Schul- oder Betriebsferien, der Aufhebung der Präsenzpflicht, der Einschränkung des Kinderbetreuungsangebotes oder der Aufhebung der Empfehlung nach Absatz 1a Satz 1 Nummer 1 bei der zuständigen Behörde zu stellen. Die Landesregierungen werden ermächtigt, durch Rechtsverordnung zu bestimmen, dass der Antrag nach Absatz 5 Satz 3 und 4 nach amtlich vorgeschriebenem Verfahren durch Datenfernübertragung zu übermitteln ist und das nähere Verfahren zu bestimmen. Die zuständige Behörde kann zur Vermeidung unbilliger Härten auf eine Übermittlung durch Datenfernübertragung verzichten. Dem Antrag ist von Arbeitnehmern eine Bescheinigung des Arbeitgebers und von den in Heimarbeit Beschäftigten eine Bescheinigung des Auftraggebers über die Höhe des in dem nach Absatz 3 für sie maßgeblichen Zeitraum verdienten Arbeitsentgelts und der gesetzlichen Abzüge, von Selbstständigen eine Bescheinigung des Finanzamtes über die Höhe des letzten beim Finanzamt nachgewiesenen Arbeitseinkommens beizufügen. Ist ein solches Arbeitseinkommen noch nicht nachgewiesen oder ist ein Unterschiedsbetrag nach Absatz 3 zu errechnen, so kann die zuständige Behörde die Vorlage anderer oder weiterer Nachweise verlangen. Die Frist nach Satz 1 verlängert sich in den Fällen des Absatzes 9 bei der Gewährung von Kurzarbeitergeld auf vier Jahre. 18)

(12) Die zuständige Behörde hat auf Antrag dem Arbeitgeber einen Vorschuss in der voraussichtlichen Höhe des Erstattungsbetrages, den in Heimarbeit Beschäftigten und Selbstständigen in der voraussichtlichen Höhe der Entschädigung zu gewähren.

Ein Eingriff, der den Störer zur Beachtung der öffentlichen Ordnung zwingt und von ihm ausgehende Störungen beseitigt, macht nur die allgemeinen Schranken der Rechtsausübung geltend (BGHZ 5, 144); eine solche Maßnahme ist grundsätzlich entschädigungslos hinzunehmen, auch wenn sie zu Vermögensschäden führt (BVerfGE 20, 351; BGHZ 43, 196 und 45, 23).

Die §§ 56 ff sind folglich kein Entgeltfortzahlungsanspruch, sondern eine reine **Billigkeitsentschädigung**, die eigentlich dem sozialen Leistungsrecht zuzuordnen ist. Ziel ist kein Schadenersatz, sondern lediglich die wirtschaftliche Sicherung des Betroffenen vor materieller Not. Die Vorschriften sind nicht geschaffen, um Arbeitgeber oder Versicherungen zu entlasten (vgl. BGH, Urteil vom 30.11.1978, NJW 1979, 422).

Die §§ 56 ff sind keiner ausdehnenden Auslegung fähig. In jedem Einzelfall ist sorgfältig zu prüfen, ob sämtliche Anspruchsvoraussetzungen erfüllt sind.

Eine zeitliche Befristung der Entschädigungsleistungen sehen die §§ 56 ff nicht vor.

Ein mitwirkendes Verschulden des Anspruchsberechtigten ist ggf. gemäß § 254 BGB zu berücksichtigen, denn der Grundsatz von Treu und Glauben gilt auch im öffentlichen Recht; sollte von diesem Grundsatz abgewichen werden, so müsste dies ausdrücklich im IfSG geregelt werden.

1) – Das Tätigkeitsverbot ergibt sich entweder (kraft Gesetzes) aus § 42 oder (auf Anordnung) aus § 31.
   Ein Entschädigungsanspruch nach § 56 setzt eine **rechtmäßige** Anordnung voraus. Ist eine Anordnung rechtswidrig (weil etwa die Grundsätze der Notwendigkeit, der Verhältnismäßigkeit, des geringstmöglichen Eingriffs nicht ausreichend beachtet wurden), so kommt eine – möglicherweise über § 56 hinausgehende – Entschädigung nach allgemeinen Grundsätzen in Betracht (Aufopferung, enteignungsgleicher Eingriff, Amtspflichtverletzung).
   Tätigkeits- oder Beschäftigungsverbote, die sich aus **anderen Rechtsvorschriften** ergeben (vgl. Anm. zu § 31), werden von der Entschädigungsregelung der §§ 56 ff nicht erfasst. Soweit aber solche Verbote mit denjenigen nach dem IfSG übereinstimmen (wie z.B. § 42 Abs. 1 Satz 1 Nr. 2 IfSG und Kap. 5 Nr. 7.2 der Anlage zur Lebensmittelhygieneverordnung), so wird die Entschädigung kaum mit der Begründung verweigert werden können, die „andere" Vorschrift sehe keine Verdienstausfallentschädigung vor.
   – Zu den Begriffen „Ausscheider", „Ansteckungsverdächtige" und „Krankheitsverdächtige" siehe die Bestimmungen in § 2 Nrn. 6, 7 und 5.
   – Wer noch keine Erwerbstätigkeit ausübt und daher noch kein Arbeitseinkommen erzielt hat, unterliegt keinem Verbot in seiner **bisherigen** Erwerbstätigkeit, wenn er aufgrund § 42 oder § 31 daran gehindert wird, eine Berufstätigkeit aufzunehmen; dasselbe gilt für den Fall eines Berufswechsels.
   Die Voraussetzung für die Entschädigung entfällt auch, wenn der Betroffene einen neuen Beruf ergreift, für den die seuchenrechtlichen Einschränkungen nicht gelten, wenn er also seine bisherige Tätigkeit aufgibt und folglich keine Ersatztätigkeit i.S. des § 56 Abs. 8 Nr. 2 mehr ausübt. Das gilt auch, wenn ein Ausscheider nach einer Umschulung (§ 59) eine andere Berufstätigkeit aufnimmt.

- Entschädigung wird nur für „Verdienstausfall“ geleistet, d.i. entgangenes Arbeitseinkommen (vgl. § 56 Abs. 2, 3). Sonstige Vermögenseinbußen sind nicht nach § 56 zu entschädigen (z.B. entgangener Gewinn, Verlust durch Verderben von Lebensmitteln).
- Die §§ 56 ff lassen die nach einschlägigen Vorschriften bestehenden Ansprüche auf Weitergewährung des Arbeitsentgelts für Arbeiter und Angestellte im Krankheitsfall bzw. bei unverschuldetem Unglück unberührt. Kein Entschädigungsanspruch entsteht also, wenn der Betroffene während der fraglichen Zeit keinen Verdienstausfall hat, weil Lohn- oder Gehaltsfortzahlungsanspruch besteht (z.B. nach § 19 BBiG, § 616 Abs. 1 BGB oder nach Tarifverträgen sowie, insbesondere bei Selbständigen, aus privaten Versicherungen). Ein Arbeitgeber kann dann auch keine Erstattung des fortgezahlten Lohns nach § 56 Abs. 5 Satz 2 verlangen (BGH, Urteil vom 30.11.1978, NJW 1979, 422 und vom 1.2.1979, NJW 1979, 1460 = DVBl 1980, 769).

2) Durch § 56 Abs. 1a soll bei festgestellter epidemischer Lage von nationaler Tragweite der Verdienstausfall ausgeglichen werden, den Sorgeberechtigte erleiden, wenn sie ihren Beruf nicht ausüben können, weil Kindergärten etc. und Schulen aufgrund seuchenrechtlicher Anordnung geschlossen sind oder nicht betreten werden dürfen und eine anderweitige zumutbare Betreuungsmöglichkeit des Kindes nicht erfolgen kann. Letzteres ist regelmäßig nachzuweisen (Art. 56 Abs. 1a Satz 2).
Die Antragsfrist des § 56 Absatz 11 Satz 1 wurde mittlerweile (durch das ÄndG vom 29.3.2021) auf zwei Jahre erhöht. Über Art. 56 Abs. 1a Satz 5 (eingefügt durch das ÄndG vom 22.11.2021) besteht bis zum Ablauf des 23.9.2022 der Entschädigungsanspruch in Bezug auf „Corona-Maßnahmen“ auch unabhängig von einer durch den Bundestag nach § 5 Abs. 1 Satz 1 festgestellten epidemischen Lage von nationaler Tragweite.

3) Die 6-Wochenfrist läuft grundsätzlich ab dem Zeitpunkt, von dem an die Voraussetzungen für die Gewährung der Entschädigung erfüllt sind. Sie beginnt auch, wenn der Betroffene seine Tätigkeit verbotswidrig nicht einstellt.

4) Da sich die Entschädigung vom Beginn der 7. Woche an nach dem SGB V bemisst, wird die zuständige Behörde erforderlichenfalls eine gesetzliche Krankenkasse um Amtshilfe ersuchen.

5) Abweichend vom früheren § 49 Abs. 3 BSeuchG, der auf das Entgeltfortzahlungsgesetz abstellte, wird der Verdienstausfall in Absatz 3 genau definiert. Das Arbeitsentgelt definiert § 14 SGB IV wie folgt:

(1) Arbeitsentgelt sind alle laufenden oder einmaligen Einnahmen aus einer Beschäftigung, gleichgültig, ob ein Rechtsanspruch auf die Einnahmen besteht, unter welcher Bezeichnung oder in welcher Form sie geleistet werden und ob sie unmittelbar aus der Beschäftigung oder im Zusammenhang mit ihr erzielt werden. Arbeitsentgelt sind auch Entgeltteile, die durch Entgeltumwandlung nach § 1 Absatz 2 Nummer 3 des Betriebsrentengesetzes für betriebliche Altersversorgung in den Durchführungswegen Direktzu-

sage oder Unterstützungskasse verwendet werden, soweit sie 4 vom Hundert der jährlichen Beitragsbemessungsgrenze der allgemeinen Rentenversicherung übersteigen.

(2) Ist ein Nettoarbeitsentgelt vereinbart, gelten als Arbeitsentgelt die Einnahmen des Beschäftigten einschließlich der darauf entfallenden Steuern und der seinem gesetzlichen Anteil entsprechenden Beiträge zur Sozialversicherung und zur Arbeitsförderung. Sind bei illegalen Beschäftigungsverhältnissen Steuern und Beiträge zur Sozialversicherung und zur Arbeitsförderung nicht gezahlt worden, gilt ein Nettoarbeitsentgelt als vereinbart.

(3) Wird ein Haushaltsscheck (§ 28a Absatz 7) verwendet, bleiben Zuwendungen unberücksichtigt, die nicht in Geld gewährt worden sind.

6) Absatz 3 Satz 3 regelt den Fall, dass der Betroffene aus einem Teil seiner **bisherigen**, nicht verbotenen Tätigkeit noch Einkommen erzielt. Für Einnahmen aus Tätigkeiten, die er als Ersatz für die verbotene Tätigkeit ausübt, gilt dagegen § 56 Abs. 8 Nr. 2. § 56 Abs. 3 Satz 3 kann auch für Selbständige von Bedeutung sein.

7) „Arbeitsentgelt" ist in Anm. 5 erläutert. „Arbeitseinkommen" definiert § 15 SGB IV wie folgt:

(1) Arbeitseinkommen ist der nach den allgemeinen Gewinnermittlungsvorschriften des Einkommensteuerrechts ermittelte Gewinn aus einer selbständigen Tätigkeit. Einkommen ist als Arbeitseinkommen zu werten, wenn es als solches nach dem Einkommensteuerrecht zu bewerten ist.

(2) Bei Landwirten, deren Gewinn aus Land- und Forstwirtschaft nach § 13a des Einkommensteuergesetzes ermittelt wird, ist als Arbeitseinkommen der sich aus § 32 Abs. 6 des Gesetzes über die Alterssicherung der Landwirte ergebende Wert anzusetzen.

Für den Fall, dass ein Jahreseinkommen nicht nachgewiesen ist (z.B. weil das Beschäftigungsverhältnis bzw. der Betrieb des Selbständigen solange noch nicht bestehen), fehlt eine Regelung. Da der Gesetzgeber zweifellos auch in solchen Fällen eine Entschädigung gewähren will, wird zweckmäßigerweise eine Schätzung unter Zugrundelegung vergleichbarer Einkommen erfolgen müssen, wie dies noch in § 49 Abs. 3 Satz 4 BSeuchG (1962) vorgesehen war.

8) Absatz 4 enthält eine Härteklausel.
Satz 1 gilt – im Gegensatz zu Satz 2 – nicht nur für Selbständige und ist – abweichend von Satz 2 – nur eine „Kann-Vorschrift". Ob eine Existenzgefährdung vorliegt, prüft die zuständige Behörde ggf. unter Einschaltung Fachkundiger (z.B. Handwerkskammer, Industrie- und Handelskammer).
In jedem Fall (Satz 1 und 2) bestimmt die zuständige Behörde den „angemessenen Umfang" der Leistung.

9) Entschädigungs- und Erstattungsanträge sind nach § 56 Abs. 11 zu stellen.
Die Vorleistungspflicht des Arbeitgebers soll schnelle Hilfe für den Betroffenen sichern. Sie belastet den Arbeitgeber nicht unzumutbar, da er auf Antrag von der zuständigen Behörde Abschlagszahlungen erhält (§ 56 Abs. 12); dies gilt auch hinsichtlich der Sozialversicherungsbeiträge (vgl. § 57 Abs. 1 Satz 4, Abs. 2).
Ergibt sich jedoch, dass ein Entschädigungsanspruch nach § 56 nicht besteht, so scheidet zwangsläufig auch eine Erstattung nach § 56 Abs. 5 Satz 2 aus (vgl. BGH, zitiert unter Anm. 5).

10) Absatz 7 regelt den Fall, dass der Betroffene **während** der Dauer des Tätigkeitsverbots oder der Absonderung „arbeitsunfähig“ (vgl. zum Begriff § 44 Abs. 1 Satz 1 SGB V) wird. Der Anspruch nach § 56 IfSG bleibt dann bis zum Ende der Arbeitsunfähigkeit bestehen, auch wenn Tätigkeitsverbot oder Absonderung vorher enden.
Nach Abs. 7 Satz 2 gehen auf das Land nur Ansprüche von „Berechtigten nach Abs. 1 Satz 2“ über (d.s. Abgesonderte). Solche Ansprüche können sich ergeben aus § 44 SGB V (Krankengeld), wobei ein Ruhen des Krankengeldes nach § 49 SGB V ausscheidet, weil die Entschädigung nach § 56 IfSG kein Arbeitsentgelt bzw. Arbeitseinkommen darstellt.

11) Absatz 8 entspricht dem bisherigen § 49 Abs. 5 BSeuchG.

12) Nr. 1 erfasst nur freiwillige Zuschüsse des Arbeitgebers, nicht Vergütungsansprüche. Besteht ein Anspruch, so entsteht insoweit kein Verdienstausfall.

13) Das Einkommen aus einer Ersatztätigkeit ist – im Gegensatz zum verbleibenden Einkommen aus einem Teil der bisherigen Tätigkeit (vgl. § 56 Abs. 3 Satz 3) – nicht voll auf die Entschädigung anzurechnen.

14) Die Anwendung dieser Vorschrift kommt bei Personen in Betracht, die für längere Zeit einem Tätigkeitsverbot unterliegen. Sie erfordert eine enge Zusammenarbeit der nach dem IfSG zuständigen Behörde mit dem Arbeitsamt, damit geprüft wird, ob dem Betroffenen eine andere Arbeit vermittelt werden kann oder ob er erforderlichenfalls umgeschult werden muss. Bei Ausscheidern kommen Maßnahmen der Arbeitsverwaltung zur beruflichen Eingliederung in Betracht (§ 59 IfSG i.V. mit §§ 45 ff SGB III = Arbeitsförderung).
Führt das Berufsverbot bei einem Selbständigen zum Verlust der bisherigen Existenzgrundlage, so ist er wie ein Arbeitnehmer zu behandeln.

15) Erfasst sind hier die Fälle der §§ 136 ff. SGB III (Arbeitsförderung) und des § 66 SGB I (Allgemeiner Teil), in denen Ansprüche auf Arbeitslosengeld bzw. -hilfe für einen bestimmten Zeitraum versagt werden, weil der Betroffene z.B. eine angebotene Beschäftigung nicht aufgenommen hat, sich weigert, an einer beruflichen Aus- oder Weiterbildung teilzunehmen, eine solche Maßnahme abgebrochen hat oder einer Aufforderung des Arbeitsamtes, sich zu melden, nicht nachgekommen ist oder anderen Mitwirkungspflichten nicht entsprochen hat.
Die Entschädigung nach § 56 IfSG ist um diese aus eigenem Verschulden nicht erhaltenen Leistungen zu kürzen, d.h. diese Leistungen sind in voller Höhe von der Entschädigung abzusetzen.

16) § 56 Abs. 9 entspricht dem bisherigen § 49 Abs. 6 BSeuchG. Für die darin genannten Leistungen nach dem SGB III (Arbeitsförderung), die aus Bundesmitteln erbracht werden, durchbricht § 56 Abs. 9 den Grundsatz der Subsidiarität der Entschädigung und statuiert einen Anspruchsübergang auf die Bundesanstalt für Arbeit.

17) § 56 Abs. 10 bezieht sich nur auf Schadenersatzansprüche gegen Dritte. Die Vorschrift gilt nicht für Leistungen aus anderen Rechtsverhältnissen (z.B. Renten), die nicht durch ein Tun oder Unterlassen Dritter, sondern dadurch ausgelöst werden, dass der Entschädigungsberechtigte in seiner Person einen bestimmten Tatbestand verwirklicht (vgl. BSG, Urteil vom 31.1.1968 Nr. 4 RJ 381/66).

18) § 56 Abs. 11 entspricht prinzipiell dem früheren § 49 Abs. 8 BSeuchG. Die darin festgelegte Frist, innerhalb welcher Entschädigungs- und Erstattungsanträge (Abs. 5) zu stellen sind, wird seit jeher als Ordnungsfrist und nicht als Ausschlussfrist angesehen. Soweit landesrechtliche Vorschriften über das Erlöschen von Ansprüchen gegen den Staat bestehen, sind diese jedoch zu beachten (in Bayern z.B. Art. 71 AGBGB).
Die Antragsfrist des § 56 Absatz 11 Satz 1 wurde durch Artikel 1 Nr. 22c des Gesetzes vom 19.5.2020 (BGBl. I S. 1018) von drei Monaten auf zwischenzeitlich zwölf Monate, und durch Artikel 1 Nr. 4g des Gesetzes vom 29.3.2021 (BGBl. I S. 370) auf nunmehr zwei Jahre erhöht; bei der Gewährung von Kurzarbeitergeld (Abs. 9 i.V. mit Abs. 11 Satz 6) gilt eine Vierjahresfrist.

§ 57
Verhältnis zur Sozialversicherung und zur Arbeitsförderung

(1) Für Personen, denen eine Entschädigung nach § 56 Abs. 1 zu gewähren ist, besteht eine Versicherungspflicht in der gesetzlichen Rentenversicherung fort. Bemessungsgrundlage für Beiträge sind

1. **bei einer Entschädigung nach § 56 Abs. 2 Satz 2 das Arbeitsentgelt, das der Verdienstausfallentschädigung nach § 56 Abs. 3 vor Abzug von Steuern und Beitragsanteilen zur Sozialversicherung oder entsprechender Aufwendungen zur sozialen Sicherung zugrunde liegt,**
2. **bei einer Entschädigung nach § 56 Abs. 2 Satz 3 80 vom Hundert des dieser Entschädigung zugrunde liegenden Arbeitsentgelts oder Arbeitseinkommens.**

Das entschädigungspflichtige Land trägt die Beiträge zur gesetzlichen Rentenversicherung allein. Zahlt der Arbeitgeber für die zuständige Behörde die Entschädigung aus, gelten die Sätze 2 und 3 entsprechend; die zuständige Behörde hat ihm auf Antrag die entrichteten Beiträge zu erstatten. Die Erstattung umfasst auch Beiträge, die nach § 172 des Sechsten Buches Sozialgesetzbuch vom Arbeitgeber entrichtet wurden.

1) **(2) Für Personen, denen nach § 56 Absatz 1 Satz 2 eine Entschädigung zu gewähren ist, besteht eine Versicherungspflicht in der gesetzlichen Krankenversicherung, in der sozialen Pflegeversicherung und nach dem Dritten Buch Sozialgesetzbuch sowie eine Pflicht zur Leistung der aufgrund der Teilnahme an den Ausgleichsverfahren nach § 1 oder § 12 des Aufwendungsausgleichsgesetzes und nach § 358 des Dritten Buches Sozialgesetzbuch zu entrichtenden Umlagen fort. Absatz 1 Satz 2 bis 4 gilt entsprechend; die Erstattung umfasst auch Beiträge, die nach § 249b des Fünften Buches Sozialgesetzbuch vom Arbeitgeber entrichtet wurden.**

(3) In der gesetzlichen Unfallversicherung wird, wenn es für den Berechtigten günstiger ist, der Berechnung des Jahresarbeitsverdienstes für Zeiten, in denen dem Verletzten im Jahr vor dem Arbeitsunfall eine Entschädigung nach § 56 Abs. 1 zu gewähren war, das Arbeitsentgelt oder Arbeitseinkommen zugrunde gelegt, das seinem durchschnittlichen Arbeitsentgelt oder Arbeitseinkommen in den mit Arbeitsentgelt oder Arbeitseinkommen belegten Zeiten dieses Zeitraums entspricht. § 82 Abs. 3 des Siebten Buches Sozialgesetzbuch gilt entsprechend. 2)

Die durch die Anwendung des Satzes 1 entstehenden Mehraufwendungen werden den Versicherungsträgern von der zuständigen Behörde erstattet. 3)

(4) In der Krankenversicherung werden die Leistungen nach dem Arbeitsentgelt berechnet, das vor Beginn des Anspruchs auf Entschädigung gezahlt worden ist.

(5) Zeiten, in denen nach Absatz 1 eine Versicherungspflicht nach dem Dritten Buch Sozialgesetzbuch fortbesteht, bleiben bei der Feststellung des Bemessungszeitraums für einen Anspruch auf Arbeitslosengeld nach dem Dritten Buch Sozialgesetzbuch außer Betracht. 4)

(6) Wird eine Entschädigung nach § 56 Absatz 1a gewährt, gelten die Absätze 1, 2 und 5 entsprechend mit der Maßgabe, dass sich die Bemessungsgrundlage für die Beiträge nach Absatz 1 Satz 2 Nummer 2 bestimmt.

Die Vorschrift soll nach der Amtlichen Begründung versicherungsrechtliche Nachteile vermeiden, solange eine Entschädigung zu gewähren ist und zwar dadurch, dass eine Versicherungspflicht in der gesetzlichen Renten- (SGB VI), der gesetzlichen Kranken- (SGB V), in der sozialen Pflegeversicherung (SGB XI) und nach dem Arbeitsförderungsgesetz (SGB III) fortbestehen bleibt.

1) Absatz 2 betrifft nur Abgesonderte (Personen nach § 56 Abs. 1 Satz 2).

2) SGB VII = gesetzliche Unfallversicherung (Gesetz vom 7.8.1996, BGBl I S. 1254).

3) Versicherungsträger sind in diesem Fall die Berufsgenossenschaften.

4) SGB III = Art. 1 Arbeitsförderungs-Reformgesetz vom 24.3.1997 (BGBl I S. 594).

§ 58
Aufwendungserstattung

Entschädigungsberechtigte im Sinne des § 56 Absatz 1 und 1a, die der Pflichtversicherung in der gesetzlichen Kranken-, Renten- sowie der sozialen Pflegeversicherung nicht unterliegen, haben gegenüber dem nach § 66 Absatz 1 Satz 1 zur Zahlung verpflichteten Land einen Anspruch auf Erstattung ihrer Aufwendungen für soziale Sicherung in angemessenem Umfang. In den Fällen, in denen sie Netto-Arbeitsentgelt und Arbeitseinkommen aus einer Tätigkeit beziehen, die als Ersatz der verbotenen Tätigkeit ausgeübt wird, mindert sich der Anspruch nach Satz 1 in dem Verhältnis dieses Einkommens zur ungekürzten Entschädigung.

§ 58 verpflichtet die zuständige Behörde zur Erstattung von Aufwendungen zur sozialen Sicherung, setzt also voraus, dass der Betroffene solche Leistungen auch tatsächlich erbringt und nachweist. Was jeweils „angemessen" ist (unbestimmter Rechtsbegriff), wird von den Umständen des Einzelfalles abhängen.

§ 59
Arbeits- und sozialrechtliche Sondervorschriften

(1) Wird ein Beschäftigter während seines Urlaubs nach § 30, auch in Verbindung mit § 32, abgesondert oder hat er sich auf Grund einer nach § 36 Absatz 8 Satz 1 Nummer 1 erlassenen Rechtsverordnung abzusondern, so werden die Tage der Absonderung nicht auf den Jahresurlaub angerechnet.

(2) Kranke und Ausscheider, die länger als sechs Monate Anspruch auf eine Entschädigung nach § 56 Absatz 1 Satz 1 oder Satz 2 haben oder mit hoher Wahrscheinlichkeit haben werden, gelten als Menschen mit Behinderungen im Sinne des Dritten Buches Sozialgesetzbuch.

Der durch Artikel 1 des G. v. 16.09.2022 (BGBl. I S. 1454) um den neuen Absatz 1 erweiterte § 59 regelt insofern mit Wirkung ab dem 17.9.2022, dass Arbeitnehmern Absonderungstage, die während des Urlaubs angeordnet waren, gutzuschreiben sind. Das Bundesarbeitsgericht (BAG, Beschl. v. 16.08.2022, Az. 9 AZR 76/22) hatte diese Frage im August 2022 in einem Fall, wo der Arbeitnehmer zwar während des Urlaubs selbst nicht erkrankt war, in dieser Zeit aber eine behördlich angeordnete häusliche Quarantäne einzuhalten hatte, dem Europäischen Gerichtshof vorgelegt; dieses Vorlageverfahren wird die Rechtslage für Altfälle vor dem 17.9.2022 klären.
Kranke und Ausscheider (§ 2 Nr. 6) erhalten aufgrund des Absatzes 2 Leistungen zur beruflichen Eingliederung nach den §§ 45 ff SGB III – Arbeitsförderung); zuständig dafür sind die Behörden der Arbeitsverwaltung; an diese richtet sich die Vorschrift.

§§ 60 bis 64

(weggefallen)

Mit Wirkung vom 1.1.2024 hat das ÄndG vom 12.12.2019 (BGBl. I S. 2652) die bis dato in den §§ 60 ff enthaltene Impfschaden-Entschädigungsregelung in das neue SGB XIV – Soziale Entschädigung überführt.
Nunmehr ist über §§ 24, 4 Abs. 1 SGB XIV geregelt, dass Anspruch auf Leistungen der Sozialen Entschädigung erhält, wer durch eine Schutzimpfung nach § 2 Nr. 9 oder durch eine andere Maßnahme der spezifischen Prophylaxe nach § 2 Nr. 10 des IfSG eine gesundheitliche Schädigung erlitten hat, die über das übliche Ausmaß einer Reaktion auf eine Schutzimpfung oder andere Maßnahme der spezifischen Prophylaxe hinausgeht.
Die Impfschaden-Entschädigungsregelung ist im Grundsatz ein gesetzlich normierter allgemeiner Aufopferungsanspruch, wie er von der Rechtsprechung entwickelt wurde (vgl. grundlegend BGHZ 9, 83).

Die Impfung muss im Bereich der jeweiligen zuständigen Landesbehörde vorgenommen worden sein. Dabei muss der Impfling nicht Einwohner dieses Landes, d.h. er kann auch Ausländer sein. Bei Kombinationsimpfstoffen genügt, dass die Impfung für eine der Erkrankungen, gegen welche die Impfung schützen soll, öffentlich empfohlen ist (BSG, Urteil vom 17.11.1981 Az. 9 RVi 1/81, SozR 3850 § 54 Nr. 1).
Die vorübergehend in § 60 Abs. 1 Nr. 1a a.F. enthaltene Klarstellung, dass die Entschädigungsregelung auch bei gesundheitlichen Schädigungen durch eine Schutzimpfung gegen das Coronavirus SARS-CoV-2 Anwendung findet, ist für § 24 SGB XIV nicht mehr ausdrücklich erforderlich.
Die Gelbfieberschutzimpfung (vgl. Art. 31 und Anlage 7 IGV) fällt hingegen nicht unter die einschlägigen Impfungen. Bei dieser Impfung könnte auch aus dem Gedanken des allgemeinen Aufopferungsanspruchs kein Entschädigungsanspruch bei einem Impfschaden hergeleitet werden. Denn mit dieser Impfung wird kein Sonderopfer im Interesse der Allgemeinheit erbracht (vgl. BGHZ 9, 83 ff): Gelbfieber kann (jedenfalls bisher) in der Bundesrepublik Deutschland nicht verbreitet werden.
Zum Begriff des „Impfschadens“ siehe die Anlage zu § 2 der Versorgungsmedizin-Verordnung vom 10.12.2008 (BGBl. I S. 2412).
Bei Impfschäden von Soldaten (§ 17a Abs. 2–4 Soldatengesetz), kommt über § 28 Abs. 4, § 8 Abs. 3 SGB XIV Versorgung nach dem Soldatenversorgungsgesetz in Betracht (Dienstunfallversorgung bzw. Versorgung wegen Wehrdienstbeschädigung).
Die im früheren § 61 enthaltene Gesundheitsschadensanerkennung ist nun über § 4 Abs. 4 SGB XIV geregelt. Zur Beurteilung des dabei maßgeblichen „ursächlichen Zusammenhangs“ siehe Nr. 37 (= S. 148 f) der „Anhaltspunkte für die ärztliche Gutachtertätigkeit nach dem Schwerbehindertenrecht (Teil 2 SGB IX)“ von 2008.
Für den ursächlichen Zusammenhang zwischen Impfung und Leiden (Gesundheitsschaden) genügt die Wahrscheinlichkeit. Demgegenüber müssen jedoch die schädigende Einwirkung (Impfung), die gesundheitliche Schädigung (unübliche Impfreaktion) und die Schädigungsfolge (Leiden) nachgewiesen und nicht nur wahrscheinlich sein (BSG, Urteil vom 19.3.1986 Az. 9a RVi 2/84, MDR 9/1986, 788).
Die durch das ÄndG vom 28.5.2021 in den früheren § 66 eingefügte Ergänzung von Abs. 2 Nummer 1 erfasst Fälle, bei denen die ursächliche Schutzimpfung bzw. Maßnahme der spezifischen Prophylaxe im Ausland vorgenommen wurde. Sie entspricht dem am 1.1.2024 in Kraft getretenen § 113 Abs. 5 Satz 2 i.V. mit § 135 Abs. 2 SGB XIV.
Nach § 141 Satz 1 SGB XIV sind nach dem SGB XIV auch Personen anspruchsberechtigt, die vor dem 1. Januar 2024 geschädigt wurden, wenn die Voraussetzungen nach § 60 in der bis zum 31.12.2023 geltenden Fassung vorlagen.
Zur Leistung nach dem SGB XIV ist das jeweilige Land verpflichtet. Zuständige Behörden sind die Versorgungsämter (in Bayern: Zentrum Bayern Familie und So-

ziales); vgl. das vormalige Gesetz über die Errichtung der Verwaltungsbehörden der Kriegsopferversorgung vom 12.3.1951 (BGBl I S. 169). Das zuständige Versorgungsamt entscheidet über den Versorgungsantrag nach Aufklärung des Sachverhalts. Der Antrag kann formlos (schriftlich oder mündlich) gestellt werden. Im Gegensatz zum „alten Recht" (§ 56 Abs. 1 BSeuchG 1961) ist der Antrag an keine Frist gebunden. Wird er beim Gesundheitsamt eingereicht, so verweist dieses – unabhängig von seinen Aufgaben nach § 11 Abs. 4 IfSG – an das zuständige Versorgungsamt oder leitet den Antrag dorthin weiter.

Das SGB X regelt im ersten Kapitel das Verwaltungsverfahren (§§ 1 bis 66) und im dritten Kapitel die Zusammenarbeit der Leistungsträger und deren Beziehungen zu Dritten (§§ 86 ff).

In Impfschaden-Entschädigungsangelegenheiten ist grundsätzlich der Rechtsweg zu den Sozialgerichten eröffnet. Vor Klageerhebung muss gegen einen Bescheid des Versorgungsamtes zunächst Widerspruch erhoben und ein Widerspruchsverfahren nach §§ 77 ff Sozialgerichtsgesetz durchgeführt werden (Entscheidung über den Widerspruch durch Widerspruchsbescheid des Landesversorgungsamtes).

Konkurrenz (bisher § 63, jetzt § 8 SGB XIV): Ein Versorgungsanspruch ist nach § 8 Abs. 1 Satz 2 SGB XIV (früher: § 63 Abs. 2) gegenüber Schadenersatzansprüchen aus Amtspflichtverletzung (§ 839 BGB i.V. mit Art. 34 GG) subsidiär. Ein Ausschluss von Schadenersatzansprüchen durch konkurrierende Versorgungsansprüche kommt deshalb in diesen Fällen nicht zum Tragen (BSG, Urteil vom 15.2.1990 Az. III ZR 100/88, MedR 1990, 268).

§ 65
Entschädigung bei behördlichen Maßnahmen

(1) Soweit auf Grund einer Maßnahme nach den §§ 16 und 17 Gegenstände vernichtet, beschädigt oder in sonstiger Weise in ihrem Wert gemindert werden oder ein anderer nicht nur unwesentlicher Vermögensnachteil verursacht wird, ist eine Entschädigung in Geld zu leisten; eine Entschädigung erhält jedoch nicht derjenige, dessen Gegenstände mit Krankheitserregern oder mit Gesundheitsschädlingen als vermutlichen Überträgern solcher Krankheitserreger behaftet oder dessen verdächtig sind. § 254 des Bürgerlichen Gesetzbuchs ist entsprechend anzuwenden.

1) **(2) Die Höhe der Entschädigung nach Absatz 1 bemisst sich im Falle der Vernichtung eines Gegenstandes nach dessen gemeinem Wert, im Falle der Beschädigung oder sonstigen Wertminderung nach der Minderung des gemeinen Wertes. Kann die Wertminderung behoben werden, so bemisst sich die Entschädigung nach den hierfür erforderlichen Aufwendungen. Die Entschädigung darf den gemeinen Wert nicht übersteigen, den der Gegenstand ohne die Beschädigung oder Wertminderung gehabt hätte. Bei Bestimmung des gemeinen Wertes sind der Zustand und alle sonstigen den Wert des Gegenstandes bestimmenden Umstände in dem Zeitpunkt maßgeblich, in dem die Maßnahme getroffen wurde. Die Entschädigung für andere nicht nur unwesentliche Vermögensnachteile darf den Betroffenen nicht besser stellen, als er ohne die Maßnahme**

gestellt sein würde. Auf Grund der Maßnahme notwendige Aufwendungen sind zu erstatten.

§ 65 entspricht dem früheren § 57 BSeuchG i.d.F. des Art. 1 Nr. 7 des 2. ÄndG vom 25.8.1971 (BGBl I S. 1401). Die Vorschrift regelt eine Enteignungsentschädigung und begrenzt dementsprechend Ansprüche auf seuchenhygienische Maßnahmen, von denen **Nichtstörer** betroffen werden (vgl. BT-Drs. VI/1568). Entschädigungspflichtiger siehe § 66 Abs. 1 Satz 2.
Im Streitverfahren ist der Rechtsweg zu den ordentlichen Gerichten gegeben (§ 68 Abs. 1).

1) Der „gemeine Wert“ entspricht grundsätzlich dem Wiederbeschaffungspreis eines einwandfreien Gegenstandes der vernichteten Art und nicht dem Restwert, den vernichtete Gegenstände angesichts des Befalls mit Krankheitserregern und einer daraus evtl. resultierenden Unverkäuflichkeit noch hätten (vgl. BGH, Urteil vom 3.3.1969, NJW 1969, 2282 = MDR 1969, 913).

§ 66
Zahlungsverpflichteter

Ansprüche nach den §§ 56 bis 58 richten sich gegen das Land,

1. **in dem das berufliche Tätigkeitsverbot erlassen wurde oder in den Fällen des § 34 Absatz 1 bis 3 und des § 42, in dem die verbotene Tätigkeit ausgeübt worden ist,**
2. **in dem das Absonderungsgebot angeordnet oder erlassen wurde oder in dem die Absonderung auf Grund einer nach § 36 Absatz 8 Satz 1 Nummer 1 erlassenen Rechtsverordnung vorgenommen wurde oder,**
3. **in dem Einrichtungen zur Betreuung von Kindern, Schulen oder Einrichtungen für Menschen mit Behinderungen vorübergehend geschlossen wurden, deren Betreten untersagt wurde, Schul- oder Betriebsferien angeordnet oder verlängert wurden, die Präsenzpflicht in einer Schule aufgehoben, der Zugang zum Kinderbetreuungsangebot eingeschränkt oder eine behördliche Empfehlung abgegeben wurde, vom Besuch einer Einrichtung zur Betreuung von Kindern, einer Schule oder einer Einrichtung für Menschen mit Behinderungen abzusehen.**

Ansprüche nach § 65 richten sich gegen das Land, in dem der Schaden verursacht worden ist.

§ 66 Abs. 1 a.F. wurde durch die ÄndG vom 18.11.2020 und vom 30.3. und vom 28.5.2021 modifiziert. Die früheren Absätze 2 und 3 (Anspruchsgegner bei Versorgung wegen eines Impfschadens) wurden durch das G vom 12.12.2019 mit Wirkung zum 1.1.2024 aufgehoben.

§ 67
Pfändung

Die nach § 56 Abs. 2 Satz 2 und 3 zu zahlenden Entschädigungen können nach den für das Arbeitseinkommen geltenden Vorschriften der Zivilprozessordnung gepfändet werden.

Im Gegensatz zur früheren Regelung (§ 60 Abs. 1 Satz 3 BSeuchG) sind Entschädigungen nach § 65 (zuvor § 57 BSeuchG) pfändbar, „da die Entschädigung wirtschaftlich an die Stelle ansonsten pfändbarer Sachen getreten ist" (Amtliche Begründung).

13. Abschnitt
Rechtsweg und Kosten

§ 68
Rechtsweg

1) **(1) Für Streitigkeiten über Ansprüche nach den §§ 56 bis 58 und 65 gegen das nach § 66 Absatz 1 Satz 1 zur Zahlung verpflichtete Land ist der Verwaltungsrechtsweg gegeben. Der Verwaltungsrechtsweg ist auch gegeben, soweit andere Ansprüche wegen Entschädigung für Maßnahmen aufgrund dieses Gesetzes geltend gemacht werden. Artikel 14 Absatz 3 Satz 4 und Artikel 34 Satz 3 des Grundgesetzes bleiben unberührt.**

(1a) Für Streitigkeiten über Ansprüche nach einer auf Grund des § 20i Absatz 3 Satz 2 Nummer 1 Buchstabe a, auch in Verbindung mit Nummer 2, des Fünften Buches Sozialgesetzbuch sowie des § 5 Absatz 2 Satz 1 Nummer 4 Buchstabe c und f erlassenen Rechtsverordnung ist der Verwaltungsrechtsweg gegeben.

1) Wurde durch Art. 1 Nr. 21c des G vom 18.11.2020 (BGBl. I S. 2397) bereits für Streitigkeiten über Entschädigungen nach § 56 ff., die bisher von den ordentlichen Gerichten entschieden wurden, der Verwaltungsrechtsweg eröffnet, so hat Art. 1 Nr. 7 des G vom 29.3.2021 (BGBl. I S. 370) dies auch auf den Fall des § 65 (Entschädigung im Zusammenhang mit behördlichen Maßnahmen nach §§ 16, 17) erstreckt, da Ansprüche oft aus beiden Anspruchsgrundlagen verfolgt werden und eine Rechtswegzersplitterung bei einer einheitlichen Entscheidung gleicher Sachverhalte verhindert werden soll. Der 2022 eingefügte Abs. 1 Satz 2 dient lediglich der Klarstellung, dass dies auch für Entschädigungsansprüche für Maßnahmen, die aufgrund des IfSG getroffen wurde, gilt. Durch Absatz 1a werden Streitigkeiten über Ansprüche auf Zugang zu Schutzimpfungen im Rahmen der Coronavirus-Impfverordnung ebenfalls ausdrücklich den Verwaltungsgerichten zugewiesen.
Hinsichtlich der Rückforderung bzw. Rückerstattung erbrachter Leistungen kann eine Behörde einen solchen Anspruch erst geltend machen, wenn sie vorher den begünstigenden Verwaltungsakt (Leistungsbescheid) zurückgenommen und dabei die zu erstattende Leistung festgesetzt hat (BGH, Urteil vom 27.1.1983, DÖV 1984, 525 = NJW 1983, 2029).

§ 69
Kosten

(1) Folgende Kosten sind aus öffentlichen Mitteln zu bestreiten, soweit nicht ein anderer Kostenträger zur Kostentragung verpflichtet ist:

1. Kosten für die Übermittlung der Meldungen der nach §§ 6 und 7, 1)
2. Kosten für die Durchführung der Erhebungen nach § 13 Absatz 2 Satz 5, 2)
3. Kosten für die Ablieferung von Untersuchungsmaterial an bestimmte Einrichtungen der Spezialdiagnostik nach § 13 Absatz 3 Satz 1,
4. Kosten für Maßnahmen nach § 17 Absatz 1, auch in Verbindung mit Absatz 3, soweit sie von der zuständigen Behörde angeordnet worden sind und die Notwendigkeit der Maßnahmen nicht vorsätzlich herbeigeführt wurde, 3)
5. Kosten für Maßnahmen nach § 19, 4)
6. Kosten für Schutzimpfungen oder andere Maßnahmen der spezifischen Prophylaxe gegen bestimmte übertragbare Krankheiten nach § 20 Absatz 5, 5)
7. Kosten für die Durchführung von Ermittlungen nach § 25, 6)
8. Kosten für die Durchführung von Schutzmaßnahmen nach den §§ 29 und 30, 7)
9. Kosten für ärztliche Untersuchungen nach § 20 Absatz 12 Satz 2, § 36 Absatz 5 Satz 1 und 3, Absatz 6 Satz 2, Absatz 7 Satz 2 und Absatz 10 Satz 2.

In einer Rechtsverordnung nach § 13 Absatz 2 Satz 7 kann im Einvernehmen mit dem Bundesministerium der Finanzen vorgesehen werden, dass der Bund sich im Hinblick auf die Durchführung der Erhebung durch das Robert Koch-Institut anteilig an der Kostentragung beteiligt. Soweit ein anderer Kostenträger zur Kostentragung verpflichtet ist oder solange dies noch nicht feststeht, können die entsprechenden Kosten vorläufig aus öffentlichen Mitteln bestritten werden. Der andere Kostenträger ist zur Erstattung der Kosten verpflichtet.

(2) Wer die öffentlichen Mittel aufzubringen hat, bleibt, soweit nicht bundesgesetzlich geregelt, der Regelung durch die Länder vorbehalten. 8)

(3) Für aus öffentlichen Mitteln zu bestreitende Kosten der Quarantänemaßnahmen nach § 30 ist der Kostenträger zuständig, in dessen Bezirk die von der Maßnahme betroffene Person zum Zeitpunkt der Anordnung der Maßnahme ihren gewöhnlichen Aufenthalt hat oder zuletzt hatte. Falls ein gewöhnlicher Aufenthaltsort nicht feststellbar ist, werden die Kosten vorläufig von dem Kostenträger übernommen, in dessen Bezirk die Maßnahme angeordnet wird. Der zuständige Kostenträger ist im Fall des Satzes 2 zur Erstattung verpflichtet. Satz 1 gilt nicht, soweit die Länder abweichende Vereinbarungen treffen.

Ansprüche, die sich aus § 69 ergeben, sind öffentlich-rechtlicher Natur. Sofern die zuständige Behörde des zur Aufbringung dieser Mittel Verpflichteten (vgl. § 69 Abs. 2 samt Anmerkung 8) entsprechende Forderungen ganz oder teilweise ablehnt, so ist der Anspruch ggf. im Weg der Leistungsklage vor dem Verwaltungsgericht geltend zu machen.

Durch Artikel 1 Nr. 23 des Gesetzes vom 19.5.2020 (BGBl. I S. 1018) wurden im neuen Absatz 1 Satz 1 Nr. 1 die früheren Nummern 1 und 2 der Norm sowie in der neuen Nummer 8 die früheren Nummern 9 und 10 zusammengefasst; inhaltlich ergeben sich dadurch keine Änderungen.

1) Der Gesetzgeber geht davon aus, dass der Arzt für die Meldung kein Honorar erhält. Es handelt sich um eine gesetzliche (staatsbürgerliche) Meldepflicht, für deren Erfüllung keine Gebühr verlangt werden kann. Erstattet werden deshalb aus Mitteln der öffentlichen Hand nach einheitlicher Verwaltungspraxis der Länder nur die für die Übermittlung der Meldung anfallenden Kosten, d.h. die Sach- und Portokosten (z.B. Telefongebühr, Fax-Kosten), nicht aber Personalaufwendungen.

2) Siehe § 13 Abs. 3 Nr. 4. Bei Aufwendungen nach § 13 Abs. 2 Satz 5 handelt es sich um Sentinel-Erhebungen der obersten Landesgesundheitsbehörden.

3) Nach dieser Regelung werden nur diejenigen Desinfektionskosten aus öffentlichen Mitteln bezahlt, bei denen eine behördliche Anordnung ergeht. Folglich gehen die Aufwendungen für (notwendige) Desinfektionen, die vom Betroffenen freiwillig durchgeführt werden, zu dessen Lasten; denn seuchenrechtliche Anordnungen können und dürfen regelmäßig nur erlassen werden, wenn sie notwendig sind (vgl. § 17 Abs. 1 Satz 1). Diese in ihrer Konsequenz unverständliche Kostenregelung wurde aus dem BSeuchG übernommen (§ 62 Abs. 1 Satz 1 Nr. 7 BSeuchG). Es ist deshalb – wie in der Vergangenheit – den Ländern überlassen, der daraus resultierenden Ungerechtigkeit (Benachteiligung des gutwilligen gegenüber dem „widerspenstigen“ Bürger) durch ergänzende landesrechtliche Regelungen zu begegnen, wonach die Gesundheitsämter notwendige Desinfektionsmaßnahmen ggf. in jedem Fall kostenlos durchführen bzw. – sofern der Bürger sie selbst durchführen kann – die Desinfektionsmittel kostenlos zur Verfügung stellen.

4) Die Kosten für die Behandlung von Krankheiten (einschließlich derjenigen für Arzneimittel, Arztkosten, Krankenhaus) werden grundsätzlich vom IfSG nicht erfasst (vgl. § 28 Abs. 1 Satz 3, der die Anordnung einer Heilbehandlung ausdrücklich verbietet).
Demgegenüber stellt die Behandlung nach § 19 Abs. 1 Satz 2 ein Angebot der Gesundheitsämter an den betroffenen Personenkreis zur freiwilligen Behandlung dar.

5) Grundsätzlich ist davon auszugehen, dass jeder Bürger die Aufwendungen für eine Impfung bzw. Maßnahme der Prophylaxe selbst trägt, sofern sie nicht von einer Krankenversicherung etc. übernommen werden. Die Kostenübernahme nach § 69 Abs. 1 Nr. 6 erfolgt nur bei Impfungen, die von den Gesundheitsämtern im Rahmen des § 20 Abs. 5 vorgenommen werden, keinesfalls bei Impfungen durch einen Privatarzt.

6) Als Kosten im Sinn des § 69 Abs. 1 Nr. 7 werden nur solche angesehen, die **unmittelbar** „für die Durchführung von Ermittlungen“ aufzuwenden sind. Verwaltungskosten (z.B. für Vorladungsanordnungen oder polizeiliche Vollzugshilfe), die im Vollzug des § 25 Abs. 3 (oder im Vollzug des § 29 Abs. 2; vgl.

§ 69 Abs. 1 Nr. 8) anfallen, zählen zu den Kosten im Sinn des § 69 Abs. 1 Nrn. 7 bzw. 8. Im Rahmen des § 69 Abs. 1 Nrn. 7 und 8 werden bei Vorladungen die notwendigen Fahrtkosten des Betroffenen erstattet.
Nicht zu den Kosten nach § 69 Abs. 1 Nr. 7 zählt Verdienstausfall, der anlässlich von Vorladungen bzw. Untersuchungen durch das Gesundheitsamt entsteht; insoweit gilt abschließend § 56.

7) § 69 Abs. 1 Nr. 8 gewährt dem Abgesonderten und den sonst zur Durchführung einer Absonderung herangezogenen Personen bei Vorliegen der Voraussetzungen einen Rechtsanspruch auf Erstattung der Absonderungskosten. Der Kostenanspruch setzt nicht unbedingt eine förmliche Absonderungsanordnung voraus, sondern besteht auch, wenn die Absonderung zwischen der zuständigen Behörde und dem zur Durchführung der Absonderung in Anspruch Genommenen anderweitig einvernehmlich geregelt wurde (BVerwG, Urteil vom 2.3.1977 zur entsprechenden Vorschrift des § 62 Abs. 1 Satz 1 Buchst. d BSeuchG, DÖV 1977, 535 = DVBl 1978, 118).
Kosten für die Durchführung der Absonderung sind grundsätzlich nur **die allein durch die Absonderung** als solche verursachten, **ausscheidbaren Kosten,** nicht aber diejenigen für ambulante oder stationäre Heilbehandlung, die vom IfSG nicht erfasst werden. Erfolgt die Absonderung allerdings ausschließlich aus seuchenhygienischen Gründen (und nicht auch aus individuell-medizinischen) im Krankenhaus, so sind jedenfalls die in Form von Tagespflegesätzen anfallenden pauschalen Krankenhauskosten nach § 69 Abs. 1 Nr. 8 erstattungsfähige Absonderungskosten, und zwar unabhängig davon, ob im Einzelfall auch ärztliche Leistungen erbracht und Medikamente verabreicht wurden (vgl. vorgenanntes BVerwG-Urteil vom 2.3.1977).
Das ÄndG vom 17.7.2017 fügte § 69 einen neuen Absatz 3 an. Danach soll hinsichtlich der Kosten für Quarantänemaßnahmen ein transparenter und fairer Ausgleichsmechanismus geschaffen werden. Kosten für medizinische Behandlung sind dabei nicht erfasst (Amtliche Begründung).

8) § 69 Abs. 2 enthält lediglich einen – klarstellenden – Regelungsvorbehalt für die Länder zur näheren Ausgestaltung der Kostenträgerschaft für die zur Leistung der Ausgaben nach Abs. 1 erforderlichen Mittel. Einer solchen Regelung bedarf es nicht, wenn der Vollzug des IfSG Behörden der unmittelbaren Landesverwaltung obliegt. In diesen Fällen versteht es sich auch ohne entsprechende landesrechtliche Regelung angesichts des bundesverfassungsrechtlichen Lastenverteilungsgrundsatzes von selbst, dass das Land die erforderlichen Ausgaben zu leisten hat: Aufgabenverantwortung, Ausgabenverantwortung und Aufbringungsverantwortung fallen hier notwendig zusammen (BVerwG, Urteil vom 2. März 1977, DÖV 1977, 535 = DVBl 1978, 118).
Landesregelungen sind beispielsweise erlassen worden in Hessen (Gesetz über Kostenträger nach dem IfSG vom 8.9.2001, GVBl. S. 423), Nordrhein-Westfalen (Gesetz zur Regelung der Kosten nach dem IfSG vom 5.12.2000, GV.NRW S. 756), Schleswig-Holstein (Gesetz über die Kostenträger nach

dem IfSG vom 11.12.2001, GVOBl Schl-H S. 364), Thüringen (Gesetz über die Kostenträger nach dem IfSG vom 18.12.2002, GVBl S. 483).
Hinzuweisen ist auf die Sonderregelung in § 19 Abs. 2 IfSG (Kosten der Untersuchung und Behandlung bei sexuell übertragbaren Krankheiten und Tuberkulose).

§§ 70–72

(weggefallen)

14. Abschnitt
Straf- und Bußgeldvorschriften

§ 73
Bußgeldvorschriften

(1) *(weggefallen)*

1) **(1a) Ordnungswidrig handelt, wer vorsätzlich oder fahrlässig**

1. **einer vollziehbaren Anordnung nach § 5 Absatz 2 Satz 1 Nummer 6 Buchstabe b zuwiderhandelt,**
2. **entgegen § 6 oder § 7, jeweils auch in Verbindung mit § 14 Absatz 8 Satz 2, 3, 4 oder 5 oder einer Rechtsverordnung nach § 15 Absatz 1 oder 3, eine Meldung nicht, nicht richtig, nicht vollständig, nicht in der vorgeschriebenen Weise oder nicht rechtzeitig macht,**

2a. **entgegen § 13 Absatz 5 Satz 1, auch in Verbindung mit einer Rechtsverordnung nach Satz 3 Nummer 1, oder entgegen § 13 Absatz 7 Satz 1 in Verbindung mit einer Rechtsverordnung nach Satz 4 Nummer 1 bis 3 oder 4 eine dort genannte Angabe nicht, nicht richtig, nicht vollständig, nicht in der vorgeschriebenen Weise oder nicht rechtzeitig übermittelt,**

3. **entgegen § 15a Absatz 2 Satz 1, § 16 Absatz 2 Satz 3, auch in Verbindung mit § 25 Absatz 2 Satz 1 oder 2 zweiter Halbsatz oder einer Rechtsverordnung nach § 17 Absatz 4 Satz 1, oder entgegen § 29 Absatz 2 Satz 3, auch in Verbindung mit einer Rechtsverordnung nach § 32 Satz 1, eine Auskunft nicht, nicht richtig, nicht vollständig oder nicht rechtzeitig erteilt,**
4. **entgegen § 15a Absatz 2 Satz 1, § 16 Absatz 2 Satz 3, auch in Verbindung mit § 25 Absatz 2 Satz 1 oder 2 zweiter Halbsatz oder einer Rechtsverordnung nach § 17 Absatz 4 Satz 1, eine Unterlage nicht, nicht richtig, nicht vollständig oder nicht rechtzeitig vorlegt,**
5. **entgegen § 15a Absatz 3 Satz 2, § 16 Absatz 2 Satz 2, auch in Verbindung mit § 25 Absatz 2 Satz 1 oder einer Rechtsverordnung nach § 17 Absatz 4 Satz 1, oder entgegen § 51 Satz 2 ein Grundstück, einen Raum, eine Anlage, eine Einrichtung, ein Verkehrsmittel oder einen sonstigen Gegenstand nicht zugänglich macht,**

6. einer vollziehbaren Anordnung nach § 17 Abs. 1, auch in Verbindung mit einer Rechtsverordnung nach Abs. 4 Satz 1, § 17 Abs. 3 Satz 1, § 25 Absatz 3 Satz 1 oder 2, auch in Verbindung mit § 29 Abs. 2 Satz 2, dieser auch in Verbindung mit einer Rechtsverordnung nach § 32 Satz 1, § 25 Absatz 4 Satz 2, § 28 Absatz 1 Satz 1 oder Satz 2, § 30 Absatz 1 Satz 2 oder § 31, jeweils auch in Verbindung mit einer Rechtsverordnung nach § 32 Satz 1, oder § 34 Abs. 8 oder 9 zuwiderhandelt,
7. entgegen § 18 Abs. 1 Satz 1 ein Mittel oder ein Verfahren anwendet,
7a. entgegen § 20 Absatz 9 Satz 2, Absatz 9a Satz 2, Absatz 10 Satz 2 oder Absatz 11 Satz 2 eine Benachrichtigung nicht, nicht richtig, nicht vollständig oder nicht rechtzeitig vornimmt,
7b. einer vollziehbaren Anordnung nach § 20 Absatz 9 Satz 3 Nummer 3, auch in Verbindung mit Absatz 9a Satz 3, Absatz 10 Satz 3 oder Absatz 11 Satz 3, oder nach § 20 Absatz 12 Satz 4, auch in Verbindung mit Absatz 13, zuwiderhandelt,
7c. entgegen § 20 Absatz 9 Satz 6 oder Satz 7 eine Person betreut oder beschäftigt oder in einer dort genannten Einrichtung tätig wird,
7d. entgegen § 20 Absatz 12 Satz 1, auch in Verbindung mit Absatz 13, einen Nachweis nicht, nicht richtig, nicht vollständig oder nicht rechtzeitig vorlegt,
8. entgegen § 22 Absatz 1 eine Schutzimpfung nicht, nicht richtig, nicht vollständig oder nicht rechtzeitig dokumentiert,
9. entgegen § 23 Absatz 4 Satz 1 nicht sicherstellt, dass die dort genannten Infektionen und das Auftreten von Krankheitserregern aufgezeichnet oder die Präventionsmaßnahmen mitgeteilt oder umgesetzt werden,
9a. entgegen § 23 Absatz 4 Satz 2 nicht sicherstellt, dass die dort genannten Daten aufgezeichnet oder die Anpassungen mitgeteilt oder umgesetzt werden,
9b. entgegen § 23 Absatz 4 Satz 3 eine Aufzeichnung nicht oder nicht mindestens zehn Jahre aufbewahrt,
10. entgegen § 23 Absatz 4 Satz 4 Einsicht nicht gewährt,
10a. entgegen § 23 Absatz 5 Satz 1, auch in Verbindung mit einer Rechtsverordnung nach § 23 Absatz 5 Satz 2, nicht sicherstellt, dass die dort genannten Verfahrensweisen festgelegt sind,
11. entgegen § 25 Absatz 4 Satz 1 eine Untersuchung nicht gestattet,
11a. einer vollziehbaren Anordnung nach § 28 Absatz 2, auch in Verbindung mit einer Rechtsverordnung nach § 32 Satz 1, zuwiderhandelt,
11b. entgegen § 28b Absatz 1 Satz 1 Nummer 1 oder Nummer 2 eine dort genannte Maske nicht trägt,
11c. entgegen § 28b Absatz 1 Satz 1 Nummer 3 oder 5 eine Einrichtung betritt,
11d. entgegen § 28b Absatz 1 Satz 1 Nummer 4 Buchstabe a oder Buchstabe b Satzteil vor Satz 2 in einer Einrichtung oder einem Unternehmen tätig wird,

12. entgegen § 29 Abs. 2 Satz 3, auch in Verbindung mit einer Rechtsverordnung nach § 32 Satz 1, Zutritt nicht gestattet,
13. entgegen § 29 Abs. 2 Satz 3, auch in Verbindung mit Satz 4 oder einer Rechtsverordnung nach § 32 Satz 1, § 49 Absatz 1 Satz 1, § 50 Satz 1 oder 2 oder § 50a Absatz 1 Satz 1 eine Anzeige nicht, nicht richtig, nicht vollständig oder nicht rechtzeitig erstattet,
14. entgegen § 34 Abs. 1 Satz 1, auch in Verbindung mit Satz 2 oder Abs. 3, eine dort genannte Tätigkeit ausübt, einen Raum betritt, eine Einrichtung benutzt oder an einer Veranstaltung teilnimmt,
15. ohne Zustimmung nach § 34 Abs. 2 einen Raum betritt, eine Einrichtung benutzt oder an einer Veranstaltung teilnimmt,
16. entgegen § 34 Abs. 4 für die Einhaltung der dort genannten Verpflichtungen nicht sorgt,
16a. entgegen § 34 Absatz 5 Satz 1 oder § 43 Absatz 2 eine Mitteilung nicht, nicht richtig, nicht vollständig oder nicht rechtzeitig macht,
16b. entgegen § 34 Absatz 5a Satz 1 oder § 43 Absatz 4 eine Belehrung nicht, nicht richtig, nicht vollständig oder nicht rechtzeitig durchführt,
17. entgegen § 34 Abs. 6 Satz 1, auch in Verbindung mit Satz 2 oder § 36 Absatz 3a, das Gesundheitsamt nicht, nicht richtig, nicht vollständig oder nicht rechtzeitig benachrichtigt,
17a. entgegen § 34 Absatz 10a Satz 1 einen Nachweis nicht oder nicht rechtzeitig erbringt,
18. entgegen § 35 Absatz 1 Satz 7 die Einhaltung der dort genannten Anforderungen, Verfahrens- und Organisationsabläufe oder Maßnahmen nicht sicherstellt, entgegen § 35 Absatz 1 Satz 9 Festlegungen nicht erstellt oder entgegen § 35 Absatz 1 Satz 10 Dokumentationspflichten nicht nachkommt,
19. entgegen § 36 Absatz 5 Satz 1 oder Satz 3, Absatz 6 Satz 2 erster Halbsatz, Absatz 7 Satz 2 erster Halbsatz oder Absatz 10 Satz 2 eine ärztliche Untersuchung nicht duldet,
20. entgegen § 43 Abs. 1 Satz 1, auch in Verbindung mit einer Rechtsverordnung nach Abs. 7, eine Person beschäftigt,
21. entgegen § 43 Abs. 5 Satz 2 einen Nachweis oder eine Bescheinigung nicht oder nicht rechtzeitig vorlegt,
22. einer vollziehbaren Auflage nach § 47 Abs. 3 Satz 1 zuwiderhandelt,
22a. entgegen § 50a Absatz 2, auch in Verbindung mit einer Rechtsverordnung nach § 50a Absatz 4 Nummer 1, Polioviren oder dort genanntes Material nicht oder nicht rechtzeitig vernichtet,
22b. entgegen § 50a Absatz 3 Satz 1, auch in Verbindung mit einer Rechtsverordnung nach § 50a Absatz 4 Nummer 2, Polioviren oder dort genanntes Material besitzt,

23. entgegen § 51 Satz 2 ein Buch oder eine sonstige Unterlage nicht oder nicht rechtzeitig vorlegt, Einsicht nicht gewährt oder eine Prüfung nicht duldet oder

24. einer Rechtsverordnung nach § 5 Absatz 2 Satz 1 Nummer 4 Buchstabe c bis f oder g oder Nummer 8 Buchstabe c, § 13 Absatz 3 Satz 8 oder Absatz 4 Satz 2, § 17 Absatz 4 Satz 1 oder Absatz 5 Satz 1, § 20 Abs. 6 Satz 1 oder Abs. 7 Satz 1, § 23 Absatz 8 Satz 1 oder Satz 2, §28b Absatz 1 Satz 2, § 32 Satz 1, § 35 Absatz 3 Satz 1 oder Satz 2, § 36 Absatz 8 Satz 1 oder Satz 4, jeweils auch in Verbindung mit Satz 5, Absatz 10 Satz 1 Nummer 1 oder Nummer 1a, jeweils, auch in Verbindung mit Satz 3, Nummer 2 oder Nummer 3, § 38 Absatz 1 Satz 1 Nummer 4 oder Absatz 2 Satz 1 Nummer 5 oder § 53 Absatz 1 Nummer 2 oder einer vollziehbaren Anordnung auf Grund einer solchen Rechtsverordnung zuwiderhandelt, soweit die Rechtsverordnung für einen bestimmten Tatbestand auf diese Bußgeldvorschrift verweist.

(2) Die Ordnungswidrigkeit kann in den Fällen des Absatzes 1a Nummer 7a bis 7d, 8, 9b, 11a, 17a und 21 mit einer Geldbuße bis zu zweitausendfünfhundert Euro, in den übrigen Fällen mit einer Geldbuße bis zu fünfundzwanzigtausend Euro geahndet werden.

1) Bei Ordnungswidrigkeiten handelt es sich um Rechtsverstöße ohne kriminellen Gehalt, so genanntes Verwaltungsunrecht. Für das Verfahren gilt das Gesetz über Ordnungswidrigkeiten (OWiG) i.d.F. der Bek. vom 19.2.1987 (BGBl I S. 602, mehrfach geändert). Welche Verwaltungsbehörde das Bußgeldverfahren durchführt, ist jeweils landesrechtlich geregelt (vgl. § 36 OWiG).
Daneben kann ein Handeln, Dulden oder Unterlassen, das nach § 73 als Ordnungswidrigkeit mit Bußgeld geahndet werden kann, mit den Mitteln des Verwaltungszwangs (nach den einschlägigen Ländergesetzen) durchgesetzt werden (z.B. Zwangsgeld, Ersatzvornahme, unmittelbarer Zwang).
Durch die Änderung von § 73 Abs. 1a Nr. 6 und von § 75 Absatz 1 Nummer 1 handelt es sich bei Verstößen gegen Schutzmaßnahmen nach § 28 Abs. 1 Satz 1 oder Satz 2, § 30 Absatz 1 Satz 2 oder § 31 nicht mehr um Straftaten, sondern nur mehr um Ordnungswidrigkeiten.
Damit hat der Gesetzgeber nun die früher wenig einsichtige Differenzierung in der Ahndung von Verstößen nach § 28 Abs. 1 Satz 1 und § 28 Abs. 1 Satz 2 aufgegeben.
Verstöße gegen § 30 Absatz 1 Satz 1 werden nach wie vor als Straftat verfolgt.
Im Gegensatz zum alten Recht (§ 69 Abs. 1 Nr. 6 BSeuchG) wird in § 73 Abs. 1a Nr. 20 IfSG nur mit Bußgeld bedroht, wer „entgegen § 43 Abs. 1 Satz 1 eine Person beschäftigt“, nicht aber, wer ohne entsprechende Belehrung tätig ist.

§ 74
Strafvorschriften

(1) Mit Freiheitsstrafe bis zu fünf Jahren oder mit Geldstrafe wird bestraft, wer eine in § 73 Absatz 1 oder Absatz 1a Nummer 1 bis 7, 11, 11a, 12 bis 20, 22, 22a, 23 oder 24 bezeichnete vorsätzliche Handlung begeht und dadurch eine in § 6 Absatz 1 Satz 1 Nummer 1 genannte Krankheit, einen in § 7 genannten Krankheitserreger oder eine in einer Rechtsverordnung nach § 15 Absatz 1 oder Absatz 3 genannte Krankheit oder einen dort genannten Krankheitserreger verbreitet.

(2) Mit Freiheitsstrafe bis zu zwei Jahren oder mit Geldstrafe wird bestraft, wer eine in § 73 Absatz 1a Nummer 8 bezeichnete Handlung begeht, indem er wissentlich eine Schutzimpfung gegen das Coronavirus SARS-CoV-2 zur Täuschung im Rechtsverkehr nicht richtig dokumentiert.

§ 75
Weitere Strafvorschriften

(1) Mit Freiheitsstrafe bis zu zwei Jahren oder mit Geldstrafe wird bestraft, wer

1. einer vollziehbaren Anordnung nach § 30 Absatz 1 Satz 1, auch in Verbindung mit einer Rechtsverordnung nach § 32 Satz 1, zuwiderhandelt,
2. entgegen § 42 Abs. 1 Satz 1, auch in Verbindung mit Satz 2, jeweils auch in Verbindung mit einer Rechtsverordnung nach § 42 Abs. 5 Satz 1, oder § 42 Abs. 3 eine Person beschäftigt oder eine Tätigkeit ausübt,
3. ohne Erlaubnis nach § 44 Krankheitserreger verbringt, ausführt, aufbewahrt, abgibt oder mit ihnen arbeitet oder
4. entgegen § 52 Satz 1 Krankheitserreger oder Material abgibt.

(2) Ebenso wird bestraft, wer einer Rechtsverordnung nach § 38 Absatz 1 Satz 1 Nummer 8 oder Absatz 2 Satz 1 Nummer 4 oder einer vollziehbaren Anordnung auf Grund einer solchen Rechtsverordnung zuwiderhandelt, soweit die Rechtsverordnung für einen bestimmten Tatbestand auf diese Strafvorschrift verweist.

(3) Wer durch eine in Absatz 1 bezeichnete Handlung eine in § 6 Abs. 1 Nr. 1 genannte Krankheit oder einen in § 7 genannten Krankheitserreger verbreitet, wird mit Freiheitsstrafe von drei Monaten bis zu fünf Jahren bestraft, soweit nicht die Tat in anderen Vorschriften mit einer schwereren Strafe bedroht ist.

(4) Handelt der Täter in den Fällen der Absätze 1 oder 2 fahrlässig, so ist die Strafe Freiheitsstrafe bis zu einem Jahr oder Geldstrafe.

(5) Mit Freiheitsstrafe bis zu einem Jahr oder mit Geldstrafe wird bestraft, wer entgegen § 24 Satz 1, auch in Verbindung mit Satz 2, dieser auch in Verbindung mit einer Rechtsverordnung nach § 15 Abs. 1, eine Person behandelt.

§ 75a
Weitere Strafvorschriften

(1) Mit Freiheitsstrafe bis zu zwei Jahren oder mit Geldstrafe wird bestraft, wer wissentlich zur Täuschung im Rechtsverkehr

1. entgegen § 22 Absatz 4a Satz 1 oder Absatz 4c Satz 1 die Durchführung oder Überwachung einer dort genannten Testung nicht richtig dokumentiert oder
2. entgegen § 22a Absatz 5 Satz 1, Absatz 6 Satz 1 oder Absatz 7 Satz 1 die Durchführung einer Schutzimpfung oder die Durchführung oder Überwachung einer dort genannten Testung nicht richtig bescheinigt.

(2) Mit Freiheitsstrafe bis zu einem Jahr oder mit Geldstrafe wird bestraft, wer wissentlich zur Täuschung im Rechtsverkehr entgegen § 22 Absatz 4a Satz 2 oder Absatz 4c Satz 2 eine Testung dokumentiert.

(3) Ebenso wird bestraft, wer wissentlich

1. eine in § 74 Absatz 2 oder § 75a Absatz 1 Nummer 1 bezeichnete nicht richtige Dokumentation,
2. eine in Absatz 1 Nummer 2 bezeichnete nicht richtige Bescheinigung oder
3. eine in Absatz 2 bezeichnete Dokumentation

zur Täuschung im Rechtsverkehr gebraucht.

Die neuen nebenstrafrechtlichen Bestimmungen des § 74 Abs. 2 und des § 75a (eingefügt durch Art. 1 des G vom 28.5.2021, BGBl. I S. 1174) sollen Strafbarkeitslücken schließen; sie treten, soweit ihr Anwendungsbereich eröffnet ist, in Gesetzeskonkurrenz zu §§ 278, 279 des Strafgesetzbuches.

§ 76
Einziehung

Gegenstände, auf die sich eine Straftat nach § 75 Abs. 1 oder 3 bezieht, können eingezogen werden.

15. Abschnitt
Übergangsvorschriften

§ 77
Übergangsvorschriften

(1) Die nach den Vorschriften des Bundes-Seuchengesetzes bestehende Erlaubnis für das Arbeiten und den Verkehr mit Krankheitserregern gilt im Geltungsbereich dieses Gesetzes als Erlaubnis im Sinne des § 44; bei juristischen Personen gilt dies bis fünf Jahre nach Inkrafttreten dieses Gesetzes mit der Maßgabe, dass die Erlaubnis nach § 48 zurückgenommen oder widerrufen werden kann, wenn ein Versagungsgrund nach § 47 Abs. 1 Nr. 2 bei den nach Gesetz oder Satzung zur Vertretung berufenen Personen vorliegt; die Maßgabe gilt auch, wenn der Erlaubnisinhaber nicht selbst die Leitung der Tätigkeiten übernommen hat und bei der von ihm mit der Leitung beauftragten Person ein Versagungsgrund nach § 47 Abs. 1 vorliegt. 1)

Die Beschränkung des § 47 Abs. 4 Satz 1 gilt nicht für die in § 22 Abs. 4 Satz 2 des Bundes-Seuchengesetzes genannten Personen, wenn bei Inkrafttreten dieses Gesetzes sie selbst oder diejenigen Personen, von denen sie mit der Leitung der Tätigkeiten beauftragt worden sind, Inhaber einer insoweit unbeschränkten Erlaubnis sind. 2)

3) **Bei Personen, die die in § 20 Abs. 1 Satz 1 des Bundes-Seuchengesetzes bezeichneten Arbeiten vor dem Inkrafttreten des Gesetzes berechtigt durchgeführt haben, bleibt die Befreiung von der Erlaubnis für diese Arbeiten fünf Jahre nach Inkrafttreten des Gesetzes bestehen; § 45 Abs. 4 findet entsprechend Anwendung.**

(2) Ein Zeugnis nach § 18 des Bundes-Seuchengesetzes gilt als Bescheinigung nach § 43 Abs. 1.

(3) Auf Streitigkeiten über Ansprüche nach den §§ 56 bis 58 gegen das nach § 66 Absatz 1 Satz 1 zur Zahlung verpflichtete Land, die nach dem 18. November 2020 rechtshängig werden, sind § 58 Absatz 2 Satz 1 der Verwaltungsgerichtsordnung, § 70 Absatz 1 Satz 1 der Verwaltungsgerichtsordnung und § 75 Satz 2 der Verwaltungsgerichtsordnung mit der Maßgabe anzuwenden, dass die Fristen frühestens am 19. November 2020 zu laufen beginnen.

(4) Abweichend von § 5 Absatz 1 Satz 3 gilt eine vor dem 30. März 2021 getroffene Feststellung nach § 5 Absatz 1 Satz 1 erst dann als nach § 5 Absatz 1 Satz 2 aufgehoben, wenn der Deutsche Bundestag das Fortbestehen der epidemischen Lage von nationaler Tragweite nicht bis zum 1. Juli 2021 feststellt.

(5) Auf Streitigkeiten über Ansprüche nach § 65 gegen das nach § 66 Absatz 1 Satz 2 zur Zahlung verpflichtete Land, die nach dem 30. März 2021 rechtshängig werden, sind § 58 Absatz 2 Satz 1, § 70 Absatz 1 Satz 1 und § 75 Satz 2 der Verwaltungsgerichtsordnung mit der Maßgabe anzuwenden, dass die Fristen frühestens am 31. März 2021 zu laufen beginnen.

1) Eine (gültige) **personenbezogene** Erlaubnis nach § 19 BSeuchG gilt als Erlaubnis nach § 44 IfSG – vorbehaltlich des § 48 – unbeschränkt weiter.
Eine (gültige) Erlaubnis nach § 19 BSeuchG, die eine **juristische Person** (des öffentlichen oder privaten Rechts) besitzt, galt – vorbehaltlich des § 48 – fünf Jahre lang vom Inkrafttreten des IfSG an (d.i. ab 1. Januar 2001, vgl. Art. 5 Abs. 1 Satz 1 SeuchRNeuG) gerechnet.

2) Dies gilt auch für Personen, die aufgrund von § 22 Abs. 4 Satz 2 BSeuchG erlaubt mit Krankheitserregern arbeiten; d.s. Naturwissenschaftler der ehemaligen DDR („Fachwissenschaftler in der Medizin"), die mikrobiologische und serologische Untersuchungen zur Feststellung übertragbarer Krankheiten durchführen. Die Beschränkung, die sich aus § 47 Abs. 4 Satz 1 ergibt, tritt aufgrund des § 77 Abs. 1 Satz 2 bei diesem Personenkreis nicht ein (siehe hierzu auch Anmerkung zu § 47 Abs. 4 Satz 2).

3) Wer vor Inkrafttreten des IfSG nach § 20 Abs. 1 Satz 1 BSeuchG erlaubnisfrei und berechtigt (d.h. aufgrund einer Anzeige bei der zuständigen Behörde gemäß § 20 Abs. 2 BSeuchG) mit Krankheitserregern gearbeitet hat, darf diese Arbeiten – vorbehaltlich des § 45 Abs. 4 IfSG – fünf Jahre lang vom Inkrafttreten des IfSG an erlaubnisfrei weiter ausüben.

Das IfSG ist Artikel 1 des Seuchenrechtsneuordnungsgesetzes (SeuchRNeuG) vom 20.7.2000 (BGBl. I S. 1045). Vom Abdruck der weiteren Artikel des SeuchRNeuG wird im Folgenden abgesehen.

Artikel 2
Änderung anderer Rechtsvorschriften

Art. 2 SeuchRNeuG enthält im Wesentlichen eine rein redaktionelle Anpassung von Rechtsvorschriften, die sich auf das BSeuchG bzw. GeschlKrG beziehen.

Artikel 3
Neubekanntmachung des Düngemittelgesetzes

Artikel 4
Rückkehr zum einheitlichen Verordnungsrang

Die auf Artikel 2 beruhenden Teile der dort durch die §§ 3, 4, 8, 11, 12, 13, 16, 17, 19, 24 bis 36 geänderten Rechtsverordnungen können auf Grund der jeweils einschlägigen Ermächtigung durch Rechtsverordnung geändert werden.

Artikel 5[1)]
Inkrafttreten, Außerkrafttreten

Dieses Gesetz tritt vorbehaltlich des Absatzes 2 am ersten Tag des sechsten auf die Verkündung folgenden Kalendermonats in Kraft. Gleichzeitig treten

1. **das Bundes-Seuchengesetz in der Fassung der Bekanntmachung vom 18. Dezember 1979 (BGBl I S. 2262, 1980 I S. 151), zuletzt geändert durch Artikel 2 § 37 dieses Gesetzes,**
2. **das Gesetz zur Bekämpfung der Geschlechtskrankheiten in der im Bundesgesetzblatt Teil III, Gliederungsnummer 2126-4, veröffentlichten bereinigten Fassung, zuletzt geändert durch Artikel 10 des Gesetzes vom 19. Dezember 1997 (BGBl I S. 3158),**
3. **die Laborberichtsverordnung vom 18. Dezember 1987 (BGBl I S. 2819), geändert durch Artikel 7 § 2 des Gesetzes vom 24. Juni 1994 (BGBl I S. 1416),**
4. **die Verordnung über die Ausdehnung der Meldepflicht auf die humanen spongiformen Enzephalopathien vom 1. Juli 1994 (BGBl I S. 1455),**
5. **die Erste Verordnung zur Durchführung des Gesetzes zur Bekämpfung der Geschlechtskrankheiten in der im Bundesgesetzblatt Teil III, Gliederungsnummer 2126-4-1, veröffentlichten bereinigten Fassung,**

---

1) Die Verkündung erfolgte im BGBl Nr. 33 vom 25. Juli 2000; folglich ist das Gesetz am 1. Januar 2001 in Kraft getreten.

6. die Zweite Verordnung zur Durchführung des Gesetzes zur Bekämpfung der Geschlechtskrankheiten in der im Bundesgesetzblatt Teil III, Gliederungsnummer 2126-4-2, veröffentlichten bereinigten Fassung,
7. die Verordnung über die Ausdehnung der Meldepflicht nach § 3 des Bundes-Seuchengesetzes auf das enteropathische hämolytisch-urämische Syndrom (HUS) und die Infektion durch enterohämorrhagische Escherichia coli (EHEC) vom 9. November 1998 (BGBl I S. 3425) außer Kraft.

Artikel 1 §§ 37, 38 und Artikel 2 § 37 treten am Tag nach der Verkündung in Kraft.

Anlage
(zu § 5b Absatz 4)

Masken-typ	Standard (Teil der Kennzeichnung)	Weitere Kennzeichnungsmerkmale	Zielland
PSA gemäß Verordnung (EU) 2016/425			
FFP1	CE-Kennzeichnung mit nachgestellter Kennnummer der notifizierten Stelle	gemäß Verordnung (EU) 2016/425, z.B. Schutzklasse FFP1 Gebrauchsdauer Herstellerangaben Verweis auf DIN EN 149:2001+A1:2009 oder vergleichbar EU-Konformitätserklärung Anleitung und Information	EU
FFP2 oder vergleichbar	CE-Kennzeichnung mit nachgestellter Kennnummer der notifizierten Stelle	gemäß Verordnung (EU) 2016/425, z.B. Schutzklasse FFP2 Gebrauchsdauer Herstellerangaben Verweis auf DIN EN 149:2001+A1:2009 oder vergleichbar EU-Konformitätserklärung Anleitung und Information	EU
FFP3 oder vergleichbar	CE-Kennzeichnung mit nachgestellter Kennnummer der notifizierten Stelle	gemäß Verordnung (EU) 2016/425, z.B. Schutzklasse FFP3 Gebrauchsdauer Herstellerangaben Verweis auf DIN EN 149:2001+A1:2009 oder vergleichbar EU-Konformitätserklärung Anleitung und Information	EU
PSA gemäß § 9 Absatz 1 MedBVSV			
N95	NIOSH-42CFR84	Modellnummer Lot-Nummer Maskentyp Herstellerangaben TC-Zulassungsnummer	USA und Kanada

Maskentyp	Standard (Teil der Kennzeichnung)	Weitere Kennzeichnungsmerkmale	Zielland
P2	AS/ NZS 1716-2012	Identifizierungsnummer oder Logo der Konformitätsbewertungsstellen	Australien und Neuseeland
DS2	JMHLW-Notification 214, 2018	https://www.baua.de/DE/Themen/Arbeitsgestaltung-im-Betrieb/Coronavirus/pdf/Kennzeichnung-Masken.pdf?__blob=publicationFile&v=10 https://www.jaish.gr.jp/horei/hor1-y/hor1-y-13-11-3_1.pdf https://www.jaish.gr.jp/horei/hor1-y/hor1-y-13-11-3_2.pdf	Japan
N 100	NIOSH-42CFR84	Modellnummer Lot-Nummer Maskentyp Herstellerangaben TC-Zulassungsnummer	USA und Kanada
PSA gemäß § 9 Absatz 2 MedBVSV			
CPA	Prüfgrundsatz für Corona SARS-Cov-2 Pandemie Atemschutzmasken (CPA)	Bescheinigung der Marktüberwachungsbehörde nach § 9 Absatz 3 MedBVSV	Deutschland
Mund-Nasen-Schutz gemäß Richtlinie 93/42/EWG			
MNS	CE-Kennzeichnung	DIN EN 14863	
Corona Pandemie Infektionsschutzmasken			
CPI	BMG/ BfArM/TüV-Prüfgrundsätze	Vom Bund im Rahmen seiner hoheitlichen Aufgaben nach § 1 Absatz 1 und 2 der Verordnung vom 8. April 2020 (BAnz AT 09.04.2020 V3) beschaffte Schutzmasken.	Deutschland

Internationale Gesundheitsvorschriften (2005)

vom 23.5.2005 (BGBl. II 2007 S. 932),
zuletzt geändert durch die 74. Weltgesundheitsversammlung am 24.5.2014
(BGBl. II 2016 S. 498)

Teil I
Begriffsbestimmungen, Zweck und Anwendungsbereich, Grundsätze und zuständige Behörden

Artikel 1 Begriffsbestimmungen

(1) Für die Zwecke der Internationalen Gesundheitsvorschriften (im Folgenden „IGV“ oder „Vorschriften“) gelten folgende Begriffsbestimmungen:

„Abreise“ bedeutet im Hinblick auf Personen, Gepäck, Fracht, Beförderungsmittel oder Güter das Verlassen eines Hoheitsgebiets;

„Absonderung“ bedeutet die Absonderung von erkrankten oder verseuchten Personen oder von betroffenen Gepäckstücken, Containern, Beförderungsmitteln, Gütern oder Postpaketen von anderen in einer Weise, dass die Ausbreitung der Infektion oder Verseuchung verhindert wird;

„Ankunft“ eines Beförderungsmittels bedeutet

a) bei einem Seefahrzeug die Ankunft oder das Ankern in dem bezeichneten Gebiet eines Hafens;
b) bei einem Luftfahrzeug die Ankunft auf einem Flughafen;
c) bei einem Binnenschifffahrts-Fahrzeug auf internationaler Reise die Ankunft an einer Grenzübergangsstelle;
d) bei einem Eisenbahnzug oder einem Straßenfahrzeug die Ankunft an einer Grenzübergangsstelle;

„Anlauf- beziehungsweise Landeerlaubnis (free pratique)“ bedeutet die Genehmigung für ein Schiff, einen Hafen anzulaufen, die Fahrgäste ein- oder auszuschiffen und das Be- und Entladen von Fracht oder Vorräten vorzunehmen, oder für ein Luftfahrzeug, die Fluggäste nach der Landung ein- und aussteigen zu lassen und das Be- und Entladen von Fracht oder Vorräten vorzunehmen, oder für Landfahrzeuge, die Fahrgäste nach der Ankunft ein- und aussteigen zu lassen und das Be- und Entladen von Fracht oder Vorräten vorzunehmen;

„ärztliche Untersuchung“ bedeutet die vorläufige Beurteilung von Personen durch dazu befugtes medizinisches Personal oder durch unter der unmittelbaren Aufsicht der zuständigen Behörde tätige Personen zur Bestimmung des gesundheitlichen Zustands und der potentiellen Gefahr für die öffentliche Gesundheit, die eine Prüfung der Gesundheitsdokumente wie auch die körperliche Untersuchung umfassen kann, wenn die Umstände des Einzelfalls dies rechtfertigen;

„Beförderer“ bedeutet eine natürliche oder juristische Person oder ihren Vertreter, die oder der für eine Beförderung verantwortlich ist;

„Beförderungsmittel“ bedeutet ein Luftfahrzeug, ein Schiff, einen Eisenbahnzug, ein Straßenfahrzeug oder ein anderes Beförderungsmittel auf internationaler Reise;

„Befreiung von Insekten“ bedeutet das Verfahren, bei dem Gesundheitsmaßnahmen zur Bekämpfung oder Vernichtung der in Gepäck, Fracht, Containern, Beförderungsmitteln, Gütern und Postpaketen vorhandenen Insekten, die Überträger menschlicher Krankheiten sein können, getroffen werden;

„Beobachtung zum Schutz der öffentlichen Gesundheit“ bedeutet die Überwachung des Gesundheitszustands eines Reisenden über einen bestimmten Zeitraum, um das Risiko der Übertragung einer Krankheit zu bestimmen;

„Besatzungsmitglieder“ bedeutet die Personen an Bord eines Beförderungsmittels, die keine Fahrgäste sind;

„Bestätigung“ bedeutet die Bereitstellung von Informationen durch einen Vertragsstaat an die WHO, um den Stand eines Ereignisses im Hoheitsgebiet oder in den Hoheitsgebieten des betreffenden Vertragsstaats zu bestätigen;

„betroffen“ bedeutet Personen, Gepäck, Fracht, Container, Beförderungsmittel, Güter, Postpakete oder menschliche Überreste, die infiziert oder verseucht sind oder Infektions- oder Verseuchungsquellen tragen, so dass sie eine Gefahr für die öffentliche Gesundheit darstellen;

„betroffenes Gebiet“ bedeutet insbesondere einen geographischen Ort, für den von der WHO Gesundheitsmaßnahmen aufgrund dieser Vorschriften empfohlen wurden;

„Container“ bedeutet einen Transportbehälter,

a) der dauerhaft und daher wiederholt benutzbar ist;
b) der besonders dazu bestimmt ist, die Beförderung von Gütern mit einem oder mehreren Verkehrsmitteln ohne Umladen zu erleichtern;
c) der mit Vorrichtungen versehen ist, die eine bequeme Handhabung, insbesondere das Umladen von einem Verkehrsmittel auf ein anderes, gestatten und
d) der eigens so gefertigt ist, dass er leicht gefüllt und entleert werden kann;

„Container-Verladeplatz“ bedeutet einen Ort oder eine Anlage, der oder die für im internationalen Verkehr genutzte Container bestimmt ist;

„Desinfektion“ bedeutet das Verfahren, bei dem Gesundheitsmaßnahmen zur Bekämpfung oder Vernichtung von Krankheitserregern auf einem menschlichen oder tierischen Körper oder in beziehungsweise auf Gepäck, Fracht, Containern, Beförderungsmitteln, Gütern und Postpaketen durch unmittelbare Einwirkung chemischer oder physikalischer Stoffe getroffen werden;

„Empfehlung“ oder „empfohlen“ bezieht sich auf eine aufgrund dieser Vorschriften gemachte zeitlich befristete oder ständige Empfehlung;

„Entrattung“ bedeutet das Verfahren, bei dem an der Grenzübergangsstelle Gesundheitsmaßnahmen zur Bekämpfung oder Vernichtung von in Gepäck, Fracht, Containern, Beförderungsmitteln, Einrichtungen, Gütern und Postpaketen vorhandenen Nagetieren, die Überträger menschlicher Krankheiten sein können, getroffen werden;

„Entseuchung“ bedeutet ein Verfahren, bei dem Gesundheitsmaßnahmen getroffen werden, um auf menschlichen oder tierischen Körpern, in oder auf einem für den Verzehr bestimmten Produkt oder auf anderen unbelebten Gegenständen einschließlich Beförderungsmitteln befindliche Krankheitserreger oder Giftstoffe, die eine Gefahr für die öffentliche Gesundheit darstellen können, zu vernichten;

„Ereignis“ bedeutet das Auftreten einer Krankheit oder ein Ereignis, das die Möglichkeit einer Krankheit schafft;

„erkrankte Person“ bedeutet eine Person, die an einer körperlichen Störung, die eine Gefahr für die öffentliche Gesundheit darstellen kann, leidet oder von ihr betroffen ist;

„Flughafen“ bedeutet einen Ankunfts- und Abgangsflughafen für den internationalen Luftverkehr;

„Fracht(-stücke)“ bedeutet die an Bord eines Beförderungsmittels oder in einem Container geladenen Güter;

„Gefahr für die öffentliche Gesundheit“ bedeutet die Wahrscheinlichkeit eines Ereignisses, das die Gesundheit von Bevölkerungsgruppen beeinträchtigen kann, wobei solche Ereignisse besonders zu beachten sind, die sich grenzüberschreitend ausbreiten oder eine ernste und unmittelbare Bedrohung darstellen können;

„Generaldirektor“ bedeutet den Generaldirektor der Weltgesundheitsorganisation;

„Gepäck(-stücke)“ bedeutet die persönliche Habe eines Reisenden;

„gesundheitliche Notlage von internationaler Tragweite“ bedeutet ein außergewöhnliches Ereignis, das, wie in diesen Vorschriften vorgesehen,

i) durch die grenzüberschreitende Ausbreitung von Krankheiten eine Gefahr für die öffentliche Gesundheit in anderen Staaten darstellt und

ii) möglicherweise eine abgestimmte internationale Reaktion erfordert;

„Gesundheitsmaßnahme“ bedeutet Verfahren, die angewendet werden, um die Ausbreitung von Krankheiten oder von Verseuchung zu verhindern; Gesundheitsmaßnahmen umfassen keine Maßnahmen des Gesetzesvollzugs oder Sicherheitsmaßnahmen;

„Grenzübergangsstelle“ bedeutet eine internationale Ein- und Ausreisestelle für Reisende, Gepäck, Fracht, Container, Beförderungsmittel, Güter und Postpakete, sowie Einrichtungen und Bereiche, die diesen bei der Ein- oder Ausreise Dienstleistungen erbringen;

„Güter“ bedeutet körperliche Produkte einschließlich Tiere und Pflanzen, die auf einer internationalen Reise – auch zur Verwendung an Bord eines Beförderungsmittels – befördert werden;

„Hafen“ bedeutet einen See- oder Binnenhafen, in den oder aus dem Schiffe auf internationaler Reise ein- oder auslaufen;

„Herd“ bedeutet ein Tier, eine Pflanze oder einen Stoff, in dem oder in der Krankheitserreger in der Regel leben und deren Vorkommen eine Gefahr für die öffentliche Gesundheit darstellen kann;

„IGV-Kontaktstelle der WHO“ bedeutet die Stelle in der WHO, die jederzeit für die Verständigung mit den nationalen IGV-Anlaufstellen erreichbar ist;

„Infektion“ bedeutet das Eindringen eines Krankheitserregers in den menschlichen oder tierischen Körper beziehungsweise seine Entwicklung oder Vermehrung, die eine Gefahr für die öffentliche Gesundheit darstellen können;

„internationale Reise“ bedeutet

a) bei einem Beförderungsmittel eine Reise zwischen Grenzübergangsstellen in den Hoheitsgebieten mehrerer Staaten oder eine Reise zwischen Grenzübergangsstellen im Hoheitsgebiet oder in den Hoheitsgebieten desselben Staates, wenn das Beförderungsmittel auf seiner Reise mit dem Hoheitsgebiet eines anderen Staates in Berührung kommt, jedoch nur hinsichtlich dieser Berührung;
b) bei einem Reisenden eine Reise, die mit der Einreise in das Hoheitsgebiet eines Staates verbunden ist, das nicht das Hoheitsgebiet des Staates ist, in dem der Reisende die Reise antritt;

„internationaler Verkehr“ bedeutet die Bewegung von Personen, Gepäck, Fracht, Containern, Beförderungsmitteln, Gütern oder Postpaketen über eine internationale Grenze, einschließlich des internationalen Handels;

„invasiv“ bedeutet das Durchstechen oder Einschneiden der Haut oder das Einführen eines Instruments oder Fremdkörpers in den Körper oder die Untersuchung einer Körperhöhle. Im Sinne dieser Vorschriften gelten die ärztliche Untersuchung von Ohr, Nase und Mund, die Temperaturmessung mittels Ohr-, Mund- oder Hautthermometer oder durch Wärmebildfotographie, die ärztliche Überprüfung, die Auskultation, das äußerliche Abtasten, die Retinoskopie, die äußerliche Entnahme von Urin-, Stuhl- oder Speichelproben, die äußerliche Blutdruckmessung sowie die Elektrokardiographie als nichtinvasiv;

„Krankheit“ bedeutet eine Krankheit oder einen gesundheitlichen Zustand, die oder der ungeachtet des Ursprungs oder der Quelle Menschen erheblich schädigt oder schädigen kann;

„Landfahrzeug“ bedeutet ein motorisiertes Beförderungsmittel für den Landtransport, das sich auf einer internationalen Reise befindet, einschließlich Eisenbahnzügen, Reisebussen, Lastkraftwagen und Kraftfahrzeugen;

„Landübergang“ bedeutet eine an Land befindliche Grenzübergangsstelle in einem Vertragsstaat, einschließlich einer von Straßenfahrzeugen und Eisenbahnzügen genutzten Grenzübergangsstelle;

„Luftfahrzeug“ bedeutet ein Luftfahrzeug, das sich auf einer internationalen Reise befindet;

„nationale IGV-Anlaufstelle“ bedeutet die von jedem Vertragsstaat bezeichnete nationale zentrale Stelle, die jederzeit für die Verständigung mit den IGV-Kontaktstellen der WHO nach diesen Vorschriften erreichbar ist;

„Organisation“ oder „WHO“ bedeutet die Weltgesundheitsorganisation;

„personenbezogene Daten“ bedeutet Informationen, die sich auf eine identifizierte oder identifizierbare natürliche Person beziehen;

„Postpaket“ bedeutet ein durch Post- oder Kurierdienste international befördertes adressiertes Erzeugnis oder Paket;

„Quarantäne“ bedeutet die Einschränkung von Tätigkeiten und/oder die Absonderung verdächtiger Personen, die nicht krank sind, oder verdächtiger Gepäckstücke, Container, Beförderungsmittel oder Güter in der Weise, dass die mögliche Ausbreitung einer Infektion oder Verseuchung verhindert wird;

„Reisender“ bedeutet eine natürliche Person, die eine internationale Reise unternimmt;

„Schiff“ bedeutet ein Seeschifffahrts- oder Binnenschifffahrts-Fahrzeug auf einer internationalen Reise;

„ständige Empfehlung“ bedeutet ein von der WHO bei bestimmten anhaltenden Gefahren für die öffentliche Gesundheit nach Artikel 16 erteilter nicht verbindlicher Rat im Hinblick auf geeignete Gesundheitsmaßnahmen zur routinemäßigen oder gelegentlichen Anwendung, die erforderlich sind, um die grenzüberschreitende Ausbreitung von Krankheiten zu verhindern oder einzudämmen und Beeinträchtigungen des internationalen Verkehrs auf ein Mindestmaß zu begrenzen;

„ständiger Aufenthalt“ hat die Bedeutung, wie sie nach dem innerstaatlichen Recht des betreffenden Vertragsstaats bestimmt ist;

„störend“ bedeutet die mögliche Verursachung von Unannehmlichkeiten durch engen oder engsten Kontakt oder durch eingehende Befragung;

„Straßenfahrzeug“ bedeutet ein Landfahrzeug, das kein Eisenbahnzug ist;

„Überprüfung“ bedeutet die Untersuchung von Bereichen, Gepäck, Containern, Beförderungsmitteln, Einrichtungen, Gütern oder Postpaketen, einschließlich relevanter Daten und Unterlagen, durch die zuständige Behörde oder unter ihrer Aufsicht, um festzustellen, ob eine Gefahr für die öffentliche Gesundheit besteht;

„Überwachung“ bedeutet die systematische laufende Sammlung, Abgleichung und Analyse von Daten für die Zwecke des Gesundheitsschutzes sowie die rechtzeitige Verbreitung von für die öffentliche Gesundheit relevanten Informationen zur Bewertung und nötigenfalls Einleitung von Gesundheitsschutzmaßnahmen;

„Vektor“ bedeutet ein Insekt oder ein anderes Tier, das in der Regel einen Krankheitserreger in sich trägt, der eine Gefahr für die öffentliche Gesundheit darstellt;

„verdächtig“ bedeutet diejenigen Personen, Gepäck- und Frachtstücke, Container, Beförderungsmittel, Güter oder Postpakete, von denen ein Vertragsstaat annimmt, dass sie einer Gefahr für die öffentliche Gesundheit ausgesetzt waren oder möglicherweise ausgesetzt waren, und die eine mögliche Quelle der Ausbreitung einer Krankheit sein können;

„Verseuchung" bedeutet das Vorkommen eines Krankheitserregers oder Giftstoffs auf menschlichen oder tierischen Körpern, in oder auf einem für den Verzehr bestimmten Produkt oder auf anderen unbelebten Gegenständen, einschließlich Beförderungsmitteln, das eine Gefahr für die öffentliche Gesundheit darstellen kann;

„vorübergehender Aufenthalt" hat die Bedeutung, wie sie im innerstaatlichen Recht des betreffenden Vertragsstaats festgelegt ist;

„wissenschaftliche Erkenntnisse" bedeutet Informationen, die ein auf anerkannten wissenschaftlichen Methoden beruhendes Maß an Beweiskraft bieten;

„wissenschaftliche Grundsätze" bedeutet die durch wissenschaftliche Methoden bekannten anerkannten grundlegenden naturwissenschaftlichen Gesetze und Tatsachen;

„zeitlich befristete Empfehlung" bedeutet ein von der WHO nach Artikel 15 erteilter nicht verbindlicher Rat zur zeitlich befristeten und risikospezifischen Anwendung als Reaktion auf eine gesundheitliche Notlage von internationaler Tragweite, um die grenzüberschreitende Ausbreitung von Krankheiten zu verhindern oder einzudämmen und Beeinträchtigungen des internationalen Verkehrs auf ein Mindestmaß zu begrenzen;

„zuständige Behörde" bedeutet eine für die Durchführung und Anwendung der Gesundheitsmaßnahmen aufgrund dieser Vorschriften zuständige Behörde;

(2) Sofern nichts anderes bestimmt ist oder sich aus dem Zusammenhang nichts anderes ergibt, ist eine Bezugnahme auf diese Vorschriften gleichzeitig eine Bezugnahme auf deren Anlagen.

Artikel 2
Zweck und Anwendungsbereich

Zweck und Anwendungsbereich dieser Vorschriften bestehen darin, die grenzüberschreitende Ausbreitung von Krankheiten zu verhüten und zu bekämpfen, davor zu schützen und dagegen Gesundheitsschutzmaßnahmen einzuleiten, und zwar auf eine Art und Weise, die den Gefahren für die öffentliche Gesundheit entspricht und auf diese beschränkt ist und eine unnötige Beeinträchtigung des internationalen Verkehrs und Handels vermeidet.

Artikel 3
Grundsätze

(1) Die Durchführung dieser Vorschriften erfolgt unter uneingeschränkter Achtung der Würde des Menschen, der Menschenrechte und der Grundfreiheiten.

(2) Die Durchführung dieser Vorschriften richtet sich nach der Charta der Vereinten Nationen und der Satzung der Weltgesundheitsorganisation.

(3) Die Durchführung dieser Vorschriften ist auf das Ziel ihrer weltweiten Anwendung zum Schutz der Weltbevölkerung vor der grenzüberschreitenden Ausbreitung von Krankheiten ausgerichtet.

(4) Die Staaten haben im Einklang mit der Charta der Vereinten Nationen und den Grundsätzen des Völkerrechts das souveräne Recht, bei der Verfolgung ihrer jeweiligen Gesundheitspolitik Gesetze zu erlassen und durchzuführen. Dabei sollen sie dem Ziel dieser Vorschriften Rechnung tragen.

Artikel 4
Zuständige Behörden

(1) Jeder Vertragsstaat bestimmt beziehungsweise errichtet eine nationale IGV-Anlaufstelle und die in seinem jeweiligen Hoheitsbereich für die Durchführung der Gesundheitsmaßnahmen nach diesen Vorschriften zuständigen Behörden.

(2) Die nationalen IGV-Anlaufstellen müssen für die Verständigung mit den in Absatz 3 vorgesehenen IGV-Kontaktstellen der WHO jederzeit erreichbar sein. Zu den Aufgaben der nationalen IGV-Anlaufstellen gehört Folgendes:

a) im Namen des betreffenden Vertragsstaats die Versendung dringender Mitteilungen über die Durchführung dieser Vorschriften, insbesondere aufgrund der Artikel 6 bis 12, an die IGV-Kontaktstellen der WHO und
b) die Verbreitung von Informationen an die zuständigen Bereiche der Verwaltung des betreffenden Vertragsstaats – einschließlich der Bereiche, die für die Überwachung und Berichterstattung, für die Grenzübergangstellen, die öffentlichen Gesundheitsdienste, für Kliniken und Krankenhäuser und andere staatliche Einrichtungen zuständig sind – sowie das Sammeln von Informationen, die aus diesen Bereichen stammen.

(3) Die WHO bestimmt IGV-Kontaktstellen, die für die Verständigung mit den nationalen IGV-Anlaufstellen jederzeit erreichbar sind. Die IGV-Kontaktstellen der WHO übermitteln dringende Mitteilungen über die Durchführung dieser Vorschriften, insbesondere aufgrund der Artikel 6 bis 12, an die nationalen IGV-Anlaufstellen der betreffenden Vertragsstaaten. Die IGV-Kontaktstellen der WHO können von der WHO am Sitz oder auf der regionalen Ebene der Organisation bestimmt werden.

(4) Die Vertragsstaaten nennen der WHO die Kontaktdaten ihrer nationalen IGV-Anlaufstelle; die WHO nennt den Vertragsstaaten die Kontaktdaten der IGV-Kontaktstellen der WHO. Diese Angaben werden ständig auf dem neuesten Stand gehalten und jährlich bestätigt. Die WHO stellt allen Vertragsstaaten die Kontaktdaten der nationalen IGV-Anlaufstellen, die sie nach diesem Artikel erhält, zur Verfügung.

Teil II
Informationen und Gesundheitsschutzmaßnahmen

Artikel 5
Überwachung

(1) Jeder Vertragsstaat schafft, stärkt und unterhält baldmöglichst, jedoch spätestens fünf Jahre nach Inkrafttreten dieser Vorschriften für diesen Vertragsstaat, die Kapazitäten, um Ereignisse in Übereinstimmung mit diesen Vorschriften, wie in Anlage 1 ausgeführt, festzustellen, zu bewerten, zu melden und darüber Bericht zu erstatten.

(2) Im Anschluss an die in Anlage 1 Teil A Absatz 2 genannte Bewertung kann ein Vertragsstaat auf der Grundlage berechtigten Bedarfs und eines Durchführungsplans der WHO Bericht erstatten und dabei eine Verlängerung von zwei Jahren erhalten, innerhalb deren seine Verpflichtung nach Absatz 1 zu erfüllen ist. Unter außergewöhnlichen Umständen und gestützt durch einen neuen Durchführungsplan kann der Vertragsstaat beim Generaldirektor eine weitere Verlängerung von höchstens zwei Jahren beantragen; dieser entscheidet darüber und berücksichtigt dabei den fachlichen Rat des nach Artikel 50 eingerichteten Ausschusses (im Folgenden „Prüfungsausschuss"). Nach Ablauf der in Absatz 1 genannten Frist erstattet der Vertragsstaat, dem die Verlängerung gewährt wurde, der WHO jährlich Bericht über die im Hinblick auf die vollständige Durchführung erzielten Fortschritte.

(3) Die WHO unterstützt die Vertragsstaaten auf Ersuchen bei der Schaffung, Stärkung und Unterhaltung der in Absatz 1 genannten Kapazitäten.

(4) Die WHO sammelt durch ihre Überwachungstätigkeiten Informationen über Ereignisse und bewertet deren Potential, eine grenzüberschreitende Ausbreitung von Krankheiten und eine mögliche Beeinträchtigung des internationalen Verkehrs zu verursachen. Die der WHO nach diesem Absatz zugegangenen Informationen werden gegebenenfalls in Übereinstimmung mit den Artikeln 11 und 45 behandelt.

Artikel 6
Meldung

(1) Jeder Vertragsstaat bewertet Ereignisse in seinem Hoheitsgebiet und benutzt dabei das Entscheidungsschema in Anlage 2. Jeder Vertragsstaat meldet der WHO unter Verwendung des effizientesten verfügbaren Kommunikationsmittels über die nationale IGV-Anlaufstelle und binnen 24 Stunden nach der Bewertung von für die öffentliche Gesundheit relevanten Informationen alle Ereignisse, die in Übereinstimmung mit dem Entscheidungsschema eine gesundheitliche Notlage von internationaler Tragweite in seinem Hoheitsgebiet darstellen können, sowie alle als Reaktion auf solche Ereignisse durchgeführten Gesundheitsmaßnahmen. Wird durch die der WHO zugegangene Meldung die Zuständigkeit der Internationalen Atomenergie-Organisation (IAEO) berührt, so unterrichtet die WHO die IAEO unverzüglich.

(2) Im Anschluss an eine Meldung übermittelt ein Vertragsstaat der WHO auch weiterhin rechtzeitig die ihm über das gemeldete Ereignis zur Verfügung stehenden genauen und hinreichend detaillierten für die öffentliche Gesundheit relevanten Informationen, möglichst einschließlich Falldefinitionen, Laborergebnissen, der Quelle und Art des Risikos, der Zahl der Krankheits- und Todesfälle, der die Ausbreitung der Krankheit beeinflussenden Bedingungen und der getroffenen Gesundheitsmaßnahmen; des Weiteren berichtet er nötigenfalls über die bei der Reaktion auf eine mögliche gesundheitliche Notlage von internationaler Tragweite aufgetretenen Schwierigkeiten und die dafür benötigte Unterstützung.

Artikel 7
Weitergabe von Informationen während unerwarteter oder ungewöhnlicher Ereignisse betreffend die öffentliche Gesundheit

Liegen einem Vertragsstaat Anzeichen für ein unerwartetes oder ungewöhnliches Ereignis betreffend die öffentliche Gesundheit vor, das – ungeachtet seines Ursprungs oder seiner Quelle – im Hoheitsgebiet des Vertragsstaats aufgetreten ist und eine gesundheitliche Notlage von internationaler Tragweite darstellen kann, so stellt er der WHO alle wichtigen für die öffentliche Gesundheit relevanten Informationen zur Verfügung. In einem solchen Fall findet Artikel 6 uneingeschränkt Anwendung.

Artikel 8
Konsultation

Treten in seinem Hoheitsgebiet Ereignisse auf, die keine Meldung nach Artikel 6 erforderlich machen, insbesondere Ereignisse, für die nicht genügend Informationen vorliegen, um das Entscheidungsschema auszufüllen, so kann ein Vertragsstaat durch seine nationale IGV-Anlaufstelle die WHO dennoch weiterhin informieren und sich mit ihr über geeignete Gesundheitsmaßnahmen abstimmen. Solche Mitteilungen werden nach Artikel 11 Absätze 2 bis 4 behandelt. Der Vertragsstaat, in dessen Hoheitsgebiet das Ereignis eingetreten ist, kann die WHO um Unterstützung bei der Bewertung von epidemiologischen Befunden dieses Vertragsstaats ersuchen.

Artikel 9
Andere Berichte

(1) Die WHO kann Berichte aus anderen Quellen als Meldungen oder Konsultationen berücksichtigen; sie bewertet diese Berichte nach den anerkannten epidemiologischen Grundsätzen und übermittelt sodann Informationen über das Ereignis an den Vertragsstaat, in dessen Hoheitsgebiet das Ereignis angeblich eingetreten ist. Bevor sie Maßnahmen aufgrund dieser Berichte ergreift, konsultiert die WHO den Vertragsstaat, in dessen Hoheitsgebiet das Ereignis angeblich eingetreten ist, und bemüht sich, von diesem nach dem in Artikel 10 beschriebenen Verfahren eine Bestätigung zu erhalten. Zu diesem Zweck kann die WHO die erhaltenen Informationen den Vertragsstaaten zur Verfügung stellen; nur wo dies ordnungsgemäß begründet ist, darf die WHO die Vertraulichkeit der Quelle wahren. Diese Informationen werden im Einklang mit dem in Artikel 11 beschriebenen Verfahren verwendet.

(2) Die Vertragsstaaten unterrichten die WHO nach Möglichkeit binnen 24 Stunden, nachdem sie Anzeichen einer Gefahr für die öffentliche Gesundheit außerhalb ihres Hoheitsgebiets, die zu einer grenzüberschreitenden Ausbreitung der Krankheit führen kann, festgestellt haben, manifestiert durch verschleppte oder eingeschleppte

a) beim Menschen auftretende Fälle;
b) Vektoren einer Infektion oder Verseuchung oder
c) verseuchte Güter.

Artikel 10
Bestätigung

(1) Die WHO fordert nach Artikel 9 von einem Vertragsstaat die Bestätigung von aus anderen Quellen als Meldungen oder Konsultationen stammenden Berichten über Ereignisse, die eine gesundheitliche Notlage von internationaler Tragweite darstellen können und angeblich im Hoheitsgebiet dieses Staates eingetreten sind. In diesen Fällen informiert die WHO den betreffenden Vertragsstaat über die Berichte, die sie zu prüfen wünscht.

(2) Nach Absatz 1 und Artikel 9 und auf Ersuchen der WHO bestätigt jeder Vertragsstaat und stellt Folgendes bereit:

a) binnen 24 Stunden eine erste Antwort auf beziehungsweise eine Empfangsbestätigung für das Ersuchen der WHO;
b) binnen 24 Stunden verfügbare für die öffentliche Gesundheit relevante Informationen zum Stand der im Ersuchen der WHO genannten Ereignisse und
c) Informationen für die WHO im Zusammenhang mit einer Bewertung nach Artikel 6, einschließlich der in dem genannten Artikel erwähnten einschlägigen Informationen.

(3) Erhält die WHO Informationen über ein Ereignis, das eine gesundheitliche Notlage von internationaler Tragweite darstellen kann, so bietet sie dem betreffenden Vertragsstaat ihre Zusammenarbeit bei der Beurteilung der Möglichkeit einer grenzüberschreitenden Ausbreitung der Krankheit und einer Beeinträchtigung des internationalen Verkehrs sowie bei der Bewertung der Angemessenheit von Bekämpfungsmaßnahmen an. Zu derartigen Tätigkeiten können die Zusammenarbeit mit anderen normsetzenden Organisationen und das Angebot gehören, internationale Hilfe zu mobilisieren, um die nationalen Behörden bei der Durchführung und Abstimmung von Bewertungen vor Ort zu unterstützen. Auf Ersuchen des Vertragsstaats stellt die WHO Informationen zur Unterstützung eines solchen Angebots zur Verfügung.

(4) Nimmt der Vertragsstaat das Angebot zur Zusammenarbeit nicht an, so kann die WHO, wenn dies durch die Größenordnung der Gefahr für die öffentliche Gesundheit gerechtfertigt ist, die ihr verfügbaren Informationen an andere Vertragsstaaten weitergeben und den Vertragsstaat gleichzeitig ermutigen, das Angebot der WHO zur Zusammenarbeit anzunehmen, wobei sie den Standpunkt des betreffenden Vertragsstaats berücksichtigt.

Artikel 11
Übermittlung von Informationen durch die WHO

(1) Nach Maßgabe des Absatzes 2 übermittelt die WHO allen Vertragsstaaten und gegebenenfalls einschlägigen zwischenstaatlichen Organisationen baldmöglichst, unter Verwendung des effizientesten verfügbaren Mittels und unter Wahrung der Vertraulichkeit diejenigen für die öffentliche Gesundheit relevanten Informationen, die ihr aufgrund der Artikel 5 bis 10 zugegangen sind und die erforderlich sind, um die Vertragsstaaten in die Lage zu versetzen, auf eine Gefahr für die öffentliche Gesundheit zu

reagieren. Die WHO soll anderen Vertragsstaaten Informationen übermitteln, die diesen helfen könnten, ähnliche Vorkommnisse zu vermeiden.

(2) Die WHO verwendet die aufgrund der Artikel 6 und 8 sowie des Artikels 9 Absatz 2 erhaltenen Informationen zur Bestätigung, Bewertung und Unterstützung nach diesen Vorschriften und – sofern mit den in diesen Bestimmungen genannten Vertragsstaaten nichts anderes vereinbart ist – macht diese Informationen anderen Vertragsstaaten nicht allgemein zugänglich, bis

a) das Ereignis nach Artikel 12 als gesundheitliche Notlage von internationaler Tragweite festgestellt wird oder
b) die eine grenzüberschreitende Ausbreitung der Infektion oder Verseuchung belegenden Informationen von der WHO nach anerkannten epidemiologischen Grundsätzen bestätigt worden sind oder
c) es Anzeichen dafür gibt, dass
   i) Maßnahmen zur Bekämpfung der grenzüberschreitenden Ausbreitung wegen der Art der Verseuchung, des Krankheitserregers, des Vektors oder des Herdes wahrscheinlich keinen Erfolg haben oder
   ii) es dem Vertragsstaat an der ausreichenden operativen Fähigkeit mangelt, die zur Verhinderung einer weiteren Ausbreitung der Krankheit notwendigen Maßnahmen durchzuführen, oder
d) die Art und der Umfang der grenzüberschreitenden Bewegung von Reisenden, Gepäck, Fracht, Containern, Beförderungsmitteln, Gütern oder Postpaketen, die von der Infektion oder Verseuchung betroffen sein können, die umgehende Anwendung internationaler Bekämpfungsmaßnahmen erforderlich machen.

(3) Die WHO konsultiert den Vertragsstaat, in dessen Hoheitsgebiet das Ereignis eingetreten ist, hinsichtlich ihrer Absicht, Informationen aufgrund dieses Artikels zur Verfügung zu stellen.

(4) Werden Informationen, welche die WHO nach Absatz 2 erhalten hat, Vertragsstaaten nach diesen Vorschriften zugänglich gemacht, so kann die WHO diese Informationen auch der Öffentlichkeit zugänglich machen, wenn andere Informationen über dasselbe Ereignis bereits allgemein zugänglich sind und es notwendig ist, zuverlässige und unabhängige Informationen zu verbreiten.

Artikel 12
Feststellung einer gesundheitlichen Notlage von internationaler Tragweite

(1) Der Generaldirektor stellt auf der Grundlage der erhaltenen Informationen – insbesondere derjenigen des Vertragsstaats, in dessen Hoheitsgebiet ein Ereignis eingetreten ist – fest, ob ein Ereignis eine gesundheitliche Notlage von internationaler Tragweite nach den in diesen Vorschriften enthaltenen Kriterien und Verfahren darstellt.

(2) Ist der Generaldirektor auf der Grundlage einer Bewertung nach diesen Vorschriften der Ansicht, dass eine gesundheitliche Notlage von internationaler Tragweite eingetreten ist, so berät er sich mit dem Vertragsstaat, in dessen Hoheitsgebiet das Ereignis auftritt, in Bezug auf diese vorläufige Feststellung. Sind sich der Generaldirektor

und der Vertragsstaat hinsichtlich dieser Feststellung einig, so ersucht der Generaldirektor nach dem in Artikel 49 beschriebenen Verfahren den nach Artikel 48 eingesetzten Ausschuss (im Folgenden „Notfallausschuss") um seinen Standpunkt zu geeigneten vorläufigen Empfehlungen.

(3) Erzielen der Generaldirektor und der Vertragsstaat, in dessen Hoheitsgebiet das Ereignis auftritt, im Anschluss an die Beratungen nach Absatz 2 nicht binnen 48 Stunden Einigung darüber, ob das Ereignis eine gesundheitliche Notlage von internationaler Tragweite darstellt, so wird eine Entscheidung nach dem in Artikel 49 beschriebenen Verfahren getroffen.

(4) Bei der Feststellung, ob ein Ereignis eine gesundheitliche Notlage von internationaler Tragweite darstellt, berücksichtigt der Generaldirektor Folgendes:

a) die von dem Vertragsstaat bereitgestellten Informationen;
b) das in Anlage 2 enthaltene Entscheidungsschema;
c) den Rat des Notfallausschusses;
d) wissenschaftliche Grundsätze sowie die verfügbaren wissenschaftlichen Erkenntnisse und andere einschlägige Informationen und
e) eine Bewertung der Gefahr für die menschliche Gesundheit, des Risikos der grenzüberschreitenden Ausbreitung der Krankheit und des Risikos der Beeinträchtigung des internationalen Verkehrs.

(5) Ist der Generaldirektor nach Beratung mit dem Vertragsstaat, in dessen Hoheitsgebiet die gesundheitliche Notlage von internationaler Tragweite eingetreten ist, der Auffassung, dass eine solche nicht mehr besteht, so fasst er im Einklang mit dem in Artikel 49 beschriebenen Verfahren einen Beschluss.

Artikel 13
Gesundheitsschutzmaßnahmen

(1) Jeder Vertragsstaat schafft, stärkt und unterhält baldmöglichst, jedoch spätestens fünf Jahre nach Inkrafttreten dieser Vorschriften für diesen Vertragsstaat, die Kapazitäten nach Anlage 1, um umgehend und wirksam auf Gefahren für die öffentliche Gesundheit und gesundheitliche Notlagen von internationaler Tragweite zu reagieren. Die WHO veröffentlicht in Abstimmung mit den Mitgliedstaaten Richtlinien, um die Vertragsstaaten bei der Schaffung von Kapazitäten für Gesundheitsschutzmaßnahmen zu unterstützen.

(2) Im Anschluss an die in Anlage 1 Teil A Absatz 2 genannte Bewertung kann ein Vertragsstaat auf der Grundlage berechtigten Bedarfs und eines Durchführungsplans der WHO Bericht erstatten und dabei eine Verlängerung von zwei Jahren erhalten, innerhalb deren seine Verpflichtung nach Absatz 1 zu erfüllen ist. Unter außergewöhnlichen Umständen und gestützt auf einen neuen Durchführungsplan kann der Vertragsstaat beim Generaldirektor eine weitere Verlängerung von höchstens zwei Jahren beantragen; dieser entscheidet darüber und berücksichtigt dabei den fachlichen Rat des Prüfungsausschusses. Nach Ablauf der in Absatz 1 genannten Frist erstattet der Vertragsstaat, dem die Verlängerung gewährt wurde, der WHO jährlich Bericht über die im Hinblick auf die vollständige Durchführung erzielten Fortschritte.

(3) Auf Ersuchen eines Vertragsstaats arbeitet die WHO bei der Reaktion auf Gefahren für die öffentliche Gesundheit und andere Ereignisse mit diesem Staat zusammen, indem sie technischen Rat gibt und technische Hilfe leistet und die Wirksamkeit der getroffenen Bekämpfungsmaßnahmen bewertet, nötigenfalls auch durch die Mobilisierung von internationalen Sachverständigengruppen zur Unterstützung vor Ort.

(4) Stellt die WHO nach Beratung mit den betreffenden Vertragsstaaten wie in Artikel 12 vorgesehen fest, dass eine gesundheitliche Notlage von internationaler Tragweite eingetreten ist, so kann sie über die in Absatz 3 genannte Unterstützung hinaus dem Vertragsstaat weitere Hilfe anbieten, auch in Form einer Bewertung der Größenordnung des internationalen Risikos und der Angemessenheit der Bekämpfungsmaßnahmen. Diese Zusammenarbeit kann das Angebot zur Mobilisierung internationaler Hilfe umfassen, um die nationalen Behörden bei der Durchführung und Abstimmung von Bewertungen vor Ort zu unterstützen. Auf Ersuchen des Vertragsstaats stellt die WHO Informationen zur Unterstützung eines solchen Angebots zur Verfügung.

(5) Auf Ersuchen der WHO sollen die Vertragsstaaten soweit möglich Unterstützung bei den von der WHO koordinierten Schutzmaßnahmen leisten.

(6) Auf Ersuchen bietet die WHO anderen Vertragsstaaten, die von der gesundheitlichen Notlage von internationaler Tragweite betroffen oder bedroht sind, angemessenen Rat und angemessene Unterstützung.

Artikel 14
Zusammenarbeit der WHO mit zwischenstaatlichen Organisationen und internationalen Organen

(1) Bei der Umsetzung dieser Vorschriften arbeitet die WHO mit anderen zuständigen zwischenstaatlichen Organisationen und internationalen Organen zusammen und koordiniert mit diesen gegebenenfalls ihre Tätigkeiten; dies geschieht auch durch den Abschluss von Übereinkünften und anderen ähnlichen Vereinbarungen.

(2) In Fällen, in denen die Meldung oder Bestätigung eines Ereignisses oder die Reaktion auf dieses hauptsächlich in die Zuständigkeit anderer zwischenstaatlicher Organisationen oder internationaler Organe fällt, stimmt die WHO ihre Tätigkeiten mit diesen Organisationen oder Organen ab, um die Anwendung geeigneter Maßnahmen zum Schutz der öffentlichen Gesundheit sicherzustellen.

(3) Dessen ungeachtet schließen diese Vorschriften die Bereitstellung von Rat, Hilfe oder technischer oder anderer Unterstützung durch die WHO für die Zwecke des Gesundheitsschutzes nicht aus.

Teil III
Empfehlungen

Artikel 15
Zeitlich befristete Empfehlungen

(1) Ist nach Artikel 12 das Eintreten einer gesundheitlichen Notlage von internationaler Tragweite festgestellt worden, so gibt der Generaldirektor in Übereinstimmung mit dem in Artikel 49 beschriebenen Verfahren zeitlich befristete Empfehlungen. Solche zeitlich befristeten Empfehlungen können gegebenenfalls geändert oder verlängert werden, unter anderem auch dann, wenn festgestellt wurde, dass eine gesundheitliche Notlage von internationaler Tragweite beendet ist; dann können nötigenfalls andere zeitlich befristete Empfehlungen erlassen werden, um ein Wiederauftreten zu verhindern oder umgehend festzustellen.

(2) Zeitlich befristete Empfehlungen können Gesundheitsmaßnahmen umfassen, die von dem Vertragsstaat durchgeführt werden sollten, der sich in einer gesundheitlichen Notlage von internationaler Tragweite befindet, oder von anderen Vertragsstaaten, und zwar im Hinblick auf Personen, Gepäck, Fracht, Container, Beförderungsmittel, Güter und/oder Postpakete, um die grenzüberschreitende Ausbreitung von Krankheiten zu verhindern oder zu verringern und eine unnötige Beeinträchtigung des internationalen Verkehrs zu vermeiden.

(3) Zeitlich befristete Empfehlungen können nach dem in Artikel 49 beschriebenen Verfahren jederzeit aufgehoben werden und laufen drei Monate, nachdem sie erlassen wurden, automatisch aus. Sie können geändert oder um weitere Zeiträume von bis zu drei Monaten verlängert werden. Zeitlich befristete Empfehlungen dürfen nicht über die zweite Weltgesundheitsversammlung hinaus fortbestehen, nachdem über die gesundheitliche Notlage von internationaler Tragweite, auf welche sie sich beziehen, entschieden wurde.

Artikel 16
Ständige Empfehlungen

Die WHO kann nach Artikel 53 ständige Empfehlungen für geeignete Gesundheitsmaßnahmen zur regelmäßigen oder gelegentlichen Anwendung erlassen. Diese Maßnahmen können bei bestimmten, weiter bestehenden Gefahren für die öffentliche Gesundheit von den Vertragsstaaten im Hinblick auf Personen, Gepäck, Fracht, Container, Beförderungsmittel, Güter und/oder Postpakete angewandt werden, um die grenzüberschreitende Ausbreitung von Krankheiten zu verhindern oder zu verringern und die Beeinträchtigung des internationalen Verkehrs zu vermeiden. Die WHO kann nach Artikel 53 solche Empfehlungen gegebenenfalls ändern oder aufheben.

Artikel 17
Kriterien für Empfehlungen

Beim Erlass, bei der Änderung oder der Aufhebung von zeitlich befristeten oder ständigen Empfehlungen berücksichtigt der Generaldirektor Folgendes:

a) die Standpunkte der unmittelbar betroffenen Vertragsstaaten;
b) den Rat des Notfall- beziehungsweise Prüfungsausschusses;
c) wissenschaftliche Grundsätze und verfügbare wissenschaftliche Erkenntnisse und Informationen;
d) Gesundheitsmaßnahmen, die auf der Grundlage einer den Umständen angemessenen Risikobewertung den internationalen Verkehr und Handel nicht stärker beeinträchtigen und für Personen nicht störender sind als unter vertretbarem Aufwand verfügbare Alternativen, die das geeignete Maß an Gesundheitsschutz bieten würden;
e) einschlägige internationale Normen und Rechtsinstrumente;
f) Tätigkeiten anderer einschlägiger zwischenstaatlicher Organisationen und internationaler Organe und
g) andere geeignete und spezifische Informationen, die für das Ereignis von Belang sind.

Bei zeitlich befristeten Empfehlungen kann die Berücksichtigung der Buchstaben e und f durch den Generaldirektor den durch zwingende Umstände bedingten Einschränkungen unterliegen.

Artikel 18
Empfehlungen in Bezug auf Personen, Gepäck, Fracht, Container, Beförderungsmittel, Güter und Postpakete

(1) Von der WHO in Bezug auf Personen gegebene Empfehlungen an die Vertragsstaaten können folgende Ratschläge beinhalten:

- besondere Gesundheitsmaßnahmen werden nicht angeraten;
- den Reiseverlauf in betroffenen Gebieten überprüfen;
- den Nachweis von ärztlichen Untersuchungen und Laborergebnissen überprüfen;
- ärztliche Untersuchungen verlangen;
- den Nachweis einer Impfung oder einer anderen Prophylaxe überprüfen;
- eine Impfung oder eine andere Prophylaxe verlangen;
- verdächtige Personen einer Beobachtung zum Schutz der öffentlichen Gesundheit unterziehen;
- Quarantäne- oder andere Gesundheitsmaßnahmen für verdächtige Personen durchführen;
- eine Absonderung betroffener Personen und nötigenfalls deren Behandlung durchführen;
- eine Nachverfolgung der Kontakte verdächtiger oder betroffener Personen durchführen;
- die Einreise verdächtiger und betroffener Personen verweigern;

- die Einreise nicht betroffener Personen in betroffene Gebiete verweigern und
- bei der Ausreise von Personen aus betroffenen Gebieten ein Screening durchführen und/oder Beschränkungen auferlegen.

(2) Von der WHO in Bezug auf Gepäck, Fracht, Container, Beförderungsmittel, Güter und Postpakete gegebene Empfehlungen an die Vertragsstaaten können folgende Ratschläge beinhalten:

- besondere Gesundheitsmaßnahmen werden nicht angeraten;
- Ladeliste und Route überprüfen;
- Überprüfungen durchführen;
- den Nachweis von Maßnahmen bei der Abreise oder bei der Durchfuhr zur Beseitigung von Infektionen oder Verseuchungen überprüfen;
- eine Behandlung von Gepäck, Fracht, Containern, Beförderungsmitteln, Gütern, Postpaketen oder menschlichen Überresten durchführen, um Infektionen oder Verseuchungen einschließlich Vektoren und Herden zu beseitigen;
- besondere Gesundheitsmaßnahmen anwenden, um die sichere Handhabung und den sicheren Transport menschlicher Überreste zu gewährleisten;
- eine Absonderung oder Quarantäne durchführen;
- Beschlagnahme und Vernichtung infizierter oder verseuchter oder verdächtiger Gepäck- oder Frachtstücke, Container, Beförderungsmittel, Güter oder Postpakete unter kontrollierten Bedingungen vornehmen, wenn andere verfügbare Behandlungen oder Verfahren sonst erfolglos bleiben würden, und
- die Ab- oder Einreise verweigern.

Teil IV
Grenzübergangsstellen

Artikel 19
Allgemeine Verpflichtungen

Jeder Vertragsstaat unternimmt über die nach diesen Vorschriften vorgesehenen Verpflichtungen hinaus Folgendes:

a) er trägt dafür Sorge, dass die in Anlage 1 für benannte Grenzübergangsstellen beschriebenen Kapazitäten in dem in Artikel 5 Absatz 1 und in Artikel 13 Absatz 1 genannten zeitlichen Rahmen geschaffen werden;

b) er bezeichnet die an jeder benannten Grenzübergangsstelle zu seinem Hoheitsgebiet zuständigen Behörden und

c) er liefert der WHO nach Möglichkeit sachdienliche Angaben über Infektions- und Verseuchungsquellen, einschließlich Vektoren und Herden, an seinen Grenzübergangsstellen, die zur grenzüberschreitenden Ausbreitung von Krankheiten führen können, wenn darum als Reaktion auf eine bestimmte potentielle Gefahr für die öffentliche Gesundheit ersucht wird.

Artikel 20
Flughäfen und Häfen

(1) Die Vertragsstaaten benennen die Flughäfen und Häfen, welche die in Anlage 1 vorgesehenen Kapazitäten zu schaffen und aufrechtzuerhalten haben.

(2) Die Vertragsstaaten tragen dafür Sorge, dass die Bescheinigung über die Befreiung von der Schiffshygienekontrolle (Ship Sanitation Control Exemption Certificate) und die Bescheinigung über die Schiffshygienekontrolle (Ship Sanitation Control Certificate) nach den Anforderungen des Artikels 39 und dem in Anlage 3 enthaltenen Muster ausgestellt werden.

(3) Jeder Vertragsstaat übermittelt der WHO eine Liste von Häfen, die zu Folgendem befugt sind:

a) zur Ausstellung von Bescheinigungen über die Schiffshygienekontrolle und zur Bereitstellung der in den Anlagen 1 und 3 genannten Leistungen oder
b) nur zur Ausstellung von Bescheinigungen über die Befreiung von der Schiffshygienekontrolle und
c) zur Verlängerung der Bescheinigung über die Befreiung von der Schiffshygienekontrolle um einen Monat bis zur Ankunft des Schiffes in dem Hafen, in dem die Bescheinigung entgegengenommen werden kann.

Die Vertragsstaaten informieren die WHO über eventuelle Veränderungen des Status der aufgeführten Häfen. Die WHO veröffentlicht die nach diesem Absatz erhaltenen Informationen.

(4) Die WHO kann auf Ersuchen des betreffenden Vertragsstaats nach angemessener Prüfung zertifizieren lassen, dass ein Flughafen oder Hafen in seinem Hoheitsgebiet den in den Absätzen 1 und 3 genannten Anforderungen genügt. Diese Zertifizierungen können von der WHO in Abstimmung mit dem Vertragsstaat regelmäßig überprüft werden.

(5) Die WHO entwickelt und veröffentlicht in Zusammenarbeit mit zuständigen zwischenstaatlichen Organisationen und internationalen Organen Zertifizierungsrichtlinien für Flughäfen und Häfen nach diesem Artikel. Die WHO veröffentlicht ferner ein Verzeichnis zertifizierter Flughäfen und Häfen.

Artikel 21
Landübergänge

(1) Sofern dies aus Gründen der öffentlichen Gesundheit gerechtfertigt ist, kann ein Vertragsstaat Landübergänge, welche die in Anlage 1 genannten Kapazitäten schaffen, benennen, und zwar unter Berücksichtigung

a) des Verkehrsaufkommens und der Verkehrsfrequenz der verschiedenen Arten des internationalen Verkehrs an den Landübergängen eines Vertragsstaats, die benannt werden könnten, im Vergleich zu anderen Grenzübergangsstellen, und
b) der Gefahren für die öffentliche Gesundheit, die in Gebieten bestehen, in denen der internationale Verkehr entsteht oder durch die er sich bewegt, und zwar bereits vor seiner Ankunft an einem bestimmten Landübergang.

(2) Vertragsstaaten mit gemeinsamen Grenzen sollen Folgendes in Erwägung ziehen:

a) den Abschluss zwei- oder mehrseitiger Übereinkünfte oder Vereinbarungen über die Vorbeugung oder Bekämpfung der grenzüberschreitenden Übertragung von Krankheiten an Landübergängen nach Artikel 57 und

b) im Hinblick auf die Kapazitäten nach Anlage 1 die gemeinsame Benennung angrenzender Landübergänge nach Absatz 1.

Artikel 22
Aufgaben der zuständigen Behörden

(1) Die zuständigen Behörden

a) sind verantwortlich für die Überwachung von in betroffenen Gebieten ankommenden beziehungsweise daraus abgehenden Gepäck- und Frachtstücken, Containern, Beförderungsmitteln, Gütern, Postpaketen und menschlichen Überresten, so dass diese dauerhaft frei von Infektions- und Verseuchungsquellen einschließlich Vektoren und Herden sind;

b) tragen nach Möglichkeit dafür Sorge, dass die von Reisenden an Grenzübergangsstellen genutzten Einrichtungen in hygienisch einwandfreiem Zustand und dauerhaft frei von Infektions- und Verseuchungsquellen einschließlich Vektoren und Herden sind;

c) sind zuständig für die Aufsicht über die aufgrund dieser Vorschriften gegebenenfalls angebrachte Entrattung, Desinfektion, Befreiung von Insekten oder Entseuchung von Gepäck, Fracht, Containern, Beförderungsmitteln, Gütern, Postpaketen und menschlichen Überresten beziehungsweise für die Aufsicht über die aufgrund dieser Vorschriften gegebenenfalls angebrachten Hygienemaßnahmen bei Personen;

d) setzen Beförderer möglichst frühzeitig von ihrer Absicht in Kenntnis, Bekämpfungsmaßnahmen bei einem Beförderungsmittel anzuwenden, und liefern soweit verfügbar schriftliche Informationen über die dabei anzuwendenden Methoden;

e) sind für die Aufsicht über die Beseitigung und sichere Entsorgung von verseuchtem Wasser, verseuchten Lebensmitteln, menschlichen oder tierischen Ausscheidungen, Abwasser und anderen verseuchten Stoffen aus Beförderungsmitteln zuständig;

f) ergreifen alle mit diesen Vorschriften vereinbaren durchführbaren Maßnahmen, um das Einleiten von Abwasser, Abfällen, Ballastwasser und anderen potentiell krankheitserregenden Stoffen, welche die Gewässer eines Hafens, Flusses oder Kanals, einer Meerenge, eines Sees oder anderer internationaler Wasserstraßen verseuchen könnten, zu überwachen und zu verhindern;

g) sind für die Aufsicht über die Erbringer von Dienstleistungen für Reisende, Gepäck, Fracht, Container, Beförderungsmittel, Güter, Postpakete und menschliche Überreste an Grenzübergangsstellen verantwortlich, nötigenfalls auch für die Durchführung von Überprüfungen und ärztlichen Untersuchungen;

h) verfügen über wirksame Notfallprogramme für unerwartete Ereignisse, welche die öffentliche Gesundheit betreffen, und

i) verständigen sich mit der nationalen IGV-Anlaufstelle über die nach diesen Vorschriften ergriffenen einschlägigen Maßnahmen für die öffentliche Gesundheit.

(2) Die von der WHO für aus einem betroffenen Gebiet ankommende Reisende, Gepäck- und Frachtstücke, Container, Beförderungsmittel, Güter, Postpakete und menschliche Überreste empfohlenen Gesundheitsmaßnahmen können bei der Ankunft erneut angewandt werden, wenn nachprüfbare Hinweise darauf und/oder Nachweise dafür vorliegen, dass die bei der Abreise aus dem betroffenen Gebiet angewandten Maßnahmen erfolglos waren.

(3) Die Befreiung von Insekten, die Entrattung, die Desinfektion, die Entseuchung und andere Hygienemaßnahmen werden so durchgeführt, dass Verletzungen und soweit möglich Unannehmlichkeiten für Personen, oder Schäden an der Umwelt, die sich auf die öffentliche Gesundheit auswirken, oder Schäden an Gepäck- oder Frachtstücken, Containern, Beförderungsmitteln, Gütern oder Postpaketen vermieden werden.

Teil V
Maßnahmen für die öffentliche Gesundheit

Kapitel I
Allgemeine Bestimmungen

Artikel 23
Gesundheitsmaßnahmen bei Ankunft und Abreise

(1) Vorbehaltlich geltender völkerrechtlicher Übereinkünfte und einschlägiger Artikel dieser Vorschriften kann ein Vertragsstaat bei Ankunft oder Abreise für die Zwecke des Gesundheitsschutzes Folgendes verlangen:

a) im Hinblick auf Reisende
   - i) Informationen zum Zielort des Reisenden, damit Kontakt mit dem Reisenden aufgenommen werden kann;
   - ii) Informationen zur Reiseroute des Reisenden, um feststellen zu können, ob im oder nahe dem betroffenen Gebiet Reisen stattgefunden haben oder ob es andere mögliche Kontakte zu Infektions- oder Verseuchungsquellen vor der Ankunft gab, und Prüfung der Gesundheitsdokumente des Reisenden, wenn diese aufgrund dieser Vorschriften erforderlich sind, und/oder
   - iii) eine nichtinvasive ärztliche Untersuchung, welche die am wenigsten störende Untersuchung ist, um das Ziel aus Sicht der öffentlichen Gesundheit zu erreichen;

b) eine Überprüfung von Gepäck- und Frachtstücken, Containern, Beförderungsmitteln, Gütern, Postpaketen und menschlichen Überresten.

(2) Aufgrund von Anzeichen einer Gefahr für die öffentliche Gesundheit, die durch in Absatz 1 vorgesehene Maßnahmen oder durch andere Mittel erkannt worden sind, können die Vertragsstaaten zusätzliche Gesundheitsmaßnahmen im Einklang mit diesen Vorschriften anwenden; hierbei kommt bei einem verdächtigen oder betroffenen Reisenden je nach Einzelfall insbesondere die am wenigsten störende und invasive ärztliche Untersuchung in Frage, mit der das Ziel aus Sicht der öffentlichen Gesundheit,

nämlich die Verhütung einer grenzüberschreitenden Ausbreitung der Krankheit, erreicht würde.

(3) Ohne die ausdrückliche, nach entsprechender Aufklärung gegebene vorherige Zustimmung des Reisenden, seiner Eltern oder seines Vormunds darf keine ärztliche Untersuchung, Impfung, Prophylaxe oder Gesundheitsmaßnahme aufgrund dieser Vorschriften durchgeführt werden; dies gilt mit Ausnahme der Bestimmungen des Artikels 31 Absatz 2 und im Einklang mit dem Recht und den internationalen Verpflichtungen des Vertragsstaats.

(4) Reisende, die nach diesen Vorschriften geimpft oder prophylaktisch versorgt werden müssen, oder deren Eltern oder Vormünder werden über die mit der Impfung oder unterlassenen Impfung und mit der Anwendung oder Nichtanwendung der Prophylaxe verbundenen Risiken nach dem Recht und den internationalen Verpflichtungen des Vertragsstaats informiert. Die Vertragsstaaten setzen die praktischen Ärzte von dieser Anforderung in Übereinstimmung mit dem Recht des Vertragsstaats in Kenntnis.

(5) Ärztliche Untersuchungen, medizinische Verfahren, Impfungen oder andere prophylaktische Maßnahmen, die mit dem Risiko einer Krankheitsübertragung verbunden sind, werden nur im Einklang mit anerkannten nationalen oder internationalen Sicherheitsrichtlinien und -normen an Reisenden durchgeführt beziehungsweise an Reisende verabreicht, so dass ein solches Risiko auf ein Mindestmaß beschränkt wird.

Kapitel II
Besondere Bestimmungen für Beförderungsmittel und Beförderer

Artikel 24
Beförderer

(1) Die Vertragsstaaten treffen alle im Einklang mit diesen Vorschriften stehenden durchführbaren Maßnahmen, um zu gewährleisten, dass Beförderer

a) sich nach den von der WHO empfohlenen und von den Vertragsstaaten angenommenen Gesundheitsmaßnahmen richten;
b) die Reisenden über die von der WHO empfohlenen und von den Vertragsstaaten angenommenen Gesundheitsmaßnahmen zur Anwendung an Bord informieren und
c) die Beförderungsmittel, für die sie verantwortlich sind, dauerhaft in einem solchen Zustand halten, dass sie frei von Infektions- oder Verseuchungsquellen einschließlich Vektoren und Herden sind. Die Anwendung von Maßnahmen zur Bekämpfung von Infektions- oder Verseuchungsquellen kann verlangt werden, wenn sich Anzeichen für ihr Vorhandensein gezeigt haben.

(2) Besondere Bestimmungen über Beförderungsmittel und Beförderer nach diesem Artikel enthält Anlage 4. Besondere auf Beförderungsmittel und Beförderer anwendbare Maßnahmen im Hinblick auf übertragbare (vektorinduzierte) Krankheiten enthält Anlage 5.

Artikel 25
Schiffe und Luftfahrzeuge auf der Durchfahrt beziehungsweise Durchreise

Vorbehaltlich der Artikel 27 und 43, oder wenn dies nicht durch geltende völkerrechtliche Übereinkünfte gestattet ist, wendet ein Vertragsstaat keine Gesundheitsmaßnahmen an auf

a) Schiffe, die nicht aus einem betroffenen Gebiet kommen und sich auf der Durchfahrt durch einen Seeschifffahrtskanal oder eine Wasserstraße im Hoheitsgebiet dieses Vertragsstaats mit dem Ziel eines Hafens im Hoheitsgebiet eines anderen Staates befinden. Solchen Schiffen ist es erlaubt, unter Aufsicht der zuständigen Behörde Treibstoff, Wasser, Lebensmittel und Vorräte an Bord zu nehmen;
b) Schiffe, die seine Hoheitsgewässer durchfahren, ohne in einem Hafen oder an der Küste anzulegen, und
c) Luftfahrzeuge bei der Durchreise auf einem Flughafen in seinem Hoheitsgebiet, außer dass der Aufenthalt des Luftfahrzeugs auf einen bestimmten Bereich des Flughafens beschränkt werden kann und dass keine Gelegenheit zum Ein- und Aussteigen oder Be- und Entladen besteht. Solchen Luftfahrzeugen ist es jedoch erlaubt, unter Aufsicht der zuständigen Behörde Treibstoff, Wasser, Lebensmittel und Vorräte an Bord zu nehmen.

Artikel 26
Zivile Lastwagen, Züge und Busse auf der Durchfahrt

Vorbehaltlich der Artikel 27 und 43, oder wenn dies nicht durch geltende völkerrechtliche Übereinkünfte gestattet ist, werden keine Gesundheitsmaßnahmen auf zivile Lastwagen, Züge oder Busse angewandt, die nicht aus einem betroffenen Gebiet kommen und ohne Gelegenheit zum Ein- und Aussteigen oder Be- und Entladen auf der Durchfahrt durch ein Hoheitsgebiet sind.

Artikel 27
Betroffene Beförderungsmittel

(1) Wurden an Bord eines Beförderungsmittels klinische Anzeichen oder Symptome und auf Tatsachen oder Anzeichen beruhende Informationen in Bezug auf eine Gefahr für die öffentliche Gesundheit, einschließlich Infektions- und Verseuchungsquellen, festgestellt, so betrachtet die zuständige Behörde das Beförderungsmittel als betroffen und kann

a) das Beförderungsmittel je nach Fall desinfizieren, entseuchen, von Insekten befreien oder entratten oder die Durchführung dieser Maßnahmen unter ihrer Aufsicht veranlassen und
b) in jedem Fall die anzuwendende Methode bestimmen, um eine angemessene Bekämpfung der Gefahr für die öffentliche Gesundheit nach diesen Vorschriften sicherzustellen. Gibt es von der WHO für diese Verfahren empfohlene Methoden oder Materialien, so sollen diese angewendet werden, sofern die zuständige Behörde nicht feststellt, dass andere Methoden gleichermaßen sicher und zuverlässig sind.

Die zuständige Behörde kann zusätzliche Gesundheitsmaßnahmen durchführen, darunter nötigenfalls die Absonderung der Beförderungsmittel, um die Ausbreitung einer Krankheit zu verhüten. Diese zusätzlichen Maßnahmen sollen der nationalen IGV-Anlaufstelle gemeldet werden.

(2) Ist die für die Grenzübergangsstelle zuständige Behörde nicht in der Lage, die nach diesem Artikel erforderlichen Bekämpfungsmaßnahmen durchzuführen, so kann dem betroffenen Beförderungsmittel dennoch die Genehmigung zur Abreise erteilt werden, wenn die folgenden Bedingungen erfüllt sind:

a) Die zuständige Behörde informiert zum Zeitpunkt der Abreise die für die nächste bekannte Grenzübergangsstelle zuständige Behörde über die unter Buchstabe b genannte Art von Informationen, und
b) bei Schiffen werden die festgestellten Anzeichen sowie die erforderlichen Bekämpfungsmaßnahmen in die Bescheinigung über die Schiffshygienekontrolle eingetragen.

Solchen Beförderungsmitteln ist es erlaubt, unter Aufsicht der zuständigen Behörde Treibstoff, Wasser, Lebensmittel und Vorräte an Bord zu nehmen.

(3) Ein als betroffen geltendes Beförderungsmittel gilt nicht mehr als betroffen, wenn sich die zuständige Behörde davon überzeugt hat, dass

a) die in Absatz 1 vorgesehenen Maßnahmen wirksam durchgeführt wurden und
b) an Bord keine Verhältnisse herrschen, die eine Gefahr für die öffentliche Gesundheit darstellen können.

Artikel 28
Schiffe und Luftfahrzeuge an Grenzübergangsstellen

(1) Vorbehaltlich des Artikels 43 oder anzuwendender völkerrechtlicher Übereinkünfte dürfen Schiffe oder Luftfahrzeuge aus Gründen der öffentlichen Gesundheit nicht daran gehindert werden, eine Grenzübergangsstelle anzulaufen oder bei ihr zu landen. Verfügt die Grenzübergangsstelle jedoch nicht über die erforderlichen Einrichtungen für die Anwendung von Gesundheitsmaßnahmen nach diesen Vorschriften, so können die Schiffe oder Luftfahrzeuge angewiesen werden, sich auf eigene Gefahr zur nächsten geeigneten und für sie erreichbaren Grenzübergangsstelle zu begeben, es sei denn, die Schiffe oder Luftfahrzeuge haben ein Funktionsproblem, das die Weiterfahrt beziehungsweise den Weiterflug unsicher machen würde.

(2) Vorbehaltlich des Artikels 43 oder geltender völkerrechtlicher Übereinkünfte dürfen Vertragsstaaten Schiffen oder Luftfahrzeugen die Anlauf- beziehungsweise Landeerlaubnis (free pratique) aus Gründen der öffentlichen Gesundheit nicht verweigern; insbesondere darf ihnen das Ein- oder Ausschiffen beziehungsweise das Ein- oder Aussteigenlassen, das Löschen oder Laden von Fracht oder Vorräten sowie die Aufnahme von Treibstoff, Wasser, Lebensmitteln und Vorräten nicht verweigert werden. Die Vertragsstaaten können die Anlauf- beziehungsweise Landeerlaubnis (free pratique) von einer Überprüfung und, wenn an Bord eine Infektions- oder Verseuchungsquelle gefunden wurde, von der Durchführung notwendiger Maßnahmen zur Desin-

fektion, Entseuchung, Befreiung von Insekten oder Entrattung oder von der Durchführung anderer zur Verhütung der Ausbreitung der Infektion oder Verseuchung notwendiger Maßnahmen abhängig machen.

(3) Soweit möglich und vorbehaltlich des Absatzes 2 lässt ein Vertragsstaat die Erteilung einer Anlauf- beziehungsweise Landeerlaubnis (free pratique) an ein Schiff oder Luftfahrzeug auf dem Funkweg oder über andere Kommunikationsmittel zu, wenn er aufgrund der von dem Schiff oder Luftfahrzeug vor dessen Ankunft erhaltenen Informationen der Auffassung ist, dass durch die Ankunft des Schiffes oder Luftfahrzeugs keine Krankheit eingeschleppt oder ausgebreitet wird.

(4) Schiffskapitäne beziehungsweise verantwortliche Luftfahrzeugführer oder ihre jeweiligen Vertreter zeigen der Hafen- beziehungsweise Flughafenaufsicht möglichst frühzeitig vor der Ankunft am Bestimmungshafen beziehungsweise Zielflughafen etwaige Erkrankungsfälle, die auf eine Infektionskrankheit hindeuten, oder Anzeichen für eine Gefahr für die öffentliche Gesundheit an Bord an, sobald sie von diesen Erkrankungen oder Gefahren für die öffentliche Gesundheit Kenntnis erlangen. Diese Informationen müssen sofort an die für den Hafen oder Flughafen zuständige Behörde weitergegeben werden. In dringenden Fällen sollen diese Informationen von den Schiffskapitänen beziehungsweise verantwortlichen Luftfahrzeugführern unmittelbar an die für den Hafen oder Flughafen zuständige Behörde weitergegeben werden.

(5) Wenn ein verdächtiges oder betroffenes Luftfahrzeug oder Schiff aus Gründen, die außerhalb des Einflusses des verantwortlichen Luftfahrzeugführers beziehungsweise Schiffskapitäns liegen, an einem anderen Ort als dem Zielflughafen des Luftfahrzeugs beziehungsweise Zielhafen des Schiffes landet oder anlegt, gilt Folgendes:

a) Der verantwortliche Luftfahrzeugführer oder der Schiffskapitän beziehungsweise dessen jeweiliger Vertreter unternimmt sein Möglichstes, um unverzüglich mit der nächsten zuständigen Behörde in Verbindung zu treten;
b) sobald die zuständige Behörde von der Landung benachrichtigt worden ist, kann sie die von der WHO empfohlenen oder andere in diesen Vorschriften vorgesehene Gesundheitsmaßnahmen anwenden;
c) sofern Notfälle oder die Aufnahme der Verbindung zu der zuständigen Behörde dies nicht erforderlich machen, darf sich kein an Bord des Luftfahrzeugs oder Schiffes befindlicher Reisender aus seiner unmittelbaren Nähe entfernen; ferner darf keine Fracht aus seiner unmittelbaren Nähe entfernt werden, es sei denn, die zuständige Behörde hat die Erlaubnis dazu erteilt, und
d) sobald alle von der zuständigen Behörde angeordneten Gesundheitsmaßnahmen durchgeführt worden sind, kann das Luftfahrzeug oder Schiff, was diese Gesundheitsmaßnahmen anbelangt, entweder zum ursprünglichen Zielflughafen des Luftfahrzeugs oder Zielhafen des Schiffes oder, wenn dies aus technischen Gründen nicht möglich ist, zu einem anderen günstig gelegenen Flughafen oder Hafen weiterfliegen beziehungsweise weiterfahren.

(6) Ungeachtet der Bestimmungen dieses Artikels kann der Schiffskapitän oder der verantwortliche Luftfahrzeugführer die für die Gesundheit und Sicherheit der an Bord

befindlichen Reisenden erforderlichen Notmaßnahmen treffen. Er informiert die zuständige Behörde möglichst frühzeitig über alle nach diesem Absatz getroffenen Maßnahmen.

Artikel 29
Zivile Lastwagen, Züge und Busse an Grenzübergangsstelle

Die WHO entwickelt nach Beratung mit den Vertragsstaaten Leitlinien für die Anwendung von Gesundheitsmaßnahmen auf zivile Lastwagen, Züge und Busse an Grenzübergangsstellen und auf der Durchfahrt durch Landübergänge.

Kapitel III
Besondere Bestimmungen für Reisende

Artikel 30
Reisende unter Beobachtung zum Schutz der öffentlichen Gesundheit

Vorbehaltlich des Artikels 43, oder wenn dies durch geltende völkerrechtliche Übereinkünfte gestattet ist, kann ein verdächtiger Reisender, der bei Ankunft unter Beobachtung zum Schutz der öffentlichen Gesundheit gestellt wird, eine internationale Reise fortsetzen, wenn er keine unmittelbare Gefahr für die öffentliche Gesundheit darstellt und der Vertragsstaat die zuständige Behörde der Grenzübergangsstelle am Bestimmungsort, sofern bekannt, über seine erwartete Ankunft informiert. Bei seiner Ankunft meldet sich der Reisende bei dieser Behörde.

Artikel 31
Gesundheitsmaßnahmen bei der Einreise von Reisenden

(1) Eine invasive ärztliche Untersuchung, eine Impfung oder eine andere Prophylaxe wird als Voraussetzung für die Einreise eines Reisenden in das Hoheitsgebiet eines Vertragsstaats nicht verlangt; diese Vorschriften hindern die Vertragsstaaten – vorbehaltlich der Artikel 32, 42 und 45 – aber nicht daran, eine ärztliche Untersuchung, Impfung oder andere Prophylaxe oder den Nachweis einer Impfung oder anderen Prophylaxe zu verlangen,

a) um nötigenfalls festzustellen, ob eine Gefahr für die öffentliche Gesundheit besteht;
b) als Voraussetzung für die Einreise von Reisenden, die einen vorübergehenden oder ständigen Aufenthalt anstreben;
c) als Voraussetzung für die Einreise von Reisenden nach Artikel 43 oder den Anlagen 6 und 7 oder
d) die nach Artikel 23 durchgeführt werden kann.

(2) Stimmt ein Reisender, von dem ein Vertragsstaat eine ärztliche Untersuchung, Impfung oder andere Prophylaxe nach Absatz 1 verlangen kann, einer solchen Maßnahme nicht zu oder weigert er sich, die in Artikel 23 Absatz 1 Buchstabe a genannten Informationen oder Dokumente zur Verfügung zu stellen, so kann ihm der betreffende Vertragsstaat vorbehaltlich der Artikel 32, 42 und 45 die Einreise verweigern. Gibt es Anzeichen für eine unmittelbare Gefahr für die öffentliche Gesundheit, so kann der

Vertragsstaat den Reisenden nach seinem innerstaatlichen Recht und soweit es zur Bekämpfung dieser Gefahr erforderlich ist, zwingen – oder ihm nach Artikel 23 Absatz 3 anraten –, sich folgenden Maßnahmen zu unterziehen:

a) der am wenigsten invasiven und störenden ärztlichen Untersuchung, durch die das Ziel aus Sicht der öffentlichen Gesundheit erreicht wird;
b) einer Impfung oder anderen Prophylaxe oder
c) zusätzlichen anerkannten Gesundheitsmaßnahmen, welche die Ausbreitung der Krankheit verhindern oder bekämpfen, einschließlich der Absonderung, der Quarantäne oder der Beobachtung des Reisenden zum Schutz der öffentlichen Gesundheit.

Artikel 32
Behandlung von Reisenden

Bei der Durchführung von Gesundheitsmaßnahmen nach diesen Vorschriften behandeln die Vertragsstaaten Reisende unter Achtung ihrer Würde, der Menschenrechte und Grundfreiheiten und beschränken mit derartigen Maßnahmen verbundene Unannehmlichkeiten oder Leiden auf ein Mindestmaß; hierzu gehört es,

a) Reisende höflich und respektvoll zu behandeln;
b) geschlechtsbezogene, soziokulturelle, ethnische oder religiöse Belange der Reisenden zu berücksichtigen und
c) Reisenden, die unter Quarantäne gestellt, abgesondert oder ärztlicher Untersuchung oder anderen Verfahren zum Schutz der öffentlichen Gesundheit unterzogen sind, in angemessener Weise Lebensmittel und Wasser, Unterkunft und Kleidung, Schutz des Gepäcks und anderer Habe, ärztliche Behandlung, Mittel zur nötigen Kommunikation möglichst in einer für sie verständlichen Sprache und andere geeignete Hilfe zur Verfügung zu stellen oder stellen zu lassen.

Kapitel IV
Besondere Bestimmungen für Güter, Container und Container-Verladeplätze

Artikel 33
Durchgangsgüter

Vorbehaltlich des Artikels 43, oder wenn dies nicht durch geltende völkerrechtliche Übereinkünfte gestattet ist, unterliegen Durchgangsgüter (außer lebenden Tieren), die nicht umgeladen werden, den Gesundheitsmaßnahmen nach diesen Vorschriften nicht und werden zum Schutz der öffentlichen Gesundheit nicht zurückbehalten.

Artikel 34
Container und Container-Verladeplätze

(1) Die Vertragsstaaten tragen nach Möglichkeit dafür Sorge, dass Container-Verlader Container für den internationalen Verkehr benutzen, die insbesondere während des Beladens von Infektions- oder Verseuchungsquellen, einschließlich Vektoren und Herden, freigehalten werden.

(2) Die Vertragsstaaten tragen nach Möglichkeit dafür Sorge, dass Container-Verladeplätze von Infektions- oder Verseuchungsquellen, einschließlich Vektoren und Herden, freigehalten werden.

(3) Ist der Umfang des internationalen Container-Verkehrs nach Auffassung eines Vertragsstaats groß genug, so ergreifen die zuständigen Behörden alle mit diesen Vorschriften vereinbaren und durchführbaren Maßnahmen, einschließlich der Durchführung von Überprüfungen, zur Bewertung des hygienischen Zustands von Container-Verladeplätzen und Containern, um zu gewährleisten, dass die in diesen Vorschriften enthaltenen Verpflichtungen erfüllt werden.

(4) An den Container-Verladeplätzen stehen nach Möglichkeit Einrichtungen zur Überprüfung und Absonderung von Containern zur Verfügung.

(5) Container-Empfänger und -Absender bemühen sich nach besten Kräften, Kreuzverseuchungen beim Mehrzweck-Beladen von Containern zu vermeiden.

Teil VI
Gesundheitsdokumente

Artikel 35
Allgemeine Regel

Andere Gesundheitsdokumente als diejenigen, die nach diesen Vorschriften oder in Empfehlungen der WHO vorgesehen sind, dürfen im internationalen Verkehr nicht verlangt werden; Voraussetzung hierfür ist allerdings, dass dieser Artikel weder auf Reisende anzuwenden ist, die einen vorübergehenden oder ständigen Aufenthalt anstreben, noch auf Dokumentenerfordernisse betreffend den Zustand von Gütern oder Fracht im internationalen Handel im Hinblick auf die öffentliche Gesundheit, die geltenden völkerrechtlichen Übereinkünften entsprechen. Die zuständige Behörde kann Reisende ersuchen, Formulare mit Kontaktinformationen und Fragebögen über die Gesundheit der Reisenden auszufüllen, vorausgesetzt, die in Artikel 23 festgelegten Anforderungen sind erfüllt.

Artikel 36
Impfbescheinigungen oder Bescheinigungen über andere Prophylaxemaßnahmen

(1) Impfstoffe und andere Prophylaxemaßnahmen für Reisende, die nach diesen Vorschriften oder Empfehlungen angewandt werden, sowie die zugehörigen Bescheinigungen müssen im Hinblick auf bestimmte Krankheiten den Bestimmungen der Anlage 6 und, wenn anwendbar, denen der Anlage 7 entsprechen.

(2) Einem Reisenden, der sich im Besitz einer im Einklang mit Anlage 6 und, wenn anwendbar, Anlage 7 ausgestellten Impfbescheinigung oder Bescheinigung über eine andere Prophylaxemaßnahme befindet, darf die Einreise aufgrund der Krankheit, auf die sich die Bescheinigung bezieht, nicht verweigert werden, auch wenn er aus einem betroffenen Gebiet kommt, es sei denn, die zuständige Behörde verfügt über nachprüfbare Hinweise darauf und/oder Nachweise dafür, dass die Impfung oder die andere Prophylaxe nicht wirksam war.

Artikel 37
Seegesundheitserklärung

(1) Der Kapitän eines Schiffes hat vor der Ankunft im ersten Anlaufhafen des Hoheitsgebiets eines Vertragsstaats den Gesundheitszustand der an Bord befindlichen Personen festzustellen und bei der Ankunft – oder vor der Ankunft, sofern das Schiff entsprechend ausgerüstet ist und der Vertragsstaat eine solche Vorausbescheinigung verlangt – eine Seegesundheitserklärung auszufüllen und der zuständigen Behörde dieses Hafens zu übergeben, es sei denn, dass dieser Vertragsstaat dies nicht verlangt; diese Erklärung ist vom Schiffsarzt gegenzuzeichnen, sofern sich ein solcher an Bord befindet.

(2) Der Kapitän eines Schiffes oder der gegebenenfalls an Bord befindliche Schiffsarzt haben alle von der zuständigen Behörde verlangten Informationen über die gesundheitlichen Verhältnisse an Bord während der internationalen Reise zu geben.

(3) Die Seegesundheitserklärung muss dem in Anlage 8 vorgesehenen Muster entsprechen.

(4) Ein Vertragsstaat kann beschließen,

a) auf die Vorlage der Seegesundheitserklärung durch ankommende Schiffe ganz zu verzichten oder
b) die Vorlage der Seegesundheitserklärung aufgrund einer Empfehlung von Schiffen zu verlangen, die aus betroffenen Gebieten ankommen, oder sie von Schiffen zu verlangen, die anderweitig Träger von Infektionen oder Verseuchungen sein könnten.

Der Vertragsstaat informiert die Reedereien oder deren Vertreter über diese Erfordernisse.

Artikel 38
Allgemeine Erklärung für Luftfahrzeuge, Abschnitt über Gesundheit

(1) Der verantwortliche Luftfahrzeugführer oder sein Vertreter hat während des Fluges oder bei der Landung auf dem ersten Flughafen im Hoheitsgebiet eines Vertragsstaats die Allgemeine Erklärung für Luftfahrzeuge, Abschnitt über Gesundheit, nach bestem Wissen auszufüllen und der zuständigen Behörde dieses Flughafens zu übergeben, es sei denn, dass dieser Vertragsstaat dies nicht verlangt; diese Erklärung muss dem in Anlage 9 wiedergegebenen Muster entsprechen.

(2) Der verantwortliche Luftfahrzeugführer oder sein Vertreter hat alle Informationen zu geben, die von dem Vertragsstaat über die gesundheitlichen Verhältnisse an Bord während einer internationalen Reise und etwaige auf das Luftfahrzeug angewandte Gesundheitsmaßnahmen verlangt werden.

(3) Ein Vertragsstaat kann beschließen,

a) auf die Vorlage der Allgemeinen Erklärung für Luftfahrzeuge, Abschnitt über Gesundheit, durch ankommende Luftfahrzeuge ganz zu verzichten oder
b) die Vorlage der Allgemeinen Erklärung für Luftfahrzeuge, Abschnitt über Gesundheit, aufgrund einer Empfehlung von Luftfahrzeugen zu verlangen, die aus betroffe-

nen Gebieten ankommen, oder sie von Luftfahrzeugen zu verlangen, die anderweitig Träger von Infektionen oder Verseuchungen sein könnten.

Der Vertragsstaat informiert die Betreiber von Luftfahrzeugen oder deren Vertreter über diese Erfordernisse.

Artikel 39
Schiffshygienebescheinigungen

(1) Bescheinigungen über die Befreiung von der Schiffshygienekontrolle und Bescheinigungen über die Schiffshygienekontrolle gelten für die Dauer von höchstens sechs Monaten. Diese Frist kann um einen Monat verlängert werden, wenn die Überprüfung oder die erforderlichen Bekämpfungsmaßnahmen in dem Hafen nicht durchgeführt werden können.

(2) Wird keine gültige Bescheinigung über die Befreiung von der Schiffshygienekontrolle beziehungsweise Bescheinigung über die Schiffshygienekontrolle vorgelegt oder werden an Bord eines Schiffes Anzeichen für eine Gefahr für die öffentliche Gesundheit festgestellt, so kann der Vertragsstaat wie in Artikel 27 Absatz 1 vorgesehen verfahren.

(3) Die in diesem Artikel genannten Bescheinigungen müssen dem Muster in Anlage 3 entsprechen.

(4) Soweit möglich werden Bekämpfungsmaßnahmen dann durchgeführt, wenn Schiff und Laderäume leer sind. Bei ballastführenden Schiffen werden sie vor dem Beladen durchgeführt.

(5) Sind Bekämpfungsmaßnahmen erforderlich und wurden sie zufrieden stellend durchgeführt, so stellt die zuständige Behörde eine Bescheinigung über die Schiffshygienekontrolle aus, in der die festgestellten Anzeichen und die durchgeführten Bekämpfungsmaßnahmen vermerkt sind.

(6) Die zuständige Behörde kann in jedem nach Artikel 20 benannten Hafen eine Bescheinigung über die Befreiung von der Schiffshygienekontrolle ausstellen, wenn sie sich vergewissert hat, dass das Schiff frei von Infektionen und Verseuchungen einschließlich Vektoren und Herden ist. Eine solche Bescheinigung wird normalerweise nur dann ausgestellt, wenn die Überprüfung des Schiffes zu einem Zeitpunkt durchgeführt wurde, zu dem das Schiff und die Laderäume leer waren oder nur Ballast oder sonstige Stoffe enthielten, die so beschaffen oder gelagert waren, dass eine gründliche Überprüfung der Laderäume möglich war.

(7) Kann unter den Bedingungen, unter denen die Bekämpfungsmaßnahmen durchgeführt werden, nach Auffassung der zuständigen Behörde des Hafens, in dem die Maßnahme vorgenommen wurde, kein zufrieden stellendes Ergebnis erzielt werden, so versieht die zuständige Behörde die Bescheinigung über die Schiffshygienekontrolle mit einem entsprechenden Vermerk.

Teil VII
Gebühren

Artikel 40
Gebühren für Gesundheitsmaßnahmen in Bezug auf Reisende

(1) Ein Vertragsstaat darf – außer bei Reisenden, die einen vorübergehenden oder ständigen Aufenthalt anstreben, und vorbehaltlich des Absatzes 2 – nach diesen Vorschriften keine Gebühren für folgende Maßnahmen zum Schutz der öffentlichen Gesundheit erheben:

a) für eine in diesen Vorschriften vorgesehene ärztliche Untersuchung oder eine zusätzliche Untersuchung, die dieser Vertragsstaat zur Feststellung des Gesundheitszustands des untersuchten Reisenden verlangen kann;
b) für eine bei einem Reisenden bei Ankunft durchgeführte Impfung oder andere Prophylaxe, die kein veröffentlichtes Erfordernis ist oder ein Erfordernis ist, das weniger als zehn Tage vor Durchführung der Impfung oder der anderen Prophylaxe veröffentlicht wurde;
c) für geeignete Maßnahmen zur Absonderung oder Quarantäne von Reisenden;
d) für eine dem Reisenden ausgestellte Bescheinigung mit Angabe der angewandten Maßnahmen und dem Datum ihrer Anwendung oder
e) für Gesundheitsmaßnahmen, die auf Gepäck angewandt werden, das den Reisenden begleitet.

(2) Die Vertragsstaaten können Gebühren für andere als die in Absatz 1 erwähnten Gesundheitsmaßnahmen erheben, einschließlich jener Maßnahmen, die hauptsächlich im Interesse des Reisenden sind.

(3) Werden für die nach diesen Vorschriften erfolgende Anwendung dieser Gesundheitsmaßnahmen auf Reisende Gebühren erhoben, so richten sich diese nach einem einzigen in dem betreffenden Vertragsstaat geltenden Tarif, und jede Gebühr

a) muss diesem Tarif entsprechen;
b) darf die tatsächlichen Kosten der Dienstleistung nicht übersteigen und
c) muss ohne Unterschied bezüglich der Staatsangehörigkeit, des Wohnsitzes oder des Aufenthaltsorts des betreffenden Reisenden erhoben werden.

(4) Der Tarif und jede Änderung des Tarifs sind mindestens zehn Tage vor ihrem Inkrafttreten zu veröffentlichen.

(5) Diese Vorschriften hindern Vertragsstaaten nicht daran, für die durch die Durchführung der Gesundheitsmaßnahmen nach Absatz 1 entstandenen Kosten in folgenden Fällen eine Erstattung anzustreben:

a) von Beförderern oder Eigentümern von Beförderungsmitteln im Hinblick auf ihre Mitarbeiter oder
b) von beteiligten Versicherungen.

(6) Reisenden oder Beförderern darf nicht die Möglichkeit verweigert werden, das Hoheitsgebiet eines Vertragsstaats zu verlassen, wenn die in Absatz 1 oder 2 genannten Gebühren noch nicht bezahlt wurden.

Artikel 41
Gebühren für Gepäck, Fracht, Container, Beförderungsmittel, Güter oder Postpakete

(1) Werden für die nach diesen Vorschriften erfolgende Anwendung von Gesundheitsmaßnahmen auf Gepäck, Fracht, Container, Beförderungsmittel, Güter oder Postpakete Gebühren erhoben, so richten sich diese nach einem einzigen in dem betreffenden Vertragsstaat geltenden Tarif, und jede Gebühr

a) muss diesem Tarif entsprechen;
b) darf die tatsächlichen Kosten der Dienstleistung nicht übersteigen und
c) muss ohne Unterschied bezüglich der Staatszugehörigkeit, der Flagge, des Registers oder der Eigentumsverhältnisse des Gepäcks, der Fracht, der Container, der Beförderungsmittel, der Güter oder der Postpakete erhoben werden. Insbesondere wird kein Unterschied zwischen inländischen und ausländischen Gepäck- oder Frachtstücken, Containern, Beförderungsmitteln, Gütern oder Postpaketen gemacht.

(2) Der Tarif und jede Änderung des Tarifs sind mindestens zehn Tage vor ihrem Inkrafttreten zu veröffentlichen.

Teil VIII
Allgemeine Bestimmungen

Artikel 42
Durchführung von Gesundheitsmaßnahmen

Aufgrund dieser Vorschriften ergriffene Gesundheitsmaßnahmen sind unverzüglich einzuleiten und abzuschließen sowie transparent und unterschiedslos anzuwenden.

Artikel 43
Zusätzliche Gesundheitsmaßnahmen

(1) Diese Vorschriften hindern Vertragsstaaten nicht daran, in Übereinstimmung mit ihren einschlägigen innerstaatlichen Rechtsvorschriften und ihren völkerrechtlichen Verpflichtungen als Reaktion auf bestimmte Gefahren für die öffentliche Gesundheit oder gesundheitliche Notlagen von internationaler Tragweite Gesundheitsmaßnahmen durchzuführen, die

a) das gleiche oder ein höheres Maß an Gesundheitsschutz wie WHO-Empfehlungen erreichen oder
b) sonst nach Artikel 25, Artikel 26, Artikel 28 Absätze 1 und 2, Artikel 30, Artikel 31 Absatz 1 Buchstabe c und Artikel 33 verboten sind,

vorausgesetzt, diese Maßnahmen entsprechen im Übrigen diesen Vorschriften.

Derartige Maßnahmen dürfen den internationalen Verkehr nicht stärker beeinträchtigen und für Personen nicht invasiver oder störender sein als unter vertretbarem Aufwand verfügbare Alternativen, die ein angemessenes Maß an Gesundheitsschutz erreichen würden.

(2) Bei der Entscheidung, ob die in Absatz 1 genannten Gesundheitsmaßnahmen oder zusätzliche Gesundheitsmaßnahmen nach Artikel 23 Absatz 2, Artikel 27 Absatz 1, Artikel 28 Absatz 2 und Artikel 31 Absatz 2 Buchstabe c durchgeführt werden, richten sich die Vertragsstaaten nach

a) wissenschaftlichen Grundsätzen;
b) verfügbaren wissenschaftlichen Erkenntnissen über eine Gefahr für die menschliche Gesundheit, oder – wenn ein solcher Nachweis unzureichend ist – den verfügbaren Informationen, einschließlich solcher der WHO und anderer einschlägiger zwischenstaatlicher Organisationen und internationaler Organe, und
c) verfügbaren spezifischen Anleitungen oder Ratschlägen der WHO.

(3) Ein Vertragsstaat, der zusätzliche Gesundheitsmaßnahmen nach Absatz 1 durchführt, die den internationalen Verkehr erheblich beeinträchtigen, liefert der WHO eine auf die öffentliche Gesundheit gestützte Begründung und einschlägige wissenschaftliche Informationen dazu. Die WHO gibt diese Informationen an andere Vertragsstaaten weiter und gibt Informationen über die durchgeführten Gesundheitsmaßnahmen weiter. Im Sinne dieses Artikels bedeutet eine erhebliche Beeinträchtigung im Allgemeinen die Verweigerung der Ein- oder Abreise von internationalen Reisenden, Gepäck, Fracht, Containern, Beförderungsmitteln, Gütern und dergleichen oder ihre Verzögerung um mehr als 24 Stunden.

(4) Nach Bewertung der in Übereinstimmung mit den Absätzen 3 und 5 zur Verfügung gestellten Informationen und anderer einschlägiger Informationen kann die WHO verlangen, dass der betreffende Vertragsstaat die Anwendung der Maßnahmen erneut überdenkt.

(5) Ein Vertragsstaat, der in den Absätzen 1 und 2 genannte zusätzliche Gesundheitsmaßnahmen durchführt, die den internationalen Verkehr erheblich beeinträchtigen, informiert die WHO innerhalb von 48 Stunden nach Durchführung über diese Maßnahmen und deren gesundheitliche Begründung, es sei denn, sie sind durch eine zeitlich befristete oder ständige Empfehlung abgedeckt.

(6) Ein Vertragsstaat, der eine Gesundheitsmaßnahme nach Absatz 1 oder 2 durchführt, überprüft eine solche Maßnahme binnen drei Monaten; er berücksichtigt dabei den Rat der WHO und die in Absatz 2 genannten Kriterien.

(7) Unbeschadet seiner Rechte nach Artikel 56 kann jeder Vertragsstaat, der von einer nach Absatz 1 oder 2 ergriffenen Maßnahme betroffen ist, den eine solche Maßnahme durchführenden Vertragsstaat um Rücksprache ersuchen. Zweck einer solchen Rücksprache ist es, die wissenschaftlichen Informationen und die auf die öffentliche Gesundheit gestützte Begründung der Maßnahme zu klären und zu einer für beide Seiten annehmbaren Lösung zu gelangen.

(8) Dieser Artikel kann auf die Durchführung von Maßnahmen im Hinblick auf Reisende, die an Massenveranstaltungen teilnehmen, Anwendung finden.

Artikel 44
Zusammenarbeit und Hilfe

(1) Die Vertragsstaaten verpflichten sich soweit möglich zur Zusammenarbeit untereinander bei

a) der Feststellung und Bewertung von Ereignissen und der Reaktion auf diese nach diesen Vorschriften;
b) der Leistung oder Erleichterung technischer Zusammenarbeit und logistischer Unterstützung, vor allem bei der Schaffung, der Stärkung und der Aufrechterhaltung der nach diesen Vorschriften erforderlichen Kapazitäten zum Schutz der öffentlichen Gesundheit;
c) der Erschließung finanzieller Mittel zur Erleichterung der Erfüllung ihrer Verpflichtungen aufgrund dieser Vorschriften und
d) der Formulierung von Entwürfen für Gesetze und andere Rechts- und Verwaltungsvorschriften für die Durchführung dieser Vorschriften.

(2) Die WHO arbeitet auf Ersuchen und soweit möglich mit den Vertragsstaaten bei Folgendem zusammen:

a) bei der Beurteilung und Bewertung ihrer Kapazitäten zum Schutz der öffentlichen Gesundheit, um die wirksame Durchführung dieser Vorschriften zu erleichtern;
b) bei der Bereitstellung oder Erleichterung technischer Zusammenarbeit und logistischer Unterstützung den Vertragsstaaten gegenüber und
c) bei der Erschließung finanzieller Mittel, um Entwicklungsländer bei der Schaffung, der Stärkung und der Aufrechterhaltung der in Anlage 1 vorgesehenen Kapazitäten zu unterstützen.

(3) Die Zusammenarbeit nach diesem Artikel kann auf mehreren Wegen erfolgen, beispielsweise auch zweiseitig, über regionale Netzwerke und die WHO-Regionalbüros sowie über zwischenstaatliche Organisationen und internationale Organe.

Artikel 45
Umgang mit personenbezogenen Daten

(1) Für die öffentliche Gesundheit relevante Informationen, die ein Vertragsstaat nach diesen Vorschriften von einem anderen Vertragsstaat oder der WHO erhoben oder erhalten hat und die sich auf eine identifizierte oder identifizierbare Person beziehen, werden in dem Maße vertraulich behandelt und anonym verarbeitet, wie es das innerstaatliche Recht vorschreibt.

(2) Unbeschadet des Absatzes 1 können Vertragsstaaten personenbezogene Daten offen legen und verarbeiten, wenn es für die Zwecke der Bewertung und Bewältigung einer Gefahr für die öffentliche Gesundheit unumgänglich ist, jedoch müssen die Vertragsstaaten nach ihrem innerstaatlichen Recht beziehungsweise muss die WHO sicherstellen, dass die personenbezogenen Daten

a) richtig und gesetzmäßig verarbeitet und nicht auf eine Weise weiterverarbeitet werden, die mit diesem Zweck unvereinbar ist;

b) in Bezug auf diesen Zweck angemessen, sachdienlich und nicht übermäßig umfangreich sind;
c) genau sind und nötigenfalls aktualisiert werden; es müssen alle angemessenen Schritte unternommen werden, um sicherzustellen, dass ungenaue oder unvollständige Daten gelöscht oder berichtigt werden; und
d) nicht länger als erforderlich aufbewahrt werden.

(3) Auf Ersuchen stellt die WHO soweit durchführbar Einzelpersonen ihre in diesem Artikel erwähnten personenbezogenen Daten in verständlicher Form zur Verfügung, und zwar ohne unangemessene Verzögerungen oder Kosten, und ermöglicht nötigenfalls eine Korrektur.

Artikel 46
Transport und Handhabung von biologischen Stoffen, Reagenzien und Materialien für Diagnosezwecke

Die Vertragsstaaten erleichtern vorbehaltlich des innerstaatlichen Rechts und unter Berücksichtigung einschlägiger internationaler Leitlinien den Transport, die Ein- und Ausfuhr, die Verarbeitung und Entsorgung biologischer Stoffe und diagnostischer Proben, Reagenzien und anderer diagnostischer Materialien für die Zwecke von Bestätigungen und Gesundheitsschutzmaßnahmen aufgrund dieser Vorschriften.

Teil IX
Die IGV-Sachverständigenliste, der Notfallausschuss und der Prüfungsausschuss

Kapitel I
Die IGV-Sachverständigenliste

Artikel 47
Zusammensetzung

Der Generaldirektor erstellt eine aus Sachverständigen aller relevanten Fachbereiche bestehende Liste (im Folgenden „IGV-Sachverständigenliste"). Der Generaldirektor ernennt die Mitglieder der IGV-Sachverständigenliste, sofern diese Vorschriften nichts anderes vorsehen, im Einklang mit den für Sachverständigenbeiräte und -ausschüsse geltenden WHO-Regelungen (im Folgenden „WHO-Regelungen für Sachverständigenbeiräte"). Darüber hinaus ernennt der Generaldirektor ein Mitglied auf Ersuchen jedes Vertragsstaats und gegebenenfalls Sachverständige, die von einschlägigen zwischenstaatlichen Organisationen und Organisationen der regionalen Wirtschaftsintegration vorgeschlagen werden. Beteiligte Vertragsstaaten machen dem Generaldirektor Mitteilung über Qualifikationen und Fachbereiche der von ihnen als Mitglieder vorgeschlagenen Sachverständigen. Der Generaldirektor informiert die Vertragsstaaten sowie die einschlägigen zwischenstaatlichen Organisationen und Organisationen der regionalen Wirtschaftsintegration regelmäßig über die Zusammensetzung der IGV-Sachverständigenliste.

Kapitel II
Der Notfallausschuss

Artikel 48
Aufgabenbereich und Zusammensetzung

(1) Der Generaldirektor richtet einen Notfallausschuss ein, der ihm auf sein Ersuchen Stellungnahmen zu Folgendem liefert:

a) ob ein Ereignis eine gesundheitliche Notlage von internationaler Tragweite darstellt;
b) ob eine gesundheitliche Notlage von internationaler Tragweite nicht mehr besteht;
c) über die vorgeschlagene Herausgabe, Änderung, Verlängerung oder Aufhebung zeitlich befristeter Empfehlungen.

(2) Der Notfallausschuss setzt sich aus vom Generaldirektor ausgewählten Sachverständigen der IGV-Sachverständigenliste und gegebenenfalls anderen Sachverständigenbeiräten der Organisation zusammen. Der Generaldirektor bestimmt die Dauer der Mitgliedschaft im Hinblick darauf, Kontinuität bei der Prüfung eines bestimmten Ereignisses und seiner Folgen zu gewährleisten. Der Generaldirektor wählt die Mitglieder des Notfallausschusses auf der Grundlage der für eine bestimmte Sitzung erforderlichen Fachkenntnis und Erfahrung und unter gebührender Berücksichtigung der Grundsätze gerechter geographischer Vertretung aus. Mindestens ein Mitglied des Notfallausschusses soll ein Sachverständiger sein, der von einem Vertragsstaat benannt wurde, in dessen Hoheitsgebiet das Ereignis auftritt.

(3) Der Generaldirektor kann von sich aus oder auf Ersuchen des Notfallausschusses einen oder mehrere technische Sachverständige zur Beratung des Ausschusses ernennen.

Artikel 49
Verfahren

(1) Der Generaldirektor beruft Sitzungen des Notfallausschusses durch Auswahl einer Anzahl von Sachverständigen aus dem in Artikel 48 Absatz 2 genannten Personenkreis ein, und zwar entsprechend den für das jeweilige Ereignis wichtigsten Kenntnis- und Erfahrungsbereichen. Im Sinne dieses Artikels gelten auch Telefonkonferenzen, Videokonferenzen oder die elektronische Kommunikation als „Sitzungen" des Notfallausschusses.

(2) Der Generaldirektor legt der Kommission die Tagesordnung und mögliche einschlägige Informationen zu dem Ereignis, einschließlich der von den Vertragsstaaten zur Verfügung gestellten Informationen, sowie zeitlich befristete Empfehlungen, die er zur Abgabe vorschlägt, vor.

(3) Der Notfallausschuss wählt seinen Vorsitzenden und erarbeitet nach jeder Sitzung eine kurze Zusammenfassung des Sitzungsverlaufs und der Beratungen einschließlich etwaiger Stellungnahmen zu Empfehlungen.

(4) Der Generaldirektor bittet den Vertragsstaat, in dessen Hoheitsgebiet das Ereignis eingetreten ist, dem Notfallausschuss seine Stellungnahme vorzulegen. Zu diesem Zweck teilt der Generaldirektor dem Vertragsstaat Datum und Tagesordnung der Sit-

zung des Notfallausschusses durch möglichst frühzeitige Vorankündigung mit. Der betreffende Vertragsstaat kann jedoch nicht um eine Verschiebung der Sitzung des Notfallausschusses zur Vorlage seiner Stellungnahme ersuchen.

(5) Die Stellungnahme des Notfallausschusses wird dem Generaldirektor zur Prüfung übermittelt. Der Generaldirektor trifft die endgültige Entscheidung hinsichtlich dieser Angelegenheiten.

(6) Der Generaldirektor teilt den Vertragsstaaten die Entscheidung und die Beendigung einer gesundheitlichen Notlage von internationaler Tragweite, die vom betreffenden Vertragsstaat ergriffenen Gesundheitsmaßnahmen, zeitlich befristete Empfehlungen sowie die Änderung, Verlängerung und Aufhebung solcher Empfehlungen zusammen mit der Stellungnahme des Notfallausschusses mit. Der Generaldirektor informiert die Beförderer über die Vertragsstaaten und die einschlägigen internationalen Organe über diese vorläufigen Empfehlungen einschließlich ihrer Änderung, Verlängerung oder Aufhebung. Der Generaldirektor veröffentlicht diese Informationen und Empfehlungen anschließend.

(7) Die Vertragsstaaten, in deren Hoheitsgebiet das Ereignis eingetreten ist, können dem Generaldirektor die Beendigung einer gesundheitlichen Notlage von internationaler Tragweite und/oder die Aufhebung der vorläufigen Empfehlungen vorschlagen und diesen Vorschlag dem Notfallausschuss vorlegen.

Kapitel III
Der Prüfungsausschuss

Artikel 50
Aufgabenbereich und Zusammensetzung

(1) Der Generaldirektor richtet einen Prüfungsausschuss ein, der folgende Aufgaben wahrnimmt:

a) die Abgabe fachlicher Empfehlungen an den Generaldirektor in Bezug auf Änderungen dieser Vorschriften;
b) die fachliche Beratung des Generaldirektors in Bezug auf ständige Empfehlungen und die Änderung oder Aufhebung derselben;
c) die fachliche Beratung des Generaldirektors in allen dem Ausschuss von diesem unterbreiteten Angelegenheiten in Bezug auf die Wirksamkeit dieser Vorschriften.

(2) Der Prüfungsausschuss wird als Sachverständigenausschuss betrachtet und unterliegt den WHO-Regelungen für Sachverständigenbeiräte, sofern in diesem Artikel nichts anderes bestimmt ist.

(3) Die Mitglieder des Prüfungsausschusses werden vom Generaldirektor aus den Reihen der Mitglieder der IGV-Sachverständigenliste und gegebenenfalls anderer Sachverständigenbeiräte der Organisation ausgewählt und ernannt.

(4) Der Generaldirektor bestimmt die Anzahl der zu einer Sitzung des Prüfungsausschusses einzuladenden Mitglieder sowie Datum und Dauer der Sitzung und beruft den Ausschuss ein.

(5) Der Generaldirektor ernennt die Mitglieder des Prüfungsausschusses nur für die Dauer der Tätigkeiten einer Tagung.

(6) Der Generaldirektor wählt die Mitglieder des Prüfungsausschusses auf der Grundlage gerechter geographischer Vertretung, der Geschlechtergleichstellung, des Gleichgewichts von Sachverständigen aus entwickelten und Entwicklungsländern, der Vertretung vielfältiger wissenschaftlicher Auffassungen, Ansätze und praktischer Erfahrungen in unterschiedlichen Teilen der Welt und eines angemessenen Gleichgewichts verschiedener Disziplinen aus.

Artikel 51
Geschäftsführung

(1) Beschlüsse des Prüfungsausschusses werden mit der Mehrheit der anwesenden und abstimmenden Mitglieder gefasst.

(2) Der Generaldirektor fordert die Mitgliedstaaten, die Vereinten Nationen und deren Sonderorganisationen und andere einschlägige zwischenstaatliche Organisationen und nichtstaatliche Organisationen mit offiziellen Beziehungen zur WHO auf, Vertreter für die Teilnahme an den Ausschusstagungen zu ernennen. Diese Vertreter können Mitteilungen vorlegen und mit Zustimmung des Vorsitzenden Stellungnahmen zu den Verhandlungsgegenständen abgeben. Sie sind nicht stimmberechtigt.

Artikel 52
Berichte

(1) Für jede Tagung verfasst der Prüfungsausschuss einen Bericht, in dem die Stellungnahmen und Ratschläge des Ausschusses dargelegt sind. Dieser Bericht wird vom Ausschuss vor Ende der Tagung genehmigt. Seine Stellungnahmen und Ratschläge sind für die Organisation nicht bindend und werden als Ratschlag an den Generaldirektor formuliert. Ohne Zustimmung des Ausschusses darf der Wortlaut des Berichts nicht geändert werden.

(2) Erzielt der Prüfungsausschuss kein Einvernehmen in seiner Beurteilung, so hat jedes Mitglied das Recht, seine abweichende fachliche Auffassung in einem Einzel- oder Gruppenbericht darzulegen, der Gründe für die abweichende Auffassung aufführt und Bestandteil des Ausschussberichts ist.

(3) Der Ausschussbericht wird dem Generaldirektor vorgelegt, der die Stellungnahmen und Ratschläge des Ausschusses der Gesundheitsversammlung oder dem Exekutivrat zur Prüfung und weiteren Veranlassung übermittelt.

Artikel 53
Verfahren für ständige Empfehlungen

Ist der Generaldirektor der Auffassung, dass eine ständige Empfehlung in Bezug auf eine bestimmte Gefahr für die öffentliche Gesundheit notwendig und angemessen ist, so ersucht er den Prüfungsausschuss um Stellungnahme. Über die einschlägigen Absätze der Artikel 50 bis 52 hinaus gelten die folgenden Vorschriften:

a) Vorschläge für ständige Empfehlungen oder deren Änderung oder Aufhebung können dem Prüfungsausschuss vom Generaldirektor oder von den Vertragsstaaten über den Generaldirektor vorgelegt werden;
b) jeder Vertragsstaat kann dem Prüfungsausschuss sachdienliche Informationen zur Prüfung vorlegen;
c) der Generaldirektor kann Vertragsstaaten, zwischenstaatliche Organisationen oder nichtstaatliche Organisationen mit offiziellen Beziehungen zur WHO ersuchen, dem Prüfungsausschuss nach dessen Angaben in ihrem Besitz befindliche Informationen über den Gegenstand der vorgeschlagenen ständigen Empfehlung zur Verfügung zu stellen;
d) der Generaldirektor kann auf Antrag des Prüfungsausschusses oder von sich aus einen oder mehrere technische Sachverständige zur Beratung des Prüfungsausschusses benennen. Diese sind nicht stimmberechtigt;
e) jeder Bericht mit den Stellungnahmen und Ratschlägen des Prüfungsausschusses zu ständigen Empfehlungen wird an den Generaldirektor zur Prüfung und Entscheidung weitergeleitet. Der Generaldirektor übermittelt die Stellungnahmen und Ratschläge des Prüfungsausschusses an die Gesundheitsversammlung;
f) der Generaldirektor übermittelt den Vertragsstaaten alle ständigen Empfehlungen und teilt ihnen die Änderung oder Aufhebung solcher Empfehlungen mit; ferner übermittelt er die Stellungnahmen des Prüfungsausschusses;
g) ständige Empfehlungen werden vom Generaldirektor der nächsten Gesundheitsversammlung zur Prüfung vorgelegt.

Teil X
Schlussbestimmungen

Artikel 54
Berichtswesen und Überprüfung

(1) Die Vertragsstaaten und der Generaldirektor berichten der Gesundheitsversammlung über die Durchführung dieser Vorschriften, wie von der Gesundheitsversammlung beschlossen.

(2) Die Gesundheitsversammlung überprüft regelmäßig die Wirksamkeit dieser Vorschriften. Zu diesem Zweck kann sie den Prüfungsausschuss über den Generaldirektor um Ratschläge bitten. Die erste derartige Überprüfung findet spätestens fünf Jahre nach Inkrafttreten dieser Vorschriften statt.

(3) Die WHO führt regelmäßig Untersuchungen durch, um die Wirksamkeit der Anlage 2 zu überprüfen und zu bewerten. Die erste derartige Überprüfung beginnt spätestens ein Jahr nach Inkrafttreten dieser Vorschriften. Die Ergebnisse dieser Überprüfungen werden gegebenenfalls der Gesundheitsversammlung zur Prüfung vorgelegt.

Artikel 55
Änderungen

(1) Änderungen dieser Vorschriften können von jedem Vertragsstaat oder vom Generaldirektor vorgeschlagen werden. Diese Änderungsvorschläge werden der Gesundheitsversammlung zur Prüfung vorgelegt.

(2) Der Wortlaut jedes Änderungsvorschlags wird allen Vertragsstaaten durch den Generaldirektor mindestens vier Monate vor der Gesundheitsversammlung, auf der er zur Beratung vorgeschlagen wird, übermittelt.

(3) Änderungen dieser Vorschriften, die von der Gesundheitsversammlung nach diesem Artikel beschlossen werden, treten für alle Vertragsstaaten unter denselben Bedingungen und vorbehaltlich derselben Rechte und Pflichten in Kraft, wie sie in Artikel 22 der Satzung der WHO und in den Artikeln 59 bis 64 dieser Vorschriften vorgesehen sind, und zwar nach Maßgabe der in diesen Artikeln für Änderungen dieser Vorschriften vorgesehenen Fristen.

Artikel 56
Beilegung von Streitigkeiten

(1) Im Fall einer Streitigkeit zwischen zwei oder mehr Vertragsstaaten über die Auslegung oder Anwendung dieser Vorschriften bemühen sich die beteiligten Vertragsstaaten zunächst um eine Beilegung der Streitigkeit durch Verhandlungen oder andere friedliche Mittel ihrer Wahl, einschließlich guter Dienste, der Vermittlung und des Vergleichs. Wird keine Einigung erzielt, so sind die Streitparteien nicht von der Verpflichtung befreit, sich weiterhin um eine Beilegung der Streitigkeit zu bemühen.

(2) Wird die Streitigkeit nicht durch eines der in Absatz 1 beschriebenen Mittel beigelegt, so können die beteiligten Vertragsstaaten vereinbaren, die Streitigkeit an den Generaldirektor zu verweisen, der sich nach besten Kräften bemüht, sie beizulegen.

(3) Ein Vertragsstaat kann dem Generaldirektor jederzeit schriftlich erklären, dass er ein Schiedsverfahren in Bezug auf alle Streitigkeiten über die Auslegung oder Anwendung dieser Vorschriften, deren Streitpartei er ist, oder in Bezug auf eine bestimmte Streitigkeit gegenüber jeder anderen Vertragspartei, welche dieselbe Verpflichtung übernimmt, als obligatorisch anerkennt. Das Schiedsverfahren wird nach der zum Zeitpunkt seiner Beantragung gültigen Fakultativen Schiedsordnung des Ständigen Schiedshofs für die Beilegung von Streitigkeiten zwischen zwei Staaten durchgeführt. Die Vertragsstaaten, die zugestimmt haben, das Schiedsverfahren als obligatorisch anzuerkennen, erkennen den Schiedsspruch als verbindlich und endgültig an. Der Generaldirektor unterrichtet die Gesundheitsversammlung gegebenenfalls über derartige Schritte.

(4) Diese Vorschriften beeinträchtigen nicht die Rechte von Vertragsstaaten aus völkerrechtlichen Übereinkünften, deren Vertragspartei sie sind, von den Streitbeilegungsmechanismen anderer zwischenstaatlicher Organisationen oder von aufgrund völkerrechtlicher Übereinkünfte eingerichteter Streitbeilegungsmechanismen Gebrauch zu machen.

(5) Im Fall einer Streitigkeit zwischen der WHO und einem oder mehreren Vertragsstaaten über die Auslegung oder Anwendung dieser Vorschriften wird die Angelegenheit an die Gesundheitsversammlung verwiesen.

Artikel 57
Verhältnis zu anderen völkerrechtlichen Übereinkünfte

(1) Die Vertragsstaaten erkennen an, dass die IGV und andere einschlägige völkerrechtliche Übereinkünfte im Sinne der Vereinbarkeit ausgelegt werden sollen. Die IGV berühren nicht die Rechte und Pflichten der Vertragsstaaten aus anderen völkerrechtlichen Übereinkünften.

(2) Vorbehaltlich des Absatzes 1 hindern diese Vorschriften die Vertragsstaaten, die aufgrund ihrer gesundheitlichen, geographischen, sozialen und wirtschaftlichen Verhältnisse bestimmte gemeinsame Interessen haben, nicht daran, Sonderverträge oder -vereinbarungen zu schließen, um die Anwendung dieser Vorschriften zu erleichtern, und zwar insbesondere im Hinblick auf

a) den unmittelbaren und raschen Austausch von für die öffentliche Gesundheit relevanten Informationen zwischen benachbarten Hoheitsgebieten verschiedener Staaten;
b) die im internationalen Küstenverkehr und im internationalen Verkehr in Gewässern innerhalb ihres Hoheitsgebiets anzuwendenden Gesundheitsmaßnahmen;
c) die in angrenzenden Hoheitsgebieten verschiedener Staaten an ihrer gemeinsamen Grenze anzuwendenden Gesundheitsmaßnahmen;
d) Vereinbarungen für die Beförderung betroffener Personen oder betroffener menschlicher Überreste durch eigens auf diesen Zweck abgestimmte Beförderungsmittel und
e) die Entrattung, Befreiung von Insekten, Desinfektion, Entseuchung oder andere Behandlung, um Güter von Krankheitserregern zu befreien.

(3) Unbeschadet ihrer Verpflichtungen nach diesen Vorschriften wenden Vertragsstaaten, die Mitglieder einer Organisation der regionalen Wirtschaftsintegration sind, in ihren gegenseitigen Beziehungen die in dieser Organisation der regionalen Wirtschaftsintegration in Kraft befindlichen gemeinsamen Regelungen an.

Artikel 58
Internationale Sanitätsabkommen und Gesundheitsvorschriften

(1) Diese Vorschriften ersetzen vorbehaltlich des Artikels 62 und der nachstehend vorgesehenen Ausnahmen folgende zwischen den durch diese Vorschriften gebundenen Staaten sowie zwischen diesen Staaten und der WHO geltende internationale Sanitätsabkommen und Gesundheitsvorschriften:

a) Internationales Sanitätsabkommen, unterzeichnet in Paris am 21. Juni 1926;
b) Internationales Sanitätsabkommen für die Luftfahrt, unterzeichnet in Den Haag am 12. April 1933;
c) Internationales Abkommen über die Abschaffung der Gesundheitspässe, unterzeichnet in Paris am 22. Dezember 1934;

d) Internationales Abkommen über die Abschaffung der Konsulatssichtvermerke auf den Gesundheitspässen, unterzeichnet in Paris am 22. Dezember 1934;
e) Abkommen zur Änderung des Internationalen Sanitätsabkommens vom 21. Juni 1926, unterzeichnet in Paris am 31. Oktober 1938;
f) Internationales Sanitätsabkommen von 1944 zur Änderung des Internationalen Sanitätsabkommens vom 21. Juni 1926, zur Unterzeichnung aufgelegt in Washington am 15. Dezember 1944;
g) Internationales Sanitätsabkommen für die Luftfahrt von 1944 zur Änderung des Internationalen Sanitätsabkommens vom 12. April 1933, zur Unterzeichnung aufgelegt in Washington am 15. Dezember 1944;
h) Protokoll vom 23. April 1946 zur Verlängerung des Internationalen Sanitätsabkommens von 1944, unterzeichnet in Washington;
i) Protokoll vom 23. April 1946 zur Verlängerung des Internationalen Sanitätsabkommens für die Luftfahrt von 1944, unterzeichnet in Washington;
j) Internationale Gesundheitsvorschriften von 1951 und Zusatzvorschriften von 1955, 1956, 1960, 1963 und 1965 und
k) Internationale Gesundheitsvorschriften von 1969 und die Änderungen von 1973 und 1981.

(2) Der in Havanna am 14. November 1924 unterzeichnete Panamerikanische Kodex des Gesundheitswesens bleibt mit Ausnahme der Artikel 2, 9, 10, 11, 16 bis 53, 61 und 62, auf welche der einschlägige Teil des Absatzes 1 des vorliegenden Artikels Anwendung findet, in Kraft.

Artikel 59[1)]
Inkrafttreten; Frist für Ablehnungen oder Vorbehalte

(1) Die nach Artikel 22 der Satzung der WHO vorgesehene Frist für die Ablehnung dieser Vorschriften oder für Vorbehalte zu diesen beträgt 18 Monate, gerechnet von dem Tag, an dem der Generaldirektor die Annahme dieser Vorschriften durch die Gesundheitsversammlung notifiziert. Ablehnungen oder Vorbehalte, die nach Ablauf dieser Frist beim Generaldirektor eingehen, sind unwirksam.

(1bis) Die nach Artikel 22 der Satzung der WHO vorgesehene Frist für die Ablehnung einer Änderung dieser Vorschriften oder für Vorbehalte zu einer solchen Änderung beträgt 10 Monate, gerechnet von dem Tag, an dem der Generaldirektor die Annahme dieser Vorschriften durch die Gesundheitsversammlung notifiziert. Ablehnungen oder Vorbehalte, die nach Ablauf dieser Frist beim Generaldirektor eingehen, sind unwirksam.

(2) Diese Vorschriften treten 24 Monate nach dem in Absatz 1 genannten Tag der Notifikation in Kraft und Änderungen dieser Vorschriften treten 12 Monate nach dem in Absatz 1bis genannten Tag der Notifikation in Kraft; dies gilt nicht für
a) einen Staat, der die Vorschriften oder deren Änderung nach Artikel 61 abgelehnt hat;

1) Anmerkung des Verlags: Inkrafttreten für die Bundesrepublik gemäß Bekanntmachung vom 1.10.2007 (BGBl. I S. 1528) am 15.6.2007.

b) einen Staat, der einen Vorbehalt gemacht hat; für ihn treten die Vorschriften oder deren Änderung wie in Artikel 62 vorgesehen in Kraft;
c) einen Staat, der nach dem in Absatz 1 genannten Tag der Notifikation durch den Generaldirektor Mitglied der WHO wird und nicht bereits Vertragspartei dieser Vorschriften ist; für ihn treten die Vorschriften wie in Artikel 60 vorgesehen in Kraft;
d) einen Staat, der nicht Mitglied der WHO ist und diese Vorschriften annimmt; für ihn treten sie nach Artikel 64 Absatz 1 in Kraft.

(3) Ist ein Staat nicht in der Lage, seine innerstaatlichen Rechts- und Verwaltungsregelungen innerhalb der in Absatz 2 genannten Frist vollständig an diese Vorschriften oder an eine Änderung derselben anzupassen, so legt dieser Staat innerhalb der in Absatz 1 oder 1bis jeweils genannten Frist dem Generaldirektor eine Erklärung hinsichtlich der noch ausstehenden Anpassungen vor; diese nimmt er spätestens zwölf Monate nach Inkrafttreten dieser Vorschriften für diesen Vertragsstaat vor.

Artikel 60
Neue Mitgliedstaaten der WHO

Jeder Staat, der nach dem in Artikel 59 Absatz 1 genannten Tag der Notifikation durch den Generaldirektor Mitglied der WHO wird und der nicht bereits Vertragspartei dieser Vorschriften ist, kann, nachdem er Mitglied der WHO geworden ist, innerhalb von zwölf Monaten nach dem Tag der Notifikation durch den Generaldirektor an ihn seine Ablehnung der Vorschriften oder einen Vorbehalt dazu mitteilen. Werden die Vorschriften nicht abgelehnt, so treten sie vorbehaltlich der Artikel 62 und 63 nach Ablauf der genannten Frist in Bezug auf den betreffenden Staat in Kraft. Keinesfalls treten die Vorschriften in Bezug auf diesen Staat vor Ablauf von 24 Monaten nach dem in Artikel 59 Absatz 1 genannten Tag der Notifikation in Kraft.

Artikel 61
Ablehnung

Notifiziert ein Staat dem Generaldirektor seine Ablehnung dieser Vorschriften oder einer Änderung derselben innerhalb der in Artikel 59 Absatz 1 oder 1bis jeweils vorgesehenen Frist, so treten diese Vorschriften oder die betreffende Änderung in Bezug auf diesen Staat nicht in Kraft. Alle in Artikel 58 aufgeführten internationalen Sanitätsabkommen oder Gesundheitsvorschriften, deren Vertragspartei ein solcher Staat bereits ist, bleiben für diesen Staat in Kraft.

Artikel 62
Vorbehalte

(1) Die Staaten können nach diesem Artikel Vorbehalte zu diesen Vorschriften oder einer Änderung derselben anbringen. Solche Vorbehalte dürfen nicht mit Ziel und Zweck dieser Vorschriften unvereinbar sein.

(2) Vorbehalte zu diesen Vorschriften oder einer Änderung derselben werden dem Generaldirektor je nach Fall in Übereinstimmung mit Artikel 59 Absatz 1 und 1bis so-

wie Artikel 60, Artikel 63 Absatz 1 oder Artikel 64 Absatz 1 notifiziert. Ein Staat, der nicht Mitglied der WHO ist, notifiziert dem Generaldirektor einen Vorbehalt zusammen mit der Notifikation seiner Annahme dieser Vorschriften. Staaten, die Vorbehalte anbringen, sollen diese dem Generaldirektor gegenüber begründen.

(3) Die Ablehnung eines Teiles dieser Vorschriften oder eines Teiles einer Änderung derselben gilt als Vorbehalt.

(4) Der Generaldirektor notifiziert in Übereinstimmung mit Artikel 65 Absatz 2 jeden nach Absatz 2 dieses Artikels eingegangenen Vorbehalt. Der Generaldirektor ersucht

a) diejenigen Mitgliedstaaten, welche diese Vorschriften nicht abgelehnt haben, ihm innerhalb von sechs Monaten einen etwaigen Einspruch gegen den Vorbehalt zu notifizieren, wenn der Vorbehalt vor Inkrafttreten dieser Vorschriften angebracht wurde, oder
b) die Vertragsstaaten, ihm innerhalb von sechs Monaten einen etwaigen Einspruch gegen den Vorbehalt zu notifizieren, wenn der Vorbehalt nach Inkrafttreten dieser Vorschriften angebracht wurde, oder
c) die Vertragsstaaten, ihm innerhalb von drei Monaten einen etwaigen Einspruch gegen den Vorbehalt zu notifizieren, wenn der Vorbehalt zu einer Änderung dieser Vorschriften angebracht wurde.

Vertragsstaaten, die gegen einen Vorbehalt zu einer Änderung dieser Vorschriften Einspruch erheben, sollen diesen Einspruch dem Generaldirektor gegenüber begründen.

(5) Nach Ablauf dieser Frist notifiziert der Generaldirektor allen Vertragsstaaten die bei ihm zu Vorbehalten eingegangenen Einsprüche. Wurde bis spätestens sechs Monate nach dem Tag der in Absatz 4 genannten Notifikation von einem Drittel der in Absatz 4 genannten Staaten kein Einspruch gegen einen Vorbehalt erhoben, so gilt dieser als angenommen; diese Vorschriften treten für den diesen Vorbehalt anbringenden Staat nach Maßgabe dieses Vorbehalts in Kraft. Wurde bis spätestens drei Monate nach dem Tag der in Absatz 4 genannten Notifikation von einem Drittel der in Absatz 4 genannten Staaten kein Einspruch gegen einen Vorbehalt zu einer Änderung dieser Vorschriften erhoben, so gilt dieser als angenommen; die Änderung tritt für den diesen Vorbehalt anbringenden Staat nach Maßgabe dieses Vorbehalts in Kraft.

(6) Erhebt mindestens ein Drittel der in Absatz 4 genannten Staaten bis spätestens sechs Monate nach dem Tag der in Absatz 4 genannten Notifikation Einspruch gegen den Vorbehalt zu diesen Vorschriften, oder im Falle eines Vorbehalts zu einer Änderung dieser Vorschriften bis spätestens drei Monate nach dem Tag der in Absatz 4 genannten Notifikation, so notifiziert der Generaldirektor dies dem den Vorbehalt anbringenden Staat mit dem Ziel, ihn zur Prüfung einer Rücknahme des Vorbehalts binnen drei Monaten nach der Notifikation durch den Generaldirektor zu veranlassen.

(7) Der einen Vorbehalt anbringende Staat erfüllt weiterhin alle sich auf den Gegenstand des Vorbehalts beziehenden Verpflichtungen, die er aufgrund der in Artikel 58 aufgeführten internationalen Sanitätsabkommen oder Gesundheitsvorschriften übernommen hat.

(8) Nimmt der den Vorbehalt anbringende Staat den Vorbehalt nicht binnen drei Monaten nach dem Tag der in Absatz 6 genannten Notifikation durch den Generaldirektor zurück, so fordert der Generaldirektor eine Stellungnahme des Prüfungsausschusses an, wenn der den Vorbehalt anbringende Staat darum ersucht. Der Prüfungsausschuss berät den Generaldirektor baldmöglichst nach Artikel 50 über die praktischen Auswirkungen des Vorbehalts auf die Wirkungsweise dieser Vorschriften.

(9) Der Generaldirektor legt den Vorbehalt und gegebenenfalls die Stellungnahme des Prüfungsausschusses der Gesundheitsversammlung zur Prüfung vor. Erhebt die Gesundheitsversammlung mehrheitlich Einspruch gegen den Vorbehalt, weil er mit Ziel und Zweck dieser Vorschriften unvereinbar ist, so wird der Vorbehalt nicht angenommen; diese Vorschriften oder die Änderung derselben tritt [sic] für den den Vorbehalt anbringenden Staat nur dann in Kraft, wenn er seinen Vorbehalt nach Artikel 63 zurücknimmt. Nimmt die Gesundheitsversammlung den Vorbehalt an, so treten diese Vorschriften oder die Änderung derselben für den den Vorbehalt anbringenden Staat nach Maßgabe seines Vorbehalts in Kraft.

Artikel 63
Rücknahme von Ablehnungen und Vorbehalten

(1) Ein Staat kann eine Ablehnung nach Artikel 61 jederzeit durch Notifikation an den Generaldirektor zurücknehmen. In diesen Fällen treten diese Vorschriften beziehungsweise die Änderung derselben in Bezug auf diesen Staat bei Eingang der Notifikation beim Generaldirektor in Kraft, es sei denn, der Staat bringt bei der Rücknahme seiner Ablehnung einen Vorbehalt an; in diesem Fall treten die Vorschriften wie in Artikel 62 vorgesehen in Kraft. Keinesfalls treten die Vorschriften in Bezug auf diesen Staat vor Ablauf von 24 Monaten nach dem in Artikel 59 Absatz 1 genannten Tag der Notifikation in Kraft und keinesfalls tritt eine Änderung dieser Vorschriften in Bezug auf diesen Staat vor Ablauf von 12 Monaten nach dem in Artikel 59 Absatz 1bis genannten Tag der Notifikation in Kraft.

(2) Ein Vorbehalt oder ein Teil eines Vorbehalts kann von dem betreffenden Vertragsstaat durch eine an den Generaldirektor gerichtete Notifikation jederzeit zurückgenommen werden. In diesen Fällen wird die Rücknahme mit dem Tag des Eingangs der Notifikation beim Generaldirektor wirksam.

Artikel 64
Staaten, die nicht Mitglieder der WHO sind

(1) Ein Staat, der nicht Mitglied der WHO, jedoch Vertragspartei eines oder einer der in Artikel 58 aufgeführten Sanitätsabkommen oder Gesundheitsvorschriften ist oder dem der Generaldirektor die Annahme dieser Vorschriften durch die Weltgesundheitsversammlung notifiziert hat, kann Vertragspartei dieser Vorschriften werden, indem er dem Generaldirektor ihre Annahme notifiziert; diese Annahme wird vorbehaltlich des Artikels 62 mit dem Tag des Inkrafttretens der Vorschriften oder, wenn die Annahme nach diesem Zeitpunkt notifiziert wird, drei Monate nach dem Tag des Eingangs der Notifikation über die Annahme beim Generaldirektor wirksam.

(2) Ein Staat, der nicht Mitglied der WHO ist und der Vertragspartei dieser Vorschriften geworden ist, kann diese jederzeit durch eine an den Generaldirektor zu richtende Notifikation, die sechs Monate nach ihrem Eingang bei ihm wirksam wird, für sich kündigen. Der Staat, der die Vorschriften gekündigt hat, wendet von dem genannten Zeitpunkt an diejenigen in Artikel 58 aufgeführten Sanitätsabkommen oder Gesundheitsvorschriften wieder an, deren Vertragspartei er vorher war.

Artikel 65
Notifikationen durch den Generaldirektor

(1) Der Generaldirektor notifiziert allen Mitgliedern und assoziierten Mitgliedern der WHO sowie allen anderen Vertragsparteien der in Artikel 58 aufgeführten Sanitätsabkommen oder Gesundheitsvorschriften die Annahme dieser Vorschriften durch die Gesundheitsversammlung.

(2) Der Generaldirektor notifiziert ferner diesen Staaten sowie allen anderen Staaten, die Vertragspartei der Vorschriften oder einer Änderung dieser Vorschriften geworden sind, alle nach den Artikeln 60 bis 64 bei der WHO eingegangenen Notifikationen sowie alle von der Gesundheitsversammlung nach Artikel 62 gefassten Beschlüsse.

Artikel 66
Verbindliche Wortlaute

(1) Der arabische, chinesische, englische, französische, russische und spanische Wortlaut dieser Vorschriften ist gleichermaßen verbindlich. Die Urschriften dieser Vorschriften werden bei der WHO hinterlegt.

(2) Der Generaldirektor übermittelt zusammen mit der in Artikel 59 Absatz 1 vorgesehenen Notifikation allen Mitgliedern und assoziierten Mitgliedern sowie den anderen Vertragsparteien der in Artikel 58 aufgeführten Sanitätsabkommen oder Gesundheitsvorschriften beglaubigte Abschriften dieser Vorschriften.

(3) Bei Inkrafttreten der Vorschriften übermittelt der Generaldirektor dem Generalsekretär der Vereinten Nationen beglaubigte Abschriften zur Registrierung nach Artikel 102 der Charta der Vereinten Nationen.

Anhänge

Anlage 1

A. Geforderte Kernkapazitäten für die Überwachung und Reaktion

(1) Die Vertragsstaaten nutzen vorhandene nationale Strukturen und Mittel, um die Anforderungen an ihre Kernkapazitäten nach diesen Vorschriften zu erfüllen, auch im Hinblick auf

a) ihre Tätigkeiten im Zusammenhang mit der Überwachung, der Berichterstattung, der Meldung, der Bestätigung, der Reaktion und der Zusammenarbeit und
b) ihre Tätigkeiten in Bezug auf benannte Flughäfen, Häfen und Landübergänge.

(2) Jeder Vertragsstaat bewertet binnen zwei Jahren nach dem Inkrafttreten dieser Vorschriften für diesen Vertragsstaat, ob vorhandene nationale Strukturen und Mittel den in dieser Anlage beschriebenen Mindestanforderungen genügen können. Nach einer solchen Bewertung entwickeln die Vertragsstaaten Aktionspläne und führen sie durch, um zu gewährleisten, dass diese Kernkapazitäten in ihrem gesamten jeweiligen Hoheitsgebiet wie in Artikel 5 Absatz 1 und Artikel 13 Absatz 1 beschrieben vorhanden und funktionsfähig sind.

(3) Die Vertragsstaaten und die WHO unterstützen die Bewertungs-, Planungs- und Durchführungsverfahren nach dieser Anlage.

(4) Auf kommunaler Ebene und/oder der unteren Ebene für Gesundheitsschutzmaßnahmen

Die Kapazität,

a) in allen Bereichen des Hoheitsgebiets des Vertragsstaats Ereignisse festzustellen, die Krankheits- und Todesfälle über dem für den betreffenden Zeitpunkt und Ort zu erwartenden Niveau mit sich bringen, und
b) alle verfügbaren wesentlichen Informationen unverzüglich der entsprechenden Ebene für Gesundheitsschutzmaßnahmen mitzuteilen. Auf kommunaler Ebene ist den lokalen Einrichtungen des Gesundheitswesens oder dem zuständigen Gesundheitspersonal Bericht zu erstatten. Auf der unteren Ebene für Gesundheitsschutzmaßnahmen ist je nach den organisatorischen Strukturen der mittleren beziehungsweise nationalen Ebene für Gesundheitsschutzmaßnahmen Bericht zu erstatten. Für die Zwecke dieser Anlage gehören zu den wesentlichen Informationen folgende Angaben: klinische Beschreibungen, Laborergebnisse, Quellen und Arten von Risiken, Zahl der Krankheitsfälle beim Menschen und Todesfälle, die Ausbreitung der Krankheit beeinflussende Bedingungen und getroffene Gesundheitsmaßnahmen, und
c) vorläufige Bekämpfungsmaßnahmen unverzüglich durchzuführen.

(5) Auf den mittleren Ebenen für Gesundheitsschutzmaßnahmen

Die Kapazität,

a) den Stand gemeldeter Ereignisse zu bestätigen und zusätzliche Bekämpfungsmaßnahmen zu unterstützen oder durchzuführen und

b) gemeldete Ereignisse unverzüglich zu bewerten und, sofern als dringlich eingestuft, alle wesentlichen Informationen an die nationale Ebene zu melden. Für die Zwecke dieser Anlage gehören zu den Kriterien für das Vorliegen dringlicher Ereignisse ihre schwerwiegenden Auswirkungen auf die öffentliche Gesundheit und/oder ihre ungewöhnliche oder unerwartete Natur mit hohem Ausbreitungspotential.

(6) Auf nationaler Ebene

Bewertung und Meldung. Die Kapazität,

a) alle Berichte über vordringliche Ereignisse binnen 48 Stunden zu bewerten und
b) die WHO unverzüglich über die nationale IGV-Anlaufstelle zu benachrichtigen, wenn die Bewertung ergibt, dass das Ereignis nach Artikel 6 Absatz 1 und Anlage 2 zu melden ist, und die WHO wie in Artikel 7 und Artikel 9 Absatz 2 verlangt zu informieren

Gesundheitsschutzmaßnahmen. Die Kapazität,

a) rasch die Bekämpfungsmaßnahmen festzulegen, die zur Verhütung der Ausbreitung im Inland und der grenzüberschreitenden Ausbreitung erforderlich sind;
b) durch Spezialisten, Laboruntersuchungen von Proben (im jeweiligen Land oder durch Kollaborationszentren) und logistische Unterstützung (z. B. Ausrüstung, Versorgung und Transport) Hilfe zu leisten;
c) die zur Ergänzung der örtlichen Untersuchungen erforderliche Hilfe vor Ort zu leisten;
d) eine direkte operationelle Verbindung zu leitenden Verantwortlichen aus dem Gesundheitsbereich und anderen zu schaffen, damit rasch Eindämmungs- und Bekämpfungsmaßnahmen genehmigt und durchgeführt werden können;
e) einen direkten Kontakt zu anderen zuständigen Regierungseinrichtungen herzustellen;
f) unter Verwendung des effizientesten verfügbaren Kommunikationsmittels eine Verbindung zu Krankenhäusern, Kliniken, Flughäfen, Häfen, Landübergängen, Labors und anderen wichtigen operationellen Bereichen zu schaffen, damit Informationen und Empfehlungen der WHO zu Ereignissen im eigenen Hoheitsgebiet sowie im Hoheitsgebiet anderer Vertragsstaaten verbreitet werden können;
g) einen nationalen Plan zur Reaktion auf eine gesundheitliche Notlage zu entwickeln, anzuwenden und fortzuführen, einschließlich der Schaffung multidisziplinärer/multisektoraler Teams zur Reaktion auf Ereignisse, die eine gesundheitliche Notlage von internationaler Tragweite darstellen können, und
h) die genannten Maßnahmen rund um die Uhr zu gewährleisten.

B. Von benannten Flughäfen, Häfen und Landübergängen geforderte Kernkapazitäten

(1) Jederzeit

Die Kapazität,

a) den Zugang 1. zu geeigneten medizinischen Diensten einschließlich Diagnoseeinrichtungen, die so gelegen sind, dass eine sofortige Untersuchung und Versorgung

erkrankter Reisender ermöglicht wird, sowie 2. zu geeignetem Personal, geeigneter Ausrüstung und geeigneten Räumlichkeiten sicherzustellen;
b) den Zugang zu Ausrüstung und Personal für den Transport erkrankter Reisender zu geeigneten medizinischen Einrichtungen sicherzustellen;
c) ausgebildetes Personal für die Überprüfung von Beförderungsmitteln bereitzustellen;
d) je nach Bedarf durch Überprüfungsprogramme eine sichere Umgebung für Reisende zu gewährleisten, die Einrichtungen von Grenzübergangsstellen nutzen, darunter die Trinkwasserversorgung, Speiseräume, Einrichtungen der Bordverpflegung, öffentliche Waschräume, geeignete Entsorgungseinrichtungen für feste und flüssige Abfälle und andere potentielle Risikobereiche, und
e) soweit durchführbar ein Programm und ausgebildetes Personal für die Bekämpfung von Vektoren und Herden in und in der Nähe von Grenzübergangsstellen bereitzustellen.

(2) Für die Reaktion auf Ereignisse, die eine gesundheitliche Notlage von internationaler Tragweite darstellen können

Die Kapazität,

a) eine angemessene Reaktion auf gesundheitliche Notlagen zu ermöglichen, indem ein Notfallplan für gesundheitliche Notlagen entwickelt und fortgeführt wird, einschließlich der Benennung eines Koordinators und von Anlaufstellen für relevante Grenzübergangsstellen, Gesundheitseinrichtungen und -dienste und andere Einrichtungen und Dienste;
b) die Untersuchung und Versorgung von betroffenen Reisenden oder Tieren sicherzustellen, indem Vereinbarungen mit medizinischen und tiermedizinischen Einrichtungen vor Ort über ihre Absonderung, ihre Behandlung sowie über etwa erforderliche andere unterstützende Leistungen getroffen werden;
c) geeignete, von anderen Reisenden getrennte Räumlichkeiten für die Befragung verdächtiger oder betroffener Personen bereitzustellen;
d) für die Untersuchung und nötigenfalls für die Quarantäne verdächtiger Reisender zu sorgen, vorzugsweise in von der Grenzübergangsstelle entfernt gelegenen Einrichtungen;
e) empfohlene Maßnahmen zur Befreiung von Insekten, zur Entrattung, zur Desinfektion, zur Entseuchung oder zur sonstigen Behandlung von Gepäck, Fracht, Containern, Beförderungsmitteln, Gütern oder Postpaketen anzuwenden, gegebenenfalls auch an Orten, die eigens für diesen Zweck bestimmt und ausgerüstet sind;
f) Ein- oder Ausreisekontrollen für ankommende und abreisende Personen durchzuführen;
g) für den Transfer von Reisenden, die möglicherweise infiziert oder verseucht sind, Zugang zu eigens vorgesehenen Einrichtungen und zu ausgebildetem, mit geeigneten Schutzvorkehrungen versehenem Personal bereitzustellen.

Anlage 2

Entscheidungsschema zur Bewertung und Meldung von Ereignissen, die eine gesundheitliche Notlage von internationaler Tragweite darstellen können

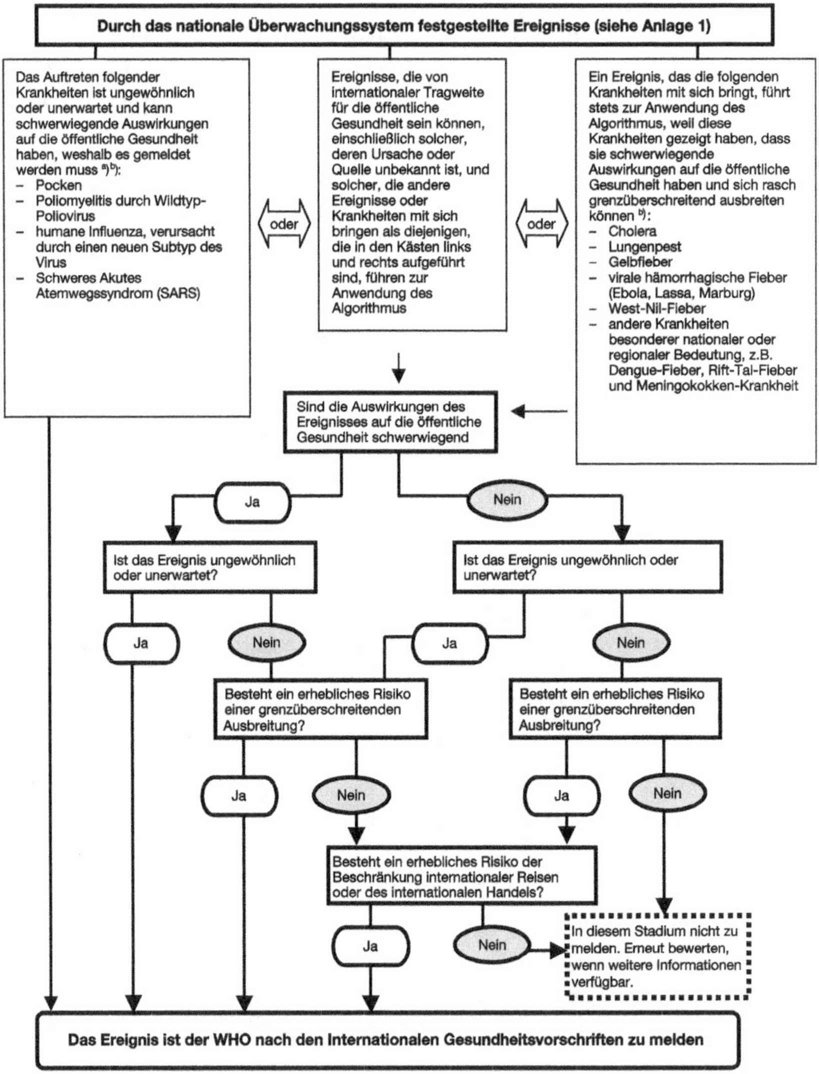

[a]) nach WHO-Falldefinition
[b]) diese Auflistung der Krankheiten wird nur für die Zwecke dieser Vorschriften verwendet

Beispiele für die Anwendung des Entscheidungsschemas zur Bewertung und Meldung von Ereignissen, die eine gesundheitliche Notlage von internationaler Tragweite darstellen können

Die in dieser Anlage enthaltenen Beispiele sind nicht verbindlich und dienen als Anhaltspunkte für die Auslegung der Kriterien des Entscheidungsschemas.

Sind bei dem Ereignis mindestens zwei der folgenden Kriterien erfüllt?

Sind die Auswirkungen des Ereignisses auf die öffentliche Gesundheit schwerwiegend?

I. Sind die Auswirkungen des Ereignisses auf die öffentliche Gesundheit schwerwiegend?	
1.	*Ist die Zahl der Fälle und/oder Todesfälle für diese Art von Ereignis und für den betreffenden Ort und Zeitpunkt oder die betreffende Bevölkerung groß?*
2.	*Kann das Ereignis erhebliche Auswirkungen auf die öffentliche Gesundheit haben?*
IM FOLGENDEN SIND BEISPIELE FÜR UMSTÄNDE AUFGEFÜHRT, DIE ZU ERHEBLICHEN AUSWIRKUNGEN AUF DIE ÖFFENTLICHE GESUNDHEIT BEITRAGEN:	
☐	Das Ereignis wurde durch einen Krankheitserreger mit hohem epidemischem Potential verursacht (Virulenz des Erregers, hohe Sterberate, mehrere Übertragungswege oder gesunder Überträger).
☐	Anzeichen für Therapieversagen (neue oder im Entstehen begriffene Antibiotikaresistenz, Impfstoffversagen, Gegenmittelresistenz oder -versagen).
☐	Das Ereignis stellt auch dann eine erhebliche Gefahr für die öffentliche Gesundheit dar, wenn bisher keine oder nur wenige Krankheitsfälle beim Menschen zu verzeichnen sind.
☐	Bei Gesundheitspersonal gemeldete Krankheitsfälle.
☐	Die gefährdete Bevölkerung ist besonders anfällig (Flüchtlinge, geringer Durchimpfungsgrad, Kinder, ältere Menschen, geringe Immunität, Unterernährung usw.).
☐	Begleitumstände, die Gesundheitsschutzmaßnahmen verhindern oder verzögern können (Naturkatastrophen, bewaffnete Konflikte, widrige Wetterverhältnisse, mehrere Brennpunkte in einem Vertragsstaat).
☐	Das Ereignis tritt in einem Gebiet mit hoher Bevölkerungsdichte ein.
☐	Die Ausbreitung von Giftstoffen, Krankheitserregern oder anderweitig gefährlichen Stoffen natürlichen oder sonstigen Ursprungs, durch die eine Bevölkerung und/oder ein großes geographisches Gebiet verseucht worden ist oder verseucht werden kann.
3.	*Wird Hilfe von außen benötigt, um das aktuelle Ereignis festzustellen, zu untersuchen, auf es zu reagieren und es zu bekämpfen oder neue Fälle zu verhüten?*
IM FOLGENDEN SIND BEISPIELE FÜR UMSTÄNDE AUFGEFÜHRT, UNTER DENEN HILFE ERFORDERLICH SEIN KANN:	
☐	Ungeeignete personelle, finanzielle, materielle oder technische Mittel – insbesondere – unzureichende Labor- oder epidemiologische Kapazitäten, um das Ereignis zu untersuchen (Ausrüstung, Personal, finanzielle Mittel), – unzureichende Gegenmittel, Medikamente und/oder Impfstoffe und/oder Schutz-, Entseuchungs- oder Hilfsausstattung, um den geschätzten Bedarf zu decken, – das vorhandene Überwachungssystem ist ungeeignet, um neue Fälle rechtzeitig festzustellen.
SIND DIE AUSWIRKUNGEN DES EREIGNISSES AUF DIE ÖFFENTLICHE GESUNDHEIT SCHWERWIEGEND? **Mit „Ja" beantworten, wenn die Fragen 1, 2 oder 3 oben mit „Ja" beantwortet wurden.**	

Ist das Ereignis ungewöhnlich oder unerwartet?	**II. Ist das Ereignis ungewöhnlich oder unerwartet?**	
	4.	*Ist das Ereignis ungewöhnlich?*
	IM FOLGENDEN SIND BEISPIELE FÜR UNGEWÖHNLICHE EREIGNISSE AUFGEFÜHRT:	
	☐	Das Ereignis wurde durch einen unbekannten Erreger hervorgerufen oder die Quelle, die Trägersubstanz, der Übertragungsweg sind ungewöhnlich oder unbekannt.
	☐	Die Fallentwicklung verläuft ernster als erwartet (einschließlich der Erkrankungshäufigkeit oder Sterberate) oder mit ungewöhnlichen Symptomen.
	☐	Das Eintreten des Ereignisses selbst ist für das Gebiet, die Jahreszeit oder die Bevölkerung ungewöhnlich.
	5.	*Ist das Ereignis aus der Perspektive der öffentlichen Gesundheit unerwartet?*
	IM FOLGENDEN SIND BEISPIELE FÜR UNERWARTETE EREIGNISSE AUFGEFÜHRT:	
	☐	Das Ereignis wurde durch eine Krankheit/einen Erreger hervorgerufen, die/der im Vertragsstaat eliminiert oder ausgerottet oder noch nicht gemeldet war.
	IST DAS EREIGNIS UNGEWÖHNLICH ODER UNERWARTET? **Mit „Ja" beantworten, wenn die Fragen 4 oder 5 oben mit „Ja" beantwortet wurden.**	

Besteht ein erhebliches Risiko der grenzüberschreitenden Ausbreitung?	**III. Besteht ein erhebliches Risiko der grenzüberschreitenden Ausbreitung?**	
	6.	*Gibt es Anzeichen für einen epidemiologischen Zusammenhang mit ähnlichen Ereignissen in anderen Staaten?*
	7.	*Gibt es ein Warnsignal für die Möglichkeit der grenzüberschreitenden Ausbreitung des Erregers, der Trägersubstanz oder des Wirts?*
	IM FOLGENDEN SIND BEISPIELE FÜR UMSTÄNDE AUFGEFÜHRT, DIE FÜR EINE GRENZÜBERSCHREITENDE AUSBREITUNG ANFÄLLIG MACHEN KÖNNEN:	
	☐	Bei Anzeichen für eine lokale Ausbreitung, einen Indexfall (oder andere zusammenhängende Fälle), bei dem/denen im vorangegangenen Monat – eine internationale Reise (oder ein Zeitraum, welcher der Inkubationszeit entspricht, wenn der Krankheitserreger bekannt ist), – die Teilnahme an einer internationalen Zusammenkunft (Pilgerreise, Sportveranstaltung, Konferenz usw.), – enger Kontakt mit einem Auslandsreisenden oder einer hochmobilen Bevölkerung vorgekommen ist.
	☐	Das Ereignis wurde durch eine Verseuchung der Umwelt verursacht, die sich über internationale Grenzen hinweg ausbreiten kann.
	☐	Das Ereignis trat in einem Gebiet mit starkem internationalem Verkehr und begrenzten Kapazitäten für Hygienekontrollen, für den Nachweis in der Umwelt oder für die Entseuchung ein.
	BESTEHT EIN ERHEBLICHES RISIKO DER GRENZÜBERSCHREITENDEN AUSBREITUNG? **Mit „Ja" beantworten, wenn die Fragen 6 oder 7 oben mit „Ja" beantwortet wurden.**	

Erhebliches Risiko von Beschränkungen	**IV. Besteht ein erhebliches Risiko der Beschränkung internationaler Reisen oder des internationalen Handels?**	
	8.	*Führten ähnliche Ereignisse in der Vergangenheit zu internationalen Handels- und/ oder Reisebeschränkungen?*
	9.	*Sind die Quellen vermutlich oder bekanntermaßen verseuchte Nahrungsgüter, verseuchtes Wasser oder andere verseuchte Güter, die in/aus andere/n Staaten ein-/ausgeführt wurden?*
	10.	*Ist das Ereignis im Zusammenhang mit einer internationalen Zusammenkunft oder in einem Gebiet mit starkem internationalem Fremdenverkehr eingetreten?*
	11.	*Hat das Ereignis zu Ersuchen ausländischer Amtsträger oder internationaler Medien um weitere Informationen geführt?*
	BESTEHT EIN ERHEBLICHES RISIKO DER BESCHRÄNKUNG DES INTERNATIONALEN HANDELS ODER INTERNATIONALER REISEN? **Mit „Ja“ beantworten, wenn die Fragen 8, 9, 10 oder 11 oben mit „Ja“ beantwortet wurden.**	

Vertragsstaaten, die die Frage, ob das Ereignis zwei der oben genannten vier Kriterien (I–IV) erfüllt, mit „Ja“ beantworten, übermitteln eine Meldung an die WHO nach Artikel 6 der Internationalen Gesundheitsvorschriften.

Anlage 3

Muster der Bescheinigung über die Befreiung von der Schiffshygienekontrolle/der Bescheinigung über die Schiffshygienekontrolle

Hafen: _______ Datum: _______

Diese Bescheinigung dokumentiert die Überprüfung sowie 1) die Befreiung von der Kontrolle oder 2) die angewandten Kontrollmaßnahmen

Name des Schiffes oder Binnenschiffs _______ Flagge _______ Registrierungs-/IMO-Nr. _______

Zum Zeitpunkt der Überprüfung waren die Laderäume leer/beladen mit _______ Tonnen Fracht _______

Name und Anschrift des überprüfenden Beamten _______

Bescheinigung über die Befreiung von der Schiffshygienekontrolle				Bescheinigung über die Schiffshygienekontrolle		
überprüfte Bereiche [Systeme und Dienste]	festgestellte Anzeichen[1]	Probenergebnisse[2]	überprüfte Dokumente	angewandte Kontrollmaßnahmen	Datum der erneuten Überprüfung	Anmerkungen zu den vorgefundenen Verhältnissen
Kombüse			ärztliches Logbuch			
Speisekammer			Logbuch			
Lagerräume			andere			
Laderaum (-räume)/Fracht						
Unterkünfte:						
– Besatzungsmitglieder						
– Offiziere						
– Fahrgäste						
– Deck						
Trinkwasser						
Abwasser						
Ballasttanks						
feste und medizinische Abfälle						
stehendes Wasser						
Maschinenraum						
medizinische Einrichtungen						
sonstige spezifizierte Bereiche – siehe Anhang						
nicht zutreffende Bereiche mit „n.z." markieren						
Keine Anzeichen festgestellt. Schiff ist von Kontrollmaßnahmen befreit.				Angegebene Kontrollmaßnahmen am u. a. Tag angewandt.		

Name und Bezeichnung des ausstellenden Beamten ______
Unterschrift und Siegel ______ Datum ______

(a) Anzeichen für Infektionen oder Verseuchungen, darunter: Vektoren in allen Entwicklungsstadien; Tierherde für Vektoren; Nagetiere oder andere Arten, die beim
Menschen auftretende Krankheiten, mikrobiologische, chemische und andere Gefahren für die menschliche Gesundheit in sich tragen könnten; Anzeichen für ungeeignete Hygienemaßnahmen.

(b) Informationen über Fälle des Auftretens beim Menschen (in der Seegesundheitserklärung zu vermerken).

2) Ergebnisse aus an Bord genommenen Proben. Die Analyse ist auf schnellstmöglichem Weg dem Kapitän und, wenn eine erneute Überprüfung erforderlich ist, dem nächsten geeigneten Anlaufhafen verfügbar zu machen, der aufgrund des in dieser Bescheinigung angegebenen Datums für die erneute Überprüfung in Betracht kommt.

Bescheinigungen über die Befreiung von der Schiffshygienekontrolle und Bescheinigungen über die Schiffshygienekontrolle sind höchstens sechs Monate gültig, jedoch kann die Gültigkeitsdauer um einen Monat verlängert werden, wenn die Überprüfung in dem Hafen nicht durchgeführt werden kann und es keine Anzeichen für Infektionen oder Verseuchungen gibt.

Anhang zum Muster der Bescheinigung über die Befreiung von der Schiffshygienekontrolle/der Bescheinigung über die Schiffshygienekontrolle

überprüfte Bereiche/Einrichtungen/Systeme	festgestellte Anzeichen	Probenergebnisse	überprüfte Dokumente	angewandte Kontrollmaßnahmen	Datum der erneuten Überprüfung	Anmerkungen zu den vorgefundenen Verhältnissen
Lebensmittel						
Quelle						
Lagerung						
Zubereitung						
Service						
Wasser						
Quelle						
Lagerung						
Verteilung						
Abfälle						
Lagerung						
Behandlung						
Entsorgung						
Swimmingpools/ Bäder						
Ausrüstung						
Betrieb						
medizinische Einrichtungen						
Ausrüstung und medizinische Geräte						
Betrieb						
Arzneimittel						
andere überprüfte Bereiche						

nicht zutreffende Bereiche mit „n. z." markieren

Anlage 4

Technische Anforderungen an Beförderungsmittel und Beförderer

Abschnitt A. Beförderer

(1) Beförderer tragen Sorge dafür, Folgendes zu erleichtern:

a) Überprüfungen der Fracht, der Container und des Beförderungsmittels;
b) ärztliche Untersuchungen an Bord befindlicher Personen;
c) die Anwendung sonstiger Gesundheitsmaßnahmen aufgrund dieser Vorschriften und
d) die Bereitstellung einschlägiger für die öffentliche Gesundheit relevanter Informationen auf Ersuchen des Vertragsstaats.

(2) Beförderer legen der zuständigen Behörde eine gültige Bescheinigung über die Befreiung von der Schiffshygienekontrolle, eine Bescheinigung über die Schiffshygienekontrolle, eine Seegesundheitserklärung oder die Allgemeine Erklärung für Luftfahrzeuge, Abschnitt über Gesundheit, wie nach diesen Vorschriften gefordert, vor.

Abschnitt B. Beförderungsmittel

(1) Auf Gepäck, Fracht, Container, Beförderungsmittel und Güter aufgrund dieser Vorschriften angewandte Bekämpfungsmaßnahmen werden so durchgeführt, dass Verletzungen von oder Unannehmlichkeiten für Personen oder Schäden an Gepäck, Fracht, Containern, Beförderungsmitteln und Gütern soweit möglich vermieden werden. Sofern möglich und angemessen werden Bekämpfungsmaßnahmen durchgeführt, wenn das Beförderungsmittel und die Laderäume leer sind.

(2) Die Vertragsstaaten zeigen die auf Fracht, Container und Beförderungsmittel angewandten Maßnahmen, die behandelten Teile, die angewandten Methoden und die Gründe ihrer Anwendung schriftlich an. Diese Informationen werden der für das Luftfahrzeug verantwortlichen Person schriftlich mitgeteilt und bei Schiffen in die Bescheinigung über die Schiffshygienekontrolle eingetragen. Bei anderen Frachtstücken, Containern oder Beförderungsmitteln übermitteln die Vertragsstaaten den Absendern, Empfängern, Spediteuren oder der für das Beförderungsmittel verantwortlichen Person oder ihren jeweiligen Vertretern diese Informationen schriftlich.

Anlage 5

Besondere Maßnahmen für übertragbare (vektorinduzierte) Krankheiten

(1) Die WHO veröffentlicht regelmäßig ein Gebietsverzeichnis; für aus diesen Gebieten kommende Beförderungsmittel werden Maßnahmen zur Befreiung von Insekten und andere Maßnahmen zur Bekämpfung von Vektoren empfohlen. Die Festlegung solcher Gebiete erfolgt nach den Verfahren für zeitlich befristete beziehungsweise ständige Empfehlungen.

(2) Jedes Beförderungsmittel, das eine Grenzübergangsstelle eines Gebiets, für das die Bekämpfung von Vektoren empfohlen wird, verlässt, soll von Insekten und Vektoren

befreit werden. Sofern es für diese Verfahren von der Organisation empfohlene Methoden und Materialien gibt, so sollen diese angewandt werden. Das Vorkommen von Vektoren an Bord von Beförderungsmitteln und die zu ihrer Ausrottung angewandten Maßnahmen sind

a) bei Luftfahrzeugen in die Allgemeine Erklärung für Luftfahrzeuge, Abschnitt über Gesundheit, aufzunehmen, es sei denn, die zuständige Behörde des Ankunftsflughafens verzichtet auf diesen Teil der Allgemeinen Erklärung;
b) bei Schiffen in die Bescheinigung über die Schiffshygienekontrolle aufzunehmen und
c) bei anderen Beförderungsmitteln in eine für den Absender, den Empfänger, den Spediteur oder die für das Beförderungsmittel verantwortliche Person oder dem jeweiligen Vertreter ausgestellte schriftliche Bescheinigung über die Behandlung aufzunehmen.

(3) Die Vertragsstaaten sollen die von anderen Staaten auf Beförderungsmittel angewandten Maßnahmen zur Befreiung von Insekten und Entrattung sowie anderen Bekämpfungsmaßnahmen anerkennen, wenn die von der Organisation empfohlenen Methoden und Materialien angewandt wurden.

(4) Die Vertragsstaaten richten Programme ein, um Vektoren, die eine Gefahr für die öffentliche Gesundheit darstellende Krankheitserreger in sich tragen können, bis zu einer Entfernung von mindestens 400 Metern jenseits der Bereiche von Einrichtungen der Grenzübergangsstellen zu bekämpfen, die für Tätigkeiten im Zusammenhang mit Reisenden, Beförderungsmitteln, Containern, Fracht und Postpaketen genutzt werden, wobei diese Mindestentfernung bei Vektoren mit größerer Reichweite zu vergrößern ist.

(5) Ist zur Feststellung des Erfolgs der angewandten Maßnahmen zur Bekämpfung von Vektoren eine Nachüberprüfung erforderlich, so sind die zuständigen Behörden des nächsten bekannten Anlaufhafens oder Bestimmungsflughafens mit Überprüfungskapazität im Voraus durch die diese Überprüfung anratende zuständige Behörde über dieses Erfordernis zu unterrichten. Bei Schiffen ist dies in der Bescheinigung über die Schiffshygienekontrolle zu vermerken.

(6) Ein Beförderungsmittel kann als verdächtig angesehen werden und soll auf Vektoren und Herde hin überprüft werden, wenn

a) es an Bord einen möglichen Fall einer vektorinduzierten Krankheit gibt;
b) während einer internationalen Reise an Bord ein möglicher Fall einer vektorinduzierten Krankheit aufgetreten ist;
c) es ein betroffenes Gebiet innerhalb eines Zeitraums verlassen hat, in dem an Bord befindliche Vektoren immer noch infektiös sein könnten.

(7) Ein Vertragsstaat soll die Landung eines Luftfahrzeugs oder das Anlegen eines Schiffes in seinem Hoheitsgebiet nicht verbieten, wenn die in Absatz 3 vorgesehenen oder anderweitig von der Organisation empfohlenen Bekämpfungsmaßnahmen angewandt werden. Von Luftfahrzeugen oder Schiffen, die aus betroffenen Gebieten kommen, kann jedoch verlangt werden, dass sie auf den von dem Vertragsstaat für diesen

Zweck bestimmten Flughäfen landen beziehungsweise in einen von ihm für diesen Zweck bestimmten anderen Hafen ausweichen.

(8) Ein Vertragsstaat kann Maßnahmen zur Bekämpfung von Vektoren auf Beförderungsmittel anwenden, die aus einem von einer vektorinduzierten Krankheit betroffenen Gebiet kommen, wenn die Überträger dieser Krankheit in seinem Hoheitsgebiet vorkommen.

Anlage 6

Impfung, Prophylaxe und zugehörige Bescheinigungen

(1) Impfstoffe oder andere in Anlage 7 genannte oder aufgrund dieser Vorschriften empfohlene Prophylaxemittel müssen von geeigneter Qualität sein; diese von der WHO bezeichneten Impfstoffe und Prophylaxemittel bedürfen ihrer Zustimmung. Auf Ersuchen legt der Vertragsstaat der WHO geeignete Nachweise der Eignung von Impfstoffen und Prophylaxemitteln vor, die aufgrund dieser Vorschriften in seinem Hoheitsgebiet verabreicht werden.

(2) Personen, die sich aufgrund dieser Vorschriften einer Impfung oder anderen Prophylaxe unterziehen, erhalten eine internationale Impf- oder Prophylaxebescheinigung (im Folgenden „Bescheinigung") entsprechend dem in dieser Anlage enthaltenen Muster. Von der in dieser Anlage enthaltenen Musterbescheinigung darf nicht abgewichen werden.

(3) Die Bescheinigungen nach dieser Anlage sind nur gültig, wenn der verwendete Impfstoff oder die verwendete Prophylaxe von der WHO zugelassen ist.

(4) Die Bescheinigungen müssen von einem die Impfung oder Prophylaxe beaufsichtigenden Kliniker, der ein praktischer Arzt oder ein dazu befugter im Gesundheitswesen Beschäftigter sein muss, eigenhändig unterschrieben sein. Die Bescheinigung muss ferner den Dienststempel der verabreichenden Stelle tragen; ein Stempel wird jedoch nicht als Ersatz für die Unterschrift anerkannt.

(5) Die Bescheinigungen sind vollständig in englischer oder französischer Sprache auszufüllen. Zusätzlich können sie in einer anderen Sprache ausgefüllt werden.

(6) Jede Änderung, Streichung oder unvollständige Ausfüllung auf dieser Bescheinigung kann ihre Ungültigkeit zur Folge haben.

(7) Bescheinigungen sind Einzelbescheinigungen und dürfen unter keinen Umständen als Sammelbescheinigungen benutzt werden. Für Kinder sind gesonderte Bescheinigungen auszustellen.

(8) Ein Elternteil oder Vormund unterschreibt die Bescheinigung, wenn das Kind des Schreibens nicht mächtig ist. Als Unterschrift eines Analphabeten gilt – so wie üblich – das Handzeichen der Person mit der Bestätigung eines Dritten, dass es sich um das Handzeichen der betreffenden Person handelt.

(9) Ist der Aufsicht führende Kliniker der Auffassung, dass eine Impfung oder Prophylaxe aus medizinischen Gründen kontraindiziert ist, so stellt er der betreffenden

Person ein Schreiben in englischer oder französischer Sprache – und gegebenenfalls zusätzlich in einer anderen Sprache – aus, in dem er die Gründe für seine Auffassung darlegt; diese sollen von der zuständigen Behörde bei der Ankunft berücksichtigt werden. Der Aufsicht führende Kliniker und die zuständigen Behörden informieren die betreffenden Personen nach Artikel 23 Absatz 4 über jedes Risiko, das mit einer unterlassenen Impfung und der Nichtanwendung der Prophylaxe verbunden ist.

(10) Eine entsprechende von den Streitkräften für ein aktives Mitglied dieser Streitkräfte ausgestellte Bescheinigung wird anstelle einer internationalen Bescheinigung nach dem in dieser Anlage aufgeführten Formular anerkannt, wenn

a) sie im Wesentlichen die gleichen medizinischen Informationen enthält, die in einem solchen Formular verlangt werden, und
b) sie einen Vermerk in englischer oder französischer Sprache – und gegebenenfalls zusätzlich in einer anderen Sprache – enthält, aus dem die Art und das Datum der Impfung oder Prophylaxe und die Tatsache hervorgeht, dass die Bescheinigung in Übereinstimmung mit diesem Absatz ausgestellt wird.

Muster einer internationalen Impf- oder Prophylaxebescheinigung

Hiermit wird bescheinigt, dass [Name] ______ , Geburtsdatum ______

Geschlecht ______ ,

Staatsangehörigkeit ______ , gegebenenfalls Ausweispapiere ______

dessen/deren Unterschrift folgt ______ ,

zu dem angegebenen Zeitpunkt gegen (Bezeichnung der Krankheit oder des Leidens)

______

nach den Internationalen Gesundheitsvorschriften geimpft beziehungsweise prophylaktisch behandelt worden ist.

Impfstoff oder Prophylaxe	Datum	Unterschrift und berufliche Stellung des beaufsichtigenden Klinikers	Hersteller und Chargen-Nr. des Impfstoffs bzw. der Prophylaxe	Bescheinigung gültig von ... bis ...	Dienstsiegel der verabreichenden Stelle
1.					
2.					

Diese Bescheinigung ist nur gültig, wenn der verwendete Impfstoff oder die verwendete Prophylaxe von der Weltgesundheitsorganisation zugelassen worden ist.

Diese Bescheinigung muss von einem die Impfung oder Prophylaxe beaufsichtigenden Kliniker, der ein praktischer Arzt oder ein dazu befugter im Gesundheitswesen Beschäftigter sein muss, eigenhändig unterschrieben sein. Die Bescheinigung muss ferner den Dienststempel der verabreichenden Stelle tragen; ein Stempel wird jedoch nicht als Ersatz für die Unterschrift anerkannt.

Jede Änderung, Streichung oder unvollständige Ausfüllung auf dieser Bescheinigung kann ihre Ungültigkeit zur Folge haben.

Diese Bescheinigung ist bis zu dem Tag gültig, der für die jeweilige Impfung oder Prophylaxe angegeben ist. Die Bescheinigung ist vollständig in englischer oder französischer Sprache auszufüllen. Zusätzlich kann sie in einer anderen Sprache ausgefüllt werden.

Anlage 7

Anforderungen an die Impfung oder Prophylaxe für bestimmte Krankheiten

(1) Über Empfehlungen für die Impfung und Prophylaxe hinaus sind im Folgenden nach diesen Vorschriften eigens bezeichnete Krankheiten aufgeführt, für die von Reisenden als Voraussetzung für deren Einreise in einen Vertragsstaat ein Impf- oder Prophylaxenachweis gefordert werden kann:

Impfung gegen Gelbfieber.

(2) Empfehlungen und Anforderungen in Bezug auf Gelbfieberimpfungen:

a) Für die Zwecke dieser Anlage
   (i) beträgt die Inkubationszeit bei Gelbfieber sechs Tage;
   (ii) bieten von der WHO zugelassene Impfstoffe gegen Gelbfieber Schutz vor einer Infektion ab dem zehnten Tag nach Verabreichung der Impfung;
   (iii) hält dieser Schutz bei der geimpften Person lebenslang an und
   (iv) ist die Gelbfieber-Impfbescheinigung der geimpften Person lebenslang gültig, beginnend zehn Tage nach dem Tag der Impfung.

b) Die Impfung gegen Gelbfieber kann von jedem Reisenden verlangt werden, der ein Gebiet verlässt, in dem die Organisation das Risiko einer Gelbfieberübertragung festgestellt hat.

c) Besitzt ein Reisender eine Gelbfieber-Impfbescheinigung, die zu dem betreffenden Zeitpunkt noch nicht gültig ist, so kann ihm die Abreise gestattet werden, jedoch kann bei der Ankunft Absatz 2 Buchstabe h dieser Anlage angewandt werden.

d) Ein Reisender, der im Besitz einer gültigen Gelbfieber-Impfbescheinigung ist, wird auch dann nicht als verdächtig behandelt, wenn er aus einem Gebiet kommt, in dem die Organisation das Risiko einer Gelbfieberübertragung festgestellt hat.

e) Nach Anlage 6 Absatz 1 muss der verwendete Gelbfieber-Impfstoff von der Organisation zugelassen sein.

f) Die Vertragsstaaten benennen spezielle Gelbfieber-Impfstellen in ihrem Hoheitsgebiet, um die Qualität und Sicherheit der angewandten Verfahren und jeweiligen Materialien zu gewährleisten.

g) Jede Person, die bei einer Grenzübergangsstelle eines Gebiets, in dem die Organisation das Risiko einer Gelbfieberübertragung festgestellt hat, beschäftigt ist, und jedes Besatzungsmitglied eines Beförderungsmittels, das eine solche Grenzübergangsstelle benutzt, muss im Besitz einer gültigen Gelbfieber-Impfbescheinigung sein.

h) Ein Vertragsstaat, in dessen Hoheitsgebiet Gelbfieberüberträger vorhanden sind, kann verlangen, dass ein Reisender, der aus einem Gebiet kommt, in dem die Organisation das Risiko einer Gelbfieberübertragung festgestellt hat, und der keine gültige Gelbfieber-Impfbescheinigung vorlegen kann, unter Quarantäne gestellt wird, bis seine Impfbescheinigung Gültigkeit erlangt oder bis eine Frist von höchstens sechs Tagen abgelaufen ist, und zwar vom Tag der letzten Infektionsmöglichkeit an gerechnet, je nachdem, was zuerst eintritt.

i) Reisenden, die im Besitz einer von einem dazu befugten Arzt oder von einem dazu befugten im Gesundheitswesen Beschäftigten unterzeichneten Bescheinigung über die Befreiung von der Gelbfieberimpfung sind, kann vorbehaltlich des Buchstabens h und nach Unterrichtung über den Schutz vor Gelbfieberüberträgern dennoch die Einreise gewährt werden. Werden die Reisenden nicht unter Quarantäne gestellt, kann von ihnen verlangt werden, der zuständigen Behörde fieberhafte oder andere Symptome zu melden und sich unter Überwachung zu stellen.

Anlage 8

Muster einer Seegesundheitserklärung

Auszufüllen und abzugeben bei den zuständigen Behörden vom Kapitän eines Schiffes, das aus einem ausländischen Hafen ankommt.

Abgegeben im Hafen _______ Datum _______

Name des Schiffes oder Binnenschiffs _______ Registrierungs-/IMO-Nr. _______

ankommend aus _______ auf dem Weg nach _______

(Staatszugehörigkeit) (Flagge des Schiffes) _______ Name des Kapitäns _______

Bruttoregistertonnen (Schiff) _______ Tonnengehalt (Binnenschiff) _______

Gültige Bescheinigung über die Befreiung von der Schiffshygienekontrolle/Bescheinigung

über die Schiffshygienekontrolle an Bord?

Ja _______ Nein _______ ausgestellt in _______ Datum _______

Erneute Überprüfung erforderlich? Ja _______ Nein _______

Hat sich das Schiff/Binnenschiff in einem von der Weltgesundheitsorganisation festgestellten

betroffenen Gebiet aufgehalten?

Ja _______ Nein _______

Hafen und Datum des Aufenthalts _______

Aufstellung der seit Beginn der internationalen Reise angelaufenen Häfen nebst Abfahrtsdaten

bzw. innerhalb der letzten 30 Tage angelaufene Häfen, je nachdem, welches

der kürzere Zeitabschnitt ist: _______

Auf Ersuchen der zuständigen Behörde am Bestimmungshafen Aufstellung der Besatzungsmitglieder,

der Fahrgäste oder anderer Personen, die sich seit Beginn der internationalen Reise bzw. innerhalb der letzten 30 Tage, je nachdem, welches der kürzere Zeitabschnitt ist, an Bord des Schiffes/Binnenschiffs begeben haben, einschließlich aller Häfen/Länder, die in diesem Zeitraum angelaufen wurden (zusätzliche Namen im Anhang eintragen):

(1) Name _______ an Bord gegangen in: (1) _______ (2) _______ (3) _______

(2) Name _______ an Bord gegangen in: (1) _______ (2) _______ (3) _______

(3) Name _______ an Bord gegangen in: (1) _______ (2) _______ (3) _______

Zahl der Besatzungsmitglieder an Bord _______

Zahl der Fahrgäste an Bord _______

Fragen über die Gesundheit

(1) Ist während der Reise eine Person an Bord aus einer anderen Ursache als infolge Unfalls gestorben?

Ja _______ Nein _______ Wenn ja, sind nähere Angaben im Anhang zu machen. Gesamtzahl der Todesfälle _______

(2) Gibt es oder gab es während der internationalen Reise einen Krankheitsfall an Bord, bei dem der Verdacht besteht, dass er ansteckend sein könnte? Ja _______ Nein _______ Wenn ja, sind nähere Angaben im Anhang zu machen.

(3) Ist die Gesamtzahl erkrankter Fahrgäste an Bord größer als üblich/erwartet? Ja _______ Nein _______ Um wie viele Erkrankte handelt es sich?

(4) Befindet sich gegenwärtig eine kranke Person an Bord? Ja _______ Nein _______ Wenn ja, sind nähere Angaben im Anhang zu machen.

(5) Wurde ein Arzt konsultiert? Ja _______ Nein _______ Wenn ja, sind nähere Angaben zur Behandlung oder zum ärztlichen Rat im Anhang zu machen.

(6) Sind Ihnen Umstände an Bord bekannt, die zu einer Ansteckung oder zur Ausbreitung von Krankheiten führen könnten? Ja _______ Nein _______ Wenn ja, sind nähere Angaben im Anhang zu machen.

(7) Wurden an Bord-Gesundheitsmaßnahmen (z. B. Quarantäne, Absonderung,Desinfektion oder Entseuchung) angewandt?

Ja _______ Nein _______ Wenn ja, Art, Ort und Datum angeben _______

(8) Wurden an Bord blinde Passagiere entdeckt? Ja _______ Nein _______ Wenn ja, wo gingen sie an Bord (falls bekannt)?

(9) Befinden sich kranke Tiere oder Haustiere an Bord? Ja _______ Nein _______

Anmerkung: Befindet sich kein Arzt an Bord, so soll der Kapitän die folgenden Symptome als Verdachtsmomente für das Vorhandensein einer ansteckenden Krankheit ansehen:

a) Fieber von mehrtägiger Dauer oder begleitet von i) Entkräftung, ii) herabgesetztem Bewusstsein, iii) Drüsenschwellung, iv) Gelbsucht, v) Husten oder Kurzatmigkeit, vi) ungewöhnlichen Blutungen oder vii) Lähmungserscheinungen;
b) mit oder ohne Fieber: i) jede akute Hautreizung oder jeden Hautausschlag, ii) schweres Erbrechen (außer bei Seekrankheit), iii) schwere Diarrhöe oder iv) wiederkehrende Krämpfe.

Hiermit erkläre ich, dass die in dieser Gesundheitserklärung (einschließlich des Anhangs) enthaltenen Angaben und Antworten nach bestem Wissen und Gewissen richtig und der Wahrheit entsprechend gemacht worden sind.

Unterschrift _______

gegengezeichnet _______

Datum _______

Anhang zum Muster einer Seegesundheitserklärung

Name	Klasse oder Tätigkeit an Bord	Alter	Geschlecht	Staatsangehörigkeit	Hafen/Datum des Anbordgehens	Art der Krankheit	Datum des Einsetzens der Symptome	Einem Hafenarzt gemeldet?	Nachfolgende Maßnahmen*)	Dem Patienten verabreichte Arznei- und Heilmittel oder andere Behandlungen	Anmerkungen

*) Angeben, (1) ob die Person wiederhergestellt, noch krank oder verstorben ist und (2) ob die Person noch an Bord befindlich ist, ob sie evakuiert wurde (einschließlich der Angabe des Hafens oder Flughafens) oder ob die Leiche auf See bestattet wurde.

Anlage 9

Dieses Dokument ist Teil der Allgemeinen Erklärung für Luftfahrzeuge, bekannt gemacht von der Internationalen Zivilluftfahrt-Organisation

Allgemeine Erklärung für Luftfahrzeuge, Abschnitt über Gesundheit[1)]

Gesundheitserklärung

Name und Sitzplatznummer oder Funktion der sich an Bord befindlichen Personen mit anderen Krankheiten als Luftkrankheit oder den Folgen von Unfällen, die möglicherweise an einer übertragbaren Krankheit leiden (Fieber – eine Temperatur von 38°C/ 100 °F oder mehr – in Verbindung mit einem oder mehreren der folgenden Anzeichen oder Symptome, z. B. offensichtliches Unwohlsein, anhaltender Husten, Atembeschwerden, anhaltender Durchfall, anhaltendes Erbrechen, Hautausschlag, Blutergüsse oder Blutungen ohne vorherige Verletzung, akute Verwirrtheit, erhöht die Wahrscheinlichkeit, dass die Person an einer übertragbaren Krankheit leidet), sowie solcher Krankheitsfälle, die bei einem vorherigen Halt von Bord gegangen sind ______

______

Genaue Angaben über jede während des Fluges durchgeführte Befreiung von Insekten oder sonstigen Hygienemaßnahme (Ort, Datum, Uhrzeit, Verfahren). Falls während des Fluges keine Befreiung von Insekten erfolgt ist, sind genaue Angaben über die zuletzt durchgeführte Befreiung von Insekten zu machen ______

______

Unterschrift, falls erforderlich, mit Uhrzeit und Datum ______

1) Diese Fassung der Allgemeinen Erklärung für Luftfahrzeuge ist am 15. Juli 2007 in Kraft getreten. Das vollständige Dokument kann von der Internetseite der Internationalen Zivilluftfahrt-Organisation http:/ www.icao.int bezogen werden.

Gesetz zu den Internationalen Gesundheitsvorschriften (2005) (IGV) vom 23. Mai 2005

vom 20. Juli 2007 (BGBl. II S. 930)
zuletzt geändert durch Art. 2 des Gesetzes vom 21.03.2013 (BGBl. I S. 566)

Artikel 1

Den am 23. Mai 2005 in Genf von der 58. Weltgesundheitsversammlung angenommenen Internationalen Gesundheitsvorschriften (2005) (IGV) wird zugestimmt. Die IGV werden nachstehend mit einer amtlichen deutschen Übersetzung veröffentlicht.

Artikel 2[1]

(aufgehoben)

Artikel 3

(ändert § 12 Abs. 1 IfSG)

Artikel 4

(1) *(aufgehoben)*[1]

(2) Die Bundesregierung wird ermächtigt, durch Rechtsverordnung mit Zustimmung des Bundesrates Änderungen und Ergänzungen der IGV im Geltungsbereich dieses Gesetzes in Kraft zu setzen, soweit sie nach den anerkannten Regeln der Wissenschaft zur Vermeidung der grenzüberschreitenden Ausbreitung von Gefahren für die öffentliche Gesundheit durch Krankheitserreger oder radioaktive oder chemische Substanzen dienen oder soweit sie das hierzu anzuwendende Verfahren betreffen und soweit sie sich jeweils im Rahmen der Ziele der IGV halten.

Artikel 5

Durch dieses Gesetz in Verbindung mit den Internationalen Gesundheitsvorschriften (2005) (IGV) werden die Grundrechte der körperlichen Unversehrtheit (Artikel 2 Abs. 2 Satz 1 des Grundgesetzes), der Freiheit der Person (Artikel 2 Abs. 2 Satz 2 des Grundgesetzes), des Brief- und Postgeheimnisses (Artikel 10 des Grundgesetzes) und der Freizügigkeit (Artikel 11 Abs. 2 des Grundgesetzes) eingeschränkt. Diese Grundrechte können auch durch die Rechtsverordnungen nach Artikel 4 eingeschränkt werden.

Artikel 6

(1) Die Artikel 2 und 3 treten an dem Tag in Kraft, an dem die IGV nach ihrem Artikel 59 Abs. 2 für die Bundesrepublik Deutschland in Kraft treten. Im Übrigen tritt dieses Gesetz am Tage nach seiner Verkündung in Kraft.

(2) Der Tag, an dem die IGV nach ihrem Artikel 59 Abs. 2 für die Bundesrepublik Deutschland in Kraft treten, ist im Bundesgesetzblatt bekannt zu geben.[2]

---

1) Aufgehoben durch Art. 2 des ÄndG vom 21.3.2013 (BGBl S. 566)
2) Inkrafttreten: 15. Juni 2007 (Bek vom 1. Oktober 2007, BGBl II S. 1528)

Gesetz zur Durchführung der Internationalen Gesundheitsvorschriften (2005) und zur Änderung weiterer Gesetze

vom 21.3.2013 (BGBl. I S. 566),
zuletzt geändert durch Art. 2 des Gesetzes vom 28.05.2021 (BGBl. I S. 1174)

Gesetz zur Durchführung der Internationalen Gesundheitsvorschriften (2005) (IGV-Durchführungsgesetz – IGV-DG)

Abschnitt 1
Allgemeine Vorschriften

§ 1
Zweck und Begriffsbestimmungen
(zu Artikel 1 IGV)

(1) Dieses Gesetz dient der Durchführung der Internationalen Gesundheitsvorschriften (2005) (IGV) (BGBl. 2007 II S. 930, 932). Sie werden in diesem Gesetz als „IGV“ bezeichnet.

(2) Im Sinne dieses Gesetzes

1. ist Abreise im Hinblick auf Personen, Gepäckstücke, Frachtstücke, Güter oder Beförderungsmittel das Verlassen eines Hoheitsgebiets;
2. ist Absonderung die Absonderung von erkrankten oder verseuchten Personen oder von betroffenen Gepäckstücken, Containern, Beförderungsmitteln, Gütern oder Postpaketen von anderen in einer Weise, dass die Ausbreitung der Infektion oder Verseuchung verhindert wird;
3. ist Ankunft
   a) bei einem Seeschiff die Ankunft oder das Ankern in dem bezeichneten Gebiet eines Hafens;
   b) bei einem Luftfahrzeug die Ankunft auf einem Flughafen;
   c) bei einem Binnenschiff auf internationaler Reise die Ankunft an einer Grenzübergangsstelle;
   d) bei einer Eisenbahn oder einem Straßenfahrzeug die Ankunft an einer Grenzübergangsstelle;
4. ist ärztliche Untersuchung die vorläufige Beurteilung von Personen durch dazu befugtes medizinisches Personal oder durch unter der unmittelbaren Aufsicht der zuständigen Behörde tätige Personen zur Bestimmung des gesundheitlichen Zustands und der potenziellen Gefahr für die öffentliche Gesundheit, die eine Prüfung der Gesundheitsdokumente wie auch die körperliche Untersuchung umfassen kann, wenn die Umstände des Einzelfalls dies rechtfertigen;

5. ist Beförderer eine natürliche oder juristische Person, die mit der Beförderung betraut wurde, oder eine von ihr beauftragte Person;
6. ist Beförderungsmittel ein Luftfahrzeug, ein Schiff, eine Eisenbahn, ein Straßenfahrzeug oder ein anderes Beförderungsmittel auf internationaler Reise;
7. ist Betreiber eines Hafens die für die Infrastruktur des Hafens oder Hafenteils verantwortliche natürliche oder juristische Person;
8. gelten als betroffen Personen, Gepäckstücke, Frachtstücke, Container, Beförderungsmittel, Güter, Postpakete oder menschliche Überreste, die infiziert oder verseucht sind oder Infektions- oder Verseuchungsquellen tragen, sodass sie eine Gefahr für die öffentliche Gesundheit darstellen;
9. ist betroffenes Gebiet ein geografischer Ort, für den
   a) die Weltgesundheitsorganisation Gesundheitsmaßnahmen aufgrund der IGV empfohlen hat oder
   b) das Robert Koch-Institut festgestellt hat, dass von ihm eine schwerwiegende Gefahr für die öffentliche Gesundheit in der Bundesrepublik Deutschland ausgeht oder ausgehen kann;
10. ist Container ein Transportbehälter,
    a) der dauerhaft und daher wiederholt benutzbar ist,
    b) der besonders dazu bestimmt ist, die Beförderung von Gütern mit einem oder mehreren unterschiedlichen Verkehrsmitteln in einer Transportkette ohne Umladen zu erleichtern,
    c) der mit Vorrichtungen versehen ist, die das Umladen von einem Verkehrsmittel auf ein anderes erleichtern, und
    d) der eigens so gefertigt ist, dass er leicht be- und entladen werden kann;
11. ist Container-Verladeplatz ein Ort oder eine Anlage, der oder die für im internationalen Verkehr genutzte Container bestimmt ist;
12. ist Desinfektion das Verfahren, bei dem Gesundheitsmaßnahmen zur Bekämpfung oder Vernichtung von Krankheitserregern auf einem menschlichen oder tierischen Körper oder in beziehungsweise auf Gepäckstücken, Frachtstücken, Containern, Beförderungsmitteln, Gütern und Postpaketen durch unmittelbare Einwirkung chemischer oder physikalischer Stoffe getroffen werden;
13. ist Entseuchung ein Verfahren, bei dem Gesundheitsmaßnahmen getroffen werden, um auf menschlichen oder tierischen Körpern, in oder auf einem für den Verzehr bestimmten Produkt oder auf anderen unbelebten Gegenständen einschließlich Beförderungsmitteln befindliche Krankheitserreger oder Giftstoffe, die eine Gefahr für die öffentliche Gesundheit darstellen können, zu vernichten;
14. ist Ereignis das Auftreten einer Krankheit oder ein Ereignis, das die Möglichkeit einer Krankheit schafft;
15. ist Flughafen ein Ankunfts- und Abgangsflughafen für den internationalen Luftverkehr;

16. sind Frachtstücke die an Bord eines Beförderungsmittels oder in einem Container geladenen Güter;
17. ist Freie Verkehrserlaubnis (free pratique) die Genehmigung für ein Schiff, einen Hafen anzulaufen, die Fahrgäste ein- oder auszuschiffen und das Be- und Entladen von Frachtstücken oder Vorräten vorzunehmen, oder für ein Luftfahrzeug, die Fluggäste nach der Landung ein- und aussteigen zu lassen und das Be- und Entladen von Frachtstücken oder Vorräten vorzunehmen, oder für Straßenfahrzeuge, die Fahrgäste nach der Ankunft ein- und aussteigen zu lassen und das Be- und Entladen von Frachtstücken oder Vorräten vorzunehmen;
18. ist Gefahr für die öffentliche Gesundheit die Wahrscheinlichkeit eines Ereignisses, das die Gesundheit von Bevölkerungsgruppen beeinträchtigen kann, wobei solche Ereignisse besonders zu beachten sind, die sich grenzüberschreitend ausbreiten oder eine ernste und unmittelbare Bedrohung darstellen können;
19. sind Gepäckstücke die persönliche Habe einer oder eines Reisenden;
20. ist gesundheitliche Notlage von internationaler Tragweite ein außergewöhnliches Ereignis, das, wie in den IGV vorgesehen,
    a) durch die grenzüberschreitende Ausbreitung von Krankheiten eine Gefahr für die öffentliche Gesundheit in anderen Staaten darstellt und
    b) möglicherweise eine abgestimmte internationale Reaktion erfordert;
21. sind Güter Sachen, einschließlich Pflanzen sowie Tiere, vorausgesetzt diese Sachen und Tiere werden auf einer internationalen Reise befördert;
22. ist Hafen ein See- oder Binnenhafen, in den oder aus dem Schiffe auf internationaler Reise ein- oder auslaufen;

22a. wird die Einfahrt in den Nord-Ostsee-Kanal einem Hafen im Sinne der Nummer 22 gleichgestellt, wenn kein See- oder Binnenhafen in der Bundesrepublik Deutschland angelaufen wird;

23. ist Herd ein Tier, eine Pflanze oder ein Stoff, in dem oder in der Krankheitserreger in der Regel leben und deren Vorkommen eine Gefahr für die öffentliche Gesundheit darstellen kann;
24. ist Infektion das Eindringen eines Krankheitserregers in den menschlichen oder tierischen Körper beziehungsweise seine Entwicklung oder Vermehrung, die eine Gefahr für die öffentliche Gesundheit darstellen können;
25. ist internationaler Verkehr die Bewegung von Personen, Gepäckstücken, Frachtstücken, Containern, Beförderungsmitteln, Gütern oder Postpaketen über eine internationale Grenze;
26. ist Krankheit eine Krankheit oder ein gesundheitlicher Zustand, die oder der ungeachtet des Ursprungs oder der Quelle Menschen erheblich schädigt oder schädigen kann;
27. ist Luftfahrzeug ein Luftfahrzeug, das sich auf einer internationalen Reise befindet;

28. **ist nationale IGV-Anlaufstelle die vom Vertragsstaat bezeichnete nationale zentrale Stelle, die jederzeit für die Verständigung mit den IGV-Kontaktstellen der Weltgesundheitsorganisation nach den IGV erreichbar ist;**
29. **ist Reisende oder Reisender eine natürliche Person, die eine internationale Reise unternimmt, einschließlich der Besatzungsmitglieder von Schiffen und Luftfahrzeugen;**
30. **ist Schiff ein See- oder Binnenschiff auf einer internationalen Reise;**
31. **ist Überprüfung die Untersuchung von Bereichen, Gepäckstücken, Containern, Beförderungsmitteln, Einrichtungen, Gütern oder Postpaketen, einschließlich relevanter Daten und Unterlagen, durch die zuständige Behörde oder unter ihrer Aufsicht, um festzustellen, ob eine Gefahr für die öffentliche Gesundheit besteht;**
32. **ist Vektor ein Insekt oder ein anderes Tier, das in der Regel einen Krankheitserreger in sich trägt, der eine Gefahr für die öffentliche Gesundheit darstellt;**
33. **gelten als verdächtig diejenigen Personen, Gepäck- und Frachtstücke, Container, Beförderungsmittel, Güter oder Postpakete, von denen ein Vertragsstaat annimmt, dass sie einer Gefahr für die öffentliche Gesundheit ausgesetzt waren oder möglicherweise ausgesetzt waren und die eine mögliche Quelle der Ausbreitung einer Krankheit sein können;**
34. **ist Verseuchung das Vorkommen eines Krankheitserregers oder Giftstoffs auf menschlichen oder tierischen Körpern, in oder auf einem für den Verzehr bestimmten Produkt oder auf anderen unbelebten Gegenständen, einschließlich Beförderungsmitteln, das eine Gefahr für die öffentliche Gesundheit darstellen kann.**

zu § 1 Abs. 1
Die IGV (2005) sind durch Gesetz vom 20. Juli 2007 (BGBl II S. 930, in Kraft getreten am 15. Juni 2007) in nationales Recht umgesetzt worden. Sie sind das zentrale Rechtsinstrument im Bereich der WHO, um eine grenzüberschreitende Ausbreitung von Krankheiten zu verhindern. Die IGV beziehen sich nicht mehr nur auf übertragbare Krankheiten, sondern auf alle Krankheiten, welche die Gesundheit erheblich schädigen oder schädigen können (z.B. auch chemische oder radionukleare Agenzien).
zu § 1 Abs. 2
Hier werden die einschlägigen Begriffsbestimmungen der IGV weitgehend unverändert übernommen.
zu § 1 Abs. 2 Nr. 9
Die Feststellung eines „betroffenen Gebiets“ (Art. 1 Abs. 1 IGV) durch WHO oder RKI ist Voraussetzung für die Anwendbarkeit von § 9 Abs. 1, § 10 Abs. 1, § 12 Abs. 1 und 4, § 14 Abs. 1 und § 15 Abs. 2.

§ 2
Zuständige Behörden
(zu Artikel 4 Absatz 1, Artikel 19 Buchstabe b IGV)

(1) Das Landesrecht bestimmt die Behörden, die als zuständige Behörde, Gesundheitsamt oder an Grenzübergangsstellen von Häfen als Hafenärztlicher Dienst für den Vollzug der IGV und dieses Gesetzes zuständig sind, soweit dieses Gesetz oder anderes Bundesrecht nicht etwas Abweichendes bestimmt. Das Gesundheitsamt ist mit einer Amtsärztin oder einem Amtsarzt besetzt. Der Hafenärztliche Dienst ist mit einer Ärztin oder einem Arzt besetzt, die oder der für den Aufgabenbereich qualifiziert ist.

(2) In der Bundeswehr werden die IGV und dieses Gesetz von den vom Bundesministerium der Verteidigung bestimmten zuständigen Stellen der Bundeswehr vollzogen.

§ 3
Nationale IGV-Anlaufstelle
(zu Artikel 4 Absatz 1 und 2 IGV)

(1) Nationale IGV-Anlaufstelle ist das Gemeinsame Melde- und Lagezentrum von Bund und Ländern im Bundesamt für Bevölkerungsschutz und Katastrophenhilfe. Die nationale IGV- Anlaufstelle nimmt die Aufgaben nach Artikel 4 Absatz 2 IGV sowie diejenigen Aufgaben wahr, mit denen sie vom Bundesministerium für Gesundheit im Einvernehmen mit dem Bundesministerium des Innern, für Bau und Heimat zur Durchführung der IGV beauftragt wird.

(2) Die nationale IGV-Anlaufstelle darf personenbezogene Daten, die ihr im Rahmen ihrer Aufgaben nach Artikel 4 Absatz 2 IGV übermittelt werden, verarbeiten und dazu an die nach den IGV und diesem Gesetz zuständigen Stellen im In- und Ausland übermitteln, soweit dies zur Umsetzung der IGV erforderlich ist.

Die nationale Anlaufstelle (GMLZ) hat die sich aus Art. 4 Abs. 2 IGV sich ergebenden Aufgaben zu erfüllen:

- jederzeitige Erreichbarkeit
- Weiterleitung dringender Mitteilungen an die IGV-Kontaktstelle der WHO, insbesondere auf Grund der Art. 6 bis 12 IGV
- Weiterleitung von Informationen an die zuständigen Bundes- und Landesbehörden.

Aus § 3 Abs. 2 ist zu entnehmen, dass erforderlichenfalls auch personenbezogene Daten weiterzuleiten sind.

§ 4
Mitteilungen über die nationale IGV-Anlaufstelle
(zu den Artikeln 6 bis 12 IGV)

(1) Die Entscheidung, welche Mitteilungen die nationale IGV-Anlaufstelle insbesondere nach den Artikeln 6 bis 12 IGV an die Weltgesundheitsorganisation sendet, und die Entscheidung, an welche Behörden Informationen weitergeleitet werden, die von der Weltgesundheitsorganisation über die nationale IGV-Anlaufstelle eingehen, trifft

1. für den Bereich der übertragbaren Krankheiten das Robert Koch-Institut,
2. für den Bereich chemischer Gefahren das Bundesamt für Bevölkerungsschutz und Katastrophenhilfe und
3. für den Bereich radionuklearer Gefahren das Bundesministerium für Umwelt, Naturschutz und nukleare Sicherheit.

(2) Die zuständigen Landesbehörden, die zuständigen Stellen der Bundeswehr, das Auswärtige Amt sowie Bundesoberbehörden, die Gesundheitsgefahren überwachen, informieren die nach Absatz 1 jeweils entscheidungsbefugte Behörde unverzüglich,

1. wenn sie Kenntnis von einem Ereignis erlangt haben, das eine gesundheitliche Notlage von internationaler Tragweite darstellen könnte,
2. wenn sie Kenntnis von eingeschleppten Krankheitsfällen, Vektoren oder verseuchten Gütern erlangt haben, die ausgehend vom Herkunftsort eine grenzüberschreitende Ausbreitung einer bedrohlichen Krankheit befürchten lassen, oder
3. wenn in ihrem jeweiligen Geschäftsbereich zusätzliche Gesundheitsmaßnahmen nach Artikel 23 Absatz 2, Artikel 27 Absatz 1, Artikel 28 Absatz 2, Artikel 31 Absatz 2 Buchstabe c oder nach Artikel 43 Absatz 1 IGV getroffen wurden oder beabsichtigt sind, die über Empfehlungen der Weltgesundheitsorganisation hinausgehen und den Verkehr mehr als nur unerheblich beeinträchtigen.

Die Behörden nach Satz 1 stellen der nach Absatz 1 jeweils entscheidungsbefugten Behörde auf deren Anforderung unverzüglich alle ihnen vorliegenden Informationen zur Verfügung, die für Mitteilungen an die Weltgesundheitsorganisation im Sinne der Artikel 6 bis 12 und 19 Buchstabe c IGV erforderlich sind.

(3) § 12 Absatz 1 des Infektionsschutzgesetzes bleibt unberührt.

Das Gemeinsame Melde- und Lagezentrum (GMLZ) erfüllt ausschließlich die Aufgabe der Informationsweiterleitung (§ 3). Die fachlichen Aufgaben im Vollzug der IGV (insbes. welche Mitteilungen nach Art. 6 bis 12 IGV über das GMLZ an die WHO gehen und an welche Behörden die bei dem GMLZ eingehenden Informationen der WHO weitergeleitet werden) obliegen den in § 4 Abs. 1 genannten Bundesbehörden: dies ist bei übertragbaren Krankheiten das RKI.
Die in Absatz 2 geregelten Informationspflichten gehen über bestehende nationale Überwachungssysteme hinaus und sollen die nach Absatz 1 entscheidungsbefugten Behörden in die Lage setzen, Verpflichtungen nach den IGV zu erfüllen.
§ 4 Abs. 2 Satz 1 Nr. 2 bezieht sich auf Art. 9 Abs. 2 IGV.
§ 4 Abs. 2 Satz 1 Nr. 3 bezieht sich auf Art. 27 Abs. 1 Satz 4 IGV und auf Art. 43 Abs. 3 und 5 IGV.
Abs. 3 stellt klar, dass § 12 IfSG als teilweise speziellere Regelung unberührt bleibt.

§ 5
Informationspflichten von Beförderern, Flughafenunternehmern und Betreibern von Häfen und Personenbahnhöfen
(zu Artikel 24 IGV)

(1) Wenn Reisende von einer schwerwiegenden Gefahr für die öffentliche Gesundheit bedroht oder betroffen sein können, kann das Bundesministerium für Gesundheit im Einvernehmen mit dem Bundesministerium für Verkehr und digitale Infrastruktur allgemein anordnen, dass die Beförderer Reisenden bei der Ankunft oder Abreise bestimmte Verhaltenshinweise zur Krankheitsvorbeugung oder für den Fall, dass Krankheitssymptome auftreten, zu geben haben. Ebenso können Flughafenunternehmer, die Betreiber von Häfen, Personenbahnhöfen und Omnibusbahnhöfen sowie Reiseveranstalter verpflichtet werden, den Reisenden bestimmte Verhaltenshinweise zur Krankheitsvorbeugung oder für den Fall, dass Krankheitssymptome auftreten, zu geben. Widerspruch und Anfechtungsklage gegen Anordnungen nach den Sätzen 1 und 2 haben keine aufschiebende Wirkung.

(2) Das Bundesministerium für Gesundheit bestimmt Inhalt und Form der Informationen im Benehmen mit den Ländern und im Einvernehmen mit der nach § 4 Absatz 1 jeweils entscheidungsbefugten Behörde, die ihrerseits die empfohlenen Gesundheitsmaßnahmen der Weltgesundheitsorganisation berücksichtigt.

§ 5 stellt eine seuchenrechtliche Sonderregelung dar in Form einer (sofort vollziehbaren) Allgemeinverfügung zur Verpflichtung bestimmter Unternehmer, Reisenden Verhaltenshinweise zu geben. Die Vorschrift enthält aber keine Verpflichtung der betroffenen Reisenden, diese Hinweise zu befolgen. Insoweit sind § 16 Abs. 1 bzw. § 28 Abs. 1 IfSG erforderlichenfalls ergänzend heranzuziehen.

§ 6
Anforderungen an Beförderungsmittel, Container und Container-Verladeplätze
(zu Artikel 24 in Verbindung mit den Anlagen 4 und 5, Artikel 34 IGV)

Beförderer haben ihre Beförderungsmittel frei von Infektions- und Verseuchungsquellen zu halten. Container-Verlader haben ihre Container und Container-Verladeplätze für den internationalen Verkehr frei von Infektions- und Verseuchungsquellen zu halten und Möglichkeiten zur Überprüfung und Absonderung von Containern zu schaffen.

§ 7
Spezielle Gelbfieber-Impfstellen
(zu Anlage 7 Absatz 2 Buchstabe f IGV)

(1) Schutzimpfungen gegen Gelbfieber dürfen nur in Impfstellen durchgeführt werden, die von der zuständigen Behörde für die Impfung gegen Gelbfieber zugelassen sind (spezielle Gelbfieber-Impfstellen). Die zuständige Behörde kann niedergelassenen Ärztinnen und Ärzten, Gesundheitsbehörden und medizinischen Einrichtungen auf Antrag die Zulassung erteilen, wenn

1. die impfende Ärztin oder der impfende Arzt die erforderliche fachliche Qualifikation besitzt und
2. geeignete Räumlichkeiten und Einrichtungen für die Lagerung des Impfstoffes sowie für die Durchführung der Impfung vorhanden sind.

Die zuständige Behörde stellt eine bedarfsgerechte Versorgung mit Gelbfieber-Impfstellen sicher.

(2) Für die Bundeswehr kann das Bundesministerium der Verteidigung entsprechend geeignete Stellen der Bundeswehr als Gelbfieber-Impfstellen bestimmen. Für die Mitarbeiterinnen und Mitarbeiter des Auswärtigen Amts kann das Auswärtige Amt entsprechend geeignete Stellen des Auswärtigen Amts als Gelbfieber-Impfstellen bestimmen.

(3) Der impfende Arzt oder die impfende Ärztin hat bei der Schutzimpfung einen von der Weltgesundheitsorganisation anerkannten Impfstoff zu verwenden. Über die Impfung ist die internationale Impf- oder Prophylaxebescheinigung nach dem Muster in Anlage 6 IGV auszustellen. § 22 Absatz 1 des Infektionsschutzgesetzes bleibt unberührt.

Zulassungen von Gelbfieber-Impfstellen auf Grund der IGV (1969) gelten weiter. Vom Impfbescheinigungs-Muster (Anlage 6) darf nicht abgewichen werden; die Bescheinigung ist in englischer oder französischer Fassung auszufüllen (zusätzlich kann sie in Deutsch ausgefüllt werden).
Zu Impfungen, Impfstellen, Impfbescheinigungen, Impfstoffen siehe im Übrigen Art. 23 Abs. 3 bis 5, Art. 31, Art. 36 und Art. 40 Abs. 1 Buchst. b.

Abschnitt 2
Luftverkehr

§ 8
Flughäfen mit Kapazitäten nach Anlage 1 Teil B IGV

(zu Artikel 13 Absatz 1, Artikel 19 Buchstabe a, Artikel 20 Absatz 1 in Verbindung mit Anlage 1 Teil B IGV)

(1) An den Flughäfen Berlin Brandenburg, Düsseldorf, Frankfurt am Main, Hamburg und München müssen ab dem 15. Juni 2012 die in Anlage 1 Teil B IGV aufgeführten Kapazitäten zum Schutz der öffentlichen Gesundheit vorhanden sein.

(2) Die zuständige oberste Landesgesundheitsbehörde kann auf Antrag des jeweiligen Flughafenunternehmers oder von Amts wegen bestimmen, dass an weiteren Flughäfen die in Anlage 1 Teil B IGV aufgeführten Kapazitäten zum Schutz der öffentlichen Gesundheit zu schaffen und zu unterhalten sind, wenn dies insbesondere im Hinblick auf Folgendes erforderlich ist:

1. die flächendeckende Versorgung mit entsprechend ausgestatteten Flughäfen,
2. den Umfang des regelmäßigen Passagier- und Frachtaufkommens und
3. die Bedeutung des Flughafens im internationalen Luftverkehr.

Die zuständige oberste Landesgesundheitsbehörde setzt das Bundesministerium für Gesundheit von ihrer Entscheidung nach Satz 1 in Kenntnis.

(3) Das Robert Koch-Institut gibt nach Anhörung der zuständigen obersten Landesgesundheitsbehörden für den Bereich der übertragbaren Krankheiten eine Empfehlung zu den Kapazitäten nach Anlage 1 Teil B IGV ab und veröffentlicht sie im Bundesgesundheitsblatt.

(4) Die zuständige oberste Landesgesundheitsbehörde bestimmt unter Berücksichtigung des regelmäßigen Passagier- und Frachtaufkommens im Einzelnen Art und Umfang der Kapazitäten nach Anlage 1 Teil B IGV, die an den Flughäfen nach den Absätzen 1 und 2 vorhanden sein müssen. Es müssen mindestens die Anforderungen der Anlage 1 Teil B IGV erfüllt sein.

(5) Der Flughafenunternehmer nach Absatz 1 oder 2 hat dafür zu sorgen, dass folgende der nach Absatz 4 bestimmten Kapazitäten geschaffen und unterhalten werden:

1. Räumlichkeiten für die Befragung, Untersuchung und Versorgung von verdächtigen oder betroffenen Reisenden am Flughafen sowie für die Lagerung von hierzu erforderlichen Materialien des öffentlichen Gesundheitsdienstes,
2. Beförderungsmittel und Personal für die Beförderung von verdächtigen oder betroffenen Reisenden auf dem Flughafengelände vom Luftfahrzeug zu Räumlichkeiten nach Nummer 1,
3. ordnungsgemäße Einrichtungen des Flughafens, die zur Nutzung durch Reisende bestimmt sind, wie Trinkwasserversorgungsanlagen, Speiseräume, öffentliche Waschräume und Toiletten sowie Entsorgungseinrichtungen für feste und flüssige Abfälle,
4. ein Notfallplan für gesundheitliche Notlagen nach Absatz 9,
5. Vorkehrungen für eine Desinsektion, Entrattung, Desinfektion oder sonstige Entseuchung von Gepäckstücken, Frachtstücken, Containern, Beförderungsmitteln, Gütern oder Postpaketen am Flughafen, soweit nicht bereits durch Beförderer entsprechende Vorkehrungen getroffen sind, und
6. Vorkehrungen, um das Flughafengelände frei von Vektoren und Erregerreservoirs zu halten.

Der Flughafenunternehmer kann seine Verpflichtungen nach Satz 1 auch durch Verträge auf Dritte übertragen. Der Flughafenunternehmer hat die Erfüllung seiner Verpflichtungen nach Satz 1 gegenüber der zuständigen Behörde in geeigneter Form nachzuweisen.

(6) Das Land hat die übrigen nach Absatz 4 festgelegten Kapazitäten zu schaffen und zu unterhalten. Verpflichtungen nach Satz 1 kann es auch durch Verträge mit Dritten erfüllen. Das Land hat dem Flughafenunternehmer auf Antrag seine Selbstkosten zu vergüten, soweit er nach Absatz 4 verpflichtet ist, die Räumlichkeiten nach Absatz 5 Satz 1 Nummer 1 dauernd für Behörden freizuhalten. Soweit ein Aufwand über das Maß hinausgeht, das für Einrichtungen der Gesundheitsverwaltung üblich ist, wird dieser Aufwand nicht vergütet. Liegt der marktübliche Preis unter den Selbstkosten, wird der marktübliche Preis gezahlt.

(7) Die nach Landesrecht zuständige Behörde kann vom Flughafenunternehmer nach Absatz 1 oder 2 weitere Einrichtungen und Leistungen verlangen, die zur Wahrnehmung von Aufgaben nach den IGV und diesem Gesetz erforderlich sind und dem Flughafenunternehmer nach den Umständen zugemutet werden können. Der Flughafenunternehmer kann dafür die Vergütung seiner Selbstkosten verlangen.

(8) Die zuständige oberste Landesgesundheitsbehörde setzt das Bundesministerium für Gesundheit unverzüglich in Kenntnis, wenn bei einem Flughafen nach Absatz 1 oder 2 die nach Absatz 4 festgelegten Kapazitäten vorhanden oder wenn sie nicht mehr vorhanden sind. Das Bundesministerium für Gesundheit benennt die Flughäfen nach den Absätzen 1 und 2 gegenüber der Weltgesundheitsorganisation und teilt dies den jeweiligen Flughafenunternehmern, den obersten Landesgesundheitsbehörden, dem Bundesministerium für Verkehr und digitale Infrastruktur und der Europäischen Kommission mit.

(9) Ab dem 15. Juni 2012 müssen alle Flughäfen im Sinne des § 1 Absatz 2 über einen Notfallplan für gesundheitliche Notlagen verfügen, der mit den zuständigen Gesundheits- und Ordnungsbehörden abzustimmen, fortzuschreiben und regelmäßig zu beüben ist. Er enthält jeweils auch eine koordinierende Ansprechperson des Flughafenunternehmers und des zuständigen Gesundheitsamtes. Der Flughafenunternehmer hat der zuständigen obersten Landesgesundheitsbehörde oder einer von ihr benannten Stelle den jeweils geltenden Notfallplan zur Verfügung zu stellen.

(10) Die zuständige Behörde überwacht die Erfüllung der Verpflichtungen nach den Absätzen 5 und 9. Auf Verlangen der zuständigen Behörde hat der Flughafenunternehmer ihr und den von ihr beauftragten Personen während der üblichen Betriebs- und Geschäftszeiten Zutritt zu den in Absatz 5 Satz 1 genannten Räumlichkeiten und Einrichtungen zu gewähren und alle einschlägigen Unterlagen zur Verfügung zu stellen.

zu § 8 Abs. 3 „Empfehlung des RKI zu den Kernkapazitäten der nach Art. 20 Abs. 1 IGV benannten Flughäfen" (BGesBl 9/2018, S. 1187). Die Empfehlung ist nicht verbindlich, sie unterstützt die obersten Landesgesundheitsbehörden beim Vollzug des § 8 Abs. 4 IGV-DG.

§ 9
Verpflichtung von Luftfahrzeugführerinnen und Luftfahrzeugführern, auf einem Flughafen mit Kapazitäten nach Anlage 1 Teil B IGV zu landen

(zu Artikel 28 Absatz 1 und Anlage 5 Absatz 7 Satz 2 IGV)

(1) Das Bundesministerium für Gesundheit kann im Einvernehmen mit dem Bundesministerium für Verkehr und digitale Infrastruktur allgemein anordnen, dass Luftfahrzeuge, die aus betroffenen Gebieten ankommen, im Inland zunächst nur auf einem Flughafen mit Kapazitäten nach Anlage 1 Teil B IGV landen dürfen. Das Bundesministerium für Verkehr und digitale Infrastruktur gibt die allgemeine Anordnung in der für den Luftverkehrsbereich üblichen Weise bekannt. Widerspruch und Anfechtungsklage gegen Anordnungen nach Satz 1 haben keine aufschiebende Wirkung.

(2) Wenn an Bord eines Luftfahrzeugs eine Gefahr für die öffentliche Gesundheit festgestellt wird, für deren Beseitigung der Zielflughafen nicht über die erforderlichen Einrichtungen verfügt, kann das für den Zielflughafen zuständige Gesundheitsamt anordnen, dass das Luftfahrzeug im Inland zunächst nur auf einem Flughafen mit Kapazitäten nach Anlage 1 Teil B IGV landen darf. Dies gilt nicht, wenn der Weiterflug des Luftfahrzeugs aufgrund einer Funktionsstörung oder aus sonstigen Gründen unsicher wäre. In den Fällen des Satzes 1 hat die verantwortliche Luftfahrzeugführerin oder der verantwortliche Luftfahrzeugführer den Flughafen mit Kapazitäten nach Anlage 1 Teil B IGV, auf dem sie oder er zu landen beabsichtigt, rechtzeitig zu verständigen; § 11 wird entsprechend angewendet.

(3) In den Fällen des Absatzes 2 Satz 1 hat das für den ursprünglichen Zielflughafen zuständige Gesundheitsamt die zuständige Gesundheitsbehörde des neuen Zielortes unverzüglich zu informieren.

(4) Flughafenunternehmer von Flughäfen mit internationalem Flugverkehr, die nicht nach § 8 Absatz 1 oder 2 verpflichtet sind, haben mit den nach § 8 Absatz 1 oder 2 verpflichteten Flughäfen, zu denen betroffene Luftfahrzeuge oder Luftfahrzeuge aus betroffenen Gebieten voraussichtlich umgeleitet würden, Verträge über eine Beteiligung an den Kosten für Kapazitäten nach § 8 Absatz 4 und 5 und für im Ereignisfall erbrachte medizinische und organisatorische Hilfeleistungen zu schließen.

Eine Anordnung nach Absatz 1 stellt eine sofort vollziehbare Allgemeinverfügung dar.
Waren die rechtlichen Voraussetzungen für die Umleitung eines Flugzeugs gegeben (Absatz 2), so fallen die dadurch entstandenen Kosten dem Luftfahrtunternehmen zur Last (Störerprinzip).

§ 10
Allgemeine Erklärung für Luftfahrzeuge, Abschnitt über Gesundheit
(zu Artikel 38 Absatz 1 und 3 in Verbindung mit Anlage 9 IGV)

(1) Die verantwortliche Luftfahrzeugführerin oder der verantwortliche Luftfahrzeugführer hat vor der ersten Landung auf einem inländischen Flughafen die Allgemeine Erklärung für Luftfahrzeuge, Abschnitt über Gesundheit, gemäß Artikel 38 in Verbindung mit Anlage 9 IGV nur dann abzugeben, wenn das Bundesministerium für Gesundheit dies allgemein angeordnet hat. Das Bundesministerium für Gesundheit kann diese allgemeine Anordnung für Luftfahrzeuge treffen, die aus betroffenen Gebieten kommen. Die Anordnung ergeht im Einvernehmen mit dem Robert Koch-Institut. Das Bundesministerium für Verkehr und digitale Infrastruktur gibt die allgemeine Anordnung in der für den Luftverkehrsbereich üblichen Weise bekannt.

(2) Die verantwortliche Luftfahrzeugführerin oder der verantwortliche Luftfahrzeugführer hat unverzüglich nach der ersten Landung die Allgemeine Erklärung für Luftfahrzeuge an die für die polizeiliche Kontrolle des grenzüberschreitenden Verkehrs zuständige Stelle zu übergeben. Diese leitet die Erklärung zur Prüfung des Abschnitts über Gesundheit an das für den Flughafen zuständige Gesundheitsamt weiter.

§ 11
Meldeverfahren für verantwortliche Luftfahrzeugführerinnen und Luftfahrzeugführer bei Erkrankungsfällen oder Anzeichen an Bord für eine erhebliche Gefahr für die öffentliche Gesundheit
(zu Artikel 28 Absatz 4, Artikel 38 Absatz 2 IGV)

(1) Die verantwortliche Führerin oder der verantwortliche Führer eines Luftfahrzeugs mit einem inländischen Zielflughafen oder der oder die Beauftragte hat der Flugverkehrskontrollstelle, mit der sie oder er in Funkkontakt steht, und der Verkehrsleiterin oder dem Verkehrsleiter des Luftfahrtunternehmens auf dem Zielflughafen unverzüglich zu melden, wenn sie oder er erfährt,

1. dass eine Person an Bord ist, bei der klinische Anzeichen auf das Vorliegen einer übertragbaren Krankheit hindeuten, die die öffentliche Gesundheit erheblich gefährdet, oder
2. dass an Bord sonstige Anzeichen für eine erhebliche Gefahr für die öffentliche Gesundheit bestehen.

Satz 1 gilt abweichend von § 1 Absatz 2 auch bei Luftfahrzeugen, die sich auf einer Inlandsreise befinden.

(2) Die Meldung muss mindestens folgende Angaben enthalten:

1. Funkrufzeichen,
2. Start- und Zielflughafen,
3. voraussichtliche Ankunftszeit,
4. Zahl der Personen an Bord,
5. Zahl und Art der vermuteten Krankheitsfälle an Bord und
6. Art der Gefahr für die öffentliche Gesundheit, wenn bekannt.

(3) Die Flugverkehrskontrollstelle und die Verkehrsleiterin oder der Verkehrsleiter am Zielflughafen leiten die Meldung unverzüglich an die im Notfallplan des Flughafens festgelegten Stellen weiter. Diese informieren unverzüglich das für den Flughafen zuständige Gesundheitsamt.

(4) Auf Verlangen des zuständigen Gesundheitsamtes hat das Luftfahrtunternehmen von der verantwortlichen Luftfahrzeugführerin oder dem verantwortlichen Luftfahrzeugführer unverzüglich ergänzende Angaben über die gesundheitlichen Verhältnisse an Bord und die angewandten Gesundheitsmaßnahmen einzuholen und dem zuständigen Gesundheitsamt zu übermitteln. Ist das Luftfahrtunternehmen nicht erreichbar, soll die Flugverkehrskontrollstelle auf Verlangen des zuständigen Gesundheitsamtes die ergänzenden Angaben einholen und übermitteln.

(5) Auf Meldungen nach Absatz 1, die sich auf eine übertragbare Krankheit beziehen, findet § 11 Absatz 1 und 2 des Infektionsschutzgesetzes entsprechende Anwendung. Für die Übermittlung an die zuständige Landesbehörde ist das Gesundheitsamt zuständig, das die Meldung erhalten hat.

§ 12
Ermittlung von Kontaktpersonen
(zu Artikel 23 Absatz 1 Buchstabe a IGV)

(1) Das Bundesministerium für Gesundheit kann allgemein anordnen, dass Reisende, die aus betroffenen Gebieten ankommen, vor dem Verlassen des Luftfahrzeugs in einem Formular, der Aussteigekarte, Angaben zum Flug und zur persönlichen Erreichbarkeit in den auf die Ankunft folgenden 30 Tagen zu machen haben. Das Bundesministerium für Verkehr und digitale Infrastruktur gibt die allgemeine Anordnung in der für den Luftverkehrsbereich üblichen Weise bekannt. Die Aussteigekarte soll dem Muster der Anlage 1 zu diesem Gesetz entsprechen.

(2) Die Luftfahrtunternehmen haben die Aussteigekarten den Reisenden auszuhändigen; sie haben die Reisenden beim Ausfüllen zur Lesbarkeit und Vollständigkeit anzuhalten und die ausgefüllten Aussteigekarten unverzüglich dem für den Zielflughafen zuständigen Gesundheitsamt zu übergeben.

(3) Wenn an Bord eines Luftfahrzeugs eine Gefahr für die öffentliche Gesundheit oder ein entsprechender Verdacht festgestellt wird, so kann das für den Zielflughafen zuständige Gesundheitsamt anordnen, dass die Reisenden vor dem Verlassen des Luftfahrzeugs eine Aussteigekarte auszufüllen haben. Absatz 1 Satz 3 gilt entsprechend.

(4) Besteht die Gefahr, dass eine bedrohliche übertragbare Krankheit ins Inland eingeschleppt wird, kann das Bundesministerium für Gesundheit anordnen, dass Luftfahrtunternehmen bei Flügen aus betroffenen Gebieten die bei ihnen vorhandenen Daten bis zu 30 Tagen bereitzuhalten haben; dies gilt insbesondere für elektronisch gespeicherte Daten zur Identifikation und Erreichbarkeit der Reisenden sowie für Sitzpläne. Das Bundesministerium für Verkehr und digitale Infrastruktur gibt die allgemeine Anordnung in der für den Luftverkehrsbereich üblichen Weise bekannt.

(5) Verlangt ein nach § 25 Absatz 1 des Infektionsschutzgesetzes zuständiges Gesundheitsamt zur Erfüllung seiner Aufgaben Daten zur Erreichbarkeit von verdächtigen oder betroffenen Reisenden oder zu ihren möglichen Kontaktpersonen, so hat das Luftfahrtunternehmen dem Gesundheitsamt diese Daten unverzüglich zur Verfügung zu stellen.

(5a) Sofern ein Luftfahrtunternehmen auf ein Auskunftsverlangen nach Absatz 5 die verlangten Daten nicht, nicht rechtzeitig oder nicht vollständig übermittelt, kann das zuständige Gesundheitsamt die Fluggastdatenzentralstelle nach § 1 Absatz 1 des Fluggastdatengesetzes oder die in § 1 Absatz 3 des Fluggastdatengesetzes genannte Stelle ersuchen, ihm zur Erfüllung seiner Aufgaben erforderliche Daten zur Erreichbarkeit von verdächtigen oder betroffenen Reisenden und zu ihren möglichen Kontaktpersonen zu übermitteln. Enthält das Fluggastdaten-Informationssystem entsprechende Daten, übermittelt die ersuchte Stelle diese unverzüglich dem ersuchenden Gesundheitsamt; nach § 5 des Fluggastdatengesetzes depersonalisierte Daten sind von der Übermittlung ausgeschlossen. Die in Satz 1 genannten Stellen können auch um die Übermittlung von Daten für Flüge aus betroffenen Gebieten, für die keine Anordnung nach Absatz 4 getroffen wurde, ersucht werden, sofern die Daten für die Aufgabenerfüllung

des Gesundheitsamtes unerlässlich sind und zu erwarten ist, dass der Zweck mit dem Verfahren nach Absatz 4 nicht, nicht in gleicher Weise oder nicht rechtzeitig erreicht werden kann; in diesem Fall gilt Satz 2 entsprechend.

(6) Das nach § 25 Absatz 1 des Infektionsschutzgesetzes zuständige Gesundheitsamt darf die ihm zur Verfügung gestellten personenbezogenen Daten nur zur Erfüllung seiner Aufgaben verarbeiten.

(7) Auf Ersuchen der zuständigen obersten Landesgesundheitsbehörde kann das Robert Koch-Institut dem nach § 25 Absatz 1 des Infektionsschutzgesetzes zuständigen Gesundheitsamt bei den Ermittlungen und der Kontaktaufnahme mit Reisenden oder ihren möglichen Kontaktpersonen Amtshilfe leisten. Soweit es zur Erfüllung dieser Amtshilfe erforderlich ist, darf es personenbezogene Daten verarbeiten und nutzen.

Die Anordnung einer Aussteigekarte (Abs. 1) stellt eine Allgemeinverfügung dar, die zu ihrer unmittelbaren Wirksamkeit für sofort vollziehbar zu erklären ist (§ 12 Abs. 1 enthält keine § 5 Abs. 1 Satz 3 bzw. § 14 Abs. 1 Satz 2 und § 15 Abs. 2 Satz 2 IGV-DG entsprechenden Vorschrift). Maßnahmen nach § 25 Abs. 1 IfSG (§ 12 Abs. 5 bis 7 IGV-DG) sind demgegenüber kraft Gesetzes sofort vollziehbar (vgl. § 25 Abs. 2 i.V. mit § 16 Abs. 8 IfSG).
Reisende im Sinn dieser Bestimmung sind auch die Besatzungsmitglieder (§ 1 Abs. 2 Nr. 28 IGV-DG).
Nach § 12 Abs. 5 kann das Gesundheitsamt im Rahmen notwendiger Ermittlungen von den Luftfahrtunternehmen Angaben zur Erreichbarkeit Reisender oder möglicher Kontaktpersonen verlangen. Führen solche Auskunftsverlangen nicht zum Erfolg, kann das Gesundheitsamt nach Abs. 5a diese Angaben beim Bundeskriminalamt bzw. beim Bundesverwaltungsamt (§ 1 Abs. 1 und 3 des Fluggastdatengesetzes) erheben.
Bußgeldvorschrift s. § 21 Abs. 1 Nrn. 6 und 7

Abschnitt 3
See- und Binnenschiffsverkehr

§ 13
Häfen mit Kapazitäten nach Anlage 1 Teil B IGV

(zu Artikel 13 Absatz 1, Artikel 19 Buchstaben, Artikel 20 Absatz 1 in Verbindung mit Anlage 1 Teil B IGV)

(1) An den Häfen der Städte Bremen und Bremerhaven, Hamburg, Kiel, Rostock und am Jade-Weser-Port in Wilhelmshaven müssen ab dem 15. Juni 2012 die in Anlage 1 Teil B der IGV aufgeführten Kapazitäten zum Schutz der öffentlichen Gesundheit vorhanden sein.

(2) Die zuständige oberste Landesgesundheitsbehörde kann auf Antrag des jeweiligen Betreibers eines Hafens oder von Amts wegen bestimmen, dass an weiteren Häfen die in Anlage 1 Teil B der IGV aufgeführten Kapazitäten zum Schutz der öffentlichen Gesundheit zu schaffen und zu unterhalten sind, wenn dies insbesondere im Hinblick auf Folgendes erforderlich ist:

1. die räumliche Verteilung der entsprechend ausgestatteten Häfen,
2. den Umfang des regelmäßigen Passagier- und Frachtaufkommens und
3. die Bedeutung des Hafens im internationalen Verkehr.

Der Hafenärztliche Dienst des Hafens muss befugt sein, die Bescheinigung über die Durchführung von Schiffshygienemaßnahmen nach Artikel 39 Absatz 5 IGV auszustellen. Die zuständige oberste Landesgesundheitsbehörde setzt das Bundesministerium für Gesundheit über ihre Entscheidung nach Satz 1 in Kenntnis.

(3) Das Robert Koch-Institut gibt nach Anhörung der zuständigen obersten Landesgesundheitsbehörden für den Bereich der übertragbaren Krankheiten eine Empfehlung zu den Kapazitäten nach Anlage 1 Teil B IGV ab und veröffentlicht sie im Bundesgesundheitsblatt.

(4) Die zuständige oberste Landesgesundheitsbehörde bestimmt unter Berücksichtigung des regelmäßigen Passagier- und Frachtaufkommens im Einzelnen Art und Umfang der Kapazitäten nach Anlage 1 Teil B IGV, die an den Häfen nach den Absätzen 1 und 2 vorhanden sein müssen. Es müssen mindestens die Anforderungen der Anlage 1 Teil B IGV erfüllt sein.

(5) Der Betreiber eines Hafens nach Absatz 1 oder 2 hat dafür zu sorgen, dass folgende der nach Absatz 4 bestimmten Kapazitäten geschaffen und unterhalten werden:

1. ein für die Durchführung von Maßnahmen des Gesundheitsschutzes geeigneter Liegeplatz,
2. Räumlichkeiten für die Befragung, Untersuchung und Versorgung von verdächtigen oder betroffenen Reisenden am Liegeplatz nach Nummer 1 sowie für die Lagerung von hierzu erforderlichen Materialien des öffentlichen Gesundheitsdienstes,
3. ordnungsgemäße Einrichtungen des Hafens, die zur Nutzung durch Reisende bestimmt sind, wie Trinkwasserversorgungsanlagen, Speiseräume, öffentliche Waschräume und Toiletten sowie Entsorgungseinrichtungen für feste und flüssige Abfälle,
4. ein Notfallplan für gesundheitliche Notlagen nach Absatz 9,
5. Vorkehrungen für eine Desinsektion, Entrattung, Desinfektion oder sonstige Entseuchung von Gepäckstücken, Frachtstücken, Containern, Beförderungsmitteln, Gütern oder Postsendungen am Hafen, soweit nicht bereits durch Beförderer entsprechende Vorkehrungen getroffen sind, und
6. Vorkehrungen, um das Hafengelände frei von Vektoren und Erregerreservoirs zu halten.

Der Betreiber kann seine Verpflichtungen nach Satz 1 auch durch Verträge auf Dritte übertragen. Der Betreiber hat die Erfüllung der Verpflichtungen nach Satz 1 gegenüber der zuständigen obersten Landesgesundheitsbehörde nachzuweisen.

(6) Das Land hat die übrigen nach Absatz 4 festgelegten Kapazitäten zu schaffen und zu unterhalten. Verpflichtungen nach Satz 1 kann es auch durch Verträge mit Dritten erfüllen. Das Land hat dem Betreiber eines Hafens auf Antrag seine Selbstkosten zu vergüten, soweit er nach Absatz 4 verpflichtet ist, die Räumlichkeiten nach Absatz 5 Satz 1 Nummer 1 dauernd für Behörden freizuhalten. Soweit ein Aufwand über das

Maß hinausgeht, das für Einrichtungen der Gesundheitsverwaltung üblich ist, wird dieser Aufwand nicht vergütet. Liegt der marktübliche Preis unter den Selbstkosten, wird der marktübliche Preis gezahlt.

(7) Die nach Landesrecht zuständige Behörde kann vom Betreiber eines Hafens nach Absatz 1 oder 2 weitere Einrichtungen und Leistungen verlangen, die zur Wahrnehmung von Aufgaben nach den IGV und diesem Gesetz erforderlich sind und dem Betreiber des Hafens nach den Umständen zugemutet werden können. Der Betreiber des Hafens kann dafür Vergütung seiner Selbstkosten verlangen.

(8) Die zuständige oberste Landesgesundheitsbehörde setzt das Bundesministerium für Gesundheit unverzüglich in Kenntnis, wenn bei einem Hafen nach Absatz 1 oder 2 die nach Absatz 4 festgelegten Kapazitäten vorhanden oder wenn sie nicht mehr vorhanden sind. Das Bundesministerium für Gesundheit benennt die Häfen nach den Absätzen 1 und 2 gegenüber der Weltgesundheitsorganisation und teilt dies den jeweiligen Betreibern eines Hafens, den obersten Landesgesundheitsbehörden, dem Bundesministerium für Verkehr und digitale Infrastruktur und der Europäischen Kommission mit.

(9) Ab dem 15. Juni 2012 müssen alle Häfen im Sinne des § 1 Absatz 2, in denen Schiffe ankommen, die aus Ländern außerhalb des Gebietes des Schengener Abkommens und der Europäischen Union kommen, über einen Notfallplan für gesundheitliche Notlagen verfügen, der mit den zuständigen Gesundheits- und Ordnungsbehörden abzustimmen, fortzuschreiben und regelmäßig zu beüben ist. Er enthält jeweils auch eine koordinierende Ansprechperson des Betreibers eines Hafens und des zuständigen Gesundheitsamtes. Der Betreiber eines Hafens hat der zuständigen obersten Landesgesundheitsbehörde oder einer von ihr benannten Stelle den jeweils geltenden Notfallplan zur Verfügung zu stellen.

(10) Die zuständige Behörde überwacht die Erfüllung der Verpflichtungen nach den Absätzen 5 und 9. Auf Verlangen der zuständigen Behörde hat der Betreiber ihr und den von ihr beauftragten Personen während der üblichen Betriebs- und Geschäftszeiten Zutritt zu den in Absatz 5 Satz 1 genannten Räumlichkeiten und Einrichtungen zu gewähren und alle einschlägigen Unterlagen zur Verfügung zu stellen.

- zu § 13 Abs. 3 „Empfehlung des RKI zu den Kernkapazitäten der nach Art. 20 Abs. 1 IGV benannten Seehäfen“ (BGesBl 9/2018, S. 1196). Die Empfehlung ist nicht verbindlich, sie unterstützt die obersten Landesgesundheitsbehörden beim Vollzug des § 13 Abs. 4 IGV-DG.

§ 14
Verpflichtung von Schiffsführerinnen und Schiffsführern, einen Hafen mit Kapazitäten nach Anlage 1 Teil B IGV anzulaufen
(zu Artikel 28 Absatz 1 IGV)

(1) Das Bundesministerium für Gesundheit kann im Einvernehmen mit dem Bundesministerium für Verkehr und digitale Infrastruktur allgemein anordnen, dass Schiffe, die aus betroffenen Gebieten ankommen, im Inland zunächst nur einen Hafen mit Ka-

pazitäten nach Anlage 1 Teil B IGV anlaufen dürfen. Widerspruch und Anfechtungsklage gegen Anordnungen nach Satz 1 haben keine aufschiebende Wirkung. Die zuständige Gesundheitsbehörde kann Schiffen im Einzelfall erlauben, einen anderen Hafen anzulaufen.

(2) Wenn an Bord eines Schiffes eine Gefahr für die öffentliche Gesundheit festgestellt wird, für deren Beseitigung der Bestimmungshafen nicht über die erforderlichen Einrichtungen verfügt, kann die für den Ort des Bestimmungshafens zuständige Gesundheitsbehörde anordnen, dass das Schiff im Inland zunächst nur einen Hafen mit Kapazitäten nach Anlage 1 Teil B IGV anlaufen darf. Dies gilt nicht, wenn die Weiterfahrt aufgrund einer Funktionsstörung oder aus sonstigen Gründen unsicher wäre. In den Fällen des Satzes 1 hat die verantwortliche Schiffsführerin oder der verantwortliche Schiffsführer den Hafen mit Kapazitäten nach Anlage 1 Teil B IGV, den sie oder er anzulaufen beabsichtigt, rechtzeitig zu verständigen; § 16 ist entsprechend anzuwenden.

(3) In den Fällen des Absatzes 2 Satz 1 hat die für den ursprünglichen Bestimmungshafen zuständige Gesundheitsbehörde die zuständige Gesundheitsbehörde des neuen Bestimmungshafens unverzüglich zu informieren.

(4) Betreiber eines Hafens, die in ihrem Hafen oder Hafenteil internationale Schiffsverkehre abfertigen und die keine Verpflichtung nach § 13 Absatz 1 oder 2 haben, haben mit den Betreibern der Häfen nach § 13 Absatz 1 oder 2, zu denen betroffene Schiffe oder Schiffsverkehre aus betroffenen Gebieten voraussichtlich umgeleitet werden, Verträge über eine Beteiligung an den Kosten für Kapazitäten nach § 13 Absatz 4 und 5 und für im Ereignisfall erbrachte medizinische und organisatorische Hilfeleistung zu schließen.

§ 15
Seegesundheitserklärung
(zu Artikel 37 Absatz 1, 3 und 4 in Verbindung mit Anlage 8 IGV)

(1) Die Führerin oder der Führer eines Seeschiffes oder die beauftragte Person hat den Gesundheitszustand der an Bord befindlichen Personen vor der Ankunft im ersten inländischen Hafen festzustellen und eine Seegesundheitserklärung nach dem Muster der Anlage 8 IGV auszufüllen. Befindet sich eine Schiffsärztin oder ein Schiffsarzt an Bord, hat sie oder er an der Feststellung des Gesundheitszustandes und der Erstellung der Seegesundheitserklärung mitzuwirken und die Seegesundheitserklärung gegenzuzeichnen. Die Schiffsführerin oder der Schiffsführer oder die beauftragte Person hat die Seegesundheitserklärung in Papierform an Bord zur Einsichtnahme durch den zuständigen Hafenärztlichen Dienst oder seinen Beauftragten aufzubewahren. Er oder sie hat die Seegesundheitserklärung außerdem

1. mindestens 24 Stunden vor der Ankunft oder
2. spätestens zu dem Zeitpunkt, zu dem das Schiff aus dem vorigen Hafen ausläuft, sofern die Reisezeit weniger als 24 Stunden beträgt, oder
3. sobald diese Information vorliegt, falls der Anlaufhafen nicht bekannt ist oder während der Reise geändert wird,

dem zuständigen Hafenärztlichen Dienst nach Maßgabe des Satzes 5 zu übermitteln. Die Übermittlung erfolgt

1. elektronisch nach Maßgabe des Seeschifffahrt-Meldeportal-Gesetzes über das Zentrale Meldeportal des Bundes, wenn das Seeschiff über eine entsprechende elektronische Ausrüstung verfügt, oder
2. durch Telefax, E-Mail oder andere geeignete Mittel, wenn das Seeschiff nicht über eine elektronische Ausrüstung im Sinne der Nummer 1 verfügt.

Wenn sich die gesundheitlichen Verhältnisse an Bord nach der Übermittlung der Seegesundheitserklärung ändern, muss die Führerin oder der Führer des Seeschiffes oder die beauftragte Person

1. eine neue Seegesundheitserklärung
   a) nach Maßgabe der Sätze 1 und 2 ausfüllen und
   b) nach Maßgabe des Satzes 3 aufbewahren und
2. dem zuständigen Hafenärztlichen Dienst die neue Seegesundheitserklärung nach Maßgabe der Sätze 4 und 5 übermitteln.

(2) Die zuständige oberste Landesgesundheitsbehörde kann, wenn die epidemische Lage es zulässt oder erfordert, allgemein anordnen, dass

1. für Seeschiffe oder bestimmte Typen von Seeschiffen keine Seegesundheitserklärung abzugeben ist,
2. die Seegesundheitserklärung nur für solche Seeschiffe abzugeben ist, die
   a) aus betroffenen Gebieten kommen,
   b) aus anderen Gründen Träger von Infektionen oder Verseuchungen sein können oder
   c) bei denen an Bord Anzeichen für eine Gefahr für die öffentliche Gesundheit vorliegen, oder
3. Führerinnen oder Führer von Binnenschiffen oder bestimmten Typen von Binnenschiffen oder von ihnen beauftragte Personen die Seegesundheitserklärung abzugeben haben.

Widerspruch und Anfechtungsklage gegen Anordnungen nach Satz 1 Nummer 3 haben keine aufschiebende Wirkung.

(3) Das Bundesministerium für Gesundheit kann im Einvernehmen mit dem Bundesministerium für Verkehr und digitale Infrastruktur allgemein anordnen, dass Schiffe oder bestimmte Typen von Schiffen die an Bord festgestellten gesundheitlichen Verhältnisse auf der Grundlage des Internationalen Signalbuches der Internationalen Seeschifffahrts-Organisation durch Flaggen und Lichtzeichen anzuzeigen haben.

§ 16
Meldeverfahren für Schiffsführerinnen und Schiffsführer bei Erkrankungsfällen oder Anzeichen für eine erhebliche Gefahr für die öffentliche Gesundheit
(zu Artikel 28 Absatz 4 IGV)

(1) Die Führerin oder der Führer eines Schiffes mit einem inländischen Bestimmungshafen oder die beauftragte Person hat der zuständigen Hafenaufsicht unverzüglich zu melden, wenn sie oder er erfährt, dass

1. eine Person an Bord ist, bei der klinische Anzeichen auf das Vorliegen einer übertragbaren Krankheit hindeuten, die die öffentliche Gesundheit erheblich gefährdet, oder
2. an Bord sonstige Anzeichen für eine erhebliche Gefahr für die öffentliche Gesundheit bestehen.

Satz 1 gilt abweichend von § 1 Absatz 2 auch bei See- und Binnenschiffen, die sich auf einer Inlandsreise befinden.

(2) Die Meldung muss mindestens folgende Angaben enthalten:

1. Name und Kennung des Schiffes,
2. Start- und Bestimmungshafen,
3. voraussichtliche Ankunftszeit,
4. Zahl der Personen an Bord,
5. Zahl und Art der vermuteten Krankheitsfälle an Bord und
6. Art der Gefahr für die öffentliche Gesundheit, soweit bekannt.

(3) Die zuständige Hafenaufsicht leitet die Meldung unverzüglich an den zuständigen Hafenärztlichen Dienst weiter. Dieser informiert unverzüglich das für den Hafen zuständige Gesundheitsamt.

(4) Auf Meldungen nach Absatz 1, die sich auf eine übertragbare Krankheit beziehen, findet § 11 Absatz 1 und 2 des Infektionsschutzgesetzes entsprechende Anwendung. Für die Übermittlung an die zuständige Landesbehörde ist das Gesundheitsamt zuständig, das die Meldung erhalten hat.

§ 17
Ermittlung der gesundheitlichen Verhältnisse an Bord
(zu Artikel 37 Absatz 2 IGV)

(1) Die Lotsin oder der Lotse hat die Führerin oder den Führer eines Schiffes über den Gesundheitszustand an Bord zu befragen und bei Anhaltspunkten für eine Gefahr für die öffentliche Gesundheit unverzüglich den zuständigen Hafenärztlichen Dienst zu informieren.

(2) Die Führerin oder der Führer eines Schiffes oder die beauftragte Person sowie eine an Bord befindliche Schiffsärztin oder ein an Bord befindlicher Schiffsarzt haben dem zuständigen Hafenärztlichen Dienst alle verlangten Auskünfte über die gesundheitlichen Verhältnisse an Bord während der internationalen Reise zu geben, auch wenn keine Verpflichtung zur Abgabe der Seegesundheitserklärung besteht.

(3) § 12 findet im See- und Binnenschiffsverkehr entsprechende Anwendung. Die Aussteigekarte soll dem Muster der Anlage 1a entsprechen.

§ 18
Freie Verkehrserlaubnis (free pratique)
(zu Artikel 28 Absatz 2 und 3, Artikel 27 Absatz 1 IGV)

(1) Der Hafenärztliche Dienst hat einem Schiff bei der Ankunft eine Freie Verkehrserlaubnis (free pratique) zu erteilen, wenn

1. eine nach § 15 erforderliche Seegesundheitserklärung abgegeben wurde und alle Fragen zur Gesundheit verneint wurden,
2. eine nach § 19 erforderliche gültige Schiffshygienebescheinigung vorgelegt wurde und
3. es an Bord keine Anzeichen für eine Gefahr für die öffentliche Gesundheit gibt.

(2) Ein Schiff soll bereits vor seiner Ankunft im Hafen auf dem Funkweg oder über andere Kommunikationsmittel eine widerrufliche vorläufige Freie Verkehrserlaubnis erhalten, wenn der Hafenärztliche Dienst aufgrund der vor der Ankunft erhaltenen Informationen der Auffassung ist, dass durch die Ankunft des Schiffes keine Krankheit eingeschleppt oder verbreitet wird.

(3) Wenn mindestens eine der Fragen über die Gesundheit in der Seegesundheitserklärung bejaht wird, wird ein Schiff bei der Ankunft durch den zuständigen Hafenärztlichen Dienst untersucht.

(4) Wenn an Bord eine Infektions- oder Verseuchungsquelle festgestellt wird, kann der Hafenärztliche Dienst die Erteilung einer Freien Verkehrserlaubnis von der Bedingung abhängig machen, dass die notwendigen Gesundheitsmaßnahmen zufriedenstellend durchgeführt wurden.

(5) Das Schiff ist in den Fällen der Absätze 3 und 4 bis zur Erteilung der vorläufigen oder endgültigen Freien Verkehrserlaubnis für den öffentlichen Verkehr gesperrt. Über die endgültige Freie Verkehrserlaubnis stellt der zuständige Hafenärztliche Dienst der Schiffsführerin oder dem Schiffsführer eine Bescheinigung aus.

(6) Für individuell zurechenbare öffentliche Leistungen nach den Absätzen 1 bis 5 werden von den Eigentümerinnen und Eigentümern der Schiffe zur Deckung des Verwaltungsaufwandes Gebühren und Auslagen nach dem Gebührenverzeichnis der Anlage 2 erhoben. Für die Angemessenheit der Kostensätze gilt § 19 Absatz 7 Satz 3 entsprechend.

§ 19
Überprüfung der Schiffshygiene
(zu Artikel 20 Absatz 2 und 3, Artikel 39 in Verbindung mit Anlage 3, Artikel 41 IGV)

(1) Die zuständige oberste Landesgesundheitsbehörde bestimmt die Häfen, an denen der zuständige Hafenärztliche Dienst befugt ist, Bescheinigungen über die Befreiung von Schiffshygienemaßnahmen oder Bescheinigungen über die Durchführung von

Schiffshygienemaßnahmen auszustellen oder die Gültigkeit dieser Schiffshygienebescheinigungen um bis zu einen Monat zu verlängern. Die zuständige oberste Landesgesundheitsbehörde setzt das Bundesministerium für Gesundheit in Kenntnis, welchen Häfen welche Befugnisse nach Satz 1 erteilt oder entzogen wurden. Das Bundesministerium für Gesundheit übermittelt diese Angaben der Weltgesundheitsorganisation.

(2) Das Bundesministerium der Verteidigung kann Häfen bestimmen, an denen die zuständige Stelle der Bundesmarine befugt ist, für Schiffe der Bundesmarine Bescheinigungen nach Absatz 1 Satz 1 auszustellen oder zu verlängern. Es setzt das Bundesministerium für Gesundheit hiervon sowie von jeder diesbezüglichen Änderung in Kenntnis.

(3) Die zuständige oberste Landesgesundheitsbehörde kann allgemein anordnen, dass bestimmte Typen von Schiffen keine Schiffshygienebescheinigungen nach Absatz 1 vorzulegen haben, wenn zu erwarten ist, dass von diesen Schiffen keine oder nur geringe Gefahren für die öffentliche Gesundheit ausgehen können.

(4) Wird eine Schiffshygienebescheinigung nach Absatz 1 beantragt oder wird für ein Schiff die erforderliche gültige Schiffshygienebescheinigung nach Absatz 1 nicht vorgelegt, so sind die Beauftragten des Hafenärztlichen Dienstes, soweit es zur Überprüfung der in Anlage 3 IGV genannten Räume und Bereiche sowie zur Überwachung angeordneter Maßnahmen erforderlich ist, berechtigt,

1. den Liegeplatz, die Zuwegung, das Schiff und seine Räume zu betreten,
2. Bücher oder sonstige Unterlagen einzusehen und hieraus Abschriften, Kopien oder Auszüge anzufertigen,
3. sonstige Gegenstände an Bord zu untersuchen oder Proben für eine Untersuchung zu fordern oder zu entnehmen.

Die Schiffsführerin oder der Schiffsführer oder die sonstige Person, die die tatsächliche Gewalt über das Schiff innehat, ist verpflichtet,

1. den Beauftragten des Hafenärztlichen Dienstes das Schiff und seine Räume, Anlagen und Einrichtungen sowie sonstige Gegenstände an Bord zugänglich zu machen,
2. auf Verlangen des Hafenärztlichen Dienstes die erforderlichen Auskünfte insbesondere über den Betrieb und den Betriebsablauf einschließlich dessen Kontrolle zu erteilen und die letzte vorhandene Schiffshygienebescheinigung und sonstige Unterlagen vorzulegen; dazu zählen auch dem tatsächlichen Stand entsprechende technische Pläne.

Die verpflichtete Person kann die Auskunft auf solche Fragen verweigern, deren Beantwortung sie selbst oder Angehörige nach § 383 Absatz 1 Nummer 1 bis 3 der Zivilprozessordnung der Gefahr strafrechtlicher Verfolgung oder eines Verfahrens nach dem Gesetz über Ordnungswidrigkeiten aussetzen würde; Entsprechendes gilt für die Vorlage von Unterlagen.

(5) Die Überprüfung der Schiffshygiene umfasst folgende individuell zurechenbare öffentliche Leistungen des Hafenärztlichen Dienstes:

1. bei der Bescheinigung über die Befreiung von Schiffshygienemaßnahmen
   a) die Überprüfung des Schiffes, um festzustellen, dass es frei von Infektionen und Verseuchungen einschließlich Vektoren und Herden ist,
   b) die Entnahme und Untersuchung von Proben, sofern erforderlich, und
   c) die Erstellung einer höchstens sechs Monate gültigen Bescheinigung nach Anlage 3 IGV;
2. bei der Bescheinigung über die Durchführung von Schiffshygienemaßnahmen
   a) die Überprüfung des Schiffes, um festzustellen, dass es frei von Infektionen und Verseuchungen einschließlich Vektoren und Herden ist,
   b) die Entnahme und Untersuchung von Proben, sofern erforderlich,
   c) die Anordnung und Überwachung von entsprechenden Schiffshygienemaßnahmen sowie
   d) die Erstellung einer höchstens sechs Monate gültigen Bescheinigung nach Anlage 3 IGV, die auch die angewandten Maßnahmen, die Gründe ihrer Anwendung und, sofern zutreffend, den Hinweis enthält, dass die Durchführung oder der Erfolg von angeordneten Maßnahmen nachgeprüft werden muss;
3. bei der Verlängerung der Gültigkeit einer Schiffshygienebescheinigung um bis zu einen Monat
   a) die Eintragung eines Verlängerungsvermerks mittels eines Stempels in die vorhandene Bescheinigung, wenn eine Besichtigung des Schiffes im Hafen nicht durchgeführt werden kann und es keine Anzeichen für Infektionen oder Verseuchungen an Bord gibt, oder
   b) die Eintragung eines Verlängerungsvermerks mittels eines Stempels in die vorhandene Bescheinigung und das Anfügen einer Anlage, die erforderliche Bekämpfungsmaßnahmen feststellt, wenn eine Besichtigung des Schiffes durchgeführt wird und die erforderlichen Bekämpfungsmaßnahmen im Hafen nicht durchgeführt werden können.

Bei der Überprüfung der Schiffshygiene sind die Empfehlungen der Weltgesundheitsorganisation zu beachten. Die Schiffshygienebescheinigung ist der Schiffsführerin oder dem Schiffsführer auszuhändigen.

(6) Der Hafenärztliche Dienst informiert die zuständige Gesundheitsbehörde des nächsten Anlaufhafens in den Fällen des Absatzes 5 Nummer 3 Buchstabe b oder wenn im nächsten Anlaufhafen die Durchführung angeordneter Schiffshygienemaßnahmen oder ihr Erfolg nachgeprüft werden muss.

(7) Für individuell zurechenbare öffentliche Leistungen nach Absatz 5 werden von der Antrag stellenden Person zur Deckung des Verwaltungsaufwandes Gebühren und Auslagen nach dem Gebührenverzeichnis der Anlage 2 erhoben. Gibt es keine Antrag stellende Person, werden die Gebühren und Auslagen bei der Eigentümerin oder beim Eigentümer des Schiffes erhoben. Die Länder, in denen befugte Häfen liegen, prüfen regelmäßig die Angemessenheit der Gebühren- und Auslagensätze und schlagen gemeinsam dem Bundesministerium für Gesundheit erforderliche Änderungen vor.

(8) Zu Wohnzwecken dienende Räume des Schiffes dürfen ohne Einwilligung der oder des Berechtigten zu in den Absätzen 4 und 5 genannten Zwecken nur dann betre-

ten werden und müssen nur dann zugänglich gemacht werden, wenn dies zur Verhütung einer dringenden Gefahr für die öffentliche Gesundheit, insbesondere zur Bekämpfung einer Seuchengefahr, erforderlich ist. Satz 1 gilt außerhalb der üblichen Betriebs- und Geschäftszeiten auch für die Betriebs- und Geschäftsräume des Schiffes. Das Grundrecht auf Unverletzlichkeit der Wohnung (Artikel 13 Absatz 1 des Grundgesetzes) wird insoweit eingeschränkt.

Soweit notwendige seuchenrechtliche Maßnahmen nicht auf § 19 IGV-DG gestützt werden können, steht hierzu das IfSG zur Verfügung (vgl. z.B. §§ 16, 28 IfSG). Dies gilt übrigens generell im Vollzug von IGV und IGV-DG.

Abschnitt 4
Schlussvorschriften

§ 20
Rechtsverordnungsermächtigung

(1) Das Bundesministerium für Gesundheit wird ermächtigt, im Einvernehmen mit dem Bundesministerium für Verkehr und digitale Infrastruktur, dem Bundesministerium für Wirtschaft und Energie sowie dem Bundesministerium des Innern, für Bau und Heimat mit Zustimmung des Bundesrates durch Rechtsverordnung nähere Bestimmungen zur Durchführung der IGV zu erlassen, soweit sich diese Bestimmungen im Rahmen der Ziele der IGV bewegen. Dabei kann insbesondere Folgendes geregelt werden:

1. **das Verfahren zur Auswahl und Benennung von Flughäfen und Häfen nach Artikel 20 Absatz 1 IGV, die die in Anlage 1 Teil B IGV vorgesehenen Kapazitäten zu schaffen und aufrechtzuerhalten haben,**
2. **die Verpflichtung von Schiffen oder Luftfahrzeugen mit einer betroffenen oder verdächtigen Person an Bord, nach Artikel 28 Absatz 1 IGV einen Hafen oder Flughafen, der über Kapazitäten nach Anlage 1 Teil B IGV verfügt, anzulaufen oder auf ihm zu landen,**
3. **das Verfahren zur Überprüfung der Schiffshygiene einschließlich der Gebührenerhebung, zur Erstellung von Schiffshygienebescheinigungen und zur Benennung von zur Erteilung von Schiffshygienebescheinigungen befugten Häfen nach Artikel 20 Absatz 2 und 3 IGV,**
4. **die Verpflichtung von**
   a) **Reisenden, nach Artikel 23 Absatz 1 Buchstabe a IGV bei Ankunft oder Abreise Informationen über Zielort und Reiseroute zu geben,**
   b) **Beförderern, entsprechende Daten zu erheben, zu speichern und der zuständigen Behörde zu übermitteln,**

   damit zum Zweck des Gesundheitsschutzes mit Reisenden Kontakt aufgenommen werden kann,
5. **die Festlegung des Inhalts von Aussteigekarten, die zur Ermittlung von Kontaktpersonen einzusetzen sind,**

6. die Verpflichtung von Reisenden, nach den Artikeln 35 und 36 IGV Gesundheitsdokumente vorzulegen,
7. die Fälle, in denen von Reisenden nach Artikel 23 Absatz 1 Buchstabe a Ziffer iii und Absatz 2 IGV bei Ankunft und Abreise eine ärztliche Untersuchung verlangt wird,
8. die Verpflichtung von Beförderern nach Artikel 24 sowie nach den Anlagen 4 und 5 IGV,
   a) Empfehlungen der Weltgesundheitsorganisation oder nationale Empfehlungen umzusetzen,
   b) Reisende über die zur Anwendung an Bord empfohlenen Gesundheitsmaßnahmen zu informieren oder
   c) Beförderungsmittel frei von Infektions- und Verseuchungsquellen zu halten,
9. die Verpflichtung von Container-Verladern, nach Artikel 34 IGV Container und Container-Verladeplätze für den internationalen Verkehr frei von Infektions- und Verseuchungsquellen zu halten und Möglichkeiten zur Überprüfung und Absonderung von Containern zu schaffen,
10. das Verfahren bei der Anzeige von Erkrankungsfällen durch Schiffsführerinnen und Schiffsführer und verantwortliche Luftfahrzeugführerinnen und Luftfahrzeugführer nach Artikel 28 Absatz 4 IGV, das Verfahren bei der Abgabe der Seegesundheitserklärung nach Artikel 37 IGV und das Verfahren bei der Abgabe der Allgemeinen Erklärung für Luftfahrzeuge, Abschnitt über Gesundheit, nach Artikel 38 IGV,
11. das Verfahren zur Auswahl und Benennung von speziellen Gelbfieber-Impfstellen nach Anlage 7 Absatz 2 Buchstabe f IGV,
12. die Umsetzung von vorübergehenden und ständigen Empfehlungen der Weltgesundheitsorganisation nach den Artikeln 15 und 16 IGV,
13. eine von den Vorschriften dieses Gesetzes abweichende Zuständigkeit von Behörden des Bundes für die Durchführung der IGV in Bezug auf
   a) Luftfahrzeuge und Schiffe der Bundeswehr, der Bundespolizei und des Fischereischutzes und andere Luftfahrzeuge und Schiffe des Bundes mit hoheitlichen Aufgaben und
   b) die Zusammenarbeit dieser Behörden mit den sonst nach Landesrecht zuständigen Behörden.

(2) Das Bundesministerium für Gesundheit wird ermächtigt, im Einvernehmen mit dem Bundesministerium für Verkehr und digitale Infrastruktur, dem Bundesministerium für Wirtschaft und Energie sowie dem Bundesministerium des Innern, für Bau und Heimat mit Zustimmung des Bundesrates durch Rechtsverordnung die Aussteigekarte in Anlage 1 oder das Gebührenverzeichnis in Anlage 2 zu ändern oder zu ergänzen, wenn dies zur Anpassung an internationale Standards oder zur Anpassung der Gebührensätze erforderlich ist.

§ 21
Bußgeldvorschriften

(1) Ordnungswidrig handelt, wer vorsätzlich oder fahrlässig

1. einer vollziehbaren Anordnung nach § 5 Absatz 1 Satz 1 oder Satz 2, § 9 Absatz 1 Satz 1 oder Absatz 2 Satz 1, § 12 Absatz 1 Satz 1, Absatz 3 Satz 1 oder Absatz 4 Satz 1, § 14 Absatz 1 Satz 1 oder Absatz 2 Satz 1 oder § 15 Absatz 2 Nummer 3 oder Absatz 3 Satz 1 zuwiderhandelt,
2. entgegen § 6 Satz 1 oder Satz 2 ein Beförderungsmittel, einen Container oder einen Container-Verladeplatz nicht frei von Infektions- und Verseuchungsquellen hält,
3. entgegen § 7 Absatz 1 Satz 1 eine Schutzimpfung gegen Gelbfieber durchführt,
4. entgegen § 7 Absatz 3 Satz 1 einen dort genannten Impfstoff nicht verwendet,
5. entgegen § 8 Absatz 5 Satz 1 oder § 13 Absatz 5 Satz 1 nicht dafür sorgt, dass eine Kapazität geschaffen und unterhalten wird,
6. entgegen § 10 Absatz 2 Satz 1 eine dort genannte Erklärung nicht, nicht richtig, nicht vollständig oder nicht rechtzeitig übergibt,
7. entgegen § 11 Absatz 1 oder § 16 Absatz 1 eine Meldung nicht, nicht richtig, nicht vollständig oder nicht rechtzeitig macht,
8. entgegen § 12 Absatz 2 eine Aussteigekarte nicht oder nicht rechtzeitig übergibt,
9. entgegen § 12 Absatz 5 die Daten nicht, nicht richtig, nicht vollständig oder nicht rechtzeitig zur Verfügung stellt,

9a. entgegen § 15 Absatz 1 Satz 4 oder Satz 6 Nummer 2 eine dort genannte Erklärung nicht, nicht richtig, nicht vollständig oder nicht rechtzeitig übermittelt,

10. entgegen § 17 Absatz 2 eine Auskunft nicht, nicht richtig, nicht vollständig oder nicht rechtzeitig gibt oder
11. einer Rechtsverordnung nach § 20 Absatz 1 oder einer vollziehbaren Anordnung aufgrund einer solchen Rechtsverordnung zuwiderhandelt, soweit die Rechtsverordnung für einen bestimmten Tatbestand auf diese Bußgeldvorschrift verweist.

(2) Die Ordnungswidrigkeit kann in den Fällen des Absatzes 1 Nummer 5 mit einer Geldbuße bis zu einhunderttausend Euro, in den übrigen Fällen mit einer Geldbuße bis zu dreißigtausend Euro geahndet werden.

§ 22
Strafvorschrift

Wer vorsätzlich eine der in § 21 Absatz 1 Nummer 6 bezeichneten Handlungen begeht und dadurch eine bedrohliche Krankheit verbreitet, wird mit Freiheitsstrafe bis zu fünf Jahren oder mit Geldstrafe bestraft.

Anhänge

Anlage 1
(zu § 12 Absatz 1) Aussteigekarte

AUSSTEIGEKARTE **DE**

Fluggast-Aussteigekarte: Zum Schutz Ihrer Gesundheit werden Sie von den Mitarbeitern des öffentlichen Gesundheitsdienstes gebeten, den vorliegenden Fragebogen auszufüllen, wenn der Verdacht einer übertragbaren Krankheit an Bord eines Luftfahrzeugs besteht. Ihre Angaben helfen den Gesundheitsbehörden, sich mit Ihnen in Verbindung zu setzen, wenn Sie einer übertragbaren Krankheit ausgesetzt waren. Bitte füllen Sie diesen Fragebogen vollständig und sorgfältig aus. Ihre Angaben werden in Übereinstimmung mit den anwendbaren Gesetzen aufbewahrt und nur für Zwecke der öffentlichen Gesundheitsvorsorge verwendet. **Danke, dass Sie uns dabei helfen, Ihre Gesundheit zu schützen.**

Es ist jeweils ein Formular pro Familie von einem erwachsenen Familienmitglied auszufüllen.
Füllen Sie das Formular in GROSSBUCHSTABEN aus. Lassen Sie für Leerstellen ein Kästchen frei.

FLUGINFORMATION: 1. Name der Fluggesellschaft — 2. Flugnummer — 3. Sitzplatz — 4. Ankunftsdatum (JJJJ/MM/TT)

PERSÖNLICHE ANGABEN: 5. Nachname (Familienname) — 6. Vorname — 7. Initial zweiter Vorname — 8. Geschlecht: weiblich ☐ männlich ☐

TELEFONNUMMER(N), unter der (denen) Sie falls nötig erreicht werden können, einschließlich Landesvorwahl und Städtevorwahl.

9. Mobiltelefon — 10. Arbeit

11. Privat — 12. Andere

13. E-Mail

WOHNANSCHRIFT: 14. Straße und Hausnummer (Bitte lassen Sie zwischen Straße und Haus-Nr. ein Kästchen frei) — 15. Wohnungsnummer

16. Stadt — 17. Bundesland

18. Land — 19. Postleitzahl

VORÜBERGEHENDE ANSCHRIFT: Wenn Sie ein Besucher / Tourist sind, tragen Sie nur den ersten Ort ein, an dem Sie sich aufhalten werden.

20. Name des Hotels (falls zutreffend) — 21. Straße und Hausnummer (Bitte lassen Sie zwischen Straße und Haus-Nr. ein Kästchen frei) — 22. Wohnungsnummer

23. Stadt — 24. Bundesland

25. Land — 26. Postleitzahl

Kontaktadresse für den Notfall (Person, die Sie in den kommenden 30 Tagen erreichen kann)

27. Nachname (Familienname) — 28. Vorname — 29. Stadt

30. Land — 31. E-Mail

32. Mobiltelefon — 33. weitere Telefonnummer

34. MITREISENDE – FAMILIENMITGLIEDER: Alter nur eintragen, wenn die Person unter 18 Jahre ist

	Nachname (Familienname)	Vorname	Sitzplatz	Alter <18
(1)				
(2)				
(3)				
(4)				

35. MITREISENDE – NICHTFAMILIENMITGLIEDER: Name der Gruppe angeben (falls zutreffend)

	Nachname (Familienname)	Vorname	Gruppe (Reisegruppe, Team, geschäftlich, andere)
(1)			
(2)			

PUBLIC HEALTH PASSENGER LOCATOR FORM **EN**

Public Health Passenger Locator Form: To protect your health, public health officers need you to complete this form whenever they suspect a communicable disease onboard a flight. Your information will help public health officers to contact you if you were exposed to a communicable disease. It is important to fill out this form completely and accurately. Your information is intended to be held in accordance with applicable laws and used only for public health purposes. Thank you for helping us to protect your health.

One form should be completed by an adult member of each familiy.
Print in capital (UPPERCASE) letters. Leave blank boxes for spaces.

FLIGHT INFORMATION. 1. Airline name — 2. Flight number — 3. Seat number — 4. Date of arrival (yyyy/mm/dd)

PERSONAL INFORMATION: 5. Last (Family) Name — 6. First (Given) Name — 7. Middle Initial — 8. Your sex: Male ☐ Female ☐

PHONE NUMBER(S), where you can be reached if needed. Include country code and city code.

9. Mobile — 10. Business

11. Home — 12. Other

13. Email address

PERMANENT ADDRESS: 14. Number and street (Separate number and street with a blank box) — 15. Apartment number

16. City — 17. State/Province

18. Country — 19. ZIP/Postal code

TEMPORARY ADDRESS: If you are a visitor, write only the first place where you will be staying.

20. Hotel name (if any) — 21. Number and street (Separate number and street with blank box) — 22. Apartment number

23. City — 24. State/Province

25. Country — 26. ZIP/Postal Code

EMERGENCY CONTACT INFORMATION of someone who can reach you during the next 30 days

27. Last (Family) Name — 28. First (Given) Name — 29. City

30. Country — 31. Email

32. Mobile phone — 33. Other phone

34. TRAVEL COMPANIONS – FAMILY: Only include age if younger than 18 years

	Last (Familiy) Name	First (Given) Name	Seat number	Age <18
(1)				
(2)				
(3)				
(4)				

35. TRAVEL COMPANIONS – NON FAMILY: Also include name of group (if any)

	Last (Family) Name	First (Given) Name	Group (tour, team, business, other)
(1)			
(2)			

Anlage 1a
(zu § 7 Absatz 3) Aussteigekarte für Reisende/Passenger Locator Card

Aussteigekarte für Reisende / Passenger Locator Card

Sehr geehrte(r) Reisende(r),
auf Ihrem Schiff befindet sich möglicherweise ein Passagier mit einer ansteckenden Erkrankung. Zu Ihrem eigenen Schutz und zum Schutz vor einer Weiterverbreitung der Infektion möchten wir Sie bitten, uns die folgenden Angaben zu Ihrer Person zu machen:
Dear passenger,
during the journey there was a person on board who may have been suffering from a contagious or communicable disease. In order to protect you and to avoid further spread of the suspected illness we require the following personal data.

Diese Angaben dienen uns dazu, Sie im Falle einer Infektionsgefährdung zu informieren und zu beraten. Sie werden ausschließlich zu diesem Zweck genutzt und umgehend gelöscht, falls kein Infektionsrisiko mehr besteht.
The confidential data obtained shall be used exclusively for the execution of our legal obligations. In case of an infection risk you shall be contacted by Health Authorities. As soon as we have established that no health risk exists, the data shall be destroyed.

Schiffsname / *Ship name:*

Letzter Hafen / *last port*

Nummer der Kreuzfahrt / *voyage identification code*

Reisezeitraum von - bis/ dates of journey / *length, from - to,* **Kabinen Nr. / *Cabin Number***

Pass-Nr. / *Pass Port Number*

Name / *Surname* **Vorname / *first name*:**

Geburtsdatum / *Date of Birth*: **DD MM YYYY** **Geschlecht / *Sex*** m/m w / f **Nationalität / Nationality**

Heimatadresse / *Home address* / Straße / *Street* / Nr./ *No.*

Postleitzahl /Ort / *Zip-Code / Town or City*

Land / *Country*:

Telefon-Nr. / *Phone Number* / Handy-Nr. / *Mobile Number*::

E-Mail

Seite 1 / Page 1

Aufenthaltsort in den nächsten 10 Tagen / *Contact address for the next 10 days:* Straße / *Street* /Nr. / *No.*

Postleitzahl / Ort / *Zip-Code / Town or City*:

Land / *Country*:

Telefon-Nr. / *phone No.*:

Angaben zu Ihrer Reise / *Passage / Journey details:*

Abreise von / *Departure from*: **Nach / *Destination* :**

Gesundheitsfragen / *Public Health Questionnaire*

1. Hatten Sie in den letzten 24 Stunden Fieber oder Schüttelfrost? *Have you had fever or chills within the last 24 hours?*	Ja Yes	☐ ☐	Nein No	☐ ☐
2. Hatten Sie in der letzten Zeit Husten oder Atembeschwerden *Have you been coughing or did you have difficulty in breathing recently?*	Ja Yes	☐ ☐	Nein No	☐ ☐
3. Hatten Sie Schnupfen, Hals- oder Kopf-und Gliederschmerzen? *Did you have a sore throat, runny nose, and headache or body pains?*	Ja Yes	☐ ☐	Nein No	☐ ☐
4. Hatten Sie in den letzten 24 Stunden erbrochen oder dünnen Stuhl *Have you vomited or had diarrhea within the last 24 hrs.?*	Ja Yes	☐ ☐	Nein No	☐ ☐
5. Hatten Sie in den letzten 10 Tagen Kontakt zu einem Erkrankten, der Fieber, Husten oder Grippesymptome (Influenza) zeigte? *Within the last 10 days, have you been near or did you spent time with someone who had fever and cough, or was a known case of influenza*	Ja Yes	☐ ☐	Nein No	☐ ☐
6. Leiden Sie an einer chronischen Erkrankung? *Are you suffering from a chronic disease or condition?*	Ja Yes	☐ ☐	Nein No	☐ ☐

7. Wenn ja- welche: *If yes – specify*:

Welche Länder, einschließlich Ihres Heimatlandes, haben Sie in den letzten 10 Tagen besucht? Beginnen Sie mit dem zuletzt besuchten Land.
List all countries where you have been (including where you live) during the last 10 days. List in order the most recent country first (where you boarded)

1. **2.** **3.**

4. **5.** **6.**

Seite 2 / Page 2

Anlage 2
(zu § 18 Absatz 6 und § 19 Absatz 7) Gebührenverzeichnis

1. Die Gebühr für individuell zurechenbare öffentliche Leistungen nach § 18 Absatz 1 bis 5 (Erteilung der freien Verkehrserlaubnis) beträgt, wenn die gesundheitlichen Verhältnisse an Bord ermittelt werden müssen, 75 Euro.
2. Die Gebühr für individuell zurechenbare öffentliche Leistungen nach § 19 Absatz 5 Satz 1 Nummer 1 (Bescheinigung über die Befreiung von Schiffshygienemaßnahmen) beträgt
   a) bei Schiffen, die mehr als zwölf Personen gewerblich befördern oder hierfür zugelassen und eingesetzt sind (Fahrgastschiffe)
      aa) bis 2 000 Bruttoraumzahl (BRZ) 245 Euro,
      bb) von 2 001 bis 10 000 BRZ 490 Euro,
      cc) ab 10 001 BRZ 670 Euro,
   b) bei Binnenschiffen 120 Euro,
   c) bei allen anderen Schiffstypen
      aa) bis 1 000 BRZ 120 Euro,
      bb) von 1 001 bis 2 000 BRZ 180 Euro,
      cc) von 2 001 bis 35 000 BRZ 245 Euro,
      dd) von 35 001 bis 85 000 BRZ 305 Euro,
      ee) ab 85 001 BRZ 400 Euro.
3. Für individuell zurechenbare öffentliche Leistungen nach § 19 Absatz 5 Satz 1 Nummer 2 (Bescheinigung über die Durchführung von Schiffshygienemaßnahmen) werden die Gebühren nach Nummer 2 erhoben zuzüglich
   a) bei Fahrgastschiffen
      aa) bis 2 000 BRZ 90 Euro,
      bb) von 2 001 bis 10 000 BRZ 155 Euro,
      cc) ab 10 001 BRZ 230 Euro,
   b) bei Binnenschiffen 45 Euro,
   c) bei allen anderen Schiffstypen
      aa) bis 2 000 BRZ 45 Euro,
      bb) von 2 001 bis 35 000 BRZ 75 Euro,
      cc) von 35 001 bis 85 000 BRZ 105 Euro,
      dd) ab 85 001 BRZ 135 Euro.
4. Für individuell zurechenbare öffentliche Leistungen nach § 19 Absatz 5 Satz 1 Nummer 1 oder Nummer 2, die von Montag bis Freitag in der Zeit von 21 Uhr bis 6 Uhr, am Wochenende oder an einem Feiertag erbracht werden, beträgt der Zuschlag
   a) bei Fahrgastschiffen
      aa) bis 2 000 BRZ 105 Euro,
      bb) von 2 001 bis 10 000 BRZ 210 Euro,
      cc) ab 10 001 BRZ 290 Euro,

b) bei Binnenschiffen 55 Euro,
c) bei allen anderen Schiffstypen
   aa) bis 1 000 BRZ 55 Euro,
   bb) von 1 001 bis 2 000 BRZ 80 Euro,
   cc) von 2 001 bis 35 000 BRZ 110 Euro,
   dd) von 35 001 bis 85 000 BRZ 135 Euro,
   ee) ab 85 001 BRZ 175 Euro.

5. Die Gebühr erhöht sich durch eine Wegepauschale für Anfahrten über 15 km je angefangene halbe Stunde um 25 Euro.
6. Die Gebühr für die Verlängerung einer Schiffshygienebescheinigung nach § 19 Absatz 5 Satz 1 Nummer 3 beträgt
   a) in den Fällen des § 19 Absatz 5 Satz 1 Nummer 3 Buchstabe a 70 Euro,
   b) in den Fällen des § 19 Absatz 5 Satz 1 Nummer 3 Buchstabe b die Hälfte der Gebühr nach Nummer 2.
7. Verzögert sich die Besichtigung des Schiffes nach dem Eintreffen der oder des Beauftragten des Hafenärztlichen Dienstes aus Gründen, die die Gebührenschuldnerin oder der Gebührenschuldner zu vertreten hat, insbesondere weil sie oder er den Verpflichtungen nach § 19 Absatz 4 Satz 2 nicht nachkommt, so wird für jede angefangene halbe Stunde der Verzögerung eine zusätzliche Gebühr erhoben in Höhe von 40 Euro.
8. Für den Mehraufwand auf Grund von erforderlichen Wiederholungsuntersuchungen, auf Grund ärztlicher Beurteilungen oder auf Grund der Einleitung oder Durchführung sonstiger Maßnahmen erhöht sich die Gebühr je angefangene halbe Stunde um 40 Euro.
9. Die Gebühr für eine Zweitschrift der Bescheinigungen nach § 19 Absatz 5 Satz 1 Nummer 1 und 2 beträgt 35 Euro.

Allgemeine Verwaltungsvorschrift über die Koordinierung des Infektionsschutzes in epidemisch bedeutsamen Fällen (Verwaltungsvorschrift-IfSG-Koordinierung – IfSG-Koordinierungs-VwV)

Vom 12. Dezember 2013 (BAnz AT 18.12.2013 B3)

Nach Artikel 84 Absatz 2 des Grundgesetzes und § 5 des Infektionsschutzgesetzes erlässt die Bundesregierung die folgende allgemeine Verwaltungsvorschrift:

§ 1
Anwendungsbereich und Zweck

(1) Diese Verwaltungsvorschrift legt Verfahren fest, wie das Robert Koch-Institut und das Bundesministerium für Gesundheit in epidemisch bedeutsamen Fällen mit anderen Behörden des Bundes, Behörden des öffentlichen Gesundheitsdienstes der Länder und weiteren beteiligten Behörden und Stellen Informationen austauschen und zusammenarbeiten. Im Rahmen dieser Verwaltungsvorschrift unterstützt das Robert Koch-Institut den öffentlichen Gesundheitsdienst der Länder darin, die für den Infektionsschutz erforderlichen Ermittlungen und Maßnahmen zu koordinieren.

(2) Zweck der Verwaltungsvorschrift ist es,

1. die Einschleppung bedrohlicher übertragbarer Krankheiten in die Bundesrepublik Deutschland oder ihre Ausbreitung zu verhindern,
2. beim örtlich oder zeitlich gehäuften Auftreten
   a) bedrohlicher übertragbarer Krankheiten oder
   b) bedrohlicher Erkrankungen, bei denen Krankheitserreger als Ursache in Betracht kommen und eine länderübergreifende Ausbreitung zu befürchten ist,

   die erforderlichen Maßnahmen einzuleiten.

Bedrohlich sind insbesondere solche übertragbaren Krankheiten nach § 2 Nummer 3 des Infektionsschutzgesetzes, die auf Grund schwerer Verlaufsformen oder ihrer Ausbreitungsweise eine Gefährdung der Bevölkerung darstellen.

(3) Die jeweiligen gesetzlichen Zuständigkeiten und die Entscheidungsverantwortung der Behörden des Bundes und der Länder gehen dieser Verwaltungsvorschrift vor.

§ 2
Ständige Erreichbarkeit

(1) Das Robert Koch-Institut, die Gesundheitsbehörden der Länder und das Bundesministerium für Gesundheit stellen für die Zwecke dieser Verwaltungsvorschrift sicher, dass sie untereinander ständig erreichbar sind. Hierzu führt das Robert Koch-Institut eine Liste mit den jeweiligen Erreichbarkeitsdaten. Die Länder und das Bundesministerium für Gesundheit teilen dem Robert Koch-Institut jeweils ihre aktuellen Er-

reichbarkeitsdaten mit. Das Robert Koch-Institut stellt ihnen sowie dem Bundesinstitut für Arzneimittel und Medizinprodukte und dem Paul-Ehrlich-Institut die Liste zur Verfügung.

(2) Das Robert Koch-Institut führt außerdem eine Liste mit den für die Koordination zuständigen Ansprechpersonen der Flughafenunternehmer, der Betreiber von Häfen und der zuständigen Gesundheitsämter nach § 8 Absatz 9 des IGV-Durchführungsgesetzes und § 13 Absatz 9 des IGV-Durchführungsgesetzes. Die obersten Landesgesundheitsbehörden teilen dem Robert Koch-Institut die entsprechenden Kontaktdaten mit.

(3) Ferner führt das Robert Koch-Institut Listen mit Sachverständigen für spezifische Gefahrenlagen auf dem Gebiet des Infektionsschutzes und stellt diese den Ländern zur Verfügung.

§ 3
Früherkennung

(1) Für die Früherkennung von Infektionsgefahren für den Menschen erhält das Robert Koch-Institut Informationen, die auf das Vorliegen eines der in § 1 Absatz 2 genannten Tatbestände hinweisen können, insbesondere durch

1. die Übermittlung epidemiologischer Daten durch die zuständigen Landesbehörden nach den §§ 11 und 12 des Infektionsschutzgesetzes,
2. Informationen nach § 4 Absatz 2 des IGV-Durchführungsgesetzes von den zuständigen Landesbehörden, den zuständigen Stellen der Bundeswehr, dem Auswärtigen Amt sowie von Bundesoberbehörden, die Gesundheitsgefahren überwachen,
3. das Early Warning and Response System (EWRS) und krankheitsspezifische Netzwerke auf der Grundlage der Entscheidung Nr. 2119/98/EG des Europäischen Parlaments und des Rates vom 24. September 1998 über die Schaffung eines Netzes für die epidemiologische Überwachung und die Kontrolle übertragbarer Krankheiten in der Gemeinschaft (EU-Netzwerk) sowie
4. das Netzwerk aus nationalen IGV-Anlaufstellen und IGV-Kontaktstellen der Weltgesundheitsorganisation (Artikel 4 der Internationalen Gesundheitsvorschriften (2005) in Verbindung mit den §§ 3 und 4 Absatz 1 Nummer 1 des IGV-Durchführungsgesetzes).

(2) Darüber hinaus teilen die in der Anlage in Nummer 1 Buchstabe a und b sowie die in den Nummern 2 bis 4 genannten Behörden dem Robert Koch-Institut unverzüglich Informationen mit, die auf das Vorliegen eines der in § 1 Absatz 2 genannten Tatbestände hinweisen oder einen entsprechenden Verdacht begründen. Oberste Bundesbehörden informieren außerdem das Bundesministerium für Gesundheit.

(3) Das Robert Koch-Institut führt die eingehenden Informationen zusammen, wertet sie infektionsepidemiologisch aus und bewertet sie unter Einbeziehung der betroffenen Länder im Hinblick auf das Vorliegen eines Tatbestandes nach § 1 Absatz 2. Dabei arbeitet es mit weiteren Behörden und Stellen zusammen, soweit von ihnen für die Bewertung der Informationen zusätzliche Erkenntnisse zu erwarten sind.

(4) Wenn sich ein von Behörden oder Stellen mitgeteilter Verdacht, dass ein Tatbestand nach § 1 Absatz 2 vorliegt, bei der Bewertung nach Absatz 3 nicht bestätigt, so informiert das Robert Koch-Institut darüber die mitteilenden Behörden und Stellen sowie die betroffenen obersten Landesgesundheitsbehörden.

§ 4
Frühwarnung

(1) Führt die Bewertung nach § 3 Absatz 3 zu dem Verdacht, dass ein Tatbestand nach § 1 Absatz 2 vorliegt, so informiert das Robert Koch-Institut darüber unverzüglich folgende Behörden und Stellen:

1. das Bundesministerium für Gesundheit,
2. die betroffenen obersten Landesgesundheitsbehörden sowie die von ihnen benannten Behörden und Einrichtungen der Länder,
3. wenn Vollzugsaufgaben der Bundeswehr nach § 70 *[§ 54a]* des Infektionsschutzgesetzes berührt sind, das Bundesministerium der Verteidigung,
4. in Fällen, in denen eine lebensmittelassoziierte Krankheitsübertragung zu vermuten oder erwiesen ist, insbesondere bei mikrobiell bedingten Lebensmittelvergiftungen, akuter Gastroenteritis oder Zoonosen in der Lebensmittelkette, die betroffenen obersten Landesveterinär- und Lebensmittelüberwachungsbehörden und das Bundesamt für Verbraucherschutz und Lebensmittelsicherheit,
5. in Fällen von Zoonosen ohne eine Beteiligung von Lebensmitteln die betroffenen obersten Landesveterinärbehörden und das Bundesministerium für Ernährung, Landwirtschaft und Verbraucherschutz,
6. wenn Maßnahmen im nationalen Verkehr in Betracht kommen, das Bundesministerium für Verkehr, Bau und Stadtentwicklung,
7. wenn Maßnahmen im grenzüberschreitenden Verkehr in Betracht kommen, das Bundesministerium für Verkehr, Bau und Stadtentwicklung und das Bundesministerium des Innern,
8. das Gemeinsame Melde- und Lagezentrum von Bund und Ländern beim Bundesamt für Bevölkerungsschutz und Katastrophenhilfe und
9. weitere Behörden des Bundes, wenn sie nach Einschätzung des Robert Koch-Institutes betroffen sind.

(2) Wenn der Verdacht einer dringenden Gesundheitsgefahr besteht und die zuständigen Behörden nach Absatz 1 nicht rechtzeitig erreicht werden können, kann das Robert Koch-Institut unmittelbar örtliche Behörden sowie Unternehmen informieren, soweit die Information für ein sofortiges Tätigwerden der Behörden oder Unternehmen erforderlich ist. Über die erfolgte Information setzt das Robert Koch-Institut unverzüglich die jeweils zuständige oberste Landesbehörde in Kenntnis; in den in Absatz 1 Nummer 4 und 5 genannten Fällen setzt es auch die dort genannten Bundesbehörden in Kenntnis.

§ 5

Einleitung des Koordinierungsverfahrens

(1) Nach einer Frühwarnung oder auf Ersuchen einer obersten Landesgesundheitsbehörde nimmt das Robert Koch-Institut unverzüglich Kontakt auf mit den obersten Landesgesundheitsbehörden der betroffenen Länder sowie mit möglicherweise betroffenen anderen Bundesoberbehörden. Es berät mit ihnen, ob eine Infektionsgefahr vorliegt, die es erfordert, dass der Bund die Länder nach dieser Verwaltungsvorschrift bei der Wahrnehmung von Koordinierungsaufgaben unterstützt (Koordinierungsverfahren). Liegt nach Auffassung einer Mehrzahl der betroffenen Länder eine solche Infektionsgefahr vor, so leitet das Robert Koch-Institut das Koordinierungsverfahren ein.

(2) Das Robert Koch-Institut informiert die obersten Landesgesundheitsbehörden und die Behörden, die nach § 4 Absatz 1 eine Frühwarnung erhalten haben, über das Ergebnis der Beratung nach Absatz 1.

(3) Wird das Koordinierungsverfahren nicht eingeleitet, so koordinieren die Länder soweit erforderlich ihre Ermittlungen und Maßnahmen selbst. Das Robert Koch-Institut unterstützt die Länder im Rahmen seiner Aufgaben nach dem Infektionsschutzgesetz.

§ 6

Beteiligung von Behörden und Stellen

Nach Einleitung des Koordinierungsverfahrens legt das Robert Koch-Institut fest, welche Behörden und Stellen am Koordinierungsverfahren beteiligt werden. Die betroffenen obersten Landesgesundheitsbehörden sind stets zu beteiligen, wenn sie einer Beteiligung am Koordinierungsverfahren zustimmen. Im Einvernehmen mit ihnen werden unter Berücksichtigung der jeweiligen Lage weitere Behörden und Stellen, insbesondere die in der Anlage genannten Behörden und Stellen, beteiligt. Das Robert Koch-Institut informiert alle obersten Landesgesundheitsbehörden und die beteiligten Behörden und Stellen über den Kreis der Beteiligten.

§ 7

Verstärkter Informationsaustausch

(1) Die beteiligten Behörden und Stellen und das Robert Koch-Institut treten nach Einleitung des Koordinierungsverfahrens in einen stetigen Informationsaustausch. Das Robert Koch-Institut informiert ferner die nicht beteiligten obersten Landesgesundheitsbehörden.

(2) Die beteiligten Behörden und das Robert Koch-Institut informieren sich gegenseitig unverzüglich über neue Ermittlungsergebnisse und über getroffene oder beabsichtigte Maßnahmen, mit denen eine Ausbreitung der Krankheit verhindert werden soll.

(3) Das Robert Koch-Institut kann ferner Informationen bei den beteiligten obersten Landesgesundheitsbehörden und Behörden des Bundes abfragen, insbesondere um Informationsverpflichtungen der Bundesrepublik Deutschland innerhalb des in § 3 Absatz 1 Nummer 3 genannten Netzwerks sowie aus den Internationalen Gesundheitsvorschriften (2005) erfüllen zu können.

(4) Das Robert Koch-Institut informiert das Bundesministerium für Gesundheit, die obersten Landesgesundheitsbehörden und die beteiligten Behörden und Stellen unverzüglich über jede Änderung in der Lageeinschätzung sowie über sonstige Angelegenheiten von grundsätzlicher Bedeutung, politischer Bedeutung oder Medienrelevanz. Falls erforderlich erstellt es für das Bundesministerium für Gesundheit Berichte als Grundlage für Entscheidungen der politischen Ebene.

§ 8
Beratung über erforderliche Ermittlungen und Maßnahmen

(1) Die beteiligten Behörden von Bund und Ländern beraten, welche infektionsepidemiologischen Ermittlungen und Maßnahmen in der jeweiligen Lage konkret erforderlich sind, und stimmen Inhalte für die Kommunikation nach den §§ 10 bis 14 ab. Die Verantwortung der Behörden für die von ihnen in ihrem jeweiligen gesetzlichen Zuständigkeitsbereich angestellten Ermittlungen und getroffenen Maßnahmen bleibt unberührt.

(2) Das Robert Koch-Institut organisiert den Austausch fachlicher Informationen, die Abstimmung fachlicher Bewertungen und die Abstimmung des operativen Vorgehens der beteiligten Behörden bei den Ermittlungen und Maßnahmen. Es legt hierfür im Einvernehmen mit den beteiligten obersten Landesgesundheitsbehörden einen zweckmäßigen organisatorischen Rahmen fest und kann die beteiligten Behörden und Stellen zu Sitzungen laden. Falls erforderlich sollen auch die Organisationseinheiten der Behörden vertreten sein, die für die Kommunikation zuständig sind. Im Einvernehmen mit den beteiligten obersten Landesgesundheitsbehörden kann das Robert Koch-Institut Sachverständige zu den Beratungen hinzuziehen oder zur Klärung komplexer Fragestellungen konkrete Arbeitsaufträge mit einer Zeitvorgabe an Arbeitsgruppen oder Facharbeitskreise geben.

§ 9
Lageberichte

Das Robert Koch-Institut erstellt bei Bedarf infektionsepidemiologische Lageberichte mit den für das Krisenmanagement relevanten Informationen. Die Lageberichte werden den Behörden übersandt, die am Informationsaustausch und an der Koordinierung nach den §§ 7 und 8 beteiligt sind.

§ 10
Grundsätze der externen Kommunikation

(1) Ein wesentlicher Teilbereich der Bewältigung einer epidemisch bedeutsamen Lage ist die externe Kommunikation der Behörden mit

1. den gesundheitlich betroffenen Bevölkerungsgruppen,
2. der medizinischen Fachöffentlichkeit,
3. weiteren betroffenen Akteuren,
4. der allgemeinen Öffentlichkeit und
5. den Medien.

(2) Die zuständigen Behörden achten darauf, dass die Kommunikation mit den in Absatz 1 genannten Gruppen möglichst einheitlich ist und deren jeweiligen Informationsbedürfnissen entspricht. Die Behörden sollen die Lage, ihre Bewertung, die Ermittlungen sowie die Maßnahmen einschließlich Verhaltensempfehlungen, deren Zustandekommen und ihre Gründe kontinuierlich, nachvollziehbar und reaktionsschnell vermitteln. Der Umfang der Kommunikation ist an die Gefahrenlage sowie an das erwartete öffentliche und mediale Interesse anzupassen.

§ 11
Aufgabenverteilung zwischen Bund und Ländern

(1) Die Aufgaben der Krisenkommunikation sollen zwischen Bund und Ländern einvernehmlich aufgeteilt werden. Der Bund sollte zuständig sein für die aktive Information der Öffentlichkeit über

1. wissenschaftliche Fragestellungen,
2. die länderübergreifende Gesamtentwicklung der Lage und
3. internationale Bezüge.

Die Länder und Kommunen sollten die Informationen des Bundes durch eine Darstellung der jeweiligen landesspezifischen oder regionalen Situation ergänzen. Medizinische Verhaltensempfehlungen und allgemein erforderliche Schutzmaßnahmen werden nach § 8 abgestimmt und von Bund, Ländern und Kommunen der Öffentlichkeit mitgeteilt.

(2) Beabsichtigt eine Behörde eines Landes oder einer Kommune eine Information an die Öffentlichkeit zu geben, die von den bundesweit kommunizierten Tatsachen wesentlich abweicht oder wesentliche Neuerungen enthält, so soll die Behörde dem Robert Koch-Institut vorher die Möglichkeit zu einer Bewertung geben. Hierzu übermittelt sie ihm die Information kurzfristig auf dem Dienstweg.

§ 12
Informieren von Öffentlichkeit und Medien

(1) Das Robert Koch-Institut informiert die allgemeine Öffentlichkeit und die Medien regelmäßig mit einer allgemeinverständlich gefassten Lagedarstellung, die insbesondere auf Inhalten, die nach § 8 abgestimmt sind, und auf den Lageberichten nach § 9 beruht. Soweit erforderlich werden weitere Inhalte sinngemäß nach § 8 abgestimmt, insbesondere durch die Pressestellen der beteiligten Behörden.

(2) Situationsabhängig hält die Leitung des Robert Koch-Institutes regelmäßige Pressekonferenzen ab. Falls erforderlich nehmen an diesen Pressekonferenzen weitere Bundesbehörden teil. Bei großem Medieninteresse sollen Pressekonferenzen auch dann regelmäßig abgehalten werden, wenn die Sachlage unverändert ist. Der Bund informiert die Länder vorab über seine beabsichtigten Verlautbarungen.

§ 13
Informationsmaterial

(1) Für die allgemeine Öffentlichkeit bereitet die Bundeszentrale für gesundheitliche Aufklärung die Informationen des Robert Koch-Institutes in Form von Informationsmaterial auf. Das Informationsmaterial beinhaltet insbesondere Antworten auf häufig gestellte Fragen sowie Verhaltensempfehlungen zur Prävention. Die beteiligten Behörden und Stellen leisten dazu auf Anforderung Beiträge.

(2) Die Bundeszentrale für gesundheitliche Aufklärung und das Robert Koch-Institut veröffentlichen das Informationsmaterial im Internet und weisen die beteiligten Behörden und Stellen auf Aktualisierungen hin. Die beteiligten Behörden und Stellen sollen auf ihren Internetseiten Verknüpfungen zu den betreffenden Internetseiten der Bundeszentrale für gesundheitliche Aufklärung und des Robert Koch-Institutes erstellen.

(3) Bei andauernden Gefahrenlagen soll das Bundesministerium für Gesundheit oder eine von ihm bestimmte Behörde eine zentrale ereignisbezogene Internetseite erstellen. Diese ist mit Internetseiten anderer betroffener Behörden des Bundes und der Länder verknüpft, die weitere fach- oder landesspezifische Informationen zu der Infektionsgefahr beinhalten. Die dafür erforderlichen Informationen stellen die beteiligten Behörden und Stellen zur Verfügung.

(4) Die zentrale Internetseite soll auch die Telefonnummern der Bürgertelefone (Hotlines) nennen, die auf der Ebene des Bundes, der Länder und der Kommunen eingerichtet werden können. Die Bundesbehörden, die Bürgertelefone betreiben, sollen die dort gestellten Fragen regelmäßig auswerten und die Ergebnisse über die oberste Bundesbehörde der Bundeszentrale für gesundheitliche Aufklärung übermitteln. Diese berücksichtigt die Auswertungen bei der fortlaufenden Aktualisierung der Fragen und Antworten.

(5) Soweit dies erforderlich und personell möglich ist, sollen schriftliche Informationen für die allgemeine Öffentlichkeit auch in Fremdsprachen zur Verfügung gestellt werden. Die Bundeszentrale für gesundheitliche Aufklärung nutzt für die Information der Öffentlichkeit weitere elektronische Medien, soweit dies für eine schnellere oder an bestimmte Zielgruppen gerichtete Information erforderlich ist.

§ 14
Fachöffentlichkeit

(1) Das Robert Koch-Institut informiert die Fachöffentlichkeit im Rahmen seiner Aufgaben nach § 4 des Infektionsschutzgesetzes und bietet in Einzelfällen Beratung an.

(2) Bei der Erstellung und Kommunikation von Informationen nach den §§ 12 und 13 sollen insbesondere auch betroffene Berufs- und Fachverbände der Ärzteschaft einbezogen werden.

§ 15
Kommunikation mit anderen Staaten und internationalen Organisationen; grenzüberschreitender Verkehr

(1) Die Kommunikation mit anderen Staaten, der Europäischen Kommission, dem Europäischen Zentrum für die Prävention und die Kontrolle von Krankheiten, der Weltgesundheitsorganisation sowie mit anderen europäischen und internationalen Organisationen, Einrichtungen und Gremien ist Aufgabe des Bundes, soweit Bundesrecht oder völkerrechtliche Vereinbarungen nichts Abweichendes bestimmen. Die Länder werden über Gespräche und deren Ergebnisse informiert. Landesspezifische Regelungen über die Zusammenarbeit mit Ortsbehörden anderer Staaten bleiben unberührt.

(2) Gegenstand der Kommunikation nach Absatz 1 Satz 1 sind insbesondere die nach dieser Verwaltungsvorschrift abgestimmten Informationen. Das Robert Koch-Institut informiert Mitgliedstaaten der Europäischen Union sowie die Europäische Kommission insbesondere mittels des in § 3 Absatz 1 Nummer 3 genannten EU-Netzwerkes. Das Bundesministerium für Gesundheit kommuniziert mit Mitgliedstaaten der Europäischen Union insbesondere durch den Gesundheitssicherheitsausschuss „Health Security Committee". Für die Kommunikation mit der Weltgesundheitsorganisation und den Vertragsstaaten der Internationalen Gesundheitsvorschriften (2005) gelten die Internationalen Gesundheitsvorschriften (2005) und das IGV-Durchführungsgesetz.

(3) Sind im grenzüberschreitenden Verkehr abgestimmte Maßnahmen zu veranlassen, so erfolgt die Abstimmung mit anderen Staaten durch das Bundesministerium für Gesundheit im Einvernehmen mit dem Bundesministerium für Verkehr, Bau und Stadtentwicklung sowie falls erforderlich in Zusammenarbeit mit dem Auswärtigen Amt und dem Bundesministerium des Innern.

§ 16
Ressortübergreifende Gefahrenlagen

(1) Bei der Auswahl der beteiligten Behörden und Stellen nach § 6 sind auch mögliche interdisziplinäre Aspekte der Gefahrenlage zu berücksichtigen.

(2) Wenn es für die Ermittlungen zu Art, Ursache, Ansteckungsquelle oder Ausbreitung der Krankheit erforderlich ist, Erkenntnisse des öffentlichen Gesundheitsdienstes mit Erkenntnissen anderer Behörden auf Bundesebene zusammenzuführen, soll das Robert Koch-Institut im Einvernehmen mit den Ländern eine Gruppe einsetzen, die aus Expertinnen und Experten verschiedener Disziplinen von Bund und Ländern besteht und den Auftrag erhält, die Daten zusammenzuführen, aufzuarbeiten und auszuwerten (Ermittlungsgruppe). Die Ermittlungsgruppe teilt die Ergebnisse dem Robert Koch-Institut mit. Um die Erkenntnisse des öffentlichen Gesundheitsdienstes mit Erkenntnissen der für die Lebensmittelüberwachung oder das Veterinärwesen zuständigen Behörden auf Bundesebene zusammenzuführen, kann das Bundesamt für Verbraucherschutz und Lebensmittelsicherheit oder das Bundesministerium für Ernäh-

rung, Landwirtschaft und Verbraucherschutz zu den Beratungen der Ermittlungsgruppe hinzugezogen werden.

(3) Bei einer Gefahrenlage mit ressortübergreifenden Ursachen oder Auswirkungen legen das Bundesministerium für Gesundheit und die betroffenen anderen Bundesressorts einvernehmlich fest,

1. welches Bundesressort im Hinblick auf den Schwerpunkt der erforderlichen Ermittlungen und Maßnahmen die Federführung der Koordinierung wahrnimmt oder
2. durch wen einzelne Teilbereiche der Koordinierung wahrgenommen werden, etwa im Hinblick auf
   a) die Zusammenführung der fachlichen Informationen,
   b) die Erstellung eines einheitlichen Sachstandsberichts,
   c) die fachliche Bewertung,
   d) das Vorgehen der Behörden bei den Ermittlungen und Maßnahmen und
   e) die gemeinsame Kommunikationslinie.

(4) Werden Koordinierungsaufgaben durch ein anderes Bundesressort wahrgenommen, so vertritt das Robert Koch-Institut innerhalb der Krisenmanagementstrukturen des anderen Bundesressorts im Rahmen seiner gesetzlichen Zuständigkeit Belange des Infektionsschutzes, insbesondere epidemiologischer Untersuchungen und Bewertungen, sowie des öffentlichen Gesundheitsdienstes. Auf die Koordinierung zwischen dem Robert Koch-Institut und den obersten Landesgesundheitsbehörden sind dann die §§ 7 bis 15 und § 17 entsprechend anzuwenden.

(5) Wenn Gremien nach § 49a des Lebensmittel- und Futtermittelgesetzbuches aktiviert wurden, wird die Zusammenarbeit von Bund und Ländern in Bezug auf die Gewährleistung der Sicherheit von Erzeugnissen nach § 2 Absatz 1 des Lebensmittel- und Futtermittelgesetzbuches ausschließlich in diesen Gremien koordiniert. Hinsichtlich der übrigen Koordinierungsaufgaben gelten die Absätze 3 und 4.

(6) Bei der Bekämpfung von hochkontagiösen Tierseuchen ist die Bund-Länder-Vereinbarung über die „Task Force Tierseuchenbekämpfung“ anzuwenden.

(7) Beruft das Bundesministerium des Innern bei lang anhaltenden, länderübergreifenden Gefahren- oder Schadenslagen mit hohem Abstimmungs- und Beratungsbedarf die Interministerielle Koordinierungsgruppe des Bundes und der Länder ein, so sind die Vorschriften ihrer Geschäftsordnung (GO IntMinKoGr) anzuwenden.

§ 17
Abschluss des Koordinierungsverfahrens

(1) Ergibt eine Bewertung des Robert Koch-Institutes, dass keine Infektionsgefahr mehr vorliegt, die eine Koordinierung durch den Bund nach dieser Verwaltungsvorschrift erfordert, so berät es mit den beteiligten obersten Landesgesundheitsbehörden, ob das Koordinierungsverfahren abgeschlossen werden kann. Wenn sich eine Mehrheit der betroffenen Länder dafür ausspricht, schließt das Robert Koch-Institut das Koordinierungsverfahren ab. Das Robert Koch-Institut teilt das Ergebnis der Beratung den obersten Landesgesundheitsbehörden und den beteiligten Behörden und Stellen unverzüglich mit.

(2) Nach Abschluss des Koordinierungsverfahrens erstellt das Robert Koch-Institut in Abstimmung mit den beteiligten Behörden und Stellen einen Abschlussbericht, wenn dies im Hinblick auf die Bedeutung des Ereignisses in der öffentlichen Wahrnehmung oder für die Auswertung von gewonnenen wissenschaftlichen Erkenntnissen oder Erfahrungen erforderlich ist, und übermittelt diesen dem Bundesministerium für Gesundheit. Die beteiligten Behörden und Stellen erhalten Kopien.

§ 18
Übungen

Das Verfahren zur Koordinierung von Ermittlungen, Maßnahmen und Presse- und Öffentlichkeitsarbeit soll, wenn es mehrere Jahre nicht durchgeführt wurde, geübt werden. Zur Planung und Durchführung einer Übung richtet das Robert Koch-Institut in Abstimmung mit den Ländern eine Bund-Länder-Projektorganisation ein. Die Projektleitung obliegt dem Robert Koch-Institut.

§ 19
Kosten

Die im Rahmen dieser Verwaltungsvorschrift anfallenden Reise-, Personal- und Sachkosten werden von den beteiligten Behörden im Rahmen ihrer gesetzlichen Zuständigkeiten selbst getragen.

§ 20
Inkrafttreten, Außerkrafttreten

Diese Verwaltungsvorschrift tritt am Tag nach ihrer Veröffentlichung in Kraft. Gleichzeitig tritt die Verwaltungsvorschrift IfSG-Informationsverfahren vom 25. April 2002 (BAnz. S. 10 551) außer Kraft.

Der Bundesrat hat zugestimmt.

Berlin, den 12. Dezember 2013

Die Bundeskanzlerin
Dr. Angela Merkel
Bundesministerium für Gesundheit
Daniel Bahr

Anlage
Behörden und Stellen, die am Koordinierungsverfahren insbesondere beteiligt sein können

(keine abschließende Aufzählung)

1. Landesbehörden
   a) oberste Landesgesundheitsbehörden sowie von diesen benannte Behörden und Einrichtungen der Länder,
   b) zuständige Landesbehörden nach § 11 des Infektionsschutzgesetzes (IfSG),
   c) oberste Lebensmittelüberwachungsbehörden der Länder sowie die von diesen benannte Behörden und Einrichtungen der Länder
   im Bereich der mikrobiell bedingten Lebensmittelvergiftungen oder akuter Gastroenteritis mit der Maßgabe, dass stets auch die nach Nummer 3 zuständigen Geschäftsbereichsbehörden des Bundesministeriums für Ernährung, Landwirtschaft und Verbraucherschutz zu beteiligen sind,
   d) oberste Veterinärbehörden sowie von diesen benannte Behörden und Einrichtungen der Länder
   im Bereich der Zoonosen mit der Maßgabe, dass stets auch die nach Nummer 3 zuständigen Geschäftsbereichsbehörden des Bundesministeriums für Ernährung, Landwirtschaft und Verbraucherschutz zu beteiligen sind;
2. Bundesoberbehörden im Geschäftsbereich des Bundesministeriums für Gesundheit
   a) Paul-Ehrlich-Institut
   insbesondere im Bereich der Impfstoffe und der Impfprävention (§ 77 Absatz 2 des Arzneimittelgesetzes – AMG),
   b) Bundesinstitut für Arzneimittel und Medizinprodukte
   insbesondere im Bereich der Informationen zu Arzneimitteln und Medizinprodukten, einschließlich Fragen der Arzneimittelsicherheit, sowie zu Betäubungsmitteln und Grundstoffen (§ 77 Absatz 1 AMG),
   c) Bundeszentrale für gesundheitliche Aufklärung
   insbesondere im Bereich der Öffentlichkeitsarbeit, etwa in Bezug auf die Impfprävention (§ 20 Absatz 1 IfSG);
3. weitere Bundesoberbehörden
   a) Bundesamt für Verbraucherschutz und Lebensmittelsicherheit (BVL)
   wenn eine lebensmittelassoziierte Krankheitsübertragung vermutet wird oder erwiesen ist (zwingende Beteiligung) sowie bei Fragen der Entwesung (Bekämpfung von Nichtwirbeltieren) und der Bekämpfung von Wirbeltieren, durch die Krankheitserreger verbreitet werden können,
   b) Bundesinstitut für Risikobewertung (BfR)
   auf dem Gebiet der Risikobewertung im Hinblick auf Zoonosen in der Lebensmittelkette und mikrobiell bedingte Lebensmittelvergiftungen,
   das BfR gilt im Rahmen dieser Verwaltungsvorschrift als Bundesoberbehörde,
   c) Friedrich-Loeffler-Institut (FLI)
   im Bereich der Zoonosen ohne eine Beteiligung von Lebensmitteln,

d) Umweltbundesamt (UBA)
insbesondere im Bereich der Trinkwasserhygiene, Badebeckenwasserhygiene, der Umwelthygiene, der Entwesung sowie der Übertragung von Krankheitserregern durch Tiere, die nicht Haus- oder Nutztiere sind,
falls erforderlich unter Beteiligung der Trinkwasserkommission oder der Schwimm- und Badebeckenwasserkommission beim Umweltbundesamt durch das Bundesministerium für Gesundheit,
e) Bundesanstalt für Arbeitsschutz und Arbeitsmedizin (BAuA)
insbesondere im Bereich der Sicherheit der Beschäftigten bei Tätigkeiten mit biologischen Arbeitsstoffen im Zusammenhang mit bedrohlichen Krankheiten, im Bereich arbeitsbedingter Infektionskrankheiten und der Biozid-Wirkstoffe sowie der Zulassung von Biozid-Produkten,
f) Bundesamt für Bevölkerungsschutz und Katastrophenhilfe (BBK) mit dem Gemeinsamen Melde- und Lagezentrum von Bund und Ländern (GMLZ)
insbesondere im Bereich der Amtshilfe des Bundes für die Länder sowie hinsichtlich der Funktion als nationale IGV-Anlaufstelle,
g) Havariekommando
bei Infektionsgefahren an Bord von Schiffen auf See,
das Havariekommando gilt im Rahmen dieser Verwaltungsvorschrift als Bundesoberbehörde,
h) Kommando Sanitätsdienst der Bundeswehr
insbesondere im Bereich der Vollzugsaufgaben der Bundeswehr nach § 70 *[§ 54a]* IfSG,
i) Eisenbahn-Bundesamt
insbesondere im Bereich der Vollzugsaufgaben des Eisenbahn-Bundesamtes nach § 72 *[§ 54b]* IfSG,
j) Bundesamt für Güterverkehr
in Angelegenheiten des Verkehrsleistungsgesetzes als koordinierende Behörde nach § 7 Absatz 1a des Verkehrsleistungsgesetzes,
k) Luftfahrtbundesamt
insbesondere wenn Fragen der Einfluggenehmigung betroffen sind,
l) Bundeskriminalamt (BKA)
insbesondere bei Verdacht auf eine absichtliche Ausbringung von Krankheitserregern,
mit der Maßgabe, dass die Beteiligung grundsätzlich über das Bundesministerium für Gesundheit und das Bundesministerium des Innern erfolgt,
m) Bundesnachrichtendienst (BND)
insbesondere bei dem Verdacht auf eine absichtliche Ausbringung von Krankheitserregern mit Auslandsbezug,
mit der Maßgabe, dass die Beteiligung grundsätzlich über das Bundesministerium für Gesundheit und das Bundeskanzleramt erfolgt,
n) das Bundespolizeipräsidium
insbesondere im Bereich der polizeilichen Grenzkontrollen;

4. oberste Bundesbehörden
   a) Bundesministerium für Gesundheit
   b) Auswärtiges Amt
      insbesondere im Bereich des Gesundheitsschutzes für diplomatisches Personal und Bundesbürgerinnen und Bundesbürger im Ausland (Reise- und Sicherheitshinweise des Auswärtigen Amts) und im Bereich des Übereinkommens über das Verbot der Entwicklung, Herstellung und Lagerung von bakteriologischen (biologischen) Waffen und von Toxinwaffen sowie über die Vernichtung solcher Waffen (BWÜ),
   c) Bundesministerium des Innern
      insbesondere bei Verdacht auf eine absichtliche Ausbringung von Krankheitserregern und im Bereich der polizeilichen Grenzkontrollen,
   d) Bundesministerium der Finanzen
      hinsichtlich Fragen der privaten Krankenversicherung mit der Maßgabe, dass die Beteiligung durch das Bundesministerium für Gesundheit erfolgt, und im Bereich des Zolls,
   e) Bundesministerium für Arbeit und Soziales
      insbesondere im Bereich der Sicherheit der Beschäftigten bei Tätigkeiten mit biologischen Arbeitsstoffen im Zusammenhang mit bedrohlichen Krankheiten,
   f) Bundesministerium für Ernährung, Landwirtschaft und Verbraucherschutz
      insbesondere bei Krankheitsausbrüchen mit Bezug auf Lebensmittel oder Zoonosen,
      zwingende Beteiligung in Fällen von Zoonosen ohne eine Beteiligung von Lebensmitteln,
   g) Bundesministerium der Verteidigung
      insbesondere im Bereich der Vollzugsaufgaben der Bundeswehr nach § 70 *[§ 54a]* IfSG und des Vollzuges des IfSG bei ausländischen Stationierungsstreitkräften in Deutschland auf der Grundlage des Streitkräfteaufenthaltsgesetzes, soweit sich aus zwischenstaatlichen Vereinbarungen keine andere Zuständigkeit ergibt,
   h) Bundesministerium für Verkehr, Bau und Stadtentwicklung
      wenn Maßnahmen im nationalen oder grenzüberschreitenden Verkehr erforderlich sind,
   i) Bundesministerium für Umwelt, Naturschutz und Reaktorsicherheit
      insbesondere im Bereich der Übertragung von Krankheitserregern auf Menschen durch Tiere, die nicht Haus- oder Nutztiere sind;
5. Referenzzentren, weitere wissenschaftliche Einrichtungen und Fachgesellschaften
   a) nationale Referenzzentren,
   b) Konsiliarlaboratorien,
   c) Behandlungs- und Kompetenzzentren,
   d) internationale Expertenlaboratorien (Referenzlaboratorien der Weltgesundheitsorganisation, europäisches Labornetzwerk) und Expertenlaboratorien anderer Staaten,

- e) Bundesärztekammer (BÄK) und Landesärztekammern, insbesondere im Bereich der ärztlichen Versorgung,
- f) Kassenärztliche Bundesvereinigung (KBV) insbesondere im Bereich der ärztlichen Versorgung durch Kassenärztinnen und Kassenärzte,
- g) Deutsche Krankenhausgesellschaft insbesondere hinsichtlich Fragen der ärztlichen Versorgung durch Krankenhäuser,
- h) Bundesvereinigung Deutscher Apothekerverbände (ABDA) insbesondere im Bereich der Versorgung mit Arzneimitteln und Medizinprodukten über die Apotheken,
- i) Deutsche Gesetzliche Unfallversicherung im Bereich der arbeitsbedingten Infektionsgefahren,
- j) Spitzenverband Bund der Krankenkassen im Bereich der gesetzlichen Krankenversicherung,
- k) nationale Referenzlaboratorien gemäß Verordnung (EG) Nr. 882/2004 in der jeweils geltenden Fassung mit Aufgaben, die im Zusammenhang mit Fragen der Lebensmittelsicherheit oder der Zoonosen stehen;

6. ausländische und internationale Organisationen und Behörden
   - a) Europäisches Zentrum für die Prävention und die Kontrolle von Krankheiten,
   - b) zuständige Dienststellen der Europäischen Kommission,
   - c) von den EU-Mitgliedstaaten benannte Behörden nach Artikel 9 der Entscheidung Nr. 2119/98/EG des Europäischen Parlaments und des Rates vom 24. September 1998 über die Schaffung eines Netzes für die epidemiologische Überwachung und die Kontrolle übertragbarer Krankheiten in der Gemeinschaft,
   - d) Dienststellen der Weltgesundheitsorganisation sowie zuständige Fachbehörden anderer Staaten.

Verordnung (EU) 2022/2371 des Europäischen Parlaments und des Rates zu schwerwiegenden grenzüberschreitenden Gesundheitsgefahren und zur Aufhebung des Beschlusses Nr. 1082/2013/EU

(Text von Bedeutung für den EWR)

vom 23. November 2022

DAS EUROPÄISCHE PARLAMENT UND DER RAT DER EUROPÄISCHEN UNION –

gestützt auf den Vertrag über die Arbeitsweise der Europäischen Union, insbesondere auf Artikel 168 Absatz 5,

auf Vorschlag der Europäischen Kommission,

nach Zuleitung des Entwurfs des Gesetzgebungsakts an die nationalen Parlamente,

nach Stellungnahme des Europäischen Wirtschafts- und Sozialausschusses[1)],

nach Stellungnahme des Ausschusses der Regionen[2)],

gemäß dem ordentlichen Gesetzgebungsverfahren[3)],

in Erwägung nachstehender Gründe:

(1) Mit der Entscheidung Nr. 2119/98/EG des Europäischen Parlaments und des Rates[4)] wurde ein Netz für die epidemiologische Überwachung und die Kontrolle übertragbarer Krankheiten eingerichtet. Der Geltungsbereich dieses Netzes wurde mit dem Beschluss Nr. 1082/2013/EU des Europäischen Parlaments und des Rates[5)] ausgeweitet, um ein besser koordiniertes und umfassenderes Vorgehen in Bezug auf die Gesundheitssicherheit auf Unionsebene zu stärken und vorzusehen. Die Erfahrung mit der Durchführung dieser Rechtsvorschriften lehrt, dass ein koordiniertes Handeln der Union bei der Beobachtung, der frühzeitigen Meldung und der Bekämpfung der genannten Gefahren für den Schutz und die Verbesserung der menschlichen Gesundheit von zusätzlichem Vorteil ist.

(2) Im Lichte der aus der noch andauernden COVID-19-Pandemie gewonnenen Erkenntnisse und zur Förderung einer angemessenen unionsweiten Vorsorge und Reaktion bei sämtlichen grenzüberschreitenden Gesundheitsgefahren muss der mit dem Beschluss Nr. 1082/2013/EU festgelegte Rechtsrahmen für epidemiologische Überwa-

---

1) ABl. C 286 vom 16.7.2021, S. 109

2) ABl. C 300 vom 27.7.2021, S. 76

3) Standpunkt des Europäischen Parlaments vom 4. Oktober 2022 (noch nicht im Amtsblatt veröffentlicht) und Beschluss des Rates vom 24. Oktober 2022

4) Entscheidung Nr 2119/98/EG des Europäischen Parlaments und des Rates vom 24. September 1998 über die Schaffung eines Netzes für die epidemiologische Überwachung und die Kontrolle übertragbarer Krankheiten in der Gemeinschaft (ABl. L 268 vom 3.10.1998, S. 1)

5) Beschluss Nr 1082/2013/EU des Europäischen Parlaments und des Rates vom 22. Oktober 2013 zu schwerwiegenden grenzüberschreitenden Gesundheitsgefahren und zur Aufhebung der Entscheidung Nr. 2119/98/EG (ABl. L 293 vom 5.11.2013, S. 1)

chung, Beobachtung, frühzeitige Meldung und Bekämpfung schwerwiegender grenzüberschreitender Gesundheitsgefahren, einschließlich Gefahren im Zusammenhang mit Zoonosen, im Hinblick auf zusätzliche Berichterstattungsanforderungen, die Analyse von Gesundheitssystemindikatoren und im Hinblick auf die Zusammenarbeit unter den Mitgliedstaaten und mit Agenturen und Einrichtungen der Union, insbesondere mit dem Europäischen Zentrum für die Prävention und die Kontrolle von Krankheiten (ECDC), der Europäischen Arzneimittel-Agentur (EMA) und internationalen Organisationen wie insbesondere der Weltgesundheitsorganisation (WHO), ausgeweitet werden, wobei der Aufwand für die nationalen zuständigen Behörden je nach der tatsächlichen Lage im Bereich der öffentlichen Gesundheit berücksichtigt werden muss. Um eine wirksame Reaktion der Union auf neuartige grenzüberschreitende Gesundheitsgefahren zu gewährleisten, sollte der Rechtsrahmen zur Bekämpfung schwerwiegender grenzüberschreitender Gesundheitsgefahren darüber hinaus die sofortige Verabschiedung von Falldefinitionen für die Überwachung neuartiger Gefahren ermöglichen und die Einrichtung eines Netzes von EU-Referenzlaboratorien und eines Netzes zur Unterstützung der Beobachtung von Krankheitsausbrüchen vorsehen, die für Substanzen menschlichen Ursprungs relevant sind. Die Kapazitäten zur Kontaktnachverfolgung sollten durch die Schaffung eines automatisierten Systems unter Verwendung moderner Technologien gestärkt werden, wobei die Rechtsvorschriften der Union zum Datenschutz wie die Verordnung (EU) 2016/679 des Europäischen Parlaments und des Rates[1] einzuhalten sind.

(3) Es ist wichtig, dass öffentliche Investitionen in die Forschung, Entwicklung, Herstellung, Produktion, Beschaffung, Bevorratung, Lieferung und Verteilung medizinischer Gegenmaßnahmen zur Vorbereitung auf grenzüberschreitende Gesundheitsgefahren und zur Reaktion darauf im Einklang mit den geltenden Rechtsvorschriften transparent sind.

(4) Der Gesundheitssicherheitsausschuss, der mit dem Beschluss Nr. 1082/2013/EU förmlich eingerichtet wurde, spielt eine wichtige Rolle bei der Koordinierung der Präventions-, Vorsorge- und Reaktionsplanung in Bezug auf schwerwiegende grenzüberschreitende Gesundheitsgefahren. Dem Gesundheitssicherheitsausschuss sollten zusätzliche Zuständigkeiten im Hinblick auf die Annahme von Leitlinien und Stellungnahmen übertragen werden, um die Mitgliedstaaten bei der Prävention und Kontrolle schwerwiegender grenzüberschreitender Gesundheitsgefahren besser zu unterstützen und eine bessere Abstimmung zwischen den Mitgliedstaaten bei der Bewältigung dieser Gefahren zu fördern. Ein vom Europäischen Parlament benannter Vertreter sollte als Beobachter an den Sitzungen des Gesundheitssicherheitsausschusses teilnehmen können.

(5) Um die Wirksamkeit der Vorsorge und Reaktion in Bezug auf schwerwiegende grenzüberschreitende Gesundheitsgefahren zu verbessern, sollten sich die Kommissi-

1) Verordnung (EU) 2016/679 des Europäischen Parlaments und des Rates vom 27. April 2016 zum Schutz natürlicher Personen bei der Verarbeitung personenbezogener Daten, zum freien Datenverkehr und zur Aufhebung der Richtlinie 95/46/EG (Datenschutz-Grundverordnung) (ABl. L 119 vom 4.5.2016, S. 1)

on, einschließlich, sofern angebracht, der mit dem Beschluss der Kommission vom 16. September 2021[1] eingerichteten Behörde für die Krisenvorsorge und -reaktion bei gesundheitlichen Notlagen (HERA), und der Gesundheitssicherheitsausschuss, das ECDC, die EMA und andere einschlägige Agenturen und Einrichtungen der Union im Bereich dieser Vorsorge und Reaktion abstimmen und sollten zusammenarbeiten. Die Koordinierung zwischen diesen Stellen sollte sich auf die Beteiligung einschlägiger Interessenträger stützen und darauf abzielen, Doppelarbeit zu vermeiden.

(6) In der gemeinsamen Stellungnahme „Verbesserung der Pandemievorsorge und des Pandemiemanagements" der Gruppe leitender wissenschaftlicher Berater der Kommission, der Europäischen Gruppe für Ethik der Naturwissenschaften und der Neuen Technologien und des Sonderberaters der Präsidentin der Kommission zur Reaktion auf COVID-19 wurde die „Einrichtung eines ständigen beratenden Gremiums für Gesundheitsbedrohungen und -krisen auf EU-Ebene" empfohlen.

(7) Alle in dieser Verordnung aufgeführten Empfehlungen, Ratschläge, Leitlinien und Stellungnahmen sind für ihre Adressaten grundsätzlich unverbindlich. Empfehlungen ermöglichen es der Kommission, dem ECDC und dem Gesundheitssicherheitsausschuss ihren Standpunkt mitzuteilen und eine Vorgehensweise vorzuschlagen, ohne dass den Adressaten dieser Empfehlungen diesbezüglich eine rechtliche Verpflichtung auferlegt wird.

(8) Diese Verordnung sollte unbeschadet anderer verbindlicher Maßnahmen zu spezifischen Aktivitäten oder Qualitäts- und Sicherheitsstandards für bestimmte Waren gelten, die besondere Verpflichtungen und Instrumente für die Beobachtung, die frühzeitige Meldung und die Bekämpfung spezifischer Gefahren grenzüberschreitender Art vorsehen, wie etwa die 2005 erlassenen Internationalen Gesundheitsvorschriften (IGV) der WHO. Hierzu zählen insbesondere die einschlägigen Rechtsvorschriften der Union zu gemeinsamen Sicherheitsanliegen in den Bereichen öffentliche Gesundheit und Umwelt mit Bezug zu Waren wie Arzneimittel, Medizinprodukte, In-vitro-Diagnostika und Lebensmittel, Substanzen menschlichen Ursprungs wie Blut, Plasma, Gewebe und Zellen und Organe sowie Exposition gegenüber ionisierender Strahlung.

(9) Der Raubbau an wildlebenden Pflanzen und Tieren und anderen natürlichen Ressourcen sowie der beschleunigte Rückgang der biologischen Vielfalt sind eine Gefahr für die menschliche Gesundheit. Da die Gesundheit von Mensch und Tier und die Umwelt untrennbar miteinander verknüpft sind, muss auf bestehende und neue Krisen mit dem Konzept Eine Gesundheit reagiert werden.

(10) Gemäß den Konzepten Eine Gesundheit und Gesundheit in allen Politikbereichen ist Gesundheitsschutz ein Thema, das eine bereichsübergreifende Dimension hat und für zahlreiche Politiken und Tätigkeiten der Union relevant ist. Es ist von entscheidender Bedeutung, dass die Union die Mitgliedstaaten dabei unterstützt, Ungleichheiten im Gesundheitsbereich innerhalb und zwischen den Mitgliedstaaten abzubauen, eine universelle Gesundheitsversorgung zu erreichen, die Herausforderungen gefähr-

1) Beschluss der Kommission vom 16. September 2021 zur Einrichtung der Behörde für die Krisenvorsorge und -reaktion bei gesundheitlichen Notlagen (HERA) (ABl. C 393 I vom 29.9.2021, S. 3)

deter Gruppen anzugehen und die Resilienz, Reaktionsfähigkeit und Bereitschaft der Gesundheitssysteme im Hinblick auf die Bewältigung künftiger Herausforderungen, einschließlich Pandemien, zu stärken. Um ein hohes Gesundheitsschutzniveau sicherzustellen und Überschneidungen von Tätigkeiten, Doppelarbeit oder widersprüchliche Maßnahmen zu vermeiden, sollte die Kommission in Zusammenarbeit mit den Mitgliedstaaten und allen einschlägigen Interessenträgern die Koordinierung und den Informationsaustausch zwischen den gemäß dieser Verordnung eingerichteten Mechanismen und Strukturen und anderen auf Unionsebene und gemäß dem Vertrag zur Gründung der Europäischen Atomgemeinschaft (im Folgenden „Euratom-Vertrag") geschaffenen Mechanismen und Strukturen sicherstellen, deren Tätigkeiten für die Präventions-, Vorsorge- und Reaktionsplanung und die Beobachtung, die frühzeitige Meldung sowie für die Bekämpfung schwerwiegender grenzüberschreitender Gesundheitsgefahren relevant sind. Insbesondere sollte die Kommission dafür sorgen, dass wichtige Informationen der verschiedenen Frühwarn- und Informationssysteme auf Unionsebene und gemäß dem Euratom-Vertrag gesammelt und über das mit dem Beschluss Nr. 1082/2013/EU eingerichtete Frühwarn- und Reaktionssystem (EWRS) an die Mitgliedstaaten weitergeleitet werden. Im Rahmen des EWRS sollen robuste, genaue und interoperable Datenprozesse mit den Mitgliedstaaten eingeführt werden, um die Datenqualität und -kohärenz zu gewährleisten. Das ECDC sollte sich mit den Mitgliedstaaten während derartiger Datenprozesse abstimmen, von der Bewertung des Datenbedarfs über die Übermittlung und Erhebung bis hin zur Aktualisierung und Auswertung der Daten, damit eine enge Zusammenarbeit zwischen der Kommission, dem ECDC und den zuständigen nationalen und regionalen Stellen gefördert wird.

(11) Präventions-, Vorsorge- und Reaktionsplanung sind wesentliche Elemente für wirksame Beobachtung, frühzeitige Meldung und Bekämpfung schwerwiegender grenzüberschreitender Gesundheitsgefahren. Daher muss ein Plan der Union für Gesundheitskrisen und Pandemien von der Kommission erstellt und vom Gesundheitssicherheitsausschuss genehmigt werden. Parallel sollten die Präventions-, Vorsorge- und Reaktionspläne der Mitgliedstaaten aktualisiert werden, um sicherzustellen, dass diese innerhalb der Strukturen auf regionaler Ebene kompatibel sind. Es ist von entscheidender Bedeutung, dass diese Unionspläne und nationalen Pläne unter besonderer Berücksichtigung der grenzüberschreitenden Regionen ausgearbeitet werden, um deren Kooperation im Gesundheitsbereich zu stärken. Gegebenenfalls sollten sich die regionalen Behörden an der Ausarbeitung solcher nationalen Pläne beteiligen können. Um die Mitgliedstaaten dabei zu unterstützen, sollten die Kommission und die einschlägigen Agenturen und Einrichtungen der Union gezielte Schulungen durchführen und den Austausch bewährter Verfahren für Personal in der Gesundheitsversorgung und im Gesundheitswesen erleichtern, um dessen Kenntnisse und die erforderlichen Fähigkeiten zu verbessern. Sofern angezeigt sollten auch grenzüberschreitende Elemente in den Unionsplan aufgenommen werden, um den Austausch bewährter Verfahren und einen reibungslosen Austausch von Informationen in Krisenzeiten beispielsweise in Bezug auf die Kapazitäten für spezialisierte Behandlung oder Intensivpflege in benachbarten Regionen zu fördern. Zur Sicherstellung der Umsetzung des Unionsplans sollte die

Kommission zusammen mit den Mitgliedstaaten Stresstests, Simulationsübungen sowie Überprüfungen während und nach der Durchführung erleichtern. Der Unionsplan sollte praktikabel und auf dem neuesten Stand sein, und es sollten ausreichende Mittel für seine Operationalisierung vorhanden sein. Im Anschluss an die Überprüfung der nationalen Pläne sollten vorgeschlagene Empfehlungen in einem Aktionsplan angegangen werden, und die Kommission sollte über alle inhaltlichen Überarbeitungen des nationalen Plans auf dem Laufenden gehalten werden.

(12) Die Mitgliedstaaten sollten der Kommission regelmäßig Informationen zum Stand ihrer Präventions-, Vorsorge- und Reaktionsplanung und zu deren Umsetzung auf nationaler und gegebenenfalls auf regionaler Ebene zur Verfügung stellen. Diese der Kommission von den Mitgliedstaaten zur Verfügung gestellten Informationen sollten die Elemente einschließen, die die Mitgliedstaaten der WHO im Rahmen der IGV melden müssen. Der Zugang zu aktuellen und vollständigen Daten ist eine Voraussetzung für eine unverzügliche Risikobewertung und Krisenbewältigung. Zur Vermeidung von Doppelarbeit und voneinander abweichenden Empfehlungen sind, soweit möglich, standardisierte Definitionen und ein gesichertes Netz zwischen den Agenturen und Einrichtungen der Union, der WHO und den nationalen zuständigen Behörden erforderlich. Um sicherzustellen, dass die nationalen Präventions-, Vorsorge- und Reaktionspläne angemessen sind, sollte die Kommission ihrerseits dem Europäischen Parlament und dem Rat alle drei Jahre über den Stand der Präventions-, Vorsorge- und Reaktionsplanung sowie der Umsetzung auf Unionsebene sowie die diesbezüglichen Fortschritte, einschließlich der empfohlenen Maßnahmen, Bericht erstatten. Zur Unterstützung der Bewertung dieser Pläne sollte das ECDC in Abstimmung mit den anderen Agenturen und Einrichtungen der Union Bewertungen in den Mitgliedstaaten durchgeführt werden. Bei dieser Planung sollten insbesondere angemessene Vorsorgekapazitäten in kritischen Sektoren der Gesellschaft wie Landwirtschaft, Energie, Verkehr, Kommunikation und Katastrophenschutz berücksichtigt werden, die in einer Krisensituation auf gut gerüstete geschlechtersensible Gesundheitssysteme angewiesen sind, die ihrerseits davon abhängen, dass diese Sektoren funktionsfähig und wesentliche Dienste in hinreichendem Umfang verfügbar sind. Bei einer schwerwiegenden grenzüberschreitenden Gesundheitsgefahr aufgrund einer zoonotischen Infektion ist es wichtig, dass die Interoperabilität zwischen dem Gesundheitssektor und dem Veterinärsektor im Hinblick auf die Präventions-, Vorsorge- und Reaktionsplanung mithilfe des Konzepts Eine Gesundheit sichergestellt wird. Die Verpflichtung der Mitgliedstaaten, Informationen im Rahmen dieser Verordnung vorzulegen, berührt nicht die Geltung des Artikels 346 Absatz 1 Buchstabe a des Vertrags über die Arbeitsweise der Europäischen Union (AEUV), wonach kein Mitgliedstaat verpflichtet ist, Auskünfte zu erteilen, deren Preisgabe seines Erachtens seinen wesentlichen Sicherheitsinteressen widerspricht.

(13) Die in der andauernden COVID-19-Pandemie gewonnenen Erfahrungen haben gezeigt, dass weitere und entschlossenere Maßnahmen auf Unionsebene zur Unterstützung der Zusammenarbeit und Koordinierung zwischen den Mitgliedstaaten, insbesondere zwischen benachbarten Grenzregionen, erforderlich sind. Die nationalen Prä-

ventions-, Vorsorge- und Reaktionspläne jener Mitgliedstaaten, die an mindestens einen anderen Mitgliedstaat angrenzen, sollten daher Pläne zur Verbesserung der Vorsorge, Prävention und Reaktion in Bezug auf Gesundheitskrisen in Grenzgebieten in Nachbarregionen, einschließlich grenzüberschreitender Schulungen für Personal in der Gesundheitsversorgung und Koordinierungsmaßnahmen für die Überführung von Patienten aus medizinischen Gründen, umfassen.

(14) Gesundheitskompetenz spielt eine entscheidende Rolle bei der Prävention und Abmilderung der Auswirkungen grenzüberschreitender Gesundheitsgefahren und trägt entscheidend dazu bei, dass die Bevölkerung die Gegenmaßnahmen und die Risikobewertung für verschiedene Bedrohungen besser versteht. Aufklärungskampagnen im Gesundheitsbereich, die sich auf die neuesten verfügbaren Daten stützen, könnten dazu beitragen, das Verhalten der Bevölkerung in dieser Hinsicht zu verbessern.

(15) Aufbauend auf den Lehren, die aus der COVID-19-Pandemie gezogen wurden, sollte diese Verordnung ein stärkeres Mandat zur Koordination auf Unionsebene schaffen. Die Ausrufung einer gesundheitlichen Notlage auf Unionsebene würde eine verstärkte Koordinierung auslösen und könnte die rechtzeitige Entwicklung, Bevorratung und gemeinsame Beschaffung medizinischer Gegenmaßnahmen im Rahmen der Verordnung (EU) 2022/2372 des Rates[1)] ermöglichen.

(16) Mit dieser Verordnung sollten die Instrumente zur Gewährleistung der Versorgungssicherheit bei kritischen medizinischen Gegenmaßnahmen in der Union gestärkt werden, wobei das ordnungsgemäße Funktionieren des Binnenmarkts im Falle schwerwiegender grenzüberschreitender Gesundheitsgefahren zu wahren ist.

(17) Um Engpässe bei kritischen medizinischen Gegenmaßnahmen zu vermeiden und die Versorgungssicherheit auf Unionsebene und nationaler Ebene zu gewährleisten sowie einen wirksamen und strategischen Standort für die Bevorratung zu unterstützen, sollte die Kommission die Koordinierung und den Informationsaustausch zwischen den Stellen, die Maßnahmen im Rahmen der verschiedenen mit dieser Verordnung eingerichteten Mechanismen organisieren und daran teilnehmen, und anderen einschlägigen Strukturen der Union sicherstellen, die im Zusammenhang mit der Beschaffung und Vorratshaltung medizinischer Gegenmaßnahmen stehen, wie dem Rahmen für Maßnahmen gemäß der Verordnung (EU) 2022/2372 und der mit dem Beschluss Nr. 1313/2013/EU des Europäischen Parlaments und des Rates[2)] geschaffenen strategischen rescEU-Reserve, wobei der Zugänglichkeit dieser medizinischen Gegenmaßnahmen für Menschen in entlegenen und ländlichen Regionen sowie Regionen in äußerster Randlage Rechnung getragen werden sollte.

(18) Am 10. April 2014 genehmigte die Kommission eine Vereinbarung über die gemeinsame Beschaffung bei medizinischen Gegenmaßnahmen. Diese Vereinbarung

1) Verordnung (EU) 2022/2372 des Rates vom 24. Oktober 2022 über einen Rahmen zur Gewährleistung der Bereitstellung von krisenrelevanten medizinischen Gegenmaßnahmen im Falle einer gesundheitlichen Notlage auf Unionsebene (Siehe Seite 64 dieses Amtsblatts)

2) Beschluss Nr 1313/2013/EU des Europäischen Parlaments und des Rates vom 17. Dezember 2013 über ein Katastrophenschutzverfahren der Union (ABl. L 347 vom 20.12.2013, S. 924)

über die gemeinsame Beschaffung sieht einen freiwilligen Mechanismus vor, der es den teilnehmenden Ländern und den Organen der Union gestattet, gemeinsam medizinische Gegenmaßnahmen für verschiedene Kategorien grenzüberschreitender Gesundheitsgefahren zu erwerben, darunter Impfstoffe, Virostatika und andere Behandlungen. Sie enthält gemeinsame Regeln für die praktische Organisation von Verfahren für die gemeinsame Beschaffung. Mit der vorliegenden Verordnung sollte der Rahmen für die gemeinsame Beschaffung medizinischer Gegenmaßnahmen im Einklang mit den in der Verordnung (EU, Euratom) 2018/1046 des Europäischen Parlaments und des Rates[1)] festgelegten Maßnahmen in Bezug auf die Beobachtung, die frühzeitige Meldung und Bekämpfung schwerwiegender grenzüberschreitender Gesundheitsgefahren gestärkt und ausgeweitet werden. Im Falle einer schwerwiegenden grenzüberschreitenden Gesundheitsgefahr sollte die gemeinsame Beschaffung medizinischer Gegenmaßnahmen gemäß der vorliegenden Verordnung zusammen mit anderen im Unionsrecht vorgesehenen Beschaffungsinstrumenten ein wirksames operatives Instrument darstellen, das der Union zur Verfügung steht. Insbesondere können Verträge im Rahmen des in der vorliegenden Verordnung festgelegten Verfahrens für die gemeinsame Beschaffung gemäß der Verordnung (EU) 2022/2372 geschlossen oder im Krisenfall aktiviert werden. In solchen Fällen sollten diese Verträge die in der Vereinbarung über die gemeinsame Beschaffung festgelegten Bedingungen erfüllen, wie in der vorliegenden Verordnung vorgesehen. Die Kommission sollte die Koordinierung und den Informationsaustausch zwischen den Stellen sicherstellen, die Maßnahmen im Rahmen der verschiedenen Mechanismen, die mit der vorliegenden Verordnung und anderen einschlägigen Rechtsakten der Union hinsichtlich der Beschaffung und Vorratshaltung medizinischer Gegenmaßnahmen eingerichtet wurden, organisieren und daran teilnehmen.

(19) Die Kommission sollte die gemeinsame Beschaffung medizinischer Gegenmaßnahmen unterstützen und erleichtern, indem sie alle relevanten Informationen für die Aushandlung derartiger gemeinsamer Beschaffungen wie etwa Informationen über voraussichtliche Preise, Hersteller, Lieferfristen und Modalitäten der gemeinsamen Beschaffung bereitstellt. Die Vereinbarung über die gemeinsame Beschaffung, in der die praktische Ausgestaltung des gemeinsamen Beschaffungsverfahrens gemäß Artikel 5 des Beschlusses Nr. 1082/2013/EU geregelt wird, sollte ebenfalls angepasst und um eine Ausschließlichkeitsklausel bezüglich der Verhandlungen und der Beschaffung für die an einem gemeinsamen Beschaffungsverfahren teilnehmenden Länder erweitert werden, um eine bessere Koordinierung innerhalb der Union, eine stärkere Verhandlungsposition und effizienteres Handeln zum Schutz der Versorgungssicherheit der Union zu ermöglichen. Gemäß der Ausschließlichkeitsklausel verpflichten sich die teilnehmenden Länder, die betreffende Gegenmaßnahme nicht über andere Kanäle zu be-

1) Verordnung (EU, Euratom) 2018/1046 des Europäischen Parlaments und des Rates vom 18. Juli 2018 über die Haushaltsordnung für den Gesamthaushaltsplan der Union, zur Änderung der Verordnungen (EU) Nr. 1296/2013, (EU) Nr. 1301/2013, (EU) Nr. 1303/2013, (EU) Nr. 1304/2013, (EU) Nr. 1309/2013, (EU) Nr. 1316/2013, (EU) Nr. 223/2014, (EU) Nr. 283/2014 und des Beschlusses Nr 541/2014/EU sowie zur Aufhebung der Verordnung (EU, Euratom) Nr. 966/2012 (ABl. L 193 vom 30.7.2018, S. 1)

schaffen und keine parallelen Verhandlungen in Bezug auf diese Gegenmaßnahme zu führen. Die Kommission sollte die Entscheidung der Mitgliedstaaten über die Teilnahme erleichtern, indem sie unter anderem eine Bewertung der Anwendung der Ausschließlichkeitsklausel, ihrer Notwendigkeit und der mit den teilnehmenden Ländern gemeinsam zu vereinbarenden Bedingungen dafür vorlegt. Die Mitgliedstaaten sollten über ihre Teilnahme am Verfahren für die gemeinsame Beschaffung entscheiden, sobald ihnen alle erforderlichen Informationen zur Verfügung gestellt wurden. In jedem Fall sollten Beschränkungen für parallele Beschaffungstätigkeiten und Verhandlungen nur dann gelten, wenn die teilnehmenden Länder solchen Beschränkungen zugestimmt haben. Da der Inhalt der Bewertung sensibel ist und für die finanziellen Interessen der Union und der teilnehmenden Mitgliedstaaten während des Verfahrens für die gemeinsame Beschaffung relevant ist, sollte die mögliche Veröffentlichung angemessen gegen die in der Verordnung (EG) Nr. 1049/2001 des Europäischen Parlaments und des Rates[1)] vorgesehenen Ausnahmen und insbesondere gegen Artikel 4 der genannten Verordnung abgewogen werden.

(20) Da schwerwiegende grenzüberschreitende Gesundheitsgefahren nicht vor den Grenzen der Union haltmachen, sollte die Union bei der Bekämpfung solcher Gefahren einen koordinierten, von Solidarität und Verantwortung geprägten Ansatz verfolgen. Daher sollte die gemeinsame Beschaffung medizinischer Gegenmaßnahmen abweichend von Artikel 165 Absatz 2 der Verordnung (EU, Euratom) 2018/1046 und im Einklang mit Artikel 3 Absatz 2 der genannten Verordnung auf Staaten der Europäischen Freihandelsassoziation, Bewerberländer der Union gemäß dem geltenden Unionsrecht, das Fürstentum Andorra, das Fürstentum Monaco, die Republik San Marino und den Staat Vatikanstadt ausgeweitet werden. Die gemeinsame Beschaffung medizinischer Gegenmaßnahmen zielt darauf ab, die Verhandlungsposition der teilnehmenden Länder zu stärken, zur Versorgungssicherheit der öffentlichen Auftraggeber beizutragen und den gleichberechtigten Zugang zu medizinischen Gegenmaßnahmen gegen schwerwiegende grenzüberschreitende Gesundheitsgefahren sicherzustellen. Gemeinsame Beschaffungsverfahren sollten im Einklang mit dem Grundsatz der Transparenz gemäß Artikel 15 AEUV den hohen Standards für die Transparenz im Verhältnis mit den Organen der Union, einschließlich des Europäischen Rechnungshofs, und den Bürgerinnen und Bürgern der Union entsprechen. Die Transparenz sollte – unter Berücksichtigung des Schutzes wirtschaftlich sensibler Informationen und wesentlicher nationaler Sicherheitsinteressen – auch in Bezug auf die Offenlegung von Informationen im Zusammenhang mit dem Lieferzeitplan der medizinischen Gegenmaßnahmen, den Bedingungen für Haftung und Entschädigungen und der Zahl der Herstellungsstandorte gefördert werden. Im Einklang mit der Verordnung (EU) Nr. 1049/2001 sollte ein hohes Maß an Transparenz angewandt werden. Dies schließt das Recht der Bürgerinnen und Bürger ein, Zugang zu Dokumenten über gemeinsam beschaffte medizinische Gegenmaßnahmen gemäß Artikel 2 der Verordnung

---

1) Verordnung (EG) Nr. 1049/2001 des Europäischen Parlaments und des Rates vom 30. Mai 2001 über den Zugang der Öffentlichkeit zu Dokumenten des Europäischen Parlaments, des Rates und der Kommission (ABl. L 145 vom 31.5.2001, S. 43)

(EG) Nr. 1049/2001 zu beantragen. Bei der gemeinsamen Beschaffung sollten neben den Kosten auch qualitative Kriterien beim Vergabeverfahren berücksichtigt werden.

(21) Prävention ist laut der WHO einer der wesentlichen Schritte im Krisenmanagementzyklus. Im Rahmen der vier auf internationaler Ebene anerkannten Präventionskategorien, d. h. primäre, sekundäre, tertiäre und quartäre Kategorie, bilden eine Reihe von Tätigkeiten einen Eckpfeiler für die frühzeitige Meldung, die Beobachtung und die Bekämpfung schwerwiegender grenzüberschreitender Gesundheitsgefahren. Diese Tätigkeiten umfassen die Beobachtung der Durchimpfungsrate in Bezug auf übertragbare Krankheiten, Überwachungssysteme für die Prävention übertragbarer Krankheiten sowie Maßnahmen zur Verringerung des Risikos der Ausbreitung übertragbarer Krankheiten auf individueller und gemeinschaftlicher Ebene im Einklang mit dem Konzept Eine Gesundheit. Investitionen in Präventionsmaßnahmen im Zusammenhang mit schwerwiegenden grenzüberschreitenden Gesundheitsgefahren würden unmittelbar zur Verwirklichung der Ziele dieser Verordnung beitragen. Der Begriff „Prävention" oder „Prävention von Krankheiten" sollte im Sinne dieser Verordnung daher so verstanden werden, dass er Präventionsmaßnahmen umfasst, mit denen die Belastung durch übertragbare Krankheiten und damit verbundene Risikofaktoren zum Zwecke der frühzeitigen Meldung, der Beobachtung und der Bekämpfung schwerwiegender grenzüberschreitender Gesundheitsgefahren minimiert werden soll.

(22) Der verstärkte Gesundheitsrahmen der Union zur Bekämpfung schwerwiegender grenzüberschreitender Gesundheitsgefahren sollte in Synergie mit und ergänzend zu anderen Unionsmaßnahmen und -fonds wirken, wie beispielsweise den Maßnahmen im Rahmen des mit der Verordnung (EU) 2021/522 des Europäischen Parlaments und des Rates[1)] eingerichteten EU4Health-Programms, den europäischen Struktur- und Investitionsfonds (ESI-Fonds), d. h. dem Europäischen Fonds für regionale Entwicklung und dem Kohäsionsfonds, die mit der Verordnung (EU) 2021/1058 des Europäischen Parlaments und des Rates[2)] eingerichtet wurden, dem mit der Verordnung (EU) 2021/1057 des Europäischen Parlaments und des Rates[3)] eingerichteten Europäischen Sozialfonds Plus, dem mit der Verordnung (EU) Nr. 1305/2013 des Europäischen Parlaments und des Rates[4)] eingerichteten Europäischen Landwirtschaftsfonds für die Entwicklung des ländlichen Raums, dem mit der Verordnung (EU)

1) Verordnung (EU) 2021/522 des Europäischen Parlaments und des Rates vom 24. März 2021 zur Einrichtung eines Aktionsprogramms der Union im Bereich der Gesundheit („EU4Health-Programm") für den Zeitraum 2021–2027 und zur Aufhebung der Verordnung (EU) Nr. 282/2014 (ABl. L 107 vom 26.3.2021, S. 1)

2) Verordnung (EU) 2021/1058 des Europäischen Parlaments und des Rates vom 24. Juni 2021 über den Europäischen Fonds für regionale Entwicklung und den Kohäsionsfonds (ABl. L 231 vom 30.6.2021, S. 60)

3) Verordnung (EU) 2021/1057 des Europäischen Parlaments und des Rates vom 24. Juni 2021 zur Einrichtung des Europäischen Sozialfonds Plus (ESF+) und zur Aufhebung der Verordnung (EU) Nr. 1296/2013 (ABl. L 231 vom 30.6.2021, S. 21)

4) Verordnung (EU) Nr. 1305/2013 des Europäischen Parlaments und des Rates vom 17. Dezember 2013 über die Förderung der ländlichen Entwicklung durch den Europäischen Landwirtschaftsfonds für die Entwicklung des ländlichen Raums (ELER) und zur Aufhebung der Verordnung (EG) Nr. 1698/2005 (ABl. L 347 vom 20.12.2013, S. 487)

2021/1139 des Europäischen Parlaments und des Rates[1] eingerichteten Europäischen Meeres-, Fischerei- und Aquakulturfonds, dem mit der Verordnung (EU) 2021/695 des Europäischen Parlaments und des Rates[2] eingerichteten Programm „Horizont Europa", dem mit der Verordnung (EU) 2021/694 des Europäischen Parlaments und des Rates[3] aufgestellten Programm „Digitales Europa", der rescEU-Reserve, dem in der Verordnung (EU) 2016/369 des Rates[4] vorgesehenen Soforthilfeinstrument sowie dem mit der Verordnung (EU) 2021/690 des Europäischen Parlaments und des Rates[5] aufgestellten Programm für den Binnenmarkt.

(23) Mit dem Beschluss, den die Weltgesundheitsversammlung auf ihrer Sondertagung vom 1. Dezember 2021 gefasst hat, soll ein globaler Prozess für ein Übereinkommen, eine Vereinbarung oder ein anderes internationales Instrument der WHO zur Pandemieprävention, -vorsorge und -reaktion eingeleitet werden. Im Einklang mit dem Beschluss (EU) 2022/451 des Rates[6] sollte die Union mit der WHO und ihren Mitgliedstaaten zusammenarbeiten, um ein Übereinkommen, eine Vereinbarung oder ein anderes internationales Instrument der WHO zur Pandemieprävention, -vorsorge und -reaktion zu entwickeln. Die Union wird mit der WHO und ihren Mitgliedstaaten zusammenarbeiten, um ein neues rechtsverbindliches Instrument zu entwickeln, das die IGV ergänzt und so den Multilateralismus und die globale Gesundheitsarchitektur stärkt. Die Union sollte auch die Bemühungen um eine bessere Umsetzung und Einhaltung der IGV unterstützen.

(24) Durch die COVID-19-Pandemie ist deutlich geworden, dass schwere Krankheiten die Kapazitäten der Gesundheitssysteme stark unter Druck setzen können, was sich beispielsweise negativ auf die Gesundheitsversorgung von Patienten mit anderen übertragbaren oder nicht übertragbaren Krankheiten, wie etwa die Kontinuität der Gesundheitsversorgung, Verzögerungen oder Unterbrechungen bei Behandlungen für

1) Verordnung (EU) 2021/1139 des Europäischen Parlaments und des Rates vom 7. Juli 2021 über den Europäischen Meeres-, Fischerei- und Aquakulturfonds und zur Änderung der Verordnung (EU) 2017/1004 (ABl. L 247 vom 13.7.2021, S. 1)

2) Verordnung (EU) 2021/695 des Europäischen Parlaments und des Rates vom 28. April 2021 zur Einrichtung von „Horizont Europa", dem Rahmenprogramm für Forschung und Innovation, sowie über dessen Regeln für die Beteiligung und die Verbreitung der Ergebnisse und zur Aufhebung der Verordnungen (EU) Nr. 1290/2013 und (EU) Nr. 1291/2013 (ABl. L 170 vom 12.5.2021, S. 1)

3) Verordnung (EU) 2021/694 des Europäischen Parlaments und des Rates vom 29. April 2021 zur Aufstellung des Programms „Digitales Europa" und zur Aufhebung des Beschlusses (EU) 2015/2240 (ABl. L 166 vom 11.5.2021, S. 1)

4) Verordnung (EU) 2016/369 des Rates vom 15. März 2016 über die Bereitstellung von Soforthilfe innerhalb der Union (ABl. L 70 vom 16.3.2016, S. 1)

5) Verordnung (EU) 2021/690 des Europäischen Parlaments und des Rates vom 28. April 2021 zur Aufstellung eines Programms für den Binnenmarkt, die Wettbewerbsfähigkeit von Unternehmen, einschließlich kleiner und mittlerer Unternehmen, den Bereich Pflanzen, Tiere, Lebensmittel und Futtermittel sowie europäische Statistiken (Binnenmarktprogramm) und zur Aufhebung der Verordnungen (EU) Nr. 99/2013, (EU) Nr. 1287/2013, (EU) Nr. 254/2014 und (EU) Nr. 652/2014 (ABl. L 153 vom 3.5.2021, S. 1)

6) Beschluss (EU) 2022/451 des Rates vom 3. März 2022 über die Ermächtigung zur Aufnahme von Verhandlungen im Namen der Europäischen Union über eine internationale Übereinkunft über Pandemieprävention, -vorsorge und -reaktion sowie über ergänzende Änderungen der Internationalen Gesundheitsvorschriften (2005). (ABl. L 92 vom 21.3.2022, S. 1)

Krebspatienten und Überlebende einer Krebserkrankung, aber auch für Menschen mit psychischen Problemen, auswirkt. Die Auswirkungen schwerwiegender grenzüberschreitender Gesundheitsgefahren können daher weitere Herausforderungen im Hinblick auf die Gewährleistung eines hohen Gesundheitsschutzniveaus darstellen. Es ist wichtig, unter Achtung der Zuständigkeiten der Mitgliedstaaten für die Festlegung ihrer Gesundheitspolitik sowie für die Organisation des Gesundheitswesens und die medizinische Versorgung die Auswirkungen von gesundheitlichen Notlagen auf die Gesundheitsversorgung in Bezug auf andere Krankheiten und gesundheitliche Beeinträchtigungen zu berücksichtigen, um die Erkennung und Behandlung anderer schwerer Krankheiten sicherzustellen und Verzögerungen oder Unterbrechungen einer Erkennung oder Behandlung zu minimieren. Daher müssen die möglichen Auswirkungen eines größeren Ausbruchs einer übertragbaren Krankheit, der einen erheblichen Teil der Kapazitäten des Gesundheitssystems bindet, auf die Kontinuität der Gesundheitsversorgung und auf die Prävention und die Behandlung nicht übertragbarer Krankheiten und Begleiterkrankungen berücksichtigt werden.

(25) In Krisenzeiten ist die Gewährleistung der Versorgungssicherheit in der Union in Bezug auf kritische medizinische Gegenmaßnahmen von größter Bedeutung, und die Erfahrungen aus der COVID-19-Pandemie haben gezeigt, dass dies durch eine Reihe von Faktoren beeinträchtigt werden könnte. Zu den Maßnahmen der Union zur Überwachung der Einhaltung von Verpflichtungen und zur Sicherung der Versorgung mit medizinischen Gegenmaßnahmen gehören unter anderem ein Mechanismus für Ausfuhrgenehmigungen gemäß der Verordnung (EU) 2015/479 des Europäischen Parlaments und des Rates[1)], Vereinbarungen über eine verstärkte Zusammenarbeit und Beschaffungsmaßnahmen. Bei den im Rahmen dieser Verordnung ergriffenen Maßnahmen sollte gegebenenfalls die mögliche Aktivierung solcher Mechanismen im Einklang mit den geltenden Rechtsvorschriften der Union in Erwägung gezogen werden.

(26) Anders als bei übertragbaren Krankheiten, deren Überwachung auf Unionsebene ständige Aufgabe des ECDC ist, erfordern andere schwerwiegende grenzüberschreitende Gesundheitsgefahren derzeit keine systematische Beobachtung durch die Agenturen und Einrichtungen der Union. Ein risikobasiertes Konzept, in dessen Rahmen die Beobachtung von den Überwachungssystemen der Mitgliedstaaten durchgeführt wird und verfügbare Informationen über das EWRS ausgetauscht werden, ist daher für diese Gefahren angemessener.

(27) Die Kommission sollte die Zusammenarbeit und die Tätigkeiten mit den Mitgliedstaaten, dem ECDC, der EMA, anderen Agenturen oder Einrichtungen der Union, Forschungsinfrastrukturen und der WHO verstärken, um durch das Konzept Eine Gesundheit die Prävention übertragbarer Krankheiten, z. B. durch Impfung vermeidbarer Krankheiten, sowie anderer Gesundheitsrisiken, z. B. antimikrobieller Resistenzen, zu verbessern.

---

1) Verordnung (EU) 2015/479 des Europäischen Parlaments und des Rates vom 11. März 2015 über eine gemeinsame Ausfuhrregelung (ABl. L 83 vom 27.3.2015, S. 34)

(28) Im Falle grenzüberschreitender Gesundheitsgefahren durch eine übertragbare Krankheit sollte das ECDC mit den Mitgliedstaaten zusammenarbeiten, um Patienten, die eine Behandlung mit einer Substanz menschlichen Ursprungs benötigen, vor der Übertragung einer solchen übertragbaren Krankheit zu schützen. Das ECDC sollte daher zur Unterstützung der Nutzung von Substanzen menschlichen Ursprungs ein Netz von Diensten aufbauen und betreiben.

(29) Das EWRS – ein System, das auf Unionsebene die Übermittlung von Warnmeldungen über schwerwiegende grenzüberschreitende Gesundheitsgefahren ermöglicht, – wurde mit dem Beschluss Nr. 1082/2013/EU eingerichtet, um sicherzustellen, dass die für Gesundheit zuständigen Behörden in den Mitgliedstaaten und die Kommission umgehend angemessen informiert werden. Alle schwerwiegenden grenzüberschreitenden Gesundheitsgefahren, die in den Geltungsbereich dieser Verordnung fallen, sind durch das EWRS erfasst.
Um die Wirksamkeit von Warnsystemen für grenzüberschreitende Gesundheitsgefahren zu fördern, sollte die Kommission dazu angehalten werden, Informationen aus verschiedenen wichtigen Datenbanken, wie Datenbanken mit Daten zu Umwelt, Klima, Bewässerung und anderen, für schwerwiegende grenzüberschreitende Gesundheitsgefahren relevante Daten, automatisch zu integrieren, was das Verständnis und die Minderung des Risikos potenzieller Gesundheitsgefahren erleichtern könnte. Der Betrieb des EWRS sollte auch weiterhin in den Zuständigkeitsbereich des ECDC fallen. Die Übermittlung einer Warnmeldung sollte nur dann erforderlich sein, wenn Ausmaß und Schwere der Gefahr so bedeutend sind oder werden könnten, dass die Gefahr mehr als einen Mitgliedstaat betrifft oder betreffen könnte und eine koordinierte Reaktion auf Unionsebene notwendig ist oder sein könnte. Das EWRS sollte weiterentwickelt und verbessert werden, um die Automatisierung der Datenerhebung und -analyse auszubauen, den Verwaltungsaufwand zu verringern und die Standardisierung der Meldungen zu verbessern. Um Doppelarbeit vorzubeugen und die Koordinierung der Warnsysteme auf Unionsebene sicherzustellen, sollten die Kommission und das ECDC dafür sorgen, dass Warnmeldungen des EWRS und anderer Schnellwarnsysteme auf Unionsebene im Rahmen des Möglichen interoperabel sind und automatisch, aber der menschlichen Aufsicht unterliegend, so weit wie möglich miteinander verknüpft werden, sodass die zuständigen Behörden der Mitgliedstaaten es weitestmöglich vermeiden können, dieselbe Warnmeldung über verschiedene Systeme auf Unionsebene weiterzuleiten, und vom Erhalt von All-Gefahren-Warnmeldungen aus einer einzigen koordinierten Quelle profitieren können. Diese nationalen Behörden sollten die relevanten schwerwiegenden grenzüberschreitenden Gesundheitsgefahren im EWRS melden. Es ermöglicht die gleichzeitige Meldung an die WHO von Ereignissen, bei denen es sich um gesundheitliche Notlagen von internationaler Tragweite gemäß Artikel 6 der IGV handeln kann.

(30) Um sicherzustellen, dass die Bewertung des Risikos für die öffentliche Gesundheit auf Unionsebene bei schwerwiegenden grenzüberschreitenden Gesundheitsgefahren aus Gesundheitsschutzperspektive einheitlich und umfassend ist, sollte das verfügbare wissenschaftliche Fachwissen in koordinierter und multidisziplinäre Weise durch

entsprechende Kanäle oder Strukturen in Abhängigkeit vom jeweiligen Gefahrentyp mobilisiert werden. Diese Bewertung der Risiken für die öffentliche Gesundheit sollte auf völlig transparente Weise vorgenommen werden und sich auf die Grundsätze exzellente Fachkompetenz, Unabhängigkeit, Objektivität und Transparenz stützen. Zur Gewährleistung eines All-Gefahren-Ansatzes muss die Beteiligung der Agenturen und Einrichtungen der Union an diesen Risikobewertungen je nach ihrer Spezialisierung über ein ständiges Netz von Agenturen, Einrichtungen und einschlägigen Kommissionsdienststellen zur Unterstützung der Vorbereitung von Risikobewertungen ausgeweitet werden. Es ist wesentlich, dass die Kommission auf Ersuchen des Gesundheitssicherheitsausschusses oder auf eigene Initiative und in enger Zusammenarbeit mit den einschlägigen Agenturen und Einrichtungen der Union oder Kommissionsdienststellen alle ihr verfügbaren relevanten Informationen, Daten und Fachkenntnisse zur Verfügung stellt. Schwerwiegende grenzüberschreitende Gesundheitsgefahren könnten einen multidisziplinären Ansatz für ihre Bewertung und Analyse erfordern, weshalb die Koordinierung zwischen den Agenturen und Einrichtungen der Union oder den Kommissionsdienststellen von entscheidender Bedeutung sein könnte, um eine rasche und koordinierte Reaktion sicherzustellen. Gegebenenfalls könnte eine solche Koordinierung insbesondere in Form einer Bewertung von Risiken mehrerer Quellen unter Federführung einer bestimmten von der Kommission benannten Agentur oder Einrichtung der Union erfolgen. Agenturen und Einrichtungen der Union sollten über angemessene finanzielle und personelle Ressourcen verfügen, um im Rahmen ihrer Mandate ein ausreichendes Maß an Fachwissen und Wirksamkeit zu erreichen.

(31) Die Mitgliedstaaten, die Kommission und die Agenturen und Einrichtungen der Union sollten unter Anwendung des Konzepts Eine Gesundheit anerkannte Organisationen und Experten sowie andere einschlägige Interessenträger verschiedener Sektoren ermitteln, die zur Verfügung stehen, um die Union bei ihrer Reaktion auf Gesundheitsgefahren zu unterstützen. Diese Experten und Interessenträger, einschließlich Organisationen der Zivilgesellschaft, sollten im Rahmen der Vorsorge- und Reaktionsmaßnahmen der Union einbezogen werden, um gegebenenfalls zu den Entscheidungsprozessen beizutragen. Die nationalen Behörden sollten bei der Umsetzung dieser Verordnung gegebenenfalls auch Vertreter von Patientenorganisationen sowie nationale Sozialpartner aus dem Gesundheits- und dem Sozialwesen anhören und einbeziehen. Bei der Einbeziehung der Interessenträger ist es unerlässlich, dass die Transparenzvorschriften und die Vorschriften über Interessenkonflikte vollständig eingehalten werden.

(32) Die Mitgliedstaaten sind dafür verantwortlich, Gesundheitskrisen auf nationaler Ebene zu bewältigen. Maßnahmen einzelner Mitgliedstaaten könnten jedoch Einfluss auf andere Mitgliedstaaten haben, wenn sie nicht miteinander vereinbar sind oder wenn sie sich auf widersprüchliche Risikobewertungen stützen. Daher sollte das Ziel der Koordinierung der Reaktion auf Unionsebene darauf abstellen, unter anderem sicherzustellen, dass Maßnahmen auf nationaler Ebene verhältnismäßig sind, auf Gesundheitsrisiken durch schwerwiegende grenzüberschreitende Gesundheitsgefahren beschränkt werden und nicht mit den im AEUV festgelegten Rechten und Pflichten –

etwa in Bezug auf den freien Personen-, Waren- und Dienstleistungsverkehr – in Konflikt geraten.

(33) Der Gesundheitssicherheitsausschuss, der für die Koordinierung der Reaktion auf Unionsebene zuständig ist, sollte zusätzlich die Verantwortung für die Annahme von Stellungnahmen und Leitlinien für die Mitgliedstaaten im Zusammenhang mit der Prävention und Kontrolle von schwerwiegenden grenzüberschreitenden Gesundheitsgefahren übernehmen. Sollte sich die Koordinierung der nationalen Maßnahmen im Bereich der öffentlichen Gesundheit als unzureichend erweisen, um eine angemessene Reaktion auf Unionsebene zu gewährleisten, sollte die Kommission darüber hinaus die Mitgliedstaaten durch die Annahme von Empfehlungen für zeitlich begrenzte Maßnahmen im Bereich der öffentlichen Gesundheit weiter unterstützen. Darüber hinaus sollte der regelmäßige Dialog zwischen dem Gesundheitssicherheitsausschuss und den zuständigen Ratsgremien intensiviert werden, um eine bessere Weiterverfolgung der Arbeit des Ausschusses auf nationaler Ebene zu gewährleisten.

(34) Widersprüchliche Kommunikation mit der Öffentlichkeit und den Interessenträgern wie etwa Angehörigen der Gesundheitsberufe kann sich negativ auf die Effektivität der Reaktion aus Gesundheitsschutzperspektive wie auch auf Wirtschaftsakteure auswirken. Die Koordinierung der Reaktion im Gesundheitssicherheitsausschuss, der durch die einschlägigen Untergruppen unterstützt wird, sollte daher einen schnellen Informationsaustausch über Kommunikationsbotschaften und -strategien umfassen und sich den Kommunikationsherausforderungen widmen, um die Risiko- und Krisenkommunikation, die gegebenenfalls an die nationalen und regionalen Bedürfnisse und Umstände angepasst werden muss, basierend auf einer ganzheitlichen, tragfähigen und unabhängigen Bewertung der Gesundheitsrisiken, zu koordinieren. Durch einen solchen Informationsaustausch könnte leichter überwacht werden, ob die an die Öffentlichkeit und an die Angehörigen der Gesundheitsberufe gerichteten Botschaften klar und kohärent sind. Zu diesem Zweck sollten die einschlägigen öffentlichen Einrichtungen zum Austausch geprüfter Informationen und zur Bekämpfung von Desinformation beitragen. Angesichts des sektorübergreifenden Charakters von gesundheitsbezogenen Krisen sollte auch die Koordinierung mit anderen relevanten Verfahren wie der EU-Katastrophenschutzgemeinschaft sichergestellt werden.

(35) Die Feststellung von gesundheitlichen Notlagen und die rechtlichen Auswirkungen dieser Feststellung gemäß Beschluss Nr. 1082/2013/EU sollten ausgeweitet werden. Dazu sollte es der Kommission durch die vorliegende Verordnung ermöglicht werden, eine gesundheitliche Notlage auf Unionsebene formell festzustellen. Zur Feststellung einer solchen Notlage sollte die Kommission einen unabhängigen Beratenden Ausschuss einsetzen, der Fachwissen darüber bereitstellt, ob eine Gefahr eine gesundheitliche Notlage auf Unionsebene darstellt, und Empfehlungen bezüglich der Reaktion des Gesundheitswesens und der Aufhebung einer solchen Feststellung ausspricht. Der Beratende Ausschuss sollte sich aus unabhängigen Experten, einschließlich Vertreter von Angehörigen der Gesundheits- und Sozialberufe sowie Vertreter der Zivilgesellschaft, zusammensetzen, die von der Kommission entsprechend den Fachgebieten und Erfahrungen ausgewählt werden, die für die konkret auftretende Gefahr am rele-

vantesten sind. Vertreter der Mitgliedstaaten, des ECDC, der EMA und anderer Agenturen oder Organen der Union oder der WHO sollten als Beobachter teilnehmen können. Sämtliche Mitglieder des Beratenden Ausschusses sollten Interessenerklärungen abgeben. Die Feststellung einer gesundheitlichen Notlage auf Unionsebene sollte die Grundlage für die Einführung operativer Maßnahmen im Bereich der öffentlichen Gesundheit mit Bezug auf Arzneimittel und Medizinprodukte und flexible Mechanismen zur Entwicklung, Beschaffung, Verwaltung und zum Einsatz medizinischer Gegenmaßnahmen sowie für die Aktivierung der Unterstützung des ECDC zur Mobilisierung und zum Einsatz von Teams zur Hilfeleistung bei Ausbrüchen, die sogenannte „EU-Gesundheits-Taskforce“, bilden.

(36) Vor der Feststellung einer gesundheitlichen Notlage auf Unionsebene sollte die Kommission Verbindung zur WHO aufnehmen, um die Analyse der Kommission in Bezug auf den Ausbruch mitzuteilen und die WHO über ihre Absicht zu informieren, eine Entscheidung über die Feststellung zu treffen. Wird eine solche Entscheidung über die Feststellung getroffen, sollte die Kommission die WHO auch darüber informieren.

(37) Bei Eintritt eines Ereignisses, das eine schwerwiegende grenzüberschreitende Gesundheitsgefahr mit sich bringt und das sich wahrscheinlich auf die ganze Union auswirkt, sollten sich die betroffenen Mitgliedstaaten verpflichtet sehen, besondere koordinierte Maßnahmen zur Kontrolle und Ermittlung von Kontaktpersonen zu treffen, um Erkrankte und Risikopersonen zu identifizieren. Im Rahmen dieser Koordinierung könnte es erforderlich sein, dass die Mitgliedstaaten, die unmittelbar von den Maßnahmen zur Ermittlung von Kontaktpersonen betroffen sind, personenbezogene Daten austauschen, darunter sensible gesundheitsbezogene Daten und Informationen über nachgewiesene Krankheits- und Infektionsfälle und Verdachtsfälle beim Menschen.

(38) Die Zusammenarbeit mit Drittländern und internationalen Organisationen im Bereich der öffentlichen Gesundheit sollte gefördert werden. Es ist besonders wichtig, dass der Informationsaustausch mit der WHO in Bezug auf die gemäß dieser Verordnung getroffenen Maßnahmen sichergestellt ist. Diese verstärkte Zusammenarbeit ist auch erforderlich, um zum Engagement der Union beizutragen, die Unterstützung für die Gesundheitssysteme und den Ausbau der Vorsorge- und Reaktionskapazitäten der Partner zu verstärken. Die Union könnte davon profitieren, mit Drittländern oder internationalen Organisationen, einschließlich der WHO, internationale Kooperationsabkommen zur Förderung des Austauschs einschlägiger Informationen aus Überwachungs- und Warnsystemen für schwerwiegende grenzüberschreitende Gesundheitsgefahren zu schließen. Innerhalb der Zuständigkeit der Union könnten solche Abkommen gegebenenfalls die Teilnahme solcher Drittländern oder internationalen Organisationen an dem relevanten Netz für epidemiologische Überwachung und Beobachtung, z. B. dem vom ECDC betriebenen Europäischen Überwachungsportal für Infektionskrankheiten, und dem EWRS, den Austausch bewährter Verfahren in den Bereichen Vorsorge- und Reaktionskapazitäten und Vorsorge- und Reaktionsplanung, die Gesundheitsrisikobewertung und die Zusammenarbeit auf Ebene der Reaktionskoordinierung, einschließlich der Forschungsreaktion, umfassen. Diese internationalen

Kooperationsabkommen könnten auch Spenden medizinischer Gegenmaßnahmen erleichtern, insbesondere zugunsten von Ländern mit niedrigem und mittlerem Einkommen.

(39) Jegliche Verarbeitung personenbezogener Daten für die Zwecke der Durchführung dieser Verordnung sollte vollständig im Einklang mit der Verordnung (EU) 2016/679, der Verordnung (EU) 2018/1725 des Europäischen Parlaments und des Rates[1] und der Richtlinie 2002/58/EG des Europäischen Parlaments und des Rates[2] stehen. Die Verarbeitung personenbezogener Daten sollte auf das absolut Notwendige beschränkt werden und diese Daten sollten wann immer es möglich ist anonymisiert werden. Insbesondere sollte der Betrieb des EWRS bestimmte Sicherheitsvorkehrungen für einen sicheren und rechtmäßigen Austausch personenbezogener Daten für die Zwecke der auf nationaler Ebene von den Mitgliedstaaten durchgeführten Maßnahmen zur Ermittlung von Kontaktpersonen umfassen. In diesem Zusammenhang umfasst das EWRS eine Mitteilungsfunktion, die es erlaubt, personenbezogene Daten, einschließlich Kontakt- und Gesundheitsdaten, erforderlichenfalls an die an den Maßnahmen zur Ermittlung von Kontaktpersonen, medizinischer Evakuierung oder anderen grenzüberschreitenden Verfahren beteiligten zuständigen Behörden zu übermitteln. Im Falle der Zusammenarbeit zwischen den Gesundheitsbehörden der Union und Drittländern, der WHO oder anderen internationalen Organisationen sollte die Übermittlung personenbezogener Daten an Drittländer oder internationale Organisationen stets den Verpflichtungen gemäß der Verordnung (EU) 2018/1725 entsprechen.

(40) Um Verwaltungsaufwand und Doppelarbeit zu vermeiden, sollten Überschneidungen bei der Berichterstattung und der Überprüfung von Tätigkeiten im Rahmen bestehender Strukturen und Mechanismen zur Präventions-, Vorsorge- und Reaktionsplanung und der Umsetzung auf nationaler Ebene im Zusammenhang mit schwerwiegenden grenzüberschreitenden Gesundheitsgefahren soweit wie möglich vermieden werden. Darum sollten die Mitgliedstaaten nicht aufgefordert werden, Daten und Informationen zu übermitteln, wenn dies bereits von der Kommission oder anderen Agenturen und Einrichtungen der Union gemäß den geltenden Rechtsvorschriften der Union verlangt wird. Darüber hinaus sollte die Union ihre Zusammenarbeit mit der WHO weiter ausbauen, insbesondere innerhalb der IGV-Berichterstattungs-, Überwachungs- und Evaluierungsrahmen.

(41) Da die Ziele dieser Verordnung, nämlich die Reaktion auf schwerwiegende grenzüberschreitende Gesundheitsgefahren und deren Folgen, von den Mitgliedstaaten nicht ausreichend verwirklicht werden können, sondern auf Unionsebene besser zu verwirklichen sind, kann die Union im Einklang mit dem in Artikel 5 des Vertrags über

1) Verordnung (EU) 2018/1725 des Europäischen Parlaments und des Rates vom 23. Oktober 2018 zum Schutz natürlicher Personen bei der Verarbeitung personenbezogener Daten durch die Organe, Einrichtungen und sonstigen Stellen der Union, zum freien Datenverkehr und zur Aufhebung der Verordnung (EG) Nr. 45/2001 und des Beschlusses Nr 1247/2002/EG (ABl. L 295 vom 21.11.2018, S. 39)

2) Richtlinie 2002/58/EG des Europäischen Parlaments und des Rates vom 12. Juli 2002 über die Verarbeitung personenbezogener Daten und den Schutz der Privatsphäre in der elektronischen Kommunikation (Datenschutzrichtlinie für elektronische Kommunikation) (ABl. L 201 vom 31.7.2002, S. 37)

die Europäische Union verankerten Subsidiaritätsprinzip tätig werden. Entsprechend dem in demselben Artikel genannten Grundsatz der Verhältnismäßigkeit geht diese Verordnung nicht über das für die Verwirklichung dieser Ziele erforderliche Maß hinaus.

(42) Da die Zuständigkeit für die öffentliche Gesundheit in einigen Mitgliedstaaten nicht in die ausschließliche Zuständigkeit des Gesamtstaats fällt, sondern in erheblichem Maße dezentral organisiert ist, sollten die nationalen Behörden gegebenenfalls die einschlägigen zuständigen Behörden bei der Umsetzung dieser Verordnung beteiligen.

(43) Zur Gewährleistung einheitlicher Bedingungen für die Durchführung dieser Verordnung sollten der Kommission Durchführungsbefugnisse in Bezug auf Folgendes übertragen werden: Formatvorlagen für die Bereitstellung der Informationen für die Vorsorge- und Reaktionsplanung; die Organisation von Schulungen und Programmen für Personal in der Gesundheitsversorgung und im Gesundheitswesen; die Erstellung und Aktualisierung einer Liste übertragbarer Krankheiten und damit zusammenhängender besonderer Gesundheitsrisiken, die Gegenstand des Netzes für die epidemiologische Überwachung sind, und der Verfahren für den Betrieb eines solchen Netzes; die Verabschiedung von Falldefinitionen für diejenigen übertragbaren Krankheiten oder besonderen Gesundheitsrisiken, die durch das Netz für die epidemiologische Überwachung erfasst sind, und erforderlichenfalls für andere schwerwiegende grenzüberschreitende Gesundheitsgefahren, die unter die Ad-hoc-Beobachtung fallen; das Funktionieren der digitalen Überwachungsplattform; die Benennung von EU-Referenzlaboratorien zur Unterstützung der nationalen Referenzlaboratorien; die Verfahren für den Informationsaustausch, für die Konsultationen der Mitgliedstaaten und für die Koordinierung der Reaktionsmaßnahmen der Mitgliedstaaten; die Feststellung von gesundheitlichen Notlagen auf Unionsebene und Aufhebung einer solchen Feststellung; die Verfahren für die Vernetzung des EWRS mit Systemen zur Kontaktnachverfolgung sowie die Verfahren, die erforderlich sind, um sicherzustellen, dass die Datenverarbeitung im Einklang mit den Rechtsvorschriften zum Datenschutz steht.

(44) Diese Befugnisse sollten im Einklang mit der Verordnung (EU) Nr. 182/2011 des Europäischen Parlaments und des Rates[1)] ausgeübt werden. Da die in dieser Verordnung vorgesehenen Durchführungsrechtsakte den Schutz der Gesundheit von Menschen betreffen, kann die Kommission gemäß Artikel 5 Absatz 4 Unterabsatz 2 Buchstabe a der Verordnung (EU) Nr. 182/2011 einen im Entwurf vorgesehenen Durchführungsrechtsakt nicht erlassen, wenn der Ausschuss für schwerwiegende grenzüberschreitende Gesundheitsgefahren keine Stellungnahme abgibt.

(45) Die Kommission sollte sofort geltende Durchführungsrechtsakte erlassen, wenn dies in hinreichend begründeten Fällen im Zusammenhang mit der Schwere oder Neuartigkeit einer schwerwiegenden grenzüberschreitenden Gesundheitsgefahr oder der

1) Verordnung (EU) Nr. 182/2011 des Europäischen Parlaments und des Rates vom 16. Februar 2011 zur Festlegung der allgemeinen Regeln und Grundsätze, nach denen die Mitgliedstaaten die Wahrnehmung der Durchführungsbefugnisse durch die Kommission kontrollieren (ABl. L 55 vom 28.2.2011, S. 13)

Geschwindigkeit ihrer Ausbreitung zwischen den Mitgliedstaaten aus Gründen äußerster Dringlichkeit erforderlich ist.

(46) Um bestimmte Aspekte dieser Verordnung zu ergänzen und zur Bewertung des Stands der Umsetzung der nationalen Vorsorgepläne und ihrer Übereinstimmung mit dem Plan der Union sollte der Kommission die Befugnis übertragen werden, gemäß Artikel 290 AEUV Rechtsakten hinsichtlich folgender Punkte zu erlassen: die Fälle und Bedingungen, unter denen Drittländern und internationalen Organisationen teilweiser Zugang zu den Funktionen der digitalen Überwachungsplattform gewährt werden kann, bestimmte Daten, Informationen und Dokumente, die über die Plattform übermittelt werden können, sowie die Bedingungen, unter denen das ECDC teilnehmen und Zugang zu den Gesundheitsdaten, die über die digitale Infrastruktur aufgerufen oder ausgetauscht wurden, erhalten kann, die ausführlichen Anforderungen, die erfüllt werden müssen, um sicherzustellen, dass der Betrieb des EWRS und die Datenverarbeitung den Datenschutzvorschriften entsprechen, eine Liste der Kategorien personenbezogener Daten, die zum Zwecke der Kontaktnachverfolgung ausgetauscht werden könnten, sowie die Verfahren, Standards und Kriterien für die Bewertung der Präventions-, Vorsorge- und Reaktionsplanung auf nationaler Ebene. Es ist von besonderer Bedeutung, dass die Kommission im Zuge ihrer Vorbereitungsarbeit angemessene Konsultationen, auch auf der Ebene von Sachverständigen, durchführt, die mit den Grundsätzen in Einklang stehen, die in der Interinstitutionellen Vereinbarung vom 13. April 2016 über bessere Rechtsetzung[1)] niedergelegt wurden. Um insbesondere für eine gleichberechtigte Beteiligung an der Vorbereitung delegierter Rechtsakte zu sorgen, erhalten das Europäische Parlament und der Rat alle Dokumente zur gleichen Zeit wie die Sachverständigen der Mitgliedstaaten, und ihre Sachverständigen haben systematisch Zugang zu den Sitzungen der Sachverständigengruppen der Kommission, die mit der Vorbereitung der delegierten Rechtsakte befasst sind.

(47) Der Europäische Datenschutzbeauftragte wurde gemäß Artikel 42 Absatz 1 der Verordnung (EU) 2018/1725 angehört und hat am 8. März 2021 formelle Bemerkungen auf seiner Website veröffentlicht.

(48) Diese Verordnung steht vollständig im Einklang mit den Grundrechten und Grundsätzen, die mit der Charta der Grundrechte der Europäischen Union anerkannt wurden.

(49) Der Beschluss Nr. 1082/2013/EU sollte daher aufgehoben und durch die vorliegende Verordnung ersetzt werden –

1) ABl. L 123 vom 12.5.2016, S. 1

HABEN FOLGENDE VERORDNUNG ERLASSEN:

Kapitel I
ALLGEMEINE BESTIMMUNGEN

Artikel 1
Gegenstand

(1) Zur Bewältigung von schwerwiegenden grenzüberschreitenden Gesundheitsgefahren und deren Folgen enthält diese Verordnung Vorschriften in Bezug auf folgende Aspekte:

a) den Gesundheitssicherheitsausschuss;
   i) Vorsorgepläne auf Unionsebene und nationaler Ebene; und
   ii) Berichterstattung und Bewertung in Bezug auf die Vorsorge auf nationaler Ebene;
b) die gemeinsame Beschaffung medizinischer Gegenmaßnahmen;
c) notlagenbezogene Forschung und Innovation;
d) epidemiologische Überwachung und Beobachtung;
e) das Netz für die epidemiologische Überwachung;
f) das Frühwarn- und Reaktionssystem (EWRS);
g) die Risikobewertung;
h) die Koordinierung der Reaktion; und
i) die Feststellung einer gesundheitlichen Notlage auf Unionsebene.

(2) Mit dieser Verordnung wird Folgendes eingerichtet:

a) ein Netz von EU-Referenzlaboratorien für die öffentliche Gesundheit;
b) ein Netz für Substanzen menschlichen Ursprungs; und
c) ein Beratender Ausschuss für das Eintreten und die Feststellung einer gesundheitlichen Notlage auf Unionsebene.

(3) Im Einklang mit den Konzepten Eine Gesundheit und Gesundheit in allen Politikbereichen wird die Durchführung dieser Verordnung durch Mittel aus einschlägigen Programmen und Instrumenten der Union unterstützt.

Artikel 2
Geltungsbereich

(1) Diese Verordnung gilt für Maßnahmen im Bereich der öffentlichen Gesundheit im Zusammenhang mit den folgenden Kategorien schwerwiegender grenzüberschreitender Gesundheitsgefahren:

a) Gefahren biologischen Ursprungs in Form von
   i) übertragbaren Krankheiten, einschließlich zoonotischen Ursprungs;
   ii) antimikrobiellen Resistenzen und therapieassoziierten Infektionen im Zusammenhang mit übertragbaren Krankheiten (im Folgenden „damit zusammenhängende besondere Gesundheitsrisiken");

iii) Biotoxinen oder anderen schädlichen biologischen Stoffen, die nicht in Zusammenhang mit übertragbaren Krankheiten stehen;

b) Gefahren chemischen Ursprungs;
c) umweltbedingte Gefahren, einschließlich klimabedingter Gefahren;
d) Gefahren unbekannten Ursprungs; und
e) Ereignisse, die eine gesundheitliche Notlage von internationaler Tragweite gemäß den Internationalen Gesundheitsvorschriften (IGV) darstellen können (im Folgenden „gesundheitliche Notlagen von internationaler Tragweite"), sofern sie unter eine der unter den Buchstaben a bis d beschriebenen Gefahrenkategorien fallen.

(2) Diese Verordnung gilt auch für die epidemiologische Überwachung übertragbarer Krankheiten und der damit zusammenhängenden besonderen Gesundheitsrisiken.

(3) Die Bestimmungen dieser Verordnung gelten unbeschadet der Bestimmungen anderer Rechtsakte der Union über bestimmte Aspekte der Beobachtung und der frühzeitigen Meldung schwerwiegender grenzüberschreitender Gesundheitsgefahren sowie der Koordinierung der Präventions-, Vorsorge- und Reaktionsplanung im Hinblick auf die Bekämpfung schwerwiegender grenzüberschreitender Gesundheitsgefahren und deren Koordinierung einschließlich Maßnahmen zur Festlegung von Qualitäts- und Sicherheitsstandards für bestimmte Waren und Maßnahmen betreffend bestimmte wirtschaftliche Aktivitäten.

(4) In außerordentlichen Notlagen kann ein Mitgliedstaat oder die Kommission den in Artikel 21 genannten Gesundheitssicherheitsausschuss um Koordinierung der Reaktion auf schwerwiegende grenzüberschreitende Gesundheitsgefahren, die nicht unter Artikel 2 Absatz 1 fallen, ersuchen, wenn sich die zuvor eingeleiteten Maßnahmen im Bereich der öffentlichen Gesundheit als unzureichend erwiesen haben, um ein hohes Gesundheitsschutzniveau zu gewährleisten.

(5) Die Kommission gewährleistet im Benehmen mit den Mitgliedstaaten die Koordinierung und den Informationsaustausch zwischen den gemäß dieser Verordnung eingerichteten Mechanismen und Strukturen und den vergleichbaren auf internationaler Ebene, auf Unionsebene oder gemäß dem Euratom-Vertrag geschaffenen Mechanismen und Strukturen, deren Tätigkeiten für Präventions-, Vorsorge- und Reaktionsplanung, Beobachtung, frühzeitige Meldung sowie Bekämpfung schwerwiegender grenzüberschreitender Gesundheitsgefahren relevant sind.

(6) Die Mitgliedstaaten haben das Recht, für die unter diese Verordnung fallenden Bereiche zusätzliche Regelungen, Verfahren und Maßnahmen in ihren nationalen Systemen beizubehalten oder darin aufzunehmen; dies gilt auch für Regelungen, die in bestehenden oder künftigen bilateralen oder multilateralen Übereinkünften vorgesehen sind, sofern solche zusätzlichen Regelungen, Verfahren und Maßnahmen die Durchführung dieser Verordnung nicht beeinträchtigen.

Artikel 3
Begriffsbestimmungen

Im Sinne dieser Verordnung bezeichnet der Ausdruck

1. „schwerwiegende grenzüberschreitende Gesundheitsgefahr" eine lebensbedrohende oder anderweitig schwerwiegende Gesundheitsgefährdung biologischen, chemischen, umweltbedingten oder unbekannten Ursprungs gemäß Artikel 2 Absatz 1, die sich über die Grenzen von Mitgliedstaaten hinaus ausbreitet oder bei der ein erhebliches Risiko hierfür besteht, und die eine Koordinierung auf Unionsebene erforderlich machen kann, um ein hohes Gesundheitsschutzniveau zu gewährleisten;
2. „Falldefinition" eine Gesamtheit gemeinsam vereinbarter Diagnosekriterien, die erfüllt sein müssen, damit Fälle einer schwerwiegenden grenzüberschreitenden Gesundheitsgefahr in einer bestimmten Population unter Ausschluss nicht damit zusammenhängender Gefahren zuverlässig festgestellt werden können;
3. „übertragbare Krankheit" eine Infektionskrankheit, die durch einen ansteckenden Erreger ausgelöst wird, der von Mensch zu Mensch durch direkten Kontakt mit einer infizierten Person oder indirekt durch Exposition gegenüber einem mit dem ansteckenden Erreger kontaminierten Vektor, Tier, Keimträger, Produkt oder Umfeld oder durch Austausch von mit dem ansteckenden Erreger kontaminierter Flüssigkeit übertragen werden kann;
4. „Kontaktnachverfolgung" Maßnahmen zur Identifizierung von Personen (durch manuelle oder andere, technische Mittel), die einer Quelle einer schwerwiegenden grenzüberschreitenden Gesundheitsgefahr ausgesetzt waren und Gefahr laufen, sich oder andere zu infizieren, oder die eine übertragbare Krankheit entwickelt haben, wobei das alleinige Ziel darin besteht, potenziell neu infizierte Personen, die möglicherweise mit bereits infizierten Personen in Kontakt gekommen sind, rasch zu identifizieren, um die weitere Übertragung einzudämmen;
5. „epidemiologische Überwachung" die systematische Sammlung, Aufzeichnung, Analyse, Auswertung und Verbreitung von Daten und Analyseergebnissen zu übertragbaren Krankheiten und damit zusammenhängenden besonderen Gesundheitsrisiken;
6. „Beobachtung" die kontinuierliche Überwachung, Feststellung oder Überprüfung von Veränderungen eines Zustands, einer Situation oder von Aktivitäten, einschließlich einer permanenten Funktion, die sich auf die systematische Erfassung von Daten und Analysen zu festgelegten Indikatoren in Bezug auf schwerwiegende grenzüberschreitende Gesundheitsgefahren stützt;
7. „Eine Gesundheit" einen ganzheitlichen Ansatz, bei dem anerkannt wird, dass ein Zusammenhang zwischen der menschlichen Gesundheit und der Tiergesundheit und der Umwelt besteht, und dass bei Maßnahmen zur Bekämpfung von Gesundheitsgefahren diesen drei Dimensionen Rechnung getragen werden muss;
8. „Gesundheit in allen Politikbereichen" einen Ansatz für die Entwicklung, Umsetzung und Überprüfung öffentlicher Maßnahmen in sämtlichen Bereichen, bei dem den Auswirkungen von Entscheidungen auf die Gesundheit Rechnung getra-

gen wird und der auf Synergien und auf die Abwendung schädlicher Gesundheitsauswirkungen dieser Maßnahmen abzielt, sodass die öffentliche Gesundheit und die Gesundheitsgerechtigkeit verbessert werden;

9. „Maßnahme für die öffentliche Gesundheit" eine Entscheidung oder Tätigkeit zur Prävention, Beobachtung oder Kontrolle der Ausbreitung von Krankheiten oder der Verseuchung, zur Bekämpfung von ernsten Risiken für die öffentliche Gesundheit oder zur Minderung ihrer Auswirkungen auf die öffentliche Gesundheit;
10. „medizinische Gegenmaßnahmen" Humanarzneimittel im Sinne der Richtlinie 2001/83/EG des Europäischen Parlaments und des Rates[1)], Medizinprodukte im Sinne der Nummer 12 dieses Artikels und andere Waren oder Dienstleistungen, die für die Vorsorge für und Reaktion auf schwerwiegende grenzüberschreitende Gesundheitsgefahren erforderlich sind;
11. „Internationale Gesundheitsvorschriften" die von der Weltgesundheitsorganisation (WHO) im Jahr 2005 angenommenen Internationalen Gesundheitsvorschriften (IGV);
12. „Medizinprodukt" sowohl ein Medizinprodukt im Sinne des Artikels 2 Nummer 1 der Verordnung (EU) 2017/745 des Europäischen Parlaments und des Rates[2)], in Verbindung mit Artikel 1 Absatz 2 und Artikel 1 Absatz 6 Buchstabe a der genannten Verordnung, als auch ein In-vitro-Diagnostikum im Sinne des Artikels 2 Nummer 2 der Verordnung (EU) 2017/746 des Europäischen Parlaments und des Rates[3)];
13. „Kapazitäten des Gesundheitssystems" das Ausmaß, in dem ein Gesundheitssystem seine Leistungsfähigkeit in den folgenden sechs Kernbestandteilen oder Basiskomponenten von Gesundheitssystemen maximiert: i) Erbringung von Dienstleistungen, ii) Arbeitskräfte im Gesundheitswesen, iii) Gesundheitsinformationssysteme, iv) Zugang zu medizinischen Gegenmaßnahmen, v) Finanzierung und vi) Führungsstrukturen/Governance; für die Zwecke dieser Verordnung gilt diese Definition nur für die Teile der Bestandteile oder Komponenten von Gesundheitssystemen, die von schwerwiegenden grenzüberschreitenden Gesundheitsgefahren betroffen sind.

Artikel 4
Gesundheitssicherheitsausschuss

(1) Es wird ein Gesundheitssicherheitsausschuss eingesetzt. Dieser setzt sich aus Vertretern der Mitgliedstaaten auf zwei Arbeitsebenen zusammen:

---

1) Richtlinie 2001/83/EG des Europäischen Parlaments und des Rates vom 6. November 2001 zur Schaffung eines Gemeinschaftskodexes für Humanarzneimittel (ABl. L 311 vom 28.11.2001, S. 67)

2) Verordnung (EU) 2017/745 des Europäischen Parlaments und des Rates vom 5. April 2017 über Medizinprodukte, zur Änderung der Richtlinie 2001/83/EG, der Verordnung (EG) Nr. 178/2002 und der Verordnung (EG) Nr. 1223/2009 und zur Aufhebung der Richtlinien 90/385/EWG und 93/42/EWG des Rates (ABl. L 117 vom 5.5.2017, S. 1)

3) Verordnung (EU) 2017/746 des Europäischen Parlaments und des Rates vom 5. April 2017 über In-vitro-Diagnostika und zur Aufhebung der Richtlinie 98/79/EG und des Beschlusses 2010/227/EU der Kommission (ABl. L 117 vom 5.5.2017, S. 176)

a) einer hochrangigen Arbeitsgruppe zur regelmäßigen Erörterung schwerwiegender grenzüberschreitender Gesundheitsgefahren und zur Annahme von Stellungnahmen und Leitlinien gemäß Absatz 3 Buchstabe d; und
b) technischen Arbeitsgruppen zur Erörterung spezifischer Themen nach Bedarf.

(2) Vertreter der einschlägigen Agenturen und Einrichtungen der Union können als Beobachter an den Sitzungen des Gesundheitssicherheitsausschusses teilnehmen.

(3) Der Gesundheitssicherheitsausschuss hat folgende Aufgaben in Zusammenarbeit mit den einschlägigen teilnehmenden Agenturen und Einrichtungen der Union:

a) Ermöglichung eines koordinierten Vorgehens der Kommission und der Mitgliedstaaten bei der Durchführung dieser Verordnung;
b) im Benehmen mit der Kommission Koordinierung der Präventions-, Vorsorge- und Reaktionsplanung in Übereinstimmung mit Artikel 10;
c) im Benehmen mit der Kommission Koordinierung der Risiko- und Krisenkommunikation und der Reaktionen der Mitgliedstaaten auf schwerwiegende grenzüberschreitende Gesundheitsgefahren in Übereinstimmung mit Artikel 21;
d) Annahme von Stellungnahmen und Leitlinien einschließlich spezifischer Reaktionsmaßnahmen für die Mitgliedstaaten zur Prävention und Kontrolle schwerwiegender grenzüberschreitender Gesundheitsgefahren, auf der Grundlage von Gutachten der einschlägigen fachlichen Agenturen und Einrichtungen der Union; und
e) jährliche Annahme eines Arbeitsprogramms mit den jeweiligen Prioritäten und Zielen.

(4) Die Annahme von Leitlinien und Stellungnahmen durch den Gesundheitssicherheitsausschuss erfolgt, soweit möglich, durch Konsensbildung.

Bei Abstimmungen wird mit Zweidrittelmehrheit seiner Mitglieder entschieden.

Mitglieder, die eine Gegenstimme abgegeben oder sich enthalten haben, können verlangen, dass den Leitlinien oder Stellungnahmen eine schriftliche Zusammenfassung der Gründe für ihre Haltung beigefügt wird.

(5) Den Vorsitz im Gesundheitssicherheitsausschuss führt ein Vertreter der Kommission ohne Stimmrecht. Der Gesundheitssicherheitsausschuss tritt in regelmäßigen Abständen sowie auf Antrag der Kommission oder eines Mitgliedstaats, wenn die Situation dies erfordert, zusammen.

(6) Die Sekretariatsgeschäfte des Gesundheitssicherheitsausschusses werden von der Kommission wahrgenommen.

(7) Der Gesundheitssicherheitsausschuss und die Kommission sorgen für regelmäßige Konsultationen mit Experten im Bereich der öffentlichen Gesundheit, internationalen Organisationen und Interessenträgern, einschließlich Angehörigen der Gesundheitsberufe, je nach Sensibilität des jeweiligen Themas.

(8) Der Gesundheitssicherheitsausschuss gibt sich mit einer Zweidrittelmehrheit seiner Mitglieder eine Geschäftsordnung. Diese Geschäftsordnung regelt die Arbeitsorganisation, insbesondere:

a) die Verfahren für Plenarsitzungen;

b) die Teilnahme von Experten an Plenarsitzungen und den Status möglicher Beobachter, einschließlich Beobachter des Europäischen Parlaments, von Agenturen und Einrichtungen der Union, aus Drittländern und der WHO; und
c) die Prüfung durch den Gesundheitssicherheitsausschuss, ob eine ihm vorgelegte Frage in seinen Zuständigkeitsbereich fällt und ob die Möglichkeit besteht, diese Frage an ein Gremium weiterzuleiten, das nach einer Bestimmung eines anderen Rechtsakts der Union oder nach dem Euratom-Vertrag zuständig ist.

Die sich auf Unterabsatz 1 Buchstabe c beziehenden Arbeitsregelungen berühren nicht die Verpflichtungen der Mitgliedstaaten nach den Artikeln 10 und 21 dieser Verordnung.

(9) Jeder Mitgliedstaat benennt einen Vertreter und höchstens zwei Stellvertreter für den Gesundheitssicherheitsausschuss.

Die Mitgliedstaaten melden der Kommission und den anderen Mitgliedstaaten die Benennungen gemäß Unterabsatz 1 sowie diesbezügliche Änderungen. Im Falle einer solchen Änderung stellt die Kommission den Mitgliedern des Gesundheitssicherheitsausschusses eine aktualisierte Liste der Benennungen zur Verfügung.

(10) Das Europäische Parlament benennt einen fachlichen Vertreter, der als Beobachter am Gesundheitssicherheitsausschuss teilnimmt.

(11) Die Liste, in der angegeben ist, welchen Behörden, Organisationen oder Einrichtungen die Teilnehmer des Gesundheitssicherheitsausschusses angehören, wird auf der Website der Kommission veröffentlicht.

(12) Die Geschäftsordnung, Leitlinien, Tagesordnungen und Tagungsprotokolle des Gesundheitssicherheitsausschusses werden auf der Website der Kommission veröffentlicht, es sei denn diese Veröffentlichung würde den Schutz des öffentlichen oder eines privaten Interesses im Sinne des Artikels 4 der Verordnung (EG) Nr. 1049/2001 beeinträchtigen.

Kapitel II
PRÄVENTIONS-, VORSORGE- UND REAKTIONSPLANUNG

Artikel 5
Präventions-, Vorsorge- und Reaktionsplan der Union

(1) Die Kommission erstellt in Zusammenarbeit mit den Mitgliedstaaten und den zuständigen Agenturen und Einrichtungen der Union und im Einklang mit dem in den IGV festgelegten WHO-Rahmen für die Krisenvorsorge und -reaktion einen Unionsplan für Gesundheitskrisen und Pandemien (im Folgenden „Präventions-, Vorsorge- und Reaktionsplan der Union“) zur Förderung einer wirksamen und koordinierten Reaktion auf grenzüberschreitende Gesundheitsgefahren auf Unionsebene.

(2) Der Präventions-, Vorsorge- und Reaktionsplan der Union ergänzt die nach Artikel 6 aufgestellten nationalen Präventions-, Vorsorge- und Reaktionspläne und fördert wirksame Synergien zwischen den Mitgliedstaaten, der Kommission, dem Euro-

päischen Zentrum für die Prävention und die Kontrolle von Krankheiten (ECDC) und anderen einschlägigen Agenturen oder Einrichtungen der Union.

(3) Der Präventions-, Vorsorge- und Reaktionsplan der Union umfasst insbesondere Bestimmungen über gemeinsame Vorkehrungen in Bezug auf die Governance sowie die Kapazitäten und Ressourcen für:

a) die zeitnahe Zusammenarbeit zwischen der Kommission, dem Rat, den Mitgliedstaaten, dem Gesundheitssicherheitsausschuss und den einschlägigen Agenturen oder Einrichtungen der Union. Der Präventions-, Vorsorge- und Reaktionsplan der Union trägt den gegebenenfalls im Rahmen des Katastrophenschutzverfahrens der Union zur Verfügung stehenden Dienstleistungen und Unterstützungsmaßnahmen Rechnung, und insbesondere den Kapazitäten im Rahmen der rescEU-Bevorratung gemäß dem Durchführungsbeschluss (EU) 2019/570 der Kommission[1)] oder anderen Mechanismen, den von der Union und den Mitgliedstaaten bereitgestellten Kapazitäten und Ressourcen und der Zusammenarbeit mit der WHO zur Bekämpfung von grenzüberschreitenden Gesundheitsgefahren;
b) den sicheren Informationsaustausch zwischen der Kommission, den Mitgliedstaaten, insbesondere den zuständigen Behörden oder den benannten Stellen, die auf nationaler Ebene zuständig sind, dem Gesundheitssicherheitsausschuss und den einschlägigen Agenturen oder Einrichtungen der Union;
c) epidemiologische Überwachung und Beobachtung;
d) frühzeitige Meldung und Risikobewertung, insbesondere in Bezug auf grenzüberschreitende interregionale Vorsorge und Reaktion;
e) die Risiko- und Krisenkommunikation, einschließlich für die Angehörigen der Gesundheitsberufe und die Bürgerinnen und Bürger;
f) die Vorsorge und Reaktion im Gesundheitsbereich und die sektorenübergreifende Zusammenarbeit, wie etwa die Ermittlung von Risikofaktoren für die Übertragung von Krankheiten und der damit verbundenen Krankheitsbelastung, einschließlich sozialer, wirtschaftlicher und umweltbedingter Faktoren, die Befolgung des Konzepts Eine Gesundheit für zoonotische, lebensmittelbedingte und durch das Wasser übertragene Erkrankungen und einschlägige andere Krankheiten sowie damit zusammenhängende besondere Gesundheitsrisiken;
g) die Erstellung eines Überblicks über die Gesamtkapazitäten für die Produktion einschlägiger kritischer medizinischer Gegenmaßnahmen in der Union zur Bekämpfung schwerwiegender grenzüberschreitender Gesundheitsgefahren im Sinne des Artikels 2;
h) notlagenbezogene Forschung und Innovation;
i) die Verwaltung des Plans; und
j) Unterstützung der Mitgliedstaaten bei der Beobachtung der Auswirkungen einer schwerwiegenden grenzüberschreitenden Gesundheitsgefahr auf die Bereitstellung

1) Durchführungsbeschluss (EU) 2019/570 der Kommission vom 8. April 2019 mit Durchführungsbestimmungen zum Beschluss Nr 1313/2013/EU des Europäischen Parlaments und des Rates hinsichtlich der rescEU-Kapazitäten und zur Änderung des Durchführungsbeschlusses 2014/762/EU der Kommission (ABl. L 99 vom 10.4.2019, S. 41)

und Kontinuität von Gesundheitsdienstleistungen, auch für andere Krankheiten und gesundheitliche Beeinträchtigungen während gesundheitlicher Notlagen.

(4) Der Präventions-, Vorsorge- und Reaktionsplan der Union enthält grenzüberschreitende interregionale Vorsorgeelemente zur Unterstützung abgestimmter, sektorenübergreifender und grenzüberschreitender Maßnahmen im Bereich der öffentlichen Gesundheit, die insbesondere den Kapazitäten für Überwachung, Tests, Kontaktnachverfolgung, Labors, Schulung des Personals in der Gesundheitsversorgung und spezialisierte Behandlung oder Intensivpflege in benachbarten Regionen Rechnung trägt. Der Präventions-, Vorsorge- und Reaktionsplan der Union trägt den jeweiligen nationalen Gegebenheiten Rechnung und umfasst Vorsorge- und Reaktionsmittel zum Schutz von Risikogruppen.

(5) Um die Umsetzung des Präventions-, Vorsorge- und Reaktionsplans der Union zu gewährleisten, unterstützt die Kommission in Zusammenarbeit mit den Mitgliedstaaten und gegebenenfalls mit den einschlägigen Agenturen oder Einrichtungen der Union oder mit internationalen Organisationen Stresstests, Simulationsübungen sowie Überprüfungen während und nach der Durchführung und aktualisiert den Plan nach Bedarf.

(6) Die Kommission kann auf Ersuchen der Mitgliedstaaten technische Hilfe zur Unterstützung der Ausarbeitung ihrer Personalpläne zur Bewältigung des spezifischen Bedarfs im Gesundheitswesen und zur Erleichterung des Austauschs von Personal zwischen den Mitgliedstaaten im Falle einer schwerwiegenden grenzüberschreitenden Gesundheitsgefahr leisten.

(7) Die Überprüfungen und alle nachfolgenden Anpassungen des Plans werden veröffentlicht.

Artikel 6
Nationale Präventions-, Vorsorge- und Reaktionspläne

(1) Unbeschadet der Zuständigkeiten der Mitgliedstaaten in diesem Bereich setzen sich die Mitgliedstaaten bei der Ausarbeitung der nationalen Präventions-, Vorsorge- und Reaktionspläne im Gesundheitssicherheitsausschuss miteinander ins Benehmen und stimmen sich im Bemühen um größtmögliche Kohärenz mit dem Präventions-, Vorsorge- und Reaktionsplan der Union mit der Kommission ab.

(2) Die nationalen Präventions-, Vorsorge- und Reaktionspläne können Elemente im Zusammenhang mit Governance, Kapazitäten und Ressourcen gemäß dem in Artikel 5 genannten Präventions-, Vorsorge- und Reaktionsplan der Union beinhalten.

(3) Die Mitgliedstaaten unterrichten ferner die Kommission und den Gesundheitssicherheitsausschuss unverzüglich über jede wesentliche Änderung ihres nationalen Präventions-, Vorsorge- und Reaktionsplans.

(4) Für die Zwecke des Absatzes 1 können die Mitgliedstaaten gegebenenfalls auch Patientenorganisationen, Organisationen von Angehörigen der Gesundheitsberufe, Interessenträger der Industrie und der Lieferkette sowie die nationalen Sozialpartner konsultieren.

Artikel 7
Berichterstattung über die Präventions-, Vorsorge- und Reaktionsplanung

(1) Die Mitgliedstaaten legen der Kommission und den einschlägigen Agenturen und Einrichtungen der Union bis zum 27. Dezember 2023 und anschließend alle drei Jahre einen aktualisierten Bericht über ihre Präventions-, Vorsorge- und Reaktionsplanung und die Umsetzung auf nationaler Ebene und gegebenenfalls auf grenzüberschreitender interregionaler Ebene vor.

Dieser Bericht ist kurz gefasst, beruht auf vereinbarten gemeinsamen Indikatoren, gibt einen Überblick über die in den Mitgliedstaaten durchgeführten Maßnahmen und enthält Angaben zu folgenden Punkten:

a) Ermittlung und aktualisierte Informationen zum Stand der Umsetzung der Standards für Kapazitäten im Gesundheitssektor für die Präventions-, Vorsorge- und Reaktionsplanung auf nationaler und gegebenenfalls auf grenzüberschreitender interregionaler Ebene, die der WHO nach den IGV vorgelegt wurden, sowie – sofern verfügbar – die Vorkehrungen für Interoperabilität zwischen dem Gesundheitssektor und anderen kritischen Sektoren in Notlagen;

b) erforderlichenfalls eine Aktualisierung der Elemente der Präventions-, Vorsorge- und Reaktionsplanung für Notfälle, insbesondere:

   i) Governance: einschließlich nationaler und gegebenenfalls regionaler Strategien und Rechtsvorschriften zur Integration von Notfall- und Vorsorgemaßnahmen; Pläne in den Bereichen Notfallprävention, -vorsorge, -reaktion und Folgenbewältigung; Koordinierungsmechanismen, einschließlich gegebenenfalls zwischen nationalen, regionalen oder lokalen Verwaltungsebenen und im Hinblick auf die sektorenübergreifende Zusammenarbeit;

   ii) Kapazitäten: einschließlich Bewertungen von Risiken und Kapazitäten zur Festlegung von Prioritäten für die Notfallvorsorge; Überwachung und frühzeitige Meldung, Informationsmanagement; Maßnahmen zur Aufrechterhaltung des Betriebs und Vorkehrungen zur Gewährleistung des ununterbrochenen Zugangs zu diagnostischen Diensten, Instrumenten und Arzneimitteln bei Notfällen, sofern verfügbar; grundlegende und sichere geschlechtersensible Gesundheits- und Notfalldienste; Überblick über die Auswirkungen schwerwiegender grenzüberschreitender Gesundheitsgefahren auf die Bereitstellung und Kontinuität von Gesundheitsdienstleistungen für andere Krankheiten und gesundheitliche Beeinträchtigungen während gesundheitlicher Notlagen; Risikokommunikation; Forschungsentwicklung und Evaluierungen, um Informationen für die Notfallvorsorge bereitzustellen und die Notfallvorsorge voranzutreiben; und

   iii) Ressourcen: einschließlich finanzieller Mittel für die Notfallvorsorge und Notfallfinanzierung für die Reaktion; grundlegende Gesundheitsversorgung; logistische Mechanismen, auch für die Lagerung medizinischer Gegenmaßnahmen; speziell eingesetzte, geschulte und ausgestattete Humanressourcen für Notfälle;

c) Durchführung der nationalen Präventions-, Vorsorge- und Reaktionspläne – gegebenenfalls auch auf regionaler und erforderlichenfalls lokaler Ebene –, die die Reaktion auf Epidemien abdecken; antimikrobielle Resistenzen, therapieassoziierte Infektionen und die anderen in Artikel 2 genannten schwerwiegenden grenzüberschreitenden Gesundheitsgefahren;
d) gegebenenfalls Konsultation mit den einschlägigen Partnern zu Risikobewertungen und nationalen Präventions-, Vorsorge- und Reaktionsplänen; und
e) Maßnahmen zur Schließung festgestellter Lücken bei der Durchführung der nationalen Präventions-, Vorsorge- und Reaktionspläne.

Der Bericht enthält, sofern relevant, Elemente grenzüberschreitender interregionaler und intersektoraler Prävention, Vorsorge und Reaktion mit Bezug zu benachbarten Regionen. Diese Elemente umfassen Koordinierungsmechanismen für die einschlägigen Elemente des Präventions-, Vorsorge- und Reaktionsplans der Union und der nationalen Präventions-, Vorsorge- und Reaktionspläne, einschließlich grenzüberschreitender Schulung und Austausch bewährter Verfahren für Personal in der Gesundheitsversorgung und im Gesundheitswesen und Koordinierungsmechanismen für die Verlegung von Patienten aus medizinischen Gründen.

(2) Die Kommission stellt die gemäß Absatz 1 des vorliegenden Artikels erhaltenen Informationen dem Gesundheitssicherheitsausschuss alle drei Jahre in Form eines Berichts zur Verfügung, der in Zusammenarbeit mit dem ECDC und anderen einschlägigen Agenturen und Einrichtungen der Union erstellt wird.

Der Bericht enthält Länderprofile zur Beobachtung der Fortschritte und zur Entwicklung von Aktionsplänen – unter Berücksichtigung der jeweiligen nationalen Gegebenheiten – zur Behebung festgestellter Defizite auf nationaler Ebene. Zu diesem Zweck kann die Kommission allgemeine Empfehlungen unter Berücksichtigung der Ergebnisse der gemäß Artikel 8 durchgeführten Bewertung erteilen.

Auf der Grundlage des Berichts leitet die Kommission frühzeitig Beratungen im Gesundheitssicherheitsausschuss über die Fortschritte und Defizite bezüglich der Vorsorge ein, womit eine kontinuierliche Verbesserung ermöglicht wird.

Eine Übersicht über die in dem Bericht ausgesprochenen Empfehlungen zur Vorsorge für und Reaktion auf schwerwiegende grenzüberschreitende Gesundheitsgefahren gemäß Artikel 2 Absatz 1 wird auf den Websites der Kommission und des ECDC veröffentlicht.

(3) Die Kommission legt im Wege von Durchführungsrechtsakten Formatvorlagen für die Mitgliedstaaten zur Übermittlung der Informationen gemäß Absatz 1 des vorliegenden Artikels fest, um ihre Relevanz für die in jenem Absatz genannten Ziele und ihre Vergleichbarkeit sicherzustellen, wobei jede Doppelung der angeforderten und eingereichten Informationen zu vermeiden ist.

Die Formatvorlagen werden in Zusammenarbeit mit dem Gesundheitssicherheitsausschuss erstellt und müssen – so weit wie möglich – mit den Formatvorlagen übereinstimmen, die für die Berichterstattung der IGV-Vertragsstaaten verwendet werden.

Diese Durchführungsrechtsakte werden gemäß dem in Artikel 29 Absatz 2 genannten Prüfverfahren erlassen.

(4) Gehen gemäß Absatz 1 übermittelte Verschlusssachen ein, so wenden die Kommission, das ECDC und der Gesundheitssicherheitsausschuss die Sicherheitsvorschriften für den Schutz von EU-Verschlusssachen in den Beschlüssen (EU, Euratom) 2015/443[1] und (EU, Euratom) 2015/444[2] der Kommission an.

(5) Jeder Mitgliedstaat stellt sicher, dass seine nationalen Sicherheitsvorschriften für alle in seinem Gebiet ansässigen natürlichen Personen und alle in seinem Gebiet niedergelassenen juristischen Personen gelten, die die Informationen gemäß den Absätzen 1 und 2 bearbeiten, sofern diese Informationen als EU-Verschlusssachen eingestuft sind. Diese nationalen Sicherheitsvorschriften müssen ein Schutzniveau für Verschlusssachen bieten, das mindestens dem Niveau entspricht, das mit den Sicherheitsvorschriften im Anhang des Beschlusses (EU, Euratom) 2015/444 sowie im Beschluss 2013/488/EU des Rates[3] festgelegt wurde.

Artikel 8
Bewertung der Präventions-, Vorsorge- und Reaktionsplanung

(1) Alle drei Jahre bewertet das ECDC den Stand der Umsetzung der nationalen Präventions-, Vorsorge- und Reaktionspläne in den Mitgliedstaaten und ihre Verbindung mit dem Präventions-, Vorsorge- und Reaktionsplan der Union. Diese Bewertungen erfolgen auf der Grundlage einer Reihe vereinbarter Indikatoren in Zusammenarbeit mit den zuständigen Agenturen oder Einrichtungen der Union und dienen der Bewertung der Präventions-, Vorsorge- und Reaktionsplanung auf nationaler Ebene im Hinblick auf die in Artikel 7 Absatz 1 genannten Informationen.

(2) Das ECDC legt den Mitgliedstaaten und der Kommission gegebenenfalls Empfehlungen auf der Grundlage der in Absatz 1 genannten Bewertungen vor; diese Empfehlungen sind an die Mitgliedstaaten gerichtet und tragen den jeweiligen nationalen Gegebenheiten Rechnung.

(3) Die Mitgliedstaaten legen der Kommission und dem ECDC gegebenenfalls zeitnah innerhalb von neun Monaten nach Eingang der Schlussfolgerungen des ECDC einen Maßnahmenplan vor, der die im Rahmen der Bewertung vorgeschlagenen Empfehlungen zusammen mit den entsprechenden empfohlenen Maßnahmen und Etappenzielen widerspiegelt.

Beschließt ein Mitgliedstaat, einer Empfehlung nicht zu folgen, so gibt er die Gründe dafür an.

---

1) Beschluss (EU, Euratom) 2015/443 der Kommission vom 13. März 2015 über Sicherheit in der Kommission (ABl. L 72 vom 17.3.2015, S. 41)

2) Beschluss (EU, Euratom) 2015/444 der Kommission vom 13. März 2015 über die Sicherheitsvorschriften für den Schutz von EU-Verschlusssachen (ABl. L 72 vom 17.3.2015, S. 53)

3) Beschluss 2013/488/EU des Rates vom 23. September 2013 über die Sicherheitsvorschriften für den Schutz von EU-Verschlusssachen (ABl. L 274 vom 15.10.2013, S. 1)

Diese Maßnahmen können insbesondere Folgendes umfassen:

a) regulatorische Maßnahmen, falls erforderlich;
b) Schulungsinitiativen;
c) Übersicht über bewährte Verfahren.

(4) Die Kommission erlässt gemäß Artikel 31 delegierte Rechtsakte zur Ergänzung dieser Verordnung in Bezug auf die Verfahren, Standards und Kriterien für die in Absatz 1 des vorliegenden Artikels genannten Bewertungen.

Artikel 9

Bericht der Kommission über die Präventions-, Vorsorge- und Reaktionsplanung

(1) Auf der Grundlage der von den Mitgliedstaaten gemäß Artikel 7 übermittelten Informationen und der Ergebnisse der in Artikel 8 genannten Bewertung legt die Kommission dem Europäischen Parlament und dem Rat bis zum 27. Dezember 2023 und danach alle drei Jahre einen Bericht über den Stand der Präventions-, Vorsorge- und Reaktionsplanung auf Unionsebene und die diesbezüglichen Fortschritte vor.

(2) Der Bericht der Kommission enthält gegebenenfalls Elemente der grenzüberschreitenden Vorsorge und Reaktion in den Nachbarregionen.

(3) Auf der Grundlage ihres Berichts kann die Kommission die Maßnahmen der Mitgliedstaaten durch die Annahme allgemeiner Empfehlungen zur Präventions-, Vorsorge- und Reaktionsplanung unterstützen.

Artikel 10

Koordinierung der Präventions-, Vorsorge- und Reaktionsplanung im Gesundheitssicherheitsausschuss

(1) Die Kommission, die einschlägigen Agenturen und Einrichtungen der Union und die Mitgliedstaaten arbeiten im Rahmen des Gesundheitssicherheitsausschusses zusammen, um ihre Bemühungen zum Aufbau, zur Stärkung und zur Aufrechterhaltung ihrer Kapazitäten für Beobachtung, frühzeitige Meldung und Bewertung schwerwiegender grenzüberschreitender Gesundheitsgefahren sowie die Reaktion darauf zu koordinieren.

Die Koordinierung zielt insbesondere auf Folgendes ab:

a) Austausch bewährter Verfahren und Erfahrungen in Bezug auf die Präventions-, Vorsorge- und Reaktionsplanung;
b) Förderung der Interoperabilität der nationalen Präventions- und Vorsorgeplanungen und der sektorenübergreifenden Dimension der Präventions-, Vorsorge- und Reaktionsplanung auf Unionsebene;
c) Unterstützung der Umsetzung der Anforderungen an die Kapazitäten im Hinblick auf Überwachung und Reaktion gemäß den IGV;
d) Unterstützung der Ausarbeitung der in den Artikeln 5 und 6 genannten Präventions-, Vorsorge- und Reaktionspläne;
e) Beobachtung und Erörterung der Fortschritte bei den ermittelten Defiziten und Maßnahmen zur Stärkung der Präventions-, Vorsorge- und Reaktionsplanung,

auch im Forschungsbereich, auf grenzüberschreitender regionaler Ebene, auf nationaler Ebene und auf Unionsebene; und

f) Erleichterung des Austauschs – außerhalb des in Artikel 12 festgelegten gemeinsamen Beschaffungsverfahrens – von Informationen über medizinische Gegenmaßnahmen, einschließlich gegebenenfalls über Preise und Lieferfristen.

(2) Die Kommission und die Mitgliedstaaten führen gegebenenfalls einen Dialog mit Interessenträgern, einschließlich Organisationen der Gesundheits- und Pflegekräfte, Interessenträgern der Industrie und der Lieferkette sowie Patienten- und Verbraucherorganisationen.

(3) Der Gesundheitssicherheitsausschuss koordiniert gegebenenfalls auch die Reaktion auf gesundheitliche Notlagen mit dem Gesundheitskrisenstab, sofern dieser gemäß der Verordnung (EU) 2022/2372 eingesetzt wurde, und trägt somit zur Koordinierung und zum Informationsaustausch innerhalb dieses Gremiums bei.

Artikel 11
Schulung des Personals in der Gesundheitsversorgung und im Gesundheitswesen

(1) Die Kommission kann in enger Zusammenarbeit mit den einschlägigen Agenturen und Einrichtungen der Union und Berufsverbänden des Gesundheitswesens sowie Patientenorganisationen Schulungsmaßnahmen für Personal in der Gesundheitsversorgung, in den Sozialdiensten und im Gesundheitswesen in den Mitgliedstaaten organisieren, insbesondere interdisziplinäre Schulungen nach dem Konzept Eine Gesundheit, einschließlich zu den Vorsorgekapazitäten im Rahmen der IGV.

Die Kommission organisiert diese Schulungen gemeinsam mit den betreffenden Mitgliedstaaten sowie mit dem ECDC, insbesondere der EU-Gesundheits-Taskforce, und – soweit möglich – in Koordinierung mit der WHO. Die Kommission nutzt das Potenzial des Fernunterrichts so umfassend wie möglich, um die Zahl der Auszubildenden zu erhöhen.

In grenzüberschreitenden Regionen werden gemeinsame grenzüberschreitende Schulungen, der Austausch bewährter Verfahren und die Vertrautheit mit den Systemen der öffentlichen Gesundheit für Personal in der Gesundheitsversorgung und im Gesundheitswesen gefördert.

(2) Die Schulungsmaßnahmen nach Absatz 1 haben zum Ziel, den in jenem Absatz genannten Arbeitskräften Kenntnisse und Fähigkeiten zu vermitteln, die insbesondere für die Entwicklung und Umsetzung der nationalen Präventions-, Vorsorge- und Reaktionspläne und für die Umsetzung von Maßnahmen zur Stärkung der Krisenvorsorge und der Überwachungskapazitäten, insbesondere bezüglich der ermittelten Defizite, einschließlich in Bezug auf den Einsatz digitaler Instrumente erforderlich sind, und sie müssen im Einklang mit dem Konzept Eine Gesundheit stehen.

(3) Die Schulungen gemäß Absatz 1 können dem Personal der zuständigen Behörden von Drittländern offen stehen und können außerhalb der Union durchgeführt werden, soweit möglich in Abstimmung mit den Tätigkeiten des ECDC in diesem Bereich.

(4) Die Stellen, deren Bedienstete an den in Absatz 1 genannten Schulungsmaßnahmen teilnehmen, sorgen dafür, dass die im Wege dieser Maßnahmen erworbenen Kenntnisse bei Bedarf verbreitet und bei den von ihnen organisierten Maßnahmen zur Mitarbeiterschulung angemessen genutzt werden.

(5) Die Kommission und die einschlägigen Agenturen und Einrichtungen der Union können in Zusammenarbeit mit den Mitgliedstaaten und den Bewerberländern der Union die Organisation von Programmen für den Austausch von Personal in der Gesundheitsversorgung und im Gesundheitswesen sowie für die vorübergehende Abordnung von Arbeitskräften zwischen Mitgliedstaaten, Bewerberländern der Union oder Agenturen und Einrichtungen der Union unterstützen. Bei der Organisation dieser Programme ist der Beitrag der Berufsverbände des Gesundheitswesens in den einzelnen Mitgliedstaaten zu berücksichtigen.

(6) Die Kommission kann mittels Durchführungsrechtsakten Bestimmungen für die Organisation der Schulungen gemäß Absatz 1 und der Programme gemäß Absatz 5 festlegen.

Diese Durchführungsrechtsakte werden gemäß dem in Artikel 29 Absatz 2 genannten Prüfverfahren erlassen.

Artikel 12
Gemeinsame Beschaffung medizinischer Gegenmaßnahmen

(1) Die Kommission und jeder der Mitgliedstaaten können sich als Parteien an einem gemeinsamen Beschaffungsverfahren gemäß Artikel 165 Absatz 2 der Verordnung (EU, Euratom) 2018/1046 für die Vorabbeschaffung medizinischer Gegenmaßnahmen für schwerwiegende grenzüberschreitende Gesundheitsgefahren innerhalb einer angemessenen Frist beteiligen.

(2) Einem in Absatz 1 genannten gemeinsamen Beschaffungsverfahren geht eine Vereinbarung über die gemeinsame Beschaffung zwischen den Beteiligten voraus, in der die praktische Ausgestaltung des Verfahrens und der Entscheidungsprozess hinsichtlich der Auswahl des Verfahrens, der Bewertung der gemeinsamen Beschaffung gemäß Absatz 3 Buchstabe c, der Bewertung der Bieter und der Auftragsvergabe geregelt werden.

(3) Das in Absatz 1 des vorliegenden Artikels genannte gemeinsame Beschaffungsverfahren erfüllt – wenn es dazu verwendet wird, medizinische Gegenmaßnahmen im Einklang mit der vorliegenden Verordnung zu beschaffen, auch im Rahmen des Artikels 8 Absatz 1 der Verordnung (EU) 2022/2372, folgende Anforderungen:

a) abweichend von Artikel 165 Absatz 2 der Verordnung (EU, Euratom) 2018/1046 steht die Beteiligung an dem gemeinsamen Beschaffungsverfahren allen Mitgliedstaaten, allen Staaten der Europäischen Freihandelsassoziation (EFTA) und allen Bewerberländern der Union sowie dem Fürstentum Andorra, dem Fürstentum Monaco, der Republik San Marino und dem Staat Vatikanstadt offen;

b) die Rechte und Pflichten der unter Buchstabe a genannten Länder, die nicht an der gemeinsamen Beschaffung beteiligt sind, werden gewahrt, insbesondere in Bezug auf den Schutz und die Verbesserung der menschlichen Gesundheit;

c) vor der Einleitung eines gemeinsamen Beschaffungsverfahrens bereitet die Kommission eine Bewertung der gemeinsamen Beschaffung vor, in der die vorgesehenen allgemeinen Bedingungen des gemeinsamen Beschaffungsverfahrens angegeben werden, einschließlich im Hinblick auf mögliche Beschränkungen paralleler Beschaffungen und Verhandlungstätigkeiten der beteiligten Länder für die betreffende Gegenmaßnahme während des spezifischen gemeinsamen Beschaffungsverfahrens; bei dieser Bewertung wird die Notwendigkeit berücksichtigt, die Versorgungssicherheit der beteiligten Länder mit den betreffenden medizinischen Gegenmaßnahmen zu gewährleisten. Auf der Grundlage der Bewertung der gemeinsamen Beschaffung und der darin erteilten einschlägigen Informationen, wie etwa zu den voraussichtlichen Preisspannen, Herstellern, Lieferfristen und der vorgeschlagenen Frist für die Entscheidung über die Beteiligung, bekunden die Parteien der Vereinbarung über die gemeinsame Beschaffung frühzeitig ihr Interesse an einer Beteiligung. Die Parteien der Vereinbarung über die gemeinsame Beschaffung, die ihr Interesse bekundet haben, entscheiden anschließend über ihre Beteiligung an dem gemeinsamen Beschaffungsverfahren unter den gemeinsam mit der Kommission vereinbarten Bedingungen, wobei sie die in der Bewertung der gemeinsamen Beschaffung erteilten Informationen berücksichtigen;
d) die gemeinsame Beschaffung beeinträchtigt nicht den Binnenmarkt, stellt keine Diskriminierung oder Handelsbeschränkung dar und verursacht keine Wettbewerbsverzerrung; und
e) die gemeinsame Beschaffung hat keine direkten finanziellen Auswirkungen auf den Haushalt der unter Buchstabe a genannten Länder, die nicht an der gemeinsamen Beschaffung beteiligt sind.

(4) Die Kommission stellt in Zusammenarbeit mit den Mitgliedstaaten die Koordinierung und den Informationsaustausch zwischen den Stellen sicher, die eine Maßnahme organisieren und daran teilnehmen, einschließlich, aber nicht beschränkt auf gemeinsame Verfahren für die Beschaffung von sowie für die Entwicklung, Vorratshaltung, Verteilung und Spende von medizinischer Gegenmaßnahmen im Rahmen verschiedener Mechanismen auf Unionsebene, insbesondere:
a) der Vorratshaltung im Rahmen von rescEU gemäß Artikel 12 des Beschlusses Nr. 1313/2013/EU;
b) der Verordnung (EU) 2016/369;
c) der Arzneimittelstrategie für Europa;
d) des mit der Verordnung (EU) 2021/522 eingerichteten Programms EU4Health;
e) der Verordnung (EU) 2021/697 des Europäischen Parlaments und des Rates[1)]; und
f) sonstiger Programme und Instrumente zur Unterstützung der biomedizinischen Forschung und Entwicklung auf Unionsebene, um die Fähigkeit und Bereitschaft zur Reaktion auf grenzüberschreitende Gefahren und Notlagen zu verbessern, wie etwa gemäß der Verordnung (EU) 2022/2372 angenommene Maßnahmen.

1) Verordnung (EU) 2021/697 des Europäischen Parlaments und des Rates vom 29. April 2021 zur Einrichtung des Europäischen Verteidigungsfonds und zur Aufhebung der Verordnung (EU) 2018/1092 (ABl. L 170 vom 12.5.2021, S. 149)

(5) Die Kommission informiert das Europäische Parlament über die Verfahren für die gemeinsame Beschaffung medizinischer Gegenmaßnahmen und erteilt auf Anfrage Zugang zu den als Ergebnis dieser Verfahren geschlossenen Verträgen, vorbehaltlich des angemessenen Schutzes von Geschäftsgeheimnissen, Geschäftsbeziehungen und der Interessen der Union. Die Kommission unterrichtet das Europäische Parlament gemäß Artikel 9 Absatz 7 der Verordnung (EG) Nr. 1049/2001 hinsichtlich sensibler Dokumente.

Kapitel III
EPIDEMIOLOGISCHE ÜBERWACHUNG, EU-REFERENZLABORATORIEN UND AD-HOC-BEOBACHTUNG

Artikel 13
Epidemiologische Überwachung

(1) Durch das Netz für die epidemiologische Überwachung übertragbarer Krankheiten, einschließlich Krankheiten zoonotischen Ursprungs, und damit zusammenhängender besonderer Gesundheitsrisiken nach Artikel 2 Absatz 1 Buchstabe a Ziffern i und ii („Netz für die epidemiologische Überwachung“) wird die ständige Kommunikation zwischen der Kommission, dem ECDC und den auf nationaler Ebene für die epidemiologische Überwachung zuständigen Behörden sichergestellt.

Das ECDC gewährleistet den integrierten Betrieb des Netzes für die epidemiologische Überwachung gemäß Artikel 5 der Verordnung (EG) Nr. 851/2004 des Europäischen Parlaments und des Rates[1)].

Gegebenenfalls arbeitet das Netz für die epidemiologische Überwachung eng mit den zuständigen Stellen der Organisationen, die im Bereich der epidemiologischen Überwachung von übertragbaren Krankheiten und der damit zusammenhängenden besonderen Gesundheitsrisiken tätig sind, in der Union und in Drittländern, der WHO und anderen internationalen Organisationen zusammen.

(2) Das Netz für die epidemiologische Überwachung hat Folgendes zum Ziel:

a) Beobachtung von Entwicklungen bei übertragbaren Krankheiten im Zeitverlauf in den Mitgliedstaaten und in Drittländern, um die Lage zu beurteilen, auf Überschreitungen der Warnschwellen zu reagieren und geeignete evidenzbasierte Maßnahmen zu erleichtern;
b) Erkennung und Beobachtung von grenzüberschreitenden Ausbrüchen übertragbarer Krankheiten im Hinblick auf Quelle, Zeit, Bevölkerung und Ort zur Begründung von Maßnahmen für die öffentliche Gesundheit;
c) Beitrag zu Evaluierung und Beobachtung von Programmen zur Prävention und Kontrolle übertragbarer Krankheiten, um Erkenntnisse für Empfehlungen zur Stärkung und Verbesserung dieser Programme auf nationaler Ebene und Unionsebene zu gewinnen;

1) Verordnung (EG) Nr. 851/2004 des Europäischen Parlaments und des Rates vom 21. April 2004 zur Errichtung eines Europäischen Zentrums für die Prävention und die Kontrolle von Krankheiten (ABl. L 142 vom 30.4.2004, S. 1)

d) Ermittlung und Beobachtung von Risikofaktoren in Bezug auf Krankheitsübertragung und Bevölkerungsgruppen, die gefährdet sind und gezielter Präventionsmaßnahmen bedürfen;
e) Beitrag zur Bewertung der Belastung der Bevölkerung durch übertragbare Krankheiten unter Verwendung von Daten etwa zu Krankheitsprävalenz, Komplikationen, Hospitalisierung und Mortalität;
f) Beitrag zur Bewertung der Kapazitäten der Gesundheitssysteme zur Diagnose, Prävention und Behandlung spezifischer übertragbarer Krankheiten mit dem Ziel, einen Beitrag zur Patientensicherheit im Zusammenhang mit schwerwiegenden grenzüberschreitenden Gesundheitsgefahren zu leisten;
g) Beitrag zur Modellierung und Entwicklung von Reaktionsszenarios;
h) Beitrag zur Ermittlung von Forschungsprioritäten und des Forschungsbedarfs sowie Durchführung einschlägiger Forschungstätigkeiten zur Stärkung der öffentlichen Gesundheit; und
i) Unterstützung der zuständigen Gesundheitsbehörden bei der Kontaktnachverfolgung.

(3) Die in Absatz 1 genannten zuständigen nationalen Behörden übermitteln den Behörden, die am Netz für die epidemiologische Überwachung beteiligt sind, basierend auf vereinbarten Indikatoren und Standards die folgenden Informationen:

a) vergleichbare und kompatible Daten und Informationen zur epidemiologischen Überwachung übertragbarer Krankheiten und damit zusammenhängender besonderer Gesundheitsrisiken nach Artikel 2 Absatz 1 Buchstabe a Ziffern i und ii;
b) zweckdienliche Angaben über die Entwicklung der epidemischen Lage, unter anderem für die Modellierung und die Entwicklung von Szenarios;
c) zweckdienliche Informationen hinsichtlich ungewöhnlicher epidemischer Erscheinungen oder neuer übertragbarer Krankheiten unbekannter Herkunft, einschließlich solcher in Drittländern;
d) Daten zu molekularen Erregern, falls für den Nachweis oder die Untersuchung schwerwiegender grenzüberschreitender Gesundheitsgefahren erforderlich;
e) Daten aus den Gesundheitssystemen, die für die Bewältigung schwerwiegender grenzüberschreitender Gesundheitsgefahren erforderlich sind;
f) Informationen über die auf nationaler Ebene entwickelten Kontaktnachverfolgungs-Überwachungssysteme.

(4) Die in Absatz 3 Buchstabe a genannten, von den zuständigen nationalen Behörden übermittelten Informationen können – sofern verfügbar – mindestens auf NUTS II-Ebene rechtzeitig dem vom ECDC betriebenen Europäischen Überwachungsportal für Infektionskrankheiten gemeldet werden.

(5) Bei der Übermittlung von Informationen zur epidemiologischen Überwachung verwenden die zuständigen nationalen Behörden, soweit verfügbar, die gemäß Absatz 10 festgelegten Falldefinitionen für die jeweilige übertragbare Krankheit und damit zusammenhängenden besonderen Gesundheitsrisiken gemäß Absatz 1.

(6) Die Kommission und die Mitgliedstaaten arbeiten zusammen, um die Kapazitäten der Mitgliedstaaten für die Datenerhebung und den Datenaustausch zu stärken

und auf der Grundlage des Vorschlags des ECDC in Absprache mit den einschlägigen Netzen zur Überwachung krankheitsspezifische europäische Überwachungsstandards festzulegen.

(7) Das ECDC beobachtet und evaluiert die epidemiologischen Überwachungstätigkeiten der spezifischen Netze für die Überwachung, einschließlich der Einhaltung der in Absatz 6 genannten Überwachungsstandards, unterstützt die Mitgliedstaaten durch wissenschaftliche und technische Beratung zur Verbesserung der Aktualität, Vollständigkeit und Qualität der gemeldeten Überwachungsdaten und übermittelt dem Gesundheitssicherheitsausschuss und der Kommission regelmäßig Beobachtungsberichte. Das ECDC stellt außerdem gegebenenfalls im Einklang mit der Verordnung (EG) Nr. 851/2004 Drittländern sein Fachwissen im Bereich der epidemiologischen Überwachung zur Verfügung.

Das ECDC stellt dem Gesundheitssicherheitsausschuss regelmäßig einen Überblick über die Aktualität, Vollständigkeit und Qualität der ihm gemeldeten Überwachungsdaten zur Verfügung.

Das ECDC unterstützt die Mitgliedstaaten, um die Erhebung und den Austausch von Daten in Zeiten von Gesundheitskrisen für die Zwecke des Absatzes 2 sicherzustellen.

(8) Die Kommission kann die Maßnahmen der Mitgliedstaaten durch die Annahme von an die Mitgliedstaaten gerichteten Empfehlungen zur Überwachung ergänzen. Der Gesundheitssicherheitsausschuss kann Mitteilungen und Empfehlungen zur Überwachung verabschieden, die an die Mitgliedstaaten, das ECDC und die Kommission gerichtet sind.

(9) Jeder Mitgliedstaat benennt die Behörden, die innerhalb des Mitgliedstaats für die epidemiologische Überwachung gemäß Absatz 1 zuständig sind.

(10) Die Kommission erlässt und aktualisiert im Wege von Durchführungsrechtsakten Folgendes:

a) auf der Grundlage der in Anhang I Abschnitt 1 genannten Kriterien, die Liste der in Artikel 2 Absatz 1 Buchstabe a Ziffern i und ii genannten übertragbaren Krankheiten und damit zusammenhängenden besonderen Gesundheitsrisiken, um eine Abdeckung übertragbarer Krankheiten und damit zusammenhängender besonderer Gesundheitsrisiken durch das Netz für die epidemiologische Überwachung sicherzustellen;
b) auf der Grundlage der in Anhang I Abschnitt 2 genannten Kriterien, Falldefinitionen für alle übertragbaren Krankheiten und damit zusammenhängenden besonderen Gesundheitsrisiken, die der epidemiologischen Überwachung unterliegen, um die Vergleichbarkeit und Kompatibilität der erfassten Daten auf Unionsebene sicherzustellen; und
c) in Anhang I Abschnitt 3 der vorliegenden Verordnung aufgeführte Verfahren für den Betrieb des Netzes für die epidemiologische Überwachung, die gemäß Artikel 5 der Verordnung (EG) Nr. 851/2004 ausgearbeitet werden.

Diese Durchführungsrechtsakte werden gemäß dem in Artikel 29 Absatz 2 genannten Prüfverfahren erlassen.

(11) In aufgrund der Schwere oder Neuartigkeit einer schwerwiegenden grenzüberschreitenden Gesundheitsgefahr oder der Geschwindigkeit ihrer Ausbreitung zwischen den Mitgliedstaaten hinreichend begründeten Fällen äußerster Dringlichkeit kann die Kommission nach dem in Artikel 29 Absatz 3 genannten Verfahren für die Verabschiedung von Falldefinitionen, Verfahren und Indikatoren für die Überwachung in den Mitgliedstaaten im Falle einer schwerwiegenden grenzüberschreitenden Gesundheitsgefahr gemäß Artikel 2 Absatz 1 Buchstabe a Ziffern i und ii Durchführungsrechtsakte mit sofortiger Wirkung erlassen. Diese Indikatoren für die Überwachung unterstützen ferner die Bewertung der Kapazitäten für Diagnose, Prävention und Behandlung.

Artikel 14
Digitale Überwachungsplattform

(1) Das ECDC sorgt für die fortlaufende Entwicklung der digitalen Überwachungsplattform, über die Daten verwaltet und automatisch ausgetauscht werden, gegebenenfalls nach Durchführung von Datenschutz-Folgenabschätzungen und nach Eindämmung etwaiger Risiken für die Rechte und Freiheiten der betroffenen Personen, um integrierte und interoperable Überwachungssysteme zu schaffen, die gegebenenfalls eine Überwachung in Echtzeit ermöglichen, um die Prävention und Kontrolle übertragbarer Krankheiten zu unterstützen. Das ECDC sorgt dafür, dass der Betrieb der digitalen Überwachungsplattform der menschlichen Kontrolle unterliegt, minimiert die Risiken, die bei der Übertragung ungenauer, unvollständiger oder mehrdeutiger Daten von einer Datenbank in eine andere entstehen können, und legt solide Verfahren für die Überprüfung der Datenqualität fest. Das ECDC stellt in enger Zusammenarbeit mit den Mitgliedstaaten auch die Interoperabilität der digitalen Überwachungsplattform mit den nationalen Systemen sicher.

(2) Die digitale Überwachungsplattform:

a) ermöglicht die automatisierte Erhebung von Überwachungs- und Labordaten, macht Gebrauch von einschlägigen nicht personenbezogenen Gesundheitsdaten aus einer zuvor festgelegten und genehmigten Liste von elektronischen Gesundheitsakten und -datenbanken sowie Medienbeobachtung und nutzt künstliche Intelligenz zur Validierung, Analyse und automatisierten Meldung von Daten, einschließlich der statistischen Meldung; und
b) ermöglicht die computergestützte Verwaltung und den computergestützten Austausch von Informationen, Daten und Dokumenten.

(3) Die Mitgliedstaaten sind dafür verantwortlich, dass das integrierte Überwachungssystem regelmäßig mit zeitnahen, vollständigen und genauen Informationen, Daten und Dokumenten gespeist wird, die über die digitale Plattform übermittelt und ausgetauscht werden. Die Mitgliedstaaten können die Automatisierung dieses Verfahrens zwischen den Überwachungssystemen der Mitgliedstaaten und der Union fördern.

(4) Das ECDC beobachtet das Funktionieren des integrierten Überwachungssystems und tauscht regelmäßige Beobachtungsberichte mit den Mitgliedstaaten und der Kommission aus.

(5) Für die Zwecke der epidemiologischen Überwachung hat das ECDC zudem Zugang zu einschlägigen Gesundheitsdaten, die über digitale Infrastrukturen zugänglich sind bzw. zur Verfügung gestellt werden und die die Nutzung von Gesundheitsdaten zu Zwecken der Forschung, Politikgestaltung, Beratung und Regulierung ermöglichen.

(6) Die Kommission erlässt Durchführungsrechtsakte für das Funktionieren der digitalen Überwachungsplattform, in denen Folgendes festgelegt ist:

a) die technischen Anforderungen an die digitale Überwachungsplattform, einschließlich des elektronischen Datenaustauschmechanismus für den Austausch mit den bestehenden internationalen und nationalen Systemen, der Ermittlung geltender Normen, der Festlegung von Nachrichtenstrukturen, der Datenwörterbücher und des Austauschs von Protokollen und Verfahren;
b) die besonderen Vorschriften über das Funktionieren der digitalen Überwachungsplattform, unter anderem für den Schutz personenbezogener Daten und die Sicherheit des Informationsaustauschs;
c) Notfallregelungen, einschließlich Datensicherungen, bei Ausfall einer Funktion der digitalen Überwachungsplattform; und
d) Regelungen zur Förderung der Standardisierung der Infrastruktur für die Speicherung, Verarbeitung und Analyse von Daten.

Diese Durchführungsrechtsakte werden gemäß dem in Artikel 29 Absatz 2 genannten Prüfverfahren erlassen.

(7) Die Kommission erlässt gemäß Artikel 31 delegierte Rechtsakte, um diese Verordnung in Bezug auf Folgendes zu ergänzen:

a) die Fälle, in denen, und die Bedingungen, unter denen den betreffenden Drittländern und internationalen Organisationen ein beschränkter Zugang zu den Funktionen der digitalen Überwachungsplattform gewährt werden darf, sowie die praktischen Modalitäten eines solchen Zugangs;
b) die Fälle, in denen, und die Bedingungen, unter denen die in Artikel 13 genannten Daten, Informationen und Dokumente mithilfe der digitalen Überwachungsplattform übermittelt werden sollen, sowie die Liste dieser Daten, Informationen und Dokumente; und
c) die Bedingungen, unter denen das ECDC teilnehmen und Zugang zu Gesundheitsdaten erhalten kann, die über die in Absatz 5 genannte digitale Infrastruktur zugänglich sind bzw. ausgetauscht werden.

Artikel 15
EU-Referenzlaboratorien

(1) Im Bereich der öffentlichen Gesundheit oder für spezifische Bereiche der öffentlichen Gesundheit, die für die Durchführung dieser Verordnung oder der nationalen Präventions-, Vorsorge- und Reaktionspläne relevant sind, kann die Kommission im Wege von Durchführungsrechtsakten EU-Referenzlaboratorien benennen, die die nationalen Referenzlaboratorien unterstützen, um bewährte Verfahren und die freiwillige Angleichung der Diagnostik und der Testmethoden sowie der Verwendung be-

stimmter Tests zur einheitlichen Überwachung und Meldung von Krankheiten durch die Mitgliedstaaten zu fördern.

Diese Durchführungsrechtsakte werden gemäß dem in Artikel 29 Absatz 2 genannten Prüfverfahren erlassen.

(2) Die EU-Referenzlaboratorien sind für die Koordinierung des Netzes der nationalen Referenzlaboratorien zuständig, insbesondere in folgenden Bereichen:

a) Referenzdiagnostik, einschließlich Testprotokolle;
b) Quellen für Referenzmaterial;
c) externe Qualitätsbewertungen;
d) wissenschaftliche Beratung und technische Unterstützung;
e) Zusammenarbeit und Forschung;
f) Beobachtung, Warnmeldungen sowie Unterstützung bei der Reaktion auf Ausbrüche, einschließlich neu auftretender übertragbarer Krankheiten sowie pathogener Bakterien und Viren; und
g) Schulung.

(3) Das Netz der EU-Referenzlaboratorien wird vom ECDC in Zusammenarbeit mit den Referenzlaboratorien der WHO betrieben und koordiniert. Die Verwaltungsstruktur dieses Netzes umfasst die Zusammenarbeit und Koordinierung mit bestehenden nationalen und regionalen Referenzlaboratorien und -netzen.

(4) Die Benennungen gemäß Absatz 1 erfolgen nach einem öffentlichen Auswahlverfahren, sind zeitlich befristet (mit einer Benennungsdauer von mindestens vier Jahren) und werden regelmäßig überprüft. Mit den Benennungen werden die Zuständigkeiten und Aufgaben der benannten EU-Referenzlaboratorien festgelegt.

(5) Die in Absatz 1 genannten EU-Referenzlaboratorien:

a) sind im Hinblick auf die Wahrnehmung ihrer Aufgaben als EU-Referenzlaboratorien unparteiisch, frei von jeglichem Interessenkonflikt und insbesondere nicht in einer Situation, die direkt oder indirekt die Unparteilichkeit ihres beruflichen Handelns beeinträchtigen könnte;
b) verfügen über oder haben auf Vertragsbasis Zugriff auf angemessen qualifiziertes Personal, das ausreichend in ihrem Zuständigkeitsbereich geschult ist;
c) besitzen oder haben Zugriff auf die Infrastruktur, die Ausrüstung und die Produkte, die zur Wahrnehmung der ihnen übertragenen Aufgaben erforderlich sind;
d) gewährleisten, dass ihr Personal und das auf Vertragsbasis angestellte Personal gute Kenntnisse der internationalen Normen und Verfahren hat und dass bei ihrer Arbeit die aktuellsten Forschungsentwicklungen auf nationaler, Unions- und internationaler Ebene berücksichtigt werden;
e) sind so ausgestattet oder haben Zugang zu der notwendigen Ausstattung, dass sie ihre Aufgaben in Notfällen wahrnehmen können;
f) sind gegebenenfalls so ausgestattet, dass sie die einschlägigen Normen zum Schutz vor biologischen Gefahren erfüllen.

Zusätzlich zu den in Unterabsatz 1 des vorliegenden Absatzes festgelegten Anforderungen sind die EU-Referenzlaboratorien auch gemäß der Verordnung (EG) Nr. 765/2008 des Europäischen Parlaments und des Rates[1)] akkreditiert.

(6) Finanzhilfen können den EU-Referenzlaboratorien gemäß Artikel 1 für Kosten gewährt werden, die ihnen bei der Durchführung jährlicher oder mehrjähriger Arbeitsprogramme entstehen, die im Einklang mit den Zielen und Prioritäten der Arbeitsprogramme erstellt wurden, die von der Kommission gemäß dem Programm EU4Health angenommen wurden.

Artikel 16
Netz für Substanzen menschlichen Ursprungs

(1) Es wird ein Netz von Diensten der Mitgliedstaaten zur Förderung des Einsatzes von Substanzen menschlichen Ursprungs, einschließlich Transfusion und Transplantation (im Folgenden „Netz für Substanzen menschlichen Ursprungs“) eingerichtet, um für Substanzen menschlichen Ursprungs relevante Krankheitsausbrüche zu beobachten, zu bewerten und zu bekämpfen. Das Netz für Substanzen menschlichen Ursprungs stellt auch sicher, dass gegebenenfalls auf Fragen der medizinisch unterstützten Reproduktion im Zusammenhang mit Ausbrüchen von Krankheiten eingegangen wird.

(2) Das Netz für Substanzen menschlichen Ursprungs wird vom ECDC betrieben und koordiniert.

(3) Jeder Mitgliedstaat benennt die Behörden, die innerhalb des Mitgliedstaats für die Dienste zur Förderung des Einsatzes von Substanzen menschlichen Ursprungs, einschließlich Transfusion und Transplantation, gemäß Absatz 1 zuständig sind.

Artikel 17
Ad-hoc-Beobachtung

(1) Im Anschluss an eine Warnmeldung gemäß Artikel 19 über eine schwerwiegende grenzüberschreitende Gesundheitsgefahr gemäß Artikel 2 Absatz 1 Buchstabe a Ziffern iii oder Artikel 2 Absatz 1 Buchstaben b, c oder d informieren die Mitgliedstaaten – im Benehmen mit der Kommission und auf der Grundlage der verfügbaren Informationen aus ihren eigenen Überwachungssystemen – einander über das EWRS und, falls die Dringlichkeit der Lage dies erfordert, über den Gesundheitssicherheitsausschuss über Entwicklungen auf nationaler Ebene im Zusammenhang mit der betreffenden schwerwiegenden grenzüberschreitenden Gesundheitsgefahr.

(2) Das vom ECDC betriebene Europäische Überwachungsportal für Infektionskrankheiten wird für die Ad-hoc-Beobachtung einer schwerwiegenden grenzüberschreitenden Gesundheitsgefahr gemäß Artikel 2 Absatz 1 Buchstabe a Ziffer iii oder Artikel 2 Absatz 1 Buchstaben b, c oder d eingesetzt.

---

1) Verordnung (EG) Nr. 765/2008 des Europäischen Parlaments und des Rats vom 9. Juli 2008 über die Vorschriften für die Akkreditierung und zur Aufhebung der Verordnung (EWG) Nr. 339/93 (ABl. L 218 vom 13.8.2008, S. 30)

(3) Die gemäß Absatz 1 übermittelten Informationen umfassen, soweit verfügbar, insbesondere Angaben über Änderungen der geografischen Verteilung, der Ausbreitung und der Schwere der betreffenden schwerwiegenden grenzüberschreitenden Gesundheitsgefahr und der Nachweismethoden.

(4) Die Kommission legt, soweit erforderlich, im Wege von Durchführungsrechtsakten die für die Ad-hoc-Beobachtung notwendigen Falldefinitionen fest, um die Vergleichbarkeit und Kompatibilität der erfassten Daten auf Unionsebene sicherzustellen.

Diese Durchführungsrechtsakte werden gemäß dem in Artikel 29 Absatz 2 genannten Prüfverfahren erlassen.

In aufgrund der Schwere einer schwerwiegenden grenzüberschreitenden Gesundheitsgefahr oder der Geschwindigkeit ihrer Ausbreitung zwischen den Mitgliedstaaten hinreichend begründeten Fällen äußerster Dringlichkeit kann die Kommission die Falldefinitionen nach Unterabsatz 1 des vorliegenden Absatzes durch sofort geltende Durchführungsrechtsakte nach dem Dringlichkeitsverfahren gemäß Artikel 29 Absatz 3 festlegen oder aktualisieren.

Kapitel IV
FRÜHWARNUNG UND REAKTION

Artikel 18
Frühwarn- und Reaktionssystem

(1) Das EWRS ermöglicht eine ständige Kommunikation zwischen der Kommission, dem ECDC und den auf nationaler Ebene zuständigen Behörden zum Zwecke der Vorsorge, der Frühwarnung und Reaktion, der Warnmeldungen, der Bewertung von Gesundheitsrisiken und der Festlegung der zum Schutz der öffentlichen Gesundheit notwendigen Maßnahmen.

(2) Die Verwaltung und operative Nutzung des EWRS umfassen den Austausch personenbezogener Daten in bestimmten Fällen, wenn die einschlägigen Rechtsinstrumente dies vorsehen. Diese Verwaltung und Nutzung beinhaltet:

a) die Verarbeitung personenbezogener Daten autorisierter Nutzer des Systems; und
b) die Verarbeitung von Gesundheitsdaten und anderen personenbezogenen Daten über die selektive Mitteilungsfunktion des EWRS gemäß Artikel 28, wenn dies für den Zweck, für den diese Daten übermittelt wurden, unbedingt erforderlich ist.

Das ECDC aktualisiert unter Berücksichtigung der Stellungnahmen der Mitgliedstaaten fortlaufend das EWRS und ermöglicht dabei den Einsatz moderner Technologien, darunter digitale mobile Anwendungen, Modelle künstlicher Intelligenz, weltraumgestützte Anwendungen oder andere Technologien zur automatisierten Kontaktnachverfolgung, die auf den von den Mitgliedstaaten oder der Union entwickelten Technologien zur Ermittlung von Kontaktpersonen aufbauen und zur Bekämpfung von schwerwiegenden grenzüberschreitenden Gesundheitsgefahren eingesetzt werden. Das ECDC erleichtert in enger Zusammenarbeit mit den Mitgliedstaaten die Interoperabilität mit den nationalen Systemen für die Zwecke des EWRS.

Das ECDC leistet den auf nationaler Ebene zuständigen Behörden auch technische Unterstützung, einschließlich Schulungen im Anschluss an Aktualisierungen des EWRS.

(3) Jeder Mitgliedstaat benennt für die Zwecke der Frühwarnung und Reaktion die Behörde(n), die auf nationaler Ebene für die Übermittlung von Warnmeldungen und die Festlegung von Maßnahmen zum Schutz der öffentlichen Gesundheit gemäß den Absätzen 1 und 2 des vorliegenden Artikels und den Artikeln 19 und 20 zuständig ist/sind.

(4) Die Kommission legt im Wege von Durchführungsrechtsakten Verfahren für den Informationsaustausch mit anderen Frühwarnsystemen auf Unionsebene und internationaler Ebene fest, einschließlich des Austauschs personenbezogener Daten, um das ordnungsgemäße Funktionieren des EWRS sicherzustellen und Überschneidungen von Tätigkeiten oder widersprüchliche Maßnahmen bezüglich bestehender Strukturen oder Mechanismen für die Vorsorge zur Beobachtung, frühzeitige Meldung sowie Bekämpfung schwerwiegender grenzüberschreitender Gesundheitsgefahren auf koordinierte Weise gemäß dem Konzept Eine Gesundheit zu vermeiden.

Diese Durchführungsrechtsakte werden gemäß dem in Artikel 29 Absatz 2 genannten Prüfverfahren erlassen.

Artikel 19
Warnmeldungen

(1) Die zuständigen nationalen Behörden oder die Kommission übermitteln Warnmeldungen über das EWRS, wenn die Entstehung oder Entwicklung einer schwerwiegenden grenzüberschreitenden Gesundheitsgefahr folgende Bedingungen erfüllt:

a) sie ist für den betreffenden Ort und Zeitpunkt ungewöhnlich oder unerwartet, sie ist tatsächlich oder potenziell für eine erhebliche Morbidität oder Mortalität bei Menschen verantwortlich, sie wächst tatsächlich oder potenziell rasch an oder sie überschreitet tatsächlich oder potenziell die nationalen Reaktionskapazitäten;
b) sie betrifft tatsächlich oder potenziell mehr als einen Mitgliedstaat; und
c) sie erfordert tatsächlich oder potenziell eine koordinierte Reaktion auf Unionsebene.

(2) Soweit die zuständigen nationalen Behörden der WHO Zwischenfälle melden, die gesundheitliche Notlagen von internationaler Tragweite darstellen können, und dabei die volle Interoperabilität zwischen dem WHO-Meldesystem und dem EWRS nicht gegeben ist, übermitteln die zuständigen nationalen Behörden gleichzeitig eine Warnmeldung über das EWRS, sofern die Gefahr unter Artikel 2 Absatz 1 der vorliegenden Verordnung fällt.

(3) Im Falle einer Warnmeldung übermitteln die zuständigen nationalen Behörden und die Kommission über das EWRS unverzüglich alle relevanten Informationen in ihrem Besitz, die für die Koordinierung der Reaktion nützlich sein können, beispielsweise:

a) Art und Ursprung des Auslösers;
b) Datum und Ort des Ereignisses oder Ausbruchs;

c) Übertragungs- oder Verbreitungswege;
d) toxikologische Daten;
e) Nachweis- und Bestätigungsmethoden;
f) Risiken für die öffentliche Gesundheit;
g) auf nationaler Ebene durchgeführte oder geplante Maßnahmen im Bereich der öffentlichen Gesundheit;
h) andere Maßnahmen als Maßnahmen für die öffentliche Gesundheit, einschließlich sektorenübergreifender Maßnahmen;
i) ob ein dringender Bedarf oder Mangel an medizinischen Gegenmaßnahmen besteht;
j) Ersuchen um grenzüberschreitende Soforthilfe und Angebote derartiger Soforthilfe, wie etwa die Überführung von Patienten aus medizinischen Gründen oder die Bereitstellung von Personal in der Gesundheitsversorgung seitens eines Mitgliedstaates in einem anderen Mitgliedstaat, insbesondere in Grenzgebieten von Nachbarregionen;
k) für die Zwecke der Kontaktnachverfolgung gemäß Artikel 28 notwendige personenbezogene Daten;
l) sonstige Informationen, die für die betreffende schwerwiegende grenzüberschreitende Gesundheitsgefahr relevant sind.

(4) Die Kommission stellt den zuständigen nationalen Behörden über das EWRS alle Informationen zur Verfügung, die für die Koordinierung der Reaktion gemäß Artikel 21 nützlich sein können, einschließlich Informationen über schwerwiegende grenzüberschreitende Gesundheitsgefahren und Maßnahmen im Bereich der öffentlichen Gesundheit zu schwerwiegenden grenzüberschreitenden Gesundheitsgefahren, die bereits über Schnellwarn- und Informationssysteme übermittelt werden, die gemäß anderen Bestimmungen des Unionsrechts oder des Euratom-Vertrags eingerichtet wurden.

(5) Die Mitgliedstaaten aktualisieren die in Absatz 3 genannten Informationen, sobald neue Daten verfügbar sind.

Artikel 20
Gesundheitsrisikobewertung

(1) Wird eine Warnmeldung gemäß Artikel 19 übermittelt, so stellt die Kommission, soweit dies für die in Artikel 21 genannte Koordinierung der Reaktion auf Unionsebene notwendig ist, oder auf Ersuchen des Gesundheitssicherheitsausschusses oder auf eigene Initiative den zuständigen nationalen Behörden und dem Gesundheitssicherheitsausschuss über das EWRS unverzüglich eine Risikobewertung mit Blick auf die Schwere der Gesundheitsgefahr einschließlich möglicher Maßnahmen im Bereich der öffentlichen Gesundheit zur Verfügung. Diese Risikobewertung erfolgt durch eine oder mehrere der folgenden Agenturen oder Einrichtungen der Union:

a) das ECDC in Übereinstimmung mit Artikel 8a der Verordnung (EG) Nr. 851/2004 im Falle einer schwerwiegenden grenzüberschreitenden Gesundheitsgefahr im Sinne von Artikel 2 Absatz 1 Buchstabe a Ziffern i und ii, einschließlich in Bezug auf Substanzen menschlichen Ursprungs, die potenziell von übertragbaren Krankhei-

ten betroffen sind, oder von Artikel 2 Absatz 1 Buchstabe d der vorliegenden Verordnung;

b) die Europäische Arzneimittel-Agentur (EMA) in Übereinstimmung mit Artikel 1 der Verordnung (EU) 2022/123 des Europäischen Parlaments und des Rates[1], wenn die schwerwiegende grenzüberschreitende Gesundheitsgefahr mit Arzneimitteln und Medizinprodukten in Verbindung steht;

c) die Europäische Behörde für Lebensmittelsicherheit (EFSA) in Übereinstimmung mit Artikel 23 der Verordnung (EG) Nr. 178/2002 des Europäischen Parlaments und des Rates[2] im Falle einer schwerwiegenden grenzüberschreitenden Gesundheitsgefahr im Sinne des Artikels 2 der vorliegenden Verordnung, sofern die Gefahr in den Zuständigkeitsbereich der EFSA fällt;

d) die Europäische Chemikalienagentur (ECHA) in Übereinstimmung mit der Verordnung (EG) Nr. 1907/2006 des Europäischen Parlaments und des Rates[3] im Falle einer schwerwiegenden grenzüberschreitenden Gesundheitsgefahr im Sinne des Artikels 2 Absatz 1 Buchstaben b oder c der vorliegenden Verordnung, sofern die Gefahr in den Zuständigkeitsbereich der ECHA fällt;

e) die Europäische Umweltagentur in Übereinstimmung mit der Verordnung (EG) Nr. 401/2009 des Europäischen Parlaments und des Rates[4] im Falle einer schwerwiegenden grenzüberschreitenden Gesundheitsgefahr im Sinne des Artikels 2 Absatz 1 Buchstabe c der vorliegenden Verordnung, sofern die Gefahr in den Zuständigkeitsbereich der Europäischen Umweltagentur fällt;

f) die Europäische Beobachtungsstelle für Drogen und Drogensucht (EMCDDA) in Übereinstimmung mit der Verordnung (EG) Nr. 1920/2006 des Europäischen Parlaments und des Rates[5] im Falle einer schwerwiegenden grenzüberschreitenden Gesundheitsgefahr im Sinne des Artikels 2 Absatz 1 Buchstabe b der vorliegenden Verordnung, sofern die Gefahr in den Zuständigkeitsbereich der EMCDDA fällt.

Diese Risikobewertung erfolgt im Falle einer Gefahr im Sinne von Artikel 2 Absatz 1 der vorliegenden Verordnung in Zusammenarbeit mit der Agentur der Europäischen

---

1) Verordnung (EU) 2022/123 des Europäischen Parlaments und des Rates vom 25. Januar 2022 zu einer verstärkten Rolle der Europäischen Arzneimittel-Agentur bei der Krisenvorsorge und -bewältigung in Bezug auf Arzneimittel und Medizinprodukte (ABl. L 20 vom 31.1.2022, S. 1)

2) Verordnung (EG) Nr. 178/2002 des Europäischen Parlaments und des Rates vom 28. Januar 2002 zur Festlegung der allgemeinen Grundsätze und Anforderungen des Lebensmittelrechts, zur Errichtung der Europäischen Behörde für Lebensmittelsicherheit und zur Festlegung von Verfahren zur Lebensmittelsicherheit (ABl. L 31 vom 1.2.2002, S. 1)

3) Verordnung (EG) Nr. 1907/2006 des Europäischen Parlaments und des Rates vom 18. Dezember 2006 zur Registrierung, Bewertung, Zulassung und Beschränkung chemischer Stoffe (REACH), zur Schaffung einer Europäischen Agentur für chemische Stoffe, zur Änderung der Richtlinie 1999/45/EG und zur Aufhebung der Verordnung (EWG) Nr. 793/93 des Rates, der Verordnung (EG) Nr. 1488/94 der Kommission, der Richtlinie 76/769/EWG des Rates sowie der Richtlinien 91/155/EWG, 93/67/EWG, 93/105/EG und 2000/21/EG der Kommission (ABl. L 396 vom 30.12.2006, S. 1)

4) Verordnung (EG) Nr. 401/2009 des Europäischen Parlaments und des Rates vom 23. April 2009 über die Europäische Umweltagentur und das Europäische Umweltinformations- und Umweltbeobachtungsnetz (ABl. L 126 vom 21.5.2009, S. 13)

5) Verordnung (EG) Nr. 1920/2006 des Europäischen Parlaments und des Rates vom 12. Dezember 2006 über die Europäische Beobachtungsstelle für Drogen und Drogensucht (ABl. L 376 vom 27.12.2006, S. 1)

Union für die Zusammenarbeit auf dem Gebiet der Strafverfolgung (Europol), wenn die schwerwiegende grenzüberschreitende Gefahr von in Artikel 3 der Verordnung (EU) 2016/794 des Europäischen Parlaments und des Rates[1)] genannten terroristischen oder kriminellen Aktivitäten ausgeht, und in Zusammenarbeit mit der EMA, wenn die schwerwiegende grenzüberschreitende Gefahr mit Arzneimitteln in Verbindung steht.

(2) Auf Ersuchen der Agentur oder Einrichtung der Union, die die Risikobewertung im Rahmen ihres Mandats durchführt, stellen die in Absatz 1 des vorliegenden Artikels genannten Agenturen und Einrichtungen der Union unverzüglich alle ihnen zur Verfügung stehenden einschlägigen Informationen und Daten zur Verfügung. Die Verarbeitung personenbezogener Daten erfolgt gegebenenfalls im Einklang mit den Datenschutzanforderungen gemäß Artikel 27.

(3) Soweit die erforderliche Risikobewertung ganz oder teilweise über die Mandate der in Absatz 1 genannten Agenturen und Einrichtungen der Union hinausgeht, diese jedoch als notwendig für die Koordinierung der Reaktion auf Unionsebene erachtet wird, legt die Kommission auf Ersuchen des Gesundheitssicherheitsausschusses oder auf eigene Initiative eine Ad-hoc-Risikobewertung vor.

(4) Die Kommission stellt Risikobewertungen den zuständigen nationalen Behörden unverzüglich über das EWRS und dem Gesundheitssicherheitsausschuss und gegebenenfalls über damit verknüpfte Warnsysteme zur Verfügung. Falls die Risikobewertung zu veröffentlichen ist, wird sie 24 Stunden vor der Veröffentlichung den zuständigen nationalen Behörden zur Verfügung gestellt, es sei denn, die Risikobewertung muss aus Gründen der Dringlichkeit und Notwendigkeit unverzüglich veröffentlicht werden.

Bei der Risikobewertung werden, sofern verfügbar, relevante Informationen anderer Einrichtungen berücksichtigt, insbesondere der WHO im Falle einer gesundheitlichen Notlage von internationaler Tragweite.

(5) Die Kommission stellt sicher, dass Informationen, die für die Risikobewertung relevant sein können, den zuständigen nationalen Behörden über das EWRS und den Gesundheitssicherheitsausschuss zugänglich gemacht werden.

Artikel 21
Koordinierung der Reaktion im Rahmen des Gesundheitssicherheitsausschusses

(1) Im Anschluss an eine Warnmeldung gemäß Artikel 19 konsultieren sich die Mitgliedstaaten auf Ersuchen der Kommission oder eines Mitgliedstaats und auf der Grundlage der verfügbaren Informationen einschließlich der in Artikel 19 genannten Informationen und der in Artikel 20 genannten Risikobewertungen einander und ko-

1) Verordnung (EU) 2016/794 des Europäischen Parlaments und des Rates vom 11. Mai 2016 über die Agentur der Europäischen Union für die Zusammenarbeit auf dem Gebiet der Strafverfolgung (Europol) und zur Ersetzung und Aufhebung der Beschlüsse 2009/371/JI, 2009/934/JI, 2009/935/JI, 2009/936/JI und 2009/968/JI des Rates (ABl. L 135 vom 24.5.2016, S. 53)

ordinieren im Rahmen des Gesundheitssicherheitsausschusses und im Benehmen mit der Kommission Folgendes:

a) die nationalen Reaktionen, einschließlich des Forschungsbedarfs, auf die schwerwiegenden grenzüberschreitenden Gesundheitsgefahren; dies gilt auch für gesundheitliche Notlagen von internationaler Tragweite, die in Übereinstimmung mit den IGV erklärt werden und unter Artikel 2 der vorliegenden Verordnung fallen;
b) die Risiko- und Krisenkommunikation, die an die nationalen Bedürfnisse und Gegebenheiten anzupassen ist und zum Ziel hat, in der Union die Öffentlichkeit und das Personal in Gesundheitsversorgung und Gesundheitswesen mit kohärenten und koordinierten Informationen zu versorgen;
c) die Annahme von Stellungnahmen und Leitlinien einschließlich zu spezifischen Reaktionsmaßnahmen für die Mitgliedstaaten zur Prävention und Kontrolle schwerwiegender grenzüberschreitender Gesundheitsgefahren, auf der Grundlage von Gutachten der einschlägigen fachlichen Agenturen und Einrichtungen der Union; und
d) die Unterstützung der Integrierten EU-Regelung für die politische Reaktion auf Krisen (IPCR) gemäß dem Beschluss 2014/415/EU des Rates[1)] im Falle ihrer Aktivierung.

(2) Beabsichtigt ein Mitgliedstaat, Maßnahmen für die öffentliche Gesundheit zur Bekämpfung einer schwerwiegenden grenzüberschreitenden Gesundheitsgefahr zu ergreifen oder diese zu beenden, so unterrichtet und konsultiert er vor Erlass dieser Maßnahmen die anderen Mitgliedstaaten, insbesondere angrenzende Mitgliedstaaten, und die Kommission zu Art, Zweck und Umfang der Maßnahmen und stimmt sich mit ihnen ab, es sei denn, der Schutz der öffentlichen Gesundheit ist so dringend erforderlich, dass ein unverzüglicher Erlass der Maßnahmen notwendig ist.

(3) Muss ein Mitgliedstaat Maßnahmen für die öffentliche Gesundheit als Reaktion auf eine neue oder wiederkehrende schwerwiegende grenzüberschreitende Gesundheitsgefahr dringend erlassen, so informiert er unverzüglich nach dem Erlass die anderen Mitgliedstaaten und die Kommission über Art, Zweck und Umfang dieser Maßnahmen, insbesondere in grenzüberschreitenden Regionen.

(4) Erforderlichenfalls können die Mitgliedstaaten im Falle einer schwerwiegenden grenzüberschreitenden Gesundheitsgefahr andere Mitgliedstaaten über das im Beschluss Nr. 1313/2013/EU vorgesehene Zentrum für die Koordination von Notfallmaßnahmen (ERCC) um Unterstützung ersuchen.

(5) Die Kommission legt im Wege von Durchführungsrechtsakten die notwendigen Verfahren zur einheitlichen Anwendung der Informationsaustausch-, Konsultations- und Koordinierungsvorschriften gemäß den Absätzen 1, 2 und 3 des vorliegenden Artikels fest.

Diese Durchführungsrechtsakte werden gemäß dem in Artikel 29 Absatz 2 genannten Prüfverfahren erlassen.

1) Beschluss 2014/415/EU des Rates vom 24. Juni 2014 über die Vorkehrungen für die Anwendung der Solidaritätsklausel durch die Union (ABl. L 192 vom 1.7.2014, S. 53)

Artikel 22
Empfehlungen zu gemeinsamen zeitlich befristeten Maßnahmen im Bereich der öffentlichen Gesundheit

(1) Die Kommission kann die Maßnahmen der Mitgliedstaaten durch die Annahme von Empfehlungen zu gemeinsamen zeitlich befristeten Maßnahmen im Bereich der öffentlichen Gesundheit ergänzen.

(2) Die nach Absatz 1 angenommenen Empfehlungen zu gemeinsamen zeitlich befristeten Maßnahmen im Bereich der öffentlichen Gesundheit:

a) stützen sich insbesondere auf Empfehlungen des ECDC und der WHO, auf Empfehlungen anderer einschlägiger Agenturen oder Einrichtungen der Union oder auf Empfehlungen des in Artikel 24 genannten Beratenden Ausschusses;
b) stehen im Einklang mit der Verantwortung der Mitgliedstaaten für die Festlegung ihrer Gesundheitspolitik sowie für die Organisation des Gesundheitswesens und die medizinische Versorgung;
c) sind notwendig, geeignet und stehen in einem angemessenen Verhältnis zu den mit der betreffenden Gefahr verbundenen Risiken für die öffentliche Gesundheit, wobei insbesondere jede unnötige Einschränkung der Freizügigkeit und des freien Waren- und Dienstleistungsverkehrs vermieden wird, und fördern die Koordinierung von Maßnahmen zwischen den Mitgliedstaaten; und
d) werden den zuständigen nationalen Behörden unverzüglich über das EWRS und dem Gesundheitssicherheitsausschuss sowie gegebenenfalls über verbundene Warnsysteme zur Verfügung gestellt; falls die Empfehlung zu veröffentlichen ist, erhalten die zuständigen nationalen Behörden diese 24 Stunden vor ihrer Veröffentlichung, es sei denn, die unverzügliche Veröffentlichung der Empfehlung ist aufgrund der Dringlichkeit notwendig.

Kapitel V
GESUNDHEITLICHE NOTLAGE AUF UNIONSEBENE

Artikel 23
Feststellung von gesundheitlichen Notlagen auf Unionsebene

(1) Bei schwerwiegenden grenzüberschreitenden Gesundheitsgefahren im Sinne des Artikels 2 Absatz 1 kann die Kommission, nach Berücksichtigung etwaiger Gutachten des ECDC, anderer einschlägiger Agenturen oder Einrichtungen der Union oder des in Artikel 24 genannten Beratenden Ausschusses, formell eine gesundheitliche Notlage auf Unionsebene feststellen; dies schließt Pandemien ein, bei denen die betreffende schwerwiegende grenzüberschreitende Gesundheitsgefahr die Gesundheit der Bevölkerung auf Unionsebene gefährdet.

(2) Die Kommission hebt die in Absatz 1 genannte Feststellung auf, sobald die Bedingung gemäß Absatz 1 nicht länger erfüllt ist.

(3) Vor der Feststellung einer gesundheitlichen Notlage auf Unionsebene nimmt die Kommission Verbindung zur WHO auf, um die Lageanalyse der Kommission in Bezug

auf den Ausbruch mitzuteilen und die WHO über ihre Absicht zu informieren, eine entsprechende Entscheidung zu treffen.

(4) Die Kommission erlässt die in den Absätzen 1 und 2 des vorliegenden Artikels genannte Maßnahmen im Wege von Durchführungsrechtsakten.

Diese Durchführungsrechtsakte werden gemäß dem in Artikel 29 Absatz 2 genannten Prüfverfahren erlassen.

In aufgrund der Schwere einer schwerwiegenden grenzüberschreitenden Gesundheitsgefahr oder der Geschwindigkeit ihrer Ausbreitung zwischen den Mitgliedstaaten hinreichend begründeten Fällen äußerster Dringlichkeit kann die Kommission im Wege von Durchführungsrechtsakten mit sofortiger Wirkung nach dem in Artikel 29 Absatz 3 genannten Dringlichkeitsverfahren formell feststellen, dass eine gesundheitliche Notlage auf Unionsebene im Sinne von Absatz 1 des vorliegenden Artikels besteht.

Artikel 24
Beratender Ausschuss für gesundheitliche Notlagen

(1) Zur Unterstützung der Entscheidungsfindung zur formellen Feststellung einer gesundheitlichen Notlage auf Unionsebene setzt die Kommission einen Beratenden Ausschuss für gesundheitliche Notlagen (im Folgenden „Beratender Ausschuss“) ein, der die Kommission oder den Gesundheitssicherheitsausschuss auf deren Ersuchen hin berät, indem er zu folgenden Punkten Stellung nimmt:

a) Feststellung einer gesundheitlichen Notlage auf Unionsebene;
b) Aufhebung der Feststellung einer gesundheitlichen Notlage auf Unionsebene;
c) Reaktion, einschließlich:
   i) Formulierung von Reaktionsmaßnahmen, einschließlich Risiko- und Krisenkommunikation, die sich an alle Mitgliedstaaten entsprechend den verschiedenen Stadien der Gefahr in der Union richten;
   ii) Ermittlung und Beseitigung erheblicher Defizite, Unstimmigkeiten oder Unzulänglichkeiten bei den Maßnahmen, die zur Eindämmung und Bewältigung der spezifischen Gefahr und zur Überwindung ihrer Auswirkungen ergriffen wurden oder ergriffen werden sollen, einschließlich in Bezug auf das klinische Management und die klinische Behandlung, nicht-pharmazeutische Gegenmaßnahmen und den Bedarf an Forschungsarbeiten im Bereich der öffentlichen Gesundheit;
   iii) Priorisierung der Gesundheitsversorgung, des Katastrophenschutzes und anderer Ressourcen sowie Unterstützungsmaßnahmen, die auf Unionsebene organisiert oder koordiniert werden; und
   iv) jedwede spätere Empfehlung für politische Maßnahmen zur Bewältigung und Abmilderung der langfristigen Folgen der betreffenden Gefahr.

Die unter Buchstabe c geleistete Beratung zur Reaktion stützt sich gegebenenfalls auf die Empfehlungen des ECDC, der EMA, der WHO und anderer einschlägiger Agenturen oder Einrichtungen der Union.

(2) Der Beratende Ausschuss setzt sich aus unabhängigen Experten zusammen, zu denen Vertreter der Gesundheitsberufe und Sozialarbeiter sowie der Zivilgesellschaft gehören können und die von der Kommission entsprechend ihren Fachgebieten und Erfahrungen ausgewählt werden, die für die konkret auftretende Gefahr am relevantesten sind; ferner umfasst er Vertreter des ECDC und der EMA als ständige Beobachter. Der Beratende Ausschuss ist multidisziplinär zusammengesetzt, sodass er zu Aspekten der öffentlichen Gesundheit sowie biomedizinischen, verhaltensbezogenen, sozialen, wirtschaftlichen, kulturellen und internationalen Aspekten beraten kann. Die Vertreter der WHO können ebenfalls als Beobachter am Beratenden Ausschuss teilnehmen. Die Vertreter anderer Agenturen oder Einrichtungen der Union, die für die spezifische Gefahr relevant sind, können erforderlichenfalls als nicht ständige Beobachter am Beratenden Ausschuss teilnehmen. Die Kommission kann Experten, die über besonderes Fachwissen bezüglich eines Tagesordnungspunkts verfügen, ad hoc zur Teilnahme an der Arbeit des Beratenden Ausschusses einladen, und zwar insbesondere Experten aus den Ländern, in deren Hoheitsgebiet die Gefahr ihren Ursprung hat. Die Mitgliedstaaten können der Kommission je nach spezifischem Thema die Benennung einschlägiger Experten vorschlagen.

(3) Die Kommission veröffentlicht Informationen zum Beratenden Ausschuss im Einklang mit den Bestimmungen der Europäischen Kommission über Expertengruppen[1)]; dazu gehören die Namen der für die Teilnahme am Beratenden Ausschuss ausgewählten Experten und Angaben zu ihrem beruflichen oder wissenschaftlichen Hintergrund, der ihre Benennung rechtfertigt. Die Kommission veröffentlicht auf ihrer Website die Liste der Mitglieder des Beratenden Ausschusses und die Qualifikationen, aufgrund derer sie benannt wurden.

(4) Gegebenenfalls handelt der Beratende Ausschuss in Abstimmung mit dem Gesundheitskrisenstab, sofern dieser gemäß der Verordnung (EU) 2022/2372 eingesetzt wurde.

(5) Der Beratende Ausschuss tritt auf Ersuchen der Kommission, des Gesundheitssicherheitsausschusses oder eines Mitgliedstaats immer dann zusammen, wenn es sich als erforderlich erweist. Die Kommission teilt den Mitgliedstaaten über den Gesundheitssicherheitsausschuss alle einschlägigen Informationen über die Tagungen des Beratenden Ausschusses mit.

(6) Den Vorsitz im Beratenden Ausschuss führt ein Vertreter der Kommission.

(7) Die Sekretariatsgeschäfte des Beratenden Ausschusses werden von der Kommission wahrgenommen.

(8) Der Beratende Ausschuss gibt sich eine Geschäftsordnung, die unter anderem die Annahme von Stellungnahmen und Empfehlungen, die Abstimmungsregeln sowie den Datenschutz und den Schutz der Privatsphäre sicherstellt. Die Geschäftsordnung tritt nach Eingang einer befürwortenden Stellungnahme der Kommission in Kraft. Die Protokolle der Sitzungen des Beratenden Ausschusses werden veröffentlicht.

1) Beschluss der Kommission vom 30. Mai 2016 zur Festlegung horizontaler Bestimmungen über die Einsetzung und Arbeitsweise von Expertengruppen der Kommission (nicht im Amtsblatt veröffentlicht)

Artikel 25
Rechtliche Wirkung der Feststellung

Die Feststellung einer gesundheitlichen Notlage auf Unionsebene gemäß Artikel 23 hat die rechtliche Wirkung, dass unter anderem folgende Maßnahmen eingeführt werden können:

a) Maßnahmen, die während der gesundheitlichen Notlage anwendbar sind, mit Bezug auf Arzneimittel und Medizinprodukte gemäß der Verordnung (EU) 2022/123;
b) Mechanismen zur Beobachtung der Verknappung medizinischer Gegenmaßnahmen sowie zu deren Entwicklung, Beschaffung, Verwaltung und Einsatz, im Einklang mit Artikel 12 der vorliegenden Verordnung und mit den anwendbaren Rechtsvorschriften der Union, insbesondere der Verordnung (EU) 2022/123, und mit der Verordnung (EU) 2022/2372;
c) Aktivierung der Unterstützung durch das ECDC gemäß der Verordnung (EG) Nr. 851/2004 zwecks Mobilisierung und Einsatz der EU-Gesundheits-Taskforce; and
d) Aktivierung der IPCR-Regelung.

Kapitel VI
SCHLUSSBESTIMMUNGEN

Artikel 26
Transparenz und Interessenkonflikt

(1) Der Gesundheitssicherheitsausschuss und der Beratende Ausschuss üben ihre Tätigkeiten in unabhängiger, unparteiischer und transparenter Weise aus und verpflichten sich, im öffentlichen Interesse zu handeln.

(2) Die für den Gesundheitssicherheitsausschuss und den Beratenden Ausschuss benannten Vertreter und gegebenenfalls die Beobachter haben keine finanziellen oder sonstigen Interessen, die als ihre Unabhängigkeit beeinträchtigend angesehen werden könnten.

(3) Die für den Gesundheitssicherheitsausschuss und den Beratenden Ausschuss benannten Vertreter und gegebenenfalls die Beobachter geben eine Erklärung über ihre finanziellen und sonstigen Interessen ab, die sie jährlich und bei Bedarf aktualisieren. Sie legen alle sonstigen Tatsachen offen, von denen sie Kenntnis erlangen und bei denen nach Treu und Glauben davon ausgegangen werden kann, dass sie einen Interessenkonflikt darstellen oder zu einem solchen führen.

(4) Die Vertreter, die an den Sitzungen des Gesundheitssicherheitsausschusses oder des Beratenden Ausschusses teilnehmen, und gegebenenfalls die Beobachter legen vor jeder Sitzung etwaige Interessen offen, die ihre Unabhängigkeit oder Unparteilichkeit in Bezug auf die Tagesordnungspunkte beeinträchtigen könnten.

(5) Stellt die Kommission fest, dass ein offengelegtes Interesse eines Vertreters einen Interessenkonflikt darstellt, so nimmt der betreffende Vertreter weder an Beratungen

oder Beschlüssen teil, noch erhält er Informationen zu diesem Tagesordnungspunkt. Diese Erklärungen der Vertreter und der Beschluss der Kommission werden in das Sitzungsprotokoll aufgenommen.

(6) Die Vertreter, die an den Sitzungen des Gesundheitssicherheitsausschusses oder des Beratenden Ausschusses teilnehmen, und gegebenenfalls die Beobachter sind auch nach Beendigung ihrer Tätigkeit zur Wahrung des Berufsgeheimnisses verpflichtet.

Artikel 27
Schutz personenbezogener Daten

(1) Diese Verordnung lässt die Verpflichtungen der Mitgliedstaaten in Bezug auf die Verarbeitung personenbezogener Daten gemäß der Verordnung (EU) 2016/679 und der Richtlinie 2002/58/EG sowie die Verpflichtungen der Organe, Einrichtungen und sonstigen Stellen der Union in Bezug auf die Verarbeitung personenbezogener Daten gemäß der Verordnung (EU) 2018/1725 bei der Erfüllung ihrer Aufgaben unberührt.

(2) Die Kommission und gegebenenfalls die anderen Organe, Einrichtungen und sonstigen Stellen der Union verarbeiten keine personenbezogenen Daten, außer es ist für die Erfüllung ihres Auftrags notwendig. Gegebenenfalls werden die personenbezogenen Daten so anonymisiert, dass die betroffene Person nicht identifiziert werden kann.

Artikel 28
Schutz personenbezogener Daten im Hinblick auf die selektive Mitteilungsfunktion des EWRS

(1) Das EWRS umfasst eine selektive Mitteilungsfunktion, die es erlaubt, personenbezogene Daten, einschließlich Kontakt- und Gesundheitsdaten, ausschließlich an die beteiligten zuständigen nationalen Behörden zwecks Kontaktnachverfolgung und Verfahren der medizinischen Evakuierung zu übermitteln. Diese selektive Mitteilungsfunktion wird so konzipiert und betrieben, dass eine sichere und rechtmäßige Verarbeitung personenbezogener Daten gewährleistet ist und eine Verknüpfung mit Systemen zur Kontaktnachverfolgung auf Unionsebene hergestellt werden kann.

(2) Wenn nationale zuständige Behörden bei der Kontaktnachverfolgung oder der medizinischen Evakuierung für die Zwecke der Kontaktnachverfolgung notwendige personenbezogene Daten gemäß Artikel 19 Absatz 3 über das EWRS übermitteln, nutzen sie die selektive Mitteilungsfunktion gemäß Absatz 1 des vorliegenden Artikels und geben die Daten nur an diejenigen anderen Mitgliedstaaten weiter, die mit der Kontaktnachverfolgung oder der medizinischen Evakuierung befasst sind.

(3) Bei der Übermittlung der Daten gemäß Absatz 2 beziehen sich die nationalen zuständigen Behörden auf die zuvor über das EWRS übermittelte Warnmeldung.

(4) Die selektive Mitteilungsfunktion wird ausschließlich für die Zwecke der Kontaktnachverfolgung und der medizinischen Evakuierung verwendet. Sie ermöglicht es den nationalen zuständigen Behörden ausschließlich, Daten zu empfangen, die von anderen nationalen zuständigen Behörden an sie gesendet wurden. Das ECDC hat aus-

schließlich Zugang zu den Daten, die erforderlich sind, um das ordnungsgemäße Funktionieren der selektiven Mitteilungsfunktion sicherzustellen. Nachrichten, die personenbezogene Daten enthalten, werden spätestens 14 Tage nach ihrer Versendung automatisch aus der selektiven Mitteilungsfunktion gelöscht.

(5) Wenn dies für die Zwecke der Kontaktnachverfolgung erforderlich ist, können personenbezogene Daten auch unter Verwendung von Nachverfolgungstechnologien ausgetauscht werden. Die nationalen zuständigen Behörden speichern die Kontaktdaten und Gesundheitsdaten, die sie über die selektive Mitteilungsfunktion erhalten, nicht über einen längeren Zeitraum als die Speicherfrist, die im Rahmen ihrer nationalen Nachverfolgungstätigkeiten gilt.

(6) Die Kommission erlässt gemäß Artikel 31 delegierte Rechtsakte zur Ergänzung dieser Verordnung, um Folgendes festzulegen:

a) detaillierte Anforderungen, die erforderlich sind, um sicherzustellen, dass der Betrieb des EWRS und die Datenverarbeitung mit der Verordnung (EU) 2016/679 und der Verordnung (EU) 2018/1725 in Einklang stehen, einschließlich der jeweiligen Zuständigkeiten der nationalen zuständigen Behörden und des ECDC; und
b) eine Liste der Kategorien personenbezogener Daten, die für die Zwecke der Koordinierung der Kontaktnachverfolgung ausgetauscht werden dürfen.

(7) Die Kommission legt im Wege von Durchführungsrechtsakten Folgendes fest:

a) Verfahren für die Verknüpfung des EWRS mit Systemen zur Kontaktnachverfolgung auf Unionsebene und auf internationaler Ebene; und
b) die Modalitäten für die Verarbeitung von Technologien zur Kontaktnachverfolgung und deren Interoperabilität sowie die Fälle, in denen, und die Bedingungen, unter denen Drittländern Zugang zur Interoperabilität der Kontaktnachverfolgung gewährt werden kann, und die praktische Ausgestaltung dieses Zugangs, unter uneingeschränkter Einhaltung der Verordnung (EU) 2016/679 und der geltenden Rechtsprechung des Gerichtshofs der Europäischen Union.

Diese Durchführungsrechtsakte werden gemäß dem in Artikel 29 Absatz 2 genannten Prüfverfahren erlassen.

Artikel 29
Ausschussverfahren

(1) Die Kommission wird von einem Ausschuss für schwerwiegende grenzüberschreitende Gesundheitsgefahren unterstützt. Dieser Ausschuss ist ein Ausschuss im Sinne der Verordnung (EU) Nr. 182/2011.

(2) Wird auf diesen Absatz Bezug genommen, so gilt Artikel 5 der Verordnung (EU) Nr. 182/2011.

Gibt der Ausschuss keine Stellungnahme ab, so erlässt die Kommission den Durchführungsrechtsakt nicht und Artikel 5 Absatz 4 Unterabsatz 3 der Verordnung (EU) Nr. 182/2011 findet Anwendung.

(3) Wird auf diesen Absatz Bezug genommen, so gilt Artikel 8 der Verordnung (EU) Nr. 182/2011 in Verbindung mit deren Artikel 5.

Artikel 30
Zusammenarbeit mit der WHO

Die Union erstellt einen Rahmen für die verstärkte Zusammenarbeit mit der WHO, insbesondere in Bezug auf die Berichterstattung und Überprüfung.

Artikel 31
Ausübung der Befugnisübertragung

(1) Die Befugnis zum Erlass delegierter Rechtsakte wird der Kommission unter den in diesem Artikel festgelegten Bedingungen übertragen.

(2) Die Befugnis zum Erlass delegierter Rechtsakte gemäß Artikel 8 Absatz 4, Artikel 14 Absatz 7 und Artikel 28 Absatz 6 wird der Kommission auf unbestimmte Zeit ab dem 27. Dezember 2022 übertragen.

(3) Die Befugnisübertragung gemäß Artikel 8 Absatz 4, Artikel 14 Absatz 7 und Artikel 28 Absatz 6 kann vom Europäischen Parlament oder vom Rat jederzeit widerrufen werden. Der Beschluss über den Widerruf beendet die Übertragung der in diesem Beschluss angegebenen Befugnis. Er wird am Tag nach seiner Veröffentlichung im Amtsblatt der Europäischen Union oder zu einem im Beschluss über den Widerruf angegebenen späteren Zeitpunkt wirksam. Die Gültigkeit von delegierten Rechtsakten, die bereits in Kraft sind, wird von dem Beschluss über den Widerruf nicht berührt.

(4) Vor dem Erlass eines delegierten Rechtsakts konsultiert die Kommission die von den einzelnen Mitgliedstaaten benannten Sachverständigen im Einklang mit den in der Interinstitutionellen Vereinbarung vom 13. April 2016 über bessere Rechtsetzung enthaltenen Grundsätzen.

(5) Sobald die Kommission einen delegierten Rechtsakt erlässt, übermittelt sie ihn gleichzeitig dem Europäischen Parlament und dem Rat.

(6) Ein delegierter Rechtsakt, der gemäß Artikel 8 Absatz 4, Artikel 14 Absatz 7 oder Artikel 28 Absatz 6 erlassen wurde, tritt nur in Kraft, wenn weder das Europäische Parlament noch der Rat innerhalb einer Frist von zwei Monaten nach Übermittlung dieses Rechtsakts an das Europäische Parlament und den Rat Einwände erhoben haben oder wenn vor Ablauf dieser Frist das Europäische Parlament und der Rat beide der Kommission mitgeteilt haben, dass sie keine Einwände erheben werden. Auf Initiative des Europäischen Parlaments oder des Rates wird diese Frist um zwei Monate verlängert.

Artikel 32
Dringlichkeitsverfahren

(1) Delegierte Rechtsakte, die nach diesem Artikel erlassen werden, treten umgehend in Kraft und sind anwendbar, solange keine Einwände gemäß Absatz 2 erhoben werden. Bei der Übermittlung eines delegierten Rechtsakts an das Europäische Parlament und den Rat werden die Gründe für die Anwendung des Dringlichkeitsverfahrens angegeben.

(2) Das Europäische Parlament oder der Rat können gemäß dem Verfahren des Artikels 31 Absatz 6 Einwände gegen einen delegierten Rechtsakt erheben. In diesem Fall

hebt die Kommission den Rechtsakt umgehend nach der Übermittlung des Beschlusses des Europäischen Parlaments oder des Rates, Einwände zu erheben, auf.

Artikel 33
Bewertung dieser Verordnung

Bis zum 31. Dezember 2024 und danach spätestens alle fünf Jahre nimmt die Kommission eine Bewertung dieser Verordnung vor und legt dem Europäischen Parlament und dem Rat einen Bericht über die wichtigsten Ergebnisse dieser Bewertung vor. Die Bewertung umfasst insbesondere eine Bewertung des Funktionierens des EWRS und des Netzes für die epidemiologische Überwachung sowie die Koordinierung der Reaktion im Gesundheitssicherheitsausschuss.

Die in Absatz 1 genannte Bewertung umfasst auch eine Bewertung der Arbeit der Kommission bezüglich der in dieser Verordnung vorgesehenen Vorsorge- und Reaktionstätigkeiten, einschließlich gegebenenfalls einer Überprüfung der Durchführung dieser Verordnung durch die HERA, sowie eine Bewertung der Notwendigkeit, die Behörde für die Krisenvorsorge und -reaktion bei gesundheitlichen Notlagen (HERA) als eigenständige Stelle einzurichten, angesichts der einschlägigen Agenturen oder Behörden, die im Bereich der Krisenvorsorge und -reaktion bei gesundheitlichen Notlagen tätig sind. Die Kommission legt gegebenenfalls auf der Grundlage dieser Bewertung Legislativvorschläge zur Änderung dieser Verordnung vor oder unterbreitet weitere Vorschläge.

Artikel 34
Aufhebung

(1) Der Beschluss Nr. 1082/2013/EU wird aufgehoben.

(2) Bezugnahmen auf den aufgehobenen Beschluss gelten als Bezugnahmen auf die vorliegende Verordnung und sind nach Maßgabe der Entsprechungstabelle in Anhang II zu lesen.

Artikel 35
Inkrafttreten

Diese Verordnung tritt am zwanzigsten Tag nach ihrer Veröffentlichung im Amtsblatt der Europäischen Union in Kraft.

Diese Verordnung ist in allen ihren Teilen verbindlich und gilt unmittelbar in jedem Mitgliedstaat.

Geschehen zu Straßburg am 23. November 2022.

Im Namen des Europäischen Parlaments

Die Präsidentin

R. METSOLA

Im Namen des Rates

Der Präsident

M. BEK

Anhänge

Anhang I

Abschnitt 1 Kriterien für die Auswahl der durch die epidemiologische Überwachung im Rahmen des Netzes für epidemiologische Überwachung zu erfassenden übertragbaren Krankheiten oder damit zusammenhängenden besonderen Gesundheitsrisiken

Die Überwachung in der Union bietet Informationen für Maßnahmen im Bereich der öffentlichen Gesundheit auf Ebene der Union. Insbesondere muss eines der folgenden Kriterien erfüllt sein:

1. **hohe Morbidität, hohe Mortalität oder neu auftretende Krankheit (zunehmender Fünfjahrestrend) in einem wesentlichen Prozentsatz der Mitgliedstaaten;**
2. **Potenzial zur Verursachung grenzüberschreitender Ausbrüche;**
3. **hochgefährlicher Erreger (Übertragbarkeit und Schwere);**
4. **spezifische gezielte nationale oder unionsweite Programme im Bereich der öffentlichen Gesundheit, die Beobachtung und Evaluierung erfordern;**
5. **Überwachung in der Union bietet anderen Mehrwert im Bereich der öffentlichen Gesundheit für nationale Überwachungssysteme als die Kriterien 1 bis 4.**

Abschnitt 2 Kriterien zur Verwendung bei der Definition und Klassifizierung von Fällen:

1. **Klinische Kriterien;**
2. **Laborkriterien;**
3. **epidemiologische Kriterien.**

Klassifizierung von Fällen:

1. **möglicher Fall;**
2. **wahrscheinlicher Fall;**
3. **bestätigter Fall.**

Abschnitt 3 Verfahren für den Betrieb des Netzes für epidemiologische Überwachung

Die Verfahrensmodalitäten des Netzes für epidemiologische Überwachung umfassen mindestens die folgenden Punkte:

1. **Mitgliedschaft und Ernennung;**
2. **Mandat (genaue Angabe der Zuständigkeiten der nationalen Vertreter und des ECDC-Sekretariats des Netzes, einschließlich Funktionen und Aufgaben);**
3. **administrative Verfahren, z. B. im Zusammenhang mit der Einberufung von Tagungen und der Beschlussfassung, sowie technische Arbeitsverfahren, z. B. im Zusammenhang mit Mechanismen, Instrumenten und Plattformen für Datenübertragung, Datenanalyse und Datenverbreitung; und**
4. **Mechanismen für die regelmäßige Evaluierung/Überprüfung der administrativen und technischen Arbeitsverfahren.**

Anhang II
Entsprechungstabelle

Beschluss Nr. 1082/2013/EU	Vorliegende Verordnung
Artikel 1	Artikel 1
Artikel 2	Artikel 2
Artikel 3	Artikel 3
Artikel 4 Absatz 1	Artikel 6
Artikel 4 Absatz 2	Artikel 7
Artikel 5	Artikel 12
Artikel 6	Artikel 13
Artikel 7	Artikel 17
Artikel 8	Artikel 18
Artikel 9	Artikel 19
Artikel 10	Artikel 20
Artikel 11	Artikel 21
Artikel 12	Artikel 23 Absätze 1, 3, 4
Artikel 13	Artikel 25
Artikel 14	Artikel 23 Absatz 2
Artikel 15	–
Artikel 16 Absatz 1	Artikel 27
Artikel 16 Absätze 2 bis 8	Artikel 28
Artikel 17	Artikel 4
Artikel 18	Artikel 29
Artikel 19	Artikel 33
Artikel 20	Artikel 34
Artikel 21	Artikel 35
Artikel 22	–
Anhang	Anhang I

Anhang zu § 12 Abs. 2 IfSG

Durchführungsbeschluss (EU) 2014/504 der Kommission zur Durchführung des Beschlusses Nr. 1082/2013/EU des Europäischen Parlaments und des Rates in Bezug auf die Formatvorlage zur Übermittlung der Informationen über die Bereitschafts- und Reaktionsplanung hinsichtlich schwerwiegender grenzüberschreitender Gesundheitsgefahren

vom 25. Juli 2014

DIE EUROPÄISCHE KOMMISSION –

gestützt auf den Vertrag über die Arbeitsweise der Europäischen Union,

gestützt auf den Beschluss Nr. 1082/2013/EU des Europäischen Parlaments und des Rates vom 22. Oktober 2013 zu schwerwiegenden grenzüberschreitenden Gesundheitsgefahren und zur Aufhebung der Entscheidung Nr. 2119/98/EG [1), insbesondere auf Artikel 4 Absatz 6, in Erwägung nachstehender Gründe:

Mit dem Beschluss Nr. 1082/2013/EU wurden Mechanismen und Strukturen zur Koordinierung von Reaktionen auf schwerwiegende grenzüberschreitende Gesundheitsgefahren festgelegt, einschließlich der entsprechenden Bereitschafts- und Reaktionsplanung.

Gemäß Artikel 4 Absatz 1 des Beschlusses Nr. 1082/2013/EU beraten sich die Mitgliedstaaten und die Kommission im Rahmen des Gesundheitssicherheitsausschusses in Bezug auf die Bereitschafts- und Reaktionsplanung, um bewährte Verfahren und Erfahrungen auszutauschen, die Interoperabilität nationaler Bereitschaftspläne zu fördern, die sektorenübergreifende Dimension auf Unionsebene zu behandeln und die Umsetzung der wichtigsten Anforderungen an Kernkapazitäten im Hinblick auf Überwachung und Reaktion gemäß den Internationalen Gesundheitsvorschriften (2005) zu unterstützen.

In Artikel 4 Absatz 2 des Beschlusses Nr. 1082/2013/EU sind die Informationen zum Stand der Bereitschafts- und Reaktionsplanung auf nationaler Ebene festgelegt, und es ist vorgesehen, dass die Mitgliedstaaten der Kommission diese Informationen bis zum 7. November 2014 und anschließend alle drei Jahre zur Verfügung stellen.

Gemäß Artikel 4 Absatz 3 des Beschlusses Nr. 1082/2013/EU informieren die Mitgliedstaaten die Kommission, wenn sie ihre nationale Bereitschaftsplanung wesentlich ändern.

Gemäß Artikel 4 Absatz 5 des Beschlusses Nr. 1082/2013/EU analysiert die Kommission die gemäß Artikel 4 Absätze 2 und 3 von den Mitgliedstaaten erhaltenen Informa-

1) ABl L 293 vom 5.11.2013, S. 1.

tionen und erstellt einen zusammenfassenden Bericht oder einen thematischen Lagebericht. Für die Zwecke des Artikels 4 Absatz 1 leitet die Kommission frühzeitig Beratungen im Gesundheitssicherheitsausschuss ein, gegebenenfalls auch auf der Grundlage dieses Berichts.

Gemäß Artikel 4 Absatz 6 des Beschlusses Nr. 1082/2013/EU legt die Kommission im Wege von Durchführungsrechtsakten Formatvorlagen für die Mitgliedstaaten zur Übermittlung der Informationen gemäß Artikel 4 Absätze 2 und 3 fest, um ihre Relevanz für die in Artikel 4 Absatz 1 genannten Ziele und ihre Vergleichbarkeit sicherzustellen.

Zur Vermeidung doppelter Berichterstattung sollten zum Zweck der Berichterstattung gemäß Artikel 4 Absatz 2 Buchstabe a des Beschlusses Nr. 1082/2013/EU die Informationen in Bezug auf die Umsetzung der wichtigsten Kernkapazitäten im Hinblick auf die Bereitschafts- und Reaktionsplanung, die die Mitgliedstaaten bereits der Weltgesundheitsorganisation (WHO) übermittelt haben, verwendet werden.

Die in diesem Beschluss vorgesehenen Maßnahmen entsprechen der Stellungnahme des Ausschusses für schwerwiegende grenzüberschreitende Gesundheitsgefahren.
HAT FOLGENDEN BESCHLUSS ERLASSEN:

Artikel 1

Der Anhang des vorliegenden Beschlusses enthält die Formatvorlage, die die Mitgliedstaaten zur Übermittlung der Informationen über ihre Bereitschafts- und Reaktionsplanung in Bezug auf schwerwiegende grenzüberschreitende Gesundheitsgefahren gemäß Artikel 4 Absätze 2 und 3 des Beschlusses Nr 1082/2013/EU verwenden.

Artikel 2

Dieser Beschluss ist an die Mitgliedstaaten gerichtet.

Brüssel, den 25. Juli 2014

Für die Kommission

Tonio BORG

Mitglied der Kommission

ANHANG

Von den Mitgliedstaaten für die Bereitstellung der Informationen zu Bereitschafts- und Reaktionsplanung in Bezug auf schwerwiegende grenzüberschreitende Gesundheitsgefahren zu verwendende Formatvorlage

Land:

Bezeichnung und Adresse der Kontaktstelle:

Datum:

Die Auswahl der Kontaktstelle, die geeignet ist, die unten genannten Fragen zu beantworten, bleibt den Mitgliedstaaten überlassen. Allerdings wäre es hilfreich, wenn die Antworten in Zusammenarbeit mit den nationalen Kontaktstellen für die Umsetzung der internationalen Gesundheitsvorschriften (IGV) aufgesetzt würden. Es sollten alle Fragen beantwortet werden. Für jede Frage kreuzen Sie bitte nur eine entsprechende Antwort (ja, nein, nicht zutreffend bzw. nicht bekannt) an, wenn eine solche Wahl besteht, oder geben Sie eine kurze Erläuterung, wenn die Frage eine Freitexteingabe erfordert. Falls eine Frage für Ihr Land nicht zutreffend ist, so vermerken Sie dies bitte in der Textbox am Ende der einzelnen Abschnitte zusammen mit dem Grund für diese Einschätzung. Im Einklang mit Artikel 4 Absatz 2 Buchstaben b und c des Beschlusses Nr. 1082/2013/EU gilt die Verpflichtung zur Bereitstellung von Informationen gemäß den Kapiteln II (Interoperabilität) und III (Betriebskontinuität) nur, wenn solche Maßnahmen oder Vorkehrungen bestehen oder als Teil der nationalen Bereitschafts- und Reaktionsplanung vorgesehen sind.

I Umsetzung der IGV-Kernkapazitäten gemäß Artikel 4 Absatz 2 Buchstabe a des Beschlusses Nr. 1082/2013/EU

1	Bitte fügen Sie eine Kopie Ihrer letzten Antwort auf den Fragebogen der WHO für die Überwachung der Fortschritte bei der Umsetzung der IGV-Kernkapazitäten in den Vertragsstaaten sowie, wenn möglich, das von der WHO erstellte Länderprofil bei. Bitte übermitteln Sie außerdem folgende Informationen:		
2.1	Haben Sie die Umsetzung der IGV-Kernkapazitäten inzwischen abgeschlossen?	Ja	Nein
2.2	Falls nicht, warum nicht?		
3	Bitte erläutern Sie — wo Sie dies für sinnvoll halten — Ihre Vorstellungen dazu, welche Maßnahmen die Kommission, die EU-Agenturen oder Mitgliedstaaten ergreifen sollten, um zu gewährleisten, dass die WHO-Kernkapazitäten in Zukunft aufrechterhalten und gestärkt werden.		
4	Bitte geben Sie — wo Sie dies für sinnvoll halten — Anmerkungen oder Erläuterungen zu den oben genannten Fragen ab und führen Sie, falls Sie dies für nötig halten, alle einschlägigen Maßnahmen auf, die Ihr Land ergriffen hat und die nicht von diesem Fragebogen erfasst werden (erforderlichenfalls können Sie zusätzliche Seiten beifügen).		

II Interoperabilität zwischen dem Gesundheitssektor und anderen Sektoren gemäß Artikel 4 Absatz 2 Buchstabe b des Beschlusses Nr. 1082/2013/EU

Im Einklang mit Artikel 4 Absatz 2 des Beschlusses Nr. 1082/2013/EU gilt die Verpflichtung zur Bereitstellung von Informationen nur, wenn solche Maßnahmen oder Vorkehrungen bestehen oder als Teil der nationalen Bereitschafts- und Reaktionsplanung vorgesehen sind. Nationale Koordinierungsstrukturen für sektorenübergreifende Vorfälle gemäß Artikel 4 Absatz 2 Buchstabe b Ziffer i des Beschlusses Nr. 1082/2013/EU sind Strukturen mit strategischen administrativen und politischen Entscheidungsbefugnissen, insbesondere in Bezug auf die Weisungskette. Dabei könnte es sich um ein Organ, einen Ausschuss oder eine Task-Force handeln. Nationale operative Notfallzentren gemäß Artikel 4 Absatz 2 Buchstabe b Ziffer ii des Beschlusses Nr. 1082/2013/EU sind operative Strukturen und/oder Vorkehrungen zur Übernahme logistischer Aufgaben und zur Bereitstellung von Instrumenten, insbesondere in Bezug auf die Kommunikation im Fall neu auftretender schwerwiegender grenzüberschreitender Gesundheitsgefahren.

5.1	Sind andere Sektoren an der Bereitschafts- und Reaktionsplanung im Gesundheitssektor beteiligt?	Ja	Nein	Nicht zutreffend	Nicht bekannt
5.2	Wenn ja, bei welchen Arten von Gefahren, die unter den Anwendungsbereich des Beschlusses Nr. 1082/2013/EU fallen?				
5.2.1	Gefahren biologischen Ursprungs in Form von				
5.2.1.1	übertragbaren Krankheiten; wenn möglich, bitte weiter präzisieren, beispielsweise				
	– durch Lebensmittel übertragene Krankheiten				
	– Zoonosen				
	– durch das Wasser übertragene Krankheiten				
	– sonstige übertragbare Krankheiten, bitte angeben				
5.2.1.2	Antibiotikaresistenz und therapieassoziierten Infektionen im Zusammenhang mit übertragbaren Krankheiten				

5.2.1.3	Biotoxinen oder anderen schädlichen biologischen Agenzien, die nicht in Zusammenhang mit übertragbaren Krankheiten stehen				
5.2.2	Gefahren chemischen Ursprungs				
5.2.3	Umweltbedingte Gefahren				
5.2.4	Gefahren unbekannten Ursprungs				
5.2.5	Ereignisse, die gemäß den IGV gesundheitliche Notlagen von internationaler Tragweite darstellen können oder zu solchen erklärt wurden, falls sie einer der oben genannten Kategorien zuzuordnen sind				

	6	**Welche der folgenden Sektoren gehören nach Auffassung Ihres Landes in Krisensituationen im Zusammenhang mit einer schwerwiegenden grenzüberschreitenden Gesundheitsgefahr zu den kritischsten?**				**7**	**Stehen Standardverfahren (Standard Operating Procedures — SOP) zur Koordinierung des Gesundheitssektors mit einem der folgenden Sektoren zur Verfügung?**		
		Ja	**Nein**	**Nicht zutreffend**	**Nicht bekannt**		**Ja**	**Nein**	**Nicht bekannt**
Energie	6.1					7.1			
Informations- und Kommunikationstechnologie	6.2					7.2			
Verkehr	6.3					7.3			

	6	Welche der folgenden Sektoren gehören nach Auffassung Ihres Landes in Krisensituationen im Zusammenhang mit einer schwerwiegenden grenzüberschreitenden Gesundheitsgefahr zu den kritischsten?				7	Stehen Standardverfahren (Standard Operating Procedures — SOP) zur Koordinierung des Gesundheitssektors mit einem der folgenden Sektoren zur Verfügung?		
		Ja	Nein	Nicht zutreffend	Nicht bekannt		Ja	Nein	Nicht bekannt
Wasser für Einrichtungen der Gesundheitsversorgung, pharmazeutische Tätigkeiten, Abwasserentsorgung	6.4					7.4			
Landwirtschaft einschließlich Veterinärsektor	6.5					7.5			
Lebensmittelsicherheit	6.6					7.6			
Lebensmittelversorgung	6.7					7.7			
Chemische Industrie	6.8					7.8			

	6	Welche der folgenden Sektoren gehören nach Auffassung Ihres Landes in Krisensituationen im Zusammenhang mit einer schwerwiegenden grenzüberschreitenden Gesundheitsgefahr zu den kritischsten?				7	Stehen Standardverfahren (Standard Operating Procedures — SOP) zur Koordinierung des Gesundheitssektors mit einem der folgenden Sektoren zur Verfügung?		
		Ja	**Nein**	**Nicht zutreffend**	**Nicht bekannt**		**Ja**	**Nein**	**Nicht bekannt**
Wirtschaftssektor, der den Gesundheitssektor mit Arzneimitteln und sonstigen Verbrauchsprodukten versorgt	6.9					7.9			
Sicherheits- und Krisenpolizei, Feuerwehr und Rettungsdienste	6.10					7.10			
Lokale Umweltdienste	6.11					7.11			
Bestattungsdienste	6.12					7.12			
Militär	6.13					7.13			
Zivilschutz	6.14					7.14			
Verwaltung und staatliche Stellen	6.15					7.15			
Wissenschaftliche Einrichtungen	6.16					7.16			

	6	**Welche der folgenden Sektoren gehören nach Auffassung Ihres Landes in Krisensituationen im Zusammenhang mit einer schwerwiegenden grenzüberschreitenden Gesundheitsgefahr zu den kritischsten?**				7	**Stehen Standardverfahren (Standard Operating Procedures — SOP) zur Koordinierung des Gesundheitssektors mit einem der folgenden Sektoren zur Verfügung?**		
		Ja	**Nein**	**Nicht zutreffend**	**Nicht bekannt**		**Ja**	**Nein**	**Nicht bekannt**
Einrichtungen im Bereich Kultur und Medien	6.17					7.17			
Freiwilligensektor	6.18					7.18			
Sonstige Sektoren, bitte angeben									
	6.19					7.19			

8.1	Welches sind die kritischen Sektoren, für die im Gesundheitswesen ihres Landes keine Koordinierungsvorkehrungen bestehen? (Antwort fakultativ)
8.2	Welches sind die prioritären Sektoren, in denen die Koordinierung mit dem Gesundheitssektor verbessert werden sollte? Bitte führen Sie diese nach Prioritäten geordnet auf. (Antwort fakultativ)
9.1	Bitte beschreiben Sie die derzeit bestehenden Vorkehrungen für Strukturen zur strategischen Koordinierung (nationale Rechtsvorschriften oder SOP), mit denen die Interoperabilität zwischen dem Gesundheitssektor und anderen Sektoren, einschließlich des Veterinärsektors, die als kritische Sektoren im Krisenfall betrachtet werden, gewährleistet werden soll. Bitte nennen Sie die Sektoren, die von diesen Koordinierungsstrukturen erfasst werden.
9.2	Wie ist die nationale Vertretung im Gesundheitssicherheitsausschuss in diese Struktur(en) eingebunden?
10	Bitte beschreiben Sie die derzeit bestehenden Vorkehrungen für operative Zentren (Krisenzentren) (nationale Rechtsvorschriften oder SOP), mit denen die Interoperabilität zwischen dem Gesundheitssektor und anderen Sektoren, einschließlich des Veterinärsektors, die als kritische Sektoren im Krisenfall betrachtet werden, gewährleistet werden soll. Bitte nennen Sie die Sektoren, die von diesen Koordinierungsstrukturen erfasst werden.

11	Ist die Interoperabilität zwischen dem Gesundheitssektor und anderen Sektoren auf nationaler Ebene getestet worden?	Ja	Nein	Nicht bekannt
12	Bitte geben Sie — wo Sie dies für sinnvoll halten — Anmerkungen oder Erläuterungen zu den oben genannten Fragen ab und führen Sie alle einschlägigen Maßnahmen auf, die Ihr Land ergriffen hat (z. B. Übungen oder im Rahmen realer Vorfälle) (erforderlichenfalls können Sie zusätzliche Seiten beifügen):			

III Pläne zur Betriebskontinuität gemäß Artikel 4 Absatz 2 Buchstabe c des Beschlusses Nr. 1082/2013/EU

Im Einklang mit Artikel 4 Absatz 2 des Beschlusses Nr. 1082/2013/EU gilt die Verpflichtung zur Bereitstellung von Informationen nur, wenn solche Maßnahmen oder Vorkehrungen bestehen oder als Teil der nationalen Bereitschafts- und Reaktionsplanung vorgesehen sind.

Die Pläne zur Betriebskontinuität beziehen sich auf die Verwaltungsverfahren und integrierte Pläne zur Aufrechterhaltung der Kontinuität kritischer Prozesse einer Organisation im Fall eines Störfalls; dabei handelt es sich um jene Prozesse, die es einem Unternehmen ermöglichen, kritische Dienste oder Produkte zur Verfügung zu stellen. Die Betriebskontinuität umfasst alle Aspekte einer Organisation, die eine Rolle bei der Aufrechterhaltung kritischer Prozesse spielen, insbesondere Personen, Räumlichkeiten, Zulieferer, Technologien, Daten usw. Eine Business-Impact-Analyse (Analyse der Auswirkungen auf den Betrieb, BIA) dient der Abschätzung der Folgen einer Unterbrechung der Betriebsfunktionen und erfasst die für die Entwicklung von Krisenüberwindungsstrategien erforderlichen Informationen.

13.1	Gibt es nationale Pläne für die Betriebskontinuität, mit denen gewährleistet werden soll, dass kritische Dienste und Produkte in Krisen im Zusammenhang mit schwerwiegenden grenzüberschreitenden Gesundheitsgefahren im Sinne des Beschlusses 1082/2013/EU weiterhin bereitgestellt werden?	Ja	Nein	Nicht bekannt
13.2	Sind diese nationalen Pläne zur Gewährleistung der Betriebskontinuität generisch (siehe Frage 14) oder spezifisch (siehe Frage 15)?			
14.1	Welche Gesundheitsdienstleistungen betreffen die generischen Pläne? Bitte im Folgenden angeben.	Ja	Nein	Nicht bekannt
14.1.1	Grundversorgung			
14.1.2	Krankenhäuser			
14.1.3	Sonstige Dienstleistungen, bitte angeben			

14.2	Wenn ja, welche als kritisch eingeschätzten Sektoren außerhalb des Gesundheitssektors betreffen diese Pläne?				
14.2.1	Energie				
14.2.2	Informations- und Kommunikationstechnologie				
14.2.3	Verkehr				
14.2.4	Wasser für Einrichtungen der Gesundheitsversorgung, pharmazeutische Tätigkeiten, Abwasserentsorgung				
14.2.5	Landwirtschaft einschließlich Veterinärsektor				
14.2.6	Lebensmittelsicherheit				
14.2.7	Lebensmittelversorgung				
14.2.8	Chemische Industrie				
14.2.9	Wirtschaftssektor, der den Gesundheitssektor mit Arzneimitteln und sonstigen Verbrauchsprodukten versorgt				
14.2.10	Sicherheits- und Krisenpolizei, Feuerwehr und Rettungsdienste				
14.2.11	Lokale Umweltdienste				
14.2.12	Bestattungsdienste				
14.2.13	Militär				
14.2.14	Zivilschutz				
14.2.15	Verwaltung und staatliche Stellen				
14.2.16	Wissenschaftliche Einrichtungen				
14.2.17	Einrichtungen im Bereich Kultur und Medien				
14.2.18	Freiwilligensektor				
14.2.19	Sonstige Sektoren, bitte angeben				
14.3	Wenn ja, welche der folgenden Elemente enthalten sie?	Ja	Falls ja, bitten beschreiben	Nein	Nicht bekannt
14.3.1	Business-Impact-Analyse				
14.3.2	Priorisierung kritischer Dienste und Funktionen durch eine Nutzen-Risiko-Bewertung ärztlicher Interventionen				

14.3.3	Schulung, Übungen, Bewertung, Aktualisierung, Validierung				
14.3.4	Identifizierung des Personals, das für die Aufrechterhaltung kritischer Funktionen ausschlaggebend ist, Umgang mit Abwesenheitsquoten zur Minimierung ihrer Auswirkungen auf kritische Funktionen				
14.3.5	Bereitstellung klarer Befehlsstrukturen, Zuständigkeitsübertragungen und Vertretungs-/Nachfolgeordnung				
14.3.6	Prüfung der Notwendigkeit, strategische Vorräte, Material- und Ausrüstungsreserven vorzuhalten				
14.3.7	Identifizierung von Referaten, Abteilungen oder Diensten, die geschlossen oder verkleinert werden könnten				
14.3.8	Auswahl und Schulung einer Ersatzbesetzung für kritische Posten				
14.3.9	Erwägung und Testen von Möglichkeiten zur Reduzierung gesellschaftlicher Spannungen (z. B. Telearbeit oder Arbeit von zu Hause, weniger Anwesenheitssitzungen und Reisen)				
14.3.10	Planung für den Bedarf an Unterstützung der wichtigsten Arbeitnehmer durch Sozialleistungen				
14.3.11	Planung für den Bedarf an psychosozialen Unterstützungsdiensten, mit deren Hilfe die Arbeitskräfte einsatzfähig bleiben				

14.3.12	Planung für die Erholungsphase			
14.3.13	Sonstige Elemente, bitte erläutern			
15.1	Welche spezifischen schwerwiegenden grenzüberschreitenden Gesundheitsgefahren betreffen die spezifischen Pläne? Bitte gemäß Artikel 2 des Beschlusses 1082/2013/EU angeben.			
15.2	Welche Gesundheitsdienstleistungen betreffen diese Pläne? Bitte im Folgenden angeben	Ja	Nein	Nicht bekannt
15.2.1	Grundversorgung			
15.2.2	Krankenhäuser			
15.2.3	Sonstige Dienstleistungen, bitte angeben			
15.3	Wenn ja, welche als kritisch eingeschätzten Sektoren außerhalb des Gesundheitssektors betreffen diese Pläne?			
15.3.1	Energie			
15.3.2	Informations- und Kommunikationstechnologie			
15.3.3	Verkehr			
15.3.4	Wasser für Einrichtungen der Gesundheitsversorgung, pharmazeutische Tätigkeiten, Abwasserentsorgung			
15.3.5	Landwirtschaft einschließlich Veterinärsektor			
15.3.6	Lebensmittelsicherheit			
15.3.7	Lebensmittelversorgung			
15.3.8	Chemische Industrie			
15.3.9	Wirtschaftssektor, der den Gesundheitssektor mit Arzneimitteln und sonstigen Verbrauchsprodukten versorgt			
15.3.10	Sicherheits- und Krisenpolizei, Feuerwehr und Rettungsdienste			
15.3.11	Lokale Umweltdienste			
15.3.12	Bestattungsdienste			
15.3.13	Militär			
15.3.14	Zivilschutz			
15.3.15	Verwaltung und staatliche Stellen			
15.3.16	Wissenschaftliche Einrichtungen			

15.3.17	Einrichtungen im Bereich Kultur und Medien				
15.3.18	Freiwilligensektor				
15.3.19	Sonstige Sektoren, bitte angeben				
15.4	Wenn ja, welche der folgenden Elemente enthalten sie?	Ja	Falls ja, bitten beschreiben	Nein	Nicht bekannt
15.4.1	Business-Impact-Analyse				
15.4.2	Priorisierung kritischer Dienste und Funktionen durch eine Nutzen-Risiko-Bewertung ärztlicher Interventionen				
15.4.3	Schulung, Übungen, Bewertung, Aktualisierung, Validierung				
15.4.4	Identifizierung des Personals, das für die Aufrechterhaltung kritischer Funktionen ausschlaggebend ist, Umgang mit Abwesenheitsquoten zur Minimierung ihrer Auswirkungen auf kritische Funktionen				
15.4.5	Bereitstellung klarer Befehlsstrukturen, Zuständigkeitsübertragungen und Vertretungs-/Nachfolgeordnung				
15.4.6	Prüfung der Notwendigkeit, strategische Vorräte, Material- und Ausrüstungsreserven vorzuhalten				
15.4.7	Identifizierung von Referaten, Abteilungen oder Diensten, die geschlossen oder verkleinert werden könnten				
15.4.8	Auswahl und Schulung einer Ersatzbesetzung für kritische Posten				

15.4.9	Erwägung und Testen von Möglichkeiten zur Reduzierung gesellschaftlicher Spannungen (z. B. Telearbeit oder Arbeit von zu Hause, weniger Anwesenheitssitzungen und Reisen)				
15.4.10	Planung für den Bedarf an Unterstützung der wichtigsten Arbeitnehmer durch Sozialleistungen				
15.4.11	Planung für den Bedarf an psychosozialen Unterstützungsdiensten, mit deren Hilfe die Arbeitskräfte einsatzfähig bleiben				
15.4.12	Planung für die Erholungsphase				
15.4.13	Sonstige Elemente, bitte erläutern				
16	Gibt es Pläne zur Gewährleistung der Betriebskontinuität für die Eingangsorte gemäß den IGV?		Ja	Nein	Nicht bekannt
17	Bitte geben Sie — wo Sie dies für sinnvoll halten — Anmerkungen oder Erläuterungen zu den oben genannten Fragen ab und führen Sie alle einschlägigen Maßnahmen auf, die Ihr Land ergriffen hat (erforderlichenfalls können Sie zusätzliche Seiten beifügen):				

IV Änderung der nationalen Bereitschaftsplanung gemäß Artikel 4 Absatz 3 des Beschlusses Nr. 1082/2013/EU

Hauptziel dieses Kapitels ist es, Informationen über die Situation in den Mitgliedstaaten zu erhalten. Gemäß Artikel 4 Absatz 3 müssen die Mitgliedstaaten jedoch bei jeder wesentlichen Änderung der nationalen Bereitschaftsplanung auf eigene Initiative und ohne Aufforderung der Kommission mittels dieser Formatvorlage Informationen übermitteln.

18.1	Wann haben Sie wesentliche Änderungen an Ihrer nationalen Bereitschaftsplanung vorgenommen?	
	Bitte übermitteln Sie genaue Angaben zu allen wesentlichen Änderungen in dem in den Kapiteln I, II und III dieses Anhangs angegebenen Format.	

Anhang zu § 12 Abs. 2 IfSG

Durchführungsbeschluss (EU) 2017/253 der Kommission zur Festlegung von Verfahren für Warnmeldungen als Teil des im Hinblick auf schwerwie-gende grenzüberschreitende Gesundheitsgefahren und für den Informationsaustausch, die Konsultation und die Koordinierung der Reaktion auf solche Gefahren gemäß dem Beschluss Nr. 1082/2013/EU des Europäischen Parlaments und des Rates eingerichteten Frühwarn- und Reaktionssystems

vom 13.02.2017

DIE EUROPÄISCHEKOMMISSION –
gestützt auf den Vertrag über die Arbeitsweise der Europäischen Union, gestützt auf den Beschluss Nr. 1082/2013/EU des Europäischen Parlaments und des Rates vom 22. Oktober 2013 zu schwerwiegenden grenzüberschreitenden Gesundheitsgefahren und zur Aufhebung der Entscheidung Nr. 2119/98/EG[1)], insbesondere auf Artikel 8 Absatz 2 und Artikel 11 Absatz 5, in Erwägung nachstehender Gründe:

(1) Mit der Entscheidung Nr. 2119/98/EG des Europäischen Parlaments und des Rates[2)] wurde ein Frühwarn- und Reaktionssystem (im Folgenden das „EWRS") als ständiges Kommunikationsnetzwerk zwischen der Kommission und den für öffentliche Gesundheit zuständigen Behörden der Mitgliedstaaten (im Folgenden das „ständige Kommunikationsnetzwerk") geschaffen, um bestimmte Kategorien von übertragbaren Krankheiten zu verhüten und zu kontrollieren. Die Verfahren für die Funktionsweise des EWRS wurden in der Entscheidung 2000/57/EG der Kommission[3)] festgelegt.

(2) Mit der Verordnung (EG) Nr. 851/2004 des Europäischen Parlaments und des Rates[4)] wurde ein Europäisches Zentrum für die Prävention und die Kontrolle von Krankheiten (im Folgenden das „ECDC") errichtet. Gemäß Artikel 8 dieser Ver-

1) ABl. L 293 vom 5.11.2013, S. 1.

2) Entscheidung Nr. 2119/98/EG des Europäischen Parlaments und des Rates vom 24. September 1998 über die Schaffung eines Netzes für die epidemiologische Überwachung und die Kontrolle übertragbarer Krankheiten in der Gemeinschaft (ABl. L 268 vom 3.10.1998, S. 1).

3) Entscheidung 2000/57/EG der Kommission vom 22. Dezember 1999 über ein Frühwarn- und Reaktionssystem für die Überwachung und die Kontrolle übertragbarer Krankheiten gemäß der Entscheidung Nr. 2119/98/EG des Europäischen Parlaments und des Rates (ABl. L 21 vom 26.1.2000, S. 32).

4) Verordnung (EG) Nr. 851/2004 des Europäischen Parlaments und des Rates vom 21. April 2004 zur Errichtung eines Europäischen Zentrums für die Prävention und die Kontrolle von Krankheiten (ABl. L 142 vom 30.4.2004, S. 1).

ordnung unterstützt das ECDC die Kommission und hilft ihr, indem es das EWRS betreibt. Insbesondere ist das ECDC für den täglichen Betrieb und die Instandhaltung der IT-Anwendung des Frühwarn- und Reaktionssystems (im Folgenden die „EWRS IT-Anwendung") zuständig.

(3) Die Entscheidung Nr. 2119/98/EG wurde durch den Beschluss Nr. 1082/2013/EU aufgehoben und ersetzt. Mit dem neuen Beschluss wurde das EWRS umgestaltet. Darin wurde auch die Reichweite des ständigen Kommunikationsnetzwerkes auf andere Arten biologischer Gefahren und auf andere Kategorien schwerwiegender grenzüberschreitender Gesundheitsgefahren, einschließlich Bedrohungen chemischen, umweltbedingten oder unbekannten Ursprungs, ausgeweitet. Darüber hinaus sind in dem Beschluss Bestimmungen über die epidemiologische Überwachung, Beobachtung, frühzeitige Meldung und Bekämpfung schwerwiegender grenzüberschreitender Gesundheitsgefahren festgelegt.

(4) Mit Blick auf die Änderungen am EWRS ist es angebracht, die Verfahren für seine Funktionsweise zu überarbeiten und zu aktualisieren. Um das ordnungsgemäße Funktionieren und die einheitliche Anwendung des EWRS sicherzustellen, ist es erforderlich, detaillierte Verfahren für den Informationsaustausch festzulegen. Durch derartige Verfahren sollen sich überschneidende Tätigkeiten oder widersprüchliche Maßnahmen gegenüber bestehenden Überwachungsstrukturen und -mechanismen verhindert werden, um die Bereitstellung eines Frühwarnsystems sicherzustellen und schwerwiegende grenzüberschreitende Gesundheitsgefahren zu bekämpfen.

(5) Gemäß Artikel 15 Absatz 1 Buchstabe b des Beschlusses Nr. 1082/2013/EU sind die Mitgliedstaaten verpflichtet, zuständige Behörden zu benennen, die für die Übermittlung von Warnmeldungen und die Festlegung der Reaktionsmaßnahmen verantwortlich sind (im Folgenden „für das EWRS zuständige Behörden"). Um die Koordinierung und Kohärenz der Kommunikation zu gewährleisten, sollten die Mitgliedstaaten den anderen Mitgliedstaaten und der Kommission die Kontaktdaten der für das EWRS zuständigen Behörden sowie alle diesbezüglichen späteren Änderungen mitteilen.

(6) Die Wirksamkeit des EWRS hängt von der rechtzeitigen Kommunikation und dem Austausch relevanter Informationen zu dem Auftreten oder der Entwicklung einer schwerwiegenden grenzüberschreitenden Gesundheitsgefahr ab. Demzufolge sollten klar abgegrenzte Zeitrahmen festgesetzt werden, innerhalb derer Warnmeldungen abgegeben und Informationen übermittelt werden müssen.

(7) Um strukturelle Doppelmeldungen und widersprüchliche Maßnahmen zu verhindern, sollten weitere, unter anderen Vorschriften des Unionsrechts oder unter dem Euratom-Vertrag geschaffene relevante Informationssysteme das EWRS nutzen dürfen, um Warnhinweise und Informationen zu Ereignissen zu übermitteln, die eine schwerwiegende grenzüberschreitende Gesundheitsgefahr darstellen oder darstellen könnten. Diese Möglichkeit sollte an die Bedingung geknüpft sein, dass der Zugriff über andere Systeme nicht die Sicherheit des EWRS gefährdet und im

Einklang mit den geltenden Datenschutzvorschriften erfolgt. Darüber hinaus sollte das EWRS mit dem System der Datenfelder, Arbeitsabläufe und Zugangsrechte der anderen Warn- und Informationssysteme kompatibel sein, mit denen es verbunden ist. Die EWRS-IT-Anwendung sollte angepasst werden, damit diese Interoperabilität zwischen den verschiedenen Warn- und Informationssystemen gewährleistet ist.

(8) Gemäß Artikel 11 Absatz 1 des Beschlusses Nr. 1082/2013/EU konsultieren die Mitgliedstaaten nach einer Warnmeldung einander im Rahmen des Gesundheitssicherheitsausschusses zwecks Koordinierung der nationalen Reaktionen und bezüglich der Verfügbarmachung von Risiko- und Krisenkommunikation. Um die Koordinierung dieser Reaktionen und eine wirksame Kommunikation zu erleichtern, sollten die Verfahren, nach denen die Mitgliedstaaten die Reaktionen koordinieren, sowie die Vorgehensweise für eine wirksame Kommunikation mit der Öffentlichkeit bzw. Angehörigen der Gesundheitsberufe festgelegt werden.

(9) Der Europäische Datenschutzbeauftragte wurde gemäß Artikel 28 Absatz 1 der Verordnung (EG) Nr. 45/2001 des Europäischen Parlaments und des Rates[1)] angehört.

(10) Die Richtlinie 95/46/EG des Europäischen Parlaments und des Rates[2)] und die Verordnung (EG) Nr. 45/2001 sollten im Zusammenhang mit dem Betrieb des EWRS Anwendung finden.

(11) Die in diesem Beschluss vorgesehenen Maßnahmen stehen im Einklang mit der Stellungnahme des gemäß Artikel 18 des Beschlusses Nr. 1082/2013/EU eingesetzten Ausschusses für schwerwiegende grenzüberschreitende Gesundheitsgefahren.

(12) Die Entscheidung 2000/57/EG sollte daher aufgehoben und ersetzt werden.

HAT FOLGENDEN BESCHLUSS ERLASSEN:

Artikel 1
Für das EWRS zuständige Behörden

(1) Die Kommission gewährt den für das EWRS zuständigen Behörden, die gemäß Artikel 15 Absatz 1 Buchstabe b des Beschlusses Nr. 1082/2013/EU benannt wurden, Zugang zu dem gemäß Artikel 8 des Beschlusses Nr. 1082/2013/EU eingerichteten Frühwarn- und Reaktionssystem.

(2) Die Mitgliedstaaten stellen sicher, dass wirksame Kommunikationskanäle zwischen den für das EWRS zuständigen Behörden und allen anderen relevanten zuständi-

1) Verordnung (EG) Nr. 45/2001 des Europäischen Parlaments und des Rates vom 18. Dezember 2000 zum Schutz natürlicher Personen bei der Verarbeitung personenbezogener Daten durch die Organe und Einrichtungen der Gemeinschaft und zum freien Datenverkehr (ABl. L 8 vom 12.1.2001, S. 1).

2) Richtlinie 95/46/EG des Europäischen Parlaments und des Rates vom 24. Oktober 1995 zum Schutz natürlicher Personen bei der Verarbeitung personenbezogener Daten und zum freien Datenverkehr (ABl. L 281 vom 23.11.1995, S. 31).

gen Behörden in ihrem Hoheitsgebiet eingerichtet werden, um schwerwiegende grenzüberschreitende Gesundheitsgefahren, welche die Kriterien gemäß Artikel 9 Absätze 1 und 2 des Beschlusses Nr. 1082/2013/EU erfüllen, rasch identifizieren zu können.

Artikel 2
Warnmeldungen über das EWRS

(1) Wenn ein Mitgliedstaat oder die Kommission Kenntnis von der Entstehung oder Entwicklung einer schwerwiegenden grenzüberschreitenden Gesundheitsgefahr im Sinne von Artikel 9 Absatz 1 des Beschlusses Nr. 1082/2013/EU erhalten, so übermitteln sie unverzüglich, spätestens jedoch innerhalb von 24 Stunden ab Bekanntwerden der Gefahr, eine Warnmeldung im Sinne desselben Artikels.

(2) Der Mitgliedstaat oder die Kommission können den Gesundheitssicherheitsausschuss über die Übermittlung eines Warnhinweises informieren.

(3) Die Mitteilungspflicht gemäß Artikel 9 Absatz 2 des Beschlusses Nr. 1082/2013/EU bleibt von der Mitteilungspflicht gemäß Absatz 1 unberührt.

(4) Auch wenn nicht alle relevanten Informationen gemäß Artikel 9 Absatz 3 desselben Beschlusses bereitgestellt werden können, darf dies die Übermittlung einer Warnmeldung nicht verzögern.

(5) In der Warnmeldung gemäß Absatz 1 ist anzugeben, inwiefern die Kriterien gemäß Artikel 9 Absatz 1 des Beschlusses Nr. 1082/2013/EU erfüllt sind.

(6) Wenn ein Mitgliedstaat oder die Kommission nach einer Warnmeldung vorliegende relevante Informationen gemäß Artikel 9 Absatz 3 des Beschlusses Nr. 1082/2013/EU für Koordinierungszwecke übermitteln möchte, so verwendet er oder sie die Ad-hoc-Funktion des EWRS, um einen „Kommentar“ als Reaktion auf die ursprüngliche Meldung zu hinterlassen.

Artikel 3
Andere Frühwarn- und Informationssysteme in der Union

(1) Aus der Warnmeldung gemäß Artikel 2 Absatz 1 muss hervorgehen, ob die festgestellte Gefahr bereits vorher über andere Frühwarn- oder Informationssysteme auf Unionsebene oder im Rahmen des Euratom-Vertrags gemeldet wurde.

(2) Wenn eine schwerwiegende grenzüberschreitende Gesundheitsgefahr über mehr als ein Frühwarn- oder Informationssystem auf Unionsebene gemeldet wird, so weist die Kommission über das EWRS das Hauptsystem für die spezifische Art des Informationsaustauschs aus.

(3) Im Sinne dieses Artikels gelten die im Anhang genannten Systeme als andere Frühwarn- und Informationssysteme auf Unionsebene oder im Rahmen des Euratom-Vertrags.

Artikel 4
Koordinierung der nationalen Reaktionen auf schwerwiegende grenzüberschreitende Gesundheitsgefahren

(1) Wird gemäß Artikel 11 Absatz 1 Buchstabe a des Beschlusses Nr. 1082/2013/EU eine Konsultation zwecks Koordinierung der Reaktion auf eine schwerwiegende grenzüberschreitende Gesundheitsgefahr beantragt, veranlasst die Kommission, dass die Konsultation im Gesundheitssicherheitsausschuss je nach Dringlichkeit aufgrund der Schwere dieser Gefahr innerhalb von zwei Arbeitstagen nach der Beantragung erfolgt.

(2) Die Kommission unterrichtet den Gesundheitssicherheitsausschuss über die Anfrage und macht ihm zusätzlich zu den bereits über das EWRS übermittelten Angaben alle Informationen zugänglich, die in Bezug auf die Gefahr relevant sind.

(3) Darüber hinaus legen die Mitgliedstaaten zusätzlich zu den bereits über das EWRS übermittelten Angaben schriftlich alle verfügbaren Informationen vor, die in Bezug auf die Gefahr relevant sind, einschließlich Maßnahmen im Bereich öffentliche Gesundheit oder andere Maßnahmen, die ergriffen wurden oder ergriffen werden sollen.

(4) Der Gesundheitssicherheitsausschuss prüft alle verfügbaren Informationen bezüglich einer bestimmten Gefahr, einschließlich Warnmeldungen, Risikobewertungen und andere von den Mitgliedstaaten oder der Kommission entweder über das EWRS oder über den Gesundheitssicherheitsausschuss übermittelten Informationen, einschließlich Informationen zu Maßnahmen im Bereich öffentliche Gesundheit, die ergriffen wurden oder ergriffen werden sollen. Diese Prüfung muss unverzüglich abgeschlossen werden.

(5) Mitgliedstaaten, die Maßnahmen im Bereich öffentliche Gesundheit ergreifen wollen, um schwerwiegende grenzüberschreitende Gesundheitsgefahren zu bekämpfen, berücksichtigen die Ergebnisse der Prüfung im Rahmen der Konsultation des Gesundheitssicherheitsausschusses.

Artikel 5
Risiko- und Krisenkommunikation

(1) Nach einem Konsultationsantrag gemäß Artikel 11 Absatz 1 Buchstabe b des Beschlusses Nr. 1082/2013/EU konsultieren die Mitgliedstaaten einander im Rahmen des Gesundheitssicherheitsausschusses und entwickeln und formulieren den Inhalt und die Form der Risiko- und Krisenkommunikation der Mitgliedstaaten an die Öffentlichkeit bzw. an Angehörige der Gesundheitsberufe. Die Mitgliedstaaten können die Kommunikation an ihre Bedürfnisse und die Gegebenheiten anpassen.

(2) Mitgliedstaaten, die bereits Risiko- und Krisenkommunikation über eine schwerwiegende grenzüberschreitende Gesundheitsgefahr verbreitet haben, informieren den Gesundheitssicherheitsausschuss und die Kommission schriftlich über den Inhalt dieser Kommunikation.

Artikel 6
Deaktivierung der Warnmeldung

Liegen die Voraussetzungen für die Eintragung einer Warnmeldung gemäß Artikel 9 Absatz 1 des Beschlusses Nr. 1082/2013/EU nicht mehr vor, so wird die Meldung von dem Mitgliedstaat, der sie eingetragen hat, oder, falls die Kommission die Meldung eingetragen hat, von dieser deaktiviert. Die Deaktivierung einer Eintragung erfolgt erst, wenn alle von der Meldung betroffenen Mitgliedstaaten einer solchen Deaktivierung zugestimmt haben.

Artikel 7
Aufhebung der Entscheidung 2000/57/EG

(1) Die Entscheidung 2000/57/EG wird aufgehoben.

(2) Bezugnahmen auf die aufgehobene Entscheidung gelten als Bezugnahmen auf den vorliegenden Beschluss.

Artikel 8
Inkrafttreten

Dieser Beschluss tritt am zwanzigsten Tag nach seiner Veröffentlichung im Amtsblatt der Europäischen Union in Kraft.

Brüssel, den 13. Februar 2017

Für die Kommission
Der Präsident
Jean-Claude JUNCKER

ANHANG

Nicht erschöpfende Liste von schrittweise mit dem EWRS zu verknüpfenden Warn- und Informationssystemen auf Unionsebene

In diesem Anhang sind die derzeit auf Unionsebene oder im Rahmen des Euratom-Vertrags bestehenden Frühwarn- und Informationssysteme aufgeführt, die relevant sein können für den Empfang von Warnmeldungen und Informationen zu Ereignissen, die eine schwerwiegende grenzüberschreitende Gesundheitsbedrohung darstellen oder darstellen können:

- Tierseuchenmeldesystem (ADNS) zur Registrierung und Dokumentation der Lage in Bezug auf bedeutende ansteckende Tierseuchen;
- sektorübergreifendes Warnsystem der Kommission (ARGUS), ein kommissionsinternes Frühwarnsystem, über das alle Generaldirektionen der Kommission bei Notfällen oder Krisen wichtige Informationen austauschen und sich intern koordinieren können;
- Gemeinsames Kommunikations- und Informationssystem für Notfälle (CECIS), für Katastrophenschutz und Hilfe bei unfallbedingten Meeresverschmutzungen;
- System der Europäischen Gemeinschaft für den Informationsaustausch in radiologischen Notsituationen (Ecurie) zur Meldung von Gegenmaßnahmen zum Schutz vor den Folgen eines radiologischen oder nuklearen Unfalls;
- Informationssystem für Großunfälle (EMARS) zur Förderung des Austauschs von Lehren aus Unfällen und Beinahe-Unfällen mit gefährlichen Stoffen zwecks besserer Verhütung von Chemieunfällen und Begrenzung möglicher Folgen;
- EU-System für Meldungen von beanstandeten Pflanzensendungen (Europhyt), für Beanstandungen aus Gründen der Pflanzengesundheit von Sendungen von Pflanzen oder Pflanzenerzeugnissen, die in die Union eingeführt oder innerhalb der Union gehandelt werden;
- Frühwarnsystem für Blut und Blutbestandteile (RAB), für den Informationsaustausch zur Verhütung oder Eindämmung grenzüberschreitender Zwischenfälle im Zusammenhang mit Blutkonserven;
- Schnellwarnsystem für gefährliche Verbraucherprodukte (RAPEX), für den Austausch von Informationen über Produkte, die eine Gefahr für die Gesundheit und die Sicherheit der Verbraucher darstellen;
- Schnellwarnsystem für Lebens- und Futtermittel (RASFF), für die Meldung von Gefahren für die menschliche Gesundheit, die von Lebens- oder Futtermitteln ausgehen;
- Schnellmeldesystem für Gewebe und Zellen (RATC), eine Plattform für den Austausch von Informationen und Maßnahmen im Zusammenhang mit menschlichem Gewebe oder menschlichen Zellen, die für Patienten über die Grenzen verbracht werden;
- Europäisches Informationsnetz für Drogen und Drogensucht (Reitox) zur Erhebung und Weiterleitung von Informationen über die Drogenproblematik in Europa.

Anhang zu §19 IfSG

Gesetz zum Schutz von in der Prostitution tätigen Personen (Prostituiertenschutzgesetz – ProstSchG)

vom 21.10.2016 (BGBl. I S. 2372),
zuletzt geändert durch Art. 1 des Gesetzes vom 9.3.2021 (BGBl. I S. 327)

– Auszug –

§ 1
Anwendungsbereich

Dieses Gesetz ist anzuwenden auf die Ausübung der Prostitution durch Personen über 18 Jahre sowie auf das Betreiben eines Prostitutionsgewerbes.

§ 3
Anmeldepflicht für Prostituierte

(1) Wer eine Tätigkeit als Prostituierte oder als Prostituierter ausüben will, hat dies vor Aufnahme der Tätigkeit persönlich bei der Behörde, in deren Zuständigkeitsbereich die Tätigkeit vorwiegend ausgeübt werden soll, anzumelden.

§ 4
Zur Anmeldung erforderliche Angaben und Nachweise

(...)

(3) Bei der ersten Anmeldung ist der Nachweis einer innerhalb der vorangegangenen drei Monate erfolgten gesundheitlichen Beratung nach § 10 Absatz 1 vorzulegen. Der bei der ersten Anmeldung vorgelegte Nachweis gilt während der Gültigkeitsdauer der ersten Anmeldebescheinigung auch als Nachweis bei weiteren Anmeldungen, soweit sie nach § 3 Absatz 2 erforderlich sind. Die Verpflichtung zur gesundheitlichen Beratung nach § 10 Absatz 3 Satz 3 und 4 bleibt hiervon unberührt.

(4) Für eine Verlängerung der Anmeldung haben Prostituierte ab 21 Jahren Nachweise über die mindestens einmal jährlich erfolgten gesundheitlichen Beratungen nach § 10 Absatz 1 vorzulegen. Prostituierte unter 21 Jahren haben Nachweise über mindestens alle sechs Monate erfolgte gesundheitliche Beratungen vorzulegen.

§ 7
Informationspflicht der Behörde; Informations- und Beratungsgespräch

(1) Bei der Anmeldung ist ein Informations- und Beratungsgespräch zu führen.

(2) Das Informations- und Beratungsgespräch muss mindestens umfassen:

1. Grundinformationen zur Rechtslage nach diesem Gesetz, nach dem Prostitutionsgesetz sowie zu weiteren zur Ausübung der Prostitution relevanten Vorschriften, die im räumlichen Zuständigkeitsbereich der Behörde für die Prostitutionsausübung gelten,

2. Grundinformationen zur Absicherung im Krankheitsfall und zur sozialen Absicherung im Falle einer Beschäftigung,
3. Informationen zu gesundheitlichen und sozialen Beratungsangeboten einschließlich Beratungsangeboten zur Schwangerschaft
4. Informationen zur Erreichbarkeit von Hilfe in Notsituationen und
5. Informationen über die bestehende Steuerpflicht der aufgenommenen Tätigkeit und die in diesem Zusammenhang zu erfüllenden umsatz- und ertragsteuerrechtlichen Pflichten.

(3) Die zuständige Behörde stellt der oder dem Prostituierten während des Beratungsgesprächs Informationen zur Ausübung der Prostitution in geeigneter Form zur Verfügung. Die Informationen sollen in einer Sprache verfasst sein, die die oder der Prostituierte versteht.

§ 10
Gesundheitliche Beratung

(1) Für Personen, die als Prostituierte tätig sind oder eine solche Tätigkeit aufnehmen wollen, wird eine gesundheitliche Beratung durch eine für den Öffentlichen Gesundheitsdienst zuständige Behörde angeboten. Die Länder können bestimmen, dass eine andere Behörde für die Durchführung der gesundheitlichen Beratung zuständig ist.

(2) Die gesundheitliche Beratung erfolgt angepasst an die persönliche Lebenssituation der beratenen Person und soll insbesondere Fragen der Krankheitsverhütung, der Empfängnisregelung, der Schwangerschaft und der Risiken des Alkohol- und Drogengebrauchs einschließen. Die beratene Person ist auf die Vertraulichkeit der Beratung hinzuweisen und erhält Gelegenheit, eine etwaig bestehende Zwangslage oder Notlage zu offenbaren. Dritte können mit Zustimmung der Behörde und der anmeldepflichtigen Person zum Gespräch nur zum Zwecke der Sprachmittlung hinzugezogen werden.

(3) Personen, die eine Tätigkeit als Prostituierte oder als Prostituierter ausüben wollen, müssen vor der erstmaligen Anmeldung der Tätigkeit eine gesundheitliche Beratung wahrnehmen. Die gesundheitliche Beratung erfolgt bei der am Ort der Anmeldung für die Durchführung der gesundheitlichen Beratung nach Absatz 1 zuständigen Behörde. Nach der Anmeldung der Tätigkeit haben Prostituierte ab 21 Jahren die gesundheitliche Beratung mindestens alle zwölf Monate wahrzunehmen. Prostituierte unter 21 Jahren haben die gesundheitliche Beratung mindestens alle sechs Monate wahrzunehmen.

(4) Die nach Absatz 1 zuständige Behörde stellt der beratenen Person eine Bescheinigung über die durchgeführte gesundheitliche Beratung aus. Auf der Bescheinigung müssen angegeben sein:

1. der Vor- und Nachname der beratenen Person,
2. das Geburtsdatum der beratenen Person,
3. die ausstellende Stelle und
4. das Datum der gesundheitlichen Beratung.

Die Bescheinigung kann auf Wunsch der beratenen Person auch auf den in einer gültigen Aliasbescheinigung nach § 6 Absatz 2 verwendeten Alias ausgestellt werden.

(5) Die Bescheinigung über die gesundheitliche Beratung gilt auch als Nachweis, soweit nach § 3 Absatz 2 weitere Anmeldungen erforderlich sind.

(6) Die oder der Prostituierte hat bei der Ausübung der Tätigkeit die Bescheinigung über die gesundheitliche Beratung mitzuführen.

§ 11
Anordnungen gegenüber Prostituierten

(1) Liegen der zuständigen Behörde tatsächliche Anhaltspunkte dafür vor, dass eine Person der Prostitution nachgeht, ohne diese Tätigkeit zuvor angemeldet zu haben, so fordert die zuständige Behörde die Person auf, ihre Tätigkeit als Prostituierte oder als Prostituierter innerhalb einer angemessenen Frist anzumelden und der zuständigen Behörde die Anmeldebescheinigung vorzulegen.

(2) Liegen der zuständigen Behörde tatsächliche Anhaltspunkte dafür vor, dass eine Person der Prostitution nachgeht, ohne die Pflicht zur gesundheitlichen Beratung wahrgenommen zu haben, so fordert die zuständige Behörde die Person auf, innerhalb einer angemessenen Frist die gesundheitliche Beratung wahrzunehmen und der zuständigen Behörde die Bescheinigung über die gesundheitliche Beratung vorzulegen.

(3) Die zuständige Behörde kann gegenüber Prostituierten jederzeit Anordnungen zur Ausübung der Prostitution erteilen, soweit dies erforderlich ist

1. zum Schutz der Kundinnen und Kunden oder anderer Personen vor Gefahren für Leben, Freiheit, sexuelle Selbstbestimmung oder Gesundheit,
2. zum Schutz der Jugend oder
3. zur Abwehr anderer erheblicher Beeinträchtigungen oder Gefahren für sonstige Belange des öffentlichen Interesses, insbesondere zum Schutz von Anwohnerinnen und Anwohnern, von Anliegern oder der Allgemeinheit vor Lärmimmissionen, verhaltensbedingten oder sonstigen Belästigungen.

(4) Die zuständige Behörde kann weitere Maßnahmen treffen, wenn

1. die oder der Prostituierte gegen Anordnungen nach Absatz 3 verstoßen hat und
2. die Erteilung von weiteren Anordnungen nach Absatz 3 zum Schutz der dort genannten Rechtsgüter nicht ausreichend wäre.

(5) Vorschriften und Anordnungen, die auf einer nach Artikel 297 des Einführungsgesetzes zum Strafgesetzbuch ergangenen Verordnung beruhen, sowie Maßnahmen nach dem Infektionsschutzgesetz bleiben unberührt.

§ 17
Auflagen und Anordnungen

(1) Die Erlaubnis kann inhaltlich beschränkt oder mit Auflagen verbunden werden, soweit dies erforderlich ist

1. zum Schutz der Sicherheit, der Gesundheit oder der sexuellen Selbstbestimmung der im Prostitutionsgewerbe tätigen Prostituierten, der Beschäftigten sowie der Kundinnen und Kunden,
2. zum Schutz der in Nummer 1 genannten Personen vor Ausbeutung oder vor Gefahren für Leben oder Freiheit,
3. zum Schutz der Jugend oder
4. zur Abwehr anderer erheblicher Beeinträchtigungen oder Gefahren für sonstige Belange des öffentlichen Interesses, insbesondere zum Schutz von Anwohnerinnen und Anwohnern, von Anliegern oder der Allgemeinheit vor Lärmimmissionen, verhaltensbedingten oder sonstigen Belästigungen.

Unter denselben Voraussetzungen ist die nachträgliche Aufnahme, Ergänzung und Änderung von Auflagen zulässig.

(2) Die Erlaubnis kann unter den Voraussetzungen des Absatzes 1 insbesondere mit einer Begrenzung der Anzahl der in diesem Prostitutionsgewerbe regelmäßig tätig werdenden Prostituierten oder der Anzahl der für sexuelle Dienstleistungen vorgesehenen Räume versehen werden sowie auf bestimmte Betriebszeiten beschränkt werden.

(3) Unter den Voraussetzungen des Absatzes 1 können jederzeit selbständige Anordnungen erteilt werden.

(4) Vorschriften und Anordnungen, die auf der Grundlage einer nach Artikel 297 des Einführungsgesetzes zum Strafgesetzbuch ergangenen Verordnung beruhen, bleiben unberührt.

§ 20
Anzeige einer Prostitutionsveranstaltung; Untersagung

(1) Wer eine Prostitutionsveranstaltung organisieren oder durchführen will, hat dies der am Ort der Veranstaltung zuständigen Behörde vier Wochen vor Beginn der Veranstaltung anzuzeigen. Der Anzeige sind folgende Angaben und Nachweise beizufügen:

1. der vollständige Name des Betreibers und eine Kopie der Erlaubnis zur Organisation oder Durchführung von Prostitutionsveranstaltungen,
2. falls Personen als Stellvertretung des Betreibers eingesetzt werden sollen, deren Vor- und Nachnamen und eine Kopie der Stellvertretungserlaubnis,
3. das der Erlaubnis zugrunde liegende Betriebskonzept,
4. das auf die jeweilige Veranstaltung bezogene Veranstaltungskonzept,
5. Ort und Zeit der Veranstaltung,
6. der vollständige Name des Eigentümers der für die Veranstaltung genutzten Gebäude, Räume oder sonstigen ortsfesten oder mobilen Anlagen sowie dessen Einverständnis,
7. die zum Nachweis der Mindestanforderungen nach § 18 Absatz 4 in Verbindung mit § 18 Absatz 2 oder nach § 19 Absatz 5 in Verbindung mit § 19 Absatz 1 bis 3 erforderlichen Unterlagen über die Beschaffenheit der zum Prostitutionsgewerbe genutzten Anlage,

8. Kopien der Anmeldebescheinigungen oder Aliasbescheinigungen der Prostituierten, die bei der Veranstaltung voraussichtlich tätig werden, und
9. Kopien der mit den Prostituierten geschlossenen Vereinbarungen.

(2) Der Betreiber einer Prostitutionsveranstaltung ist verpflichtet, die für die vorgesehene Betriebsstätte jeweils geltenden Mindestanforderungen nach § 18 Absatz 4 oder nach § 19 Absatz 5 während der Durchführung der Prostitutionsveranstaltung einzuhalten. Die Prostitutionsveranstaltung muss vor Ort durch den Betreiber oder durch die in der Anzeige als Stellvertretung benannten Personen geleitet werden.

(3) Die zuständige Behörde prüft nach Erstattung der Anzeige, ob die geplante Veranstaltung aufgrund des Veranstaltungskonzeptes, aufgrund der dafür vorgesehenen Betriebsstätte oder aufgrund sonstiger tatsächlicher Anhaltspunkte gegen die in § 14 Absatz 2 geregelten Voraussetzungen verstößt. Die zuständige Behörde kann unter den Voraussetzungen des § 17 Absatz 1 Satz 1 jederzeit Anordnungen erlassen. § 17 Absatz 2 und 4 ist entsprechend anzuwenden.

(4) Die Durchführung der Prostitutionsveranstaltung ist zu untersagen, wenn einer der in § 14 Absatz 2 genannten Gründe vorliegt. Werden der zuständigen Behörde Umstände bekannt, die die Rücknahme oder den Widerruf der Erlaubnis rechtfertigen würden, so ist die zuständige Erlaubnisbehörde hiervon zu unterrichten.

(5) Die Durchführung der Prostitutionsveranstaltung kann untersagt werden, wenn die Anzeige nicht, nicht rechtzeitig, nicht wahrheitsgemäß oder nicht vollständig erstattet wurde.

§ 24
Sicherheit und Gesundheitsschutz

(1) Der Betreiber eines Prostitutionsgewerbes hat dafür Sorge zu tragen, dass die Belange der Sicherheit und Gesundheit von Prostituierten und anderen im Rahmen seines Prostitutionsgewerbes tätigen Personen gewahrt werden. Die räumlichen und organisatorischen Rahmenbedingungen für die Erbringung sexueller Dienstleistungen sind so zu gestalten, dass eine Gefährdung für die Sicherheit und Gesundheit der Personen, die in der Prostitutionsstätte, in dem Prostitutionsfahrzeug oder bei der Prostitutionsveranstaltung tätig sind, möglichst vermieden wird und die verbleibende Gefährdung möglichst gering gehalten wird. Der Betreiber einer Prostitutionsstätte, eines Prostitutionsfahrzeugs oder einer Prostitutionsveranstaltung hat diejenigen Schutzmaßnahmen zu treffen, die unter Berücksichtigung der Anzahl der dort tätigen Personen, der Dauer ihrer Anwesenheit und der Art ihrer Tätigkeit angemessen und zur Erreichung der Zwecke nach Satz 2 förderlich sind.

(2) Der Betreiber eines Prostitutionsgewerbes ist verpflichtet, auf eine Verringerung des Übertragungsrisikos sexuell übertragbarer Infektionen hinzuwirken; insbesondere hat er auf die Einhaltung der Kondompflicht durch Kunden und Kundinnen und Prostituierte hinzuwirken. Der Betreiber einer Prostitutionsstätte, eines Prostitutionsfahrzeugs oder einer Prostitutionsveranstaltung hat dafür Sorge zu tragen, dass in den für sexuelle Dienstleistungen genutzten Räumen während der Betriebszeiten eine ange-

messene Ausstattung mit Kondomen, Gleitmitteln und Hygieneartikeln jederzeit bereitsteht.

(3) Der Betreiber einer Prostitutionsstätte ist verpflichtet, den zuständigen Behörden oder den von diesen beauftragten Personen auf deren Verlangen die Durchführung von Beratungen zu gesundheitserhaltenden Verhaltensweisen und zur Prävention sexuell übertragbarer Krankheiten in der Prostitutionsstätte zu ermöglichen.

(4) Der Betreiber eines Prostitutionsgewerbes ist verpflichtet, Prostituierten jederzeit die Wahrnehmung von gesundheitlichen Beratungen nach § 10 sowie das Aufsuchen von Untersuchungs- und Beratungsangeboten insbesondere der Gesundheitsämter und von weiteren Angeboten gesundheitlicher und sozialer Beratungsangebote ihrer Wahl während deren Geschäftszeiten zu ermöglichen.

(5) Die zuständige Behörde kann den Betreiber eines Prostitutionsgewerbes zur Aufstellung und Durchführung von Hygieneplänen verpflichten. Maßnahmen nach dem Infektionsschutzgesetz bleiben unberührt.

§ 32
Kondompflicht; Werbeverbot

(1) Kunden und Kundinnen von Prostituierten sowie Prostituierte haben dafür Sorge zu tragen, dass beim Geschlechtsverkehr Kondome verwendet werden.

(2) Der Betreiber eines Prostitutionsgewerbes ist verpflichtet, auf die Kondompflicht in Prostitutionsstätten, in sonstigen regelmäßig zur Prostitution genutzten Räumen und in Prostitutionsfahrzeugen durch einen gut sichtbaren Aushang hinzuweisen.

(3) Es ist verboten, durch Verbreiten eines Inhalts (§ 11 Absatz 3 des Strafgesetzbuches) Gelegenheit zu sexuellen Dienstleistungen anzubieten, anzukündigen oder anzupreisen oder Erklärungen solchen Inhaltes bekannt zu geben

1. unter Hinweis auf die Gelegenheit zum Geschlechtsverkehr ohne Kondom, auch wenn der Hinweis in mittelbarer oder sprachlich verdeckter Form erfolgt,
2. in einer Weise, die nach Art der Darstellung, nach Inhalt oder Umfang oder nach Art des Trägermediums und seiner Verbreitung geeignet ist, schutzbedürftige Rechtsgüter der Allgemeinheit, insbesondere den Jugendschutz, konkret zu beeinträchtigen oder
3. unter Hinweis auf die Gelegenheit zum Geschlechtsverkehr mit Schwangeren, auch wenn der Hinweis in mittelbarer oder sprachlich verdeckter Form erfolgt.

Dem Verbreiten steht das der Öffentlichkeit Zugänglichmachen gleich.

Anhang zu § 27 Abs. 6 IfSG

Gesetz zur Regelung des Transfusionswesens (Transfusionsgesetz – TFG)

i. d. F. der Bek. vom 28.8.2007 (BGBl. I S. 2169),
zuletzt geändert durch Art. 1a des Gesetzes vom 11.5.2023 (BGBl. 2023 I Nr. 123)

– Auszug –

Vierter Abschnitt
Rückverfolgung

§ 19
Verfahren

(1) Wird von einer Spendeeinrichtung festgestellt oder hat sie begründeten Verdacht, dass eine spendende Person mit HIV, mit Hepatitis-Viren oder anderen Erregern, die zu schwerwiegenden Krankheitsverläufen führen können, infiziert ist, ist die entnommene Spende auszusondern und dem Verbleib vorangegangener Spenden nachzugehen. Das Verfahren zur Überprüfung des Verdachts und zur Rückverfolgung richtet sich nach dem Stand der wissenschaftlichen Erkenntnisse. Es sind insbesondere folgende Sorgfaltspflichten zu beachten:

1. der Rückverfolgungszeitraum für vorangegangene Spenden zum Schutz vor den jeweiligen Übertragungsrisiken muss angemessen sein,
2. eine als infektiös verdächtige Spende muss gesperrt werden, bis durch Wiederholungs- oder Bestätigungstestergebnisse über das weitere Vorgehen entschieden worden ist,
3. es muss unverzüglich Klarheit über den Infektionsstatus der spendenden Person und über ihre infektionsverdächtigen Spenden gewonnen werden,
4. eine nachweislich infektiöse Spende muss sicher ausgesondert werden,
5. die notwendigen Informationsverfahren müssen eingehalten werden, wobei § 16 Abs. 2 Satz 3 entsprechend gilt, und
6. die Einleitung des Rückverfolgungsverfahrens ist unverzüglich der zuständigen Behörde anzuzeigen, wenn die Bestätigungstestergebnisse die Infektiosität bestätigen, fraglich sind oder eine Nachtestung nicht möglich ist; § 16 Abs. 2 Satz 3 gilt entsprechend.

Die verantwortliche ärztliche Person der Spendeeinrichtung hat die spendende Person unverzüglich über den anlässlich der Spende gesichert festgestellten Infektionsstatus zu unterrichten. Sie hat die spendende Person eingehend aufzuklären und zu beraten. Sind Blutprodukte, bei denen der begründete Verdacht besteht, dass sie Infektionserreger übertragen, angewendet worden, so sind die Einrichtungen der Krankenversorgung verpflichtet, die behandelten Personen unverzüglich zu unterrichten und ihnen eine Testung zu empfehlen. Vor der Testung ist die schriftliche Einwilligung der behandelten Person einzuholen. Die behandelte Person ist eingehend zu beraten.

(2) Wird in einer Einrichtung der Krankenversorgung bei einer zu behandelnden oder behandelten Person festgestellt oder besteht der begründete Verdacht, dass sie durch ein Blutprodukt gemäß Absatz 1 Satz 1 infiziert worden ist, muss die Einrichtung der Krankenversorgung der Ursache der Infektion unverzüglich nachgehen. Sie hat das für die Infektion oder den Verdacht in Betracht kommende Blutprodukt zu ermitteln und die Unterrichtungen entsprechend § 16 Abs. 2 vorzunehmen. Der pharmazeutische Unternehmer hat zu veranlassen, dass die spendende Person ermittelt und eine Nachuntersuchung empfohlen wird. Absatz 1 Satz 8 gilt entsprechend. Wird die Infektiosität der spendenden Person bei der Nachuntersuchung bestätigt oder nicht ausgeschlossen oder ist eine Nachuntersuchung nicht durchführbar, so findet das Verfahren nach Absatz 1 entsprechend Anwendung.

(3) Die Einrichtungen der Krankenversorgung, die Spendeeinrichtungen und die pharmazeutischen Unternehmer haben mit den zuständigen Behörden des Bundes und der Länder zusammenzuarbeiten, um die Ursache der Infektion nach Absatz 2 zu ermitteln. Sie sind insbesondere verpflichtet, die für diesen Zweck erforderlichen Auskünfte zu erteilen. § 16 Abs. 2 Satz 3 gilt entsprechend.

(4) Die nach Absatz 1 bis 3 durchgeführten Maßnahmen sind für Zwecke weiterer Rückverfolgungsverfahren und der Risikoerfassung nach dem Arzneimittelgesetz zu dokumentieren.

Anhang zu § 30 Abs. 2 IfSG

Gesetz über das Verfahren in Familiensachen und in den Angelegenheiten der freiwilligen Gerichtsbarkeit (FamFG)

vom 17.12.2008 (BGBl. I S 2586),
zuletzt geändert durch Art. 8 G vom 15.7.2024 (BGBl. 2024 I Nr. 237)

– Auszug –

§ 415
Freiheitsentziehungssachen

(1) Freiheitsentziehungssachen sind Verfahren, die die aufgrund von Bundesrecht angeordnete Freiheitsentziehung betreffen, soweit das Verfahren bundesrechtlich nicht abweichend geregelt ist.

(2) Eine Freiheitsentziehung liegt vor, wenn einer Person gegen ihren Willen oder im Zustand der Willenlosigkeit insbesondere in einer abgeschlossenen Einrichtung, wie einem Gewahrsamsraum oder einem abgeschlossenen Teil eines Krankenhauses, die Freiheit entzogen wird.

§ 416
Örtliche Zuständigkeit

Zuständig ist das Gericht, in dessen Bezirk die Person, der die Freiheit entzogen werden soll, ihren gewöhnlichen Aufenthalt hat, sonst das Gericht, in dessen Bezirk das Bedürfnis für die Freiheitsentziehung entsteht. Befindet sich die Person bereits in Verwahrung einer abgeschlossenen Einrichtung, ist das Gericht zuständig, in dessen Bezirk die Einrichtung liegt.

§ 417
Antrag

(1) Die Freiheitsentziehung darf das Gericht nur auf Antrag der zuständigen Verwaltungsbehörde anordnen.

(2) Der Antrag ist zu begründen. Die Begründung hat folgende Tatsachen zu enthalten:

1. die Identität des Betroffen,
2. den gewöhnlichen Aufenthaltsort des Betroffenen,
3. die Erforderlichkeit der Freiheitsentziehung,
4. die erforderliche Dauer der Freiheitsentziehung sowie
5. in Verfahren der Abschiebungs-, Zurückschiebungs- und Zurückweisungshaft die Verlassenspflicht des Betroffenen sowie die Voraussetzungen und die Durchführbarkeit der Abschiebung, Zurückschiebung und Zurückweisung.

Die Behörde soll in Verfahren der Abschiebungshaft mit der Antragstellung die Akte des Betroffenen vorlegen.

(3) Tatsachen nach Absatz 2 Satz 2 können bis zum Ende der letzten Tatsacheninstanz ergänzt werden.

§ 418
Beteiligte

(1) Zu beteiligen sind die Person, der die Freiheit entzogen werden soll (Betroffener), und die Verwaltungsbehörde, die den Antrag auf Freiheitsentziehung gestellt hat.

(2) Der Verfahrenspfleger wird durch seine Bestellung als Beteiligter zum Verfahren hinzugezogen.

(3) Beteiligt werden können im Interesse des Betroffenen

1. dessen Ehegatte oder Lebenspartner, wenn die Ehegatten oder Lebenspartner nicht dauernd getrennt leben, sowie dessen Eltern und Kinder, wenn der Betroffene bei diesen lebt oder bei Einleitung des Verfahrens gelebt hat, die Pflegeeltern sowie
2. eine von ihm benannte Person seines Vertrauens.

§ 419
Verfahrenspfleger

(1) Das Gericht hat dem Betroffenen einen geeigneten Verfahrenspfleger zu bestellen, wenn dies zur Wahrnehmung seiner Interessen erforderlich ist. Die Bestellung ist insbesondere erforderlich, wenn von einer Anhörung des Betroffenen abgesehen werden soll.

(2) Der Verfahrenspfleger hat die Wünsche, hilfsweise den mutmaßlichen Willen des Betroffenen festzustellen und im gerichtlichen Verfahren zur Geltung zu bringen. Er hat den Betroffenen über Gegenstand, Ablauf und möglichen Ausgang des Verfahrens in geeigneter Weise zu informieren und ihn bei Bedarf bei der Ausübung seiner Rechte im Verfahren zu unterstützen. Er ist nicht gesetzlicher Vertreter des Betroffenen.

(3) Die Bestellung eines Verfahrenspflegers soll unterbleiben oder aufgehoben werden, wenn die Interessen des Betroffenen von einem Rechtsanwalt oder einem anderen geeigneten Verfahrensbevollmächtigten vertreten werden.

(4) Die Bestellung endet, wenn sie nicht vorher aufgehoben wird, mit der Rechtskraft des Beschlusses über die Freiheitsentziehung oder mit dem sonstigen Abschluss des Verfahrens.

(5) Die Bestellung eines Verfahrenspflegers oder deren Aufhebung sowie die Ablehnung einer derartigen Maßnahme sind nicht selbstständig anfechtbar.

(6) Für die Vergütung und den Aufwendungsersatz des Verfahrenspflegers gilt § 277 entsprechend. Dem Verfahrenspfleger sind keine Kosten aufzuerlegen.

§ 420
Anhörung; Vorführung

(1) Das Gericht hat den Betroffenen vor der Anordnung der Freiheitsentziehung persönlich anzuhören. Erscheint er zu dem Anhörungstermin nicht, kann abweichend von § 33 Abs. 3 seine sofortige Vorführung angeordnet werden. Das Gericht entscheidet hierüber durch nicht anfechtbaren Beschluss.

(2) Die persönliche Anhörung des Betroffenen kann unterbleiben, wenn nach ärztlichem Gutachten hiervon erhebliche Nachteile für seine Gesundheit zu besorgen sind oder wenn er an einer übertragbaren Krankheit im Sinn des Infektionsschutzgesetzes leidet.

(3) Das Gericht hat die sonstigen Beteiligten anzuhören. Die Anhörung kann unterbleiben, wenn sie nicht ohne erhebliche Verzögerung oder nicht ohne unverhältnismäßige Kosten möglich ist.

(4) Die Freiheitsentziehung in einem abgeschlossenen Teil eines Krankenhauses darf nur nach Anhörung eines ärztlichen Sachverständigen angeordnet werden. Die Verwaltungsbehörde, die den Antrag auf Freiheitsentziehung gestellt hat, soll ihrem Antrag ein ärztliches Gutachten beifügen.

§ 421
Inhalt der Beschlussformel

Die Beschlussformel zur Anordnung einer Freiheitsentziehung enthält auch

1. die nähere Bezeichnung der Freiheitsentziehung sowie
2. den Zeitpunkt, zu dem die Freiheitsentziehung endet.

§ 422
Wirksamwerden von Beschlüssen

(1) Der Beschluss, durch den eine Freiheitsentziehung angeordnet wird, wird mit Rechtskraft wirksam.

(2) Das Gericht kann die sofortige Wirksamkeit des Beschlusses anordnen. In diesem Fall wird er wirksam, wenn der Beschluss und die Anordnung der sofortigen Wirksamkeit

1. dem Betroffenen, der zuständigen Verwaltungsbehörde oder dem Verfahrenspfleger bekannt gegeben werden oder
2. der Geschäftsstelle des Gerichts zum Zweck der Bekanntgabe übergeben werden.

Der Zeitpunkt der sofortigen Wirksamkeit ist auf dem Beschluss zu vermerken.

(3) Der Beschluss, durch den eine Freiheitsentziehung angeordnet wird, wird von der zuständigen Verwaltungsbehörde vollzogen.

(4) Wird Zurückweisungshaft (§ 15 des Aufenthaltsgesetzes) oder Abschiebungshaft (§ 62 des Aufenthaltsgesetzes) im Wege der Amtshilfe in Justizvollzugsanstalten vollzogen, gelten die §§ 171, 173 bis 175 und 178 Abs. 3 des Strafvollzugsgesetzes entsprechend, soweit in § 62a des Aufenthaltsgesetzes für die Abschiebungshaft nichts Abweichendes bestimmt ist.

§ 423
Absehen von der Bekanntgabe

Von der Bekanntgabe der Gründe eines Beschlusses an den Betroffenen kann abgesehen werden, wenn dies nach ärztlichem Zeugnis erforderlich ist, um erhebliche Nachteile für seine Gesundheit zu vermeiden.

§ 424
Aussetzung des Vollzugs

(1) Das Gericht kann die Vollziehung der Freiheitsentziehung aussetzen. Es hat die Verwaltungsbehörde und den Leiter der Einrichtung vorher anzuhören. Für Aussetzungen bis zu einer Woche bedarf es keiner Entscheidung des Gerichts. Die Aussetzung kann mit Auflagen versehen werden.

(2) Das Gericht kann die Aussetzung widerrufen, wenn der Betroffene eine Auflage nicht erfüllt oder sein Zustand dies erfordert.

§ 425
Dauer und Verlängerung der Freiheitsentziehung

(1) In dem Beschluss, durch den eine Freiheitsentziehung angeordnet wird, ist eine Frist für die Freiheitsentziehung bis zur Höchstdauer eines Jahres zu bestimmen, soweit nicht in einem anderen Gesetz eine kürzere Höchstdauer der Freiheitsentziehung bestimmt ist.

(2) Wird nicht innerhalb der Frist die Verlängerung der Freiheitsentziehung durch richterlichen Beschluss angeordnet, ist der Betroffene freizulassen. Dem Gericht ist die Freilassung mitzuteilen.

(3) Für die Verlängerung der Freiheitsentziehung gelten die Vorschriften über die erstmalige Anordnung entsprechend.

§ 426
Aufhebung

(1) Der Beschluss, durch den eine Freiheitsentziehung angeordnet wird, ist vor Ablauf der nach § 425 Abs. 1 festgesetzten Frist von Amts wegen aufzuheben, wenn der Grund für die Freiheitsentziehung weggefallen ist. Vor der Aufhebung hat das Gericht die zuständige Verwaltungsbehörde anzuhören.

(2) Die Beteiligten können die Aufhebung der Freiheitsentziehung beantragen. Das Gericht entscheidet über den Antrag durch Beschluss.

§ 427
Einstweilige Anordnung

(1) Das Gericht kann durch einstweilige Anordnung eine vorläufige Freiheitsentziehung anordnen, wenn dringende Gründe für die Annahme bestehen, dass die Voraussetzungen für die Anordnung einer Freiheitsentziehung gegeben sind und ein dringendes Bedürfnis für ein sofortiges Tätigwerden besteht. Die vorläufige Freiheitsentziehung darf die Dauer von sechs Wochen nicht überschreiten.

(2) Bei Gefahr im Verzug kann das Gericht eine einstweilige Anordnung bereits vor der persönlichen Anhörung des Betroffenen sowie vor Bestellung und Anhörung des Verfahrenspflegers erlassen; die Verfahrenshandlungen sind unverzüglich nachzuholen.

(3) Abweichend von den Absätzen 1 und 2 kann das Gericht eine einstweilige Anordnung vor der Anhörung des Betroffenen erlassen, wenn dringende Gründe für die Annahme vorliegen, dass die Voraussetzungen für die Anordnung einer Freiheitsentziehung gegeben sind, und die vorherige Anhörung den Zweck der Anordnung gefährden würde. Die Anhörung ist unverzüglich nachzuholen.

§ 428
Verwaltungsmaßnahme; richterliche Prüfung

(1) Bei jeder Verwaltungsmaßnahme, die eine Freiheitsentziehung darstellt und nicht auf richterlicher Anordnung beruht, hat die zuständige Verwaltungsbehörde die richterliche Entscheidung unverzüglich herbeizuführen. Ist die Freiheitsentziehung nicht bis zum Ablauf des ihr folgenden Tages durch richterliche Entscheidung angeordnet, ist der Betroffene freizulassen.

(2) Wird eine Maßnahme der Verwaltungsbehörde nach Absatz 1 Satz 1 angefochten, ist auch hierüber im gerichtlichen Verfahren nach den Vorschriften dieses Buches zu entscheiden.

§ 429
Ergänzende Vorschriften über die Beschwerde

(1) Das Recht der Beschwerde steht der zuständigen Behörde zu.

(2) Das Recht der Beschwerde steht im Interesse des Betroffenen

1. dessen Ehegatten oder Lebenspartner, wenn die Ehegatten oder Lebenspartner nicht dauernd getrennt leben, sowie dessen Eltern und Kindern, wenn der Betroffene bei diesen lebt oder bei Einleitung des Verfahrens gelebt hat, den Pflegeeltern sowie
2. einer von ihm benannten Person seines Vertrauens

zu, wenn sie im ersten Rechtszug beteiligt worden sind.

(3) Das Recht der Beschwerde steht dem Verfahrenspfleger zu.

(4) Befindet sich der Betroffene bereits in einer abgeschlossenen Einrichtung, kann die Beschwerde auch bei dem Gericht eingelegt werden, in dessen Bezirk die Einrichtung liegt.

§ 430
Auslagenersatz

Wird ein Antrag der Verwaltungsbehörde auf Freiheitsentziehung abgelehnt oder zurückgenommen und hat das Verfahren ergeben, dass ein begründeter Anlass zur Stellung des Antrags nicht vorlag, hat das Gericht die Auslagen des Betroffenen, soweit sie zur zweckentsprechenden Rechtsverfolgung notwendig waren, der Körperschaft aufzuerlegen, der die Verwaltungsbehörde angehört.

[1]

Verordnung über die Qualität von Wasser für den menschlichen Gebrauch (Trinkwasserverordnung – TrinkwV)

vom 20.6.2023 (BGBl. I 2023 Nr. 159)

Inhalt

Inhaltsverzeichnis

---

1) Diese Verordnung dient der Umsetzung der Richtlinie (EU) 2020/2184 des Europäischen Parlaments und des Rates vom 16. Dezember 2020 über die Qualität von Wasser für den menschlichen Gebrauch (ABl. L 435 vom 23.12.2020, S. 1) und der Richtlinie 2013/51/Euratom des Rates vom 22. Oktober 2013 zur Festlegung von Anforderungen an den Schutz der Gesundheit der Bevölkerung hinsichtlich radioaktiver Stoffe in Wasser für den menschlichen Gebrauch (ABl. L 296 vom 7.11.2013, S. 12).

Abschnitt 1
Allgemeine Vorschriften

§ 1
Anwendungsbereich

(1) Diese Verordnung findet Anwendung auf das im 7. Abschnitt des Infektionsschutzgesetzes bezeichnete Wasser für den menschlichen Gebrauch.

(2) Diese Verordnung gilt nicht für

1. natürliches Mineralwasser im Sinne des § 2 der Mineral- und Tafelwasser-Verordnung,
2. Wasser, das Arzneimittel im Sinne des § 2 des Arzneimittelgesetzes ist,
3. Schwimm- und Badebeckenwasser,
4. Wasser, das sich in Fließrichtung hinter einer nach den allgemein anerkannten Regeln der Technik notwendigen Sicherungseinrichtung eines endständig an die Trinkwasserinstallation angeschlossenen wasserführenden Apparats befindet, der nach den allgemein anerkannten Regeln der Technik nicht Teil der Trinkwasserinstallation ist, und
5. Wasser, für dessen Verwendung eine Genehmigung nach § 3a Absatz 2 der Lebensmittelhygiene-Verordnung erteilt worden ist.

(3) Diese Verordnung findet im Rahmen der Vorgaben des Seerechtsübereinkommens der Vereinten Nationen vom 10. Dezember 1982 (BGBl. 1994 II S. 1798, 1799; 1997 II S. 1 402) auch in der deutschen ausschließlichen Wirtschaftszone Anwendung.

Der Begriff „Wasser für den menschlichen Gebrauch“ in Absatz 1 erfasst auch Wasser für häusliche Nutzzwecke, insbesondere die persönliche Hygiene (§ 2 Nr. 1 Buchst. a).
Natürliches Mineralwasser (Absatz 2 Nr. 1) fällt ausschließlich in den Anwendungsbereich der Mineral- und TafelwasserV. Für Tafelwasser gilt dies ebenso (vgl. § 11 aaO). Quellwasser i.S. des § 10 dieser V fällt grundsätzlich in den Anwendungsbereich der TrinkwV (vgl. § 1 TrinkwV i. V. mit § 1 Abs. 1 Satz 1 und 3 Mineral- und TafelwasserV), soweit nicht spezielle Vorschriften der Mineral- und TafelwasserV greifen (z.B. §§ 10 und 12 bis 15 aaO). Für „sonstiges abgefülltes Trinkwasser“ gilt allgemein die TrinkwV; die Mineral- und TafelwasserV enthält hierzu nur in § 15 eine Spezialvorschrift (vgl. § 18 aaO).
Wasser für Lebensmittelunternehmen muss bis zur Stelle der Einhaltung (§ 10) den Anforderungen der TrinkwV entsprechen (s. auch § 2 Nr. 1 Buchst. b). Ab dieser Stelle unterliegt es als „Lebensmittel“ dem Lebensmittelrecht. Es muss dann die Anforderungen der TrinkwV nicht erfüllen, wenn die nach § 38 des Lebensmittel- und Futtermittelgesetzbuchs zuständige Stelle feststellt, dass das Wasser die Genusstauglichkeit des Endprodukts nicht beeinträchtigen kann.

§ 2
Begriffsbestimmungen

Im Sinne dieser Verordnung ist oder sind

1. „Trinkwasser“ Wasser für den menschlichen Gebrauch, das im ursprünglichen Zustand oder nach Aufbereitung, ungeachtet seines Aggregatzustands und ungeachtet dessen, ob es auf Leitungswegen, durch Wassertransport-Fahrzeuge, aus Trinkwasserspeichern, auf Meeresbauwerken oder an Bord von Land-, Wasser- oder Luftfahrzeugen oder in verschlossenen Behältnissen bereitgestellt wird und
   a) für folgende Zwecke bestimmt ist:
      aa) zum Trinken,
      bb) zum Kochen sowie zur Zubereitung von Speisen und Getränken,
      cc) zur Körperpflege und -reinigung,
      dd) zur Reinigung von Gegenständen, die bestimmungsgemäß mit Lebensmitteln in Berührung kommen,
      ee) zur Reinigung von Gegenständen, die bestimmungsgemäß nicht nur vorübergehend mit dem menschlichen Körper in Kontakt kommen, oder
      ff) zu sonstigen in Bezug auf die menschliche Gesundheit relevanten häuslichen Zwecken oder
   b) in Lebensmittelunternehmen verwendet wird zur Herstellung, Behandlung, Konservierung oder zum Inverkehrbringen von Erzeugnissen oder Substanzen, die für den menschlichen Gebrauch bestimmt sind;
2. „Wasserversorgungsanlagen“:
   a) zentrale Wasserversorgungsanlagen: Anlagen einschließlich dazugehörender Wassergewinnungsanlagen und eines dazugehörenden Leitungsnetzes, aus denen pro Tag mindestens 10 Kubikmeter Trinkwasser entnommen oder auf festen Leitungswegen an Zwischenabnehmer geliefert werden oder aus denen auf festen Leitungswegen Trinkwasser an mindestens 50 Personen abgegeben wird;
   b) dezentrale Wasserversorgungsanlagen: Anlagen einschließlich dazugehörender Wassergewinnungsanlagen und eines dazugehörenden Leitungsnetzes, aus denen pro Tag weniger als 10 Kubikmeter Trinkwasser entnommen oder im Rahmen einer gewerblichen oder öffentlichen Tätigkeit genutzt werden, ohne dass eine zentrale Wasserversorgungsanlage oder eine Eigenwasserversorgungsanlage vorliegt;
   c) Eigenwasserversorgungsanlagen: Anlagen einschließlich dazugehörender Wassergewinnungsanlagen und einer dazugehörenden Trinkwasserinstallation, aus denen pro Tag weniger als 10 Kubikmeter Trinkwasser zur eigenen Nutzung entnommen werden;
   d) mobile Wasserversorgungsanlagen: bewegliche Anlagen, aus denen Trinkwasser entnommen wird einschließlich Anlagen an Bord von Land-, Wasser- und Luftfahrzeugen sowie Anlagen, aus denen auf Meeresbauwerken Trinkwasser entnommen wird, jeweils einschließlich der Trinkwasserinstallation und etwaiger Wassergewinnungsanlagen;

e) Gebäudewasserversorgungsanlagen: Anlagen, aus denen aus einer zentralen Wasserversorgungsanlage oder einer dezentralen Wasserversorgungsanlage übernommenes Trinkwasser über eine Trinkwasserinstallation an Verbraucher abgegeben wird und
f) zeitweilige Wasserversorgungsanlagen: Anlagen, aus denen Trinkwasser entnommen oder an Verbraucher abgegeben wird und die
   aa) zeitweise betrieben werden, einschließlich einer dazugehörenden Wassergewinnungsanlage und einer dazugehörenden Trinkwasserinstallation, oder
   bb) zeitweise an eine zentrale Wasserversorgungsanlage, eine dezentrale Wasserversorgungsanlage, mobile Wasserversorgungsanlage oder eine Gebäudewasserversorgungsanlage angeschlossen sind;

3. „Betreiber“ ein Unternehmer oder sonstiger Inhaber einer Wasserversorgungsanlage;
4. „Trinkwasserinstallation“ sämtliche Trinkwasserleitungen, Trinkwasserspeicher, Apparate und Armaturen einer Wasserversorgungsanlage, die sich befinden zwischen den Entnahmestellen für Trinkwasser und
   a) der Stelle, ab der das durch diese Wasserversorgungsanlage gewonnene Trinkwasser oder, sofern eine Aufbereitung erfolgt, ab der das aufbereitete Trinkwasser zu den Entnahmestellen für Trinkwasser weitergeleitet wird, oder
   b) der Stelle, an der das Trinkwasser aus einer anderen Wasserversorgungsanlage übernommen wird;
5. „Wasserversorgungsgebiet“ ein geografisch definiertes Gebiet, in dem
   a) das an Verbraucher oder an Zwischenabnehmer abgegebene Trinkwasser aus einem oder mehreren Wasservorkommen stammt und
   b) die erwartbare Trinkwasserbeschaffenheit als nahezu einheitlich angesehen werden kann;
6. „Rohwasser“ Wasser, das mit einer Wassergewinnungsanlage dem Wasservorkommen entnommen wird und
   a) unmittelbar zu Trinkwasser aufbereitet werden soll oder
   b) ohne Aufbereitung als Trinkwasser verteilt werden soll;
7. „Aufbereitungsstoffe“ Stoffe und Filtermedien, die dazu bestimmt sind, die Beschaffenheit des Rohwassers oder des Trinkwassers zu den in § 18 genannten Aufbereitungszwecken zu beeinflussen;
8. „gewerbliche Tätigkeit“ die unmittelbare oder mittelbare, zielgerichtete Bereitstellung von Trinkwasser im Rahmen einer Vermietung oder einer sonstigen selbständigen, regelmäßigen und in Gewinnerzielungsabsicht ausgeübten Tätigkeit;
9. „öffentliche Tätigkeit“ die Bereitstellung von Trinkwasser für einen unbestimmten, wechselnden und nicht durch persönliche Beziehungen mit der bereitstellenden Person verbundenen Personenkreis;
10. „Nichttrinkwasseranlage“ eine Anlage, die zusätzlich zu einer Trinkwasserinstallation installiert ist und

a) zur Entnahme von Wasser dient, das nicht für in Nummer 1 genannte Zwecke bestimmt ist, oder
b) in der Wasser, das nicht für in Nummer 1 genannte Zwecke bestimmt ist, im Kreislauf geführt wird.

Die Vorschrift entspricht im Wesentlichen § 3 TrinkwV a. F.
§ 2 Nr. 1 stellt klar, dass die V auch für das in Flaschen abgefüllte Wasser gilt. Die Anforderungen der TrinkwV sind dabei am Punkt der Abfüllung einzuhalten, und zwar unabhängig davon, dass sich das Wasser im Behälter ändern kann (§ 6 Abs. 3, § 10 Nr. 4).
Maßgeblich für die 10 m^3/Tag (§ 2 Nr. 2 Buchst. a–c) ist die Wassermenge, die für Zwecke der TrinkwV entnommen wird. Dabei zählt z.B. nicht das Wasser in landwirtschaftlichen Betrieben, das zum Viehtränken oder zur Bewässerung landwirtschaftlicher Flächen verwendet wird.
„Trinkwasserinstallation" (§ 2 Nr. 4) ist alles, was sich zwischen Wasserzähler und Zapfstelle (Wasserhahn) befindet. Die Begriffsbestimmung wird um Trinkwasserspeicher ergänzt; es werden also alle Anlagenteile mobiler Wasserversorgungsanlagen erfasst, sodass „Trinkwasserinstallation" in der Begriffsbestimmung für mobile Wasserversorgungsanlagen (vgl. Nr. 2 Buchst. d) Verwendung finden kann. Für Trinkwasserinstallationen enthält die TrinkwV Sonderregelungen in § 55 Abs. 5, § 64 und § 70.
In § 2 Nr. 6 wird „Ressource" durch den ebenfalls weit auszulegenden Begriff „Wasservorkommen" ersetzt.
Nr. 10, angelehnt an den früheren § 2 Abs. 2 TrinkwV a. F., bestimmt „Nichttrinkwasseranlagen" neu; dabei wird nunmehr aber unabhängig von der tatsächlichen Qualität des Wassers auf dessen Bestimmung abgestellt. Das Erfordernis „zusätzlich zu einer Trinkwasserinstallation" ist nach der Verordnungsbegründung unter Beachtung einer möglichen Rückwirkung, auch z.B. durch Verwechslungen, auf das öffentliche Trinkwassernetz auszulegen, so dass es sich bei Gartenbrunnen oder Regenwasserzisternen, die nur zur Bewässerung des Gartens Verwendung finden und nicht an gleicher Stelle installiert sind wie eine Trinkwasserinstallation, etwa im Wohnhaus, nicht um Nichttrinkwasseranlagen handelt.
Der früher in § 3 Nr. 12 TrinkwV a. F. definierte Begriff „Großanlage zur Trinkwassererwärmung" ist nun – inhaltlich – direkt in die auf den Parameter Legionella spec. bezogene Sammelvorschrift des § 31 integriert worden.

§ 3
Bezugnahmen auf technische Normen

(1) Vorschriften, die auf DIN- oder internationale Normen verweisen, beziehen sich, wenn nicht anders bestimmt, jeweils auf die folgenden Ausgaben:

1. DIN 38404-10, Ausgabe Dezember 2012 der DIN 38404-10, Deutsche Einheitsverfahren zur Wasser-, Abwasser- und Schlammuntersuchung – Physikalische und physikalisch-chemische Stoffkenngrößen (Gruppe C) – Teil 10: Berechnung der Calcitsättigung eines Wassers (C 10),

2. DIN EN 1484, Ausgabe April 2019 der DIN EN 1484, Wasseranalytik – Anleitungen zur Bestimmung des gesamten organischen Kohlenstoffs (TOC) und des gelösten organischen Kohlenstoffs (DOC),
3. DIN EN 1622, Ausgabe Oktober 2006 der DIN EN 1622, Wasserbeschaffenheit – Bestimmung des Geruchsschwellenwerts (TON) und des Geschmacksschwellenwerts (TFN),
4. DIN EN 15975-2, Ausgabe Dezember 2013 der DIN EN 15975-2, Sicherheit der Trinkwasserversorgung – Leitlinien für das Risiko- und Krisenmanagement – Teil 2: Risikomanagement,
5. DIN EN 27888, Ausgabe November 1993 der DIN EN 27888, Wasserbeschaffenheit – Bestimmung der elektrischen Leitfähigkeit,
6. DIN EN ISO 6222, Ausgabe Juli 1999 der DIN EN ISO 6222, Wasserbeschaffenheit – Quantitative Bestimmung der kultivierbaren Mikroorganismen – Bestimmung der Koloniezahl durch Einimpfen in ein Nähragarmedium,
7. DIN EN ISO 7027-1, Ausgabe November 2016 der DIN EN ISO 7027-1, Wasserbeschaffenheit – Bestimmung der Trübung – Teil 1: Quantitative Verfahren,
8. DIN EN ISO 7899-2, Ausgabe November 2000 der DIN EN ISO 7899-2, Wasserbeschaffenheit – Nachweis und Zählung von intestinalen Enterokokken – Teil 2: Verfahren durch Membranfiltration,
9. DIN EN ISO 8467, Ausgabe Mai 1995 der DIN EN ISO 8467, Wasserbeschaffenheit – Bestimmung des Permanganat-Index,
10. DIN EN ISO 9308-1, Ausgabe September 2017 der DIN EN ISO 9308-1, Wasserbeschaffenheit – Zählung von Escherichia coli und coliformen Bakterien – Teil 1: Membranfiltrationsverfahren für Wässer mit niedriger Begleitflora,
11. DIN EN ISO 9308-2, Ausgabe Juni 2014 der DIN EN ISO 9308-2, Wasserbeschaffenheit – Zählung von Escherichia coli und coliformen Bakterien – Teil 2: Verfahren zur Bestimmung der wahrscheinlichsten Keimzahl,
12. DIN EN ISO 10705-2, Ausgabe Januar 2002 der DIN EN ISO 10705-2, Wasserbeschaffenheit – Nachweis und Zählung von Bakteriophagen – Teil 2: Zählung von somatischen Coliphagen,
13. DIN EN ISO 11731, Ausgabe März 2019 der DIN EN ISO 11731, Wasserbeschaffenheit – Zählung von Legionellen,
14. DIN EN ISO 11929-1, Ausgabe November 2021 der DIN EN ISO 11929-1, Bestimmung der charakteristischen Grenzen (Erkennungsgrenze, Nachweisgrenze und Grenzen des Überdeckungsintervalls) bei Messungen ionisierender Strahlung – Grundlagen und Anwendungen – Teil 1: Elementare Anwendungen,
15. DIN EN ISO 11929-2, Ausgabe November 2021 der DIN EN ISO 11929-2, Bestimmung der charakteristischen Grenzen (Erkennungsgrenze, Nachweisgrenze und Grenzen des Überdeckungsintervalls) bei Messungen ionisierender Strahlung – Grundlagen und Anwendungen – Teil 2: Fortgeschrittene Anwendungen,
16. DIN EN ISO 11929-3, Ausgabe November 2021 der DIN EN ISO 11929-3, Bestimmung der charakteristischen Grenzen (Erkennungsgrenze, Nachweisgrenze und Grenzen des Überdeckungsintervalls) bei Messungen ionisierender Strahlung

– Grundlagen und Anwendungen – Teil 3: Anwendung von Entfaltungstechniken,
17. **DIN EN ISO 14189, Ausgabe November 2016 der DIN EN ISO 14189, Wasserbeschaffenheit – Zählung von Clostridium perfringens – Verfahren mittels Membranfiltration,**
18. **DIN EN ISO 16266, Ausgabe Mai 2008 der DIN EN ISO 16266, Wasserbeschaffenheit – Nachweis und Zählung von Pseudomonas aeruginosa – Membranfiltrationsverfahren,**
19. **DIN EN ISO 19458, Ausgabe Dezember 2006 der DIN EN ISO 19458, Wasserbeschaffenheit – Probenahme für mikrobiologische Untersuchungen,**
20. **DIN ISO 5667-5, Ausgabe Februar 2011 der DIN ISO 5667-5, Wasserbeschaffenheit – Probenahme – Teil 5: Anleitung zur Probenahme von Trinkwasser aus Aufbereitungsanlagen und Rohrnetzsystemen und**
21. **ISO 10705-3, Ausgabe Oktober 2003 der ISO 10705-3, Wasserbeschaffenheit – Nachweis und Zählung von Bakteriophagen – Teil 3: Validierung von Verfahren für die Konzentration von Bakteriophagen in Wasser.**

(2) **Die in Absatz 1 genannten Ausgaben der technischen Normen sind bei der Beuth-Verlag GmbH, Berlin, zu beziehen und bei der Deutschen Nationalbibliothek in Leipzig archivmäßig gesichert niedergelegt.**

Die Vorschrift zieht aus Vereinfachungsgründen die Nennung relevanter technischer Normen sozusagen „vor die Klammer“, so dass auch eine ggf. erforderliche Aktualisierung erleichtert wird.

§ 4
Vollzug

Die Zuständigkeit der Behörden für den Vollzug dieser Verordnung ergibt sich aus den §§ 54 bis 54b des Infektionsschutzgesetzes, soweit nicht in dieser Verordnung Aufgaben unmittelbar bestimmten Bundesbehörden zugewiesen sind.

Für die Behördenzuständigkeit verweist § 4 auf das IfSG, das über § 54 vom Ländervollzug ausgeht. Der Vollzug der Verordnung obliegt also in der Regel dem Gesundheitsamt (bzw. der sonst zuständigen Behörde). Ausnahmen gelten über § 54a IfSG für den Geschäftsbereich des Bundesministeriums der Verteidigung und über § 54b IfSG für den Bereich der Eisenbahnen des Bundes und der Magnetschwebebahnen; vgl. hierzu § 54a Abs. 1 Nr. 6 IfSG und § 54b IfSG samt Anmerkung.

Sind dagegen in der TrinkwV Aufgaben bereits unmittelbar bestimmten Bundesbehörden zugewiesen, etwa dem Umweltbundesamt, Bundesinstitut für Risikobewertung oder dem Bundesministerium für Gesundheit, kommt keine weitere Zuständigkeitsbestimmung nach §§ 54 bis 54b IfSG in Betracht.

Abschnitt 2
Beschaffenheit des Trinkwassers

§ 5
Allgemeine Anforderungen

Die Anforderungen nach § 37 Absatz 1 des Infektionsschutzgesetzes an die Beschaffenheit von Trinkwasser gelten als erfüllt, wenn

1. bei der Trinkwassergewinnung, der Trinkwasseraufbereitung und der Trinkwasserverteilung einschließlich der Wasserspeicherung mindestens die allgemein anerkannten Regeln der Technik eingehalten werden,
2. das Trinkwasser den Anforderungen der §§ 6 bis 9 entspricht und
3. es rein und genusstauglich ist.

Die Vorschrift entspricht überwiegend § 4 Abs. 1 TrinkwV a. F.

§ 6
Mikrobiologische Anforderungen

(1) Im Trinkwasser dürfen Krankheitserreger im Sinne des § 2 Nummer 1 des Infektionsschutzgesetzes, die durch Trinkwasser übertragen werden können, nicht in Konzentrationen enthalten sein, die eine Schädigung der menschlichen Gesundheit besorgen lassen.

(2) In Trinkwasser dürfen die in Anlage 1 Teil I festgelegten Grenzwerte für mikrobiologische Parameter nicht überschritten werden.

(3) Im Trinkwasser, das zur Abgabe in verschlossenen Behältnissen bestimmt ist, dürfen die in Anlage 1 Teil II festgelegten Grenzwerte für mikrobiologische Parameter nicht überschritten werden.

(4) Wird dem Gesundheitsamt bekannt, dass im Trinkwasser eines Wasserversorgungsgebiets Mikroorganismen vorkommen, die eine Schädigung der menschlichen Gesundheit besorgen lassen und für die in dieser Verordnung kein Grenzwert festgelegt ist, so legt das Gesundheitsamt für das betroffene Wasserversorgungsgebiet unter Beachtung von Absatz 1 einen Höchstwert fest, der nicht überschritten werden darf.

(5) Mikroorganismen, die das Trinkwasser verunreinigen oder seine Beschaffenheit nachteilig beeinflussen können, dürfen in Trinkwasser nur in Konzentrationen enthalten sein, die so niedrig sind, wie dies mit im Einzelfall angemessenem Aufwand unter Einhaltung mindestens der allgemein anerkannten Regeln der Technik möglich ist.

§ 6 Abs. 1 bis 3 und 5 entsprechen § 5 Abs. 1 bis 3 und 4 TrinkwV a. F.
§ 6 Abs. 4 entspricht, soweit er Mikroorganismen betrifft, § 9 Abs. 6 Satz 1 TrinkwV a. F.
Jede Grenzwertüberschreitung hat der Unternehmer der Wasserversorgungsanlage unverzüglich dem Gesundheitsamt anzuzeigen (§ 47 Abs. 1, § 72 Abs. 1 Nr. 1).

Da der unmittelbare Nachweis routinemäßig kaum zu führen ist, sind Grenzwerte für mikrobiologische Parameter festgelegt, die auf das Vorhandensein von Krankheitserregern hinweisen.
Zum Minimierungsgebot (§ 6 Abs. 5) s. Anmerkung zum entsprechenden § 7 Abs. 4.

§ 7
Chemische Anforderungen

(1) Im Trinkwasser dürfen chemische Stoffe nicht in Konzentrationen enthalten sein, die eine Schädigung der menschlichen Gesundheit besorgen lassen.

(2) Im Trinkwasser dürfen die in Anlage 2 festgelegten Grenzwerte für chemische Parameter nicht überschritten werden.

(3) Wird dem Gesundheitsamt bekannt, dass im Trinkwasser eines Wasserversorgungsgebiets chemische Stoffe vorkommen, die eine Schädigung der menschlichen Gesundheit besorgen lassen und für die in dieser Verordnung kein Grenzwert festgelegt ist, so legt das Gesundheitsamt für das betroffene Wasserversorgungsgebiet unter Beachtung von Absatz 1 einen Höchstwert fest, der nicht überschritten werden darf.

(4) Chemische Stoffe, die das Trinkwasser verunreinigen oder seine Beschaffenheit nachteilig beeinflussen können, dürfen in Trinkwasser nur in Konzentrationen enthalten sein, die so niedrig sind, wie dies mit im Einzelfall angemessenem Aufwand unter Einhaltung mindestens der allgemein anerkannten Regeln der Technik möglich ist.

Die Vorschrift entspricht § 6 Abs. 1 bis 3 bzw. (Abs. 3) § 9 Abs. 6 S. 1 TrinkwV a. F.
Der Begriff „besorgen" (§ 7 Abs. 1) ist dem Wasserrecht (§ 48 WHG) entnommen und bedeutet, dass eine Schädigung der menschlichen Gesundheit nach wissenschaftlichen Erkenntnissen unwahrscheinlich sein muss. Dies gilt für alle chemischen Stoffe, die nicht in der Anlage 2 aufgeführt sind; siehe die Empfehlung des Umweltbundesamtes „Bewertung der Anwesenheit teil- oder nicht bewertbarer Stoffe im Trinkwasser aus gesundheitlicher Sicht" (BGesBl 2003 S. 249) mit Kommentar hierzu von Dieter (BGesBl 2003 S. 245).
Die Grenzwerte in Absatz 2 (Anlage 2) sind so festgesetzt, dass auch bei lebenslangem Gebrauch des Wassers keine Schädigung der menschlichen Gesundheit zu besorgen ist.
Anzeigepflicht bei Grenzwertüberschreitung s. § 47 Abs. 1 Nrn. 5 und 6, § 72 Abs. 1 Nr. 1; Maßnahmen bei Nichteinhaltung von Grenzwerten s. §§ 10, 64 ff.
Das Minimierungsgebot (§ 7 Abs. 4) ist eine weder straf- noch bußgeldbewehrte allgemeine Aufforderung; mit der geänderten Formulierung „dürfen ... nur" statt dem früheren „sollen" verbindet der Verordnungsgeber allerdings einen „höheren Verbindlichkeitsgrad".

§ 8
Anforderungen in Bezug auf Indikatorparameter

(1) Im Trinkwasser müssen die in Anlage 3 festgelegten Grenzwerte und Anforderungen für Indikatorparameter eingehalten sein. Dies gilt nicht für den technischen Maßnahmenwert für Legionella spec. in Anlage 3 Teil II und den Referenzwert für somatische Coliphagen in Anlage 3 Teil III.

(2) Im Trinkwasser, das zur Abgabe in verschlossenen Behältnissen bestimmt ist, darf der in Anlage 3 Teil I festgelegte Grenzwert für den Parameter Coliforme Bakterien nicht überschritten werden.

(3) Trinkwasser soll nicht korrosiv wirken. Die Beurteilung, ob Trinkwasser in Bezug auf die Werkstoffe und Materialien, mit denen es in Kontakt kommt, korrosiv wirkt, erfolgt nach den allgemein anerkannten Regeln der Technik und ist insbesondere im Hinblick auf die folgenden Indikatorparameter vorzunehmen:

1. Calcitlösekapazität,
2. Chlorid,
3. elektrische Leitfähigkeit,
4. Sulfat und
5. Wasserstoffionenkonzentration.

Die Indikatorparameter sind wie Grenzwerte einzuhalten, auch wenn sie nur ein geringes gesundheitliches Risiko darstellen. Sie sind in die Maßnahmen-Regelungen bei Nichteinhaltung mit einbezogen, jedoch weder straf- noch bußgeldbewehrt; Anzeigepflicht nach § 47 Abs. 1 Nr. 7 bei Nichteinhaltung.
Der technische Maßnahmenwert ist kein Grenzwert, der eingehalten werden muss, sondern ein Wert, bei dessen Überschreitung eine Gesundheitsgefährdung lediglich zu besorgen ist (vgl. Amtl. Begründung zu § 4 Abs. 3 a. F., BR-Drs. 525/12); deshalb ist nur noch das Überschreiten des Maßnahmenwertes (und nicht schon dessen Erreichen) Anlass für den Unternehmer und ggf. die zuständige Behörde einzugreifen (§ 51, § 68).
Absatz 3 bringt bisher im Anlagenteil enthaltene Bestimmungen in den Regelungsteil der Verordnung.

§ 9
Radiologische Anforderung

Trinkwasser darf keine Stoffe aufweisen, die ein oder mehrere Radionuklide enthalten, deren Aktivität oder Konzentration unter dem Gesichtspunkt des Strahlenschutzes nicht außer Acht gelassen werden kann. Diese Anforderung gilt als erfüllt, wenn die in Anlage 4 Teil I festgelegten Parameterwerte für radioaktive Stoffe nicht überschritten werden.

Die Vorschrift entspricht weit überwiegend § 7a TrinkwV a. F.

§ 10
Stelle der Einhaltung der Anforderungen

Die Anforderungen an die Beschaffenheit des Trinkwassers nach den §§ 6 bis 9 müssen an folgender Stelle eingehalten werden:

1. bei Trinkwasser, das auf Grundstücken oder in Gebäuden und Einrichtungen, auf Meeresbauwerken oder an Bord von Land-, Wasser- oder Luftfahrzeugen auf Leitungswegen bereitgestellt wird, am Austritt aus den Entnahmestellen für Trinkwasser,
2. bei Trinkwasser in einem an die Trinkwasserinstallation angeschlossenen Apparat, der entsprechend den allgemein anerkannten Regeln der Technik nicht Teil der Trinkwasserinstallation ist, an der nach den allgemein anerkannten Regeln der Technik notwendigen Sicherungseinrichtung,
3. bei Trinkwasser aus Wassertransport-Fahrzeugen an der Entnahmestelle für Trinkwasser am Fahrzeug,
4. bei Trinkwasser, das zur Abgabe in verschlossenen Behältnissen bestimmt ist, am Punkt der Abfüllung und
5. bei Trinkwasser, das in Lebensmittelunternehmen verwendet wird, an der Stelle der Verwendung.

Die Vorschrift entspricht weit überwiegend § 8 TrinkwV a. F.
Die Qualitätsanforderungen der TrinkwV müssen am Austritt aus der Entnahmestelle (früher: „Zapfstelle"), also am Wasserhahn erfüllt sein (§ 10 Nr. 1). Nr. 1 unterfallen auch sog. Trinkwasserbrunnen.
Bei Wasser, das in Flaschen oder sonstigen Behältnissen abgefüllt wird, ist der Punkt der Abfüllung maßgeblich (vgl. § 6 Abs. 3, Anlage 1 Teil II).
Nr. 5 bezieht sich auf Fälle, wo Trinkwasser nach § 2 Nr. 1 Buchst. b in Lebensmittelunternehmen verwendet wird. Weil es dort vor der Verwendung noch zur Aufbereitung des Trinkwassers kommen kann, ist die Stelle der Verwendung in Lebensmittelunternehmen von besonderer Relevanz.

Abschnitt 3
Anzeigepflichten in Bezug auf Wasserversorgungsanlagen und Nichttrinkwasseranlagen

§ 11
Anzeigepflichten in Bezug auf Wasserversorgungsanlagen

(1) Der Betreiber einer zentralen Wasserversorgungsanlage, einer dezentralen Wasserversorgungsanlage, einer Eigenwasserversorgungsanlage oder, sofern das Trinkwasser im Rahmen einer öffentlichen Tätigkeit bereitgestellt wird, einer Gebäudewasserversorgungsanlage hat dem Gesundheitsamt schriftlich oder elektronisch Folgendes anzuzeigen:

1. die Errichtung der Wasserversorgungsanlage,
2. die Inbetriebnahme und die Wiederinbetriebnahme der Wasserversorgungsanlage,

3. die bauliche oder betriebstechnische Veränderung an Trinkwasser führenden Teilen der Wasserversorgungsanlage, wenn diese Veränderung wesentliche Auswirkungen auf die Beschaffenheit des Trinkwassers haben kann,
4. den Übergang des Eigentums oder des Nutzungsrechts an der Wasserversorgungsanlage auf eine andere Person und
5. die Stilllegung der Wasserversorgungsanlage oder von Teilen der Wasserversorgungsanlage.

Die Anzeige hat in den Fällen von Satz 1 Nummer 1 bis 3 spätestens vier Wochen vor Beginn der Maßnahme, im Fall von Satz 1 Nummer 4 spätestens vier Wochen vor dem Übergang des Eigentums oder des Nutzungsrechts und im Fall von Satz 1 Nummer 5 innerhalb von drei Tagen nach der Stilllegung zu erfolgen. Abweichend von Satz 2 hat die Anzeige in den Fällen von Satz 1 Nummer 1 bis 5 unverzüglich nach Kenntnisnahme der anzeigepflichtigen Umstände zu erfolgen, wenn die Kenntnisnahme erst nach Ablauf der in Satz 2 für diese Fälle jeweils genannten Fristen erfolgt.

(2) Der Betreiber einer mobilen Wasserversorgungsanlage, durch die das Trinkwasser im Rahmen einer gewerblichen oder öffentlichen Tätigkeit bereitgestellt wird, hat dem Gesundheitsamt Folgendes anzuzeigen:

1. die Inbetriebnahme und die Wiederinbetriebnahme der Wasserversorgungsanlage,
2. die bauliche oder betriebstechnische Veränderung an Trinkwasser führenden Teilen der Wasserversorgungsanlage, wenn diese Veränderung wesentliche Auswirkungen auf die Beschaffenheit des Trinkwassers haben kann,
3. den Übergang des Eigentums oder des Nutzungsrechts an der Wasserversorgungsanlage auf eine andere Person, wenn die Überwachung der Wasserversorgungsanlage nach § 54b des Infektionsschutzgesetzes dem Eisenbahn-Bundesamt obliegt, und
4. die Stilllegung der Wasserversorgungsanlage oder von Teilen der Wasserversorgungsanlage.

Die Anzeige hat in den Fällen von Satz 1 Nummer 1 und 2 spätestens vier Wochen vor Beginn der Maßnahme, im Fall von Satz 1 Nummer 3 spätestens vier Wochen vor dem Übergang des Eigentums oder des Nutzungsrechts und im Fall von Satz 1 Nummer 4 innerhalb von drei Tagen nach der Stilllegung zu erfolgen. Abweichend von Satz 2 hat die Anzeige in den Fällen von Satz 1 Nummer 1 bis 3 unverzüglich nach Kenntnisnahme der anzeigepflichtigen Umstände zu erfolgen, wenn die Kenntnisnahme erst nach Ablauf der in Satz 2 für diese Fälle jeweils genannten Frist erfolgt. Ist der nach Satz 1 anzeigepflichtige Umstand durch Maßnahmen der Gefahrenabwehr, des Zivilschutzes oder der Verteidigung veranlasst, kann die Anzeige abweichend von den Sätzen 2 und 3 unverzüglich nach Beendigung dieser Maßnahmen nachgeholt werden.

(3) Der Betreiber einer zeitweiligen Wasserversorgungsanlage hat dem Gesundheitsamt Folgendes anzuzeigen:

1. die Errichtung der Wasserversorgungsanlage,
2. die Inbetriebnahme und die Wiederinbetriebnahme der Wasserversorgungsanlage,
3. die voraussichtliche Dauer des Betriebs der Wasserversorgungsanlage,

4. den Übergang des Eigentums oder des Nutzungsrechts an der Wasserversorgungsanlage auf eine andere Person, wenn die Überwachung der Wasserversorgungsanlage nach § 54b des Infektionsschutzgesetzes dem Eisenbahn-Bundesamt obliegt, und
5. die Stilllegung der Wasserversorgungsanlage oder von Teilen der Wasserversorgungsanlage, wenn die Überwachung der Wasserversorgungsanlage nach § 54b des Infektionsschutzgesetzes dem Eisenbahn-Bundesamt obliegt.

Die Anzeige hat in den Fällen von Satz 1 Nummer 1 bis 4 unverzüglich nach Kenntnisnahme der anzeigepflichtigen Umstände und im Fall von Satz 1 Nummer 5 innerhalb von drei Tagen nach der Stilllegung zu erfolgen. Ist der nach Satz 1 anzeigepflichtige Umstand durch Maßnahmen der Gefahrenabwehr, des Zivilschutzes oder der Verteidigung veranlasst, kann die Anzeige abweichend von Satz 2 unverzüglich nach Beendigung dieser Maßnahmen nachgeholt werden.

(4) Die zuständige oberste Landesbehörde oder eine andere nach Landesrecht zuständige Stelle kann bestimmen, dass für die Anzeigen nach den Absätzen 1 bis 3 einheitliche Vordrucke zu verwenden oder einheitliche elektronische Datenverarbeitungsverfahren anzuwenden sind.

Die TrinkwV 2023 fasst die bestehenden Anzeigepflichten zu Wasserversorgungsanlagen und Nichttrinkwasseranlagen eine einem eigenen Abschnitt zur „besseren Verständlichkeit und Übersichtlichkeit" zusammen. Die Anzeigepflichten (schriftlich oder elektronisch) sind erforderlich, damit das Gesundheitsamt seine Überwachungsaufgabe (§§ 54 ff) erfüllen kann. Die Anzeigepflichten sind bußgeldbewehrt (§ 72 Abs. 1 Nr. 1).
§ 11 entspricht im Wesentlichen § 13 Abs. 1 bis 3 TrinkwV a. F. (für Nichttrinkwasseranlagen gilt § 12). Absatz 1 stellt klar, dass die Pflichten für Gebäudewasserversorgungsanlagen nur gelten, wenn diese im Rahmen einer öffentlichen Tätigkeit betrieben werden.

§ 12
Anzeigepflichten in Bezug auf Nichttrinkwasseranlagen

Der Betreiber einer Gebäudewasserversorgungsanlage hat in Bezug auf eine im selben Gebäude betriebene Nichttrinkwasseranlage nach § 2 Nummer 10 Buchstabe a dem Gesundheitsamt Folgendes anzuzeigen:

1. die Errichtung der Nichttrinkwasseranlage spätestens vier Wochen vor Beginn der Errichtung und
2. die Stilllegung der Nichttrinkwasseranlage innerhalb von drei Tagen nach der Stilllegung.

Die Anzeigepflicht nach Satz 1 gilt nicht für Löschwasseranlagen und Tränkwasseranlagen, wenn in diese Nichttrinkwasseranlagen ausschließlich Trinkwasser eingespeist wird. Die zuständige oberste Landesbehörde oder eine andere nach Landesrecht zuständige Stelle kann bestimmen, dass für die Anzeigen nach Satz 1 einheitliche Vordru-

cke zu verwenden oder einheitliche elektronische Datenverarbeitungsverfahren anzuwenden sind.

Die Regelung entspricht im Wesentlichen § 13 Abs. 4 Satz 2 TrinkwV a. F. Die Anzeigepflicht hinsichtlich der zur Entnahme von Wasser bestimmten Nichttrinkwasseranlagen besteht insbesondere wegen möglicher Auswirkungen solcher Anlagen auf Trinkwasserversorgungsanlagen, die im selben Gebäude betrieben werden.

Abschnitt 4
Anforderungen an Wasserversorgungsanlagen

§ 13
Planung, Errichtung, Instandhaltung und Betrieb von Wasserversorgungsanlagen

(1) Wasserversorgungsanlagen sind so zu planen und zu errichten, dass sie mindestens den allgemein anerkannten Regeln der Technik entsprechen. Sie sind mindestens nach den allgemein anerkannten Regeln der Technik zu betreiben.

(2) Der Betreiber einer Wasserversorgungsanlage hat sicherzustellen, dass bei ihrer Errichtung und Instandhaltung nur Werkstoffe und Materialien verwendet werden, die

1. den allgemeinen Anforderungen nach § 14 entsprechen und
2. den Bewertungsgrundlagen nach § 15, sofern vorhanden, entsprechen.

(3) Wasserversorgungsanlagen dürfen nur dann mit einer Nichttrinkwasseranlage verbunden werden, wenn die Wasserversorgungsanlagen mit einer Sicherungseinrichtung ausgestattet sind, die den allgemein anerkannten Regeln der Technik entspricht.

(4) Ist neben einer Wasserversorgungsanlage eine Nichttrinkwasseranlage vorhanden, hat der Betreiber der Wasserversorgungsanlage sicherzustellen, dass

1. die Leitungen der Wasserversorgungsanlage und die Leitungen der Nichttrinkwasseranlage dauerhaft und unverwechselbar nach den allgemein anerkannten Regeln der Technik gekennzeichnet sind,
2. die Stellen zur Entnahme von Wasser aus der Nichttrinkwasseranlage dauerhaft dahingehend gekennzeichnet sind, dass es sich nicht um Trinkwasser handelt, und
3. die Stellen zur Entnahme von Wasser aus der Nichttrinkwasseranlage gegen einen versehentlichen Gebrauch des Wassers für in § 2 Nummer 1 genannte Zwecke gesichert sind.

(5) Bei dem Betrieb von Wasserversorgungsanlagen dürfen, wenn sie in Kontakt mit dem Rohwasser oder Trinkwasser kommen, nur solche Stoffe oder Gegenstände verwendet und nur solche physikalische, chemische oder biologische Verfahren angewendet werden, die dazu bestimmt sind, der Trinkwasserversorgung zu dienen. Bereits eingebrachte Stoffe oder Gegenstände, die nicht dazu bestimmt sind, der Trinkwasserversorgung zu dienen, hat der Betreiber der Wasserversorgungsanlage bis zum Ablauf des 9. Januar 2025 aus dem Rohwasser oder Trinkwasser zu entfernen. Die Anwendung

von Verfahren, die nicht dazu bestimmt sind, der Trinkwasserversorgung zu dienen, hat der Betreiber der Wasserversorgungsanlage bis zum Ablauf des 9. Januar 2025 einzustellen.

(6) Das Gesundheitsamt kann dem Betreiber einer zentralen Wasserversorgungsanlage genehmigen, abweichend von Absatz 5 Stoffe oder Gegenstände zu verwenden oder Verfahren anzuwenden, um für Zwecke des Betriebs der zentralen Wasserversorgungsanlage Energie zu nutzen oder abzuführen, sofern eine nachteilige Veränderung der Beschaffenheit des Trinkwassers nicht zu erwarten ist. Die Genehmigung ist zu befristen und kann verlängert werden, sofern die in Satz 1 genannten Voraussetzungen weiterhin erfüllt sind.

§ 13 übernimmt im Wesentlichen Regelungen aus § 17 Abs. 1 TrinkwV a. F. (Abs. 1), § 17 Abs. 2 Satz 2 und Abs. 3 Satz 5 TrinkwV a. F. (Abs. 2), § 17 Abs. 6 Satz 1 TrinkwV a. F. (Abs. 3), § 17 Abs. 1 Satz 2 und 3 TrinkwV a. F. (Abs. 4), § 17 Abs. 7 TrinkwV a. F. (Abs. 5).

Die „allgemein anerkannten Regeln der Technik" nach Absatz 1 lassen sich insbesondere dem technischen Regelwerk zum Wasserfach entnehmen, das u.a. vom Deutschen Verein des Gas- und Wasserfaches e.V. (DVGW) herausgegeben wird.

§ 13 Abs. 3 enthält keine Eingrenzung mehr auf Wasserversorgungsanlagen, „aus denen Trinkwasser abgegeben wird", da Wasserversorgungsanlagen grundsätzlich der Abgabe oder Entnahme von Trinkwasser dienen. Der Begriff „Nichttrinkwasseranlage" ersetzt die frühere Umschreibung der Wasser führenden Teile, in denen sich Wasser befindet, das nicht für den menschlichen Gebrauch bestimmt ist.

§ 13 Abs. 5 (früher: § 17 Abs. 7 TrinkwV a. F.) verbietet Gegenstände und Stoffe, die ein hygienisches Risiko darstellen und nicht der Trinkwasserversorgung dienen; nicht dem Verbot unterliegen Gegenstände oder Geräte, deren Einsatz unvermeidbar ist (z.B. Unterwasserpumpen, Messeinrichtungen). Zu Ausnahmen für zentrale Wasserversorgungsanlagen vgl. Absatz 6.

§ 14

Allgemeine Anforderungen an Werkstoffe und Materialien für die Errichtung oder Instandhaltung von Wasserversorgungsanlagen

Werkstoffe und Materialien, die für die Errichtung oder Instandhaltung von Wasserversorgungsanlagen verwendet werden und die Kontakt mit dem Rohwasser oder Trinkwasser haben, dürfen nicht

1. **den nach dieser Verordnung vorgesehenen Schutz der menschlichen Gesundheit unmittelbar oder mittelbar mindern,**
2. **die Färbung, den Geruch oder den Geschmack des Wassers beeinträchtigen,**
3. **die Vermehrung von Mikroorganismen fördern oder**
4. **Stoffe in größeren Mengen in das Wasser abgeben, als dies bei Einhaltung der allgemein anerkannten Regeln der Technik unvermeidbar ist.**

Die Vorschrift entspricht im Wesentlichen § 17 Abs. 2 Satz 1 TrinkwV a. F. „Wasserversorgungsanlagen" ersetzt dabei die in der Vorläufernorm verwendete

Formulierung „Anlagen für die Gewinnung, Aufbereitung oder Verteilung von Trinkwasser".
Gefördertes Wasser, das nicht zu Trinkwasser aufbereitet oder als solches abgegeben, sondern etwa für andere Zwecke im Betrieb genutzt wird, ist nicht erfasst.

§ 15
Grundlagen für die Bewertung von Werkstoffen und Materialien im Kontakt mit Trinkwasser

(1) Das Umweltbundesamt kann die allgemeinen Anforderungen an Werkstoffe und Materialien nach § 14 dadurch konkretisieren, dass es Grundlagen für die Bewertung von Werkstoffen und Materialien, die bei der Errichtung oder Instandhaltung von Wasserversorgungsanlagen eingesetzt werden dürfen (Bewertungsgrundlagen), festlegt. Das Umweltbundesamt entscheidet, für welche Werkstoff- oder Materialgruppen es Bewertungsgrundlagen festlegt. Das Bundesinstitut für Risikobewertung unterstützt das Umweltbundesamt bei der Stoffbewertung, sofern die Stoffbewertung für die Festlegung der Bewertungsgrundlagen notwendig ist.

(2) Das Umweltbundesamt macht die Bewertungsgrundlagen im amtlichen Teil des Bundesanzeigers bekannt und veröffentlicht diese im Internet. Zwei Jahre nach ihrer Bekanntmachung im Bundesanzeiger wird die jeweilige Bewertungsgrundlage rechtsverbindlich. Das Datum des Eintritts der Rechtsverbindlichkeit ist im Internet ebenfalls zu veröffentlichen.

(3) Die Bewertungsgrundlagen können insbesondere enthalten:

1. Prüfvorschriften mit Prüfparametern, Prüfkriterien und methodischen Vorgaben zur Bewertung der hygienischen Eignung
   a) der Ausgangsstoffe, die in Positivlisten nach Nummer 2 aufgeführt sind,
   b) der Werkstoffe und Materialien, die in Positivlisten nach Nummer 3 aufgeführt sind, sowie
   c) von Werkstoffen und Materialien in Produkten,
2. Positivlisten der Ausgangsstoffe, die zur Herstellung von Werkstoffen und Materialien hygienisch geeignet sind, einschließlich Anforderungen an die Verwendung dieser Ausgangsstoffe, und
3. Positivlisten von Werkstoffen und Materialien, die für den Kontakt mit Trinkwasser hygienisch geeignet sind, mit Beschränkungen für den Einsatz dieser Werkstoffe und Materialien in bestimmten Produkten oder im Kontakt mit bestimmten Trinkwässern.

(4) Die Prüfvorschriften nach Absatz 3 Nummer 1 werden vom Umweltbundesamt von Amts wegen festgelegt und fortgeschrieben.

(5) Die Positivlisten nach Absatz 3 Nummer 2 und 3 werden vom Umweltbundesamt auf Antrag festgelegt oder fortgeschrieben. Der Antrag muss Angaben enthalten, anhand derer nachgewiesen werden kann, dass die Ausgangsstoffe, Werkstoffe oder Materialien die allgemeinen Anforderungen nach § 14 erfüllen und den Prüfvorschriften nach Absatz 3 Nummer 1 entsprechen. Prüfungen und Beurteilungen von Ausgangs-

stoffen, Werkstoffen oder Materialien, die als Nachweis nach Satz 2 beim Umweltbundesamt eingereicht werden und in einem anderen Mitgliedstaat der Europäischen Union, einem anderen Vertragsstaat des Abkommens über den Europäischen Wirtschaftsraum oder in der Türkei durchgeführt worden sind, werden vom Umweltbundesamt bei der Festlegung und Fortschreibung als Nachweis nach Satz 2 anerkannt.

(6) Liegt ein öffentliches Interesse vor, kann das Umweltbundesamt auch Positivlisten nach Absatz 3 Nummer 2 und 3 von Amts wegen festlegen oder fortschreiben.

(7) Vor der Festlegung oder Fortschreibung der Bewertungsgrundlagen hört das Umweltbundesamt die Länder, die Bundeswehr, das Eisenbahn-Bundesamt sowie die beteiligten Fachkreise und Verbände an.

(8) Einzelheiten des Verfahrens zur Festlegung und Fortschreibung von Bewertungsgrundlagen legt das Umweltbundesamt in einer Geschäftsordnung fest. Es macht die Geschäftsordnung im amtlichen Teil des Bundesanzeigers bekannt und veröffentlicht diese im Internet.

§ 15 übernimmt Regelungen aus § 17 Abs. 3, 4 TrinkwV a. F.

§ 16
Konformitätsvermutung

Es wird vermutet, dass die für ein Produkt verwendeten Werkstoffe und Materialien den allgemein anerkannten Regeln der Technik und den allgemeinen Anforderungen an die Werkstoffe und Materialien nach § 14 und den durch das Umweltbundesamt festgelegten Bewertungsgrundlagen nach § 15 entsprechen, wenn dies durch ein Zertifikat eines für die Zertifizierung von Produkten in der Trinkwasserversorgung akkreditierten Zertifizierers bestätigt wird.

§ 16 übernimmt die Vermutungsregelung aus § 17 Abs. 5 a. F., und zwar im Hinblick auf „Produkte“; soweit § 17 Abs. 5 a. F. sich darüber hinaus auch auf die Konformität von Verfahren mit Anforderungen nach der TrinkwV bezog, wird eine solche Vermutung nun als verzichtbar angesehen, da die TrinkwV abgesehen von dem Erfordernis der Einhaltung der allgemein anerkannten Regeln der Technik für Verfahren keine detaillierten materiellen Anforderungen vorgibt.

§ 17
Trinkwasserleitungen aus Blei

(1) Der Betreiber einer Wasserversorgungsanlage, in der Trinkwasserleitungen oder Teilstücke von Trinkwasserleitungen aus dem Werkstoff Blei vorhanden sind, hat diese Trinkwasserleitungen oder Teilstücke bis zum Ablauf des 12. Januar 2026 nach den allgemein anerkannten Regeln der Technik zu entfernen oder stillzulegen.

(2) Das Gesundheitsamt kann die Frist nach Absatz 1 auf Antrag des Betreibers verlängern, wenn

1. der Betreiber vor dem 12. Januar 2026 einem Installationsunternehmen, das nach § 12 Absatz 2 Satz 2 der Verordnung über Allgemeine Bedingungen für die Versor-

gung mit Wasser vom 20. Juni 1980 (BGBl. I S. 750, 1067) in der jeweils geltenden Fassung oder nach der jeweiligen Wasserversorgungssatzung in ein Installateurverzeichnis eines Wasserversorgungsunternehmens eingetragen ist, einen Auftrag zur Entfernung oder zur Stilllegung der Trinkwasserleitungen oder Teilstücke erteilt hat und
2. das Installationsunternehmen bescheinigt, dass der Auftrag aus Kapazitätsgründen voraussichtlich erst bis zu einem bestimmten Zeitpunkt nach dem 12. Januar 2026 abgeschlossen werden kann.

(3) Das Gesundheitsamt kann die Frist nach Absatz 1 auf Antrag des Betreibers ferner längstens bis zum Ablauf des 12. Januar 2036 verlängern, wenn
1. es sich um eine Gebäudewasserversorgungsanlage oder Eigenwasserversorgungsanlage handelt,
2. das Trinkwasser nur für den eigenen Haushalt des Betreibers der Wasserversorgungsanlage genutzt wird und
3. eine Schädigung der Gesundheit der Verbraucher, die die Wasserversorgungsanlage regelmäßig nutzen, insbesondere unter Berücksichtigung von deren Alter und Geschlecht nicht zu besorgen ist.

Wenn das Gesundheitsamt die Frist nach Satz 1 verlängert, ist der Betreiber der betroffenen Wasserversorgungsanlage verpflichtet, dem Gesundheitsamt unverzüglich mitzuteilen, wenn hinsichtlich der Verbraucher, die die Wasserversorgungsanlage regelmäßig nutzen, eine relevante Änderung eingetreten ist, insbesondere, wenn Minderjährige, schwangere Frauen oder Frauen im gebärfähigen Alter hinzukommen. Wenn der Eigentümer einer Wasserversorgungsanlage wechselt, bevor die nach Satz 1 verlängerte Frist abläuft, endet die Frist nach Absatz 1 ein Jahr nach dem Übergang des Eigentums; die Frist endet jedoch frühestens mit Ablauf des 12. Januar 2026.

(4) Nach Ablauf der sich aus den Absätzen 1 bis 3 ergebenden jeweiligen Frist hat der Betreiber dem Gesundheitsamt unaufgefordert die Erfüllung der Pflicht zur Entfernung oder Stilllegung nach Absatz 1 schriftlich oder elektronisch nachzuweisen.

(5) Der Betreiber einer zentralen Wasserversorgungsanlage oder einer dezentralen Wasserversorgungsanlage oder, sofern die Anlage im Rahmen einer gewerblichen oder öffentlichen Tätigkeit betrieben wird, einer Gebäudewasserversorgungsanlage oder zeitweiligen Wasserversorgungsanlage hat die mit Trinkwasser versorgten Verbraucher unverzüglich zu informieren, wenn er darüber Kenntnis erlangt, dass
1. in der Wasserversorgungsanlage Trinkwasserleitungen oder Teile davon aus dem Werkstoff Blei vorhanden sind oder
2. das Vorhandensein von Trinkwasserleitungen oder Teilen davon aus dem Werkstoff Blei anzunehmen ist, insbesondere auf Grund von Ergebnissen von Trinkwasseruntersuchungen einer zugelassenen Untersuchungsstelle.

Der Betreiber hat die aus der Wasserversorgungsanlage versorgten Verbraucher im Anschluss an die Information nach Satz 1 darüber zu informieren, wann die Trinkwasserleitungen oder Teilstücke aus dem Werkstoff Blei voraussichtlich entfernt oder stillgelegt werden, sobald ihm diese Informationen vorliegen. Der Betreiber hat ab dem

13. Januar 2026 dem betroffenen Verbraucher in Textform zu erklären und in geeigneter Form nachzuweisen, dass er seiner Pflicht nach Absatz 1 nachgekommen oder die Frist nach Absatz 2 verlängert worden ist.

(6) Stellt ein Wasserversorgungsunternehmen oder ein Installationsunternehmen fest, dass in einer Wasserversorgungsanlage Trinkwasserleitungen oder Teilstücke von Trinkwasserleitungen aus dem Werkstoff Blei vorhanden sind, so hat es dies dem Gesundheitsamt unverzüglich schriftlich oder elektronisch anzuzeigen. Eine Anzeigepflicht nach Satz 1 besteht nicht, wenn das Vorhandensein von Trinkwasserleitungen oder Teilen davon aus dem Werkstoff Blei im Rahmen der Erfüllung eines Auftrags zu deren Stilllegung oder Entfernung festgestellt wird.

Das Austauschgebot des § 17 ist eine der neuen Regelungen der TrinkwV 2023: Bleileitungen hätten zwar an sich bereits bis zum 1.12.2013 ausgetauscht sein sollen. An sich war durch die Überschreitung des seit 1.12.2013 geltenden Grenzwerts für Blei (10 µg/l Trinkwasser) die dringende Notwendigkeit des Austauschs einer Bleileitung angezeigt. Eine Anordnung zum Austausch konnte aber nur erfolgen, wenn die Grenzwertüberschreitung auch für die einzelne Trinkwasserinstallation nachgewiesen wurde. Das war im Vollzug häufig problematisch.

Mit dem generellen Verbot von Bleileitungen sollen künftig einerseits mögliche Gesundheitsgefährdungen der Verbraucher, insbesondere von Risikogruppen, minimiert werden; daneben ist für die Vollzugsbehörden höhere Rechtssicherheit bei gleichzeitig geringerem Vollzugsaufwand bezweckt.

Durch die Bestimmung der Übergangsfrist sowie die Einräumung von Ausnahme- und Härtefallregelungen sollen die Belange der Betreiber betroffener Wasserversorgungsanlagen ausreichend berücksichtigt werden.

Der Verordnungsgeber geht davon aus, dass bundesweit etwa 7 600 eigentümergenutzte Wohngebäude und etwa 11 400 Mietsgebäude mit einem Baujahr vor 1970 betroffen sind.

Abs. 6 sieht eine (nicht bußgeldbewehrte) Anzeigepflicht für bestimmte Fachpersonen vor, die durch ihre berufliche Tätigkeit Kenntnis von dem noch nicht mit § 17 konformen Zustand einer Wasserversorgungsanlage Kenntnis haben. Die Regelung bildet insoweit eine Ausnahme zur Anzeigepflicht aus § 47 Abs. 1 Nr. 1. In Fällen, wo die Fachperson hingegen gerade mit der Beseitigung oder Stilllegung der Bleileitung beauftragt wurde, besteht eine Anzeigepflicht nach Abs. 6 selbstverständlich nicht.

Aus § 45 Abs. 4 Satz 1 Nr. 5 ergeben sich Pflichten des Betreibers einer zentralen Wasserversorgungsanlage, die Anschlussnehmer über die Entfernungs- und Stilllegungspflicht in Bezug auf noch vorhandene Bleileitungen zu informieren.

Abschnitt 5
Aufbereitung

§ 18
Aufbereitungszwecke

Eine Aufbereitung von Rohwasser zu Trinkwasser und eine Aufbereitung von Trinkwasser dürfen nur zu den folgenden Aufbereitungszwecken erfolgen:

1. zur Entfernung von Stoffen und Partikeln aus dem Rohwasser einschließlich jener Krankheitserreger, die bei der Aufbereitung von Rohwasser zu Trinkwasser von einer Desinfektion nicht erfasst werden,

2. zur Entfernung von Feststoffpartikeln in der Trinkwasserinstallation,

3. zur Veränderung der physikochemischen Zusammensetzung des Trinkwassers bei der Aufbereitung und Verteilung,

a) um die Einhaltung der Anforderungen an die Beschaffenheit des Trinkwassers im Verteilungsnetz bis zur Stelle der Einhaltung der Anforderungen nach § 10 sicherzustellen,

b) um korrosionschemische Eigenschaften des Trinkwassers einzustellen,

c) zur Leckagesuche oder

d) um den Calcium- und Magnesiumgehalt einzustellen, oder

4. zur Desinfektion

a) bei der Aufbereitung von Rohwasser zu Trinkwasser,

b) bei der Verteilung des Trinkwassers in zentralen, dezentralen, mobilen oder zeitweiligen Wasserversorgungsanlagen,

c) bei der Speicherung des nicht erwärmten Trinkwassers in Behältern,

d) begleitend zu der Sanierung einer Trinkwasserinstallation oder

e) auf Anordnung des Gesundheitsamts.

Der Normtext des § 18 greift Aussagen aus der „§ 11-Liste“ des Umweltbundesamtes (vgl. Anm. zu § 20) über die Zwecke der Aufbereitung auf und regelt diese (mit Anpassungen und Ergänzungen) nach der Verordnungsbegründung „wegen ihrer grundsätzlichen Bedeutung für eine ordnungsgemäße Aufbereitung“ nunmehr in der Verordnung selbst.

§ 19
Allgemeine Anforderungen an die Aufbereitung

(1) Die Aufbereitung von Rohwasser oder Trinkwasser hat mindestens nach den allgemein anerkannten Regeln der Technik zu erfolgen.

(2) Andere Stoffe als Aufbereitungsstoffe dürfen dem Rohwasser und dem Trinkwasser nicht zugesetzt werden.

(3) Bei der Aufbereitung dürfen nur solche Aufbereitungsstoffe eingesetzt und nur solche Desinfektionsverfahren angewendet werden, die in der Liste zulässiger Aufbereitungsstoffe und Desinfektionsverfahren nach § 20 enthalten sind.

(4) Der Betreiber hat vor dem Einsatz eines Aufbereitungsstoffs sicherzustellen, dass dessen Reinheit nach den allgemein anerkannten Regeln der Technik geprüft worden ist, um die Konformität mit den Reinheitsanforderungen nach § 20 Absatz 2 Nummer 1 Buchstabe a sicherzustellen.

(5) Bei dem Einsatz von Aufbereitungsstoffen und bei der Anwendung von Desinfektionsverfahren sind die nach § 20 Absatz 2 und 3 festgelegten Anforderungen, Einsatzbedingungen und Einsatzbereiche sowie bei einer Ausnahmegenehmigung nach § 21 Absatz 1 die damit verbundenen Auflagen einzuhalten.

(6) Aufbereitungsstoffe sind nach abgeschlossener Aufbereitung vollständig aus dem Trinkwasser zu entfernen, es sei denn, sie sind dazu bestimmt, im Trinkwasser zu verbleiben. Die Anforderung nach Satz 1 gilt als erfüllt, wenn im Trinkwasser nur nach den allgemein anerkannten Regeln der Technik unvermeidbare Reste der Aufbereitungsstoffe und ihrer Reaktionsprodukte enthalten sind, die technologisch unwirksam sind, deren Mengen gesundheitlich unbedenklich sind und die die Färbung, den Geruch sowie den Geschmack des Trinkwassers nicht beeinträchtigen.

(7) Die Menge eines Aufbereitungsstoffs, der dem Rohwasser oder dem Trinkwasser zugesetzt wird und der dazu bestimmt ist, im Trinkwasser zu verbleiben, ist auf das nach den allgemein anerkannten Regeln der Technik erforderliche Maß zu beschränken.

§ 20
Liste zulässiger Aufbereitungsstoffe und Desinfektionsverfahren

(1) Das Umweltbundesamt führt eine Liste der zulässigen Aufbereitungsstoffe und Desinfektionsverfahren (Liste zulässiger Aufbereitungsstoffe und Desinfektionsverfahren). Es macht die Liste zulässiger Aufbereitungsstoffe und Desinfektionsverfahren im amtlichen Teil des Bundesanzeigers bekannt und veröffentlicht sie im Internet.

(2) In der Liste zulässiger Aufbereitungsstoffe und Desinfektionsverfahren legt das Umweltbundesamt Folgendes fest:

1. in Bezug auf die Aufbereitungsstoffe Anforderungen an
   a) die Reinheit,
   b) die konkreten Verwendungszwecke, für die sie jeweils ausschließlich eingesetzt werden dürfen,
   c) die maximal zulässige Dosierung,
   d) die konkreten zulässigen Höchstkonzentrationen von Restmengen und Reaktionsprodukten, die im Trinkwasser verbleiben,
   e) die nach Abschluss der Desinfektion im Trinkwasser erforderliche Mindestkonzentration und zulässige Höchstkonzentration an freiem Chlor, Chlordioxid oder anderen Desinfektionsmitteln und
   f) die sonstigen Einsatzbedingungen sowie
2. in Bezug auf die Desinfektionsverfahren die Einsatzbedingungen, bei deren Einhaltung
   a) eine hinreichende Wirksamkeit gewährleistet ist und

b) keine vermeidbaren oder unvertretbaren Auswirkungen auf die menschliche Gesundheit und die Umwelt entstehen,
3. Pflichten des Betreibers zur Untersuchung des Trinkwassers in Bezug auf die eingesetzten Aufbereitungsstoffe, die zu untersuchenden Parameter und die Häufigkeit der Untersuchungen,
4. vom Betreiber durchzuführende Kontrollen des Dosiervorgangs und
5. die vom Betreiber zu erstellende Dokumentation.

(3) In der Liste zulässiger Aufbereitungsstoffe und Desinfektionsverfahren kann das Umweltbundesamt auch festlegen, dass Aufbereitungsstoffe und Desinfektionsverfahren ausschließlich in den folgenden besonderen Einsatzbereichen verwendet und angewendet werden dürfen:

1. für den Bedarf der Bundeswehr im Auftrag des Bundesministeriums der Verteidigung,
2. für den zivilen Bedarf in einem Verteidigungsfall im Auftrag des Bundesministeriums des Innern und für Heimat oder
3. in Katastrophenfällen oder bei Großschadensereignissen bei einer ernsthaften Gefährdung der Wasserversorgung mit Zustimmung der für den Katastrophenschutz zuständigen Behörden.

(4) Das Umweltbundesamt nimmt auf Antrag einen Aufbereitungsstoff oder ein Desinfektionsverfahren in die Liste zulässiger Aufbereitungsstoffe und Desinfektionsverfahren auf oder ändert Festlegungen in der Liste zulässiger Aufbereitungsstoffe und Desinfektionsverfahren, wenn der Aufbereitungsstoff oder das Desinfektionsverfahren bei Einhaltung der Einsatzbedingungen

1. hinreichend wirksam ist,
2. sich weder vermeidbar noch unvertretbar in direkter oder indirekter Weise auf die menschliche Gesundheit oder die Umwelt auswirkt,
3. die Färbung, den Geruch oder den Geschmack des Trinkwassers nicht beeinträchtigt und
4. nicht unbeabsichtigt die Vermehrung von Mikroorganismen fördert.

Eine Beeinträchtigung des Geruchs durch Stoffe zur Desinfektion bleibt außer Betracht. Die Verordnung (EU) Nr. 528/2012 des Europäischen Parlaments und des Rates vom 22. Mai 2012 über die Bereitstellung auf dem Markt und die Verwendung von Biozidprodukten (ABl. L 167 vom 27.6.2012, S. 1; L 303 vom 20.11.2015, S. 109; L 280 vom 28.10.2017, S. 57), die zuletzt durch die Delegierte Verordnung (EU) 2021/807 (ABl. L 180 vom 21.5.2021, S. 81) geändert worden ist, bleibt unberührt. Aufbereitungsstoffe, die in einem anderen Mitgliedstaat der Europäischen Union oder in der Türkei rechtmäßig hergestellt oder in den Verkehr gebracht worden sind oder in einem anderen Vertragsstaat des Abkommens über den Europäischen Wirtschaftsraum rechtmäßig hergestellt worden sind, werden in die Liste zulässiger Aufbereitungsstoffe und Desinfektionsverfahren aufgenommen, wenn das Umweltbundesamt festgestellt hat, dass mit ihnen das in Deutschland geforderte Schutzniveau gleichermaßen dauerhaft erreicht wird. Das Umweltbundesamt berücksichtigt bei seiner Feststellung nach

Satz 4 die mit dem Antrag übermittelten Ergebnisse von Prüfungen, die bereits im Herkunftsmitgliedstaat, in der Türkei oder in einem anderen Vertragsstaat des Abkommens über den Europäischen Wirtschaftsraum vorgenommen worden sind.

(5) Anträge nach Absatz 4 können gestellt werden von Betreibern von Wasserversorgungsanlagen, Behörden, technischen Regelsetzern im Bereich der Trinkwasserversorgung und Personen, die Aufbereitungsstoffe oder Desinfektionsverfahren herstellen, einführen, verwenden oder anwenden. Der Antragsteller hat mit dem Antrag Unterlagen zu übermitteln, die das Vorliegen der Voraussetzungen nach Absatz 4 nachweisen.

(6) Das Umweltbundesamt entscheidet über den Antrag nach Absatz 4 nach Anhörung der Länder, der Bundeswehr, des Eisenbahn-Bundesamts, des Bundesamts für Bevölkerungsschutz und Katastrophenhilfe sowie betroffener Fachkreise und Verbände. Wenn die Voraussetzungen des Absatzes 4 erfüllt sind, nimmt das Umweltbundesamt den Aufbereitungsstoff oder das Desinfektionsverfahren oder die Änderung von Festlegungen in die Liste zulässiger Aufbereitungsstoffe und Desinfektionsverfahren auf. Die Aufnahme erfolgt im Zuge der jeweils nächsten Bekanntmachung der Liste zulässiger Aufbereitungsstoffe und Desinfektionsverfahren.

(7) Das Umweltbundesamt kann auch von Amts wegen Aufbereitungsstoffe oder Desinfektionsverfahren in die Liste zulässiger Aufbereitungsstoffe und Desinfektionsverfahren aufnehmen oder Festlegungen in der Liste zulässiger Aufbereitungsstoffe und Desinfektionsverfahren ändern; die Absätze 4 und 6 gelten entsprechend.

(8) Einzelheiten zu dem Verfahren nach den Absätzen 4 bis 7 legt das Umweltbundesamt in einer Geschäftsordnung fest. Es macht die Geschäftsordnung im amtlichen Teil des Bundesanzeigers bekannt und veröffentlicht diese im Internet.

Bekanntmachung der Liste zulässiger Aufbereitungsstoffe und Desinfektionsverfahren gemäß § 20 der Trinkwasserverordnung vom 13. Januar 2023 (Stand: Januar 2023, BAnz AT vom 27.01.2023 B12). Zu § 11 Abs. 1 TrinkwV a. F. vgl. die „Liste der Aufbereitungsstoffe und Desinfektionsverfahren gemäß § 11 TrinkwV“ (BGesBl 2002 S. 827), 24. Änderungsmitteilung (Stand: November 2022, BAnz AT vom 31.10.2022 B14).

§ 21
Ausnahmen

(1) Erfordert die Beurteilung des Vorliegens der Voraussetzungen nach § 20 Absatz 4 eine erweiterte Wirksamkeitsprüfung oder eine Erprobungsphase zur allgemeinen Bewährung eines Aufbereitungsstoffs oder Desinfektionsverfahrens, so kann das Umweltbundesamt auf Antrag befristete Ausnahmen von der Verpflichtung nach § 19 Absatz 3 genehmigen. Voraussetzung für die Erteilung der Ausnahmegenehmigung ist die begründete Annahme, dass durch die erweiterte Wirksamkeitsprüfung oder die Erprobungsphase zur allgemeinen Bewährung keine Schädigung der menschlichen Gesundheit oder der Umwelt zu besorgen ist. Die Ausnahmegenehmigung ist auf das notwendige Maß zu beschränken und zu befristen. Sie ist im amtlichen Teil des Bundesanzeigers bekannt zu machen und im Internet zu veröffentlichen.

(2) Das Umweltbundesamt kann die Ausnahmegenehmigung nach Absatz 1 widerrufen, wenn sich Anhaltspunkte dafür ergeben, dass der Aufbereitungsstoff oder das Desinfektionsverfahren den Anforderungen des § 20 Absatz 4 nicht genügt.

(3) Das Umweltbundesamt kann in der Liste zulässiger Aufbereitungsstoffe und Desinfektionsverfahren festlegen, dass Ionenaustauscher, Membranen, Kalkschutzgeräte, Luft und Filtermedien zur Aufbereitung von Trinkwasser, die vor dem 24. Juni 2023 eingesetzt wurden, befristet weiter betrieben werden können, auch wenn sie die Voraussetzungen nach § 20 Absatz 4 nicht erfüllen. Das Umweltbundesamt legt die notwendigen Voraussetzungen für den befristeten Weiterbetrieb in der Liste zulässiger Aufbereitungsstoffe und Desinfektionsverfahren fest.

(4) Das Gesundheitsamt kann auf Antrag des Betreibers einer Wasserversorgungsanlage für den Weiterbetrieb von vor dem 24. Juni 2023 bereits zu Forschungs- und Erprobungszwecken in Betrieb befindlichen Membrananlagen zur Entfernung von Krankheitserregern in der Trinkwasserinstallation Ausnahmen von den Anforderungen des § 18 und des § 20 Absatz 4 genehmigen. Die Genehmigung ist zu befristen und kann mit Auflagen verbunden werden.

(5) Das Gesundheitsamt kann auf Antrag des Betreibers einer Wasserversorgungsanlage im Benehmen mit dem Umweltbundesamt und mit Zustimmung der zuständigen obersten Landesbehörde oder einer anderen nach Landesrecht zuständigen Stelle bis längstens zum Ablauf des 31. Dezember 2025 befristete Ausnahmen von den Anforderungen nach § 20 Absatz 2 Nummer 1 Buchstabe a und b zulassen, wenn

1. der Betreiber trotz nachgewiesener Bemühungen für den jeweiligen Aufbereitungszweck Aufbereitungsstoffe, die den Anforderungen entsprechen, nicht oder nicht in ausreichender Menge erhalten kann und
2. der ausnahmsweise Einsatz des Aufbereitungsstoffes nach den Umständen des Einzelfalls geeignet und erforderlich ist, um eine den Anforderungen nach Abschnitt 2 entsprechende Beschaffenheit des Trinkwassers zu erzielen.

(6) Der Betreiber einer Wasserversorgungsanlage, der am 23. Juni 2023 auf Grund der Bekanntmachung der Liste der Aufbereitungsstoffe und Desinfektionsverfahren gemäß § 11 der Trinkwasserverordnung – 24. Änderung – vom 14. Oktober 2022 (BAnz AT 31.10.2022 B14) einen Aufbereitungsstoff einsetzt, der abweichend von der in der Liste im Regelfall vorgeschriebenen Reinheit die nächstgeringere Reinheit hat, darf diesen Aufbereitungsstoff unter Beachtung der maximal zulässigen Zugabe bis zum 30. Juni 2024 weiterhin einsetzen.

§ 22
Abgabeverbot bei unzulässiger Aufbereitung

Der Betreiber einer Wasserversorgungsanlage darf Wasser nicht als Trinkwasser abgeben, wenn das Wasser ohne eine Ausnahmegenehmigung nach § 21 Absatz 1 Satz 1 oder Absatz 5 oder nicht entsprechend § 21 Absatz 6 mit Aufbereitungsstoffen oder Desinfektionsverfahren aufbereitet wurde, die nicht in der Bekanntmachung der Liste

zulässiger Aufbereitungsstoffe und Desinfektionsverfahren gemäß § 20 der Trinkwasserverordnung vom 13. Januar 2023 (BAnz AT 27.01.2023 B12) aufgeführt sind.

§ 22 entspricht im Wesentlichen § 11 Abs. 7 Satz 2 TrinkwV a. F.

§ 23
Pflicht zur Aufbereitung

(1) Eine Aufbereitung muss erfolgen, wenn der Betreiber einer Wasserversorgungsanlage hinsichtlich des Rohwassers Tatsachen feststellt, die zum Auftreten von Krankheitserregern im Sinne des § 2 Nummer 1 des Infektionsschutzgesetzes oder zu einer sonstigen mikrobiellen Belastung des Rohwassers oder des Trinkwassers führen können, oder wenn Anhaltspunkte für das Vorliegen solcher Tatsachen bestehen. Wenn durch eine Aufbereitung ohne Desinfektion eine Schädigung der menschlichen Gesundheit nicht ausgeschlossen werden kann, hat die Aufbereitung auch eine Desinfektion zu umfassen.

(2) Betreiber der folgenden Wasserversorgungsanlagen müssen in Leitungsnetzen oder Teilen davon eine hinreichende Desinfektionskapazität durch freies Chlor, Chlordioxid oder andere zugelassene Desinfektionsmittel oder Desinfektionsverfahren vorhalten, wenn die mikrobiologischen Anforderungen nach § 6 Absatz 1 und 2 in den Leitungsnetzen oder Teilen davon nur durch Desinfektion eingehalten werden können:

1. **zentrale Wasserversorgungsanlagen,**
2. **dezentrale Wasserversorgungsanlagen und**
3. **mobile Wasserversorgungsanlagen und zeitweilige Wasserversorgungsanlagen, sofern die Trinkwasserbereitstellung im Rahmen einer gewerblichen oder öffentlichen Tätigkeit erfolgt.**

(3) Ist der Zustand einer Trinkwasserinstallation die Ursache dafür, dass im Trinkwasser mikrobiologische Anforderungen nach § 6 Absatz 1 und 2 nicht eingehalten werden, so

1. **darf eine Desinfektion des Trinkwassers in der Trinkwasserinstallation nur erfolgen, wenn das Gesundheitsamt dies anordnet, und**
2. **hat der Betreiber der betroffenen Wasserversorgungsanlage eine Sanierung der Trinkwasserinstallation vorzunehmen.**

§ 23 entspricht im Wesentlichen § 5 Abs. 5 Satz 1 (Abs. 1) und 2 (Abs. 2) TrinkwV a. F.

§ 23 Abs. 1 verzichtet auf den noch in § 5 Abs. 5 a. F. enthaltenen Verweis auf die bei der Aufbereitung und die Desinfektion maßgeblichen „allgemein anerkannten Regeln der Technik“, da sich dies bereits aus den allgemeinen Anforderungen an die Aufbereitung ergibt. Der Tatbestand stellt nicht mehr wie zuvor auf eine subjektive „Annahme“ des Unternehmers/Betreibers ab, sondern darauf, ob objektive Anhaltspunkte für das Vorliegen von Tatsachen bestehen. Abs. 1 Satz 2 weist darauf hin, dass eine Aufbereitung ohne Desinfektion vorzuziehen ist. Unter Anwendung des Minimierungsgebots aus § 7 Abs. 4 darf eine Aufbereitung einschließlich Desinfektion nicht die Behebung technischer oder betrieblicher Mängel ersetzen.

§ 24
Untersuchung auf den Betriebsparameter Trübung bei Filtration

(1) Der Betreiber einer zentralen Wasserversorgungsanlage hat ab der Anwendung eines Filtrationsverfahrens in der partikelabscheidenden Filterstufe der Aufbereitung das Filtrat in der sich aus Anlage 5 Teil II ergebenden Häufigkeit auf den Betriebsparameter Trübung zu untersuchen. Satz 1 gilt nicht für den Betreiber einer zentralen Wasserversorgungsanlage, die Grundwasserressourcen nutzt und bei der die Trübung durch Eisen oder Mangan verursacht wird.

(2) Bei den Untersuchungen auf den Betriebsparameter Trübung sind mindestens die allgemein anerkannten Regeln der Technik einzuhalten.

(3) Bei einer Überschreitung der in Anlage 5 Teil I festgelegten Referenzwerte für den Betriebsparameter Trübung hat der Betreiber geeignete Maßnahmen nach den allgemein anerkannten Regeln der Technik mit dem Ziel der Einhaltung der Referenzwerte durchzuführen.

§ 25
Aufzeichnungspflichten des Betreibers

(1) Der Betreiber einer zentralen Wasserversorgungsanlage, einer dezentralen Wasserversorgungsanlage oder, sofern das Trinkwasser im Rahmen einer gewerblichen oder öffentlichen Tätigkeit abgegeben wird, einer mobilen Wasserversorgungsanlage, einer Gebäudewasserversorgungsanlage oder einer zeitweiligen Wasserversorgungsanlage hat die verwendeten Aufbereitungsstoffe sowie ihre Konzentrationen im Trinkwasser mindestens wöchentlich aufzuzeichnen. Die Daten müssen schriftlich oder auf Datenträgern aufgezeichnet werden.

(2) Für mobile Wasserversorgungsanlagen, Gebäudewasserversorgungsanlagen und zeitweilige Wasserversorgungsanlagen kann das Umweltbundesamt in der Liste zulässiger Aufbereitungsstoffe und Desinfektionsverfahren oder in der Ausnahmegenehmigung nach § 21 Absatz 1 eine abweichende Aufzeichnungshäufigkeit festlegen.

(3) Der Betreiber hat die Aufzeichnungen vom Zeitpunkt des Einsatzes der Aufbereitungsstoffe an sechs Monate lang

1. **für die Anschlussnehmer und Verbraucher während der üblichen Geschäftszeiten zur Einsichtnahme bereit zu halten und**
2. **den Anschlussnehmern und Verbrauchern auf deren Verlangen in Kopie zur Verfügung zu stellen.**

§ 25 bringt die frühere Regelung über Aufzeichnungspflichten in Bezug auf Aufbereitungsstoffe aus § 16 Abs. 4 Satz 1 bis 3 TrinkwV a. F. als eigenen Paragraphen in den systematischen Zusammenhang mit den Vorschriften über die Aufbereitung, ohne dass sich dadurch eine inhaltliche Änderung ergäbe.

§ 26
Information der Anschlussnehmer und Verbraucher über Aufbereitung

(1) Der Betreiber einer zentralen Wasserversorgungsanlage, einer dezentralen Wasserversorgungsanlage, einer mobilen Wasserversorgungsanlage, einer Gebäudewasserversorgungsanlage oder einer zeitweiligen Wasserversorgungsanlage, der das Trinkwasser an Anschlussnehmer oder Verbraucher abgibt, hat den betroffenen Anschlussnehmern und Verbrauchern unverzüglich Folgendes schriftlich bekannt zu geben:

1. **den Beginn des Einsatzes eines Aufbereitungsstoffs oder der Anwendung eines Desinfektionsverfahrens und**
2. **bei der Zugabe eines Aufbereitungsstoffs dessen Konzentration im Trinkwasser.**

(2) Für zentrale Wasserversorgungsanlagen und dezentrale Wasserversorgungsanlagen kann die Bekanntgabe nach Absatz 1 in örtlichen Tageszeitungen erfolgen. Für Gebäudewasserversorgungsanlagen, die im Rahmen einer gewerblichen oder öffentlichen Tätigkeit betrieben werden, kann die Bekanntgabe durch Aushang an geeigneter Stelle erfolgen.

Auch § 26 dient der neuen Systematisierung, indem er die Regelung über die Information von Anschlussnehmern und Verbrauchern über Aufbereitungsstoffe und Desinfektionsverfahren aus § 16 Abs. 4 TrinkwV a. F. als eigenen Paragraphen bei den Vorschriften über die Aufbereitung einfügt.

Abschnitt 6
Untersuchungspflichten des Betreibers

§ 27
Besichtigung von Schutzzonen, Untersuchung von Rohwasser

(1) Der Betreiber einer zentralen Wasserversorgungsanlage oder einer dezentralen Wasserversorgungsanlage hat regelmäßig, mindestens jedoch jährlich, die zur Wasserversorgungsanlage gehörenden Schutzzonen zu besichtigen. Dort hat er zu prüfen, ob ihm etwaige Umstände auffallen, die ihm bislang nicht bekannt waren und die nachteilige Auswirkungen auf die Beschaffenheit des Trinkwassers haben können. Sind keine Schutzzonen festgesetzt, so hat er die Umgebung der Wasserfassungsanlage der jeweiligen Wasserversorgungsanlage zu besichtigen.

(2) Erkennt der Betreiber bei der Besichtigung Umstände nach Absatz 1, so hat er unverzüglich an die möglichen nachteiligen Auswirkungen angepasste Untersuchungen des Rohwassers vorzunehmen.

(3) Der Betreiber hat die Ergebnisse der Besichtigungen nach Absatz 1 und der Untersuchungen des Rohwassers nach Absatz 2 unverzüglich schriftlich oder auf Datenträgern zu dokumentieren. Er hat die Dokumentation zehn Jahre verfügbar zu halten.

Die Regelung entspricht im Wesentlichen § 14 Abs. 4 TrinkwV a. F.

§ 28
Untersuchungspflichten in Bezug auf mikrobiologische Parameter, chemische Parameter, Indikatorparameter und Aufbereitungsstoffe bei zentralen und dezentralen Wasserversorgungsanlagen; Untersuchungsplan

(1) Der Betreiber einer zentralen Wasserversorgungsanlage oder einer dezentralen Wasserversorgungsanlage hat Untersuchungen durchzuführen, um sicherzustellen, dass das Trinkwasser an der Stelle, an der es in die Trinkwasserinstallation übergeben wird, den Anforderungen dieser Verordnung entspricht. Die Untersuchungen sind durchzuführen im Hinblick auf

1. die für mikrobiologische Parameter
   a) in § 6 Absatz 2 oder Absatz 3 in Verbindung mit Anlage 1 festgelegten Grenzwerte und
   b) nach § 6 Absatz 4 festgelegten Höchstwerte,
2. die für chemische Parameter
   a) in § 7 Absatz 2 in Verbindung mit Anlage 2 festgelegten Grenzwerte und
   b) nach § 7 Absatz 3 festgelegten Höchstwerte,
3. die für Indikatorparameter nach § 8 Absatz 1 und 2 in Verbindung mit Anlage 3 Teil I festgelegten Grenzwerte und Anforderungen, einschließlich einer Beurteilung der Korrosivität nach § 8 Absatz 3 Satz 2,
4. die für Indikatorparameter nach § 65 Absatz 3 Satz 3 festgelegten Werte und abweichenden Anforderungen und
5. die für chemische Parameter nach § 66 Absatz 2 Satz 1 festgelegten Maßnahmenwerte.

Umfang und Häufigkeit der Untersuchungen bestimmen sich nach Anlage 6 Teil I.

(2) Der Betreiber einer zentralen Wasserversorgungsanlage oder einer dezentralen Wasserversorgungsanlage hat zur Durchführung der Untersuchungen nach Absatz 1 einen Plan aufzustellen (Untersuchungsplan). Der Untersuchungsplan ist mindestens für ein Jahr aufzustellen und hat Folgendes zu enthalten:

1. Angaben zum Umfang der zu untersuchenden Parameter unter Berücksichtigung der Absätze 1 und 3 und der vom Gesundheitsamt nach § 38 Absatz 4 getroffenen Entscheidungen,
2. Angaben zur Häufigkeit der zu untersuchenden Parameter unter Berücksichtigung der Absätze 1 und 3 und der vom Gesundheitsamt nach § 38 Absatz 4 getroffenen Entscheidungen,
3. Angaben zu den Stellen der Probennahme bestehend aus
   a) der Adresse der Stelle der Probennahme bestehend aus Straße, Hausnummer, Postleitzahl und Ort,
   b) der Bezeichnung der Entnahmestelle,
   c) dem Zeitpunkt der Probennahme und
4. die Angabe des Probennahmeverfahrens nach § 42.

Der Betreiber hat den Untersuchungsplan im Einvernehmen mit dem Gesundheitsamt aufzustellen, diesen zu diesem Zweck vor seiner Anwendung schriftlich oder elektronisch an das Gesundheitsamt zu übermitteln und den Untersuchungsplan entsprechend den Vorgaben des Gesundheitsamts, sofern dieses solche festlegt, anzupassen.

(3) Abweichend von Absatz 1 Satz 3 kann das Gesundheitsamt bei einer dezentralen Wasserversorgungsanlage für die in Anlage 6 Teil I Anmerkung 2 genannten Parameter der Gruppe B bestimmen, welche Untersuchungen nach Absatz 1 Satz 2 Nummer 2 und 3 in welchen Zeitabständen innerhalb eines von ihm festzulegenden Zeitraums durchzuführen sind. Satz 1 gilt nicht, wenn dem Gesundheitsamt Tatsachen bekannt sind, die für die in Anlage 6 Teil I Anmerkung 2 genannten Parameter der Gruppe B zu einer Überschreitung der Grenzwerte oder einer Nichterfüllung der Anforderungen nach den §§ 6 bis 8 im Trinkwasser führen können. Weicht das Gesundheitsamt von den Bestimmungen nach Absatz 1 Satz 3 ab, so hat es die abweichende Bestimmung, einschließlich Begründung, dem Betreiber der betroffenen dezentralen Wasserversorgungsanlage schriftlich oder elektronisch bekannt zu geben.

(4) Trinkwasseruntersuchungen, die im Rahmen der Überwachung durch das Gesundheitsamt nach § 54 durchgeführt werden, kann der Betreiber auf den Umfang und die Häufigkeit der nach Absatz 1 durchzuführenden Untersuchungen anrechnen und im Untersuchungsplan nach Absatz 2 berücksichtigen.

(5) Wird aus einer zentralen Wasserversorgungsanlage oder einer dezentralen Wasserversorgungsanlage Trinkwasser an eine andere zentrale Wasserversorgungsanlage oder dezentrale Wasserversorgungsanlage abgegeben, so kann das Gesundheitsamt bestimmen, welche Untersuchungen nach Absatz 1 der Betreiber welcher Wasserversorgungsanlage jeweils durchzuführen hat.

(6) Der Betreiber einer zentralen Wasserversorgungsanlage oder einer dezentralen Wasserversorgungsanlage hat Untersuchungen durchzuführen, mit denen festgestellt werden kann, ob die allgemeinen Anforderungen an die Aufbereitung nach § 19 eingehalten werden. Umfang und Häufigkeit der Untersuchungen sind in der Liste zulässiger Aufbereitungsstoffe und Desinfektionsverfahren nach § 20 festgelegt.

§ 29
Untersuchungspflichten in Bezug auf mikrobiologische Parameter, chemische Parameter, Indikatorparameter und Aufbereitungsstoffe bei anderen Wasserversorgungsanlagen

(1) Der Betreiber einer Eigenwasserversorgungsanlage hat das Trinkwasser mindestens einmal im Jahr darauf zu untersuchen, ob die in Anlage 1 Teil I genannten Grenzwerte für Escherichia coli und intestinale Enterokokken sowie die in Anlage 3 Teil I festgelegten Grenzwerte für Clostridium perfringens, einschließlich Sporen, Coliforme Bakterien, Koloniezahl bei 22 Grad Celsius und Koloniezahl bei 36 Grad Celsius eingehalten werden. Im Übrigen bestimmt das Gesundheitsamt, in welchen Zeitabständen welche Untersuchungen auf die in § 28 Absatz 1 Satz 2 Nummer 2 bis 5 genannten Parameter vom Betreiber einer Eigenwasserversorgungsanlage durchzuführen sind. Diese Zeitabstände dürfen nicht mehr als fünf Jahre betragen.

(2) Bei mobilen Wasserversorgungsanlagen, aus denen Trinkwasser im Rahmen einer gewerblichen oder öffentlichen Tätigkeit abgegeben wird, bestimmt das Gesund-

heitsamt, in welchen Zeitabständen der Betreiber welche Untersuchungen nach § 28 Absatz 1 Satz 2 Nummer 1 Buchstabe b und Nummer 2 bis Nummer 5 durchzuführen hat. Die Parameter Escherichia coli und intestinale Enterokokken sind stets in der Häufigkeit nach Anlage 6 Teil I zu untersuchen. Solange das Gesundheitsamt keine Bestimmung nach Satz 1 vorgenommen hat, hat der Betreiber das Trinkwasser wie folgt zu untersuchen:

1. bei mobilen Wasserversorgungsanlagen mit eigener Wassergewinnung, aus denen pro Tag mindestens 10 Kubikmeter Trinkwasser entnommen werden oder aus denen Trinkwasser an mindestens 50 Personen abgegeben wird, in Bezug auf den Umfang und die Häufigkeit der Untersuchungen in entsprechender Anwendung von § 28 Absatz 1 und
2. bei allen anderen mobilen Wasserversorgungsanlagen mindestens einmal im Jahr darauf, ob die in Anlage 1 Teil I genannten Grenzwerte für Escherichia coli und intestinale Enterokokken sowie die in Anlage 3 Teil I festgelegten Grenzwerte für Clostridium perfringens, einschließlich Sporen, Coliforme Bakterien, Koloniezahl bei 22 Grad Celsius und Koloniezahl bei 36 Grad Celsius eingehalten werden.

Die in § 31 geregelten Untersuchungspflichten in Bezug auf den Parameter Legionella spec. bleiben unberührt.

(3) Bei zeitweiligen Wasserversorgungsanlagen bestimmt das Gesundheitsamt, in welchen Zeitabständen der Betreiber welche Untersuchungen nach § 28 Absatz 1 durchzuführen hat. Die in § 31 geregelten Untersuchungspflichten in Bezug auf den Parameter Legionella spec. bleiben unberührt.

(4) Trinkwasseruntersuchungen, die im Rahmen der Überwachung durch das Gesundheitsamt nach § 54 durchgeführt werden, kann der Betreiber auf den Umfang und die Häufigkeit der nach den Absätzen 1 bis 3 durchzuführenden Untersuchungen anrechnen.

(5) Der Betreiber einer Eigenwasserversorgungsanlage, einer mobilen Wasserversorgungsanlage oder einer zeitweiligen Wasserversorgungsanlage hat Untersuchungen durchzuführen, mit denen festgestellt werden kann, ob die allgemeinen Anforderungen an die Aufbereitung nach § 19 eingehalten werden. Umfang und Häufigkeit der Untersuchungen sind in der Liste zulässiger Aufbereitungsstoffe und Desinfektionsverfahren nach § 20 festgelegt.

Die Regelungen der §§ 28 und 29 entsprechen im Wesentlichen den Untersuchungspflichten aus § 14b Abs. 1 bis 6 und § 3 Nr. 2 TrinkwV a. F.

§ 30
Programm für betriebliche Untersuchungen

(1) Betreiber der folgenden Wasserversorgungsanlagen haben ein Programm für die betriebliche Kontrolle der Maßnahmen zur Risikobeherrschung (Programm für betriebliche Untersuchungen) aufzustellen sowie durchzuführen:

1. zentrale Wasserversorgungsanlagen,

2. mobile Wasserversorgungsanlagen und zeitweilige Wasserversorgungsanlagen mit eigener Wassergewinnung, aus denen pro Tag mindestens 10 Kubikmeter Trinkwasser entnommen oder auf festen Leitungswegen an Zwischenabnehmer geliefert werden oder aus denen auf festen Leitungswegen Trinkwasser an mindestens 50 Personen abgegeben wird.

Für dezentrale Wasserversorgungsanlagen kann das Gesundheitsamt festlegen, dass ein Programm für betriebliche Untersuchungen aufgestellt und durchgeführt wird.

(2) Das Programm für betriebliche Untersuchungen ist unter Einhaltung mindestens der allgemein anerkannten Regeln der Technik, insbesondere entsprechend der DIN EN 15975-2, aufzustellen und durchzuführen. Es umfasst insbesondere Wasseruntersuchungen, Prüfungen der Wasserversorgungsanlage auf deren Zustand durch Ortsbesichtigungen sowie die Überprüfung von organisatorischen Maßnahmen. Der Betreiber hat dafür zu sorgen, dass das Programm für betriebliche Untersuchungen

1. an die spezifischen Eigenschaften der Wasserversorgungsanlage, wie beispielsweise Standort, Höhe der pro Tag entnommenen oder gelieferte Menge an Trinkwasser und Herkunft des Rohwassers, angepasst ist,
2. die Ergebnisse der Risikoabschätzung nach § 35 Absatz 2 Nummer 2 berücksichtigt, sofern ein Risikomanagement durchgeführt wird,
3. hinsichtlich Umfang und Häufigkeit so festgelegt wird, dass
   a) die Wirksamkeit der Maßnahmen zur Risikobeherrschung, wie beispielsweise der Maßnahmen nach § 24 Absatz 1, § 35 Absatz 2 Nummer 5 oder § 36 Absatz 2 Satz 1 Nummer 2, ohne zeitliche Verzögerung überprüft werden kann,
   b) nachteilige Veränderungen der Wasserbeschaffenheit ohne zeitliche Verzögerung erkannt werden können und
   c) vor Erlangung der Kenntnis des Ergebnisses der betrieblichen Untersuchung im Rahmen des Risikomanagements festgelegte Korrekturmaßnahmen ohne zeitliche Verzögerung umgesetzt werden können, und
4. die Ergebnisse der Bewertung von Einzugsgebieten von Entnahmestellen für die Trinkwassergewinnung sowie des Risikomanagements für solche Einzugsgebiete nach der auf Grund von § 50 Absatz 4a des Wasserhaushaltsgesetzes zu erlassenden Rechtsverordnung berücksichtigt, sofern eine solche Bewertung und ein solches Risikomanagement durchgeführt wurden.

(3) Für die Wasseruntersuchungen nach Absatz 2 kann der Betreiber der Wasserversorgungsanlage die Stelle der Probennahme, das Probennahmeverfahren und das Untersuchungsverfahren unter Einhaltung mindestens der allgemein anerkannten Regeln der Technik abweichend von den §§ 41 bis 43 bestimmen.

§ 31
Untersuchungspflichten in Bezug auf Legionella spec.

(1) Der Betreiber einer mobilen Wasserversorgungsanlage, einer Gebäudewasserversorgungsanlage oder einer zeitweiligen Wasserversorgungsanlage hat das Trinkwasser, sofern es im Rahmen einer gewerblichen oder öffentlichen Tätigkeit abgegeben

wird, durch eine systemische Untersuchung der Wasserversorgungsanlage nach den in den Absätzen 2 bis 4 genannten Bedingungen und zeitlichen Vorgaben auf den Parameter Legionella spec. zu untersuchen, wenn

1. sich in der Wasserversorgungsanlage eine Anlage zur Trinkwassererwärmung befindet mit
   a) einem Speicher-Trinkwassererwärmer oder einem zentralen Durchfluss-Trinkwassererwärmer, jeweils mit einem Inhalt von mehr als 400 Litern, oder
   b) einem Inhalt von mehr als 3 Litern in mindestens einer Trinkwasserleitung zwischen dem Abgang des Trinkwassererwärmers und der Entnahmestelle für Trinkwasser, wobei der Inhalt einer Zirkulationsleitung nicht berücksichtigt wird,
2. sich in der Wasserversorgungsanlage Duschen oder andere Einrichtungen befinden, in denen es zu einer Vernebelung des Trinkwassers kommt, und
3. die Wasserversorgungsanlage sich nicht in einem Ein- oder Zweifamilienhaus befindet.

(2) Die Untersuchungen auf den Parameter Legionella spec. nach Absatz 1 sind in folgender Häufigkeit durchzuführen:

1. bei mobilen Wasserversorgungsanlagen in einer vom Gesundheitsamt festzulegenden Häufigkeit,
2. bei Gebäudewasserversorgungsanlagen
   a) mindestens alle drei Jahre, wenn das Trinkwasser im Rahmen einer gewerblichen, nicht aber einer öffentlichen Tätigkeit abgegeben wird,
   b) im Übrigen mindestens einmal jährlich, sofern nicht das Gesundheitsamt nach Absatz 3 ein längeres Untersuchungsintervall festlegt,
3. bei zeitweiligen Wasserversorgungsanlagen in einer vom Gesundheitsamt

festzulegenden Häufigkeit.

(3) Das Gesundheitsamt kann abweichend von Absatz 2 Nummer 2 Buchstabe b Untersuchungsintervalle von bis zu drei Jahren festlegen, wenn

1. bei einer Gebäudewasserversorgungsanlage bei den jährlichen Untersuchungen nach Absatz 2 Nummer 2 Buchstabe b in drei aufeinanderfolgenden Jahren keine Beanstandungen festgestellt worden sind und
2. die Gebäudewasserversorgungsanlage und ihre Betriebsweise nicht verändert wurden und nachweislich mindestens den allgemein anerkannten Regeln der Technik entsprechen.

Satz 1 gilt nicht für Gebäudewasserversorgungsanlagen in Einrichtungen nach § 23 Absatz 5 des Infektionsschutzgesetzes, Pflegeeinrichtungen und sonstigen Einrichtungen, in denen sich Patienten mit höherem Risiko für Infektionen mit Legionella spec. befinden.

(4) Bei einer neu in Betrieb genommenen Wasserversorgungsanlage ist die erste Untersuchung auf den Parameter Legionella spec. nach Absatz 1 innerhalb von drei bis zwölf Monaten nach der Inbetriebnahme durchzuführen.

§ 31 entspricht im Wesentlichen § 14b Abs. 1 bis 6 und § 3 Nr. 2 TrinkwV a. F. Die Vorschrift sammelt mit den §§ 51 und 52 die in der Vorgänger-Verordnung an vielen Stellen enthaltenen Regelungen zur Untersuchung in Bezug auf Legionella spec.
Absatz 1 nimmt dabei inhaltlich die entfallene Begriffsbestimmung „Großanlage zur Trinkwassererwärmung“ (früher: § 3 Nummer 12 TrinkwV a. F.) auf und weitet die Untersuchungspflicht auch auf zeitweilige Wasserversorgungsanlagen aus.

§ 32
Untersuchungspflichten in Bezug auf radioaktive Stoffe

(1) Der Betreiber einer zentralen Wasserversorgungsanlage hat durch eine Erstuntersuchung nach Maßgabe der Absätze 3 bis 5 und 8 und durch regelmäßige Untersuchungen nach Maßgabe der Absätze 6 bis 8 festzustellen, ob im Trinkwasser an der Stelle, an der es in die Trinkwasserinstallation übergeben wird, die nach § 9 Satz 2 in Verbindung mit Anlage 4 Teil I festgelegten Parameterwerte für radioaktive Stoffe nicht überschritten werden. Die zuständige Behörde kann anordnen, dass der Betreiber einer dezentralen Wasserversorgungsanlage der Verpflichtung nach Satz 1 nachzukommen hat, wenn Anhaltspunkte dafür bestehen, dass Parameterwerte für radioaktive Stoffe nach § 9 Satz 2 in Verbindung mit Anlage 4 Teil I überschritten werden könnten. Die zuständige Behörde kann anordnen, dass der Betreiber einer Eigenwasserversorgungsanlage Untersuchungen im Hinblick auf die nach § 9 Satz 2 in Verbindung mit Anlage 4 Teil I festgelegten Parameterwerte für radioaktive Stoffe durchzuführen hat, sofern sie dies zum Schutz der menschlichen Gesundheit für erforderlich hält. Bei einer Anordnung nach Satz 3 bestimmt die zuständige Behörde im Einzelfall die zu bestimmenden Parameter und die Anzahl der erforderlichen Untersuchungen.

(2) Wird aus einer zentralen Wasserversorgungsanlage oder einer dezentralen Wasserversorgungsanlage Trinkwasser an eine andere zentrale oder dezentrale Wasserversorgungsanlage abgegeben, so kann die zuständige Behörde bestimmen, welche Untersuchungen nach Absatz 1 der Betreiber welcher Wasserversorgungsanlage jeweils durchzuführen hat.

(3) Die Erstuntersuchung dient der Ermittlung der im Jahresdurchschnitt vorliegenden Aktivitätskonzentrationen und der Bewertung, ob die Parameterwerte für radioaktive Stoffe eingehalten werden. Die Erstuntersuchung ist innerhalb von drei Monaten nach der Inbetriebnahme der Wasserversorgungsanlage zu beginnen. Bei wesentlichen Änderungen der Wassergewinnung oder Wasseraufbereitung, die sich auf den Gehalt an Radionukliden nachteilig auswirken können, ist erneut eine Erstuntersuchung innerhalb von drei Monaten nach Vornahme der wesentlichen Änderung durchzuführen.

(4) Die Erstuntersuchung umfasst vier Untersuchungen in vier unterschiedlichen Quartalen innerhalb eines Untersuchungszeitraums von einem Jahr. Trinkwasseruntersuchungen, die im Rahmen der Überwachung nach § 57 durchgeführt wurden, können auf den Umfang und die Anzahl der im Rahmen der Erstuntersuchung durch-

zuführenden Untersuchungen angerechnet werden. Der Parameterwert für Radon-222 und Tritium gilt bei der Erstuntersuchung als eingehalten, wenn der Mittelwert der im Untersuchungszeitraum gemessenen Aktivitätskonzentration den jeweiligen Parameterwert nicht überschreitet. Der Parameterwert für die Richtdosis gilt als eingehalten, wenn der Mittelwert der im Untersuchungszeitraum gemäß Anlage 4 Teil II und III gemessenen Aktivitätskonzentrationen den Nachweis erbringt, dass dieser Wert nicht überschritten wird.

(5) Bei der Erstuntersuchung sind die Aktivitätskonzentration von Radon-222 sowie die Richtdosis im Hinblick auf natürliche Radionuklide zu ermitteln. Eine Erstuntersuchung des Trinkwassers im Hinblick auf den Parameterwert für Tritium oder andere Radionuklide künstlichen Ursprungs zur Ermittlung der Richtdosis ist nur erforderlich, wenn die zuständige Behörde dies nach Satz 3 oder 4 angeordnet hat. Die zuständige Behörde kann eine Erstuntersuchung im Hinblick auf künstliche Radionuklide anordnen, wenn Anhaltspunkte vorliegen, dass die nach § 9 Satz 2 in Verbindung mit Anlage 4 Teil I festgelegten Parameterwerte für radioaktive Stoffe überschritten werden könnten. Die Behörde hat die Ermittlung der Richtdosis unter Berücksichtigung künstlicher Radionuklide anzuordnen, wenn der Parameterwert für Tritium überschritten wird.

(6) Wenn bei der Erstuntersuchung eine Überschreitung eines Parameterwerts für radioaktive Stoffe nach § 9 Satz 2 in Verbindung mit Anlage 4 Teil I festgestellt wurde, sind bezüglich dieses Parameterwerts regelmäßige Untersuchungen des Trinkwassers erforderlich. § 33 Absatz 2 Nummer 2 bleibt unberührt. Ordnet die zuständige Behörde nach § 63 Absatz 1 Satz 1 in Verbindung mit § 62 Absatz 3 Maßnahmen zur Aufbereitung an, um den Gehalt an Radionukliden im Trinkwasser zu reduzieren, so sind regelmäßige Untersuchungen durchzuführen, um die anhaltende Wirksamkeit der Aufbereitung zu überprüfen.

(7) Regelmäßige Untersuchungen sind ab dem Folgejahr nach Abschluss der Erstuntersuchung oder nach einer Anordnung von Maßnahmen zur Aufbereitung nach § 63 Absatz 1 Satz 1 in Verbindung mit § 62 Absatz 3 durchzuführen. Die Anzahl der regelmäßigen Untersuchungen, die innerhalb von jeweils einem Jahr durchzuführen sind, ergibt sich aus Anlage 6 Teil II. Im Fall von natürlich vorkommenden Radionukliden, für die Ergebnisse vorheriger Untersuchungen eine stabile Aktivitätskonzentration anzeigen, kann die zuständige Behörde abhängig von den örtlichen Gegebenheiten geringere Häufigkeiten der regelmäßigen Untersuchungen festlegen und deren Untersuchungsumfang anpassen. Trinkwasseruntersuchungen, die im Rahmen der Überwachung nach § 57 durchgeführt wurden, können auf den Umfang und die Häufigkeit der regelmäßigen Untersuchungen angerechnet werden.

(8) Die Berechnung und die Beurteilung der Richtdosis und die Verfahrenskennwerte für die Untersuchung auf radioaktive Stoffe bei Erstuntersuchungen und regelmäßigen Untersuchungen bestimmen sich nach Anlage 4 Teil II und III und Anlage 7 Teil II.

§ 32 TrinkwV übernimmt als Zentralnorm der Betreiberpflichten in Bezug auf radioaktive Stoffe weitgehend unverändert die Untersuchungspflichten aus § 14a

TrinkwV a. F., konkretisiert und angepasst an die Terminologie der neuen TrinkwV. Daneben sind in die Vorschrift auch sich früher aus Anlage 3a TrinkwV a. F. ergebende Pflichten eingegangen.

§ 33
Ausnahmen von den Untersuchungspflichten in Bezug auf radioaktive Stoffe

(1) Erstuntersuchungen sind nicht erforderlich, soweit die zuständige Behörde für einen von ihr festzulegenden Zeitraum auf der Grundlage von repräsentativen Erhebungen, Überwachungsdaten oder anderen zuverlässigen Informationen festgestellt hat, dass radioaktive Stoffe in einem Wasserversorgungsgebiet nicht in Konzentrationen auftreten, die eine Überschreitung der Parameterwerte für radioaktive Stoffe nach § 9 Satz 2 in Verbindung mit Anlage 4 Teil I erwarten lassen.

(2) Die zuständige Behörde kann auf Antrag für einen von ihr festzulegenden Zeitraum feststellen,

1. **dass die Erstuntersuchung nicht erforderlich ist, wenn der Betreiber einer Wasserversorgungsanlage auf der Grundlage von repräsentativen Erhebungen, Überwachungsdaten oder anderen zuverlässigen Informationen nachweist, dass die nach § 9 Satz 2 in Verbindung mit Anlage 4 Teil I festgelegten Parameterwerte für radioaktive Stoffe nicht überschritten werden, und**
2. **dass regelmäßige Untersuchungen nicht erforderlich sind, wenn der Betreiber einer Wasserversorgungsanlage eine geringfügige, unter dem Gesichtspunkt des Strahlenschutzes zu vernachlässigende Überschreitung der Parameterwerte für radioaktive Stoffe nach § 9 Satz 2 in Verbindung mit Anlage 4 Teil I durch eine Erstuntersuchung nachweist.**

(3) Die zuständige Behörde kann auf Antrag feststellen, dass die regelmäßigen Untersuchungen eingestellt werden können, wenn der Betreiber einer Wasserversorgungsanlage

1. **die Einhaltung der Parameterwerte für radioaktive Stoffe nach § 9 Satz 2 in Verbindung mit Anlage 4 Teil I nachweist oder**
2. **eine geringfügige, unter dem Gesichtspunkt des Strahlenschutzes zu vernachlässigende Überschreitung der Parameterwerte für radioaktive Stoffe nach § 9 Satz 2 in Verbindung mit Anlage 4 Teil I nachweist.**

Abschnitt 7
Risikobasierter Ansatz

§ 34
Pflicht zum Risikomanagement für Wasserversorgungsanlagen

(1) Die Betreiber der folgenden Wasserversorgungsanlagen haben die Wasserversorgungsanlage zur Sicherstellung von Anforderungen an die Beschaffenheit des Trinkwassers einem kontinuierlichen Risikomanagement (Risikomanagement) zu unterziehen:

1. zentrale Wasserversorgungsanlagen,
2. mobile und zeitweilige Wasserversorgungsanlagen mit eigener Wassergewinnung, aus denen pro Tag mindestens 10 Kubikmeter Trinkwasser entnommen oder auf festen Leitungswegen an Zwischenabnehmer geliefert werden oder aus denen auf festen Leitungswegen Trinkwasser an mindestens 50 Personen abgegeben wird.

(2) Das Risikomanagement ist erstmalig durchzuführen und ein Antrag nach § 38 Absatz 3 erstmalig zu stellen

1. bis zum Ablauf des 12. Januar 2029, wenn aus der Wasserversorgungsanlage pro Tag mehr als 100 Kubikmeter Trinkwasser abgegeben oder mehr als 500 Personen versorgt werden, oder
2. bis zum Ablauf des 12. Januar 2033, wenn aus der Wasserversorgungsanlage pro Tag mindestens 10 Kubikmeter und höchstens 100 Kubikmeter Trinkwasser abgegeben oder mindestens 50 Personen und höchstens 500 Personen versorgt werden, sofern nicht das Gesundheitsamt im Einzelfall bis zum Ablauf des 12. Januar 2026 eine Einführung bis zum Ablauf des 12. Januar 2029 verlangt hat.

Nach der erstmaligen Durchführung hat der Betreiber der Wasserversorgungsanlage das Risikomanagement in Abständen von höchstens sechs Jahren zu überprüfen und, wenn das Risikomanagement die Anforderungen an die Beschaffenheit des Trinkwassers nach Abschnitt 2 nicht mehr sicherstellt, einen Antrag nach § 38 Absatz 3 zu stellen, um das Risikomanagement zu aktualisieren.

(3) Wenn die Ergebnisse der Bewertung des Einzugsgebiets der Entnahmestellen für die Trinkwassergewinnung und des Risikomanagements für dieses Einzugsgebiet nach der auf Grund von § 50 Absatz 4a des Wasserhaushaltsgesetzes zu erlassenden Rechtsverordnung noch nicht vorliegen, ist an Stelle von § 35 Absatz 2 Nummer 1 § 14 Absatz 2a Satz 2 Nummer 3 der Trinkwasserverordnung in der Fassung der Bekanntmachung vom 10. März 2016 (BGBl. I S. 459), die zuletzt durch Artikel 1 der Verordnung vom 22. September 2021 (BGBl. I S. 4343) geändert worden ist, anzuwenden. Für diesen Fall kann einmal eine Genehmigung nach § 38 Absatz 4 und eine Bestimmung nach § 38 Absatz 5 für längstens sechs Jahre ausgesprochen werden.

(4) Vor dem 24. Juni 2023 genehmigte Probennahmeplanungen nach § 14 Absatz 2b der Trinkwasserverordnung in der Fassung der Bekanntmachung vom 10. März 2016 (BGBl. I S. 459), die zuletzt durch Artikel 1 der Verordnung vom 22. September 2021 (BGBl. I S. 4343) geändert worden ist, können innerhalb ihres Geltungszeitraums einmal auf der Grundlage der Vorschriften der Trinkwasserverordnung in der genannten Fassung um sechs Kalenderjahre verlängert werden, längstens bis zum Ablauf der sich aus Absatz 2 Satz 1 im Einzelfall ergebenden Frist. Die Verlängerung der Probennahmeplanung gilt als Genehmigung nach § 38 Absatz 4.

Abschnitt 7 stellt (neben § 17) die erheblichste Neuerung der TrinkwV vom 20.6.2023 dar, mit dem eine zentrale Vorgabe der EU-Trinkwasserrichtlinie (die auf die Wasserversorgungsanlage bezogenen Teile von Art. 7 TW-RL und Art. 9 TW-RL) umgesetzt wird. Der durch die §§ 34 bis 38 vorgesehene sog. „risikobasierte Ansatz“ soll über zusätzliche Prozesskontrollen für die gesamte Versor-

gungskette, also von Gewinnungs- bis Entnahmestelle, die Trinkwasserqualität sichern. Dabei steht der Präventionsgedanke im Vordergrund: Das verpflichtende kontinuierliche Risikomanagement, dessen Mindestinhalte § 35 festlegt, einschließlich einer Risikoabschätzung (vgl. DIN EN 15975-2) erstreckt sich nach § 34 Abs. 1 auf zentrale Wasserversorgungsanlagen sowie auf mobile und zeitweilige Wasserversorgungsanlagen, sofern sie über eine eigene Wassergewinnung verfügen, aus denen jeweils pro Tag mindestens 10 Kubikmeter Trinkwasser abgegeben oder aus denen mindestens 50 Personen versorgt werden.
§ 34 Abs. 2 sieht eine Überprüfung (und ggf. Anpassung) im Abstand von längstens sechs Jahren vor.
Schon bislang ermöglichte die TrinkwV in § 14 Abs. 2a ff a. F. eine freiwillige Risikobewertung mit dem Ziel einer abgewandelten Probennahmeplanung (heute: „Untersuchungsplan", § 28 Abs. 2). Insofern konnten Teile der bisherigen Regelung für eine – nun verpflichtende – Risikobewertung auch in die TrinkwV vom 20.06.2023 übernommen werden.

§ 35
Risikomanagement für Wasserversorgungsanlagen

(1) Personen, die das Risikomanagement durchführen, müssen hinreichende Fachkenntnisse über die dem Risikomanagement unterliegende Art der Wasserversorgungsanlage nach § 34 Absatz 1 haben und durch einschlägige Berufserfahrung oder durch Schulung für das Risikomanagement von Wasserversorgungsanlagen hinreichend qualifiziert sein.

(2) Das Risikomanagement muss mindestens entsprechend den allgemein anerkannten Regeln der Technik, insbesondere der DIN EN 15975-2, durchgeführt werden und, sofern für die betreffende Wasserversorgungsanlage zutreffend,

1. **für Wasserversorgungsanlagen, auf die die auf Grund von § 50 Absatz 4a des Wasserhaushaltsgesetzes zu erlassende Rechtsverordnung anzuwenden ist, die Ergebnisse der Bewertung des Einzugsgebiets der Entnahmestellen für die Trinkwassergewinnung und des Risikomanagements für dieses Einzugsgebiet berücksichtigen,**
2. **Gefährdungen und Gefährdungsereignisse für Wasserversorgungsanlagen identifizieren und eine Abschätzung der daraus resultierenden Risiken für die den Anforderungen nach Abschnitt 2 entsprechende Beschaffenheit des Trinkwassers (Risikoabschätzung) umfassen,**
3. **Risiken berücksichtigen, die sich bezüglich der Beschaffenheit des Trinkwassers aus Klimawandel, Wasserverlusten und undichten Trinkwasserleitungen ergeben,**
4. **Ergebnisse von Besichtigungen der Wasserversorgungsanlage sowie, sofern zutreffend, der Schutzzonen und der Umgebung der Wasserfassungsanlage berücksichtigen,**
5. **die Festlegung und Durchführung von Maßnahmen zur Risikobeherrschung umfassen, um die erkannten Risiken, die die den Anforderungen nach Abschnitt 2 entsprechende Beschaffenheit des Trinkwassers gefährden könnten, zu verhindern oder zu mindern,**

6. das gegenwärtig durchgeführte Programm für betriebliche Untersuchungen nach § 30 umfassen,
7. die in der jeweils geltenden Fassung der Beobachtungsliste nach Artikel 13 Absatz 8 der Richtlinie (EU) 2020/2184 des Europäischen Parlaments und des Rates vom 16. Dezember 2020 über die Qualität von Wasser für den menschlichen Gebrauch (ABl. L 435 vom 23.12.2020, S. 1) enthaltenen Stoffe und Verbindungen berücksichtigen,
8. Folgendes berücksichtigen:
   a) die Ergebnisse der Untersuchungen nach § 36 und
   b) die Ergebnisse weiterer Untersuchungen des Rohwassers auf den Indikatorparameter somatische Coliphagen, soweit solche Untersuchungen durchgeführt worden sind,
9. basierend auf den in Nummer 8 Buchstabe a und b genannten Ergebnissen die Notwendigkeit zukünftiger weiterer Untersuchungen des Rohwassers auf den Indikatorparameter somatische Coliphagen bewerten und gegebenenfalls die Häufigkeit dieser Untersuchungen festlegen.

(3) Der Betreiber der Wasserversorgungsanlage hat die Durchführung und die Ergebnisse des Risikomanagements schriftlich oder auf Datenträgern zu dokumentieren. Die Dokumentation hat Folgendes zu umfassen:

1. eine Beschreibung aller Prozessschritte in der betreffenden Wasserversorgungsanlage zur Gewinnung, Aufbereitung und Verteilung des Wassers bis zur Übergabestelle in die Trinkwasserinstallation, einschließlich Informationen zu den angewendeten Desinfektionsverfahren sowie zu den eingesetzten Aufbereitungsstoffen, Materialien und Werkstoffen im Kontakt mit Trinkwasser,
2. eine Zusammenfassung der Ergebnisse der Risikoabschätzung und der anderen Elemente des Risikomanagements, einschließlich des gegenwärtig durchgeführten Programms für betriebliche Untersuchungen nach § 30,
3. bei einer zentralen Wasserversorgungsanlage einen begründeten Vorschlag zur Anpassung oder Beibehaltung des Untersuchungsplans, insbesondere,
   a) ob ein erweiterter Umfang oder eine höhere Häufigkeit von Untersuchungen für bestimmte Parameter nach § 37 Absatz 4 erforderlich ist und
   b) ob ein Parameter vom Untersuchungsumfang ausgenommen oder die Untersuchungshäufigkeit nach § 37 Absatz 2 verringert werden soll,
4. bei einer in § 34 Absatz 1 Nummer 2 genannten Wasserversorgungsanlage einen Vorschlag für die Bestimmung der Untersuchungspflichten nach § 29 Absatz 2 oder 3,
5. eine Erklärung des Betreibers, dass kein Umstand abzusehen ist, der bei einer dem Vorschlag entsprechenden Anpassung des Untersuchungsplans oder bei einer dem Vorschlag entsprechenden Bestimmung von Untersuchungspflichten eine Verschlechterung der Beschaffenheit des Trinkwassers verursachen würde,
6. eine Erklärung des Betreibers, dass die Anforderungen des Absatzes 1 erfüllt sind, und

7. einen Anhang, mit dem die Verbraucher nach § 46 Absatz 1 Nummer 6 informiert werden sollen.

Bei einer Überprüfung des Risikomanagements nach § 34 Absatz 2 Satz 2 kann die dem Gesundheitsamt nach § 38 Absatz 1 Nummer 2 oder Nummer 3 zu übermittelnde Dokumentation auf unveränderte Inhalte dem Gesundheitsamt bereits nach § 38 Absatz 1 in der Vergangenheit übermittelter Dokumentationen Bezug nehmen. Aktualisierungen des Risikomanagements sind zusammengefasst darzustellen.

(4) Sobald das Bundesministerium für Gesundheit ein elektronisches Verfahren für die Durchführung und Dokumentation des Risikomanagements nach den Absätzen 2 und 3 zur Verfügung stellt, haben die Betreiber von Wasserversorgungsanlagen dieses zu verwenden. Bevor das Bundesministerium für Gesundheit ein Verfahren nach Satz 1 zur Verfügung stellt, hat es sich mit den zuständigen obersten Landesbehörden oder einer anderen nach Landesrecht zuständigen Stelle hierüber ins Benehmen zu setzen.

§ 36
Indikatorparameter somatische Coliphagen

(1) Der Betreiber einer zentralen Wasserversorgungsanlage hat für das Risikomanagement das Rohwasser, das aus einem Oberflächengewässer stammt, in jeder zu dieser Wasserversorgungsanlage gehörenden Wassergewinnungsanlage vor der ersten Aufbereitungsstufe im Wasserwerk auf den Indikatorparameter somatische Coliphagen zu untersuchen. Wird das Rohwasser aus mehreren Wassergewinnungsanlagen in einer gemeinsam genutzten Sammelleitung der ersten Aufbereitungsstufe im Wasserwerk zugeführt, ist eine Untersuchung des Rohwassers in der Sammelleitung vor der ersten Aufbereitungsstufe im Wasserwerk ausreichend. Diese Untersuchung umfasst vier repräsentative Probennahmen im Abstand von jeweils drei Monaten sowie in demselben Untersuchungszeitraum mindestens zwei anlassbezogene Probennahmen bei Starkregen, Trockenheit oder anderen ungewöhnlichen Wetterverhältnissen.

(2) Wird bei der Untersuchung nach Absatz 1 oder bei weiteren Untersuchungen des Rohwassers auf den Indikatorparameter somatische Coliphagen eine Überschreitung des Referenzwerts für den Indikatorparameter somatische Coliphagen nach Anlage 3 Teil III festgestellt, so hat der Betreiber

1. die Ursachen im Einzugsgebiet der Entnahmestellen für die Trinkwassergewinnung zu ermitteln und
2. die Wirksamkeit der Aufbereitungsverfahren sowie die Eliminationsleistung der einzelnen Aufbereitungsstufen zu bestimmen und im Hinblick auf virale Krankheitserreger zu bewerten.

§ 37
Vorschlag für eine Anpassung oder Beibehaltung des Untersuchungsplans oder für die Bestimmung von Untersuchungspflichten

(1) Der Vorschlag zur Anpassung oder Beibehaltung des Untersuchungsplans nach § 35 Absatz 3 Satz 2 Nummer 3 oder der Vorschlag für die Bestimmung von Untersuchungspflichten nach § 35 Absatz 3 Satz 2 Nummer 4

1. erfolgt auf Grundlage der Risikoabschätzung nach § 35 Absatz 2 Nummer 2,
2. berücksichtigt die in Betracht kommenden Ursachen für das mögliche Vorhandensein untersuchungspflichtiger chemischer Stoffe oder Mikroorganismen im Trinkwasser,
3. berücksichtigt mögliche Schwankungen und langfristige Entwicklungen der Konzentration der untersuchungspflichtigen chemischen Stoffe oder Mikroorganismen im Trinkwasser,
4. basiert auf dem Vorkommen einzelner chemischer Stoffe oder Mikroorganismen im Rohwasser gemäß der Bewertung des Einzugsgebiets der Entnahmestellen für die Trinkwassergewinnung und dem Risikomanagement für dieses Einzugsgebiet nach der auf Grund von § 50 Absatz 4a des Wasserhaushaltsgesetzes zu erlassenden Rechtsverordnung,
5. berücksichtigt die Aufbereitungsstoffe oder Desinfektionsverfahren, die als Ursachen für das Vorhandensein einzelner chemischer Stoffe in Betracht kommen, und
6. muss, wenn eine unveränderte Beibehaltung des Untersuchungsplans vorgeschlagen wird, die Erklärung des Betreibers enthalten, dass entsprechend dem Risikomanagement und unter Berücksichtigung der Nummern 2 bis 5 keine Anpassung des Untersuchungsplans erforderlich ist.

(2) In einem Vorschlag zur Anpassung des Untersuchungsplans nach Absatz 1 kann vorgeschlagen werden,

1. einen Parameter von den Untersuchungen auszunehmen, wenn die Dokumentation der Durchführung und der Ergebnisse des Risikomanagements nach § 35 Absatz 3 ausweist, dass seit mindestens drei Jahren die Messwerte von mindestens zwei Proben, die regelmäßig und an für die Wasserversorgungsanlage repräsentativen Probennahmestellen genommen wurden, und aller weiteren in diesem Zeitraum entsprechend genommenen Proben jeweils weniger als 30 Prozent des Grenzwerts nach dieser Verordnung betragen haben; die Messunsicherheit wird bei der Bewertung der Messergebnisse nicht berücksichtigt und
2. für einen Parameter die Häufigkeit der Untersuchungen zu verringern, wenn die Dokumentation der Durchführung und der Ergebnisse des Risikomanagements nach § 35 Absatz 3 ausweist, dass seit mindestens drei Jahren die Messwerte von mindestens zwei Proben, die regelmäßig und an für die Wasserversorgungsanlage repräsentativen Probennahmestellen genommen wurden, und aller weiteren in diesem Zeitraum entsprechend genommenen Proben jeweils weniger als 60 Prozent des Grenzwerts nach dieser Verordnung betragen haben; die Messunsicherheit wird bei der Bewertung der Messergebnisse nicht berücksichtigt.

(3) In einem Vorschlag zur Anpassung des Untersuchungsplans nach Absatz 1 darf in Bezug auf die folgenden Parameter keine Reduzierung des Umfangs oder der Häufigkeit von Untersuchungen vorgeschlagen werden:

1. die mikrobiologischen Parameter Escherichia coli und intestinale Enterokokken sowie
2. die Indikatorparameter
   a) Clostridium perfringens, einschließlich Sporen,
   b) Coliforme Bakterien,
   c) Geruch,
   d) Geschmack,
   e) Koloniezahl bei 22 Grad Celsius,
   f) Koloniezahl bei 36 Grad Celsius,
   g) organisch gebundener Kohlenstoff,
   h) elektrische Leitfähigkeit und
   i) Wasserstoffionenkonzentration.

(4) Für bestimmte Parameter einschließlich der in Absatz 3 genannten Parameter ist ein gegenüber den Vorgaben des § 28 erweiterter Umfang oder eine höhere Häufigkeit von Untersuchungen für die Anpassung des Untersuchungsplans nach Absatz 1 vorzuschlagen, wenn dies erforderlich ist, um die den Anforderungen nach Abschnitt 2 entsprechende Beschaffenheit des Trinkwassers sicherzustellen.

(5) Für den jeweiligen Parameter ist die Häufigkeit der Untersuchungen und der Ort der Probennahmen im Untersuchungsplan vorzuschlagen unter Berücksichtigung

1. der in Betracht kommenden Ursachen für das mögliche Vorhandensein der entsprechenden chemischen Stoffe oder Mikroorganismen im Trinkwasser und
2. möglicher Schwankungen und langfristiger Entwicklungen der Konzentration der entsprechenden chemischen Stoffe oder Mikroorganismen im Trinkwasser.

(6) Über die Untersuchungen nach § 36 Absatz 1 hinausgehende Untersuchungen des Rohwassers auf den Indikatorparameter somatische Coliphagen sind in den Vorschlägen nach Absatz 1 zu berücksichtigen, sofern sich aus der Bewertung nach § 35 Absatz 2 Nummer 9 ein entsprechendes Erfordernis ergibt.

§ 38
Verfahren zur Entscheidung über eine Anpassung oder Beibehaltung des Untersuchungsplans oder für eine Bestimmung von Untersuchungspflichten

(1) Die Dokumentation der Durchführung und der Ergebnisse des Risikomanagements nach § 35 Absatz 3 ist dem Gesundheitsamt schriftlich oder elektronisch unter Berücksichtigung der Belange der Datensicherheit zu übermitteln

1. bei der erstmaligen Durchführung des Risikomanagements bis zu den in § 34 Absatz 2 Satz 1 genannten Fristen,
2. bei Überprüfungen des Risikomanagements bis zu den in § 34 Absatz 2 Satz 2 genannten Fristen und

3. bei Aktualisierungen des Risikomanagements nach § 34 Absatz 2 Satz 2 unverzüglich nach deren Fertigstellung.

(2) Das Gesundheitsamt prüft auf Grundlage der Dokumentation sowie von Besichtigungen der Wasserversorgungsanlage nach § 55 Absatz 1 Nummer 1 und § 55 Absatz 2 Nummer 1, ob

1. das Risikomanagement die Anforderungen nach § 35 Absatz 1 und 2 erfüllt,
2. das Risikomanagement vollständig, ausreichend und plausibel ist,
3. der Vorschlag zur Anpassung oder Beibehaltung des Untersuchungsplans die Anforderungen des § 37 erfüllt und
4. der Vorschlag zur Anpassung oder Beibehaltung des Untersuchungsplans sich plausibel aus der Dokumentation des Risikomanagements ergibt.

Das Gesundheitsamt kann Nachbesserungen des Risikomanagements verlangen, wenn dieses nicht den in Satz 1 genannten Anforderungen entspricht.

(3) Der Betreiber der Wasserversorgungsanlage beantragt mit der Übermittlung der Dokumentation an das Gesundheitsamt nach Absatz 1, dass das Gesundheitsamt

1. bei der Herstellung des Einvernehmens nach § 28 Absatz 2 Satz 3 der Anpassung oder Beibehaltung des Untersuchungsplans entsprechend dem in der Dokumentation enthaltenen Vorschlag zustimmt oder
2. nach § 29 Absatz 2 oder Absatz 3 den Umfang und die Häufigkeit der Untersuchungen entsprechend dem in der Dokumentation enthaltenen Vorschlag bestimmt.

(4) Das Gesundheitsamt genehmigt den Antrag auf Anpassung oder Beibehaltung des Untersuchungsplans nach Absatz 3 Nummer 1, wenn

1. das Risikomanagement der Wasserversorgungsanlage die Anforderungen nach § 35 Absatz 1 und 2 erfüllt,
2. der Vorschlag zur Anpassung oder Beibehaltung des Untersuchungsplans die Anforderungen nach § 37 erfüllt und
3. der Vorschlag zur Anpassung oder Beibehaltung des Untersuchungsplans sich plausibel aus der Dokumentation des Risikomanagements ergibt.

(5) Das Gesundheitsamt bestimmt den Umfang und die Häufigkeit der Untersuchungen entsprechend dem Antrag nach Absatz 3 Nummer 2, wenn

1. das Risikomanagement der Wasserversorgungsanlage die Anforderungen des § 35 Absatz 1 und 2 erfüllt,
2. der Vorschlag zur Bestimmung der Untersuchungspflicht die Anforderungen des § 37 Absatz 1 erfüllt und
3. der Vorschlag zur Bestimmung der Untersuchungspflicht durch die Dokumentation des Risikomanagements plausibel begründet ist.

(6) Die Genehmigung des Gesundheitsamts nach Absatz 4 oder die Bestimmung nach Absatz 5 gilt für die Dauer von sechs Kalenderjahren. Sie wird auf Antrag um jeweils weitere sechs Kalenderjahre verlängert, wenn auf Grund einer Untersuchung aller nach § 28 oder § 29 zu untersuchenden Parameter sowie einer Überprüfung und,

falls erforderlich, einer Aktualisierung des Risikomanagements dargelegt wird, dass die Voraussetzungen für die Genehmigung weiterhin vorliegen. Im Fall einer Verlängerung darf die Probennahme für die in Satz 2 genannte Untersuchung zum Zeitpunkt des Antrags nicht länger als zwölf Monate zurückliegen.

(7) Die Genehmigung nach Absatz 4 oder die Bestimmung nach Absatz 5 kann widerrufen werden, wenn das Gesundheitsamt auf Grund nachträglich eingetretener oder bekannt gewordener Tatsachen berechtigt wäre, den Antrag nicht zu genehmigen. Anstelle eines Widerrufs kann das Gesundheitsamt unter den in Satz 1 genannten Voraussetzungen auch verlangen, dass der Betreiber der Wasserversorgungsanlage das Risikomanagement ganz oder teilweise nach § 34 Absatz 2 Satz 2 zu aktualisieren hat.

Abschnitt 8
Zugelassene Untersuchungsstellen

§ 39
Beauftragung einer zugelassenen Untersuchungsstelle

(1) Die nach dieser Verordnung erforderlichen Untersuchungen des Trinkwassers einschließlich der Probennahmen dürfen nur von dafür zugelassenen Untersuchungsstellen durchgeführt werden.

(2) Absatz 1 gilt nicht für Untersuchungen auf den Betriebsparameter Trübung nach § 24 und betriebliche Untersuchungen nach § 30 Absatz 2. Werden diese Untersuchungen mit Messgeräten durchgeführt, sind diese nach Herstellerangaben zu betreiben und zu warten und ebenso wie die Untersuchungsverfahren in eine betriebsinterne Qualitätssicherung einzubeziehen.

(3) Ein Untersuchungsauftrag an eine zugelassene Untersuchungsstelle muss sich auch auf die Durchführung der Probennahme für die jeweilige Untersuchung erstrecken.

(4) Bei der Beauftragung der zugelassenen Untersuchungsstelle stellt der Betreiber einer Wasserversorgungsanlage vertraglich sicher, dass die zugelassene Untersuchungsstelle ihn unverzüglich in Kenntnis zu setzen hat über:

1. festgestellte Abweichungen von den in den §§ 6 bis 8 festgelegten Grenzwerten, Höchstwerten oder Anforderungen für mikrobiologische und chemische Parameter sowie Indikatorparameter,
2. ein Erreichen des in § 51 Absatz 1 in Verbindung mit Anlage 3 Teil II festgelegten technischen Maßnahmenwerts für den Parameter Legionella spec. und über die erfolgte Anzeige nach § 53 Absatz 1 an das zuständige Gesundheitsamt und
3. eine Überschreitung der nach § 9 Satz 2 in Verbindung mit Anlage 4 Teil I festgelegten Parameterwerte für radioaktive Stoffe.

In § 39 finden sich Regelungen der früheren § 14 Abs. 6 Satz 1 und 2, § 14b Abs. 2 Satz 2, § 15 Abs. 4 Satz 1 TrinkwV a. F.
Die zugelassenen Untersuchungsstellen werden gemäß § 40 Abs. 2 von den Landesgesundheitsministerien veröffentlicht; Ordnungswidrigkeitenvorschrift vgl. § 47 Abs. 1 Nr. 22.

§ 40
Zugelassene Untersuchungsstellen

(1) Auf die Zulassung von Untersuchungsstellen ist bis zum Erlass einer Rechtsverordnung auf Grund von § 38 Absatz 1 Satz 1 Nummer 11 des Infektionsschutzgesetzes § 15 Absatz 4 Satz 2 bis 5 und Absatz 5 und 6 sowie § 19 Absatz 3 Satz 5 der Trinkwasserverordnung in der Fassung der Bekanntmachung vom 10. März 2016 (BGBl. I S. 459), die zuletzt durch Artikel 1 der Verordnung vom 22. September 2021 (BGBl. I S. 4343) geändert worden ist, weiter anzuwenden.

(2) Die zuständige oberste Landesbehörde oder eine andere nach Landesrecht zuständige Stelle hat eine Liste der von ihr zugelassenen Untersuchungsstellen im Internet zu veröffentlichen oder auf andere geeignete Weise bekannt zu machen. In der Liste ist für jede Untersuchungsstelle der Parameterumfang anzugeben.

Abschnitt 9
Durchführung von Trinkwasseruntersuchungen

§ 41
Stelle der Probennahme

(1) Trinkwasserproben sind grundsätzlich an der Stelle der Einhaltung der Anforderungen nach § 10 zu nehmen.

(2) Der Betreiber einer zentralen Wasserversorgungsanlage oder einer dezentralen Wasserversorgungsanlage kann abweichend von Absatz 1 Trinkwasserproben an einer Stelle nehmen, bei der nicht zu erwarten ist, dass sich das Trinkwasser bezüglich des zu untersuchenden Parameters zwischen der Stelle der Probennahme und den Stellen, an denen das Trinkwasser in Trinkwasserinstallationen oder an eine andere zentrale oder dezentrale Wasserversorgungsanlage übergeben wird, nachteilig verändert. Das Gesundheitsamt kann im Rahmen der Genehmigung einer Anpassung des Untersuchungsplans nach § 38 Absatz 4 von den Vorgaben nach Absatz 1 und nach Satz 1 abweichende Probennahmestellen festlegen. Für Probennahmen im Rahmen der Überwachung von zentralen Wasserversorgungsanlagen und dezentralen Wasserversorgungsanlagen durch das Gesundheitsamt gilt Satz 1 entsprechend.

(3) Der Betreiber einer zentralen Wasserversorgungsanlage oder einer dezentralen Wasserversorgungsanlage kann nach Abschluss der Aufbereitung am Ausgang des Wasserwerks oder im Verteilungsnetz untersuchen, ob der jeweilige Referenzwert, der für einen der Parameter Chlorat, Chlorit, Halogenessigsäuren oder Trihalogenmethane in den Bemerkungen in Anlage 2 Teil II genannt ist, überschritten wird. Wird dieser Referenzwert nicht überschritten, gilt der jeweilige Grenzwert nach Anlage 2 Teil II an der Stelle der Einhaltung der Anforderungen nach § 10 als eingehalten.

(4) Der Betreiber einer Wasserversorgungsanlage hat Trinkwasserproben, die nach § 31 Absatz 1 auf den Parameter Legionella spec. zu untersuchen sind, nach den allgemein anerkannten Regeln der Technik an mehreren repräsentativen Stellen zu nehmen. Der Betreiber der Wasserversorgungsanlage hat dafür sicherzustellen, dass an

der Wasserversorgungsanlage nach den allgemein anerkannten Regeln der Technik geeignete Probennahmestellen vorhanden sind. Bei der Probennahme ist die in § 43 Absatz 5 genannte Empfehlung des Umweltbundesamts „Systemische Untersuchungen von Trinkwasser-Installationen auf Legionellen nach Trinkwasserverordnung – Probennahme, Untersuchungsgang und Angabe des Ergebnisses" zu beachten.

(5) Der Betreiber einer Wasserversorgungsanlage hat Trinkwasserproben zur Bestimmung von radioaktiven Stoffen abweichend von den Absätzen 1 und 2 am Ausgang des Wasserwerks zu nehmen, sofern nicht im Einvernehmen mit der zuständigen Behörde eine andere Stelle für die Probennahme festgelegt wird oder die Behörde eine Anordnung nach § 61 Nummer 1 trifft. Die zuständige Behörde kann im Rahmen der Überwachung Trinkwasserproben zur Bestimmung von radioaktiven Stoffen am Ausgang des Wasserwerks oder an einer anderen geeigneten Stelle nehmen.

(6) Ist die Probennahme für eine Untersuchung von Rohwasser nach § 27 Absatz 2 erforderlich, hat der Betreiber die Stelle der Probennahme mit dem Gesundheitsamt oder, wenn es sich um radioaktive Stoffe im Trinkwasser handelt, mit der zuständigen Behörde zu erörtern.

§ 41 führt die bislang in der TrinkwV a. F. an verschiedenen Stellen enthaltenen Regelungen zur Stelle der Probennahme systematisch zusammen.
Absatz 3 ermöglicht Betreibern von zentralen und dezentralen Wasserversorgungsanlagen eine Untersuchung auf die Konzentration der in der Vorschrift genannten Desinfektionsnebenprodukte auch am Ausgang Wasserwerk oder im Verteilungsnetz statt einer organisatorisch deutlich aufwändigeren Untersuchung an der Übergabestelle in die Trinkwasserinstallation. § 48 Abs. 5 regelt Maßnahmen, wenn diese optional durchgeführten Untersuchungen eine Referenzwertüberschreitung ergeben.
Absatz 5 enthält eine Neuregelung für Untersuchungen des Trinkwassers auf radioaktive Stoffe (zuvor § 14a Abs. 1 Satz 2 iVm. § 19 Abs. 2c Satz 2 TrinkwV a. F.), die gleichzeitig „bürokratischen Aufwand minimieren" soll. Diese Vereinfachung ist angezeigt, da eine nachteilige Veränderung des Trinkwassers zwischen der Stelle der Probennahme und der Stelle der Übergabe in die Trinkwasserinstallation regelmäßig nicht zu erwarten ist.

§ 42
Probennahmeverfahren

(1) Die Proben für die Untersuchung von Wasser nach dieser Verordnung sind nach den allgemein anerkannten Regeln der Technik zu nehmen.

(2) Die Einhaltung der allgemein anerkannten Regeln der Technik bei der Probennahme nach Absatz 1 wird vermutet

1. **für die Probennahme zur Untersuchung der mikrobiologischen Beschaffenheit des Trinkwassers von zentralen Wasserversorgungsanlagen und dezentralen Wasserversorgungsanlagen, wenn DIN EN ISO 19458, wie dort unter Zweck a beschrieben, eingehalten worden ist,**

2. für die Probennahme zur Untersuchung der mikrobiologischen Beschaffenheit des Trinkwassers, einschließlich der Untersuchung auf den Parameter Legionella spec. nach § 31, von Eigenwasserversorgungsanlagen, mobilen Wasserversorgungsanlagen, Gebäudewasserversorgungsanlagen und zeitweiligen Wasserversorgungsanlagen, wenn
   a) DIN EN ISO 19458, wie dort unter Zweck b beschrieben, eingehalten worden ist und
   b) bei Untersuchungen auf den Parameter Legionella spec. nach § 31 zusätzlich die in § 43 Absatz 5 genannte Empfehlung des Umweltbundesamts „Systemische Untersuchungen von Trinkwasser-Installationen auf Legionellen nach Trinkwasserverordnung – Probennahme, Untersuchungsgang und Angabe des Ergebnisses“ beachtet worden ist,
3. für die Probennahme im Verteilungsnetz bis zur Übergabestelle in die Trinkwasserinstallation zur Untersuchung der chemischen Beschaffenheit des Trinkwassers, wenn DIN ISO 5667-5 eingehalten worden ist.

(3) Wenn Trinkwasser in einer Trinkwasserinstallation auf die chemischen Parameter Blei, Kupfer und Nickel zu untersuchen ist, sind die Proben so zu nehmen, dass sie für die durchschnittliche wöchentliche Aufnahme des Trinkwassers durch die Verbraucher repräsentativ sind. Für die repräsentative Probennahme ist eine gestaffelte Stagnationsbeprobung nach der Empfehlung des Umweltbundesamts „Beurteilung der Trinkwasserqualität hinsichtlich der Parameter Blei, Kupfer und Nickel“ vom Dezember 2018 (Bundesgesundheitsblatt 2019 S. 1026) durchzuführen. Bei Untersuchungen des Trinkwassers in einer Trinkwasserinstallation auf die Parameter Blei, Kupfer und Nickel, die im Rahmen der Umsetzung des Berichtsplans vorzunehmen sind, kann sowohl eine gestaffelte Stagnationsbeprobung als auch eine Zufallsstichprobe nach der in Satz 2 genannten Empfehlung des Umweltbundesamts erfolgen.

(4) Bei der Probennahme zur Untersuchung des Trinkwassers in der Trinkwasserinstallation auf die Indikatorparameter Aluminium und Eisen und auf die neben Blei, Kupfer und Nickel in Anlage 2 Teil II genannten chemischen Parameter ist die in Absatz 3 Satz 2 genannte Empfehlung des Umweltbundesamts zu beachten.

(5) Sind zu einem Parameter im Laufe eines Jahres mehrere Proben zu nehmen, so sollen der Betreiber einer Wasserversorgungsanlage, das Gesundheitsamt und die zuständige Behörde die Proben so nehmen, dass sie für die Beschaffenheit des im Laufe des gesamten Jahrs gelieferten oder entnommenen Trinkwassers repräsentativ sind. Jahreszeitliche und saisonale Besonderheiten sind zu berücksichtigen.

§ 42 fasst die Verfahren bei der Probennahme in einer Norm zusammen, die insbesondere Regelungen aus § 15 Abs. 1, § 14b Abs. 1 Satz 1 und § 19 Abs. 2c Satz 3 und 4 der TrinkwV a. F. übernimmt.
Absatz 1 gilt für alle Parameter einschließlich Legionella spec. und radioaktive Stoffen (zuvor: nur hinsichtlich der Parameter aus den Anlagen 1, 2 und 3 Teil I TrinkwV a. F.).

§ 43
Untersuchungsverfahren

(1) Bei den Untersuchungen der mikrobiologischen Beschaffenheit des Trinkwassers sind die in den folgenden technischen Normen beschriebenen Untersuchungsverfahren anzuwenden:

1. für Coliforme Bakterien und Escherichia coli: DIN EN ISO 9308-1 oder DIN EN ISO 9308-2,
2. für intestinale Enterokokken: DIN EN ISO 7899-2,
3. für Pseudomonas aeruginosa: DIN EN ISO 16266,
4. zur Bestimmung kultivierbarer Mikroorganismen, Koloniezahl bei 22 Grad Celsius und Koloniezahl bei 36 Grad Celsius: DIN EN ISO 6222,
5. für Clostridium perfringens, einschließlich Sporen: DIN EN ISO 14189 und
6. für Legionella spec.: DIN EN ISO 11731.

Für die Untersuchungen des Wassers auf den Indikatorparameter somatische Coliphagen soll die Norm DIN EN ISO 10705-2 und, sofern abhängig von den zu untersuchenden Konzentrationsbereichen für die Untersuchung ein Anreicherungsschritt nötig ist, zusätzlich die Norm ISO 10705-3 angewendet werden.

(2) Andere als die in Absatz 1 Satz 1 genannten Untersuchungsverfahren dürfen bei der Untersuchung der in Absatz 1 genannten Parameter angewendet werden, wenn das Umweltbundesamt auf Antrag festgestellt hat, dass die damit erzielten Ergebnisse nach den allgemein anerkannten Regeln der Technik gleichwertig und mindestens genauso zuverlässig sind wie die mit den Untersuchungsverfahren nach Absatz 1 ermittelten Ergebnisse.

(3) Außer mit dem in Absatz 1 Satz 1 Nummer 4 genannten Untersuchungsverfahren oder einem Untersuchungsverfahren nach Absatz 2 darf die Koloniezahl kultivierbarer Mikroorganismen bei 22 Grad Celsius und 36 Grad Celsius auch dadurch bestimmt werden, dass die Zahl der mit 6- bis 8-facher Lupenvergrößerung sichtbaren Kolonien ausgewertet wird, die sich aus den in 1 Milliliter des zu untersuchenden Wassers befindlichen Bakterien in Plattengusskulturen mit nährstoffreichen, peptonhaltigen Nährböden (1 Prozent Fleischextrakt, 1 Prozent Pepton) bei einer Bebrütungstemperatur von (20 ± 2) Grad Celsius und (36 ± 1) Grad Celsius nach (44 ± 4) Stunden Bebrütungsdauer bilden. Abhängig von dem verwendeten Nährboden sind folgende Methoden möglich:

1. Agar-Gelatine-Nährböden: Bebrütungstemperatur (20 ± 2) Grad Celsius und (36 ± 1) Grad Celsius, Bebrütungsdauer (44 ± 4) Stunden oder
2. Agar-Nährböden: Bebrütungstemperatur (20 ± 2) Grad Celsius und (36 ± 1) Grad Celsius, Bebrütungsdauer (44 ± 4) Stunden.

Das Untersuchungsverfahren nach den Sätzen 1 und 2 darf nicht angewendet werden für Trinkwasser, das zur Abgabe in verschlossenen Behältnissen bestimmt ist.

(4) Das Umweltbundesamt veröffentlicht eine Liste der Untersuchungsverfahren nach den Absätzen 1 bis 3 im Bundesgesundheitsblatt.

(5) Die Empfehlung des Umweltbundesamts „Systemische Untersuchungen von Trinkwasser-Installationen auf Legionellen nach Trinkwasserverordnung – Probennahme, Untersuchungsgang und Angabe des Ergebnisses“ vom Dezember 2018 (Bundesgesundheitsblatt 2019 S. 1032) einschließlich der Aktualisierung dieser Empfehlung vom Dezember 2022 (Bundesgesundheitsblatt 2023 S. 181) ist neben den Vorgaben für die Untersuchungsverfahren nach Absatz 1 Satz 1 Nummer 6 oder Absatz 2 zu beachten.

(6) Bei Untersuchungen des Trinkwassers nach dieser Verordnung auf die in Anlage 2 und in Anlage 3 genannten chemischen und chemisch-physikalischen Parameter sind Untersuchungsverfahren mindestens nach den allgemein anerkannten Regeln der Technik anzuwenden, die hinreichend zuverlässige Messwerte liefern und dabei die in Anlage 7 Teil I genannten spezifizierten Verfahrenskennwerte einhalten. Bei den Untersuchungen des Trinkwassers wird

1. für die Indikatorparameter unter Anwendung der folgenden Referenzverfahren bei der Beurteilung der Einhaltung der Anforderungen und Grenzwerte vermutet, dass die allgemein anerkannten Regeln der Technik eingehalten werden:
   a) Calcitlösekapazität: DIN 38404-10,
   b) elektrische Leitfähigkeit: DIN EN 27888,
   c) Geruch: DIN EN 1622 und
2. für die chemischen Parameter und Indikatorparameter unter Anwendung der folgenden Referenzverfahren bei der Beurteilung der Einhaltung der Anforderungen an die Verfahrenskennwerte vermutet, dass die allgemein anerkannten Regeln der Technik eingehalten werden:
   a) organisch gebundener Kohlenstoff: DIN EN 1484,
   b) Oxidierbarkeit: DIN EN ISO 8467,
   c) Trübung: DIN EN ISO 7027-1.

Kann der für den chemischen Parameter Benzo(a)pyren in der Anlage 7 Teil I aufgeführte Wert der Messunsicherheit nicht erreicht werden, so ist für die Analyse ein Verfahren mindestens nach dem Stand der Technik zu wählen. In diesem Fall darf die Messunsicherheit des Verfahrens bis zu 60 Prozent des Grenzwerts für den Parameter Benzo(a)pyren in Anlage 2 Teil II betragen.

(7) Bei Untersuchungen des Trinkwassers nach dieser Verordnung auf radioaktive Stoffe sind Untersuchungsverfahren nach den allgemein anerkannten Regeln der Technik anzuwenden, die mindestens geeignet sein müssen, die Aktivitätskonzentrationen mit den in Anlage 7 Teil II angegebenen Verfahrenskennwerten zu messen. Die Berechnung und die Beurteilung der Richtdosis erfolgen nach den in Anlage 4 Teil II und III beschriebenen Verfahren.

§ 43 schreibt umfassend die bei der Probennahme maßgeblichen Verfahren vor; dabei werden überwiegend die Regelungen aus § 15 Abs. 1a bis 1e, 2 TrinkwV a. F. übernommen.

§ 44
Niederschrift über das Untersuchungsergebnis

(1) Der Betreiber einer Wasserversorgungsanlage hat das Ergebnis jeder Untersuchung, die von ihm durchzuführen ist, unverzüglich in einer Niederschrift festzuhalten. Neben dem Untersuchungsergebnis muss die Niederschrift folgende Angaben enthalten:

1. Adresse der Stelle der Probennahme bestehend aus Straße, Hausnummer, Postleitzahl und Ort,
2. Bezeichnung der Stelle der Probennahme,
3. Zeitpunkt der Entnahme der Wasserprobe,
4. Zeitpunkt der Untersuchung der Wasserprobe und
5. das bei der Untersuchung angewendete Verfahren.

Die Anforderungen nach Satz 2 gelten nicht für Niederschriften über die Ergebnisse der Untersuchungen nach den §§ 24 und 36 und nicht für Niederschriften über die Ergebnisse von Untersuchungen, die im Programm für betriebliche Untersuchungen nach § 30 vorgesehen sind.

(2) Die zuständige oberste Landesbehörde oder eine andere nach Landesrecht zuständige Stelle kann bestimmen, dass für die Niederschriften einheitliche Vordrucke zu verwenden oder einheitliche elektronische Datenverarbeitungsverfahren anzuwenden sind. Der Betreiber einer Wasserversorgungsanlage hat dem Gesundheitsamt innerhalb von zwei Wochen nach dem Abschluss der Untersuchung eine Kopie der Niederschrift zu übersenden; die Pflichten nach § 47 zur unverzüglichen Anzeige von Abweichungen und Überschreitungen bleiben davon unberührt. Kopien der Niederschriften über die Ergebnisse der Untersuchungen auf den Parameter Legionella spec. nach § 31 Absatz 1, über die Ergebnisse der Untersuchungen nach den §§ 24 und 36, sowie über die Ergebnisse von Untersuchungen, die im Programm für betriebliche Untersuchungen nach § 30 vorgesehen sind, müssen dem Gesundheitsamt nicht übersandt werden. Im Fall von Untersuchungen auf radioaktive Stoffe ist die Kopie der Niederschrift zusätzlich an die zuständige Behörde zu übersenden, wenn diese nicht mit dem Gesundheitsamt identisch ist.

(3) Der Betreiber einer Wasserversorgungsanlage hat das Original der Niederschrift vom Zeitpunkt der Untersuchung an mindestens zehn Jahre aufzubewahren. Satz 1 gilt auch für eine dem Betreiber übermittelte Ausfertigung der Niederschrift über das Ergebnis einer Untersuchung im Rahmen der Überwachung nach § 59 Absatz 4.

§ 44 entspricht im Wesentlichen § 15 Abs. 3 Satz 1 und 2 TrinkwV a. F.

Abschnitt 10
Regelmäßige Information der Anschlussnehmer und Verbraucher

§ 45
Regelmäßige Information der Anschlussnehmer und Verbraucher in Textform

(1) Der Betreiber einer zentralen Wasserversorgungsanlage oder einer dezentralen Wasserversorgungsanlage hat den betroffenen Anschlussnehmern mindestens jährlich geeignetes und leicht verständliches Informationsmaterial über die Beschaffenheit des Trinkwassers in Textform zu übermitteln. Die Anschlussnehmer sind verpflichtet, das Informationsmaterial unverzüglich an betroffene Verbraucher, die durch ihn mit Trinkwasser versorgt werden, in Textform weiterzugeben.

(2) Der Betreiber einer mobilen Wasserversorgungsanlage oder einer zeitweiligen Wasserversorgungsanlage mit jeweils eigener Wassergewinnung oder Wasseraufbereitung hat den betroffenen Verbrauchern, sofern die Wasserversorgungsanlage im Rahmen einer gewerblichen oder öffentlichen Tätigkeit betrieben wird, mindestens jährlich geeignetes Informationsmaterial über die Beschaffenheit des Trinkwassers in Textform bereitzustellen.

(3) Das Informationsmaterial nach den Absätzen 1 und 2 ist geeignet, wenn es auf der Grundlage von Ergebnissen von Untersuchungen des Trinkwassers auf mikrobiologische und chemische Parameter und Indikatorparameter nach § 28 oder § 29, auf radioaktive Stoffe nach § 32 und, soweit vorhanden, auf der Grundlage von Ergebnissen der Untersuchungen des Trinkwassers im Rahmen der Überwachung nach den §§ 54, 55 und 57 sowie von Ergebnissen aktueller Untersuchungen des Trinkwassers auf Anordnung der zuständigen Behörde nach § 61 erstellt wurde. Die Untersuchungsergebnisse dürfen zum Zeitpunkt der Übermittlung nach Absatz 1 oder der Bereitstellung nach Absatz 2 jeweils nicht älter als ein Jahr sein, es sei denn, dass die jüngste Untersuchung des zu untersuchenden Parameters zum Zeitpunkt der Übermittlung nach Absatz 1 oder der Bereitstellung nach Absatz 2 zulässigerweise länger als ein Jahr zurückliegt. Zu dem geeigneten Informationsmaterial gehören

1. Angaben über die Aufbereitungsstoffe und Desinfektionsverfahren, die bei der Aufbereitung im Wasserwerk und während der Verteilung des Trinkwassers bis zur Entnahme des Trinkwassers eingesetzt und angewendet werden, unbeschadet der Pflicht zur unverzüglichen Bekanntgabe nach § 26 Absatz 1, und
2. Ergebnisse der Untersuchungen des Trinkwassers auf den Parameter Legionella spec. nach § 31 Absatz 1, sofern entsprechende Untersuchungen durchgeführt wurden.

Der Betreiber der jeweiligen Wasserversorgungsanlage hat den betroffenen Anschlussnehmern und den Verbrauchern auf Verlangen Einzelergebnisse der Trinkwasseruntersuchungen zugänglich zu machen, auch wenn diese bereits Informationsmaterial nach Absatz 1 oder Absatz 2 oder Zugang zu Daten nach § 46 Absatz 4 erhalten haben.

(4) Der Betreiber einer zentralen Wasserversorgungsanlage informiert die betroffenen Anschlussnehmer zusätzlich mindestens jährlich über

1. die Gebühren und den Preis des gelieferten Trinkwassers pro Liter und Kubikmeter,
2. die abgenommene Wassermenge für das Kalenderjahr oder den Abrechnungszeitraum sowie bei technischer Machbarkeit über die Entwicklung der jährlichen Wasserabnahme im Vergleich mindestens zum letzten Abrechnungszeitraum,
3. die von vergleichbaren Haushalten durchschnittlich jährlich abgenommene Wassermenge,
4. die Adresse der Internetseite mit den Informationen nach § 46 und
5. die Pflicht zum Entfernen oder Stilllegen von bestimmten Trinkwasserleitungen oder Teilstücken nach § 17 Absatz 1 und darüber, in welchen Fällen es angebracht ist, eine Wasserversorgungsanlage auf das Vorhandensein von Trinkwasserleitungen oder Teilstücken von Trinkwasserleitungen aus dem Werkstoff Blei zu untersuchen.

Eine Informationspflicht nach Satz 1 Nummer 2 und 3 besteht nicht, wenn die jeweiligen Informationen für den Betreiber nicht verfügbar sind. Die Anschlussnehmer sind zur Weitergabe der Informationen an die betroffenen Verbraucher in entsprechender Anwendung von Absatz 1 Satz 2 verpflichtet. Satz 1 Nummer 5 ist bis zum 31. Dezember 2026 anzuwenden.

Die umfassend geregelten Betreiberpflichten zur regelmäßigen Information der Anschlussnehmer (und Verbraucher) über den Zustand des abgegebenen Wassers nehmen zum einen Vorschriften aus § 21 Absatz 1 Sätze 1 bis 4 TrinkwV a. F. auf. § 45 setzt darüber hinaus aber auch Vorgaben aus Artikel 17 Abs. 2 Buchst. a (und Art. 10 Abs. 3 Buchst. e) TW-RL um, insbesondere durch die Aufnahme wirtschaftlicher Informationspflichten etwa zu Preisen, den konkreten Abnahmemengen bzw. zum Durchschnittsverbrauch (Absatz 4).
Die Informationspflicht der Betreiber nach Absatz 1, die im Wesentlichen § 21 Abs. 1 Satz 1 Nr. 1 TrinkwV a. F. entspricht, wird ergänzt durch § 9 des Wasch- und Reinigungsmittelgesetzes, wonach die Unternehmer verpflichtet sind, den Verbrauchern mindestens einmal jährlich den Härtebereich des Trinkwassers mitzuteilen.

§ 46
Regelmäßige internetbasierte Information der Verbraucher

(1) Der Betreiber einer zentralen Wasserversorgungsanlage informiert die Verbraucher über eine Internetseite in benutzerfreundlicher und verbrauchergerechter Weise über

1. Name und Anschrift des Betreibers der Wasserversorgungsanlage, das Wasserversorgungsgebiet, die ungefähre Anzahl der versorgten Personen, das Wassergewinnungsverfahren und über die angewendeten Verfahren der Wasseraufbereitung einschließlich der eingesetzten Aufbereitungsstoffe und der angewendeten Desinfektionsverfahren,

2. die jeweils aktuellen und repräsentativen Untersuchungsergebnisse und die jeweilige Untersuchungshäufigkeit für die mikrobiologischen Parameter, chemischen Parameter und Indikatorparameter nach dem Untersuchungsplan sowie nach § 32 für radioaktive Stoffe zusammen mit dem jeweiligen Grenzwert oder Parameterwert; die Untersuchungsergebnisse dürfen zum Zeitpunkt der Bereitstellung auf der Internetseite jeweils nicht älter als ein Jahr sein, es sei denn, dass die jüngste Untersuchung des zu untersuchenden Parameters zum Zeitpunkt der Bereitstellung zulässigerweise länger als ein Jahr zurückliegt,
3. die Wasserhärte nach § 9 des Wasch- und Reinigungsmittelgesetzes sowie den Calcium-, Magnesium- und Kaliumgehalt, wobei diese Gehalte in den Einheiten Millimol pro Liter und Milligramm pro Liter auszuweisen sind,
4. die Untersuchungsergebnisse weiterer Parameter des Trinkwassers, die für die Auswahl von Materialien und Werkstoffen im Kontakt mit Trinkwasser nach den allgemein anerkannten Regeln der Technik notwendig sind,
5. Gesundheits- und Gebrauchshinweise im Hinblick auf das Trinkwasser, wenn das Gesundheitsamt oder die zuständige Behörde den Betreiber nach § 62 Absatz 4 darüber unterrichtet hat, dass eine Schädigung der menschlichen Gesundheit zu besorgen ist oder dass ein Risiko für die menschliche Gesundheit besteht,
6. die Information nach § 35 Absatz 3 Satz 2 Nummer 7 über das Risikomanagement der Wasserversorgungsanlage,
7. Empfehlungen
   a) zur Verringerung der Menge des verbrauchten Trinkwassers und zum sonstigen verantwortungsvollen Umgang mit Wasser entsprechend den Gegebenheiten an dem Ort, an dem das Trinkwasser bereitgestellt oder abgegeben wird, und
   b) zur Vermeidung einer Schädigung der menschlichen Gesundheit durch stagnierendes Trinkwasser.

(2) Der Betreiber einer oder mehrerer Wasserversorgungsanlagen, die einzeln oder in der Summe mindestens 10 000 Kubikmeter Trinkwasser pro Tag bereitstellen oder an mindestens 50 000 Personen Trinkwasser abgeben, informiert die Verbraucher über das Internet jährlich aktualisierend in benutzerfreundlicher und verbrauchergerechter Weise über

1. die Effizienz und Wasserverlustzahlen der Wasserversorgungsanlage oder der Wasserversorgungsanlagen nach den allgemein anerkannten Regeln der Technik,
2. die Eigentumsstruktur des Wasserversorgungsunternehmens,
3. die Zusammensetzung der Gebühren oder der Preise pro Kubikmeter Trinkwasser unter Angabe der fixen und variablen Kosten sowie über Kosten im Zusammenhang mit der Bereitstellung von Trinkwasser im öffentlichen Raum nach § 50 Absatz 1 Satz 2 des Wasserhaushaltsgesetzes, sofern diese Bereitstellung dem Betreiber obliegt und diese Kosten Bestandteil der Entgeltkalkulation sind, und
4. Verbraucherbeschwerden in Bezug auf Pflichten des Betreibers nach dieser Verordnung, soweit dem Betreiber die Informationen als Zusammenfassungen oder Statistiken vorliegen.

(3) Auf begründetes Verlangen hat der Betreiber einem Verbraucher die Informationen nach den Absätzen 1 und 2 auf anderem Wege als über das Internet kostenfrei zur Verfügung zu stellen.

(4) Der Betreiber einer zentralen Wasserversorgungsanlage hat einem Verbraucher auf Antrag den Zugang zu vorhandenen Daten nach Absatz 1 Nummer 2 und 3 bis zu zehn Jahre zurückreichend zu ermöglichen, gerechnet ab dem Datum ihrer Veröffentlichung, frühestens jedoch für den Zeitraum, der mit dem 24. Juni 2023 beginnt.

§ 46 setzt Artikel 17 Absatz 1 TW-RL um; durch die Veröffentlichung der Informationen im Internet soll den Verbrauchern ein aktiver Zugang dazu ermöglicht und ihr Vertrauen in die Qualität des Trinkwassers gefördert werden.

Abschnitt 11
Pflichten des Betreibers bei der Nichteinhaltung von Grenzwerten oder Höchstwerten, bei der Nichterfüllung von Anforderungen und bei außergewöhnlichen Vorkommnissen; Verbote

§ 47
Anzeigepflichten

(1) Der Betreiber einer Wasserversorgungsanlage hat dem Gesundheitsamt oder, wenn es sich um radioaktive Stoffe im Trinkwasser handelt, der zuständigen Behörde unverzüglich, nachdem er davon Kenntnis erlangt hat, Folgendes anzuzeigen:

1. **außergewöhnliche Vorkommnisse in der Umgebung des Wasservorkommens oder an der Wasserversorgungsanlage, die Auswirkungen auf die Beschaffenheit des Trinkwassers haben können,**
2. **eine organoleptisch wahrnehmbare nachteilige Veränderung des Trinkwassers, beispielsweise im Hinblick auf Färbung, Geruch, Geschmack oder Trübung,**
3. **eine Überschreitung der in § 6 Absatz 2 und 3 in Verbindung mit Anlage 1 festgelegten Grenzwerte für mikrobiologische Parameter oder eine Nichterfüllung der mikrobiologischen Anforderungen nach § 6 Absatz 1,**
4. **eine Überschreitung der nach § 6 Absatz 4 festgelegten Höchstwerte für mikrobiologische Parameter,**
5. **eine Überschreitung der in § 7 Absatz 2 in Verbindung mit Anlage 2 festgelegten Grenzwerte für chemische Parameter oder eine Nichterfüllung der chemischen Anforderungen nach § 7 Absatz 1,**
6. **eine Überschreitung der nach § 7 Absatz 3 festgelegten Höchstwerte für chemische Parameter,**
7. **eine Nichteinhaltung oder Nichterfüllung der in § 8 Absatz 1 und 2 in Verbindung mit Anlage 3 Teil I festgelegten Grenzwerte oder Anforderungen für Indikatorparameter,**
8. **eine Überschreitung der in § 9 Satz 2 in Verbindung mit Anlage 4 Teil I festgelegten Parameterwerte für radioaktive Stoffe,**

9. eine Nichteinhaltung oder Nichterfüllung der nach § 65 Absatz 3 Satz 3 festgelegten Werte oder abweichenden Anforderungen für Indikatorparameter,
10. eine Überschreitung der nach § 65 Absatz 4 Satz 2 festgelegten Werte für chemische Parameter,
11. eine Überschreitung der nach § 66 Absatz 2 festgelegten Maßnahmenwerte für chemische Parameter und
12. einen plötzlichen oder kontinuierlichen Anstieg der Untersuchungsergebnisse für den Indikatorparameter Koloniezahl bei 22 Grad Celsius oder Koloniezahl bei 36 Grad Celsius unabhängig vom angewendeten Untersuchungsverfahren.

(2) Zusätzlich zu den anzeigepflichtigen Ereignissen nach Absatz 1 haben Betreiber

1. einer zentralen Wasserversorgungsanlage oder einer dezentralen Wasserversorgungsanlage auch einen plötzlichen oder kontinuierlichen Anstieg der Messwerte für die Indikatorparameter Ammonium und Trübung in der Wasserversorgungsanlage oder im Verteilungsnetz nach Absatz 1 anzuzeigen und
2. einer zentralen Wasserversorgungsanlage, einer dezentralen Wasserversorgungsanlage oder einer Eigenwasserversorgungsanlage auch Belastungen des Rohwassers, die zu einer Überschreitung von Grenzwerten, Höchstwerten, Parameterwerten, Maßnahmenwerten oder Werten nach § 65 Absatz 3 oder Absatz 4 im Trinkwasser führen können, nach Absatz 1 anzuzeigen.

§ 47 ist im Hinblick auf Anzeigepflichten des Betreibers bei Überschreitungen oder bei Abweichungen an § 16 TrinkwV a. F. orientiert. Die Anzeigepflichten nach Absatz 1 gelten für alle Wasserversorgungsanlagen; Absatz 2 enthält zusätzliche Anzeigepflichten nur für die dort genannten Anlagen.
Die Anzeige nach Absatz 1 versetzt das Gesundheitsamt in die Lage, die notwendigen Entscheidungen nach Abschnitt 14 zu treffen. „Unverzüglich" bedeutet „ohne schuldhaftes Zögern", vgl. § 121 Abs. 1 Satz 2 BGB, s. auch § 9 Abs. 3 Satz 1 IfSG. Ein Verstoß gegen die Anzeigepflicht stellt eine Ordnungswidrigkeit dar (§ 72 Abs. 1 Nr. 1 TrinkwV).

§ 48
Klärung der Ursachen und Maßnahmen zur Abhilfe

(1) Der Betreiber einer zentralen Wasserversorgungsanlage, einer dezentralen Wasserversorgungsanlage, einer Eigenwasserversorgungsanlage, einer zeitweiligen Wasserversorgungsanlage oder, sofern das Trinkwasser im Rahmen einer gewerblichen oder öffentlichen Tätigkeit abgegeben wird, einer mobilen Wasserversorgungsanlage hat in den in § 47 Absatz 1 genannten anzeigepflichtigen Fällen unverzüglich

1. Untersuchungen zur Klärung der Ursache des anzeigepflichtigen Ereignisses durchzuführen,
2. Maßnahmen zur Abhilfe durchzuführen,
3. das Gesundheitsamt oder, wenn es sich um radioaktive Stoffe im Trinkwasser handelt, die zuständige Behörde über das Ergebnis der Untersuchungen nach Nummer 1 zu unterrichten und

4. das Gesundheitsamt oder, wenn es sich um radioaktive Stoffe im Trinkwasser handelt, die zuständige Behörde über die getroffenen Maßnahmen zur Abhilfe nach Nummer 2 zu unterrichten.

Satz 1 Nummer 2 gilt, wenn es sich um radioaktive Stoffe im Trinkwasser handelt, nur, wenn die zuständige Behörde anordnet, dass der Betreiber Maßnahmen zur Abhilfe durchzuführen hat.

(2) Werden dem Betreiber einer Eigenwasserversorgungsanlage, einer mobilen Wasserversorgungsanlage, einer Gebäudewasserversorgungsanlage oder einer zeitweiligen Wasserversorgungsanlage Tatsachen bekannt, die darauf hinweisen, dass die Beschaffenheit des Trinkwassers durch die Trinkwasserinstallation in einer Weise verändert wird, dass sie den Anforderungen nach Abschnitt 2 nicht entspricht, so hat der Betreiber unverzüglich

1. Untersuchungen zur Klärung der Ursache der Veränderung durchzuführen,
2. Maßnahmen zur Abhilfe durchzuführen,
3. das Gesundheitsamt oder, wenn es sich um radioaktive Stoffe im Trinkwasser handelt, die zuständige Behörde über das Ergebnis der Untersuchungen nach Nummer 1 zu unterrichten und
4. das Gesundheitsamt oder, wenn es sich um radioaktive Stoffe im Trinkwasser handelt, die zuständige Behörde über die getroffenen Maßnahmen zur Abhilfe nach Nummer 2 zu unterrichten.

Satz 1 Nummer 2 gilt, wenn es sich um radioaktive Stoffe im Trinkwasser handelt, nur, wenn die zuständige Behörde anordnet, dass der Betreiber Maßnahmen zur Abhilfe durchzuführen hat.

(3) Absatz 1 Satz 1 Nummer 2 und 4 sowie Absatz 2 Satz 1 Nummer 2 und 4 gelten nicht, wenn nach den §§ 63, 65 Absatz 3 Satz 2 oder § 65 Absatz 4 Satz 1 keine Maßnahmen durch das Gesundheitsamt oder, wenn es sich um radioaktive Stoffe im Trinkwasser handelt, durch die zuständige Behörde angeordnet wurden.

(4) Der Betreiber einer Wasserversorgungsanlage hat bei einer plötzlichen oder kontinuierlichen Erhöhung der üblicherweise gemessenen Konzentration des Indikatorparameters Ammonium die Ursache zu ermitteln.

(5) Wird der jeweilige Referenzwert, der für einen der Parameter Chlorat, Chlorit, Halogenessigsäuren oder Trihalogenmethane in den Bemerkungen in Anlage 2 Teil II genannt ist, bei einer Untersuchung nach § 41 Absatz 3 überschritten, so muss der Betreiber der Wasserversorgungsanlage unverzüglich weitere Untersuchungen des Trinkwassers auf den von der Überschreitung betroffenen Parameter an der Stelle der Übergabe des Trinkwassers in die Trinkwasserinstallation oder an der Entnahmestelle für Trinkwasser durchführen, um festzustellen, ob der an der Stelle der Einhaltung der Anforderungen nach § 10 geltende Grenzwert nach Anlage 2 Teil II eingehalten wird.

Absatz 1 Satz 1 entspricht ganz überwiegend § 16 Absatz 2 Satz 1 TrinkwV a. F., Absatz 2 entspricht im Wesentlichen § 16 Abs. 3 TrinkwV a. F.
Die Pflichten nach Absatz 1 gelten auch für zeitweilige Wasserversorgungsanlagen.

Absatz 5 bezieht sich auf die nach § 41 Absatz 3 mögliche Untersuchung von Desinfektionsnebenprodukten am Ausgang Wasserwerk oder im Verteilungsnetz. Wird dabei der entsprechende Referenzwert überschritten, ist nach Absatz 5 Satz 1 unverzüglich eine Untersuchung an der Stelle der Übergabe des Trinkwassers in die Trinkwasserinstallation oder an der Entnahmestelle für Trinkwasser durchzuführen. Maßgeblich für die Bewertung, ob die Anforderungen bezüglich dieser vier genannten Desinfektionsnebenprodukte eingehalten werden, ist dann allein der jeweilige Grenzwert und nicht der Referenzwert.

§ 49
Abgabeverbot

(1) Der Betreiber einer Wasserversorgungsanlage darf Wasser nicht als Trinkwasser abgeben und anderen nicht zur Verfügung stellen, wenn

1. **die Grenzwerte oder Höchstwerte nach § 6 Absatz 1 bis 4 für mikrobiologische Parameter nicht eingehalten sind,**
2. **die Grenzwerte oder Höchstwerte nach § 7 Absatz 1 bis 3 für chemische Parameter nicht eingehalten sind oder**
3. **die Grenzwerte oder Anforderungen nach § 8 Absatz 1 und 2 in Verbindung mit Anlage 3 Teil I für Indikatorparameter nicht eingehalten sind.**

(2) Absatz 1 gilt nicht,

1. **wenn eine Anzeige nach § 47 erfolgt ist, vom Zeitpunkt der Anzeige bis zur Entscheidung des Gesundheitsamts über nach den §§ 62 bis 68 zu treffende Maßnahmen, es sei denn, die Voraussetzungen für eine sofortige Unterbrechung der Wasserversorgung nach § 63 Absatz 3 sind erfüllt,**
2. **soweit das Gesundheitsamt eine Beurteilung nach § 62 Absatz 1 vorgenommen oder eine Entscheidung nach § 63 Absatz 1 Satz 3 Nummer 2 getroffen hat, nach der die betroffene Wasserversorgungsanlage oder Teile derselben weiterbetrieben werden können,**
3. **soweit für Eigenwasserversorgungsanlagen für chemische Parameter eine Duldung nach § 65 Absatz 4 gilt,**
4. **soweit für Indikatorparameter eine Duldung nach § 65 Absatz 3 Satz 2 und 3 gilt oder**
5. **soweit für chemische Parameter eine Abweichung nach § 66 Absatz 1, 2, 3 und 6 zugelassen ist.**

§ 49 fasst Regelungen zu Abgabeverboten bei Überschreitung von Grenz- oder Höchstwerten bzw. bei der Nichterfüllung von Anforderungen in Bezug auf mikrobiologische oder chemische (Indikator-)Parameter zusammen.
Absatz 1 (früher: § 4 Abs. 2 Satz 1 und Abs. 3 Satz 1 TrinkwV a. F.) erfasst nun ausdrücklich auch die vom Gesundheitsamt festgelegten Höchstwerte für mikrobiologische und chemische Parameter und normiert damit die bisherige Praxis.

§ 50
Maßnahmenplan des Betreibers

(1) Der Betreiber einer zentralen Wasserversorgungsanlage oder einer dezentralen Wasserversorgungsanlage hat einen Maßnahmenplan gemäß Satz 3 aufzustellen. Der Maßnahmenplan muss, unter Berücksichtigung der örtlichen Gegebenheiten der Wasserversorgung, Angaben darüber enthalten,

1. wie in dem Fall, in dem nach § 63 Absatz 1 Satz 3 Nummer 3 und Absatz 3 Satz 1 die Wasserversorgung zu unterbrechen ist, die Umstellung auf eine andere Wasserversorgung als Ersatz für die unterbrochene Wasserversorgung zu erfolgen hat und
2. welche Stellen im Fall einer Unterbrechung der Wasserversorgung oder im Fall einer Abweichung von den Anforderungen an die Beschaffenheit des Trinkwassers nach Abschnitt 2 zu informieren sind sowie wer zur Übermittlung dieser Information verpflichtet ist.

Der Maßnahmenplan muss spätestens zur Inbetriebnahme der Wasserversorgungsanlage vorliegen. Er ist zu aktualisieren, wenn sich in Bezug auf die in Satz 2 genannten Gegebenheiten und Angaben wesentliche Änderungen ergeben haben, mindestens aber alle fünf Jahre.

(2) Der Maßnahmenplan bedarf der Zustimmung des zuständigen Gesundheitsamts.

(3) Die zuständige oberste Landesbehörde oder eine andere nach Landesrecht zuständige Stelle kann bestimmen, dass für die Maßnahmenpläne einheitliche Vordrucke zu verwenden oder einheitliche elektronische Datenverarbeitungsverfahren anzuwenden sind.

§ 50 entspricht im Wesentlichen § 16 Absatz 5 TrinkwV a. F.

§ 51
Handlungspflichten des Betreibers in Bezug auf Legionella spec.

(1) Wird in einer Trinkwasserinstallation der in Anlage 3 Teil II festgelegte technische Maßnahmenwert für den Parameter Legionella spec. erreicht, so hat der Betreiber der Wasserversorgungsanlage, in der sich die Trinkwasserinstallation befindet, unverzüglich

1. dies dem Gesundheitsamt anzuzeigen, sofern ihm kein Nachweis darüber vorliegt, dass bereits die Anzeige nach § 53 Absatz 1 durch die zugelassene Untersuchungsstelle erfolgt ist,
2. Untersuchungen zur Klärung der Ursachen durchzuführen; diese Untersuchungen müssen eine Ortsbesichtigung sowie eine Prüfung der Einhaltung der allgemein anerkannten Regeln der Technik in der betroffenen Trinkwasserinstallation einschließen,
3. eine schriftliche Risikoabschätzung unter Beachtung der Empfehlung des Umweltbundesamts „Empfehlungen für die Durchführung einer Gefährdungsanalyse gemäß Trinkwasserverordnung – Maßnahmen bei Überschreitung des technischen Maßnahmenwertes für Legionellen“ vom Dezember 2012 (Bundesgesundheitsblatt 2023 S. 188) zu erstellen und

4. unter Beachtung der in Nummer 3 genannten Empfehlung des Umweltbundesamts die Maßnahmen durchzuführen, die nach den allgemein anerkannten Regeln der Technik zum Schutz der Gesundheit der Verbraucher erforderlich sind.

(2) In der Risikoabschätzung nach Absatz 1 Nummer 3 sind Gefährdungen der menschlichen Gesundheit sowie Ereignisse oder Situationen, die zum Auftreten einer Gefährdung der menschlichen Gesundheit durch die betroffene Wasserversorgungsanlage führen können, systematisch zu ermitteln und zu bewerten. Neben dieser Ermittlung und Bewertung muss die Risikoabschätzung mindestens Folgendes enthalten:

1. eine Beschreibung der Wasserversorgungsanlage,
2. Beobachtungen bei der Ortsbesichtigung nach Absatz 1 Nummer 2,
3. festgestellte Abweichungen von den allgemein anerkannten Regeln der Technik,
4. sonstige Erkenntnisse über die Wasserbeschaffenheit, die Wasserversorgungsanlage und deren Nutzung sowie
5. die Ergebnisse von Untersuchungen auf den Parameter Legionella spec. einschließlich der Angabe der Probennahmestellen in der Trinkwasserinstallation und der Angabe von Datum und Uhrzeit der Probennahmen.

(3) Der Betreiber hat dem Gesundheitsamt unverzüglich die von ihm nach Absatz 1 Nummer 4 ergriffenen Maßnahmen mitzuteilen. Auf Verlangen des Gesundheitsamts ist diesem unverzüglich die Risikoabschätzung zu übermitteln.

(4) Die Maßnahmen nach Absatz 1 Nummer 4 hat der Betreiber unmittelbar nach deren Abschluss schriftlich oder auf Datenträgern zu dokumentieren. Die Dokumentation hat er nach dem Abschluss der Maßnahmen zehn Jahre verfügbar zu halten und dem Gesundheitsamt auf Verlangen unverzüglich zu übermitteln.

§ 51 entspricht im Wesentlichen § 16 Absatz 7 TrinkwV a. F. Nunmehr werden die Bestimmung des Begriffs „Risikoabschätzung" (§ 3 Nr. 3 TrinkwV a. F.; aus der bisherigen „Gefährdungsanalyse" wird mit dem Begriff der „Risikoabschätzung" eine konkrete Handlungspflicht) und die Betreiberpflichten bei Erreichen des technischen Maßnahmenwerts für Legionella spec. in einer eigenen Vorschrift geregelt.

§ 52
Information der Verbraucher bei Überschreitungen von Grenzwerten, Höchstwerten, Anforderungen, Parameterwerten oder Erreichen des technischen Maßnahmenwerts

(1) Ordnet das Gesundheitsamt oder die zuständige Behörde Maßnahmen zur Gefahrenabwehr nach § 63 Absatz 1 oder Absatz 3 an, so hat der Betreiber der betroffenen Wasserversorgungsanlage nach einer Erörterung mit dem Gesundheitsamt oder der zuständigen Behörde unverzüglich

1. die betroffenen Verbraucher über eine zu besorgende Schädigung der menschlichen Gesundheit oder ein Risiko für die menschliche Gesundheit und über die Ursachen hierfür, über die Überschreitung eines Grenzwerts, Höchstwerts oder Parameter-

werts sowie über die getroffenen Maßnahmen, insbesondere über Verwendungsverbote oder Verwendungseinschränkungen, in Kenntnis zu setzen,
2. den betroffenen Verbrauchern die auf Grund der getroffenen Maßnahmen notwendigen Ratschläge zu Trinkwasserkonsum und Trinkwasserverwendung, insbesondere zur Vermeidung des Konsums von Stagnationswasser, zu erteilen und diese Ratschläge regelmäßig auf den neusten Stand zu bringen,
3. bestimmte Verbrauchergruppen, für die in besonderem Maß eine Schädigung der menschlichen Gesundheit oder ein Risiko für die menschliche Gesundheit zu besorgen ist, darüber in Kenntnis zu setzen und auf mögliche Maßnahmen zum Eigenschutz hinzuweisen,
4. die betroffenen Verbraucher, sobald eine Schädigung der menschlichen Gesundheit oder ein Risiko für die menschliche Gesundheit nachweislich nicht mehr zu besorgen ist, darüber sowie über die Wiederaufnahme des Normalbetriebs in Kenntnis zu setzen und
5. die Betreiber von Wasserversorgungsanlagen, die Trinkwasser aus der betroffenen Wasserversorgungsanlage übernehmen, über die angeordneten Maßnahmen in Kenntnis zu setzen.

In den Fällen des Satzes 1 Nummer 5 gelten die Informationspflichten nach Satz 1 auch für die Betreiber der Wasserversorgungsanlagen, die Trinkwasser aus der betroffenen Wasserversorgungsanlage übernehmen.

(2) Lässt das Gesundheitsamt nach § 66 eine Abweichung von Grenzwerten oder Höchstwerten für chemische Parameter zu, die durch Maßnahmen nach § 65 Absatz 2 voraussichtlich nicht innerhalb von 30 Tagen behoben werden kann, so hat der Betreiber der Wasserversorgungsanlage in Abstimmung mit dem Gesundheitsamt unverzüglich

1. die betroffenen Verbraucher sowie die Betreiber anderer Wasserversorgungsanlagen, die von der Abweichung betroffen sind, über die Zulassung der Abweichung in Kenntnis zu setzen und
2. bestimmte Verbrauchergruppen, für die die Abweichung eine Schädigung der menschlichen Gesundheit besorgen lässt, zu beraten.

(3) Die betroffenen Verbraucher werden vom Betreiber einer Wasserversorgungsanlage unverzüglich in Kenntnis gesetzt, nachdem dieser die folgenden Informationen in Bezug auf den Parameter Legionella spec. erhalten hat:

1. das Ergebnis der Risikoabschätzung nach § 51 Absatz 1 Nummer 3 und
2. Einschränkungen für die Verwendung des Trinkwassers und andere an die betroffenen Verbraucher gerichtete Empfehlungen.

§ 52 entspricht im Wesentlichen § 10 Abs. 8 TrinkwV a. F. Für radioaktive Stoffe sind die früher in § 9 Abs. 5a Satz 2 iVm. § 10 Abs. 8 bzw. in § 9 Abs. 5a Satz 2 iVm. Abs. 2 Satz 3 und § 10 Abs. 8 sowie in § 21 Abs. 2 Satz 1 TrinkwV a. F. enthaltenen Informationspflichten im neuen § 52 praktisch unverändert zusammengefasst.

Abschnitt 12
Pflichten der zugelassenen Untersuchungsstelle

§ 53
Anzeigepflicht und Meldepflicht der zugelassenen Untersuchungsstelle in Bezug auf Legionella spec.

(1) Stellt eine zugelassene Untersuchungsstelle bei einer Untersuchung des Trinkwassers auf den Parameter Legionella spec. nach § 31 das Erreichen des in Anlage 3 Teil II festgelegten technischen Maßnahmenwerts fest, so ist sie verpflichtet, dies unverzüglich dem für die Überwachung der Wasserversorgungsanlage zuständigen Gesundheitsamt anzuzeigen.

(2) Die Anzeige nach Absatz 1 muss folgende Angaben enthalten:

1. Name, Anschrift, Telefonnummer und E-Mail-Adresse der anzeigenden zugelassenen Untersuchungsstelle,
2. Name, Anschrift, Telefonnummer und E-Mail-Adresse des Betreibers der betroffenen Wasserversorgungsanlage und, sofern vorhanden, der in seinem Auftrag handelnden Person,
3. Straße, Hausnummer, Postleitzahl und Ort der Stelle der Probennahme,
4. Bezeichnung der Stelle der Probennahme,
5. Datum und Uhrzeit der Probennahme,
6. alle Ergebnisse der Untersuchungen auf den Parameter Legionella spec., die im Rahmen der systemischen Untersuchung nach § 31 durchgeführt wurden, und
7. die Bestätigung, dass der Betreiber der betroffenen Wasserversorgungsanlage und, sofern vorhanden, die in seinem Auftrag handelnde Person über das Erreichen des technischen Maßnahmenwerts informiert wurde.

(3) Die zuständige oberste Landesbehörde oder eine andere nach Landesrecht zuständige Stelle kann bestimmen, dass für die Anzeige nach Absatz 1 einheitliche Vordrucke zu verwenden oder einheitliche elektronische Datenverarbeitungsverfahren anzuwenden sind.

(4) Zugelassene Untersuchungsstellen, die Untersuchungen nach § 31 durchführen, haben dem Umweltbundesamt jeweils bis zum Ablauf des 1. März, erstmals bis zum Ablauf des 1. März 2026, folgende Daten zu den im vorangegangenen Kalenderjahr durchgeführten Untersuchungen auf den Parameter Legionella spec. nach § 31 zu melden:

1. Name, Anschrift, Kontaktperson, Telefonnummer, E-Mail-Adresse sowie die von der Deutschen Akkreditierungsstelle erteilte Registriernummer der Untersuchungsstelle,
2. Anzahl der untersuchten Trinkwasserinstallationen auf den Parameter Legionella spec.,
3. Anzahl der untersuchten Trinkwasserinstallationen, bei denen der technische Maßnahmenwert für den Parameter Legionella spec. in mindestens einer Probe erreicht wurde,

4. Anzahl der insgesamt auf den Parameter Legionella spec. untersuchten Proben und
5. Anzahl der Proben, bei denen der technische Maßnahmenwert für den Parameter Legionella spec. erreicht wurde.

(5) Das Umweltbundesamt bestimmt für die Meldung nach Absatz 4 einheitliche Vordrucke sowie einheitliche elektronische Datenverarbeitungsverfahren und macht diese im Internet sowie im Bundesgesundheitsblatt bekannt.

Die überwiegend § 15a TrinkwV a. F. nachgebildete Vorschrift verpflichtet die Labore, bedenkliche Legionellenbefunde dem Gesundheitsamt anzuzeigen. Die Vorschrift ergänzt die Meldepflicht nach § 7 Abs. 1 Nr. 27 IfSG.

Abschnitt 13
Überwachung

§ 54
Überwachung durch das Gesundheitsamt

(1) Das Gesundheitsamt überwacht Wasserversorgungsanlagen im Hinblick auf die Einhaltung der Anforderungen dieser Verordnung und die Erfüllung der Pflichten, die dem Betreiber der Wasserversorgungsanlage auf Grund dieser Verordnung obliegen. Ausgenommen hiervon sind die durch die jeweils zuständige Behörde erfolgenden Überwachungen im Hinblick auf

1. radioaktive Stoffe nach § 57 und
2. die Erfüllung der Informationspflichten nach § 45 Absatz 4 Satz 1 Nummer 1 bis 4 und § 46 Absatz 2 Nummer 1 bis 3.

(2) Die folgenden Wasserversorgungsanlagen hat das Gesundheitsamt zu überwachen:

1. zentrale Wasserversorgungsanlagen,
2. dezentrale Wasserversorgungsanlagen,
3. Eigenwasserversorgungsanlagen,
4. mobile Wasserversorgungsanlagen, wenn das Trinkwasser im Rahmen einer gewerblichen oder öffentlichen Tätigkeit bereitgestellt wird,
5. Gebäudewasserversorgungsanlagen, wenn das Trinkwasser im Rahmen einer öffentlichen Tätigkeit bereitgestellt wird, und
6. zeitweilige Wasserversorgungsanlagen.

(3) Mobile Wasserversorgungsanlagen und Gebäudewasserversorgungsanlagen kann das Gesundheitsamt über die in Absatz 2 Nummer 4 und 5 bezeichneten Fälle hinausgehend in die Überwachung einbeziehen, sofern dies zum Schutz der menschlichen Gesundheit oder zur Sicherstellung der Einhaltung der Anforderungen an die Beschaffenheit des Trinkwassers nach Abschnitt 2 erforderlich ist.

§ 54 Abs. 1 formuliert den Grundsatz der Überwachung von Wasserversorgungsanlagen durch das Gesundheitsamt. Absatz 1 Satz 2 nimmt von der Zuständigkeit des Gesundheitsamts u.a. die Überwachung der dort genannten Informations-

pflichten aus, da diese nicht auf die Trinkwasserhygiene bezogen sind und insofern die Überwachung durch eine „zuständige Behörde", die nicht mit einem Amtsarzt besetzt sein muss, genügt.
Die Absätze 2 („Muss-Überwachung") und 3 („Kann-Überwachung") entsprechen im Wesentlichen den Vorgängerregelungen aus § 18 Abs. 1 TrinkwV a. F.

§ 55
Umfang der Überwachung durch das Gesundheitsamt

(1) Bei Wasserversorgungsanlagen nach § 54 Absatz 2 Nummer 1 bis 3 umfassen die Überwachungen nach § 54 Absatz 1 Satz 1 insbesondere

1. die Besichtigung der Wasserversorgungsanlage und
   a) der dazugehörigen Schutzzonen oder
   b) der Umgebung der Wasserfassungsanlage, wenn keine Schutzzonen festgesetzt sind und soweit die Umgebung der Wasserfassungsanlage für die Wassergewinnung von Bedeutung ist, und

2. die Entnahme und Untersuchung von Wasserproben.

(2) Bei Wasserversorgungsanlagen nach § 54 Absatz 2 Nummer 4 bis 6 umfassen die Überwachungen nach § 54 Absatz 1 Satz 1 insbesondere:

1. die Besichtigung der Wasserversorgungsanlage, wenn das Gesundheitsamt eine Besichtigung für erforderlich erachtet, und
2. die Entnahme und Untersuchung von Wasserproben.

(3) Das Gesundheitsamt entscheidet, in welcher Häufigkeit es die Überwachungen nach § 54 Absatz 1 Satz 1 durchführt. Bei den folgenden Wasserversorgungsanlagen hat das Gesundheitsamt die Überwachungen mindestens in folgender Häufigkeit vorzunehmen:

1. bei zentralen Wasserversorgungsanlagen und dezentralen Wasserversorgungsanlagen einmal jährlich oder, wenn die Überwachung während eines Zeitraums von vier Jahren zu keinen wesentlichen Beanstandungen geführt hat und das Gesundheitsamt eine Verringerung der Häufigkeit der Überwachungen für angemessen erachtet, in größeren Zeitabständen, mindestens aber einmal innerhalb von drei Jahren,
2. bei Eigenwasserversorgungsanlagen in Abständen von höchstens fünf Jahren,
3. bei mobilen Wasserversorgungsanlagen
   a) in der Regel einmal innerhalb von drei Jahren, wenn sie im Rahmen einer gewerblichen oder öffentlichen Tätigkeit betrieben werden, und
   b) in der Regel viermal jährlich, wenn es sich um Wassertransport-Fahrzeuge handelt, und
4. bei zeitweiligen Wasserversorgungsanlagen in der Regel einmal jährlich, wenn sie im Rahmen einer gewerblichen oder öffentlichen Tätigkeit betrieben werden.

(4) Die Überwachungen sollen nicht vorher angekündigt werden.

(5) Das Gesundheitsamt legt den Umfang der Entnahme und Untersuchung von Wasserproben nach den Absätzen 1 und 2 fest. In Bezug auf Parameter, von denen anzunehmen ist, dass sie sich in der Trinkwasserinstallation nachteilig verändern können, sind im Rahmen der Überwachung für das Trinkwasser aus den Trinkwasserinstallationen im jeweiligen Wasserversorgungsgebiet repräsentative Untersuchungen des Trinkwassers mindestens in der sich aus Anlage 6 Teil I ergebenden Häufigkeit zu veranlassen. Parameter, von denen anzunehmen ist, dass sie sich in der jeweiligen Trinkwasserinstallation nachteilig verändern können, sind grundsätzlich insbesondere die in Anlage 2 Teil II genannten chemischen Parameter sowie die Indikatorparameter Coliforme Bakterien, Koloniezahl bei 22 Grad Celsius und Koloniezahl bei 36 Grad Celsius. Für die Untersuchungen nach Satz 2 sind Stichproben an Entnahmestellen für Trinkwasser von Gebäudewasserversorgungsanlagen und von zeitweiligen Wasserversorgungsanlagen ohne eigene Wassergewinnung zu nehmen. Über die Anforderungen nach § 42 hinaus darf es sich nicht um Netzproben handeln.

Absatz 1 entspricht im Wesentlichen § 19 Abs. 1 Satz 2 TrinkwV a. F.; die Vorschrift legt den Inhalt der Überwachung bei zentralen und dezentralen Wasserversorgungsanlagen sowie bei Eigenwasserversorgungsanlagen (aufzählend) fest.
Absatz 2 bezieht sich auf die Gebäudewasserversorgungsanlagen und auf die mobilen sowie die zeitweiligen Wasserversorgungsanlagen. Zu letzteren können auch Trinkwasserbrunnen im öffentlichen Raum zählen, die je nach Art des Betriebs den Wasserverteilungsanlagen oder den zeitweiligen Wasserversorgungsanlagen zuzurechnen sind.
Absatz 3 zur Häufigkeit von Überwachungen entspricht im Wesentlichen § 19 Abs. 5 TrinkwV a. F. Absatz 3 Nr. 4 erfasst auch ohne ausdrückliche Nennung, weiterhin insbesondere auch die Überwachung der zeitweiligen Wasserversorgungsanlagen, die der wiederkehrenden Befüllung von mobilen Wasserversorgungsanlagen an Bord von Schienenfahrzeugen im Zuständigkeitsbereich des Eisenbahn-Bundesamts dienen; für diese Anlagen richtet sich die Zuständigkeit für die Überwachung nach § 4 Abs. 3.

§ 56
Berichtsplan des Gesundheitsamts für ein Wasserversorgungsgebiet

(1) Das Gesundheitsamt legt für jedes Wasserversorgungsgebiet kalenderjährlich einen Plan fest, um sicherzustellen, dass die für die Erfüllung der Berichtspflicht nach § 69 Absatz 1 erforderlichen Untersuchungsdaten erhoben werden (Berichtsplan).

(2) Im Berichtsplan können für das Wasserversorgungsgebiet nur berücksichtigt werden Untersuchungen

1. **der Betreiber von zentralen Wasserversorgungsanlagen und dezentralen Wasserversorgungsanlagen nach § 28,**
2. **der Betreiber von zeitweiligen Wasserversorgungsanlagen nach § 29 Absatz 3 Satz 1, sofern sie keine eigene Wassergewinnung haben,**
3. **der Betreiber von Gebäudewasserversorgungsanlagen und**

4. im Rahmen der Überwachung nach den §§ 54 und 55 in Bezug auf die in den Nummern 1 bis 3 genannten Wasserversorgungsanlagen.

(3) Der Berichtsplan muss für das Wasserversorgungsgebiet Untersuchungen des Trinkwassers vorsehen,

1. die sich auf alle in den Anlagen 1 bis 3 Teil I festgelegten Parameter beziehen,
2. die in der sich aus Anlage 6 Teil I ergebenden Häufigkeit vorgenommen werden und
3. für die die Proben genommen werden
   a) an Probennahmestellen nach § 41, die für das Wasserversorgungsgebiet repräsentativ sind, und
   b) nach den Probennahmeverfahren nach § 42.

Von den Anforderungen nach Satz 1 kann in dem Berichtsplan in Bezug auf Parameter, bei denen in der Trinkwasserinstallation nicht mit einer nachteiligen Veränderung zu rechnen ist, abgewichen werden, wenn eine entsprechende Anpassung des Untersuchungsplans des Betreibers einer in diesem Wasserversorgungsgebiet gelegenen Wasserversorgungsanlage nach § 38 Absatz 4 genehmigt wurde. Auf eine Untersuchung auf den Parameter Kupfer kann in dem Berichtsplan in der Regel verzichtet werden, wenn die Wasserstoffionenkonzentration im Wasserversorgungsgebiet größer oder gleich pH 7,8 ist.

(4) Die zuständige oberste Landesbehörde oder eine andere nach Landesrecht zuständige Stelle kann bestimmen, dass

1. für die Erstellung der Berichtspläne einheitliche Vordrucke zu verwenden oder einheitliche elektronische Datenverarbeitungsverfahren anzuwenden sind und
2. die Berichtspläne zu bestimmten Terminen an die zuständige oberste Landesbehörde oder eine andere nach Landesrecht zuständige Stelle zu übermitteln sind.

Die Vorschrift schreibt § 19 Abs. 2 bis 2c TrinkwV a. F. fort. Der frühere Begriff des „Probennahmeplans“ wird durch den Begriff „Berichtsplan“ ersetzt.

§ 57
Überwachung durch die zuständige Behörde im Hinblick auf radioaktive Stoffe

(1) Die zuständige Behörde überwacht zentrale und, sofern eine Untersuchung von radioaktiven Stoffen angeordnet wurde, dezentrale Wasserversorgungsanlagen daraufhin, ob der Betreiber dieser Wasserversorgungsanlagen seinen Handlungs- und Anzeigepflichten in Bezug auf radioaktive Stoffe im Trinkwasser nachkommt. Andere Wasserversorgungsanlagen können in die Überwachung einbezogen werden.

(2) Die Überwachung nach Absatz 1 umfasst Besichtigungen der Wasserversorgungsanlagen sowie Entnahmen und Untersuchungen von Wasserproben. Die zuständige Behörde kann ihre Überwachung auf die Prüfung der Ergebnisse der nach § 32 vorgeschriebenen Untersuchungen des Betreibers einer Wasserversorgungsanlage beschränken.

(3) Die zuständige Behörde entscheidet, in welcher Häufigkeit sie die Überwachungen nach Absatz 1 durchführt.

(4) Eine Überwachung nach Absatz 1 entfällt, wenn die zuständige Behörde nach § 33 Absatz 1 festgestellt hat, dass radioaktive Stoffe in dem Wasserversorgungsgebiet nicht in Konzentrationen auftreten, die eine Überschreitung von Parameterwerten für radioaktive Stoffe erwarten lassen.

§ 57 ist an § 20a TrinkwV a. F. angelehnt. Teile des § 20a TrinkwV a. F., insbesondere die früher dort enthaltenen Anordnungsbefugnisse, sind hingegen durch die Umstrukturierung der Trinkwasserverordnung in andere Normen verschoben. So findet sich die Befugnis zur Anordnung von Maßnahmen gegenüber den Betreibern von Eigenwasserversorgungsanlagen nach § 20a Abs. 1 Satz 2 TrinkwV a. F. nun bei den Untersuchungspflichten des Betreibers in Bezug auf radioaktive Stoffe in § 32 Abs. 1 Satz 3 und in § 63. Die Regelung des § 20a Abs. 1 Satz 3 iVm. § 18 Absatz 2 und 4 a. F. ist in die eigenständige Regelung des § 58 zu Mitwirkungs- und Duldungspflichten übernommen. Die Vorgaben aus § 20a Abs. 2 Satz 2 iVm. § 19 Abs. 3 und 4 TrinkwV a. F. finden sich nun bei der Durchführung der Untersuchungen zur Überwachung des § 59 und der Niederschrift über die Überwachung des § 60, § 20a Abs. 3 TrinkwV a. F. bei den Anordnungen des Gesundheitsamts zur Gefahrenvorsorge des § 61. Die Regelung des § 20a Abs. 4 TrinkwV a. F. wurde in die Untersuchungspflichten in Bezug auf radioaktive Stoffe des Betreibers nach § 32 Abs. 2 übernommen.

§ 58
Mitwirkungs- und Duldungspflichten

(1) Über die Pflichten und Befugnisse nach § 15a des Infektionsschutzgesetzes hinaus gelten im Rahmen der Überwachung durch das Gesundheitsamt nach § 54 und durch die zuständigen Behörden nach § 57 die Pflichten und Befugnisse nach den Absätzen 2 und 3. Zu den Büchern oder sonstigen Unterlagen nach § 15a Absatz 3 Satz 1 Nummer 3 des Infektionsschutzgesetzes gehören insbesondere

1. **die Aufzeichnungen nach § 25 Absatz 1, die Dokumentationen nach § 27 Absatz 3, die der Dokumentation nach § 35 Absatz 3 zugrundeliegenden Unterlagen, die Niederschriften nach § 44 und die Aufzeichnungen nach § 51 Absatz 4,**
2. **die dem neuesten Stand entsprechenden technischen Pläne der Wasserversorgungsanlage sowie**
3. **Unterlagen über die zu der Wasserversorgungsanlage gehörigen Schutzzonen oder, sofern Schutzzonen nicht festgesetzt sind, Unterlagen über die Umgebung der Wasserfassungsanlage, soweit die Umgebung der Wasserfassungsanlage für die Wassergewinnung von Bedeutung ist.**

(2) Der Betreiber einer Wasserversorgungsanlage hat dem Gesundheitsamt oder, wenn es sich um radioaktive Stoffe im Trinkwasser handelt, der zuständigen Behörde auf Verlangen folgende Unterlagen vorzulegen:

1. **technische Pläne einer geplanten oder bestehenden Wasserversorgungsanlage,**
2. **bei einer baulichen oder betriebstechnischen Änderung die technischen Pläne für den Teil der Wasserversorgungsanlage, der von der Änderung betroffen ist, und**

3. Unterlagen über die Schutzzonen oder, sofern Schutzzonen nicht festgelegt sind, Unterlagen über die Umgebung der Wasserfassungsanlage, soweit die Umgebung der Wasserfassungsanlage für die Wassergewinnung von Bedeutung ist.

(3) Der Betreiber einer Wasserversorgungsanlage hat dem Gesundheitsamt auf Verlangen folgende Unterlagen in Bezug auf eine Nichttrinkwasseranlage vorzulegen:

1. technische Pläne der geplanten oder bestehenden Nichttrinkwasseranlage und
2. bei einer baulichen oder betriebstechnischen Änderung der Nichttrinkwasseranlage die technischen Pläne mindestens für den Teil der Nichttrinkwasseranlage, der von der Änderung betroffen ist.

§ 59
Durchführung der Untersuchungen im Rahmen der Überwachung durch das Gesundheitsamt oder die zuständige Behörde

(1) Das Gesundheitsamt oder, wenn es sich um radioaktive Stoffe im Trinkwasser handelt, die zuständige Behörde kann die Entnahme oder Untersuchung von Wasserproben im Rahmen der Überwachung von Wasserversorgungsanlagen selbst durchführen oder hierzu eine zugelassene Untersuchungsstelle beauftragen.

(2) Das Gesundheitsamt oder, wenn es sich um radioaktive Stoffe im Trinkwasser handelt, die zuständige Behörde kann den Betreiber der Wasserversorgungsanlage auffordern, eine bestimmte zugelassene Untersuchungsstelle zu benennen, die die Entnahme oder Untersuchung von Wasserproben vornehmen soll.

(3) Das Gesundheitsamt oder, wenn es sich um radioaktive Stoffe im Trinkwasser handelt, die zuständige Behörde kann anordnen, dass der Betreiber der Wasserversorgungsanlage die im Rahmen der Überwachung erforderliche Untersuchung veranlasst und dazu eine zugelassene Untersuchungsstelle beauftragt; in diesem Fall hat der Betreiber der Wasserversorgungsanlage dem Gesundheitsamt oder der zuständigen Behörde das Untersuchungsergebnis zu übermitteln.

(4) Das Gesundheitsamt oder, wenn es sich um radioaktive Stoffe im Trinkwasser handelt, die zuständige Behörde informiert den Betreiber der Wasserversorgungsanlage in den Fällen der Absätze 1 und 2 über das Ergebnis der im Rahmen der Überwachung vorgenommenen Untersuchung.

§ 60
Niederschrift über die Überwachung

(1) Die Ergebnisse der Überwachung hat das Gesundheitsamt oder, wenn es sich um radioaktive Stoffe im Trinkwasser handelt, die zuständige Behörde in einer Niederschrift festzuhalten.

(2) Die zuständige oberste Landesbehörde oder eine andere nach Landesrecht zuständige Stelle kann bestimmen, dass für die Niederschriften einheitliche Vordrucke zu verwenden oder einheitliche elektronische Datenverarbeitungsverfahren anzuwenden sind.

(3) Eine Ausfertigung der Niederschrift ist dem Betreiber der Wasserversorgungsanlage zu übermitteln. Der Betreiber der Wasserversorgungsanlage hat die übermittelte Ausfertigung mindestens zehn Jahre aufzubewahren.

(4) Das Gesundheitsamt und die zuständige Behörde haben die Niederschrift zehn Jahre aufzubewahren.

Die Vorschrift entspricht § 19 Abs. 4 und § 20a Abs. 2 Satz 2 TrinkwV a. F.; deren Regelungen werden der besseren Verständlichkeit halber in mehrere Absätze gegliedert.

Abschnitt 14
Gefahrenvorsorge und Gefahrenabwehr

§ 61
Anordnungen des Gesundheitsamts oder der zuständigen Behörde zur Gefahrenvorsorge

Wenn es unter Berücksichtigung der Umstände des Einzelfalls zum Schutz der menschlichen Gesundheit oder zur Sicherstellung einer den Anforderungen nach Abschnitt 2 entsprechenden Beschaffenheit des Trinkwassers erforderlich ist, kann das Gesundheitsamt oder, wenn es sich um radioaktive Stoffe im Trinkwasser handelt, die zuständige Behörde anordnen, dass der Betreiber einer Wasserversorgungsanlage

1. die zu untersuchenden Proben von einer bestimmten zugelassenen Untersuchungsstelle an bestimmten Probennahmestellen nach bestimmten Verfahren und zu bestimmten Zeiten zu nehmen hat,
2. bestimmte Untersuchungen nach einem bestimmten Untersuchungsverfahren durchzuführen hat,
3. bestimmte Untersuchungen außerhalb der regelmäßigen Untersuchungen unverzüglich durchzuführen hat,
4. die für den Betreiber verpflichtenden Untersuchungen nach den §§ 28, 29, 31 und 32
   a) in kürzeren als den in diesen Vorschriften genannten Abständen durchzuführen hat und
   b) an einer größeren Anzahl von Proben durchzuführen hat,
5. Untersuchungen durchzuführen hat zur Feststellung,
   a) ob andere als die nach den Anlagen 1 und 3 untersuchten Mikroorganismen in Konzentrationen im Trinkwasser enthalten sind, die eine Schädigung der menschlichen Gesundheit besorgen lassen, und
   b) ob andere als die nach den Anlagen 2 und 3 untersuchten Parameter, die keine Mikroorganismen sind, in Konzentrationen im Trinkwasser enthalten sind, die eine Schädigung der menschlichen Gesundheit besorgen lassen, oder
6. Maßnahmen zu treffen hat, die erforderlich sind,
   a) um eine Verunreinigung zu beseitigen, auf die einer der folgenden Umstände hindeutet:

aa) die Überschreitung der nach § 6 Absatz 2 und § 7 Absatz 2 in Verbindung mit den Anlagen 1 und 2 festgelegten Grenzwerte für mikrobiologische und chemische Parameter,
bb) die Nichteinhaltung oder Nichterfüllung der nach § 8 Absatz 1 Satz 1 und Absatz 2 in Verbindung mit Anlage 3 Teil I festgelegten Grenzwerte und Anforderungen für Indikatorparameter,
cc) die Überschreitung der nach § 6 Absatz 4 und § 7 Absatz 3 vom Gesundheitsamt festgelegten Höchstwerte für mikrobiologische und chemische Parameter,
dd) die Nichterfüllung der nach § 20 Absatz 1 und 2 festgelegten Anforderungen an Aufbereitungsstoffe und Desinfektionsverfahren oder
ee) ein anderer Umstand oder
b) um künftigen Verunreinigungen vorzubeugen.

Die Regelung entspricht im Wesentlichen § 20 Abs. 1 und 3 und § 20a Absatz 3 TrinkwV a. F. Die Vorschrift erfasst auch die Überwachung im Hinblick auf radioaktive Stoffe (zuvor: § 20a Abs. 3), daher wird neben dem Gesundheitsamt auch die zuständige Behörde zu Anordnungen zur Gefahrenvorsorge ermächtigt. Neu ist in dieser Hinsicht, dass solche Anordnungen auch dann getroffen werden können, wenn es zur Sicherstellung einer einwandfreien Beschaffenheit des Trinkwassers (entsprechend Abschnitt 2) erforderlich ist.
Die Prüfung, ob und welche Maßnahmen im Rahmen des § 61 notwendig sind, nimmt das Gesundheitsamt unter Beteiligung maßgeblicher anderer Fachbehörden vor (z.B. Landesuntersuchungsamt, Wasserwirtschaftsamt, Landwirtschaftsamt).
Neben Anordnungen nach § 61 kommen Maßnahmen nach § 39 Abs. 2 IfSG in Betracht.
Auf eine Anordnung kann verzichtet werden, wenn der Unternehmer die erforderlichen Untersuchungen von sich aus durchführt bzw. durchführen lässt.

§ 62
Beurteilung von Gefährdungen und Risiken

(1) Das Gesundheitsamt hat unverzüglich zu beurteilen, ob eine Schädigung der menschlichen Gesundheit zu besorgen ist, wenn ihm bekannt wird, dass im Trinkwasser

1. einer Wasserversorgungsanlage die in § 6 Absatz 1 bis 3 und § 7 Absatz 1 und 2 in Verbindung mit den Anlagen 1 und 2 festgelegten Grenzwerte für mikrobiologische und chemische Parameter nicht eingehalten sind,
2. einer Wasserversorgungsanlage die nach § 6 Absatz 4 und § 7 Absatz 3 durch das Gesundheitsamt festgelegten Höchstwerte für mikrobiologische und chemische Parameter nicht eingehalten sind,
3. einer Wasserversorgungsanlage die in § 8 Absatz 1 Satz 1 und Absatz 2 in Verbindung mit Anlage 3 Teil I für Indikatorparameter festgelegten Grenzwerte nicht eingehalten und Anforderungen nicht erfüllt sind,

4. einer Wasserversorgungsanlage der nach § 65 Absatz 3 Satz 3 vom Gesundheitsamt festgelegte Wert für Indikatorparameter oder die nach § 65 Absatz 3 Satz 3 vom Gesundheitsamt festgelegte Anforderung für Indikatorparameter nicht eingehalten wird,
5. einer Eigenwasserversorgungsanlage der nach § 65 Absatz 4 Satz 2 durch das Gesundheitsamt festgelegte Wert für chemische Parameter nicht eingehalten wird,
6. einer Wasserversorgungsanlage der nach § 66 Absatz 2 durch das Gesundheitsamt festgelegte Maßnahmenwert für chemische Parameter nicht eingehalten wird oder
7. einer Wasserversorgungsanlage ein Leitwert für Stoffe und Verbindungen in der jeweils geltenden Fassung der Beobachtungsliste nach Artikel 13 Absatz 8 Richtlinie (EU) 2020/2184 überschritten wird.

Das Gesundheitsamt hat dabei insbesondere zu beurteilen, ob die betroffene Wasserversorgungsanlage oder Teile davon bis auf Weiteres weiterbetrieben werden können.

(2) Wird dem Gesundheitsamt bekannt, dass im Trinkwasser einer Wasserversorgungsanlage der Grenzwert für den Parameter Clostridium perfringens, einschließlich Sporen, nach Anlage 3 Teil I überschritten wurde, veranlasst das Gesundheitsamt unverzügliche Nachforschungen im Versorgungssystem, um sicherzustellen, dass keine Schädigung der menschlichen Gesundheit auf Grund eines Auftretens von Krankheitserregern, zum Beispiel Cryptosporidium oder Giardia, zu besorgen ist.

(3) Wird der zuständigen Behörde bekannt, dass im Trinkwasser einer Wasserversorgungsanlage einer der in § 9 Satz 2 in Verbindung mit Anlage 4 Teil I festgelegten Parameterwerte für radioaktive Stoffe überschritten ist, so hat die zuständige Behörde unverzüglich zu beurteilen, ob das Vorhandensein radioaktiver Stoffe im Trinkwasser ein Risiko für die menschliche Gesundheit darstellt, das ein Handeln erfordert.

(4) Über das Ergebnis der Beurteilungen nach den Absätzen 1 bis 3 sowie der Nachforschungen nach Absatz 2 unterrichtet das Gesundheitsamt oder die zuständige Behörde unverzüglich den Betreiber der verursachenden Wasserversorgungsanlage. Im Fall von Lieferketten stellt das Gesundheitsamt oder die zuständige Behörde, erforderlichenfalls durch Anordnung, sicher, dass die Betreiber weiterer betroffener Wasserversorgungsanlagen über das Ergebnis ebenfalls unverzüglich informiert werden.

Die Vorschrift entspricht im Wesentlichen § 9 Abs. 1 Satz 1 und Abs. 9 TrinkwV a. F.

Ausgangspunkt des § 62 Abs. 1 ist in der Regel eine Anzeige nach § 47. Vom Zeitpunkt der Anzeige bis zur Entscheidung des Gesundheitsamtes gilt die Abgabe des Trinkwassers grundsätzlich als erlaubt (§ 49 Abs. 2 Nr. 1). § 62 Abs. 1 setzt eine gesicherte Grenzwertüberschreitung voraus. Bei den mikrobiologischen Parametern/Koloniezahlen/Indikatorparametern gilt die Grenzwertüberschreitung als gesichert bei einmaligem Untersuchungsergebnis i. V. mit dem Ergebnis einer unverzüglichen Ortsbesichtigung. Bei den chemischen Parametern und den chemischen Stoffen der Indikatorparameter ist eine Grenzwertüberschreitung durch eine zusätzliche unverzügliche Untersuchung zu bestätigen.

Ist eine Abweichung gesundheitlich unbedenklich und innerhalb von 30 Tagen behebbar, so ist nach § 66 Abs. 1, 4 zu verfahren. Ansonsten ist – vorbehaltlich des § 9 Abs. 2 Satz 2 – eine befristete Zulassung nach § 66 Abs. 1 zu prüfen.
Die in § 62 Abs. 1 Satz 1 Nr. 2 neu enthaltene Regelung entspricht gleichwohl bereits der bisherigen Vollzugspraxis.

§ 63
Anordnungen von Maßnahmen des Gesundheitsamts oder der zuständigen Behörde zur Gefahrenabwehr bei Wasserversorgungsanlagen

(1) Das Gesundheitsamt oder, wenn es sich um radioaktive Stoffe im Trinkwasser handelt, die zuständige Behörde ordnet die erforderlichen Maßnahmen an, wenn nach der Beurteilung nach § 62 Absatz 1 eine Schädigung der menschlichen Gesundheit zu besorgen ist, nach den Nachforschungen nach § 62 Absatz 2 eine Schädigung der menschlichen Gesundheit zu besorgen ist oder nach der Beurteilung nach § 62 Absatz 3 ein Risiko für die menschliche Gesundheit besteht. Für Eigenwasserversorgungsanlagen kann das Gesundheitsamt oder die zuständige Behörde erforderliche Maßnahmen anordnen, sofern sie dies zum Schutz der menschlichen Gesundheit für erforderlich hält. In der Regel ordnet das Gesundheitsamt oder die zuständige Behörde an,

1. **dass der Betreiber der betroffenen Wasserversorgungsanlage für eine anderweitige Wasserversorgung zu sorgen hat, sofern ihm dies auf zumutbare Weise möglich ist,**
2. **dass die betroffene Wasserversorgungsanlage oder Teile davon mit bestimmten Auflagen weiterbetrieben werden dürfen und dass erforderliche Maßnahmen zu treffen sind, wenn die Umstellung auf eine anderweitige Wasserversorgung nach Nummer 1 nicht möglich ist und sofern eine Schädigung der menschlichen Gesundheit durch die Auflagen und Maßnahmen ausgeschlossen werden kann, oder**
3. **dass der Betrieb der betroffenen Wasserversorgungsanlage oder von Teilen der Wasserversorgungsanlage zu unterbrechen ist, sofern auch die Maßnahmen der Nummer 2 nicht möglich sind.**

(2) Bei der Entscheidung über die erforderlichen Maßnahmen haben das Gesundheitsamt und die zuständige Behörde auch die Schädigungen zu berücksichtigen, die für die menschliche Gesundheit zu besorgen wären, wenn die Bereitstellung von Trinkwasser unterbrochen oder seine Entnahme oder Verwendung eingeschränkt würde.

(3) Das Gesundheitsamt hat, erforderlichenfalls durch Anordnung, sicherzustellen, dass der Betreiber der betroffenen Wasserversorgungsanlage die Wasserversorgung in den betroffenen Leitungsnetzen oder in den betroffenen Teilen von Leitungsnetzen sofort unterbricht, wenn das Trinkwasser im Leitungsnetz

1. **mit Krankheitserregern im Sinne des § 2 Nummer 1 des Infektionsschutzgesetzes in Konzentrationen verunreinigt ist, die unmittelbar eine Schädigung der menschlichen Gesundheit erwarten lassen, und keine Möglichkeit besteht, das verunreinigte Trinkwasser zu desinfizieren,**
2. **durch chemische Stoffe in Konzentrationen verunreinigt ist, die eine akute Schädigung der menschlichen Gesundheit erwarten lassen.**

Von Absatz 1 Satz 3 Nummer 3 und von Satz 1 darf nur dann abgewichen werden, wenn dies erforderlich ist, um die öffentliche Sicherheit aufrechtzuerhalten, und wenn gleichzeitig die Verwendung des Trinkwassers eingeschränkt wird.

(4) Die Unterbrechung des Betriebs und die Wiederinbetriebnahme der betroffenen Wasserversorgungsanlage haben unter Beachtung der allgemein anerkannten Regeln der Technik zu erfolgen.

Die Vorschrift des § 63 ist angelehnt an § 9 Abs. 1 Satz 3 2. Halbs., Abs. 2 Satz 1 und 2, Abs. 3 und Abs. 5a Satz 2 und 3 TrinkwV a. F. Die früher dort geregelten Ermächtigungsgrundlagen für das Gesundheitsamt und die zuständige Behörde konkretisiert nun eine Aufzählung von anordenbaren Maßnahmen.

§ 64
Anordnungen des Gesundheitsamts zur Gefahrenabwehr bei Trinkwasserinstallationen

(1) Ist die Nichteinhaltung oder die Nichterfüllung der in den §§ 6 bis 8 festgelegten Grenzwerte, Höchstwerte und Anforderungen für mikrobiologische und chemische Parameter sowie Indikatorparameter auf die Trinkwasserinstallation zurückzuführen, so kann das Gesundheitsamt anordnen, dass der Betreiber der betroffenen Wasserversorgungsanlage die betroffenen Verbraucher über Folgendes zu informieren und zu beraten hat:

1. **die Bedingungen des Konsums und der Verwendung des Trinkwassers,**
2. **in der Verantwortung der Verbraucher liegende Maßnahmen, insbesondere solche, mit denen sich von der Trinkwasserinstallation verursachte Risiken für die menschliche Gesundheit vermeiden lassen, und**
3. **Einschränkungen für die Verwendung des Trinkwassers, die die Verbraucher vornehmen sollten.**

(2) Bei Trinkwasserinstallationen in Wasserversorgungsanlagen, die zumindest auch im Rahmen einer öffentlichen Tätigkeit betrieben werden, muss das Gesundheitsamt die Maßnahmen nach Absatz 1 anordnen.

(3) Bei einer Anordnung nach Absatz 1 oder Absatz 2 hat das Gesundheitsamt den Betreiber der betroffenen Wasserversorgungsanlage darüber zu beraten,

1. **welche Maßnahmen in Bezug auf die Wasserversorgungsanlage getroffen werden können, um die Gefahren zu verringern oder zu beseitigen, die aus der Nichteinhaltung oder Nichterfüllung resultieren können, und**
2. **mit welchen Inhalten und wie die betroffenen Verbraucher nach Absatz 1 informiert und beraten werden können.**

(4) Das Gesundheitsamt kann dem Betreiber der betroffenen Wasserversorgungsanlage in den Fällen der Absätze 1 und 2 empfehlen, eine Risikoabschätzung der Trinkwasserinstallation nach den allgemein anerkannten Regeln der Technik durchzuführen. Die Pflicht zur Erstellung einer Risikoabschätzung nach § 51 Absatz 1 Nummer 3 bleibt unberührt.

Die Befugnisse des Gesundheitsamts zur Gefahrenabwehr aus § 64, der im Wesentlichen § 9 Abs. 7 TrinkwV a. F. nachgebildet ist, gelten für Trinkwasserinstallationen sämtlicher Wasserversorgungsanlagen. Die Anordnung der Informations- und Beratungspflicht des Betreibers nach Abs. 1 steht im Ermessen des Gesundheitsamts („kann"); befindet sich die Trinkwasserinstallation aber in einer zumindest auch im Rahmen einer öffentlichen Tätigkeit betriebenen Wasserversorgungsanlage (z.B. in einem Hotel als gleichzeitig gewerbliche Abgabe), so muss gemäß Abs. 2 die Anordnung erfolgen.
Als Maßnahmen nach Abs. 1 Nr. 2 kommen vornehmlich in Betracht: regelmäßige Nutzung aller Entnahmestellen bzw. regelmäßige Spülung selten genutzter Teile der Trinkwasserinstallation, Absperrung länger ungenutzter Anlagenteile oder Ablaufenlassen von Wasser, das mehr als vier Stunden in den Leitungen gestanden hat.

§ 65
Klärung der Ursachen und Anordnung von Maßnahmen durch das Gesundheitsamt oder die zuständige Behörde

(1) Ist die Ursache der Nichterfüllung der in den §§ 5 bis 9 festgelegten Anforderungen unbekannt, so ordnet das Gesundheitsamt oder, soweit es sich um radioaktive Stoffe handelt, die zuständige Behörde eine unverzügliche Untersuchung zur Klärung der Ursache an oder führt sie selbst durch.

(2) Bei Nichteinhaltung der in den §§ 6 und 7 festgelegten Grenzwerte und Höchstwerte für mikrobiologische und chemische Parameter ordnet das Gesundheitsamt unverzüglich an, dass unverzüglich die notwendigen Maßnahmen zur Wiederherstellung der den Anforderungen nach Abschnitt 2 entsprechenden Beschaffenheit des Trinkwassers getroffen werden. In einem Zeitraum von 16 Wochen nach der Inbetriebnahme einer neu errichteten Trinkwasserinstallation sind wegen einer durch diese verursachten Überschreitung der Grenzwerte für die Parameter Blei, Kupfer oder Nickel keine Maßnahmen nach Satz 1 zu treffen, wenn die gemessene Konzentration nicht höher als das Doppelte des betreffenden Grenzwerts in Anlage 2 Teil II ist.

(3) Bei Nichteinhaltung oder Nichterfüllung der in § 8 in Verbindung mit Anlage 3 Teil I festgelegten Grenzwerte oder Anforderungen für Indikatorparameter ordnet das Gesundheitsamt an, dass Maßnahmen zur Wiederherstellung der den Anforderungen nach Abschnitt 2 entsprechenden Beschaffenheit des Trinkwassers getroffen werden. Das Gesundheitsamt kann nach Prüfung im Einzelfall von der Anordnung von Maßnahmen absehen, wenn eine Schädigung der menschlichen Gesundheit nicht zu besorgen ist und nachteilige Auswirkungen auf die Materialien im Kontakt mit Trinkwasser nicht zu erwarten sind. Das Gesundheitsamt legt für den betroffenen Indikatorparameter fest, bis zu welchem Wert oder mit welcher abweichenden Anforderung und für welchen Zeitraum die Nichteinhaltung oder Nichterfüllung geduldet wird, sofern eine Schädigung der menschlichen Gesundheit nicht zu besorgen ist.

(4) Bei einer Eigenwasserversorgungsanlage kann das Gesundheitsamt bei Nichteinhaltung der in § 7 Absatz 2 in Verbindung mit Anlage 2 festgelegten Grenzwerte oder

eines nach § 7 Absatz 3 festgelegten Höchstwerts für chemische Parameter nach Prüfung im Einzelfall und nach Zustimmung der zuständigen obersten Landesbehörde oder einer anderen nach Landesrecht zuständigen Stelle von der Anordnung von Maßnahmen nach Absatz 2 absehen, wenn eine Schädigung der menschlichen Gesundheit ausgeschlossen werden kann. Das Gesundheitsamt legt für den betroffenen chemischen Parameter fest, bis zu welchem Wert und für welchen Zeitraum die Nichteinhaltung geduldet wird.

Die Vorschrift entspricht im Wesentlichen § 9 Abs. 1 Satz 4 und Abs. 5a Satz 3 TrinkwV a. F. (Abs. 1), § 9 Abs. 4 Satz 1, 3 (Abs. 2), § 9 Abs. 5 Satz 1 bis 3 TrinkwV a. F. (Abs. 3) und § 9 Abs. 9 TrinkwV a. F. (Abs. 4).
In Absatz 1 nun eigens normiert (obwohl in der Vollzugspraxis ohnehin selbstverständlich) ist eine Erweiterung der Untersuchungspflicht auf Fälle, in denen die allgemeinen Anforderungen an das Trinkwasser aus § 5 nicht erfüllt werden.
§ 65 Absatz 2 Satz 2 akzeptiert ein kurzfristiges Überschreiten bestimmter Grenzwerte, die nach der Neuerrichtung einer Installation auftreten.

§ 66
Zulassung der Abweichung von Grenzwerten oder Höchstwerten für chemische Parameter

(1) Kann bei der Überschreitung eines in § 7 Absatz 2 in Verbindung mit Anlage 2 festgelegten Grenzwerts oder eines nach § 7 Absatz 3 festgelegten Höchstwerts für chemische Parameter eine den Anforderungen nach Abschnitt 2 entsprechende Beschaffenheit des Trinkwassers durch die getroffenen Maßnahmen nach § 65 Absatz 2 nicht unverzüglich wiederhergestellt werden, so kann das Gesundheitsamt eine befristete Abweichung von dem überschrittenen Grenzwert oder Höchstwert zulassen, wenn

1. **das Gesundheitsamt bei der Beurteilung nach § 62 Absatz 1 Nummer 1 und 2 zu dem Ergebnis gelangt, dass diese Abweichung eine Schädigung der menschlichen Gesundheit nicht besorgen lässt,**
2. **die Wasserversorgung in dem betroffenen Teil des Wasserversorgungsgebiets nicht auf andere zumutbare Weise aufrechterhalten werden kann,**
3. **es sich nicht um Trinkwasser handelt, das zur Abgabe in verschlossenen Behältnissen bestimmt ist,**
4. **es sich nicht um eine Eigenwasserversorgungsanlage handelt und**
5. **die Ursache der Überschreitung zurückzuführen ist auf**
   a) **ein neues Einzugsgebiet der Entnahmestellen für die Trinkwassergewinnung,**
   b) **eine nachweislich neue Verunreinigungsquelle im Einzugsgebiet der Entnahmestellen für die Trinkwassergewinnung,**
   c) **einen Parameter, der erstmals nach dem 24. Juni 2023 zu untersuchen war, oder**
   d) **eine unvorhergesehene und außergewöhnliche Situation in Bezug auf die Wasserversorgungsanlage, insbesondere in einem bestehenden Einzugsgebiet der Entnahmestellen für die Trinkwassergewinnung, mit voraussichtlich zeitlich begrenzten Überschreitungen der Grenzwerte oder Höchstwerte.**

(2) Bei der Zulassung einer Abweichung nach Absatz 1 legt das Gesundheitsamt die Frist zur Behebung der Abweichung sowie einen Wert fest, der für den betreffenden chemischen Parameter innerhalb dieser Frist zulässig ist (Maßnahmenwert). Die Frist ist so kurz wie möglich zu bemessen und darf drei Jahre nicht überschreiten. Bevor die Zulassung der Abweichung nach Absatz 1 abläuft, prüft das Gesundheitsamt, ob geeignete Maßnahmen getroffen wurden und der Grenzwert oder Höchstwert für den betroffenen chemischen Parameter nicht mehr überschritten wird.

(3) Unter außergewöhnlichen Umständen kann das Gesundheitsamt in den Fällen des Absatzes 1 Nummer 5 Buchstabe a bis c bei andauernder Überschreitung des Grenzwerts oder Höchstwerts nach Zustimmung der zuständigen obersten Landesbehörde oder einer anderen nach Landesrecht zuständigen Stelle eine Abweichung nochmals für höchstens drei Jahre zulassen.

(4) Die Zulassung einer Abweichung nach den Absätzen 1 und 3 muss in Bezug auf den betroffenen Parameter folgende Angaben enthalten:

1. die Kennzeichnung und geografische Beschreibung des Wasserversorgungsgebiets, die gelieferte Trinkwassermenge pro Tag und die Anzahl der belieferten Personen,
2. den Grund für die Nichteinhaltung des betreffenden Grenzwerts oder Höchstwerts,
3. die Untersuchungsergebnisse aus den letzten drei Jahren hinsichtlich der Minimal-, Median- und Maximalwerte,
4. die Anzahl der betroffenen Personen und die Angabe, ob Lebensmittelunternehmen in einer für die Einhaltung der Hygiene relevanten Weise betroffen sind,
5. die Dauer der Zulassung der Abweichung und den vorgesehenen Maßnahmenwert für den betreffenden Parameter,
6. ein geeignetes Programm für Kontrollmaßnahmen durch den Betreiber, erforderlichenfalls mit einer gegenüber den Untersuchungspflichten nach den §§ 28 und 29 erhöhten Untersuchungshäufigkeit, sowie
7. eine Zusammenfassung der geplanten Maßnahmen zur Abhilfe mit
   a) einem Zeitplan für die Durchführung der Maßnahmen,
   b) einer Schätzung der Kosten der Maßnahmen und
   c) Angaben über die Überprüfung der Maßnahmen.

Der Betreiber einer Wasserversorgungsanlage, für die eine Zulassung der Abweichung beantragt wird, hat dem Gesundheitsamt auf Verlangen Angaben mitzuteilen, die dem Gesundheitsamt nicht bekannt sind.

(5) Die Angaben nach Absatz 4 müssen in der Zulassung einer Abweichung nicht enthalten sein, wenn das Gesundheitsamt zu dem Ergebnis gelangt, dass die Wasserversorgung nicht unterbrochen werden muss und die Abweichung mittels Maßnahmen nach § 65 Absatz 2 binnen 30 Tagen behoben werden kann. Dies gilt nicht, wenn der betreffende Grenzwert oder Höchstwert bereits während zwölf Monaten, die der aktuellen Abweichung vorangegangen sind, an insgesamt mehr als 30 Tagen nicht eingehalten worden ist.

(6) Abweichungen, die nach § 10 Absatz 2 der Trinkwasserverordnung in der Fassung der Bekanntmachung vom 10. März 2016 (BGBl. I S. 459), die zuletzt durch Ar-

tikel 1 der Verordnung vom 22. September 2021 (BGBl. I S. 4343) geändert worden ist, zugelassen wurden, bleiben bis zum Ende ihrer Laufzeit gültig. Wurden die Abweichungen noch kein zweites Mal zugelassen, können die Zulassungen unter den Voraussetzungen des Absatzes 3 verlängert werden.

§ 67
Information der betroffenen Verbraucher

(1) Das Gesundheitsamt oder, wenn es sich um radioaktive Stoffe im Trinkwasser handelt, die zuständige Behörde hat, sofern erforderlich durch Anordnung, die Einhaltung der Informationspflichten des Betreibers einer Wasserversorgungsanlage nach § 52 sicherzustellen.

(2) Das Gesundheitsamt oder, wenn es sich um radioaktive Stoffe im Trinkwasser handelt, die zuständige Behörde stellt sicher, dass die betroffenen Verbraucher unverzüglich informiert werden, wenn

1. das Gesundheitsamt nach § 62 Absatz 1 festgestellt hat, dass eine Schädigung der menschlichen Gesundheit zu besorgen ist, oder
2. die zuständige Behörde nach § 62 Absatz 3 festgestellt hat, dass ein Risiko für die menschliche Gesundheit besteht.

Die Informationen nach Satz 1 umfassen die Information über den Umstand, der in den in § 62 Absatz 1 Satz 1 oder Absatz 3 genannten Fällen der Feststellung einer Besorgnis oder eines Risikos nach Satz 1 Nummer 1 oder Nummer 2 zu Grunde liegt, sowie Gesundheitshinweise und Hinweise zum Gebrauch des Trinkwassers. Die Information hat in benutzerfreundlicher und verbrauchergerechter Weise über das Internet zu erfolgen und zusätzlich auf anderem Wege, wenn dies aus Gründen der Dringlichkeit erforderlich ist oder ein begründetes Verlangen von Verbrauchern vorliegt.

(3) Liegen der zuständigen Behörde Anhaltspunkte dafür vor, dass unter dem Gesichtspunkt des Strahlenschutzes ein Risiko für die menschliche Gesundheit der Personen bestehen könnte, die sich aus einer Eigenwasserversorgungsanlage versorgen, so informiert die zuständige Behörde den Betreiber dieser Wasserversorgungsanlage über das mögliche Risiko und eventuelle in eigener Verantwortung zu treffende Vorsorgemaßnahmen.

§ 68
Besondere Maßnahmen des Gesundheitsamts in Bezug auf Legionella spec.

(1) Wird dem Gesundheitsamt bekannt, dass der in Anlage 3 Teil II festgelegte technische Maßnahmenwert für den Parameter Legionella spec. in einer Trinkwasserinstallation nach § 51 Absatz 1 erreicht wird, und kommt der Betreiber der betroffenen Wasserversorgungsanlage seinen Handlungspflichten nach § 51 Absatz 1 bis 3 nicht nach, so fordert das Gesundheitsamt ihn unter Fristsetzung auf, diese Handlungspflichten zu erfüllen.

(2) Kommt der Betreiber der betroffenen Wasserversorgungsanlage seinen Handlungspflichten nach der Aufforderung durch das Gesundheitsamt nach Absatz 1 nicht

fristgemäß und vollständig nach, so prüft das Gesundheitsamt, ob und in welchem Zeitraum Maßnahmen zum Gesundheitsschutz erforderlich sind, und ordnet diese gegebenenfalls an. Befugnisse des Gesundheitsamts nach § 61 bleiben unberührt.

(3) Das Gesundheitsamt kann, wenn im Hinblick auf das Ausmaß einer Überschreitung des technischen Maßnahmenwerts für den Parameter Legionella spec. und im Hinblick auf die Betroffenheit von Risikogruppen sofortige Maßnahmen erforderlich sind, anordnen, dass der Betreiber der betroffenen Wasserversorgungsanlage die betroffenen Verbraucher sofort informiert oder andere Maßnahmen zum Gesundheitsschutz ergreift.

Die Vorschrift entspricht in Absatz 1 § 9 Abs. 8 Satz 1 TrinkwV a. F.; das „Erreichen" des technischen Maßnahmenwerts, das nunmehr als auslösendes Ereignis gefordert wird, war in der Vorläufernorm als „Überschreitung" formuliert.
Absatz 2 entspricht § 9 Abs. 8 Satz 1 TrinkwV a. F.
Durch die Aufklärungspflichten, die dem Betreiber in § 51 auferlegt sind, wird das Gesundheitsamt entlastet. Es wird erst dann tätig, wenn der Unternehmer seinen Pflichten nicht ausreichend nachkommt. Aus Absatz 3 kann das Gesundheitsamt gegenüber dem Betreiber insbesondere eine Information der Verbraucher anordnen, wenn im Hinblick auf das Ausmaß der Überschreitung und auf die Betroffenheit von Risikogruppen sofortige Maßnahmen erforderlich sind. Da die Informationspflicht des Betreibers nach § 52 Abs. 3 erst greift, nachdem diesem das Ergebnis der Risikoabschätzung gem. § 51 Abs. 1 Nr. 3 vorliegt, kann eine vorherige Verbraucherinformation angesagt sein.

Abschnitt 15
Berichtswesen

§ 69
Berichtspflichten der Behörden

(1) Bis zum Ablauf des 30. April jedes Jahres haben das Gesundheitsamt und, wenn es sich um radioaktive Stoffe im Trinkwasser handelt, die zuständige Behörde der zuständigen obersten Landesbehörde oder einer anderen nach Landesrecht zuständigen Stelle für das vorangegangene Kalenderjahr einen Datensatz zu übermitteln über die Beschaffenheit des Trinkwassers in Wasserversorgungsgebieten, in denen pro Tag mindestens 10 Kubikmeter Trinkwasser abgegeben werden oder in denen mindestens 50 Personen versorgt werden. Der Datensatz umfasst

1. **die Kenndaten der Wasserversorgungsgebiete,**
2. **für jedes Wasserversorgungsgebiet**
   a) **die Gesamtanzahl der Untersuchungen je Parameter, die nach § 32, § 57 oder entsprechend dem Berichtsplan des Gesundheitsamts nach § 56 durchgeführt wurden, und**
   b) **alle Ergebnisse der in Buchstabe a genannten Untersuchungen,**

3. für Wasserversorgungsgebiete, bei denen Überschreitungen der in § 6 Absatz 2 in Verbindung mit Anlage 1 festgelegten Grenzwerte für mikrobiologische Parameter, der in § 7 Absatz 2 in Verbindung mit Anlage 2 festgelegten Grenzwerte für chemische Parameter oder der in § 9 Satz 2 in Verbindung mit Anlage 4 Teil I festgelegten Parameterwerte für radioaktive Stoffe festgestellt wurden, die Maßnahmen nach § 63 Absatz 1 und 3 und nach § 65 Absatz 2,
4. bei den in Nummer 3 genannten Überschreitungen und anderen Vorfällen in der Trinkwasserversorgung, wenn die Überschreitung oder der Vorfall eine Schädigung der menschlichen Gesundheit besorgen ließ, länger als zehn aufeinanderfolgende Tage andauerte und mindestens 1 000 Personen betraf (berichtspflichtiger Vorfall), die folgenden Angaben:
   a) Art des berichtpflichtigen Vorfalls,
   b) Ursache des berichtpflichtigen Vorfalls und
   c) getroffene Maßnahmen und
5. vom Gesundheitsamt nach § 66 Absatz 1 und 3 zugelassene Abweichungen von Grenzwerten oder Höchstwerten für chemische Parameter, einschließlich der Angaben nach § 66 Absatz 4.

In dem übermittelten Datensatz müssen die Probennahmestellen den Anforderungen nach § 41 und müssen der Umfang und die Anzahl der Untersuchungen den Anforderungen nach den §§ 32 und 56 entsprechen.

(2) Die zuständige oberste Landesbehörde oder eine andere nach Landesrecht zuständige Stelle kann bestimmen, dass die Angaben nach Absatz 1 auf Datenträgern oder auf anderem elektronischen Weg übermittelt werden und dass die übermittelten Daten mit der von ihr bestimmten Schnittstelle kompatibel sind.

(3) Bis zum Ablauf des 31. August jedes Jahres erstellt die zuständige oberste Landesbehörde oder eine andere nach Landesrecht zuständige Stelle mit den Datensätzen nach Absatz 1 einen Bericht für das vorangegangene Kalenderjahr über die Beschaffenheit des Trinkwassers und übermittelt den Bericht dem Bundesministerium für Gesundheit oder einer von diesem benannten Stelle.

(4) Für den Bericht nach Absatz 3 legt das Bundesministerium für Gesundheit im Einvernehmen mit den Ländern das Format, die Modalitäten und die Mindestinformationen mit den jeweiligen Vorgaben zur elektronischen Datenverarbeitung fest. Das Bundesministerium für Gesundheit veranlasst die Veröffentlichung dieser Festlegungen im Internet sowie im Bundesgesundheitsblatt.

§ 69 ist überwiegend § 21 Abs. 3 TrinkwV a. F. nachgebildet.
Neu ist die Berichtspflicht zu Vorfällen aus Abs. 1 S. 2 Nr. 4, wobei als berichtspflichtige Vorfälle etwa Grenzwertüberschreitungen verbunden mit einer Gefährdung der menschlichen Gesundheit, Unterbrechungen der Wasserversorgung, Verwendungseinschränkungen oder Abkochgebote in Betracht kommen.
Termin für die Berichtspflichten ist nunmehr der 30.4. (nach Abs. 1; zuvor: 15.3.) bzw. der 31.8. (nach Abs. 3; zuvor: 15.4.) des jeweiligen Jahres; das Format des Berichts nach Absatz 3 gibt Absatz 4 vor (für die Vorgängerregelung wurde das

Format für die Berichterstattung der zuständigen obersten Landesbehörde an das Bundesministerium für Gesundheit/Umweltbundesamt im Bundesgesundheitsblatt 8/2017 S. 896 ff bekannt gemacht).

§ 70
Bewertung von Trinkwasserinstallationen

(1) Das Umweltbundesamt führt eine allgemeine Bewertung der von Trinkwasserinstallationen in Deutschland ausgehenden gesundheitlichen Risiken durch. Für die Bewertung nutzt es insbesondere die nach § 53 Absatz 4 gemeldeten Daten, den Bericht nach § 69 Absatz 3 sowie andere zugängliche Informationen. Es kann bei Bedarf zusätzliche Umfragen und Untersuchungen durchführen.

(2) Die Bewertung ist bis zum Ablauf des 12. Juni 2028 durchzuführen, anschließend mindestens alle sechs Jahre zu überprüfen und bei Bedarf zu aktualisieren. Die Bewertung und etwaige Aktualisierungen sind dem Bundeministerium für Gesundheit zu übermitteln.

Abschnitt 16
Straftaten und Ordnungswidrigkeiten

§ 71
Straftaten

(1) Nach § 75 Absatz 2, 4 des Infektionsschutzgesetzes wird bestraft, wer vorsätzlich oder fahrlässig entgegen § 22 oder § 49 Absatz 1 Nummer 1 oder 2 Wasser als Trinkwasser abgibt oder anderen zur Verfügung stellt.

(2) Wer durch eine in § 72 Absatz 1 bezeichnete vorsätzliche Handlung eine in § 6 Absatz 1 Satz 1 Nummer 1 des Infektionsschutzgesetzes genannte Krankheit, einen in § 7 des Infektionsschutzgesetzes genannten Krankheitserreger oder eine in einer Rechtsverordnung nach § 15 Absatz 1 oder 3 des Infektionsschutzgesetzes genannte Krankheit oder einen dort genannten Krankheitserreger verbreitet, ist nach § 74 Absatz 1 des Infektionsschutzgesetzes strafbar.

Die Regelung entspricht § 24 TrinkwV a. F. Absatz 1 erfasst nunmehr die Betreiber sämtlicher Wasserversorgungsanlagen, indem er die Abgabeverbote nach § 22 und § 49 Abs. 1 Nrn. 1 und 2 in Bezug nimmt.

§ 72
Ordnungswidrigkeiten

(1) Ordnungswidrig im Sinne des § 73 Absatz 1a Nummer 24 des Infektionsschutzgesetzes handelt, wer vorsätzlich oder fahrlässig

1. entgegen § 11 Absatz 1, Absatz 2 Satz 1, 2 oder 3 oder Absatz 3, § 12 Satz 1, § 47 Absatz 1, auch in Verbindung mit § 47 Absatz 2, oder entgegen § 53 Absatz 1 eine Anzeige nicht, nicht richtig, nicht vollständig oder nicht rechtzeitig erstattet,

2. entgegen § 13 Absatz 1 eine Anlage nicht richtig plant, nicht richtig errichtet oder nicht richtig betreibt,
3. entgegen § 13 Absatz 3 eine Wasserversorgungsanlage mit einer Nichttrinkwasseranlage verbindet,
4. entgegen § 13 Absatz 4 nicht sicherstellt, dass eine dort genannte Leitung oder Stelle zur Entnahme von Wasser gekennzeichnet ist oder eine dort genannte Stelle zur Entnahme von Wasser gesichert ist,
5. entgegen § 13 Absatz 5 Satz 1 einen Stoff oder Gegenstand verwendet oder ein dort genanntes Verfahren anwendet,
6. entgegen § 13 Absatz 5 Satz 2 oder 3 einen Stoff oder einen Gegenstand nicht oder nicht rechtzeitig entfernt oder die Anwendung eines Verfahrens nicht oder nicht rechtzeitig einstellt,
7. entgegen § 17 Absatz 1 eine Trinkwasserleitung oder ein Teilstück nicht oder nicht rechtzeitig entfernt und nicht oder nicht rechtzeitig stilllegt,
8. entgegen § 17 Absatz 5 Satz 1 eine Information nicht, nicht richtig, nicht vollständig oder nicht rechtzeitig gibt,
9. entgegen § 23 Absatz 2 eine Desinfektionskapazität nicht oder nicht richtig vorhält,
10. entgegen § 24 Absatz 1 Satz 1, § 28 Absatz 1, § 29 Absatz 1 Satz 1, § 31 Absatz 1, § 48 Absatz 1 Satz 1 Nummer 1 oder Absatz 2 Satz 1 Nummer 1 oder § 51 Absatz 1 Nummer 2 eine dort genannte Untersuchung nicht oder nicht rechtzeitig durchführt,
11. entgegen § 25 Absatz 1 Satz 1 oder § 51 Absatz 4 Satz 1 eine Aufzeichnung nicht, nicht richtig, nicht vollständig, nicht in der vorgeschriebenen Weise oder nicht rechtzeitig macht,
12. entgegen § 25 Absatz 3 Nummer 1 eine Aufzeichnung nicht oder nicht mindestens sechs Monate bereithält,
13. entgegen § 25 Absatz 3 Nummer 2 eine Aufzeichnung nicht oder nicht rechtzeitig zur Verfügung stellt,
14. entgegen § 26 Absatz 1 den Beginn des Einsatzes eines Aufbereitungsstoffs oder der Anwendung eines Desinfektionsverfahrens oder die Konzentration eines Aufbereitungsstoffs im Trinkwasser nicht, nicht richtig, nicht vollständig, nicht in der vorgeschriebenen Weise oder nicht rechtzeitig bekannt gibt,
15. entgegen § 27 Absatz 1 Satz 1 oder 3 eine Schutzzone oder die Umgebung einer Wasserfassungsanlage nicht oder nicht rechtzeitig besichtigt,
16. entgegen § 27 Absatz 2 eine dort genannte Untersuchung nicht oder nicht rechtzeitig vornimmt,
17. entgegen § 27 Absatz 3 Satz 1 ein dort genanntes Ergebnis nicht, nicht richtig, nicht vollständig, nicht in der vorgeschriebenen Weise oder nicht rechtzeitig dokumentiert,
18. entgegen § 27 Absatz 3 Satz 2 eine Dokumentation nicht oder nicht mindestens zehn Jahre verfügbar hält,
19. einer vollziehbaren Anordnung nach § 29 Absatz 1 Satz 2 oder Absatz 2 Satz 1, § 32 Absatz 1 Satz 2 oder Absatz 5 Satz 3 oder 4, § 59 Absatz 3 erster Halbsatz,

§ 61, § 63 Absatz 1 Satz 3, § 64 Absatz 1, § 65 Absatz 1 oder 2 Satz 1 oder § 67 Absatz 1 zuwiderhandelt,
20. entgegen § 32 Absatz 1 Satz 1 in Verbindung mit Absatz 3 Satz 2 oder 3, Absatz 6 Satz 1 oder 3 oder Absatz 7 Satz 1 oder 2 eine Feststellung nicht oder nicht rechtzeitig trifft,
21. entgegen § 34 Absatz 2 ein Risikomanagement nicht oder nicht rechtzeitig durchführt oder nicht oder nicht rechtzeitig überprüft,
22. entgegen § 39 Absatz 1 Satz 1 eine Untersuchung durchführt,
23. entgegen § 44 Absatz 1 Satz 1 ein Ergebnis nicht oder nicht rechtzeitig in einer Niederschrift festhält,
24. entgegen § 44 Absatz 2 Satz 2 erster Halbsatz oder Satz 4 eine Kopie nicht oder nicht rechtzeitig übersendet,
25. entgegen § 44 Absatz 3 Satz 1, auch in Verbindung mit Satz 2, das Original oder eine dort genannte Ausfertigung nicht oder nicht mindestens zehn Jahre aufbewahrt,
26. entgegen § 45 Absatz 1 Satz 1 Informationsmaterial nicht, nicht richtig, nicht vollständig oder nicht rechtzeitig übermittelt,
27. entgegen § 45 Absatz 1 Satz 2 Informationsmaterial nicht, nicht richtig, nicht vollständig oder nicht rechtzeitig weitergibt,
28. entgegen § 48 Absatz 1 Satz 1 Nummer 2 oder § 51 Absatz 1 Nummer 4 eine Maßnahme nicht oder nicht rechtzeitig durchführt,
29. entgegen § 48 Absatz 1 Satz 1 Nummer 3 oder 4 das Gesundheitsamt oder die zuständige Behörde nicht, nicht richtig, nicht vollständig oder nicht rechtzeitig unterrichtet,
30. entgegen § 50 Absatz 1 Satz 1 einen Maßnahmenplan nicht, nicht richtig, nicht vollständig oder nicht rechtzeitig aufstellt,
31. entgegen § 51 Absatz 1 Nummer 3 eine Risikoabschätzung nicht oder nicht rechtzeitig erstellt,
32. entgegen § 51 Absatz 3 Satz 1 eine Mitteilung nicht, nicht richtig, nicht vollständig oder nicht rechtzeitig macht,
33. entgegen § 51 Absatz 3 Satz 2 eine Risikoabschätzung nicht oder nicht rechtzeitig übermittelt,
34. entgegen § 51 Absatz 4 Satz 2 eine dort genannte Dokumentation nicht oder nicht mindestens zehn Jahre verfügbar hält oder nicht oder nicht rechtzeitig übermittelt,
35. entgegen § 52 Absatz 1 Satz 1 Nummer 1 oder 4 oder Absatz 3 einen Verbraucher nicht oder nicht rechtzeitig in Kenntnis setzt,
36. entgegen § 52 Absatz 1 Satz 1 Nummer 3 eine Verbrauchergruppe nicht oder nicht rechtzeitig in Kenntnis setzt oder einen Hinweis nicht oder nicht rechtzeitig gibt oder
37. entgegen § 58 Absatz 2 oder 3 eine Unterlage nicht oder nicht rechtzeitig vorlegt.

(2) Die Zuständigkeit für die Verfolgung und Ahndung von Ordnungswidrigkeiten nach Absatz 1 wird auf das Eisenbahn-Bundesamt übertragen, soweit nach § 54b des

Infektionsschutzgesetzes der Vollzug dieser Verordnung dem Eisenbahn-Bundesamt obliegt.

§ 72 ersetzt § 25 TrinkwV a. F.
Zu Abs. 2 vgl. § 54b IfSG samt der dortigen Anmerkung.

Anhänge

Anlage 1
(zu § 6 Absatz 2 bis 4, § 28 Absatz 1 Satz 2 Nummer 1 Buchstabe a, § 29 Absatz 1 Satz 1 und Absatz 2 Satz 1 und 2 Nummer 2, § 47 Absatz 1 Nummer 3, § 56 Absatz 3 Satz 1 Nummer 1, § 61 Nummer 5 Buchstabe a und Nummer 6 Buchstabe a Doppelbuchstabe aa, § 62 Absatz 1 Satz 1 Nummer 1, § 69 Absatz 1 Satz 2 Nummer 3) Mikrobiologische Parameter

Teil I
Allgemeine Anforderungen an Trinkwasser

Parameter	Grenzwert*)
Escherichia coli (E. coli)	0/100 ml
Intestinale Enterokokken	0/100 ml

Teil II
Anforderungen an Trinkwasser, das zur Abgabe in verschlossenen Behältnissen bestimmt ist

Parameter	Grenzwert*)
Escherichia coli (E. coli)	0/250 ml
Intestinale Enterokokken	0/250 ml
Pseudomonas aeruginosa	0/250 ml

*) Die festgelegten Werte berücksichtigen die Messunsicherheiten der Untersuchungs- und Probennahmeverfahren.

Anlage 2
(zu § 7 Absatz 2 und 3, § 28 Absatz 1 Satz 2 Nummer 2 Buchstabe a, § 41 Absatz 3, § 47 Absatz 1 Nummer 5, § 48 Absatz 5, § 55 Absatz 5 Satz 3, § 61 Nummer 5 Buchstabe b und Nummer 6 Buchstabe a Doppelbuchstabe aa, § 62 Absatz 1 Satz 1 Nummer 1, § 65 Absatz 2 Satz 2 und Absatz 4 Satz 1, § 66 Absatz 1, § 69 Absatz 1 Satz 2 Nummer 3)
Chemische Parameter

Teil I
Chemische Parameter, deren Konzentration sich im Verteilungsnetz einschließlich der Trinkwasserinstallation in der Regel nicht mehr erhöht

Parameter	Grenzwert*) mg/l	Bemerkungen
Acrylamid	0,000 10	Der Grenzwert bezieht sich auf die Restmonomerkonzentration im Trinkwasser, welche auf Grund der maximalen Freisetzung des Acrylamids nach den Spezifikationen des entsprechenden Polymers und der angewendeten Polymerdosis bei der Herstellung von Materialien im Kontakt mit Trinkwasser oder Verwendung von Aufbereitungsstoffen berechnet wird. Der Nachweis der Einhaltung des Grenzwerts kann auch durch die Untersuchung des Trinkwassers erbracht werden. Die Anforderungen an acrylamidhaltige Aufbereitungsstoffe nach § 20 bleiben unberührt.
Benzol	0,001 0	
Bor	1,0	
Bromat	0,010	
Chrom	0,025	Der Grenzwert gilt bis zum Ablauf des 11. Januar 2030.
	0,005 0	Der Grenzwert gilt ab dem 12. Januar 2030.
Cyanid	0,050	
1,2-Dichlorethan	0,003 0	
Fluorid	1,5	
Microcystin-LR	0,001 0	Dieser Parameter ist nur im Fall des Auftretens potenziell toxischer Cyanobakterien in dem Wasservorkommen zu bestimmen. Der Grenzwert gilt ab dem 12. Januar 2026.
Nitrat	50	Die Summe der Beträge aus Nitratkonzentration in mg/l geteilt durch 50 und Nitritkonzentration in mg/l geteilt durch 3 darf nicht größer als 1 sein.

*) Die festgelegten Werte berücksichtigen die Messunsicherheiten der Untersuchungs- und Probennahmeverfahren.

Parameter	Grenzwert*) mg/l	Bemerkungen
Pestizide	0,000 10	Pestizide sind Wirkstoffe im Sinne der Verordnung (EG) Nr. 1107/2009 des Europäischen Parlaments und des Rates vom 21. Oktober 2009 über das Inverkehrbringen von Pflanzenschutzmitteln und zur Aufhebung der Richtlinien 79/117/EWG und 91/414/EWG des Rates (ABl. L 309 vom 24.11.2009, S. 1), die zuletzt durch die Verordnung (EU) 2021/383 vom 3. März 2021 (ABl. L 74 vom 4.3.2021, S. 7) geändert wurde, und Wirkstoffe gemäß Artikel 3 Absatz 1 Buchstabe c der Verordnung (EU) Nr. 528/2012 über die Bereitstellung auf dem Markt und die Verwendung von Biozidprodukten, die in Produkten nach Artikel 3 Absatz 1 Buchstabe a in Verbindung mit Anhang V der Verordnung (EU) Nr. 528/2012 zum Einsatz kommen. Dazu gehören Wirkstoffe unter anderem von organischen Insektiziden, organischen Herbiziden, organischen Fungiziden, organischen Nematiziden, organischen Akariziden, organischen Algiziden, organischen Rodentiziden, Antifoulings, Schleimbekämpfungsmitteln und verwandten Produkten (unter anderem Wachstumsregulatoren) sowie Metaboliten im Sinne von Artikel 3 Nummer 32 der Verordnung (EG) Nr. 1107/2009, die für Trinkwasser als relevant eingestuft werden. Ein Pestizid-Metabolit wird für Trinkwasser als relevant eingestuft, wenn Grund zu der Annahme besteht, dass er in Bezug auf seine pestizide Zielwirkung mit dem Ausgangsstoff vergleichbare inhärente Eigenschaften aufweist, und wenn er für Verbraucher eine Schädigung der menschlichen Gesundheit besorgen lässt oder seine Transformationsprodukte auf Grund der in der jeweiligen Wasserversorgungsanlage angewendeten Aufbereitungsverfahren eine Schädigung der menschlichen Gesundheit besorgen lassen. Es sind nur solche Pestizide zu untersuchen, deren Vorkommen im betreffenden Einzugsgebiet der Entnahmestellen für die Trinkwassergewinnung wahrscheinlich ist. Der Grenzwert gilt jeweils für die einzelnen Pestizide. Für die Pestizide Aldrin, Dieldrin, Heptachlor und Heptachlorepoxid gilt abweichend jeweils der Grenzwert von 0,000 030 mg/l.
Pestizide-gesamt	0,000 50	Pestizide-gesamt bezeichnet die Summe der bei der entsprechenden Untersuchung nachgewiesenen und mengenmäßig bestimmten einzelnen Pestizide. Messwerte für die Einzelsubstanz, die unterhalb der Bestimmungsgrenze des jeweiligen Untersuchungsverfahrens liegen, und nicht relevante Metaboliten werden bei der Summenbildung nicht berücksichtigt. Es sind alle zur Summenbildung herangezogenen Pestizide einzeln auszuweisen.

*) Die festgelegten Werte berücksichtigen die Messunsicherheiten der Untersuchungs- und Probennahmeverfahren.

Parameter	Grenzwert*) mg/l	Bemerkungen
Summe PFAS-20	0,000 10	Summe der folgenden nachgewiesenen und mengenmäßig bestimmten Stoffe: Perfluorbutansäure (PFBA), Perfluorpentansäure (PFPeA), Perfluorhexansäure (PFHxA), Perfluorheptansäure (PFHpA), Perfluoroctansäure (PFOA), Perfluornonansäure (PFNa), Perfluordecansäure (PFDA), Perfluorundecansäure (PFUnDA), Perfluordodecansäure (PFDoDA), Perfluortridecansäure (PFTrDA), Perfluorbutansulfonsäure (PFBS), Perfluorpentansulfonsäure (PFPeS), Perfluorhexansulfonsäure (PFHxS), Perfluorheptansulfonsäure (PFHpS), Perfluoroctansulfonsäure (PFOS), Perfluornonansulfonsäure (PFNs), Perfluordecansulfonsäure (PFDS), Perfluorundecansulfonsäure (PFUnDS), Perfluordodecansulfonsäure (PFDoDS) und Perfluortridecansulfonsäure (PFTrDS). Messwerte für die Einzelsubstanz, die unterhalb der Bestimmungsgrenze des jeweiligen Untersuchungsverfahrens liegen, werden bei der Summenbildung nicht berücksichtigt. Die Konzentrationen der zur Summenbildung herangezogenen PFAS sind einzeln auszuweisen. Der Grenzwert gilt ab dem 12. Januar 2026.
Summe PFAS-4	0,000 020	Summe der folgenden nachgewiesenen und mengenmäßig bestimmten Stoffe: Perfluoroctansäure (PFOA), Perfluornonansäure (PFNA), Perfluorhexansulfonsäure (PFHxS) und Perfluoroctansulfonsäure (PFOS). Messwerte für die Einzelsubstanz, die unterhalb der Bestimmungsgrenze des jeweiligen Untersuchungsverfahrens liegen, werden bei der Summenbildung nicht berücksichtigt. Die Konzentrationen der zur Summenbildung herangezogenen PFAS sind einzeln auszuweisen. Der Grenzwert gilt ab dem 12. Januar 2028.
Quecksilber	0,001 0	
Selen	0,010	
Tetrachlorethen und Trichlorethen	0,010	Summe der nachgewiesenen und mengenmäßig bestimmten Einzelstoffe. Messwerte für die Einzelsubstanz, die unterhalb der Bestimmungsgrenze des jeweiligen Untersuchungsverfahrens liegen, werden bei der Summenbildung nicht berücksichtigt.
Uran	0,010	

*) Die festgelegten Werte berücksichtigen die Messunsicherheiten der Untersuchungs- und Probennahmeverfahren.

Teil II
Chemische Parameter, deren Konzentration im Verteilungsnetz einschließlich der Trinkwasserinstallation ansteigen kann

Parameter	Grenzwert*) mg/l	Bemerkungen
Antimon	0,005 0	
Arsen	0,010	Der Grenzwert gilt bis zum Ablauf des 11. Januar 2028. Der Grenzwert gilt für Wasserversorgungsanlagen, die vor dem 12. Januar 2028 in Betrieb genommen worden sind, bis zum Ablauf des 11. Januar 2036.
	0,004 0	Der Grenzwert gilt ab dem 12. Januar 2036 für alle Wasserversorgungsanlagen. Der Grenzwert gilt für Wasserversorgungsanlagen, die ab dem 12. Januar 2028 neu in Betrieb genommen werden, bereits ab dem 12. Januar 2028.
Benzo(a)pyren	0,000 010	
Bisphenol A	0,002 5	Der Grenzwert gilt ab dem 12. Januar 2024.
Blei	0,010	Der Grenzwert gilt bis zum Ablauf des 11. Januar 2028. Er gilt als überschritten, wenn bei einer gestaffelten Stagnationsbeprobung der Messwert einer der drei Proben S0, S1 oder S2 oder bei der Zufallsstichprobe der Messwert über dem Grenzwert liegt.
	0,005 0	Der Grenzwert gilt ab dem 12. Januar 2028. Er gilt als überschritten, wenn bei einer gestaffelten Stagnationsbeprobung der Messwert einer der drei Proben S0, S1 oder S2 oder bei der Zufallsstichprobe der Messwert über dem Grenzwert liegt.
Cadmium	0,003 0	
Chlorat	0,070	Auf eine Untersuchung kann in der Regel verzichtet werden, wenn bei der Wassergewinnung, Wasseraufbereitung und Wasserverteilung keine Desinfektion mit chloratbildenden Aufbereitungsstoffen durchgeführt wurde. Für die zeitweise Dosierung gilt ein Grenzwert von 0,20 mg/l. Bei der Desinfektion mit Chlordioxid gilt der Grenzwert für die zeitweise Dosierung als eingehalten, wenn nicht mehr als 0,20 mg/l Chlordioxid dazugegeben wird. Wenn zur Gefahrenabwehr eine erhöhte Dosierung von Natrium- oder Calciumhypochlorit erforderlich ist, darf die Chloratkonzentration kurzzeitig 0,70 mg/l betragen. Wird von der Möglichkeit einer Untersuchung am Ausgang des Wasserwerks oder im Verteilungsnetz nach § 41 Absatz 3 Gebrauch gemacht, gilt ein Referenzwert von 0,020 mg/l Chlorat.

*) Die festgelegten Werte berücksichtigen die Messunsicherheiten der Untersuchungs- und Probennahmeverfahren.

Parameter	Grenzwert*) mg/l	Bemerkungen
Chlorit	0,20	Auf eine Untersuchung kann in der Regel verzichtet werden, wenn keine Desinfektion mit Chlordioxid erfolgt. Der Grenzwert gilt als eingehalten, wenn nicht mehr als 0,20 mg/l Chlordioxid dazugegeben wird. Wird von der Möglichkeit einer Untersuchung am Ausgang des Wasserwerks oder im Verteilungsnetz nach § 41 Absatz 3 Gebrauch gemacht, gilt ein Referenzwert von 0,060 mg/l Chlorit.
Epichlorhydrin	0,000 10	Der Grenzwert bezieht sich auf die Restmonomerkonzentration im Trinkwasser, welche auf Grund der maximalen Freisetzung des Epichlorhydrins nach den Spezifikationen des entsprechenden Polymers und der angewendeten Polymerdosis bei der Herstellung von Materialien im Kontakt mit Trinkwasser berechnet wird. Der Nachweis der Einhaltung des Grenzwerts kann auch durch die Untersuchung des Trinkwassers erbracht werden.
Halogenessigsäuren (HAA-5)	0,060	Summe der folgenden an der Entnahmestelle für Trinkwasser des Verbrauchers nachgewiesenen und mengenmäßig bestimmten Reaktionsprodukte im Trinkwasser, die bei der Desinfektion oder Oxidation des Wassers entstanden sind: Monochlor-, Dichlor- und Trichloressigsäure sowie Mono- und Dibromessigsäure. Messwerte für die Einzelsubstanz, die unterhalb der Bestimmungsgrenze des jeweiligen Untersuchungsverfahrens liegen, werden bei der Summenbildung nicht berücksichtigt. Die Konzentrationen der zur Summenbildung herangezogenen HAA-5 sind einzeln auszuweisen. Auf eine Untersuchung kann in der Regel verzichtet werden, wenn bei der Wassergewinnung, Wasseraufbereitung und Wasserverteilung keine Desinfektion mit HAA-5-bildenden Aufbereitungsstoffen durchgeführt wurde. Wird von der Möglichkeit einer Untersuchung am Ausgang des Wasserwerks oder im Verteilungsnetz nach § 41 Absatz 3 Gebrauch gemacht, gilt ein Referenzwert von 0,010 mg/l HAA-5. Der Grenzwert gilt ab dem 12. Januar 2026.
Kupfer	2,0	Der Grenzwert gilt als überschritten, wenn bei einer gestaffelten Stagnationsbeprobung der Messwert einer der drei Proben S0, S1 oder S2 oder der Messwert der Zufallsstichprobe über dem Grenzwert liegt.
Nickel	0,020	Der Grenzwert gilt als überschritten, wenn bei einer gestaffelten Stagnationsbeprobung der Messwert einer der drei Proben S0, S1 oder S2 oder der Messwert der Zufallsstichprobe über dem Grenzwert liegt.

*) Die festgelegten Werte berücksichtigen die Messunsicherheiten der Untersuchungs- und Probennahmeverfahren.

Parameter	Grenzwert*) mg/l	Bemerkungen
Nitrit	0,50	Die Summe der Beträge aus Nitratkonzentration in mg/l geteilt durch 50 und Nitritkonzentration in mg/l geteilt durch 3 darf nicht größer als 1 sein. Am Ausgang des Wasserwerks darf der Messwert für Nitrit 0,10 mg/l nicht überschreiten.
Polyzyklische aromatische Kohlenwasserstoffe (PAK)	0,000 10	Summe der folgenden nachgewiesenen und mengenmäßig bestimmten Stoffe: Benzo(b)fluoranthen, Benzo(k)fluoranthen, Benzo(ghi)perylen und Indeno(1,2,3- cd)pyren. Messwerte für die Einzelsubstanz, die unterhalb der Bestimmungsgrenze des jeweiligen Untersuchungsverfahrens liegen, werden bei der Summenbildung nicht berücksichtigt.
Trihalogenmethane (THM)	0,050	Summe der folgenden an der Entnahmestelle für Trinkwasser des Verbrauchers nachgewiesenen und mengenmäßig bestimmten Reaktionsprodukte im Trinkwasser, die bei der Desinfektion oder Oxidation des Wassers entstanden sind: Trichlormethan (Chloroform), Bromdichlormethan, Dibromchlormethan und Tribrommethan (Bromoform). Messwerte für die Einzelsubstanz, die unterhalb der Bestimmungsgrenze des jeweiligen Untersuchungsverfahrens liegen, werden bei der Summenbildung nicht berücksichtigt. Die Konzentrationen der zur Summenbildung herangezogenen THM sind einzeln auszuweisen. Das Gesundheitsamt kann befristet höhere Konzentrationen an der Entnahmestelle für Trinkwasser in der Trinkwasserinstallation bis 0,10 mg/l zulassen, wenn zur Gefahrenabwehr erhöhte Konzentrationen von THM-bildenden Desinfektionsmitteln erforderlich sind. Auf eine Untersuchung kann in der Regel verzichtet werden, wenn bei der Wassergewinnung, Wasseraufbereitung und Wasserverteilung keine Desinfektion mit THM-bildenden Aufbereitungsstoffen durchgeführt wurde. Wird von der Möglichkeit einer Untersuchung am Ausgang des Wasserwerks oder im Verteilungsnetz nach § 41 Absatz 3 Gebrauch gemacht, gilt ein Referenzwert von 0,010 mg/l THM.
Vinylchlorid	0,000 50	Der Grenzwert bezieht sich auf die Restmonomerkonzentration im Trinkwasser, welche auf Grund der maximalen Freisetzung des Vinylchlorids nach den Spezifikationen des entsprechenden Polymers und der angewendeten Polymerdosis bei der Herstellung von Materialien im Kontakt mit Trinkwasser berechnet wird. Der Nachweis der Einhaltung des Grenzwerts kann auch durch die Untersuchung des Trinkwassers erbracht werden.

*) Die festgelegten Werte berücksichtigen die Messunsicherheiten der Untersuchungs- und Probennahmeverfahren.

Anlage 3
(Teil I zu § 8 Absatz 1 Satz 1 und Absatz 2, § 28 Absatz 1 Satz 2 Nummer 3, § 29 Absatz 1 Satz 1 und Absatz 2 Satz 2 Nummer 2, § 47 Absatz 1 Nummer 7, § 49 Absatz 1 Nummer 3, § 61 Nummer 6 Buchstabe a Doppelbuchstabe bb, § 62 Absatz 1 Nummer 3 und Absatz 2, § 65 Absatz 3 Satz 1 Teil II zu § 39 Absatz 4 Nummer 2, § 51 Absatz 1, § 53 Absatz 1, § 68 Absatz 1 Teil III zu § 36 Absatz 2 Satz 1)
Indikatorparameter

Teil I
Allgemeine Indikatorparameter

Parameter	Einheit	Grenzwert/Anforderung*)	Bemerkungen
Aluminium	mg/l	0,200	
Ammonium	mg/l	0,50	
Calcitlösekapazität	mg/l $CaCO_3$	5	Die Anforderung gilt für zentrale Wasserversorgungsanlagen und dezentrale Wasserversorgungsanlagen. Die Anforderung gilt als erfüllt, wenn die Wasserstoffionenkonzentration am Wasserwerksausgang ≥ 7,7 ist. Hinter der Stelle der Mischung von Trinkwasser aus zwei oder mehr Wasserwerken darf die Calcitlösekapazität im Verteilungsnetz den Wert von 10 mg/l nicht überschreiten.
Chlorid	mg/l	250	
Clostridium perfringens, einschließlich Sporen	Anzahl/ 100 ml	0	Dieser Parameter braucht nur bestimmt zu werden, wenn das Rohwasser von Oberflächenwasser stammt oder von Oberflächenwasser beeinflusst wird.
Coliforme Bakterien	Anzahl/ 100 ml	0	Für Trinkwasser, das zur Abgabe in verschlossenen Behältnissen bestimmt ist, gilt der Grenzwert 0/250 ml.
Eisen	mg/l	0,200	
Elektrische Leitfähigkeit	µS/cm	2 790 bei 25 °C	Messungen bei anderen Temperaturen sind zulässig. Der Messwert ist nach den allgemein anerkannten Regeln der Technik auf die Bezugstemperatur von 25 °C umzurechnen.
Färbung	m^{-1}	0,5	Bestimmung des spektralen Absorptionskoeffizienten mit Spektralphotometer oder Filterphotometer bei der Wellenlänge 436 nm (Quecksilberlinie)

*) Die festgelegten Werte berücksichtigen die Messunsicherheiten der Untersuchungs- und Probennahmeverfahren.

Parameter	Einheit	Grenzwert/Anforderung*)	Bemerkungen
Geruch		für den Verbraucher annehmbar und ohne anormale Veränderung	
Geschmack		für den Verbraucher annehmbar und ohne anormale Veränderung	Bei Verdacht auf eine mikrobielle Kontamination kann auf eine Geschmacksprobe verzichtet werden.
Koloniezahl bei 22 °C		ohne anormale Veränderung	Für Trinkwasser, das zur Abgabe in verschlossenen Behältnissen bestimmt ist, gilt der Grenzwert 100/ml. Bei der Anwendung des Untersuchungsverfahrens nach § 43 Absatz 3 gelten folgende Grenzwerte: 100/ml an der Entnahmestelle für Trinkwasser des Verbrauchers; 20/ml unmittelbar nach Abschluss der Aufbereitung im desinfizierten Trinkwasser; 1 000/ml bei Eigenwasserversorgungsanlagen sowie in Wasserspeichern von mobilen Wasserversorgungsanlagen.
Koloniezahl bei 36 °C		ohne anormale Veränderung	Für Trinkwasser, das zur Abgabe in verschlossenen Behältnissen bestimmt ist, gilt der Grenzwert 20/ml. Bei der Anwendung des Untersuchungsverfahrens nach § 43 Absatz 3 gilt der Grenzwert von 100/ml.
Mangan	mg/l	0,050	
Natrium	mg/l	200	
Organisch gebundener Kohlenstoff (TOC)		ohne anormale Veränderung	
Oxidierbarkeit	mg/l O_2	5,0	Dieser Parameter braucht nicht bestimmt zu werden, wenn der Parameter TOC bestimmt wird.
Sulfat	mg/l	250	
Trübung	Nephelometrische Trübungseinheiten (NTU)	1,0	Der Grenzwert gilt als eingehalten, wenn am Ausgang des Wasserwerks der Grenzwert nicht überschritten wird.
Wasserstoffionenkonzentration	pH-Einheiten	≥ 6,5 und ≤ 9,5	

*) Die festgelegten Werte berücksichtigen die Messunsicherheiten der Untersuchungs- und Probennahmeverfahren.

Teil I
Spezieller Indikatorparameter für Anlagen der Trinkwasserinstallation

Parameter	Technischer Maßnahmenwert*)
Legionella spec.	100/100 ml

Teil III
Spezieller Indikatorparameter für das Auftreten bestimmter mikrobieller Gefährdungen

Parameter	Referenzwert*)
Somatische Coliphagen	im Rohwasser: 50 plaquebildende Einheiten (PFU) pro 100 ml

Anlage 4
(zu § 9 Satz 2, § 32 Absatz 1 Satz 1 bis 3, Absatz 4 Satz 4, Absatz 5 Satz 3, Absatz 6 Satz 1 und Absatz 8, den §§ 33, 39 Absatz 4 Nummer 3, § 43 Absatz 7 Satz 2, § 47 Absatz 1 Nummer 8, § 62 Absatz 3, § 69 Absatz 1 Satz 2 Nummer 3)

Anforderungen an Trinkwasser in Bezug auf radioaktive Stoffe

Teil I
Parameterwerte für Radon-222, Tritium und die Richtdosis

Parameter	Einheit	Parameterwert
Radon-222	Bq/l	100
Tritium	Bq/l	100
Richtdosis	mSv/a	0,10

*) Die festgelegten Werte berücksichtigen die Messunsicherheiten der Untersuchungs- und Probennahmeverfahren.

Teil II
Berechnung der Richtdosis

Die „Richtdosis" ist die effektive Folgedosis für die Aufnahme von Trinkwasser während eines Jahres, die sich aus allen im Trinkwasser nachgewiesenen Radionukliden sowohl natürlichen als auch künstlichen Ursprungs ergibt, mit Ausnahme von Tritium und Radon-222 sowie Kalium-40 und kurzlebigen Radon-Zerfallsprodukten.

Die Richtdosis wird berechnet, indem die folgenden drei Faktoren miteinander multipliziert werden: die gemessenen Radionuklidkonzentrationen mit den im Bundesanzeiger Nummer 160a und b vom 28. August 2001 Teil II veröffentlichten Dosiskoeffizienten und der angenommenen jährlichen Aufnahme von 730 Litern Trinkwasser. Dabei sind grundsätzlich die in der nachfolgenden Tabelle aufgeführten Radionuklide zu berücksichtigen. Die Aktivitätskonzentrationen von Kalium-40, Tritium und Radon-222 sowie kurzlebige Radon-Zerfallsprodukte bleiben unberücksichtigt. Wenn Informationen vorliegen, dass andere Radionuklide im Trinkwasser vorhanden sein können, deren Dosisbeitrag zu einer Überschreitung der Richtdosis führen kann, sind auch diese einzubeziehen.

Anstelle der Berechnung der Richtdosis kann die zuständige Behörde den Nachweis darüber, dass der Parameterwert für die Richtdosis nicht überschritten wird, als erbracht ansehen, wenn die Summe der Verhältniszahlen aus den gemessenen Radionuklidkonzentrationen und den in der Tabelle angegebenen Referenz-Aktivitätskonzentrationen kleiner oder gleich 1 ist:

$$\sum_{i=1}^{n} \frac{C_{i\,(mess)}}{C_{i\,(ref)}} \leq 1$$

Dabei gilt:

$C_{i\,(mess)}$ = gemessene Aktivitätskonzentration des Radionuklids *i*

$C_{i\,(ref)}$ = Referenz-Aktivitätskonzentration des Radionuklids *i*

n = Anzahl der nachgewiesenen Radionuklide

Referenz-Aktivitätskonzentrationen für radioaktive Stoffe im Trinkwasser

Radionuklid	Referenz-Aktivitätskonzentration (siehe Anmerkung)
Radionuklide natürlichen Ursprungs	
Blei-210	0,2 Bq/l
Polonium-210	0,1 Bq/l
Radium-226	0,5 Bq/l

Radionuklid	Referenz-Aktivitätskonzentration (siehe Anmerkung)
Radium-228	0,2 Bq/l
Uran-234	2,8 Bq/l
Uran-238	3,0 Bq/l
Radionuklide künstlichen Ursprungs	
Americium-241	0,7 Bq/l
Cäsium-134	7,2 Bq/l
Cäsium-137	11 Bq/l
Cobalt-60	40 Bq/l
Iod-131	6,2 Bq/l
Kohlenstoff-14	240 Bq/l
Plutonium-239/Plutonium- 240	0,6 Bq/l
Strontium-90	4,9 Bq/l

Anmerkung: Diese Tabelle enthält die für die häufigsten natürlichen und künstlichen Radionuklide berechneten Referenz-Aktivitätskonzentrationen. Hierbei handelt es sich um genaue Werte, die für eine Dosis von 0,1 mSv und anhand der zuvor genannten Grundlagen und Annahmen berechnet wurden. Die Referenz-Aktivitätskonzentrationen für weitere Radionuklide können auf die gleiche Weise berechnet werden.

Teil III
Beurteilung der Richtdosis

Die Richtdosis kann mit unterschiedlichen Verfahren bestimmt bzw. beurteilt werden: Screening-Verfahren nach Nummer 1 oder Nummer 2 mit Bestimmung der Gesamt-Alpha-Aktivitätskonzentration $C_{alpha\text{-}ges}$ und Einzelnuklidbestimmung nach Nummer 3. Kann die Einhaltung des Parameterwerts für die Richtdosis mittels Screening-Verfahren nach Nummer 1 oder Nummer 2 nicht nachgewiesen werden, sind zur Beurteilung der Richtdosis Einzelnuklidbestimmungen nach Nummer 3 erforderlich.

1. Screening-Verfahren mit Prüfwert für $C_{alpha\text{-}ges} \leq 0{,}1$ Becquerel pro Liter

Es werden die Gesamt-Alpha-Aktivitätskonzentration und die Aktivitätskonzentration von Blei-210 und Radium-228 bestimmt, gemittelt über vier unterschiedliche Quartale.

Die Referenz-Aktivitätskonzentrationen für Blei-210 und Radium-228 werden Teil II entnommen. Für die Gesamt-Alpha-Aktivitätskonzentration ist dabei ein Prüfwert von 0,1 Becquerel pro Liter vorzusehen:

$$\frac{c_{\text{alpha-ges (mess)}}}{0{,}1\ \text{Bq/l}} + \frac{c_{\text{Ra-228 (mess)}}}{0{,}2\ \text{Bq/l}} + \frac{c_{\text{Pb-210 (mess)}}}{0{,}1\ \text{Bq/l}} \leq 1$$

Dabei gilt:

$C_{\text{alpha-ges (mess)}}$ = gemessene Gesamt-Alpha-Aktivitätskonzentration
$C_{\text{Ra-228 (mess)}}$ = gemessene Radium-228-Aktivitätskonzentration
$C_{\text{Pb-210 (mess)}}$ = gemessene Blei-210-Aktivitätskonzentration

2. Screening-Verfahren mit Prüfwert für $C_{alpha\text{-}ges}$ ≤ 0,05 Becquerel pro Liter

Der Parameterwert für die Richtdosis gilt ohne weitere nuklidspezifische Untersuchungen ebenfalls als eingehalten, wenn die Gesamt-Alpha-Aktivitätskonzentration gleich oder weniger als 0,05 Becquerel pro Liter beträgt.

Sofern die zuständige Behörde eine Untersuchung künstlicher Radionuklide angeordnet hat, muss für die Beurteilung der Rest-Beta-Aktivitätskonzentration folgende Bedingung eingehalten werden:

$$C_{\text{beta-rest}} \leq 1{,}0 \text{ Becquerel pro Liter}$$

Dabei gilt:

$C_{\text{beta-rest}}$ = Gesamt-Beta-Aktivitätskonzentration abzüglich der Kalium-40-Aktivitätskonzentration

Die Bestimmung der Gesamt-Alpha- und Gesamt-Beta-Aktivitätskonzentration kann entfallen, wenn direkt die Einzelnuklidbestimmung nach Nummer 3 vorgenommen wird.

3. Einzelnuklidbestimmung

Es werden die Aktivitätskonzentrationen der Einzelnuklide bestimmt und die Richtdosis nach Teil II berechnet.

Anlage 5
(zu § 24 Absatz 1 und 3)
Betriebsparameter Trübung

Teil I
Referenzwerte für den Betriebsparameter Trübung

Betriebsparameter	Referenzwert
Trübung	im Filtrat: a) 0,3 Nephelometrische Trübungseinheiten (NTU) bei 95 Prozent der Proben und b) in keiner Probe darf der Messwert von 1,0 Nephelometrische Trübungseinheiten (NTU) überschritten werden

Teil II
Untersuchungshäufigkeit für den Betriebsparameter Trübung

Menge des in einem Wasserversorgungsgebiet pro Tag abgegebenen oder produzierten Wassers in Kubikmeter pro Tag	Anzahl der Untersuchungen
> 1 000	wöchentlich
≥ 1 000 bis ≤ 10 000	täglich
> 10 000	fortlaufend

Anlage 6
(zu § 28 Absatz 1 Satz 3 und Absatz 3 Satz 1 und 2, § 32 Absatz 7 Satz 2, § 56 Absatz 3 Satz 1 Nummer 2)
Untersuchungshäufigkeit

Teil I
Umfang und Häufigkeit der Untersuchungen von Trinkwasser in einem Wasserversorgungsgebiet

Menge des in einem Wasserversorgungsgebiet pro Tag abgegebenen oder produzierten Wassers in Kubikmeter pro Tag (siehe Anmerkung 1)	Parameter der Gruppe A (siehe Anmerkung 2) Anzahl der Untersuchungen pro Jahr (siehe Anmerkungen 3 und 4)	Parameter der Gruppe B (siehe Anmerkung 2) Anzahl der Untersuchungen (siehe Anmerkung 4)
< 10	1	1 pro 3 Jahre
≥ 10 bis ≤ 1 000	4	1 pro Jahr
> 1 000 bis ≤ 10 000	4 zuzüglich für die über 1 000 Kubikmeter pro Tag hinausgehende Menge jeweils 3 pro weitere 1 000 Kubikmeter pro Tag (Teilmengen als Rest der Berechnung werden auf 1 000 Kubikmeter aufgerundet)	1 pro Jahr zuzüglich für die über 1 000 Kubikmeter pro Tag hinausgehende Menge jeweils 1 pro 4 500 Kubikmeter pro Tag (Teilmengen als Rest der Berechnung werden auf 4 500 Kubikmeter aufgerundet)
> 10 000 bis ≤ 100 000		3 pro Jahr zuzüglich für die über 10 000 Kubikmeter pro Tag hinausgehende Menge jeweils 1 pro 10 000 Kubikmeter pro Tag (Teilmengen als Rest der Berechnung werden auf 10 000 Kubikmeter aufgerundet)

Menge des in einem Wasserversorgungsgebiet pro Tag abgegebenen oder produzierten Wassers in Kubikmeter pro Tag (siehe Anmerkung 1)	Parameter der Gruppe A (siehe Anmerkung 2) Anzahl der Untersuchungen pro Jahr (siehe Anmerkungen 3 und 4)	Parameter der Gruppe B (siehe Anmerkung 2) Anzahl der Untersuchungen (siehe Anmerkung 4)
> 100 000		12 pro Jahr zuzüglich für die über 100 000 Kubikmeter pro Tag hinausgehende Menge jeweils 1 pro 25 000 Kubikmeter pro Tag (Teilmengen als Rest der Berechnung werden auf 25 000 Kubikmeter aufgerundet)

Anmerkung 1: Die Mengen werden als Mittelwerte über ein Kalenderjahr berechnet.

Anmerkung 2: **Parameter der Gruppe A**

- Coliforme Bakterien
- elektrische Leitfähigkeit
- Escherichia coli (E. coli)
- Färbung
- Geruch
- Geschmack
- intestinale Enterokokken
- Koloniezahl bei 22 °C
- Koloniezahl bei 36 °C
- Trübung
- Wasserstoffionenkonzentration

Unter den nachfolgend bestimmten Bedingungen werden die Parameter der Gruppe A durch die folgenden Parameter ergänzt:

- Aluminium, wenn es als Aufbereitungsstoff dazugegeben wird,
- Clostridium perfringens, einschließlich Sporen, wenn das Rohwasser von Oberflächenwasser stammt oder von Oberflächenwasser beeinflusst wird,
- Eisen, wenn es als Aufbereitungsstoff dazugegeben wird,
- Pseudomonas aeruginosa bei Trinkwasser, das zur Abfüllung in verschließbare Behältnisse zur Abgabe beim zeitweiligen Ersatz einer leitungsgebundenen Wasserversorgung bestimmt ist.

Parameter der Gruppe B
Parameter der Gruppe B sind alle Parameter, die nach § 28 Absatz 1 in Verbindung mit den Anlagen 1 bis 3 Teil I zu untersuchen sind, sofern diese nicht bereits als Parameter der Gruppe A zu untersuchen sind.

Anmerkung 3: Die angegebene Häufigkeit gilt für Trinkwasser, das zur Abgabe beim zeitweiligen Ersatz einer leitungsgebundenen Wasserversorgung bestimmt ist. Abweichend hiervon ist bei einer zeitweiligen, kurzfristigen Wasserversorgung durch Wassertransport-Fahrzeuge das in den Fahrzeugen bereitgestellte Wasser alle 48 Stunden zu untersuchen, wenn der betreffende Wasserspeicher nicht innerhalb dieses Zeitraums gereinigt oder neu befüllt worden ist.

Anmerkung 4: Die angegebene Häufigkeit wird wie folgt errechnet: z.B. 4 300 m^3/Tag = 16 Proben pro Jahr für Parameter der Gruppe A (vier für die ersten 1 000 m^3/Tag + vier mal drei für die zusätzlichen 3 300 m^3/Tag). Für die Parameter der Gruppe B ergeben sich zwei Proben (eine für die ersten 1 000 m^3/Tag + eine für die zusätzlichen 3 300 m^3/Tag).

Teil II
Häufigkeit der Untersuchungen in Bezug auf radioaktive Stoffe

Menge des in einem Wasserversorgungsgebiet pro Tag abgegebenen oder produzierten Wassers in Kubikmeter pro Tag (siehe Anmerkung)	Anzahl der Untersuchungen pro Jahr
Menge ≤ 1 000	1
1 000 < Menge ≤ 10 000	1 zuzüglich für die über 1 000 Kubikmeter pro Tag hinausgehende Menge jeweils 1 pro 3 300 Kubikmeter pro Tag (Teilmengen als Rest der Berechnung werden auf 3 300 Kubikmeter aufgerundet)
10 000 < Menge ≤ 100 000	3 zuzüglich für die über 10 000 Kubikmeter pro Tag hinausgehende Menge jeweils 1 pro 10 000 Kubikmeter pro Tag (Teilmengen als Rest der Berechnung werden auf 10 000 Kubikmeter aufgerundet)

Menge des in einem Wasserversorgungsgebiet pro Tag abgegebenen oder produzierten Wassers in Kubikmeter pro Tag (siehe Anmerkung)	Anzahl der Untersuchungen pro Jahr
Menge > 100 000	10 zuzüglich für die über 100 000 Kubikmeter pro Tag hinausgehende Menge jeweils 1 pro 25 000 Kubikmeter pro Tag (Teilmengen als Rest der Berechnung werden auf 25 000 Kubikmeter aufgerundet)

Anmerkung: Die Mengen werden als Mittelwerte über ein Kalenderjahr hinweg berechnet. Anstelle der Menge des abgegebenen oder produzierten Wassers kann die zuständige Behörde zur Bestimmung der Mindesthäufigkeit auch die Einwohnerzahl eines Versorgungsgebiets heranziehen und eine tägliche Pro-Kopf-Wasserabnahme von 200 Liter ansetzen.

Anlage 7
(zu § 32 Absatz 8, § 43 Absatz 6 Satz 1 und 3 und Absatz 7 Satz 1) Spezifikationen für die Untersuchung der Parameter

Teil I
Chemische Parameter und Indikatorparameter, für die Verfahrenskennwerte spezifiziert sind

Die in der folgenden Tabelle spezifizierten Verfahrenskennwerte sollen für die dort aufgeführten Parameter gewährleisten, dass das verwendete Untersuchungsverfahren mindestens geeignet ist, dem Grenzwert des Parameters entsprechende Konzentrationen mit der in der folgenden Tabelle spezifizierten Messunsicherheit zu messen. Die zugehörige Bestimmungsgrenze wird in Artikel 2 Nummer 2 der Richtlinie 2009/90/EG der Kommission-Richtlinie 2009/90/EG der Kommission vom 31. Juli 2009 zur Festlegung technischer Spezifikationen für die chemische Analyse und die Überwachung des Gewässerzustands gemäß der Richtlinie 2000/60/EG des Europäischen Parlaments und des Rates (ABl. L 201 vom 1.8.2009, S. 36) definiert und weist als Kriterium 30 Prozent oder weniger des betreffenden Grenzwerts auf.

Das Untersuchungsergebnis ist mit mindestens derselben Anzahl signifikanter Stellen anzugeben wie der jeweilige Grenzwert in der Anlage 2 Teil I, Teil II oder Anlage 3 Teil I.

Die Messunsicherheit in Prozent ist ein nicht negativer Parameter, der die Streuung derjenigen Werte beschreibt, die der Messgröße auf der Basis der verwendeten Informationen zugeordnet werden. Der Verfahrenskennwert der Messunsicherheit (k = 2) ist der Prozentsatz des Grenzwerts in der Tabelle oder besser. Die Messunsicherheit wird auf der Ebene des Grenzwerts geschätzt, wenn nicht anders angegeben.

Parameter (siehe Anmerkung)	Messunsicherheit in Prozent des Grenzwerts	Bemerkungen
Acrylamid	30	Für den Fall, dass Acrylamid im Trinkwasser bestimmt wird und nicht anhand der Produktspezifikation berechnet wird.
Aluminium	25	
Ammonium	40	
Antimon	40	
Arsen	30	
Benzo(a)pyren	50	
Benzol	40	
Bisphenol A	50	
Blei	25	
Bor	25	
Bromat	40	
Cadmium	25	
Chlorat	40	
Chlorid	15	
Chlorit	40	
Chrom	30	Bestimmungsgrenze 0,000 50 mg/l
Cyanid	30	Mit dem Verfahren soll der Gesamtcyanidgehalt in allen Formen bestimmt werden können.
1,2-Dichlorethan	40	

Parameter (siehe Anmerkung)	Messunsicherheit in Prozent des Grenzwerts	Bemerkungen
Eisen	30	
Elektrische Leitfähigkeit	20	
Epichlorhydrin	30	Für den Fall, dass Epichlorhydrin im Trinkwasser bestimmt wird und nicht anhand der Produktspezifikation berechnet wird.
Fluorid	20	
Halogenessigsäuren (HAA-5)	50	Gilt je Einzelsubstanz auf Höhe von 20 Prozent (= 1/5, d. h. 0,012 mg/l) des Summengrenzwerts von 5 Verbindungen. Eine Bestimmungsgrenze von 0,003 6 mg/l oder niedriger für die Einzelsubstanzen ist für eine sinnvolle Summenbildung erforderlich.
Kupfer	25	
Mangan	30	
Microcystin-LR	30	
Natrium	15	
Nickel	25	
Nitrat	15	
Nitrit	20	
Organisch gebundener Kohlenstoff (TOC)	30	Die Messunsicherheit des TOC sollte bei einer Konzentration von 3 mg/l unter Einhaltung der allgemein anerkannten Regeln der Technik bestimmt werden.
Oxidierbarkeit	50	

Parameter (siehe Anmerkung)	Messunsicherheit in Prozent des Grenzwerts	Bemerkungen
Pestizide	30	Die Verfahrenskennwerte für einzelne Pestizide dienen als Hinweis. Messunsicherheitswerte von lediglich 30 Prozent des Grenzwerts in Anlage 2 Teil I können bei mehreren Pestiziden erzielt werden, höhere Werte von bis zu 80 Prozent des Grenzwerts in Anlage 2 Teil I können für einzelne Pestizide zugelassen werden.
Summe PFAS-20	50	Gilt je Einzelsubstanz auf Höhe von 5 Prozent (= 1/20, d. h. bei 0,000 005 0 mg/l) des Summengrenzwerts von 20 Verbindungen. Eine Bestimmungsgrenze von 0,000 001 5 mg/l oder niedriger für die Einzelsubstanzen ist für eine sinnvolle Summenbildung erforderlich.
Summe PFAS-4	50	Gilt je Einzelsubstanz auf Höhe von 25 Prozent (= 1/4, d. h. bei 0,000 005 0 mg/l) des Summengrenzwerts von 4 Verbindungen. Eine Bestimmungsgrenze von 0,000 001 5 mg/l oder niedriger für die Einzelsubstanzen ist für eine sinnvolle Summenbildung erforderlich.
Polyzyklische aromatische Kohlenwasserstoffe (PAK)	50	Die Verfahrenskennwerte gelten für einzelne spezifizierte PAK bei 25 Prozent des Grenzwerts nach Anlage 2 Teil II.
Quecksilber	30	
Selen	40	
Sulfat	15	
Tetrachlorethen	30	Die Verfahrenskennwerte gelten für Tetrachlorethen bei 50 Prozent des Grenzwerts nach Anlage 2 Teil I.

Parameter (siehe Anmerkung)	Messunsicherheit in Prozent des Grenzwerts	Bemerkungen
Trichlorethen	40	Die Verfahrenskennwerte gelten für Trichlorethen bei 50 Prozent des Grenzwerts nach Anlage 2 Teil I.
Trihalogenmethane (THM)	40	Die Verfahrenskennwerte gelten für einzelne spezifizierte THM bei 25 Prozent des Grenzwerts nach Anlage 2 Teil II.
Trübung	30	Die Messunsicherheit sollte unter Einhaltung der allgemein anerkannten Regeln der Technik auf der Ebene von 1,0 NTU (nephelometrische Trübungseinheit) geschätzt werden.
Uran	30	
Vinylchlorid	50	Für den Fall, dass Vinylchlorid im Trinkwasser bestimmt wird und nicht anhand der Produktspezifikation berechnet wird.
Wasserstoffionenkonzentration	0,2	Die Werte für die Messunsicherheit werden in pH- Einheiten ausgedrückt.

Anmerkung: Für die Parameter Färbung, Geruch und Geschmack sind keine Verfahrenskennwerte spezifiziert.

Teil II
Verfahrenskennwerte für die Untersuchung auf radioaktive Stoffe

Parameter, Gesamt-Aktivitätskonzentrationen und Radionuklide	Nachweisgrenze (siehe Anmerkungen 1 und 2)
Americium-241	0,06 Bq/l
Blei-210	0,02 Bq/l
Cäsium-134	0,5 Bq/l
Cäsium-137	0,5 Bq/l
Cobalt-60	0,5 Bq/l

Parameter, Gesamt-Aktivitätskonzentrationen und Radionuklide	Nachweisgrenze (siehe Anmerkungen 1 und 2)
Gesamt-Alpha-Aktivitätskonzentration Gesamt-Beta-Aktivitätskonzentration	0,04 Bq/l (siehe Anmerkung 3) 0,4 Bq/l
Iod-131	0,5 Bq/l
Kohlenstoff-14	20 Bq/l
Plutonium-239/Plutonium-240	0,04 Bq/l
Polonium-210	0,01 Bq/l
Radium-226	0,04 Bq/l
Radium-228	0,02 Bq/l (siehe Anmerkung 4)
Radon-222	10 Bq/l
Strontium-90	0,4 Bq/l
Tritium	10 Bq/l
Uran-234	0,02 Bq/l
Uran-238	0,02 Bq/l

Anmerkung 1: Die Nachweisgrenze ist zu berechnen nach der Norm DIN EN ISO 11929-1-3 „Bestimmung der charakteristischen Grenzen (Erkennungsgrenze, Nachweisgrenze und Grenzen des Überdeckungsintervalls) bei Messungen ionisierender Strahlung – Grundlagen und Anwendungen)“ mit Wahrscheinlichkeiten des Fehlers erster bzw. zweiter Art von jeweils fünf Prozent.

Anmerkung 2: Messunsicherheiten sind zu berechnen und zu dokumentieren. Zusätzlich kann der Vertrauensbereich ausgewiesen werden, wobei dieser mit der Wahrscheinlichkeit 1 – y von 95 Prozent festzulegen ist.

Anmerkung 3: Diese Nachweisgrenze gilt nur für die Verwendung des Prüfwerts von 0,1 Becquerel pro Liter unter Berücksichtigung der Aktivitätskonzentrationen von Blei-210 und Radium-228. Für die Verwendung des Prüfwerts von 0,05 Becquerel pro Liter ohne weitere nuklidspezifische Untersuchungen, wenn ausschließlich natürliche Radionuklide zu berücksichtigen sind, gilt die Nachweisgrenze von 0,025 Becquerel pro Liter.

Anmerkung 4: Diese Nachweisgrenze gilt nur für die Erstuntersuchung im Hinblick auf die Richtdosis für ein neues Wasservorkommen. Falls die Erstuntersuchung keinen plausiblen Grund dafür ergibt, dass Radium-228 20 Prozent der abgeleiteten Konzentration überschreitet, kann für regelmäßige Untersuchungen ein Untersuchungsverfahren mit einer Nachweisgrenze von bis zu 0,08 Becquerel pro Liter für Radium-228 angewendet werden.

Stichwortverzeichnis

Die Zahlen verweisen auf die §§ des IfSG (bzw. der TrinkwV), die in Klammern gesetzten Zahlen auf die Absätze.

F

Z